華東政法大學

建校六十周年《法学》创刊五十六周年文丛

总主编／何勤华 杜志淳

法学的历史

第14卷

国际法卷

1981年-2011年

主　编／林燕萍 刘晓红
副主编／王虎华 刘宁元 贺小勇

法律出版社
LAW PRESS·CHINA

华东政法大学建校60周年
《法学》创刊56周年文丛
编委会

主 编 简 介

林燕萍

法学博士，现为华东政法大学教授、博士研究生导师。

1983年毕业于华东政法学院，曾留学德国、美国，专业兴趣在比较法、竞争法、国际私法领域。著有《贸易与国际竞争法》、《发展中国家十国竞争法研究》、《国际私法案例评析》，已出版合著、译著、教材、编著等8部，发表学术论文50余篇。

刘晓红

法学博士，华东政法大学副校长，教授、博士研究生导师。曾在比利时根特大学、美国威斯康星大学、旧金山大学、荷兰海牙阿瑟国际法学院及美国天普大学等担任访问学者和访问教授。兼任中国国际私法学会副会长、中国仲裁法学研究会副秘书长、上海法学会仲裁法研究会副会长、中国国际经济贸易仲裁委和上海仲裁委仲裁员。

主持国家哲学社会科学基金、教育部人文社会科学研究、上海市哲学社会科学科研项目多项。主编、参编、独著教材和学术著作20余部，在国内外报刊发表法学论文60余篇。

曾被评为“上海市高校优秀青年教师”，获教育部“1999年度霍英东教育基金会高等院校青年教师奖”，2009年当选“上海第四届优秀中青年法学家”。

副主编简介

王虎华

华东政法大学教授、博士研究生导师。主要从事国际法和国际刑法的教学和研究。1992年和1996年，曾在香港大学法学院和比利时根特大学法学院进修与研究。

主编和参编《国际公法学》、《CEPA框架下“两岸三地”经贸一体化法律体系的构建》、《国际刑法学》等论著15部，发表学术论文和专访100余篇。

刘宁元

1958年8月生。华东政法大学硕士研究生，华东政法大学国际法学院院长，教授、博士研究生导师，2002年美国圣路易斯大学法学院访问学者。

主要研究领域为国际贸易法、国际私法、合同法、反垄断法等。出版著作近10部，发表论文近百篇。

中国国际私法学会常务理事、中国仲裁法研究会常务理事、上海法学会国际法研究会副会长、中国国际经济贸易仲裁委员会上海分会仲裁员、上海仲裁委员会仲裁员、上海中信正义律师事务所兼职律师。

贺小勇

英国华威大学发展法硕士。华东政法大学国际经济法教授、博士研究生导师，美国旧金山大学法学院客座教授。

在《中国法学》等期刊发表学术论文80余篇，出版著作（含合著）6部。主持国家哲学社会科学、司法部、教育部、上海市哲学社会科学科研项目多项。

中国国际法学会理事、中国国际经济法学会常务理事、上海市优秀青年教师、上海市曙光学者、中国国际经济贸易仲裁委员会仲裁员、上海仲裁委员会仲裁员。

解放思想是法学进步的原动力
（代总序）

1981年11月，由华东政法大学主办的《法学》复刊了。它的复刊，源自1978年年底的那场解放思想运动。

回顾新中国60多年的历史，我们可以清楚地看到，我们国家的发展，大体可以30年为时段分为前后两个阶段。前30年，我们党在治理国家的指导思想方面，出现了“左”的倾向。从“批武训传”、批俞平伯的红楼梦研究、批胡风“反革命集团”到1957年“反右”运动扩大化、1962年提出“以阶级斗争为纲”，直至1966年爆发“文化大革命”，“左”的思想不断升级，最终导致国民经济濒于崩溃、各项建设事业停滞、学术（包括法学）陷入一片沙漠状态。

1978年年底，中国共产党召开了十一届三中全会，实行改革开放之国策，社会各界解放思想，因而改变了整个中国的面貌，也迎来了法学研究的春天，导致了《法学》的复刊。自那时以来，我们也已经走过了整整30年。在这30年中，《法学》在上级部门的领导下，通过全体办刊人的持续努力，紧贴时代发展的脉搏，跟踪社会发展的前沿，及时回应法律界所遇到的热点和难点问题，发表了一大批高水平的作品，对我国的立法、执法和司法实践形成了重要的理论支持，在学术界乃至全社会产生了巨大影响力，推动了改革开放以后中国法律和法学的进步与繁荣。

在回顾总结《法学》30年历程，探索法学理论与法律实践互动之规律时，我们感受最深的一点就是，解放思想是法学进步、繁荣的原动力，没有中国的改革开放和解放思想，就没有中国法律和法学的今天，更没有《法学》的今天。

一

关于解放思想，邓小平同志有一个定义，就是“解放思想是指在马克思主义指导下打破习惯势力和主观偏见的束缚，研究新情况，解决新问题”。① 这个定义，包含了三个要素：(1)马克思主义的指导，讲的是政治立场和认识论、方法

① 《邓小平文选》（第2卷），人民出版社1994年第2版，第279页。

论;(2)打破习惯势力和主观偏见的束缚,这既包括政治体制上的,也涉及其他各个领域里的;(3)研究新情况、解决新问题,就是要跟上社会发展的步伐,与时俱进。因此,在某种意义上可以说,解放思想的精神实质就在于:一是说真话;二是实事求是;三是不唯书、不唯上;四是打破不合理的偏见和传统;五是在理念、观点和制度上创新。

30年来,《法学》就是贯彻了这一精神,解放思想,不断进步。其中,冲破政治上习惯势力和主观偏见的束缚,提高法学研究在我国政治体制改革中的贡献度,是《法学》首先关注的重点。众所周知,法律与政治紧密相关,法学研究也与社会的政治决策息息相关。要使法学研究对同时代的乃至以后的政治决策有所贡献,必须解放思想。换言之,法学研究在推动社会政治体制改革、回应社会重大政治问题时,如能解放思想、提出有真知灼见的建言建策,就会大大彰显法学研究的贡献。1982年春天,当我国立法机关将宪法草案提交全国人民讨论时,《法学》月刊社就召集各方面专家,就其内容进行广泛讨论,参与者有徐盼秋、潘念之、肖蔚云、高恭佑、浦增元、孔令望、陈云生、胡土贵、周天平等众多法学界知名人士。各位专家学者解放思想,破除禁忌,充分讨论,各抒己见。《法学》在第6期、第7期连续刊登了他们的建言建策,对我国宪法内容的确定产生了很大的影响。

1982年9月1~11日,中国共产党第十二次全国代表大会召开,大会通过的新党章明确规定:"党必须在宪法和法律的范围内活动。"但是,如何理解和执行党章的这一规定,许多党员甚至党的领导干部对此还存在许多疑问。当时,许多领导都曾提出了"到底是法大,还是党委大"的疑问;也有领导认为,规定党必须在宪法和法律范围内活动,就会束缚自己的手脚,妨碍开创新局面。针对党的十二大召开后社会上和党内存在的这些想法,《法学》1982年第11期刊登了楚云飞的文章《在宪法和法律范围内活动是党的一项重要原则》,系统阐述了党章这一规定的法理基础,强调我们必须解放思想,充分认识这一规定对推进我们执政党的建设和推动我国社会主义法制发展,全面开创社会主义现代化建设新局面的极其重要意义。

随着1992年10月12~18日党的十四大提出建设社会主义市场经济的改革目标后,我国市场经济发展迅速,宪法的许多规定就显得落后于客观形势的发展了,但是,真的要提出修宪的主张,在当时还是存在一定风险的。《法学》就在这一点上,以极大的理论勇气,于1992年第12期,以纪念宪法诞生10周年为契机,发表了评论员文章《修宪:市场经济发展的必然要求》。该文指出,修宪问题,无论从宪法学抑或法理学角度来看,应属技术性问题。然而,由于特定的历史条件，重提修宪问题，就不能不在某种程度上引起人们的高度警觉和重视。但是，社会主义市场经济的发展，出现了众多宪法上没有规定的事项。例如，“随着改革开放的不断发展，出现了多种经济形式并存的局面，特别是许多合营、合资、私营企业的出现，能否对这些经济形式进行保护，关系到改革开放能否向纵深发展的问题，而宪法对此并未规定”。同时，改革开放需要合法地出租、转让土地，而这一点也是宪法禁止的。因此，在适应社会主义经济发展和改革开放的历史要求下，1988 年，我们就对宪法进行了修改，允许私营经济形态的存在，以及取消了对土地出租和转让的禁令。现在，改革开放的进程和社会的发展，又一次需要我们对宪法做更大范围的、更大规模的修改，我们应当与时俱进，完成这一历史使命。在发表评论员文章的同时，这一期还刊登了孙潮、戚渊的《论确立市场经济的宪法地位》、李伟的《宪法权威论》、李步云的《不断完善中国人权的保障体系》等文章，对修宪涉及的各个领域的一些重要问题作了阐述。《法学》的这些文章，虽然发表在邓小平同志 1992 年南方讲话之后，但此时在我国，修宪问题还是一个禁区，因此，发表上述言论还是冒了一定政治风险的。

在法理学领域，关于法的定义这一核心问题，在新中国成立的前 30 年，基本上是“阶级斗争论”、“阶级意志论”一统天下。要冲破这一禁区，必须鼓足勇气，在法学理论上来一个大胆的突破。而在这方面，《法学》也走在了全国研究的前列。1986 年，《法学》在第 1 期《新年寄语慰读者》中，率先提出：“科学是没有禁区的，有禁区就不会有发展和深入。法学研究也是如此。”“近年来，我国法制建设和法学研究的现状表明，法学理论的研究正面临着改革和挑战，无论在内容和方法上都亟须有新的突破。”“我们认为，无论是基础法学还是应用法学的研究，都应该把焦点对准现实中涌现出来的或者是历史上没有解决的问题，应该重视和倡导‘问题法学’的研究。”

同期刊登的《中国法制报》政治评论部主任张宗厚的《对法的三个基本概念的质疑》一文，对现行的法的定义中三个核心命题——“法律是阶级社会特有的现象”、“统治阶级意志论”和“阶级性是法的唯一属性”进行了质疑，提出了不同观点，并予以系统阐述。同期还刊登了陈浩然的《对“质疑”的质疑》一文，与张宗厚文中的观点进行了讨论和争辩。《法学》1986 年的《新年寄语慰读者》和张宗厚、陈浩然文章的发表，在我国法学界激起了巨大的冲击波，给我们的思想以极大的震撼。因为直到 20 世纪 80 年代中期，上述从苏联引进的关于法的定义的三个核心命题，是我们熟悉并认为是天经地义的，几乎从未有人提出质疑。而张宗厚的文章则颠覆了我们的传统法学观，其震动不能说不大。而陈浩然的文章，虽然是对张宗厚观点的反质疑，阐述的力度相对小一些，但陈文给学术界带来的推进学术研究"百花齐放、百家争鸣"的贡献,则有目共睹。

在法学研究发展中,一直让我们法律人纠结的就是政治与法律的关系问题。而在阐述法律与政治之关系时,思想最为解放的文章,就是陈鹏生在《法学》1987年第1期发表的《没有法律的政治是危险的政治——法学研究的反思》一文。文中指出:"本来,政治和法律都是上层建筑的组成部分,相互作用,共同为自己的基础服务,是马克思主义的常理。但是,由于高度集权思想的影响,政治被强调到可以冲击,甚至代替一切的荒谬地步。政治与法律相互作用的关系,变成政治决定法律的关系。而按照'左'的一套理论的逻辑推导,政治就是阶级斗争,阶级斗争就是敌我矛盾。于是服务于并决定于政治的法律,就只能是以阶级性作为自己的唯一的质的规定性,以'阶级斗争的工具'作为自己的唯一职能了。以法作为自己研究对象的法学,当然也只能是'阶级斗争'的[学问了]。"

作者认为,这种理论的后果,一方面,使法律失去了自己的独立性,唯政治需要决定自己的兴废存亡:政治安定时,法律成为民主的点缀;政治严峻时,一言可以废法,实际上是以"人治"代替了"法治"。另一方面,也把法律与阶级斗争捆在了一起,使法律与政治一起成为学术讨论和争鸣的禁区,"一旦涉及,就'以言治罪',出现'文笔贾祸',法学研究也就不复存在"。作者进一步指出:"我们的民主,首先是制度,然后才是干部的思想作风。否则民主就会随领导的喜怒哀乐而变样。因此,要政治民主化,就应该依靠法律制度,保障民主不会因领导人的改变而改变,也不能因领导注意力的转移而改变。我们的法学家,应该通过对法制建设深刻的历史反思,从理论上令人信服地告诉人们千万不要忘记一条历史教训:政治离不开法律,没有法律的政治,是危险的政治、灾难的政治。"因此,为了防止这一点,我们必须研究如何通过法律来保障公民权利义务一致性原则的确立和实施,以及这种意识的形成。

应该说,作者关于"没有法律的政治就是危险的政治、灾难的政治"的观点,不仅是对中国"重政治,轻法律",崇尚"人治",轻视"法治"之传统的深刻揭示和批判,而且也阐明了理顺法律与政治的关系,对防止历史悲剧的再次发生、建设社会主义法治的重要意义。应该说,在当时的环境下,没有思想的解放,是不可能有如此大的理论勇气提出这么尖锐和鲜明观点的。①

① 就在此文发表两年前,谢次昌在"论政治与法律的关系"一文中,还强调"政治与法律相比,政治总是处于主导地位,法律的制定和实施必须服从政治的需要",载《法学》1985年第5期。

二

解放思想也促进了法学研究在我国经济体制改革中推动作用的发挥。1982年中期，随着我国改革开放的深入，社会主义经济体制转型，经济领域犯罪日益增多且形态各异，尤其是许多正常的经济活动和犯罪行为容易混淆，这对我国的法学理论研究和定罪量刑等都提出了严峻挑战。《法学》解放思想，敢于打破常规，使法学研究及其对司法实践的指导走在了全国的研究前沿。《法学》1982 年第 7 期刊登的一组关于"职工受外单位聘用接受高额报酬是否构成犯罪"的讨论文章，就是突出的一例。

当时，随着打击经济领域犯罪的深入展开，不少单位和群众对一些在职的或退休的职工受外单位聘请、接受高额报酬的行为，向有关机关举发。当时政法机关内部对这类行为到底是否属于犯罪产生了很大分歧。而这种分歧，在 1982 年春上海某区人民法院受理检察机关诉上海某国营工厂的技术人员王某受贿①一案中获得了集中体现。从 1980 年起，王某私下接受外单位（自己的家乡奉贤县钱桥公社橡胶塑料厂）的委托，在业余时间，利用本单位的设备，从事产品试制并获成功。由此给钱桥公社橡胶塑料厂带来了巨大利润，王某也从该厂获取报酬 3800 余元。检察机关认为王某的行为已构成受贿罪，依照《刑法》第 185 条规定，予以公诉，要求惩处。在审判机关内部，有认为该定受贿罪的，有认为该定贪污罪的，有认为该定投机倒把罪的，有认为该定破坏经济秩序罪的，也有认为不该定罪的，等等，不一而足。《法学》抓住这一典型案例，组织专家进行深入讨论，最后一致认为，王某的行为虽有瑕疵，犯有错误，但还未构成犯罪，不该定刑。特别是，在改革开放的大背景下，为加快社会主义现代化建设事业，法律必须引导广大技术人员发挥自己的专长，多为国家做出贡献。而在此过程中，他们的劳动必须得到尊重，必须获得报酬，这不仅不是犯罪，而且是法律应该鼓励的行为。《法学》所发表的专家意见受到了司法机关的重视，不仅王某最终没有被定罪，而且对以后一些在职的或退休的职工受外单位聘请、接受高额报酬行为的评价也发生了良性变化。②

---

① 根据《法学》1983 年第 3 期发表的龚介民的"重视韩琨案件中的法律与政策问题"和张传桢、铁犁的"韩琨案功与罪之争"，载郭道晖、李步云、郝铁川主编：《中国当代法学争鸣实录》，湖南人民出版社 1998 年版，第 285 页。王某的真名是韩琨，上海橡胶制品研究所助理工程师。

② 之后，《法学》还接连讨论了刘亨年、戴振祥等有罪还是无罪的案件。参见《法学》1987 年第 7～11 期、1988 年第 10～12 期。

当然,《法学》在经济领域发表学术观点,并有力地冲击了传统法律观点、推动了我国社会主义市场经济体制确立的最有影响力的文章是曹建明、钱富兴、顾长浩、李朝兴所写的《外商租用土地与经营房产业的理论与实践》。[①] 该文指出:“土地是一种重要资源,也是利用外资、引进技术、进行生产和经营活动的基本条件。”“因此,发挥土地经济杠杆在对外开放中的积极作用,实行出租土地给外商从事综合性经济活动,并允许外商在我国购买和经营房产的政策,将涉及我国对外开放中土地和房产两个方面的法律问题,而其中地产业的问题又是最为关键的。”“外商租用土地和经营房产业,可在相当的程度上解决开放城市建设资金不足、外汇不平衡的困难。”

文章接着阐述:实行出租土地给外商以及允许外商在我国购买和经营房产的政策,在目前还是一个非常复杂和严重的问题,比如,允许外商租用开放城市的土地,“是否会重演帝国主义在半殖民地旧中国建立租界的悲剧”?作者认为,不会。因为“在对外开放中出租土地给外国投资者,与帝国主义在旧中国的租界是有本质区别的”:不仅性质不同,前者是经济活动范围的概念,后者是政治主权的概念,而且产生的原因和条件也不同。作者接着进一步就外商租用我国土地问题的理论依据和法律依据进行分析。比如,出租土地的法律行为并不违背马克思主义的基本理论,也不违反我国的宪法和法律;各国关于外国人租用本国土地的法律制度及其在我国的实践;外商租用土地、经营房产与开放城市经济发展战略的协调;外商租用土地和经营房产业的法规及其协调;等等。

文章刊登后,在全国引起了很大反响。虽然也有一些不同的观点,认为文章提出的主张违反了我国1982年《宪法》第10条关于“任何组织或者个人不得侵占、买卖、出租或者以其他形式非法转让土地”的规定(因为此时宪法尚未修改),因而是违宪的。[②] 但大多数学者对文章的观点表示理解、支持和赞赏,认为文章回应了我国改革开放带来的引进外资、迅速发展我国市场经济的实践所提出的实际法律问题,具有重大理论指导意义。1988年宪法修改,吸收了文章提出的观点,取消了出租和转让土地的禁止条款。文章发表以来,我国经济发展的实践证明了该文的正确以及它的强大生命力,也证明了《法学》思想的解放以及非常的理论勇气和远见卓识。

---

① 参见《法学》1986年第7期。

② 实际上,文章本身已经回答了出租土地给外商是否违宪的问题,文章认为,《宪法》第10条并没有禁止“国家”出租土地的行为,只禁止了组织和个人;当时已颁布实施的《中外合资经营企业法》中已经规定了允许出租土地给外商。

三

解放思想也促进了法学学术的进步与繁荣。学术的进步与繁荣,最为重要的就是营造一个有利于学术讨论与学术争鸣的环境和氛围。而这种环境和氛围的形成,必须是在解放思想的前提下,能够说真话,实事求是,不唯书、不唯上,打破不合理的偏见和传统,在理念、观点和制度上创新。在这方面,复刊后的《法学》做得非常好。

比如,在1981年的复刊号上,就发表了华东政法学院院长徐盼秋的《关于社会主义法律与客观规律》一文。在文中,作者解放思想、实事求是,一层一层地分析批判了以往片面夸大意志的作用,要人治,不要法治,权大于法,以言代法等不顾社会发展客观规律的错误观点,明确指出,"利用客观规律来造福于国家和人民是社会主义法律的光荣任务",但我们"要利用客观规律,必须首先掌握客观规律"。作者认为:"社会主义法律必须反映客观规律,但是它并不等于客观规律。""客观世界是不可穷尽的,人们对于客观世界的认识也永远没有完结。所以,人们只能随着对客观规律认识的发展来不断完善社会主义法制。"作者最后指出,社会主义法律,作为社会主义社会上层建筑的一部分,它对客观规律的反映,与上层建筑的其他部分相比,具有自己的突出特点:社会主义法律对客观规律的反映不是以原理、定律等科学理论的形式,而是以法律条文的形式使其规范化;被社会主义法律所反映的客观规律,有国家强制力的保障,这使它本来就具有的客观必然性更加强化,能够加速这种客观必然性的实现;法律对客观规律的反映具有稳定性和严肃性,如果能够坚持以法治国,国家就会以更加符合客观规律的方式获得迅速发展。

与徐盼秋的文章相呼应,《法学》1982年第5期发表了余先予的《论法律自身发展的客观规律》一文,该文将社会主义法律与客观规律的学术探讨进一步引向深入。余文指出:"法律自身发展规律的问题,与法律表现客观规律的问题,是两个不同范畴的问题。前者是指法律这种客观的社会现象的自身发展受哪些客观规律的支配;后者是指法律这种客观事物与其他客观事物之间的关系。为了更好地完善我们的社会主义法制,我们不仅要研究法律与其表现的客观规律之间的关系,而且也要研究法律自身发展的客观规律,使我们的法律既符合客观形势所提出的要求,紧密地为解决党和国家所面临的各项任务服务,又符合法律自身发展的要求,建立完备的社会主义法律体系,真正担当起社会主义时代的历史所赋予法律的任务。"

那么，纵观数千年法律发展的历史，它有哪些规律呢？余先予教授认为，法律自身发展的规律，主要有五个方面：第一，法律制度本身是一种社会的客观存在，它源于物质生活关系，受社会经济条件制约，不是什么人想要就要、想不要就可以不要的东西，也不是可以随心所欲地“创造”的东西。第二，法律都具有鲜明的阶级性，它是取得胜利、掌握政权的阶级意志的体现，是建立和维护有利于统治阶级的社会制度和社会秩序强而有力的杠杆。第三，法律由国家机关制定或认可，以国家强制力为后盾，对全社会具有普遍约束力。第四，法律以肯定的明确的行为规范的形式，给予法律关系的当事人以权利和义务，规定他们可以做什么，不可以做什么。第五，法律制定出来就必须执行，在现实生活中兑现，务求做到有法必依，执法必严，违法必究。

又如，比较法研究，包括法系理论，在新中国成立的前30年，是一个遭受批判的领域，也几乎是一个被人们所遗忘的领域。直至改革开放之后的20世纪80年代初，比较法研究和法系理论依旧被认为是资产阶级的学术观点，是西方资本主义的研究领域。在此时，《法学》解放思想，冲破上述认识的樊笼，在全国率先提出比较法和法系的问题，在王召棠、陈鹏生的《社会主义中国法系初探》①和王召棠、张传桢、陈鹏生的《对中国式社会主义法律体系的探讨》②等文章中，作者旗帜鲜明地提出：“法系不应是资产阶级法学的专用语，而应是整个法学领域中应该着重研究的一个课题。”建立中国社会主义法系，必须肃清重刑轻民的历史影响，必须正确地处理好政治与法律的关系，肃清以政治代替法律、冲击法律的思想影响。应该说，这些观点不仅在当时，即使在目前，也是一种解放思想的观点。

再如，虽然我国于1982年12月通过了新中国的第四部宪法，但宪法理论的研究并没有很好地展开，这当中，除了人们还没有从1966～1976年10年“文化大革命”的噩梦中清醒过来，我国在言论自由方面还没有确立很明确的法治原则（对此，骆伟雄的《言论自由的若干法律问题》一文③有很好的分析）之外，宪法学研究者不能解放思想、缺乏理论勇气也是一个重要原因。对此，我国著名的比较宪法学家龚祥瑞的《中国需要什么样的宪法理论》④一文，勇开先河。龚文认为，宪法意识是从“权力必须受到限制”这个思想出发的。各国宪法规定的限制权力的表现形式可能有所不同，但立宪政府的一个共同信念，就是政府权力不

① 载《法学》1982年第2期。
② 载《法学》1983年第5期。
③ 载《法学》1989年第2期。
④ 载《法学》1989年第4期。

能无限。而宪法就是授予和限制权力的根本法，它规定了立法、行政和司法机关的职责以及彼此的监督和制约，规定了对公民权利的保障，这就是现代宪法的由来。因此，“宪法是治国之法，治官之法，是从崇尚个性解放，保护私有财产，保护人身、言论出版等自由，遏制暴政、苛政，保障公民利益出发的”。“针对权力的先定性和腐化性、侵略性，人们就要用宪法与行政法来约束它、管制它，使之分别由不同主体行使，并置于人民监督之下，这才是我们重新开始要做的。”作者最后指出：“宪法是保护人民利益的根本大法。我们要研究人性中残酷的一面、人间的疾苦的一面，忠诚地以人类追求正义的精神而不懈地积累、更新如何预防权力被人类弱点所滥用的根源、技术和方法，重新开始宪法理论问题的研究。”

重读20多年前文章中这些即使在现在看来思想也是非常解放的观点，我们不得不佩服作者的理论勇气，也不得不佩服《法学》思想的解放。我们认为，龚文的上述观点，对新中国宪法学的研究一定具有长时间的理论指导力和学术影响力。

又如，就我国改革开放之后几次大的法学学术理论探讨，关于开展法学基本理论研究、关于开展社会主义法律体系的讨论、关于社会主义法的本质、法哲学的内涵和价值、①法的阶级性与社会性、宪法司法化、复员军人进法院、“坦白从宽，抗拒从严”的质疑、“婚内强奸”的讨论、法制建设协调发展、②罪刑法定与罪刑相适应的原则、③关于“廉政建设的法律思考”、法学的现状与发展、著名学者论依法治国、“克隆人”与法律、社会主义法的精神、④创新和繁荣法学理论笔谈、⑤《物权法》草案是否“违宪”、检察监督权之探讨、“双规”的合宪性等，《法学》的研讨也都是走在全国前列的。如关于中国社会主义法的体系的讨论，曾

---

① 如傅季重：“法律哲学研究的对象及其任务”，载《法学》1982年第3期；公丕祥：“也谈重视法哲学的研究”，载《法学》1983年第4期。

② 详细参见《法学》1984年第5～10期、第12期所发文章。

③ 罗平：“同名数罪，毋须并罚”，载《法学》1982年第10期；邹涛：“关于同种数罪及并罚问题”，载《法学》1983年第4期；魏皓奔：“也谈‘罪刑适应’”，载《法学》1983年第7期。

④ 郭道晖在《法学》1994年第10期发表了“社会主义自由——当代社会主义法的精神”，从孟德斯鸠的著作《论法的精神》一书中的思想，谈了“法的精神”的科学含义以及社会主义法的精神的问题。张光博在《法学》1995年第5期上发表了“法的精神与法律精神论略——与郭道晖同志商榷”。郭道晖在《法学》1995年第6期上再发“再论社会主义法的时代精神——答张光博教授”一文，展开了激烈的思想交锋，引起了法学界的关注。

⑤ 参见《法学》1987年第1期至1988年第8期。其中，有些文章探讨的问题在当时都是非常前沿和大胆的，如夏之的“对‘马克思主义法学’提法的商榷”，魏皓奔的“社会主义社会同样产生犯罪”（当时许多人都认为只有资本主义才是产生犯罪的“温床”），崔敏的“客观性也是法的本质属性”，周叶中的“宪法实施：宪法学研究的一个重要课题”，舒国滢的“对法概念之争的思考”，吴家如的“法学研究应从适应型向创造型转变”，杨海坤的“对建立我国行政诉讼制度的思考”，等等。

经是改革开放初期我国法学界热议的课题,《法学》于1983年4月21～29日联合中国社科院法学所,在上海率先举办了关于法律体系和法学体系的专题研讨会。当时的一些法理学大家,如吴大英、沈宗灵、刘瀚、齐乃宽、王传生、陈汉章、余先予积极参加,撰文发言,有力地推动了中国社会主义法律体系和法学体系的形成。

尤其是从1997年起,《法学》在当时的主编郝铁川教授的主持下,连续刊登了一组"建国以来法学界重大事件研究"的文章,其中有《对新中国摧毁旧法制的历史反思》、《"刀把子"风波记》、《无罪推定在新中国的命运》、《1957年错批杨兆龙的"法律继承论"纪实》、《关于80年代"法的社会性和阶级性问题"大论战》、《关于前苏联法对中国法制建设的影响》、《人权禁区是怎样突破的》、《人权研究中的一场风波》、《一场有缺陷的司法改革》、[①]《"再为司法独立鼓与呼"一文的风波》、《"法权"还是"权利"之争》、《从"法制"到"法治"二十年改一字》、《新中国第一次法理讨论会的回忆与思考》、《五十年代〈法学〉是为何被迫停刊的》、《1996年"晓南"风波纪实》、《1957年的王造时》、《关于更改反革命罪名的风波》、《死刑的限制与扩张之争》、《正当防卫立法的进展与缺憾》、《我们是怎样逐步实现"罪刑法定"的》等。这些文章,后来结集为《当代中国法学争鸣实录》一书,[②]在湖南人民出版社出版,在法学界引起了很大的反响。

最后,《法学》还非常重视对实务法律问题以及重大疑难案件展开学术研讨,直面社会现实对法学研究提出的要求,并给予法律实践以指导。这方面的例子非常多,如1997年对"碧纯"水侵权案件的研讨,1999年对"枫叶"诉"鳄鱼"不正当竞争案件的研讨,2000年对全国首例老虎袭人致死案件的研讨,对2001年綦江彩虹桥垮塌案件的讨论,2001年深圳中级法院审理之中国首例贞操损害赔偿案件的研讨,对2002年"陆来富案件"的研讨,2003年对"孙志刚案件"的研讨,对2005年"圆明园环评事件"的研讨,2008年年初关于"许霆案"、"孕妇死亡案"、"彭宇案"的讨论,2009年对"杨佳袭警案"、"齐玉苓案"的热议,等等。与此同时,《法学》也积极参与我国的立法活动,组织专家学者就各项法律草案进行学术研讨,对立法活动建言建策。其中最主要的有《立法法》、《行政处罚法》、

---

① 主要指1952年的司法改革运动。这场运动的结果:一是将6000多名旧法人员从我们的审判队伍中全部剔除了出去;二是将"法律面前人人平等"、"司法独立"、"法不溯及既往"、"尊重诉讼程序"等观点全部认定为"旧法观点"而予以彻底批判;三是用马克思主义和毛泽东思想的国家观和法学观武装我们的司法干部。详细参见何勤华:"论新中国法和法学的起步——以'废除国民党六法全书'与'司法改革运动'为线索",载《中国法学》2009年第4期。

② 郭道晖、李步云、郝铁川主编:《当代中国法学争鸣实录》,湖南人民出版社1998年版。

《行政复议法》、《行政许可法》、《公务员法》、《公司法》、《物权法》、《劳动合同法》、《刑法(修正案)》、《刑事诉讼法》、《国家反腐败法》、《能源法》、《水污染防治法》、《反垄断法》、《政府采购法》、《监督法》、《罢工法》等。从而为我国新时期的立法、加快形成社会主义法律体系做出了贡献。

四

《法学》复刊30年的历史证明,一本杂志的进步需要解放思想,一门学术的进步也需要思想解放。这一点不仅仅是《法学》复刊30年的经验和教训,也是它之前的历史透视出来的经验和教训。

《法学》创刊于1956年6月15日。当时,正是中华人民共和国第一部宪法1954年宪法颁布实施、全国法制建设形势一片大好之时,《法学》(1956年创刊号及后面两期刊名为《华东政法学报》)应运而生。从其诞生的第一天开始,它就宣称要解放思想,鼓励学术创新,展开"百家争鸣"。其发刊词称:"'百家争鸣'是推进学术思想的重要精神。不奖励自由思想,不展开自由讨论,没有批评和自我批评,学术上就不会有进步,不会有新生力量。《华东政法学报》将充分体现'百家争鸣'的精神,重视有独立劳动和首创精神的作品,重视'问难析疑、求同存异'的学术争论。"①

正是在上述解放思想的指导方针下,《法学》在其创刊至1958年9月16日被迫停刊,这不到3年的时间内,发表了一批解放思想、极富学术创造力的好文章,如梅泽濬的《哲学上的因果关系及其在刑法中的运用》、②李良的《"百家争鸣"和法律科学》、③刘焕文的《在"百家争鸣"中谈旧法思想》、④杨兆龙的《法律的阶级性和继承性》、⑤孙晓楼的《关于中国法学遗产问题的看法》、⑥黄道的《略论刑事诉讼中的无罪推定原则》、⑦张光博的《关于"公民在法律上一律平等"的

① 载《华东政法学报》1956年第1期。
② 同上。
③ 载《华东政法学报》1956年第2期。
④ 同上。
⑤ 载《华东政法学报》1956年第3期。
⑥ 同上。
⑦ 载《法学》1957年第2期。

意义》、[1]李光灿的《论共犯》、[2]丘日庆的《现阶段国际法的体系》、[3]刘家骥的《谈谈双重国籍问题》、[4]叔思的《对建立我国刑法分则体系的一些意见》、[5]董敬之等的《谈重婚与通奸》[6]等。但到1957年夏天"反右"运动开始、法学界的思想受到禁锢以后,《法学》上也就再没有刊登什么好文章了,甚至登出了黄道被迫写的批判自己无罪推定观点的检讨文章,而中国此时的法制建设和法学研究也基本上处于停顿状态。

法学的历史是这样,其他学科的历史也一样,甚至世界上所有国家的情况都一样。在古代罗马,随着公元426年《学说引证法》(Lex Citationum)的出台,盖尤斯(Gaius,约130~180年)、乌尔比安(D. Ulpianus,约170~228年)、帕比尼安(A. Papinianus,约140~212年)等五大法学家被授予法律解答权(jus responddendi),他们五人的学说观点被认可具有法律效力,而其他法学家则不具有这种权力。百家争鸣的学术环境不再存在时,罗马法学也就失去了学术创造力,日益走向衰弱。中世纪意大利的注释法学派、法国的人文主义法学派、近代欧洲的私法注释学派、第二次世界大战之前的日本民主主义宪法学说等,其走向衰落的重要原因之一,也都是促成这些学派和学说兴盛的解放思想运动日渐衰微。

因此,解放思想是法学进步的原动力:解放思想营造了法学研究领域讲事实、摆道理、说真话这么一种"百花齐放"、"百家争鸣"的环境和氛围,激发了法学研究创造力的勃发,带动了法学方法论的创新,也改变了法学研究的整个面貌。更进一步说,解放思想是法学进步和繁荣的灵魂。应该认识到,在现代社会,包括法学研究在内的科学研究,与现代化生产劳动有着巨大的差异。

一方面,现代化生产劳动(不管是工业生产还是农业劳动)具有重复性,尤其是商业化生产、流水线作业,重复(复制)是其基本特征;而科学研究就不同,它不具有上述特性,它需要每一个项目、每一个专题、每一个观点的创新。如果科学研究不能摆脱重复性,那就是复制,就是模仿,甚至是抄袭,这样的科学研究就没有了原创价值。

---

① 载《法学》1957年第2期。
② 载《法学》1957年第2~3期。
③ 载《法学》1957年第3期。
④ 同上。
⑤ 同上。
⑥ 载《法学》1957年第4期。

另一方面，现代化生产劳动，一般具有集团性、流水作业的性质，这样，才能节约成本，最大限度地利用有限的资源，才具有商业竞争力；而科学研究（尤其是文科研究）不具有这一属性，每一个人大脑里的构思、想法，其他人是无法精确揣摩，也是无法取代的，它完全是个人思考的产物，具有个性化（包括由此带来的多元化）的特征。有没有个性化，是检验学术和科技有没有生命力的首要指标。

因此，科学研究需要解放思想（这么说，并不是否定生产劳动也需要解放思想，而是强调科学研究对解放思想更加具有依赖性，美国苹果公司创始人乔布斯是一个最好的例子），解放思想是科学研究的灵魂，科学研究与解放思想之间的紧密关联，是科学研究发展的规律之一。作为科学研究之重要组成部分的法学研究，当然也无法摆脱，而只能遵循这一规律，《法学》创刊55年、复刊30年的历程已清楚地表明了这一规律。其结论很清楚：遵守这一规律，法学就进步，就繁荣；违背这一规律，法学就退步，就衰微。

《法学》复刊的历史还证明，一个国家、一个民族的进步，也需要解放思想。改革开放30多年我国社会主义各项建设事业的艰难而辉煌的历程表明，什么时候我们的思想解放了，实事求是了，注重理念、观点和制度上的创新了，敢于打破不合理的偏见和传统了，我们的事业就进步；反之，我们的事业就受挫。《法学》复刊30年的历史，只是我们国家改革开放30多年历史发展的一个缩影而已。

本文刊登于2011年第11期《法学》，当时是为纪念《法学》复刊30周年而撰写。此次作为“法学的历史”丛书的代总序，除个别字词之外，没有做大的修改补充。编辑本丛书，基本目的在于纪念华东政法大学成立60周年，以及《法学》创刊56周年，希望通过本丛书，将《法学》（1956年出版的3期称《华东政法学报》）刊登的有影响的文章保存下来，以真实地记录《法学》，更广范围地说也包括了中国法学所走过的曲折道路，了解新中国50多年法学发展的真实面貌，以为中国法学今天的发展繁荣提供历史借鉴。正是基于这一目的，我们在编辑时，对1981年复刊以来的各期，主要是选出比较重要的文章，而对1956~1958年所出的18期（1956年《华东政法学报》共3期，1957年《法学》全年共6期，1958年《法学》1~9月共9期）文章，全文收入，未作删节和修改，以尊重历史真实。

本丛书的出版，得到了法律出版社社长黄闽、财税出版分社社长沈小英以及各位责任编辑的全力支持和帮助。在此，谨表示我们诚挚的谢意。本丛书规模宏大，参与编辑勘校人员众多，错误和疏漏在所难免，对此我们将承担全部责任，也希望广大读者能予以谅解。

何勤华*

于华东政法大学

2012年8月1日

---

* 华东政法大学校长，教授、博士生导师，法学博士。

目 录

1992 年

1993 年

1995 年

1996 年

1997 年

1999 年

2000 年

2001 年

2002 年

2003 年

2004年

2005年

2006年

2007 年

2008 年

2009 年

2010 年

2011 年

1982 年

略论国际私法的特点

余先子*

随着我国对外经济技术合作的发展和文化交流的增多,国际私法也日益引起人们的重视。国际私法是调整国际民事法律关系的法律部门。在国外,这个法律部门颇受重视,一般都有国家颁行的比较完整的国际私法规范,其目的是保护国际民事交往的发展,特别是保护本国的利益和本国当事人的权益。对于资本主义、帝国主义国家来说,它们的国际私法也为其扩张侵略政策服务。中国原来是一个半殖民地半封建国家,从根本上来说,并无国际私法可言。中华人民共和国成立以后,取消了帝国主义的一切特权,为我国人民平等互利地与外国人民发展经济文化联系,创造了正常的条件,也为我国国际私法的建立和发展开辟了道路。特别是十一届三中全会以后,我国调整涉外民事法律关系的立法工作日益展开,国际私法学的研究工作也已取得了不少新的进展,这是很可喜的。

任何一个法律部门都有自身的研究对象和其特殊性。那么,国际私法具有哪些不同于其他法律部门的特殊性呢?

一、国际私法调整的法律关系,具有涉外因素,因而可能存在法律冲突,解决和防止法律冲突是国际私法的特定任务

由于国际交往的扩大,许多民事法律关系超越了国界与国籍,如外国厂商到我国经济特区来投资,我国进出口贸易公司从国外进口商品,外国专家与中国女译员结婚等。这些民事法律关系,我们称为涉外民事法律关系或国际民事法律关系。涉外民事法律关系,具有涉外因素,处理起来比较复杂,若单纯用国内民法来调整,时常不能解决问题。

所谓涉外因素,又称国际因素或外国因素,指的是形成法律关系的诸因素中具有外国成分。这有三种情况:第一,法律关系的主体中一方或双(多)方是外国法人、自然人,或者是以民事法律关系主体面目出现的外国国家;第二,法律关系的客体位于国外;第三,产生、变更或消灭民事权利与义务的法律事实发生在

* 作者单位:华东政法学院(现华东政法大学)。

国外。

民事法律关系的涉外因素可能是单一的,也可能是多元的,正因为这种民事法律关系超越了国界与国籍,具有外国的成分,所以有关的当事国都可能要求适用自己的法律,而各国的法律规定又存在很大差异,这样就发生了法律冲突。

国际私法调整涉外民事法律关系中的法律冲突的办法,可以是间接调整,也可以是直接调整。

所谓间接调整就是用冲突规范指明某类涉外民事法律关系应该适用何国的法律。在这种情况下,国际私法不直接确认双方当事人的法定权利与义务,只起一个指针的作用,由它指定的某国的国内法作为准据法来确定当事人之间的具体法律关系。如我国与有的国家签订的领事条约中规定,两国之间的涉外遗产继承问题,适用物之所在地法的原则。也就是说,什么人有资格当继承人、遗产的分配原则等,概由财产所在国的法律规定。间接调整是国际私法的传统办法。

直接调整的方法就是通过签订国际条约,包括多边条约和双边条约,直接规定涉外民事法律关系当事人的权利与义务,也可以用国内立法的形式来规定这种权利义务关系。这些法律规范属于实体法规范,有了这些规范就可以防止法律冲突的发生。我国与外国进行对外贸易中签订的"交货共同条件"就是这种实体规范。

法律关系中存在涉外因素,需要解决或防止法律冲突,是国际私法最根本的特点。国际私法的其他特点都是由它所派生的。

二、国际私法管辖的范围非常广泛,它调整着各种涉外民事法律关系,包含各类不同性质的规范

国际私法的管辖范围,从地域来讲,涉及世界上一切与我国发生经济、文化交往的国家与地区;从法律关系的类别来讲,有涉外的所有权、债、发明专利权、商标权、著作权、婚姻家庭、继承权等。这许多法律关系,如果没有涉外因素,在国内立法可以分别由民法、商法、经济法、劳动法、婚姻法等法律部门来调整。具有了涉外因素,就一律由国际私法调整。所以国际私法调整的法律关系的类别是非常广泛的,比任何一个法律部门都要复杂多样。

从国际民事交往的实际出发,下述四种规范都是正在起作用的,因而是必要的。

1. 冲突规范。冲突规范是在发生法律冲突时指定适用哪一个国家的法律来调整该种法律关系的规范。这种规范可以由国内法确立,也可以通过双边或

多边条约,确定统一的冲突规范。从1893年开始工作的海牙国际私法会议,是专门从事统一国际私法冲突规范的,1951年已将其改为一个常设的政府间国际组织。它从1893年到1980年,先后举行了14次例会和一次特别会议,起草和通过了20多个条约。我国目前尚未加入该组织,也未参加这些公约,所以对我们没有什么约束力。

2. 统一实体规范。在长期国际合作和斗争中,各个国家发现可以通过国际条约,产生某些共同适用的实体法规范,明确规定国际民事法律关系当事人的权利义务。这类实体法规范自1883年《保护工业产权巴黎公约》开始形成,现在已经有了较大的发展。目前,世界上有许多机构从事这类实体法规范或国际惯例的研究和起草工作。

3. 国内法中的专用实体规范。各国为了使国际私法中的问题得到符合国家利益的及时的处理,也可以各自制定专门应用于涉外民事法律关系的实体规范。《中华人民共和国中外合资经营企业法》、《广东省经济特区条例》,明确了外国法人和自然人在中国境内与我方从事经济技术合作的权利,其中在经济特区不仅可以与我方合资经营,而且可以由客商独资经营。除了这类给予外国人民事法律地位的实体规范以外,为了保证对外经济合作的正常进行,国家有必要在涉外经济贸易合同等方面颁布专门的确定涉外民事法律关系双方权利与义务的实体法规范。实体法规范是根据我国实际并参照国际上的通行做法制定的。我们处理涉外民事法律关系,首先考虑的是这部分规范。可见从处理涉外民事法律关系的全局出发,这部分规范是国际私法的重要组成部分。

4. 国际民事诉讼程序与对外经济贸易仲裁程序规范。国际民事交往中的纠纷由某一内国法院或某一仲裁机构处理。法院或仲裁机构处理这类问题,与处理国内的一般案件不同,需要有一个特殊的程序,如涉外民事案件管辖、法律文书向国外送达、外国判决的承认与执行以及仲裁机构受理争议案件的范围、仲裁申请的提起、仲裁员的选定、仲裁审理的程序、仲裁裁决的法律效力和执行等。这些问题可以由国内法律规定,也可以由国际条约规定。这些所形成的规范,从性质上说是一种程序法规范,不是调整涉外民事法律关系当事人之间实体法上的权利与义务的规范。但是它对处理涉外民事法律关系的全过程来讲,却是不可缺少的。

三、国际私法的性质具有国内法与国际法的两重性，既是国内法的特殊组成部分，又是国际法的特殊组成部分

国际私法的性质如何，它究竟是国内法还是国际法，国外学者众说纷纭，争论不休。我们用辩证唯物主义的观点，从实际出发来分析，就可以清楚地看到，国际私法所调整的法律关系，既涉及国内又涉及国外，国际私法的渊源既有国内立法，又有国际条约和惯例。国际私法的保护对象，既有本国国家、法人和公民的利益，又有外国国家、法人和自然人的合法权益，因此国际私法具有国内法与国际法的两重性，既是国内法的特殊组成部分，又是国际法的特殊组成部分。国际私法是国内法的一部分，具有由国家制定或认可，体现统治阶级意志，以国家强制力保证实施的行为规则这一基本特征，这是无疑的。但是，它又与一般的施行于一国范围之内的法律有所不同，它所管辖的法律关系的范围超越了一国的国界，它的法源仅是国内立法，而且还有大量的多边和双边国际条约，它的规范的内容在一个个领域内正在朝着趋于国际统一的方向发展。因此，它既具有国内法的性质，又不完全等同于国内法，而是国内法中的一个特殊部分。

国际私法既然是处理国际民事法律关系的法律，它与国际公法有许多相通的地方。国际条约也是国际私法的渊源之一，因此它具有国际法的性质也应当没有疑问。不过，它与国际公法不同，国际私法的"国际"的含义，不是指国家之间的意思，而是指超越一个国家法律领域的意思。所以，它与管辖国家与国家之间的法律关系的国际公法不同，它是管辖超越一国法域的民事法律关系的法律，是国际法中的一个特殊部分。

四、国际私法既有悠久的历史，又是正在急速发展中的法律部门，其新体系正在形成

国际私法是在 14 世纪时，随着意大利城市国家之间民事交往的频繁，为解决相互的法律冲突而发展起来的。从 19 世纪末叶开始，特别是第二次世界大战结束以来，国际民事法律关系迅速向前发展，各国人民的经济文化往来不断增加，出现了一个崭新的局面。战后由于科学技术的发展，生产力的提高，生产过程中的国际交流与合作得到加强，国际民事法律关系增添了许多新的内容。例如，国际合资经营企业如雨后春笋般地出现，跨国公司的足迹遍及全球，国际间

的技术转让及许可证协议广泛运用，国际来料加工装配关系、国际补偿贸易关系、国际劳务供应和承揽关系、国际污染民事责任关系大大发展等。这些新的法律关系的出现，使国际民事法律关系向深度演进。在新形势下，需要建立新的国际私法学的体系，从总体上概括和研究已经大大发展了的国际民事法律关系。任何一种社会现象都既需要从总体上去研究，又需要从局部去研究。新的国际私法学应该从总体上去研究发展了的国际民事法律关系，并不妨碍在这个领域内产生新的独立学科，事实上海商法早已独立出来，国际贸易法、国际投资法也正在形成，这对于深入研究国际民事法律关系，是完全必要的。

最后，要简单提一下国际私法的名称问题。处理国际民事法律关系的法律，大多数国家用“国际私法”这个名称来概括，这是一种约定俗成。其实，社会主义的法律无所谓公法与私法之称，我们现在借用这个名称只有暂时的意义，将来或许用“国际民事法”命名，更为贴切。

（1982年第9期）

1984年

引进外资企业有利于我国四化建设

陈 雍* 丁 伟**

上海市市长汪道涵于今年2月23日在上海国际技术转让会上指出："我们欢迎外商在上海开办独资企业。美国明尼苏达矿业制造公司(3M公司)正在和有关部门洽谈独资在上海兴办企业"。该公司与本市有关部门举行多次会谈，经过充分交换意见和商讨后，于11月中旬达成协议，签署了开办企业的文件，文件已由上海市司法局公证处予以公证。

该公司委托上海投资信托公司联系有关行政部门办理申请开业的一切手续。上海绝缘材料厂向该公司租让厂房和场地，上海对外服务公司将为该公司提供劳动力，设备将从美国引进。中国明尼苏达矿业制造公司将成为上海第一家外商独资企业。

今年11月5日至8日，中美上海国际投资法讨论会胜利开幕，中美双方代表就各项投资方式进行交流，美国法律界和投资家对我国允许客商兴办全外资企业，表示了极大的兴趣，并认为3M公司在上海开创了一个良好的先例。

当前，我国《外资企业法》尚待颁布，而外资企业却将在法律颁布前渐次设立。本文拟就我国允许国外客商在境内兴办独资企业的法律依据进行初步的探讨。

一、外资企业是发展社会主义生产力的补充

社会主义国家允许国外私人资本在国内设立企事业，是列宁最先创设的范例。列宁在世时期，苏维埃政府曾经颁布一项《租让法令》。根据这项法令，苏维埃国家与外国公司签订了144个"租让法令合同"。列宁对这项法令作了极为精辟的阐述："这里有人说，让资本家来，让他们来欺骗我们，真是太可怕了。而我肯定地说这并不可怕，为了提高生产，就是希望他来，因为他有组织得很好的后方、设备完善的工厂。"①列宁还在另一个场合作出更有远见的估计："我们

* 作者单位：华东政法学院（现华东政法大学）。

** 作者单位：华东政法学院（现华东政法大学）。

① 《列宁文稿》(第4卷)，第15页。

所得到的将是主要的东西，有了这些东西我们就一定能够巩固起来，最终站起来，在经济上战胜资本主义。”①列宁关于《租让法令》的阐述和实践，无疑是今天我们引进外资企业发展社会主义生产力的理论基础和行动指针。

邓小平同志在答意大利记者奥琳埃娜·法拉奇问时，也对外国在中国建厂问题作出了这样的正确估计：“不管怎样开放，不管外资进来多少，它占的份额还是很小的，影响不了我们社会主义的公有制。吸收外国资金、外国技术，甚至包括外国在中国建厂，可以作为我们发展社会主义生产力的补充。”

我们有充分理由认为，外资企业是社会主义经济的有益补充。

二、外资企业是受我国宪法保护的特殊形态的国家资本主义经济因素

我国《宪法》第18条规定：“中华人民共和国允许外国的企业和其他经济组织或者个人依照中华人民共和国法律的规定在中国投资，同中国的企业或者其他经济组织进行各种形式的经济合作……它们的合法权利和利益受中华人民共和国法律的保护。”据此，外资企业在中国境内的存在是合法的。

另一个重要问题需要探讨的是，外资企业在社会主义国家经营开业是不是合理的，社会主义国家允许外资企业在境内经营开业是不是正确的。

诚然，从外资企业所有制的性质上看，当然属于资本主义经济。但是，这种资本主义经济并不是孤立的，而是从属于在我国占主导地位的社会主义国家公有制经济的。这是因为，第一，我国宪法规定，外资企业在我国境内的一切活动，必须遵守我国法律；第二，根据我国的实践，外资企业的主管部门对批准设立的外资企业负有指导、帮助和监督的责任：作为外资企业最高权力机构的董事会中，应有我国主管部门委派的董事一人，以便更有效地贯彻我国指导外资企业的意图。如果客商向我国申请设立的外资企业可能损害我国主权、违反我国法律，不符合我国国民经济发展的要求，造成环境污染或大量消耗能源，我国政府则不予批准。在批准的经营范围内，允许外资企业独立地进行经营管理。我国政府依法保护外国投资者的投资、所获利润、其他合法权益以及正常的生产经营活动。

列宁认为：“国家资本主义，就是我们能够加以限制、能够规定其活动范围

① 《列宁全集》(第31卷)，第435页。

的资本主义。"[①]由于外资企业的生产经营活动受到我们社会主义国家的限制和监督，我们据此可以认为，外资企业具有国家资本主义的特征，而国家资本主义是社会主义经济和资本主义经济在一定历史时期的联合体，它，不会葬送我们。反会使我们通过这一最可靠的道路走向社会主义。[②]

三、外资企业是社会主义计划经济的有益补充

我国其他城市的实践表明，外资企业的设立应符合我国国民经济发展的要求，有利于社会主义现代化建设。对前来我国申请设立外资企业的投资者，我国政府都要进行认真的选择，力求使之与我国经济发展的目标协调衔接。为了保证我国社会主义计划经济的实现，保证外资企业生产经营活动的顺利进行，外资企业的生产经营活动必须纳入我国国民经济计划。外国投资者在向中国政府申请开业时，应提交设立外资企业的申请书（主要内容包括外资企业的宗旨、经营范围、投资总额、注册资本和生产规模等）、投资者编制的经济和技术的可行性研究报告以及企业的章程。

经过我国政府批准后，外资企业必须按照批准的经营范围和生产规模制订生产经营计划，由董事会批准执行，报企业主管部门备案。外资企业在中国购买属于计划分配的物资，应纳入企业主管部门的供应计划，由物资、商业部门供应。同样，外资企业经批准后在中国国内市场销售属于计划分配的物资，也必须通过企业主管部门纳入物资管理部门的分配计划中，按计划销售给指定的用户。

由此可见，外资企业应纳入我国社会主义经济发展的轨道。外资企业不仅与社会主义经济并行不悖，而且是社会主义经济的有益补充。

四、外资企业有助于促进社会主义经济的发展

比照《中外合资经营企业法》的规定，客商在我国设立企业，必须缴纳企业所得税、外籍员工个人的所得税、工商统一税、房地产税、车船牌照税以及其他必须缴纳的税款。外资企业经我国土地管理部门批准后，通过签订土地使用合同取得场地使用权，必须向土地主管部门缴纳场地使用费。外资企业招收、招聘中

① 《列宁全集》（第31卷），第224页。

② 《列宁全集》（第32卷），第323～324页。

国籍职工，必须按照劳动合同的规定支付工资、职工奖励和福利基金、劳动保险费、医疗费以及国家对国营企业职工的各种补贴。

外资企业还能为我国节约外汇资金。根据我国国民经济发展的需要，我们可以利用外资企业发展短线产品，我们允许开业的外资企业的产品物料，主要是长期依靠进口的、国内紧缺的品类，以设厂生产替代远道进口，既节省运费，又减免风险。

外资企业还将为我国带来新、尖、精的技术。外资企业作为直接投资的方式，本身就填补了我国某些技术的空白点。为了增强其世界竞争的能力，外资企业必须以最先进的技术和管理方式装备自己。当今世界新技术的转移，90%以上都是在发达国家的跨国公司之间进行的，而目前我国外资企业中不少是发达国家跨国公司的子公司。外资企、事业的设立，必将促进我国进行新的技术革命和体制改革的步伐，促进我国工业产品的更新换代。只要技术确属先进，我们还准备以一部分市场换取技术。

在当前我国面临世界新技术革命挑战的严峻时刻，我们必须当机立断，奋起直追，紧紧盯住世界科学技术的最新成果，在坚持独立自主、自力更生和平等互利的前提下，积极而慎重地引进外资企业，不失时机地直接引进国际上知识、技术密集型产业，以便迎头赶上新技术革命的浪潮，加快我国四个现代化建设的进程。

（1984 年第 12 期）

1985 年

海外投资项目的法律可行性研究

汪　洋* 张国平**

国际投资作为引进先进技术、联系世界市场的有效经济形式，开始得到我国企业界的重视。许多企业正在开辟这样一条对外开放的新途径。法律上的可行性研究和经济、技术上的可行性研究一样，是海外投资项目可行性研究的一个重要部分。本文就此提出一些粗浅认识。

一、要了解投资所在国有关投资保证的法律规定

投资所在国有无法律保证，涉及投资的安全性，这是投资者必须要考虑的首要前提。对海外投资的保证，一般是由资本输出国和资本输入国单独或共同地采用某种措施。这些措施虽然形态不同，但其内容都属于政府保证。政府保证只限于政治风险，不包括一般商业风险。所谓商业风险，一般是指货币贬值、因估计错误致使经营恶化以及自然灾害等引起的损失。所谓政治风险，是指政治上、经济上人为的原因造成的损失。具体包括：(1)投资所在国政府对外国投资的企业实行征用、没收、国有化；(2)投资所在国禁止或限制外国投资者的资本、利润或其他收益兑换为外币汇回本国；(3)投资所在国发生战争、内乱，使外国投资者的利益遭受损失。

政治风险是影响外国投资者经济利益的最大障碍，精明的投资者都要把它作为评判投资环境的重要因素。发达的资本主义国家为了保证其私人投资者的经济利益，都十分重视政治风险的保证。例如，在海外投资最多的美国，已和世界上114个国家签订了投资保证协定，并实行了“私人海外投资保证制度”。根据这个制度，美国私人投资者可以向美国海外私人投资公司申请在投资所在国政治风险的保险。当保险事故发生以后，美国海外私人投资公司在向投保人补偿其所受的损失以后，将取得代位求偿权，向投资所在国求偿。

* 作者单位不详。

** 作者单位不详。

为了了解我国企业进行海外投资在政治风险发生时经济利益能否得到保证，就要了解投资所在国有关政治风险保证的法律规定。主要应注意两个方面：

(一)我国和投资所在国有无投资保证的双边协定。迄今为止，和我国签订了投资保护协定的有：瑞典(1982 年 3 月 29 日)、罗马尼亚(1983 年 2 月 10 日)、联邦德国(1983 年 10 月 7 日)、法国(1984 年 5 月 30 日)、比利时—卢森堡经济联盟(1984 年 6 月 4 日)、芬兰(1984 年 9 月 4 日)丹麦和挪威(草签)。其中我国同瑞典和罗马尼亚两国的协定已经生效(其他协定还有待双方履行各自国内有关程序)。我国和日本、瑞士、美国、荷兰、奥地利、意大利之间的投资保护协定正在签订过程中。除此之外，我国政府还同美国政府(1980 年 10 月 30 日)和加拿大政府(1984 年1 月 17 日)用换文形式订立了投资保险协议。

(二)投资所在国引进外资的有关投资保证的法律规定。至今已有 48 个国家制定了有关外国投资的法律。例如，日本的《外国投资法》、加拿大的《外资审议法》、南斯拉夫的《外国人向南斯拉夫联合劳动组织投资法》。在这些法律中，一般都有投资保证的规定。

二、要选择我国企业在海外投资的适当方式

投资方式的不同往往和相应的法律上的权利义务相联系。现在国际上常用的投资方式，除了传统的直接投资(包括开办独资企业，收购或合并国外企业，举办合资企业)和贷款以外，还有许多灵活的投资方式。例如，国际证券投资、补偿贸易、来料加工、国际租赁等。

我们进行海外投资，重要的是获得先进的科学技术和经营管理经验。在直接投资时，选择合资经营的方式，对取得先进的科学技术和管理经验更为有利。

尤其是我国企业在采用证券投资方式时，更要注意了解不同国家取得控制管理权的股权比例。所谓国际证券投资，是指投资者在国际市场上购买中长期债券，或者在股票市场上购买外国企业股票的一种投资方式。它和直接投资的区别在于：证券投资一般只能取得股息和红利，而不能取得对企业的控制管理权，只有股权在公司资本中达到一定比例时，才能取得控制管理权。不取得控制管理权，就难以取得先进的科学技术和管理经验，所以我们在采用证券投资方式时，首先要了解投资所在国取得控制管理权的股权比例。例如在美国，只有取得

10%以上的股权比例,才能取得控制管理权。

三、要了解投资所在国的税收法律制度,税收是影响投资经济效益的主要因素

对投资所在国税收法律制度的了解,特别要注意:

1. 采用何种税收管辖权。所谓税收管辖权,是指主权国家以征税对其领域内的一切人或物行使主权的一种表现。一般分为三种:(1)居住管辖权,即国家对其本国居民(包括自然人和法人)来自世界范围内的全部收入行使征税的权力;(2)来源管辖权,即国家对来源于其境内的收入行使征税的权力,而不考虑收入者居住地;(3)国籍管辖权,即国家对具有本国国籍的居民来自世界范围的全部收入行使征税的权力。

另外,许多国家采用结合的方式,如美国联邦税法规定,美国公民和本国法人对其全部收入具有纳税义务,不具有美国国籍的居民仅对其来自美国的收入负有纳税义务。

2. 有无消除和缓和国际重复征税的法律规定。消除和缓和国际重复征税,一般有单边和双边两种方式。单边方式,即投资所在国主动限制本国税收的管辖权。双边方式,即两个国家通过谈判签订避免双重征税的协定,在协定中对来源管辖权和居住管辖权作出规定。目前,我国已经和日、法、英、美等国签订了避免双重征税的协议。

3. 投资所在国对外资企业征税的税种、税率及优惠办法。无论是发达的资本主义国家,还是发展中国家,一般都有类似我国的经济特区和经济开发区,在这些地方投资,税收上往往有很大优惠。另外,在投资所在国鼓励投资的行业,税收上更有许多优惠。

四、要了解投资所在国限制和鼓励投资的范围

几乎每个制定外资法的国家都明确规定限制和鼓励投资的范围。例如,美国不允许外国对其国内的农业、交通、航空、船舶、自然资源等行业进行直接投资。菲律宾则更明确地规定了不允许投资的领域、受欢迎的投资领域和最受欢迎的投资领域。很明显,在欢迎投资的领域,投资者肯定能在税收、审批手续等方面得到优惠。

此外，我们还要对投资所在国的投资比例，利润汇出、投资方式、审批程序、外国职员雇用等方面的一系列法律问题进行认真的研究。

（1985年第6期）

1988 年

“3・24”撞车事故损害赔偿的法律思考

丁 伟*

1988年3月24日发生在上海的311次列车与208次列车相撞事件，是我国首次发生的因列车相撞导致国外旅客伤亡的重大行车事故。这起事故造成311次列车上日本高知市修学旅行团的师生死27人，伤35人。日方律师已向中方有关部门提出了要求赔偿的金额及其计算标准，其数额之大，令人咂舌。由于日方的赔偿要求与中国的法律规定和习惯做法相去甚远，加之两国现行法律对赔偿问题的规定不同，而且许多重要问题仅作原则性规定，很难直接适用，因此，争议是难以避免的。鉴于这类涉外损害赔偿，国内尚无先例，对于应如何确定赔偿金额、通过什么途径解决由损害赔偿而产生的争议等问题，国内法学界议论纷纷，莫衷一是。本文拟结合中国、日本及其他国家和国际公约、国际惯例的有关规定，对“3・24”撞车事故损害赔偿所涉及的法律问题及我们应采取的对策，作一学理上的探讨。

一、解决损害赔偿问题的途径

有关解决损害赔偿问题的途径是争论的热点。有些同志指出，可由政府出面，通过外交途径解决赔偿问题。多数同志则认为，赔偿问题应严格依法办理，政府不应出面，过早提出通过外交途径解决争议是不适宜的。

撞车事故发生的直接原因是列车司机的违章过失行为，不是国家行为；来华旅行的日本伤亡者既非我国邀请的国宾，又非享有特权的外交人员，因此，从法律上讲，中国显然不承担任何国际法上的国家责任。这种因列车相撞而产生的损害赔偿关系只能属于一种由中国法律调整的、具有涉外因素的民事法律关系。根据各国公认的国家间主权平等原则和国家属地优越权原则，外国人必须接受东道国的法律管辖，如果其合法权利受到不法侵害时，原则上应该依东道国国内法请求行政或司法救济，只有在东道国显然有“拒绝司法”、执法不公或采取歧视待遇的条件下，受侵害者的所属国为了保护本国公民的利益，才可根据国家属

---

* 作者单位：华东政法学院（现华东政法大学）。

人优越权的原则，通过正常的外交途径，行使外交保护权。显而易见，“3·24”事件的损害赔偿尚不存在这些条件。当然，政府之间可通过外交途径，就赔偿问题达成协议，但这种协议对受害者个人无拘束力，受害人可以直接通过司法途径向被告方提出赔偿要求。

笔者赞同大多数同志的意见，应该严格依法行事，既要依法保护日方当事人的合法权益，又要维护我国主权和经济利益。所谓依法，不外是依照国内法、国际条约和国际惯例。按照国际通行的做法，一国如缔结或参加某一条约，应优先适用该条约，其次再考虑适用国内法，而国际惯例则是在没有法律规定的情况下才能适用。然而，目前国际上尚不存在因铁路事故造成人身伤亡赔偿的国际公约，而中国法律对此有明确的法律规定，因此，处理这一问题原则上只能根据中国的法律规定进行友好协商，或者依照中国法律在中国进行司法诉讼。

二、损害赔偿的性质和赔偿的主体

对于因列车相撞引起的人身伤亡所导致的损害赔偿，既涉及侵权行为，又涉及违约行为，即同一损害事实可以同时引起侵权行为诉讼和违约行为诉讼。按照大多数国家的法律规定和司法实践，当事人只能选择其中一种提起诉讼，有些国家则不允许当事人选择，只能以侵权行为为由进行诉讼。因此，无论是友好协商，还是进行司法诉讼，首先要确定损害赔偿的性质，到底是侵权行为还是违约行为，这一问题直接关系到由谁来充当赔偿主体，这对最终的赔偿结果有重大的影响。

从法律上看，能作为赔偿主体的可以是下列三者：

1. 肇事司机

经过我国有关部门的充分论证，现已确定：“3·24”行车重大事故是由于311次列车司机违反行车规定，导致列车闯过显示红色灯光的出站信号机，挤坏道岔，进入区间，与迎面开来的208次列车正面相撞而造成的。目前，作为事故直接责任者的正司机周小牛经检察机关批准，已由公安机关依法逮捕。根据法律规定，在依法追究肇事者刑事责任时，还可判令其承担民事赔偿责任。如果日方以侵权行为为由要求赔偿，作为赔偿主体的只能是肇事司机。然而，当肇事者经济困难，无力支付时，日方就得不到完全的补偿。在此种情况下，日方将要求铁路部门负责赔偿，但我国《民法通则》没有规定单位组织对其工作人员在履行劳动职责时因过失造成的损害，应负赔偿责任。基于上述原因，日方可能选择以违约行为作为请求或诉讼的理由。

2. 与日方存在合同关系的上海青年旅行社

这次遇难的日本高知市修学旅行团的旅行活动是由日本交通旅行社安排的,并由其与上海青年旅行社(以下简称青旅社)达成协议,由后者负责日方在上海的活动。这样,一旦日方以违约行为为由提起诉讼,与日方存在合同关系的青旅社将作为直接赔偿主体。

3. 与青旅社和日本伤亡者存在合同关系的上海铁路局

在这起赔偿案中,青旅社为日方购买火车票,使其搭乘上海铁路局承运的列车,这样青旅社与上海铁路局之间建立了一种广义上的运输合同关系。铁路局作为合同一方有责任将旅客安全运送到目的地。对于因铁路部门管理不善、规章制度执行不严、劳动纪律松懈、工作人员过失所造成的人身伤亡,无疑可视为铁路部门违反合同规定。

除此之外,上海铁路局还与日本伤亡者存在一种保险合同关系。按照大多数国家的法律规定,海上运输、铁路运输和航空运输都实行强制保险制度。我国《铁路旅客意外伤害强制保险条例》第1条明确规定:“凡持票搭乘国营、或专用铁路火车之旅客,均应依照本条例之规定,向中国人民保险公司(以下简称保险公司)投保铁路旅客意外伤害保险,其手续由铁路管理局办理,不另签发保险凭证。”按照这一规定,车票就是保险合同凭证,一旦出险造成人身伤亡时,受害人有权要求得到补偿。

笔者认为,造成撞车事故的直接原因不是违约行为,而是肇事司机的侵权行为。因此,在确定赔偿的性质时,我们应坚持以侵权行为作为赔偿的依据。从法律上讲,违约行为和侵权行为都构成债的关系。但前者属于合意之债,后者属于非合意之债。合意之债同非合意之债相比,法律的强制性规定很少,而任意性规定很多,当事人自行协商的余地很大。日方如以侵权行为为由提出赔偿要求时,肇事司机即为直接赔偿主体,即使日方要求铁路部门承担赔偿责任,这一赔偿也受保险金额的限制,这对中方是有利的。

三、管辖权和法律适用问题

管辖权和法律适用是有关国家主权、法律尊严的重大原则问题。无论是谈判、协商还是依照司法程序解决赔偿问题,原则上都应适用中国法律并在中国进行。

按照我国《民事诉讼法》(试行)规定:侵权行为的诉讼,由侵权行为地人民法院管辖。同样,日本《民事诉讼法典》第15条规定:因侵权行为发生的诉讼,由侵权行为地法院管辖。因此,中国法院作为侵权行为地法院行使管辖权具有充分的法律依据。

关于侵权行为之债的准据法,主要有三种,即侵权行为地法、法院地法、与侵权行为最密切联系的法。中国是侵权行为的发生地、法院地、被告人的住所地,与侵权行为的联系最为密切。因此无论采用哪一种准据法,结果都是中国法。在这一问题上,中日两国的法律规定也是相同的。《民法通则》第146条规定:侵权行为的损害赔偿,适用侵权行为地法律。日本《法例》第1条第1款规定:“因无因管理、不当得利或不法行为而产生的债权,其成立及效力依其原因事实发生地法”。此外,1971年签订的《公路交通事故法律适用公约》第3条规定:交通事故采用事故发生地国内法。几乎所有国家的国际私法规范都规定以侵权行为地法作为准据法。

四、赔偿数额及其计算标准

有关损害赔偿的具体数额各国通常不作明确规定。对于赔偿额的计算标准各国规定各异,不存在公认的、各国普遍接受的计算标准。大陆法系通常将损害分为财产损害和精神损害。法国司法实践长期认为,子女因火车事故而死亡时,应赔偿其父母因精神上痛苦和不安而造成的“精神损害”。英美法系则将损害赔偿划分为补偿性赔偿和惩罚性赔偿,前者指对受害人所受的物质损害的赔偿,后者则是一种慰藉金,指对受害人所受的精神痛苦的赔偿,具有惩罚侵权行为人的性质,它与大陆法系中的精神赔偿大体相似。当然,也有一些国家的法律规定,赔偿只限于侵权行为造成的直接的、即时的损害,从时间上看,损害要紧接着侵权行为而发生,因此,“精神损害”不予赔偿。

在损害赔偿问题上,中日两国的法律规定和司法实践有很大的差异。我国《民法通则》第119条规定:“侵害公民身体造成伤害的,应当赔偿医疗费、因误工减少的收入、残废者生活补助费等费用;造成死亡的,并应当支付丧葬费,死者生前扶养的人必要的生活费等费用。”在实践中,对因交通事故造成的死亡者给予丧葬费、直接财产损失费用以及相当于被害人三年工资的家庭扶养费。

《日本民法》第710条则规定:不论是侵害他人身体、自由或名誉情形,还是侵害他人财产权情形,赔偿责任者对财产以外的损害也应赔偿。第711条规定:“害他人生命者,对于受害人的父母、配偶及子女,虽未害及其财产权,亦应赔偿损害。”但对于具体的计算标准,法律无明确规定。在实践中,日本有关交通事故导致人身伤亡的财产损害,主要有积极损害和消极损害两种。积极损害主要指侵权行为直接造成的财产利益的减少,如为恢复健康所需的医疗费等,这种费用只有在致伤症状大体稳定以后才能要求赔偿。消极损害主要指死者、受伤者的逸失利益的损失,即由于侵权行为而使被害人失去将来应得到的利益,通常由原告(被害人)就损害额的计算提出具体的证明,法官以此为基础认定赔偿额。

"3·24"撞车事件发生后,日方已向中国有关部门提出了受害者的赔偿金及其计算标准。每一死亡者的赔偿金由四部分组成:逸失利益、慰问金、丧葬费、交通费及其他费用。根据日方的计算标准,每一死亡男学生的赔偿金约3590万日元,女学生的赔偿金约3130万日元(均不包括交通费及其他费用)。受伤者的损害赔偿更为复杂,每一受伤者的赔偿金额由10部分组成,即(1)治愈前实际使用的医疗费;(2)实际使用的住院费;(3)实际使用的门诊、交通费;(4)经医生认可的器具费;(5)护理费(包括住院护理费、门诊陪护费、将来陪护费);(6)住院杂费;(7)将来的手术费、医疗费;(8)停工损失(学生无);(9)慰问金;(10)后遗症的逸失利益。

日方提出的上述赔偿额及其计算标准是缺乏法律根据的。笔者认为,既然按照国际法的基本原则、公认的国际惯例以及包括中日在内的绝大多数国家的规定,解决因列车相撞所产生的赔偿问题应适用中国法律,那么有关损害赔偿的金额及计算标准理应依照中国法律来确定。根据我国铁道部《铁路旅客运输管理规则》的规定,旅客意外伤害的处理按保险条例支付保险金,由事故委员会根据我国《铁路旅客意外伤害强制保险条例》规定及旅客的伤害程度,提出给予保险金的金额。该条例对保险范围、保险金额及保险金的数额和支付方式等都作了明确规定。根据保险法的基本原理,旅客的保险金不得超过作为保险人赔偿责任最高限额的保险金额的全数,因此,日方提出的赔偿要求中超出保险金额全数的部分,原则上不能给予补偿。当然,这一损害赔偿具有涉外因素,在确定赔偿金额时应充分考虑两国不同的价格制度,不同的生活标准,适当地参考一些国际惯例,在支付保险金后,再给予一定数额合理的救济金,这样处理更显得合情、合理、合法。

鉴于"3·24"列车相撞事故是我国首次发生的因列车相撞导致外国旅客伤亡的行车重大事故,其处理结果就是一个重要范例,对今后处理类似事故具有重要的影响。为此,我们应谨慎从事;严格依法办事。与此同时,还应及时理清国内的有关法规,尽快健全我国有关损害赔偿的法律制度,真正做到防患于未然。

(1988年第10期)

1990 年

欧共体贸易法律的变化及我国的对策

曹建明*

一、欧洲共同体对中华人民共和国的经济贸易政策及法律

欧洲共同体是当今世界最大的贸易和经济集团，也是我国进出口货物的传统市场和引进先进技术设备和资金的重点地区之一。1975年5月8日，欧洲共同体与中国建立了正式关系，双方的经济贸易合作进入一个新的阶段。

（一）欧洲共同体和中国关于双边经济贸易关系的基本法律文件

1978年和1985年欧洲共同体先后与我国签订了两个分别为期5年的贸易协定。共同体和中国发展双边经济、贸易的基本法律原则是：(1)贸易合作原则。缔约双方相互给予关税方面的最惠国待遇；努力实现贸易平衡，出现明显不平衡时，由混合委员会研究改进措施；中国对来自共同体的进口给予有利的考虑；共同体对来自中国的进口给予程度越来越高的自由化，逐步提高中国配额商品的额度。(2)经济合作原则。双方发展经济合作的7个主要领域是：工矿、农业、科技、能源、交通通信、环境保护和在第三国的合作。(3)建立混合委员会。双方建立混合委员会，检查执行协定情况，讨论双边关系中的问题并探讨问题解决的办法及双边经济贸易关系进一步发展的途径。

（二）中国出口商品在欧洲共同体大市场的法律待遇

共同体于1980年起对中国实行普遍优惠制。共同体普惠制的目标是：增加发展中国家的收益；促进发展中国家工业化；加速发展中国家的经济增长率。普惠制的作用，是通过关税削减产生的价格影响来体现的。一般而言，由于共同体（给惠国）减免关税的差额，使甲国（受惠国）出口商品的价格具有更大的竞争能力，以吸引共同体国家的进口商向中国购买更多的受惠产品，从而扩大了中国制成品和半制成品的出口。

共同体给我国普惠制待遇，其主要内容是：

1. 受惠商品范围。即共同体普惠制给惠方案中列出的给惠商品清单。共同体确定给惠商品范围主要基于“海关合作理事会商品分类目录”，亦称“布鲁

* 作者单位：华东政法学院（现华东政法大学）。

塞尔税则目录”。该目录总的分类原则是以商品来源为主，结合加工程度和用途来划分。在共同体1987年的普惠制方案给惠产品清单中，有91个商品分类目录税目项下的347种农业产品普惠，对几乎所有的工业制成品和半制成品（不包括纺织品、钢铁制品）给予普惠制待遇。但是，有些商品受到配额和关税配额的限制，如铝锻板、铝薄板、铝条等。

2. 关税削减幅度（优惠幅度）。欧洲共同体对大多数农产品可以在最惠国税率的基础上减税20%～50%不等，有20%的农产品还可得到免税待遇。但根据共同体的农业政策，对某些农产品征收的附加进口税照旧征收。共同体对所有列入受惠范围的工业成品（包括纺织品、钢铁制品），都给予免税待遇。

3. 原产地原则。原产地原则目的是确保普惠制关税优惠待遇的好处仅给予来自发展中国家生产、收获和制造的产品。它由原产地标准、直运规则、书面证明三部分组成。

（1）原产地标准。共同体将受惠国的原产品分为两大类：第一，完全原产品，即完全采用受惠国本国的原料、零部件生产或制造的产品；第二，含有进口成分的产品即全部或部分地使用进口（包括来源不明）的原料或零部件的产品。这种产品取得原产品资格的必要条件是：其中的进口成分必须在受惠国经过充分加工或制造，其性质或特征达到了实质性改造的程度，变成了另一种完全不同的产品。

（2）直运规则。即原产品必须从出口受惠国直接运至共同体进口给惠国。目的是确保运至共同体进口给惠国的产品是出口受惠国发运的原产品，避免运输途中进行的任何可能的再加工、换包或伪造。

（3）原产地证明文件。即必须向共同体进口国海关当局提供由出口受惠国政府授权的签证机构签发的普惠制原产地证明书。

（三）欧洲共同体对我国出口产品的法律限制措施

共同体国家从我国进口货物除征收关税外，还要根据理事会颁布的《中华人民共和国进口货物制度》的规定，进行管理，以限制进口。共同体进口制度的主要内容是：把共同体关税税则共计约1012个税则号的商品分成两部分，一部分允许自由进口，另一部分凭许可证限量进口或禁止进口。共同体制定有三张进口商品单：即自由进口货单、非自由进口货单和配额进口货单，包括了所有的进口商品。

（1）自由进口货单。凡列在自由进口货单中的商品，原则上进口不受数量限制。欧洲共同体理事会1978年颁布的《中华人民共和国进口货物制度》开列了从我国自由进口商品的货单，包括718个税号全部商品和96个税号的部分商品可从中国自由进口。1986年,共同体对我国实行的自由进口货单已增为740个税号的全部商品,部分品种可自由进口的商品税号增至130个。

(2)非自由进口货单。在非自由进口货单中的商品,多数是未开放配额的商品,由成员国根据共同体统一规定的原则,直接掌握这部分商品的进口权。一般是在与本国产品不形成竞争并在本国市场又需要的情况下,参照前几年总的进口情况和前3年从该国的进口情况,决定是否发给进口许可证以及发证的数额。

(3)配额进口货单。开列共同体各成员国对上述非自由进口货单中开放配额的非纺织品商品,它规定从中国进口的限量或限额。纺织品进口配额单则另外列出。配额规定的数额一般很小,是共同体控制进口规模的一种手段。

共同体为保护大市场的内部生产,对列入自由进口货单中可以自由从中国进口的商品,实行限制措施。当某一属自由进口商品数量增长过快,影响到共同体或共同体的生产者的利益,共同体可采取限制措施,限制进口。共同体对我国出口商品的法律限制措施主要有:

1. 对敏感性和半敏感性商品实行进口配额和进口配额加许可证双重管理方法。共同体根据其成员国工业生产和市场需要,把优惠进口产品划分为敏感、半敏感和非敏感产品三大类。按照先来先得的原则,采用全球性最高限额、关税配额和国家最大额度,限制敏感和半敏感产品的优惠进口。欧洲共同体对我国出口的纺织品就采取了该管理办法,即由我方根据配额出具出口许可证,共同体则根据我国出口许可证发放进口许可证。必要时双方核对发证数字。

2. 自动限制出口。为保护共同体内部生产,当某一属自由进口产品数量增长过快时,共同体可以要求出口者实行对出口的自我限制。我国出口产品已受这类保护措施影响。如1982年年底,欧洲共同体委员会提出,1981年中国对共同体出口的麻底鞋、工艺鞋及其他布面室内鞋、运动鞋达5300万双,出口价比当地产品价平均低30%~60%,导致当地企业倒闭,因此,共同体要求中国自动限制出口数量,1982年的限量为1981年的实际出口水平。此后,双方每年商定一次限量,1987年的限量为6725万双。

3. 进口监督。共同体内部市场实行货物自由流通,第三国商品缴纳关税通关进入某成员国后,即可享受共同体产品待遇,自由流通到其他成员国。但是如果这种流通对成员国或共同体利益构成威胁时,共同体委员会可根据成员国要求或自行建议,经过一定的磋商和调查程序,宣布对已进入共同体并有可能从进口成员国再次出口到其他成员国的有关产品实行共同体内部监督,停止这类商品在共同体范围各成员国之间自由转口流通,或者授权某个或几个成员国实行进口监督,禁止或凭许可证经由其他成员国向该国转口有关商品。

4. 外汇管制。加强外汇管理,采用外汇管制手段限制进口商购买远期外汇以支付进口,或商人在进口时要同时向本国银行义务存入一笔与合同金额成一定比例的款项。我国与意大利一进口商签订出口合同后,曾因意大利客户缺乏资金存入其银行而撤销合同。

5. 反倾销。反倾销是欧洲共同体各国限制外国商品输入、实行贸易保护主义的一项主要方法。共同体反倾销法规定,对共同体出口产品价格低于同类产品的正常价格,并且对共同体当地工业造成损害,该产品即构成倾销。近年来,我国出口到共同体国家的产品,不断受到所在国家的反倾销调查或诉讼。值得注意的是,共同体对来自非成员国的进口产品提出反倾销的频率越来越大。以往反倾销措施的适用范围基本集中在原材料、化工原料、纺织品等低级产品上,而现在高技术产品也已成为制裁对象。

二、欧洲共同体统一市场对我国对外经济、贸易的影响及其法律对策

欧洲共同体统一内部大市场,有利于我国对共同体市场进行整体开拓和整体促销,有助于改变目前我国对外贸易结构中,日本、美国所占比重过大的局面。但是,共同体形成统一市场后,也有加强贸易保护主义的明显倾向,并必然影响到我国与共同体的双边贸易。这是因为:

第一,随着欧洲共同体一体化进程的加速,成员国之间的经济贸易关系必然进一步加强,彼此将提供更大的优惠,而对外为保护统一大市场,协调各成员国利益,必然对非成员国采取统一的限制排斥措施。如对内统一取消关税和数量限制,对外则实行统一的关税制度。可以预料,共同体成员国与非成员国的贸易摩擦将更为频繁激烈。

第二,在共同体国家中,相对存在北富南贫的局面。建立统一大市场并统一税收法律制度后,发达的北方国家必然会加强对相对不太发达,且生产成本较低的南方国家的投资,如希腊、葡萄牙和西班牙等。因此,南方国家的一些技术档次不太高的劳动密集型产品将会与中国同类产品产生激烈竞争,并取而代之。

第三,我国的普惠制待遇可能会受影响。为了适应统一内部市场的需要,共同体将对成员国使用"保障条款"作出更为明确的规定。根据《罗马条约》第115条的规定:共同体成员国可以在特殊的情况下不准或限制其他成员国从第三国进口的产品在本国市场上流通。欧洲共同体统一市场建立后,随着成员国贸易

关系加强,共同体可能会削减我国享受普惠制的数量和受惠范围。我国普惠制项下的出口产品减少,以及出口产品价格随着关税提高而提高,必然影响纳税人(共同体国家进口商)进口、销售我国产品的积极性。

据此,我国应采取的相应对策是:

1. 切实加强对欧洲共同体法的研究。目前,我国应注重研究欧洲共同体的贸易法、投资法、公司法、竞争法、税法、反倾销法、反补贴法、产品责任法、工业产权法和消费者保护法等有关法律,特别注意收集欧洲共同体对外经济贸易政策的最新动态和资料,做到知己知彼,以迎接挑战。

2. 拟定开发欧洲市场战略,加强中国在欧洲共同体国家投资,争取国民待遇。欧洲共同体统一市场形成后,中国在任何成员国进行直接投资或间接投资,都可享受非歧视性的国民待遇。我国目前可以考虑,有较强竞争性的企业可以争取在共同体内直接投资设厂或与欧洲同行业合作,共同开发有竞争性产品,并将产品直接就地销售。这样不仅可以避开贸易壁垒,开拓产品外销渠道,还有利于中国对共同体市场进行整体开拓。

3. 积极推进同欧洲共同体国家的双边经济贸易谈判,力争欧洲共同体承认我国属于发展中国家,扩大我国享受普惠制的范围,逐步取消优惠数量限制,并争取更多的财政援助和技术援助。同时要求共同体减少对我国出口商品的各种关税和非关税壁垒,进一步放宽、改进、统一和简化其原产地规则,放宽直运规则。

4. 密切注意欧洲共同体在建立统一市场过程中统一技术规范和商品标准的情况。目前,欧洲共同体成员国各自规定的产品标准和技术规范与统一大市场的要求是相抵触的。这不仅影响了成员国间贸易的开展,也阻碍了第三国出口产品进入欧洲共同体市场。共同体为改变这种状况,正在对商品逐类逐项地进行审查,并制定统一的技术规范和商品标准。中国出口企业只有十分注意获取共同体有关产品的法规、规章和技术标准等方面的最新资料,并随之改变自己产品的技术规范与标准,才能避免统一市场形成后,因自己的产品不符共同体标准而被挤出共同体大市场。

5. 在现有的条件下,充分利用共同体普惠制。从我国对共同体普惠制受惠情况来看,仍尚未充分利用,出口产品只利用普惠制优惠项目40%左右。其主要原因,一是由于共同体普惠制的原产地原则特别是直运规则十分严格,使我国产品不能完全受惠;二是我国外贸部门及出口企业不甚了解共同体给我国的普惠制待遇,不了解出口商品受惠情况、减税幅度、配额数量等。这种情况应引起我们的高度重视。

6. 根据欧洲市场需求和市场条件，改变我国出口产品传统结构，改进出口产品质量，提高产品竞争能力。目前中国出口产品结构不适应共同体进口产品结构的变化。中国对共同体出口以农副土特产品、轻纺工艺品（包括纺织品和服装）为主，约占出口总额的70%，且大都属中、低档商品。有些传统出口食品因农药残留量过高而被禁止进口。纺织品又被视为敏感性商品，被规定严格的配额限制。所以说，我国目前和今后一段时期的主要出口创汇产品，已是共同体进口比重大幅度下降或加以严格限制的产品，而共同体进口比重上升的产品，则是我国现阶段生产和技术较为落后、较难打入共同体市场的产品。我们要注重改变出口产品结构，既切实提高现有拳头产品的质量及扩大品种，又抓紧形成新的机电仪器高级拳头产品，使出口产品迅速向中高档、多样化、优质化方向发展。

（1990年第5期）

论“一国两法”与域际法律冲突

翁其银*

随着1997年和1999年第一个和第二个特别行政区——香港特别行政区和澳门特别行政区——的设立，我国将从“一国一法”变为“一国两法”，从单法域变为多法域，从而各法域之间将出现别具特色的法律冲突。面对这种即将出现的法律现象，我们应做深入细致的超前性探究，寻找最佳对策，使之成为我国走向全面法治的契机。

一、域际法律冲突的产生

法律冲突，指不同制度的法律对同一问题的规定不同而导致效力上的抵触。仅就空间而言，法律冲突可分为两大类，即国际法律冲突和区际法律冲突。前者指国家与国家之间的法律冲突；后者指一国内部不同法律制度的行政区之间的法律冲突。1997年和1999年以后的我国国内法律冲突，当然不是国际法律冲突，但也不是一般意义上的区际法律冲突，而是专指在我国大陆（或内地，下同）法域统一实施的全国性社会主义法律与在香港、澳门等特别行政区各法域继续实施的地区性资本主义法律之间的冲突，即特别行政区法域之间的法律冲突。如果用“区际法律冲突”加以表述，容易引起大陆各省、自治区、直辖市也都是各自独立的法域，相互之间也有法律冲突的错觉。因此，笔者认为以“域际法律冲突”一词来概括这一奇特的法律现象较为适宜（国外学者也曾使用过这个词，那是广义的“区际法律冲突”；本文探讨的是狭义的“域际法律冲突”）。与此相关，笔者用“跨域民事商事法律关系”取代“涉外民事商事法律关系”，以避免将特别行政区视为“外境”乃至外国的误解或曲解。

区际法律冲突多存在于联邦制国家，一般不存在于单一制国家（英国的英格兰与苏格兰之间的民法冲突属于特殊情况）。而作为区际法律冲突特殊形态的域际法律冲突，之所以于20世纪90年代将出现在单一制的我国，有其独特的背景和条件。这些背景和条件是由“一国两制”构想的逐步落实而造就的。

---

* 作者单位：公安社会科学院信息研究所。

首先是"一国"中的"两制",意味着1997年和1999年以后,我国将至少50年之内并存社会主义法律制度与资本主义法律制度,即统一的社会主义法律制度,或称主体法域,和香港、澳门等特别行政区原有的资本主义法律制度或称非主体法域保持基本不变,这将是"一国两法"条件下奇特态势的法域新格局。由于各法域的法律制度不同,特别是由于主体法域与非主体法域法律制度本质上的差异,在许多同一问题上必然会有不同的法律规定,如对于婚姻,大陆法律提倡婚姻自由,婚姻自主,凡年满22岁的未婚男子与年满20岁的未婚女子,都可以自主缔结婚姻。香港法律却规定:只有年满21岁的男女才能自主缔结婚姻;年满16岁的男女虽然也可以结婚,但必须征得双方父母或监护人的同意。至于同一行为,某特别行政区法律认为是合法的,大陆法律却可能认为是非法的;同一合同,大陆法律认为是有效的,某特别行政区法律却可能认为是无效的情况,将更为常见。诸如此类对同一问题大陆法律与特别行政区法律的不同规定,以及某一特别行政区法律与另一特别行政区法律的不同规定,是我国域际法律冲突产生的第一个前提条件。

其次是"两制"下的"一国",世界上不少地区的法律制度都相歧义,对同一问题的规定更是千差万别,却不一定就构成区际法律冲突或域际法律冲突。只有当这些不同法律制度对同一问题存在不同规定的地区,同属于一个主权国家有效行使其主权的范围之内时,才能而且必然构成区际法律冲突或域际法律冲突。1997年和1999年我国政府分别恢复对香港和澳门行使主权,并根据我国现行《宪法》第31条规定设立香港特别行政区和澳门特别行政区之后,在"一国"范围内大量跨域法律事实才会将大陆法域与特别行政区法域以及特别行政区法域之间的不同法律规定联系在一起,从而产生我国特有的法律现象——域际法律冲突。因此,特别行政区置于我国统一的版图之内,这是我国域际法律冲突产生的第二个前提条件。

与香港、澳门问题不同,台湾问题纯属我国内政。但是,由于台湾现行的法律是在国民党原在大陆实施的《六法全书》的基础上发展起来的,而《六法全书》已于1949年被宣布废除,因此从理论上讲,台湾对内不是一个法域,与大陆不存在本来意义上的法律冲突。只有当台湾回归祖国,接受"一国两制"方针,成为一个特别行政区之后,才能作为一个被承认的法域,与大陆法域及其他特别行政区法域并列,从而产生相互之间的法律冲突。

二、域际法律冲突解决的原则

1997年和1999年我国第一个和第二个特别行政区设立之后，特别是将来台湾回归祖国，作为我国第三个特别行政区设立之后，各法域之间的经济合作、贸易往来、文化交流将日益发展，各法域居民在这类活动之中结成的民事法律关系也将日益纷繁，域际法律冲突必然随之日益突出。与"一国两法"密切联系的我国域际法律冲突，较之一般意义上的区际法律冲突深刻得多，复杂得多，如何加以妥善解决，将成为理论界和司法界面临的一大难题。笔者认为，将来在解决我国域际法律冲突中似应特别注意以下几项原则。

1. 四域一国原则。在今后特殊单一制的我国，特别行政区再特别，它们仍然只是直辖于中央人民政府的地方行政区域，特别行政区的自治权再大，这些权力和权利仍然只是中央授予的，而不是其本身所固有的。在今后任何时候，我国仍然只有一个中央政府，只有一部宪法，只有一个国籍，只有一个国际法主体。因此，任何特别行政区都是我国领土不可分割的部分，任何特别行政区的法律制度，都是今后我国法律制度的组成部分，特别行政区的任何我国公民都只能具有一个国籍——中华人民共和国国籍，不能同时具有其他国家的国籍。在探讨和解决今后我国国内法律冲突时，更要始终坚持"四域一国"的原则，绝不允许将特殊单一制视为联邦制乃至邦联制，将特别行政区与联邦制国家成员国或邦联制成员国等同看待，绝不允许将域际法律冲突蜕变为国际法律冲突。在这个大前提下，我们也应该注意到，特别行政区相互之间，尤其是特别行政区与大陆之间，包括法制在内各方面情况差异极大。即使在1997年和1999年我国政府分别恢复对香港、澳门行使主权，即使将来台湾回归祖国之后，各法域之间，特别是大陆法域与特别行政区法域之间，人员仍然不能自由流动，进出手续比具有双重国籍的联邦制国家还将严格得多。如《香港特别行政区基本法》第22条第4款规定："中国其他地区的人进入香港特别行政区须办理批准手续，其中进入香港特别行政区定居的人数由中央人民政府主管部门征求香港特别行政区政府的意见确定。"这预示着，在特别行政区之间，尤其在特别行政区与大陆之间，将存在无形的、看不见的东西——域境及与之相关联的域籍（不是省境与省籍。在大陆各省、自治区、直辖市之间，实际上并不存在省境关卡及与之相关联的省籍）。对此，我们应该注意两点：第一，提防将域境、域籍变为国境、国籍，破坏"四域一国"原则。对这类问题，我国香港和台湾地区学者也很关切。第二，可以大胆地将"域境"、"域籍"这类新概念明朗化，把它们引入域际法律冲突理论，使之成为域际冲突法的连接点,有利于域际法律冲突的解决。如"域籍"可以作为当事人属人法的依据;"域境"可以作为不动产依不动产所在地法的范围。

2. 两法适用平等原则。法律冲突必须以法律地位平等为前提。特殊单一制的我国存在"一国两法",中央的法律与特别行政区的法律虽然在法的创制上不平等,但在法的适用上却是平等的,这是因为全国人大及其常委会制定的全国性法律,由于属于社会主义类型的法律,并不在包括特别行政区在内的全国范围内实施,而是在我国的主体部分——继续实行社会主义制度的大陆30个省、自治区、直辖市实施,保留资本主义制度的特别行政区除实施全国人大制定的本特别行政区基本法之外,基本上不实施全国人大及其常委会制定的全国性社会主义法律,而实施特别行政区设立之前、与本特别行政区基本法不相抵触的当地资本主义法律,及特别行政区设立之后新创制的资本主义性质的法律。这就造成了统一实施全国人大及其常委会制定的社会主义法律制度的大陆法域与基本保留资本主义法律制度的各特别行政区法域的并列,导致在创制上不平等的两法不得不在适用上平等。所谓两法适用上的平等,主要指两法中的民事商事法律在域内和域外适用时的效力相等。也就是说,大陆社会主义法律中的民事商事法律在域内具有多大效力,在域外与某一特别行政区相关法律发生冲突时也具有同样的效力。与此对等,某一特别行政区资本主义法律中的民事商事法律在域内具有多大效力,在域外与大陆相关法律发生冲突时也具有同样的效力。在具体调整跨域民事商事法律关系中,大陆社会主义法律不因其出自中央立法机关而优于特别行政区的资本主义法律,不允许后者与之相抵触。同样,特别行政区资本主义法律也不因其出自地方立法机关而劣于大陆的社会主义法律,不因其与后者发生抵触而削弱乃至丧失原有的效力。如果不承认两法在适用上的平等,不允许特别行政区的资本主义法律与大陆上的社会主义法律抵触,那必然影响特别行政区资本主义法律制度的存在,实际上否定"一国两法",并进而否定"一国两制"。我国法域虽有主体与非主体之分,但它们的法律地位却应该并且只能是平等的。

3. 借用国际冲突法与国际惯例,同域际冲突规范立法并举原则。在特殊单一制的我国,无论统一域际实体法,还是统一域际冲突法,都是不适宜和不可能的,至少在特别行政区设立50年内是这样。这是因为:首先,联邦制国家都是"一国一法"的,各法域的法律同属于一种历史类型,其差异是非根本性的差异,加以统一的难度相对较小。特殊单一制的我国是"一国两法"的,大陆法域与特别行政区的法律分属于两种历史类型,其差异是根本性的差异。这种差异有其深厚的经济基础和浓厚的政治背景,其中有的(如香港、澳门)已被国际法所确认,很难改变,也不宜改变。若强行改变,岂不是将"两法"改为"一法",把"两制"变为"一制"吗?其次,我国的统一是逐步实现的,特别行政区是逐个设立的,台湾肯定会回归祖国,但近期内尚不会回归。在这种情况下,谈论制定统一实施于四个法域的实体法和域际冲突法,为时尚早。因此,在特别行政区设立之初,只能一方面借用国际冲突法和国际惯例;另一方面着手制定各法域各自的域际冲突法。这不仅是必要的,而且是可行的。第一,各法域前身的法律中或准法域的法律中都包含有国际冲突规范乃至专门的国际冲突法。如在大陆实施的《中华人民共和国涉外经济合同法》、《中华人民共和国民法通则》第8章"涉外民事关系的法律适用"以及《中华人民共和国继承法》、《中华人民共和国婚姻法》中的有关涉外因素的条款,在我国台湾地区实施的"涉外民事法律适用法",等等。只要在观念上将这些法律条文中"涉外"、"国籍"、"外国"、"本国"、"国境"等词语分别改为"涉域"、"域籍"、"外域"、"内域"、"域境"等,即可变通地适用于域际法律冲突的解决。第二,各法域前身或准法域本身都共同或单独参加许多国际条约和双边或多边协议,遵循国际惯例。据1985年统计,适用于香港的国际条约和协议已达四百多项。其中一部分,大陆或香港或澳门也有参加。因此,在无法变通适用内域法国际冲突规范的场合,可在"一个国家"的大前提下,参照国际条约、国际惯例中的有关规定,解决我国域际法律冲突。经过一个时期,各法域可以在总结变通适用国际冲突规范和参照国际条约、国际惯例解决域际法律冲突经验教训的基础上,分别制定各自的域际冲突法,使域际法律冲突的调整工具多样化。待时机成熟时,逐步地以域际冲突规范取代国际条约、国际惯例,最终把域际法律冲突的解决纳入正常轨道。

4."充分信任"加相互谅解的原则。在特殊单一制的我国,各法域的法院之间更应该相互信任,怀有诚意,在正常情况下都要无条件地承认并执行他域法院的判决。不应动不动就以公共秩序保留为由排除他域法的适用及他域法院判决的承认和执行,致使域际法律冲突变为域际法律对抗。但是,我们必须意识到,我国域际法律冲突是在"一国两制"和"一国两法"条件下特殊形态的区际法律冲突,大陆法域与特别行政区法域除法律分别属于两种不同历史类型的法外,各个社会的经济基础、政治制度、伦理道德、价值观念存在重大差异,各个政权对本法域的公共政策更不相同。因此,公共秩序保留条款短期内还不能完全废弃。如果准确地估计到适用他域法律或承认、执行他域法院的判决,会严重伤害本域的社会制度、公共秩序、伦理道德和风俗习惯,乃至影响本域政权存续的基础,还是有必要以公共秩序保留为由加以排除。这虽然是个别情况,但总是难以避免。对此,被排除的法域的法院及有关当事人,应予充分的理解和谅解。本来,"自由流通”与公共秩序保留是彼此对立、相互排斥的，而在特殊单一制的我国却应该是统一的，而且是能够统一的。因为各法域都能自觉地坚持“一个国家”的大前提，相互充分信任，在一般情况下诚心诚意地承认和执行他域法院的判决，使绝大多数涉域民事案件的判决得以在各法域“自由流通”。而在不得不采取公共秩序保留条款的特殊情况下，各法域又能基于“四域一国”的坚定信念，互相理解和谅解，不使域际法律冲突变为域际法律对抗。可见，充分信任加相互理解是特殊单一制我国解决域际法律冲突的重要原则之一。

法律冲突必须依法解决，法律冲突有利于不同法域之间法律文化的交流，法律冲突引发乃至迫使相关法域改进和完善自己的法制。“一国两法”条件下的我国域际法律冲突，更是如此。我们应当充分认识域际法律冲突对我国各法域相互交流的法律文化，相互借鉴立法、司法经验，增强全体公民法律意识的作用和意义。以积极的态度尽早开展超前性的研究，探讨最佳对策，不仅妥善解决这一奇特形态的法律冲突，而且发挥其特殊效应，使之成为我国走向全面法治的契机。

（1990 年第 12 期）

1992 年

欧共体反倾销实践与司法监督

——兼析对中国的反倾销诉讼

傅东辉*

刚刚过去的1991年是欧共体近几年来继续对中国出口产品进行大规模反倾销的一年。去年一年,被欧共体委员会(以下简称委员会)理事会通过终裁并课以反倾销税的中国产品有:麻底鞋、录像带、小彩电、草酸、双氢链霉素和袖珍打火机。反倾销已成为中国对欧出口中最严重的贸易障碍之一,这也是去年10月刚恢复的中欧经贸混委会会谈的主要焦点之一。但是,预计1992年的形势仍将十分严峻,据悉,欧洲工业方面已要求委员会对中国出口鞋类、照相册、锰金属和三氧化锑等立案调查。因此,如何对付反倾销,仍将是外贸战线对欧出口方面的重要议题。

一、欧共体反倾销实践

欧共体的反倾销程序,接近于行政诉讼程序,在接到欧洲工业方面的申诉后,由委员会决定立案,经过调查、初步认定、最终认定等步骤,向理事会呈报终裁草案,由理事会通过终裁法规,并正式公布于欧共体官方公报。这里的初裁和终裁不是通常意义上的一审和上诉审,初裁是为了让双方当事人对委员会初步认定有机会发表不同意见,以免重大错误。在初裁时,若发现出口国一方无倾销或不构成对欧共体工业的损害,委员会可不经理事会而结案。委员会还有权接受价格保证,不须经理事会而结案。对理事会的终裁不服,当事人可在一年后,根据市场形势的变化,要求委员会复审。也可在三个月之内向欧洲法院对理事会和委员会起诉,请求司法监督,由欧洲法院进行独立的审判。

二、欧共体反倾销法和司法监督的范围

欧共体的反倾销基本法规是在欧洲经济共同体条约和共同贸易政策基础上

---

* 作者单位:美国欧本海默律师事务所。

制定的2423/88法规，曾经过几次修改，该法规对如何认定倾销和损害、如何确定征税税率、接受价格承诺以及反倾销调查程序等，作了原则性规定，是欧共体委员会进行反倾销调查以及理事会定案的基本依据。委员会和理事会受该法之约束。

2423/88法规将包括中国在内的非市场经济国家与市场经济国家区别开来，并使其在计算倾销边际时处于不利地位，中国对此抨击较多，欧洲法院在反倾销方面的司法监督，主要是判定委员会和理事会的每一项反倾销措施是否符合上述2423/88基本法规，如有不符，由委员会和理事会确定的反倾销税就有可能被法院宣布无效。理事会对每一案的终裁，虽然都是以法规形式出现，实质不过是一项具体的行政措施，不带有普遍性，只是针对具体的产品和从事该产品的公司。欧洲法院的司法监督在于保证委员会和理事会的每一项反倾销措施不带有任意性、专断性和或然性，使委员会和理事会的每一项反倾销行政措施或决定在2423/88基本法规的基础上保持其连贯性和稳定性。

这里，对被反倾销的中方当事人提出了一个问题，即如何现实地来评价每一宗反倾销案的结果，以便考虑相应对策。从20世纪70年代末至90年代初，在欧共体对中国产品的反倾销案中，中国方面对绝大多数结果是持否定态度的。其主要原因是，在反倾销调查中，中国方面无法采用自己的市场价或生产成本来确定自己产品的正常价，如果参照国是一个工业发达国家，其产品的正常价显然要高于中国的价格，即使参照国是个发展中国家，由于其价格数据的保密性，中国当事人亦无法监督委员会进行正确的计算，这就是为什么中国产品的倾销边际常常很高，这是属于法律（2423/88法规）的不合理，只能通过国际或双边谈判来解决。

然而，即使是不很合理的法律，它对委员会在调查和定案中可能产生的任意性仍有很大的制约力。例如，如果某个落后的发展中国家为参照国，即使它的产品正常价远远低于中国的市场价，因此而降低了中国的倾销幅度或导致其为零，委员会也不得不用它来定案。因此，当涉及每个具体案件时，中方当事人的注意力必须放在看委员会是否严格按现行法律办案，如果定案的不合理是由于委员会违反了法律关于程序和实体的规定，这样的错案就有可能在欧洲法院的司法监督程序中得到纠正。关于欧洲法院对猪鬃刷案的无效判决，可以给人以启迪。

三、猪鬃刷案无效判决的启迪

欧共体对中国出口猪鬃刷进行反倾销始于1986年4月30日，1987年2月

14日接受了中国土畜产进出口总公司提出的数量限制保证,因此结案。1988年5月,欧共体委员会接到新的申诉,诉中方违反数量限制承诺,对中国猪鬃刷征收临时反倾销税,并进行反倾销复查。终裁结果,按理事会725/89法规,中国猪鬃刷被征68%的反倾销税。中国猪鬃刷对欧洲出口受阻。

1989年5月3日,德国进口商向不来梅海关提出申诉,被驳回后,即向不来梅财经法院上诉,因此案涉及欧共体法,其效力高于德国国内法,故要求欧洲法院对欧共体理事会725/89法规之有效性进行先决裁判。

1991年10月22日,欧洲法院正式判决理事会的725/89法规无效,所有已税金额将全部退还。欧共体委员会不得不执行欧洲法院之判决,中国出口猪鬃刷因此得利,将能重新免税进入欧洲市场。

此案法院判决的主要理由是委员会选择参照国不当,违反了委员会通常采用的标准,因而影响了对倾销事实认定的可靠性,导致整个案件被推翻。

关于参照国选择不当,可以归结为三点。所选参照国的猪鬃刷生产总的年产量仅占中国对欧出口猪鬃刷年出口量的1.25%,按欧共体通常标准,应在5%左右才能被接受为参照国,该国生产猪鬃刷的原料都靠进口,这影响到计算生产价格的真实性;该国仅有两个猪鬃刷制造商,完全垄断了其国内市场,无法反映出真实的市场价格。

四、欧共体对中国出口草酸的错误定案

中国出口草酸从20世纪80年代初至今一直是被反倾销的老产品,1982年被欧共体征34.2%的反倾销税,5年期满后,于1987年又被诉,但欧共体委员会于1988年12月接受了中国中化总公司的价格承诺,以此结案。1990年8月,西班牙企业DAUSA复告中国违反价格承诺,因而开始了新的复审调查。1991年11月25日理事会发布第3434/91终裁法规,对中国草酸征收20.3%的反倾销税。

1. 委员会认定中方没有在调查中予以合作

外贸体制改革后,草酸被划为三类商品,除了专业化工进出口公司外,任何有外贸权的进出口公司都可经营。中化总公司已不再从事三类产品的进出口,但因它曾是1988年价格保证的承诺人,理应出面向欧共体委员会说明情况,却没有作说明。中化总公司下属各分公司已各自独立,因遵守原总公司价格的承诺,大部分公司都没有向欧共体出口草酸,本来它们应该向欧共体简单说明情况,但也没有作出说明。少数几个出口草酸的分公司中,只有H省公司在中化

总公司的协助下，比较详细地填写了欧共体的调查问卷，并按时寄给了欧共体委员会，但H省公司的出口量仅占调查期内中国整个出口量的五分之一，显然，其代表性是不够的。

此外，因外贸体制改革而纷纷建立的综合性国际经济贸易公司，也承担了相当一部分草酸出口，其中有价格偏低的问题。由于这些公司经营范围比较广泛，少经营一项化工产品无妨大局，因此对应诉不积极，都没有回复欧共体的调查问卷。这样，就为欧共体委员会在以后定案中留下了一条“口实”：认定中国出口商没有与委员会合作，因而委员会按其认为有效的材料任意定案，实际完全剥夺了中方的权利。

2. 委员会的立场及其定案中的根本性错误

欧共体委员会在反倾销实践中的基本和一贯立场是，对于没有按时回答问卷的当事人，一概将其视为不合作者，原则上不再接受他们以后提供的各种材料和依据，也不再考虑接受价格承诺的可能。

但是委员会在草酸一案的定案中犯了以下根本错误：

(1)认定没有一个中国出口商与之合作，这是一个根本性的错误，因为它否定了如此明显的一个事实，中国H省公司是积极合作并基本按委员会要求提供了出口数据和单据。

(2)由于上述错误认定，委员会因此拒绝采用H省公司的出口数据，而是把定案的依据单独建立在诉状的指控上，因而拉大了中国草酸的倾销幅度。

(3)按照欧洲统计，中国的出口价稍高于捷克斯洛伐克出口价，中国和捷克斯洛伐克都采用印度为参照国，捷克斯洛伐克被认定仅有0.01%的倾销幅度，而中国却为20.3%，这是荒唐的。但委员会却武断地说欧洲统计有错，拒绝将其作为中国出口价之参考。然而，委员会为了能认定损害，却又采用欧洲统计。按照反倾销调查案的先例，当出口数据和材料不全不足以定案时，通常是以欧洲统计为参考的。此案委员会自己承认材料不全，却违反常规拒用欧洲统计，但又仅仅在其认为需要时，拿来任取所需，是违反遵守先例的原则的。

五、中方当事人应否向欧洲法院起诉

一般来说，反倾销调查具有相当的保密性，非共同体国家要抓住委员会非常明显而又十分简单的错误不是常有的事。委员会毫无道理地否认中国H省公司的有效合作这样一个明显又简单的错误，将使中方当事人获得最大的胜诉可能，从而通过司法途径，提醒委员会在反倾销调查时，尽可能认真谨慎，充分顾及中方当事人的权利,减少任意性。中国还从未诉诸过欧洲法院,这也是一次有成功把握的学习机会。

1. 应由谁来充当原告

原则上,任何与此案直接有关的当事人都可起诉。中国方面,所有草酸的出口单位都可起诉。因此,中方可以由商会牵头,代表所有中国草酸出口公司起诉,也可由H省公司单独起诉,从此案具体情况分析,由H省公司单独起诉比较有利,因为在所有中方出口单位中,只有它对欧共体的调查给予了充分的合作,却又错误地遭到了否定。

2. H省公司胜诉的可能性

关于H省公司胜诉的可能性,笔者认为是比较大的。从程序上看,它的积极合作是完全成立的,它按时答复了委员会的调查提纲,虽然不能说没有一点问题,但从提供的出口数据材料来看,应是基本符合要求的。

从实体上看,由于委员会把H省公司视为不予合作,拒绝采用它所提供的材料和数据,整个认定仅仅基于原告提供的片面材料,因而影响了整个裁决的真实性和可靠性,最明显的就是对中、捷的两种截然不同结果。这就完全把案件推到了欧洲法院司法监督的刀口上。

3. 欧洲法院判决的几种可能结果

我们不能完全排除中方失利的可能。在中方胜诉的情况下,也会有不同的结果,法院可能判关于草酸的第3434/91终裁法规对所有中方出口单位无效,即中方草酸对欧共体的出口不再被征反倾销税。但也可能有另一种结果,法院单判不对H省公司征税,而对其他原来没有合作的中方出口单位则维持原终裁结果。

中国外贸战线应以积极姿态对1992年对欧贸易中严峻的反倾销形势作出有力的回答。

(1992年第5期)

1993 年

全面运用最密切联系原则

——健全和完善我国冲突法立法的一大抉择

徐崇利*

最密切联系原则是指涉外民事关系应适用与之有最密切联系国家的法律。在我国有关冲突法立法和司法解释中,该原则作为具体的法律选择方法,已被用于决定合同、扶养、国籍、住所以及营业所等方面的法律选择。[①] 然而,目前最密切联系原则在我国的实际运用也仅限于决定这些特定涉外民事关系的法律适用。除此之外,该原则作为立法的基本原则,还有其他两项功能在我国的冲突法中尚未得到发挥。这两项功能是:补全冲突立法之欠缺,以及矫正依我国现行硬性冲突规则选择法律引起的不合理现象。借鉴国外有益的立法经验,全面运用最密切联系原则,对于健全和完善我国冲突法立法具有重要的现实意义。

一

目前,我国冲突法正处于创制和发展阶段,现行的冲突规则主要规定在《民法通则》、《海商法》、《继承法》等有关立法中。然而,这些立法并没有详尽规定我国涉外民事关系法律适用的所有方面,尤其是对具体问题法律适用的规定,十分有限。何况随着对外经济、民事交往的日益扩大,新的涉外民事关系也将不断出现,我国冲突法不可能处处为其预备相应的法律适用规则。冲突法立法的欠缺补全问题,无疑已成为我国冲突法理论与实践面临的一大问题。对此,《民法通则》第142条第1款和第3款分别规定:

"涉外民事关系的法律适用,依照本章规定确定。"

"中华人民共和国法律和中华人民共和国缔结或者参加的国际条约没有规定的,可以适用国际惯例。"

从理论上看,根据上述规定,我国"可以适用国际惯例"补全我国冲突法立

---

* 作者单位:厦门大学法律系。

① 参见1986年《中华人民共和国民法通则》第8章、1988年最高人民法院《关于贯彻执行〈中华人民共和国民法通则〉若干问题的意见(试行)》第7部分、1985年《中华人民共和国涉外经济合同法》第5条、1987年最高人民法院《关于适用〈涉外经济合同法〉若干问题的解答》第2部分。

法之欠缺。实际上，这种做法在实践中难以通过：首先，冲突法是一个自名称始就有争议的法律部门，各国具体情况不同，解决法律冲突的立法规定和司法实践也各不相同，很难形成为各国普遍遵守的国际惯例；其次，我国冲突法在立法时都参照了国际惯例，现行的冲突法国际惯例已多为我国立法所吸收，也就是说，我国冲突法立法所不及之处一般为国际上争议较大的法律适用问题，无相应的国际惯例可循。①

在司法实践中，对于涉外民事关系的法律适用问题，最高人民法院作了不少具体的司法解释。② 这些司法解释就我国立法尚未涉及的许多法律适用问题作了增补性的规定。然而，这些增补性规定也未能补全我国冲突法立法的所有欠缺。

有鉴于此，我们可以吸收国外有益的立法经验，确立最密切联系原则对我国冲突法立法的补缺作用。这是目前国际上比较普遍采用的一种新方式。在这一方面，1979 年《奥地利联邦国际私法法规》第 1 条开宗明义规定：

“（1）与外国有连结的事实，在私法上，应依与事实有最强联系的法律裁判，

（2）联邦法规（冲突法）所包括的法律适用规定，应视为体现了该原则。”

上述规定确认，最强联系原则是奥地利冲突法的基本立法原则，该法规规定的所有冲突规则都是最强联系原则的具体体现。据此，对于某些案件，如果在该法规中无法找到相应的具体冲突规则，那么，最强联系原则就可以“原则”的身份从幕后出来，作为一种选择法律的方法直接决定其法律适用。③

值得注意的是，最密切联系原则是一项“弹性”法律选择规则，它的适用在很大程度上依赖于法官的自由裁量，以致无法保证法律选择的稳定性、明确性和可预见性。显然，在我国冲突法立法多有欠缺的情况下，不宜全面采用该原则作为补缺手段，而应首先适用最高人民法院的增补性司法解释弥补其中的大部分欠缺，然后再援用最密切联系原则查漏补缺。这样，既可保证我国冲突法立法欠缺最终能够得到补全，又不会造成最密切联系原则的滥用，从而影响涉外民事法律关系的稳定。

首先，最密切联系原则的适用具有普遍性，该原则作为冲突法的基本原则，

---

① 徐崇利：“我国冲突法欠缺之补全问题探讨”，载《法学杂志》1991 年第 5 期。

② 参见 1986 年《中华人民共和国民法通则》第 8 章、1988 年最高人民法院《关于贯彻执行〈中华人民共和国民法通则〉若干问题的意见（试行）》第 7 部分、1985 年《中华人民共和国涉外经济合同法》第 5 条、1987 年最高人民法院《关于适用〈涉外经济合同法〉若干问题的解答》第 2 部分。

③ Palmer Edith, The Austrian Conflication of Conflict Law, 28 *Am. J. Comp. L.* 197 (1980), pp. 197 – 234.

适用于涉外民事关系法律选择的所有方面，与此相应，依该原则可以补全我国冲突法立法任何方面的欠缺；

其次，最密切联系原则的适用具有灵活性，人民法院在补缺时，可以根据具体案情对该原则加以灵活运用，以维护我国及我方当事人的利益，其中尤为重要的是扩大我国法律的适用；

再次，最密切联系原则的适用具有备用性，日后有新的涉外民事关系出现，而我国现行冲突法又无相应的法律适用规则，那么，该原则作为“预备役”随时都可“应招”用以弥补这方面的欠缺；

最后，最密切联系原则的适用具有过渡性，人民法院可以暂且根据该原则弥补冲突法立法欠缺，待总结经验之后，再由立法机关另行制定具体的冲突规则取而代之。

二

我国现行冲突法立法多为传统的具体法律适用规则。无疑，依这些“硬性”规则选择法律具有明确性、稳定性和可预见性的优点，法律选择过程也比较简便。但是，这种法律选择方法往往失之“僵硬”和“呆板”，容易造成对一些案件法律选择的不合理，难以完全适应现代涉外民事案件复杂多变的客观需要。另外，我国冲突法立法尚属创制和发展阶段，随着时间的推移，现行的硬性冲突规则可能也会因不合时宜而暴露出某些欠妥之处。

过犹不及，我国冲突法立法也不能完全采用最密切联系原则等灵活的法律选择方法，因为这种灵活的法律选择方法固然有助于求得各个案件法律冲突的合理解决，但是缺乏法律选择应有的明确性、稳定性和可预见性，法律选择过程也过于烦琐，不宜盲目追求这种法律选择方法适用范围的扩大。

可见，硬性法律选择方法和灵活法律选择方法各有利弊，如何做到同“兴”二者之利，共“去”二者之弊，是我国冲突法立法所要达到的根本目标之一。在这方面，1987 年《瑞士联邦国际私法》为我们提供了值得借鉴的立法经验。该法第 15 条第 1 款规定：

“根据所有情况，如果案件与本法指定的法律联系并不密切，而与另一国法律的联系明显地更为密切的，则可作为例外，不适用本法所指定的法律。”

上述规定将硬性法律选择方法和灵活法律选择方法以“原则”和“例外”的方式有机地结合起来。详言之，就是对于涉外民事案件的法律适用，原则上采用现行具体的法律选择规则，但就其中某些案件，如依这些硬性规则选择法律的确有失公平合理，则可作为例外，启用最密切联系原则这一灵活的法律选择方法予以“矫正”，亦即改用与案件有更加紧密联系的其他国家的法律。在这种法律选择机制下，最密切联系原则既可充当防止硬性法律选择方法过于“僵化”、“呆板”的“安全阀门”，又不会因其全面适用而造成效力上的滥用。①

在涉外经济合同法律适用领域，我国的司法解释已经确认最密切联系原则的“矫正功能”。

根据《涉外经济合同法》第5条第1款的规定，合同当事人可以选择处理合同争议所适用的法律，当事人没有选择的，适用与合同有最密切联系国家的法律。最高人民法院《关于适用〈涉外经济合同法〉若干问题的解答》第二部分第6条第1款根据各类合同的“特征履行”，规定了相应的具体法律选择规则，作为对最密切联系原则适用的硬性推定。例如，保险合同，适用保险人营业所所在地法律。同时，该条第2款又以“但书”的形式规定：

“但是，合同明显与另一国家或地区的法律具有更密切的联系，人民法院应以另一国家或地区的法律作为处理合同争议的依据。”

为了确保我国涉外民事关系法律适用的准确性和合理性，我们认为，有必要通过立法规定或司法解释将最密切联系原则“矫正功能”的作用范围从合同领域推广到我国冲突法立法的所有领域，运用该原则“矫正”依现行所有硬性冲突规则选择法律可能引起的不合理现象。在此过程中，还可以根据最密切联系原则灵活适用的特点，运用适当的分析方法，保证和扩大我国法律的适用，这也是各国司法实践中的通例，因为采用任何灵活的法律选择方法都有致力于扩大法院地法适用的倾向，最密切联系原则也不例外。② 当然，我们在运用该原则的“矫正功能”时，自应非常慎重，以免喧宾夺主，破坏各种具体法律选择规则的正常适用。

总之，健全和完善我国冲突法立法是今后我国冲突法立法的一项长期任务，而引入最密切联系原则“补缺”与“矫正”功能，不失为其中一条较为可行的捷径。

（1993年第2期）

① Willis L. M. Reese, Statutes in Choice of Law, 28 *Am. J. Comp. L.* 197(1987), pp. 395 – 437.

② 邓正来：《美国现代国际私法流派》，法律出版社1987年版，第197页。

冲突规范中连接点的发展方向

肖永平*

在冲突规范的系统中，有一个很重要的部分，被称为连接点或连接因素，也有人称为连接根据，它是冲突规范借以确定涉外民事法律关系应当适用什么法律的根据。例如，我国《民法通则》第144条规定，“不动产的所有权，适用不动产所在地法律。”这条冲突规范就是以“不动产所在地”作为适用法律的根据。一般说来，由于客观情况复杂多样，任何一个博学多闻的立法者都不可能全面考虑法律关系要素的构成情况而为它们分别提供一个法律适用方案，它只能从原则上规定用什么地方的法律来调整这一或那一法律关系最为合适，因此，他必须从法律关系的构成要素中选择其中之一作为选择准据法的媒介，这些被指定媒介的要素，就是连接点。例如，关于侵权行为，可供考虑的要素有加害者和受害者的国籍、住所，加害行为地，损害发生地等，作为完善的立法，就是要选择一个关系最密切的要素作为媒介，当其一要素（如加害行为地）被选为媒介时，它就是连接点。

在冲突规范中，连接点的意义表现在两个方面：从形式上看，连接点是一种把冲突规范中“范围”所指的法律关系与一定地域的法律联系起来的纽带或媒介。因此，每一冲突规范至少有一个连接点，没有这个连接点，便不能把一定的法律关系和应适用的法律连接起来。冲突规范之所以是一种间接规范，就是因为它并不直接规定当事人的权利义务，而只是通过连接点去指示某一国家的法律来确定当事人的权利义务。从实质上看，这种纽带或媒介又反映为将法律关系与一定地域的法律之间存在内在的实质的联系或隶属关系，它表明某种法律关系应受一定国家法律的约束，应受一定主权者的立法管辖，如果违反这种约束或管辖，该法律关系就不能成立。因此，对不同法律关系连接点的选择不是任意的，更不是虚构的，而必须在客观上确实能体现这种内在的联系。英国学者戚希尔和诺思曾指出，所谓“连接点”或“连接因素”，就是指那些只能在法院需要处理的事实情况和某一特定法域之间建立起“自然联系”（natural connection）的明显事实。

---

* 作者单位：武汉大学法学院。

随着国际民事关系的日趋复杂化,连接点也不得不有所发展、变化。其发展方向表现在以下三个方面:

一、由僵硬向灵活方向发展

由于传统的冲突规范极为概括,往往只给某一类法律关系规定一个连接点,如"侵权行为之债适用侵权行为地法"。第二次世界大战以后,法律关系变得越来越复杂多样,在侵权领域,除一般的侵权行为外,还有产品责任、交通事故、环境污染、国际欺诈、诽谤、不正当竞争等,从而使侵权这一法律关系复杂化、多样化。在这种形势下,如果仍然给侵权行为之债规定一个硬性(hard)的连接点,既不科学,也不实用。因此,国际上出现了对传统冲突规范进行"软化处理"(softening process)的潮流。而使连接点由僵硬向灵活方向发展则是"软化处理"的一个主要手段。卡恩—弗罗因德甚至称为"当代国际私法发展的一个主要特征"。

最能体现这种发展方向的是美国《第二次冲突法重述》(1971)对《第一次冲突法重述》(1934 年)的取代。对连接点进行软化处理的思想萌芽,起源于欧洲,并从最需要灵活性的合同法领域开始。早在 17 世纪,由于杜摩兰鼓吹"意思自治"的原则,他不仅允许当事人明示选择合同准据法,还允许默示选择合同准据法的做法。由于在当事人没有明示法律选择时,很难在当事人的默示意思与法官认为当事人本应有的意思之间划出一条明确的界限,换句话说,"假如当事人想到了法律选择问题,他会选择哪一个法律"与"作为一个正常的他应当选择哪个法律"常常混淆在一起,因而可由法官任意进行解释,所谓推定的当事人意思,不过是法官自己的意思,随着"意思自治"原则的演进和扩大,具体案件的裁判者确定法律适用的权力,不可避免地越来越大了。

从 17 世纪开始直到 19 世纪进入高潮的第一阶段的连接点的灵活化,是冲突法对不断发展的国际经济、贸易的必然反映。原来"合同由合同订立地法支配"的观念,对国际贸易多集中于某些固定的市场并受该市场习惯约束的情况,是完全合适的。但当合同是邮件、电报、电话等方式订立时,合同订立地与合同的联系就带有偶然性,甚至合同订立地有时根本无法确定,合同订立地这一连接点就过时了。在当事人不得不在数个国家履行时,合同履行地这个连接点命运亦是如此。这个时候,"意思自治"原则便应运而生了,并得到充分的发展。

"最密切联系"是另外一个灵活性连接点。适用与法律关系最密切的国家的法律,本是连接点的自然要求,其理论渊源可追溯到萨维尼的"法律关系本座说”,即每一法律关系都应由依其性质而隶属的法律支配,并认为本座之所在,亦即联系之所在。此后,深受萨维尼影响,并对英国“合同自体法”理论有着深刻影响的韦斯特莱克(Westlake),曾明确主张用与行为和法律制度间最密切和最真实的联系取代硬性的连接点。随后,美国学者里斯明确提出了“最密切联系”原则,并把它作为美国《第二次冲突法重述》的理论基础。由于这种方法在指导法律适用上的灵活性、准确性,很快为世界各国所接受,吸收进了内国的冲突规范,也写进了一系列冲突方面的国际公约,风行全球。

采用灵活的连接点的做法,虽然起始于合同领域,现在却远远超出了这个范围。比如,国际间高度发展的交通技术和通讯手段,使侵权行为地和侵害结果发生地往往不在同一个国家,而且,侵权行为地有时纯粹出于偶然,因而,对所有侵权都适用侵权行为地法,已不符合当代现实。于是,美国的一些法院,便抛弃传统的硬性连接点,主张适用与侵权有最密切联系的法律;英国学者更比照合同自体法的理论,提出了“侵权行为自体法”的主张,即在决定侵权的法律适用方面,不再完全求助于侵权行为地这样的封闭连接点,而是由法院根据案件的具体情况,选择适用与案件有最密切联系的法律。① 目前,以最密切联系作为连接点,在合同侵权以外的其他领域也是存在的,1978 年《奥地利联邦国际私法法规》还将最密切联系上升到原则性的高度。我国现有立法和司法解释也多处直接规定最密切联系为连接点。②

不过,对连接点的软化是有限度的。因为传统的连接点是通过几百年的实践发展起来的,其中包含着许多合理的东西,不应该简单地否定它,需要否定的只是其他不合理的东西,合理的东西仍要保留。也就是说,我们分析最密切联系仍然要以传统连接点,如当事人国籍、住所、惯常居所、行为地、标的物所在地等作为基础,只不过分析的范围更广,更具综合性罢了。

二、由简单向复杂方向发展

这一方面表现在连接点数量的增多,另一方面表现在复数连接点类型的增加,从法则区别说起,法律行为方式的有效,都是依“场所支配行为”原则解决的,即法律行为的方式依行为地法有效则到处有效,法律行为的方式依行为地法

① [英]卡恩—弗罗因德:“国际私法的一般问题”(1980 年英文版),载《中国法学》1989 年第 2 期;李双元、张明杰:“论法律冲突规范的软化处理”,载《中国法学》1989 年第 2 期。

② 肖永平:“最密切联系原则在中国冲突法中的应用”,载《中国社会科学》1992 年第 3 期。

无效则到处无效。然而,受目前国际上简式主义的影响,各国不固守上述原则,而是增加连接点以维持法律行为的有效,这体现在结婚的形式要件,合同形式的有效性,遗嘱方式的有效性等各个方面。此外,在侵权领域、婚姻家庭领域,各国都纷纷增加连接点的数量。因这种方法简便易行,其影响范围相当广泛,例子举不胜举,随手可得。

大家知道,冲突范围主要有四种类型,单边冲突规范是单一的连接点自不必说,就是后来发展起来的双边冲突规范,其连接点也大都是单一的,只有选择性冲突规范和重叠性冲突规范的连接点是复数的。目前,国际上又出现了新的冲突规范,其连接点的运用又出现了新的形式,如结合性连接点的运用、互补性连接点的运用。所谓结合性连接点的运用,是由于某些法律关系本身的复杂性、不能由单一的连接点所指引的法律来调整,而应将两个以上连接点所指定的法律结合起来适用,才能达到合理调整的效果,代表这种新的连接点的组织形式的法条,在 1973 年海牙国际私法会议所签订的《产品责任法律适用公约》中可以找到。该公约第 4 条规定:“适用的法律应为侵害地国家的国内法,如果该国同时又是:(1)直接遭受损害的人的惯常居所地,或(2)被请求承担责任的人的主营业地,或(3)直接遭受损害的人取得产品的地方。”第 5 条接着规定:“尽管有第四条的规定,适用的法律仍应为直接遭受损害的人的惯常居所地国家的国内法,如果该国同时又是:(1)被请求承担责任的人的主营业地,(2)直接遭受损害的人取得产品的地方。”从这两条规定可以看出,对于产品责任损害赔偿的法律适用来说,侵害地国家和直接遭受损害的人的惯常居所地国家可以作为两个基本连接点,但前者必须与直接遭受损害人的惯常居所,或被请求承担责任人的主营业地,或直接遭受损害的人取得产品地这三个连接点中的一个结合,后者必须与被请求承担责任人的主营业地,或直接遭受损害的人取得产品地这两个连接点中的一个结合,才能决定应该适用的法律。所谓互补性连接点的运用,是由于对某一法律关系只确定一个连接点往往无法满足法律关系发展的需要,于是人们对同一类法律关系确定几个连接点,依次适用各连结点所指定的法律,各连接点相互补充,共同调整好某一类法律关系。这种性质的冲突规范第二次世界大战后日见增多。如 1979 年颁布的《匈牙利国际私法》第 39 条规定:夫妻身份和财产关系,包括夫妻使用的名字、赡养和夫妻财产制,适用起诉时夫妻共同的属人法;如果夫妻在起诉时的属人法不同,适用其最后的共同属人法,若没有最后的共同属人法,则适用夫妻最后的共同住所地法;如果夫妻没有共同住所,适用法院地或其他机构地法。①

三、连接点含义的多样化趋势

战后,某些资本主义国家对诸如住所、侵权行为地等连接点因使用的场合不同,为达到不同目的、执行不同功能而赋予不同的含义。在美国,早在编纂《第一次冲突法重述》时已有人反对对住所不论用于何种目的而下一概括定义。在英国,住所可作为离婚管辖、动产继承、遗嘱效力的准据法。设定选择住所必须具备居住事实及永住意思两个条件。但现在美国法院在决定离婚管辖时,对设定选择住所要求的住所含义就没有像处理继承那样严格。这是因为不同政治单位之间或不同法域之间人口迁移迅速增加,不能在离婚管辖问题上对设定住所规定得太严格,而在继承问题上则不然,对侵权行为地也发生同样问题,无论在大陆法系国家还是在普通法系国家,侵权行为地传统上是确定管辖权及法律选择的连接点,但在适用于决定法律适用时其含义要广泛一些。在不同场合,根据不同功能,确定其不同含义,这样做是妥当的,也是必要的。我国最高人民法院《关于贯彻执行〈中华人民共和国民法通则〉若干问题的意见(试行)》曾指出:"侵权行为地的法律包括侵权行为实施地法律和侵权结果发生地法律。如果两者不一致时,人民法院可以选择适用。"

(1993 年第 9 期)

① 余先予:"论冲突法的新发展",载《法学研究》1993 年第 4 期。

1995年

关于 BOT 项目的风险分析及政府保证的法律问题

陈治东*

BOT 是英文"Build - Operate - Transfer"的缩写,意思是"建造—运营—转让"。BOT 的含义是指东道国政府授权或委托某一外国投资者(项目主办人),对东道国的某个项目(通常是基础设施或公益项目)进行筹资、建设并按约定的年限进行经营,在协议期满后将项目无偿转让给东道国政府或其指定机构的一种交易方式。这种方式自 20 世纪 80 年代以来越来越引起发展中国家的兴趣,并成为一些国家配合投资促进战略和吸引外国资本的重要措施之一。如马来西亚南北高速公路、菲律宾 PAGAILAO 电站以及泰国南部装机 200 万线的电讯网络等均运用 BOT 方式建设并取得显著的成就。我国亦开始采用此方式承建基础设施,如京通公路由美国林同炎中国公司与北京市市政工程局签约,由该公司融资 13 亿元人民币,设计、建设、运营、维护和管理京通高速公路,特许经营权自 1996 年 5 月 1 日至 2016 年 4 月 30 日,主办人林同炎公司以收取车辆通行费方式回收投资并取得利润,期满后这条公路将移交北京市市政工程局。目前,大约 180 个 BOT 项目正在发展中国家实施。即使在发达国家,亦有不少国家采用 BOT 方式建造重大的基础设施工程,如英吉利海峡海底隧道、澳大利亚悉尼海底隧道等。

一、BOT 项目的优点及项目主办人风险分析

BOT 方式近几年来之所以在全球流行,原因在于它对项目所在国和主办人均有益处。

对于项目所在国而言,其优点主要是:第一,政府可不增加本国的财政负担而完成耗资巨大的基础设施建设,对那些政府财政拮据债务负担沉重的发展中国家,这是解决资金短缺、转移项目风险的有效途径。第二,在项目实施过程中,东道国可以学习外国的先进经营管理经验,并获得先进的技术和成套设备。第

* 作者单位:华东政法学院(现华东政法大学)。

三，一些基础设施和公益性项目由私人集团经营管理，常常比由政府部门直接经营管理更能提高服务质量和办事效率。第四，项目合同期满后，政府可以获得此项目的所有权。

对于主办人而言，主要好处在于：第一，通过项目的建设，扩大了公司的经营范围，开拓了新市场；第二，通过参与项目的建设，可带动一些成套设备的出口；第三，在项目运营期间，从项目本身获得较好的经营利润；第四，在项目运营期间内，如得到东道国政府的同意，可通过转让项目合同方式实现资本回收。

尽管以 BOT 方式投资于东道国的基础设施建设对外国投资者是一项有利可图的商业活动，但是，它存在超过一般投资项目的极大的商业风险和政治风险。

商业风险大是因其投资额巨大，数千万美元对 BOT 项目而言属于小项目，即使是一座中型电站也得投资数亿美元；项目建设牵涉面广，法律关系复杂，除了一般基建所固有的风险以外，有时还产生与东道国现有网络连接的问题，如电力并网、线路连接等，由此引发各种收费费率差异；投资回收期长，BOT 项目大多属基础设施，基础设施通常不直接产生利润，即使收费，费率不可能很高，使投资者难以短期内收回投资。

政治风险大是由 BOT 项目的性质所决定的。东道国的基础设施是该国的经济命脉，不但具有重要的经济意义，更有重要的政治意义，因此较一般投资项目更容易受到东道国政局的影响；BOT 项目建成后，完全形成固定资产，无法转移，东道国的社会动荡或政策不稳定，不仅会影响投资的收益，甚至会影响投资本金的安全；BOT 项目几乎不可能直接赚取外汇，而绝大多数发展中国家均实行程度不等的外汇管制，一旦东道国的国际收支情况恶化，外汇管制从严，项目投资者的经营收益就无法汇出，就将影响投资者的资金流动及偿债能力。

鉴于一般的商业风险可以通过加强可行性研究以预测风险、严格管理以降低成本、向保险公司投保以分散风险等方式来规避，而政治风险是 BOT 项目的外国私人投资者难以精确预测的。所以，从事 BOT 项目的投资者除了慎重分析项目所在国的政治因素，以确保投资后不会因东道国的国内政治因素的变化而导致投资失败或经营损失外，还要求东道国政府提供一定程度的保证。BOT 项目投资者的这种要求与其承受的风险相比，并非过分。

二、BOT 项目政府保证的方式及内容

如上所述，BOT 项目通常涉及东道国的基础设施建设，而基础设施一般都

具有某种程度的垄断性,如电站、通信等行业,东道国政府不会轻易让外国公司染指这些行业。所以,政府允许外国投资者以BOT方式进入这些行业,实质上是东道国政府授予外国投资者的一项“特许权”,它通常以特许协议方式实现,政府对外国投资者的保证也是通过特许协议作出的。

政府以特许协议形式为BOT项目提供保证,大致涉及以下几项:

1. 项目的后勤保证,即政府保证向建设项目提供建设用地,以合理的价格提供原材料和能源。如果该国的原材料和能源的价格以及项目建成后的产品或服务价格完全通过市场机制调节,则不存在这一问题。但是,目前绝大多数发展中国家均实施程度不等的政府价格管制或者市场管制(如能源供应及土地供应),所以后勤保证对于在发展中国家的BOT项目是必不可少的。此外,政府通常还保证与项目实施有关的技术、管理人员的入境及实施项目所需物资、器材的入境。

2. 外汇汇出保证,即东道国政府保证项目投资者有权将经营收益以自由外汇汇往国外。外汇保证对实行外汇管制国家实施BOT项目的外商尤其重要,它通常是项目取得成功的关键。BOT项目一般不能创汇,主办人收取的当地货币若非自由外汇,就无法支付贷款利息和本金,更谈不上取得利润了。如果东道国政府对外汇的兑换及汇出不愿作出保证,BOT方式就无从谈起。所以,东道国政府必须在特许协议中作出保证,承诺外国投资者可以将经营所得在纳税后自由汇往国外,并且要规定当地货币与某种自由外汇的兑换率,或者约定计算兑换率的公式。

3. 不竞争保证,即东道国政府承诺在同一地区不设立过多的同类项目,以避免过度竞争引起投资者经营收益下降,影响投资回报。这一竞争对于诸如隧道、桥梁、高速公路等交通设施项目尤为重要。项目投资者在计算投资成本和投资回报率时,只能以同一地区有客、货流量及其增长率对此类设施的需求作经济估算的依据,某一BOT项目建成后,在无特殊情况下客、货流量不会发生剧增,若当地政府再于同一地区建设与该BOT项目同样性质的项目,则通过该BOT项目的客、货量将明显减少,必将使投资者的收益减少。正因这一缘故,在英吉利海峡隧道工程中,英法两国政府对承建隧道的欧洲隧道公司提供了33年内不建造第二条横跨海峡的连接设施的保证。

4. 经营期保证,这也是特许协议所要解决的一个重要问题。特许权利享受的期限与项目主办人的债务安排及利润总额有密切关系。从主办人角度,经营期越长对其越有利,因为这使之延长收取费用的权利,而往往是随着时间的推移,收费的费率就越高,利润就越大;但从东道国政府角度考虑则相反。所以,一旦经营期确定以后，政府必须保证BOT项目的主办人在经营期内享受的合法经营权，不得因为看到主办人利润丰厚而要求提前收回项目或采取其他贬损其权益的行为。

从上述特许协议保证的内容分析，可知政府对BOT项目投资者所作的保证并非一般意义上的债务担保，即政府并非为某一交易合同的一方当事人履行义务充当担保人，而是作为特许协议的一方对BOT项目主办人作出非政府机构无法承诺的某些保证（即使具有垄断权的国有企业也无法保证，如外汇保证）。因此，其性质有别于一般的担保合同。政府对BOT项目投资者的保证基本上属于政治风险的保证，换言之，保证不致因政府行为而影响BOT项目主办人依据当地法律所应获得的合法权益。显然，这类保证本身是一国政府为吸引外资所必需的。从保证的内容来看，一部分保证已在宪法或者外国投资法等其他法规中作出了明确规定，如保护外国投资的合法权益、保护外商投资企业的经营自主权，等等。所以，除了外汇保证和不竞争保证以外，其他保证均属保护外国投资一般原则的具体化。

三、我国采用BOT方式引进外资存在的法律障碍

BOT融资方式是国际上近十几年才兴起的一种国际经济技术合作方式，这一概念引进中国仅是20世纪90年代以后的事情，因而我国对它缺乏系统的认识，没有形成适合我国国情的理论体系，尚未制定具有可操作性的法律法规。而最根本的是我国现行的法律制度与此类投资方式所需的法律保障存在差距。由于这些原因，外商以BOT方式投资于我国的基础设施建设，就面临不少法律上的障碍。

1. 我国的外汇管制法规制约了采用BOT方式吸引外资。

我国属于外汇管制国家，人民币不能自由兑换成外汇。绝大多数的BOT项目所提供的服务不能出口创汇，这就产生了收取的人民币如何兑换成外汇的敏感问题；即使外国投资者同意采取间接补偿贸易方式解决外汇平衡问题，我国法律对间接补偿的商品有严格限制，很难采用。加上我国每年15%～20%的通货膨胀率，更增加了外商投资基础设施的汇率风险。基于我国存在的外汇风险，有的外国投资者要求中央政府允许投资于电力项目时可以采用美元为基础来计算电价，但我国政府仍未予认可。总之，外汇平衡这一突出问题无法解决，外国投资者就不可能无顾忌地来我国实施BOT项目。

2. 我国专门法规对政府保证的限制性和禁止性规定。

我国以BOT方式引进外资，遇到的实质性法律障碍之二是我国政府不愿为

BOT项目作出任何保证,也不愿意与外国投资者签订任何特许协议。对外经济贸易合作部于1995年1月16日曾颁发《关于以BOT方式吸收外商投资有关问题的通知》,该通知第3条规定:"政府机构一般不应对项目做任何形式的担保或承诺(如外汇兑换担保、贷款担保等)。如项目确需担保,必须事先征得国家有关主管部门的同意,方可对外作出承诺。"而1995年6月30日第八届全国人大常委会第十四次会议通过的《中华人民共和国担保法》第8条更明确规定"国家机关不得为保证人,但经国务院批准为使用外国政府或者国际经济组织贷款进行转贷的除外。"从两者的规定分析,《担保法》的规定比前者更严格,前者还允许在征得国家主管部门同意的条件下就外商投资的BOT项目进行担保;而《担保法》则明确限制了对私人(即非政府等官方机构)投资项目作政府担保的可能性。由于《担保法》的立法权威性高于对外经贸部的《通知》,从制定时间上《担保法》亦晚于《通知》,所以从法理上说,我国政府被排除了对BOT项目外国投资者作保证的全部可能性。

我国的法律法规作出如此严格的规定,使政府保证几乎成为不可能。然而,在我国的人民币成为自由兑换货币之前,除非政府做出这种保证,否则上述第二项法律障碍是无法克服的。所以,我国政府是否愿意对投资于公用事业BOT项目的外国投资者作出最低限度的保证,是关系到我国能否以这种方式吸引外资的根本问题。

四、关于我国对BOT项目作政府保证的法律思考

我国正在进行世界历史上少见的大规模基础设施建设,其中仅上海一地,在本世纪末的未来几年中就需要数百亿美元的外资投入基础设施建设。资金的短缺是不言而喻的,尽管可以通过发行股票、债券及银行贷款等形式筹集资金,BOT方式仍不失为一种无可替代的利用外资的好方法。要使在我国现行法律体制下BOT方式具备现实性,一定限度的政府保证将是无法回避的抉择。

(一)我国法律禁止政府保证的原因之探索

笔者认为,我国法律对政府保证的谨慎态度出于多种原因,主要可归结为以下几方面:

第一,我国政府为了避免政府作为任何商业协议一方所可能产生的法律后果,尤其是避免作为担保人以国库资金为外国投资者的贷款进行担保。改革开放之初的20世纪80年代,我国大多数人尚不了解担保人的法律责任,当时有不少地方的政府机构为外商投资项目提供担保,并引发了无数的法律诉讼,此类诉

讼涉及各级政府，从执行的角度分析，存在难以逾越的法律障碍，债权人的利益也难以保障。正因如此，从80年代后期开始，国家就明令禁止政府为公司企业作任何形式的担保。

第二，如果政府作为一方与外国公司企业签订合同、协议，国际社会对此类合同、协议的性质存在截然不同的理解和观点。大多数发展中国家认为此类合同属于国内合同，应严格适用国内法，并完全受国内法院的管辖；而所有发达国家则坚持此类合同属于"国家合同"，应该适用国际法或者一般法律原则来处理政府与外国投资者之间的争议，而且处理争议的机构应是东道国以外的第三国机构。这两种对于特许协议的不同观点，直接涉及国家主权的一系列非常复杂的法律问题，如国家责任问题、国家主权豁免问题，等等。为了避免由此产生的复杂法律后果，我国政府的一贯立场是避免政府与外国公司企业订立任何形式的合同、协议。

第三，在我国现行的政治体制中，对地方政府官员的考绩过于偏重地方经济的发展速度等指标。而我国长期以来存在的宁"左"勿右的思潮始终未能根除，只要一有机会就会以种种不同方式显示出来。不提远的，仅最近几年的各地大搞开发区和土地批租，就是此类思潮的典型表现。因此，一旦中央政府允许地方政府对BOT项目提供保证，就难免不发生各级地方政府出于地方经济利益不顾全局的混乱局面，有鉴于此，我国法律法规对政府保证持极其谨慎的立场。

（二）关于为外商投资的BOT项目提供政府保证的必要性

我国大规模基础设施建设的需要与政府坚持不对BOT项目提供任何保证是一对矛盾。若这一立场无任何松动，则尽管各界对BOT方式讨论颇为热烈，都只不过是纸上谈兵而已。笔者认为，从我国现行的经济体制对BOT方式的影响、基础设施项目的性质、BOT项目的主办人所承担的风险以及采用这种方式所必须具备的法律保障考虑，为外商投资的BOT项目提供一定程度的政府保证有其必要性：

第一，我国现行的经济体制仍不是典型的市场经济体制，经济制度的特点就在于各级地方政府与企业的你我不分的密切关系，其弊端是政府有权随时干预企业的正常的经营活动。政府对于企业的经济活动最基本的方面（投资权利）实施全面的控制，特别是涉及外商投资时，所有项目都必须得到政府批准方可实施。从法律上分析，政府批准固然属政府的权力和外商投资项目当事人的义务，但是，政府一旦以批准证书方式允许外商投资于国内的某一经济部门，这份批准证书就构成了政府对有关外国投资者的承诺或约束，即只要外商合法经营，政府就必须保障其合法权益。这份批准证书构成了中国政府对外国投资者的保证。

我国政府对外国投资者的保护还源于我国政府与世界上66个国家政府签订的“投资保证协议”和“促进和保护投资协定”所产生的国际义务。例如,1980年10月30日《中华人民共和国与美利坚合众国关于投资保险和投资保证的鼓励投资的协议和换文》第2条规定:“本协议的规定只适用于经中华人民共和国政府批准的项目或活动的有关投资的承保范围。”这一规定表明,对于经我国政府批准的外国投资项目,即使我国政府不再以其他方式进行保证,基于该数十项国际协定,我国政府仍有义务保护属于有关投资保护协定缔约国国民的投资权利和利益。

事实上,通过特许协议方式为BOT项目的主办人作出诸如经营期保证和后勤保证,实质上属于对我国法律规定和国际协定条款的重申。至于不竞争保证,在各级地方政府决策程序民主化程度较低的今天,此项保证显然更具有实质性意义。在发达国家里,政府所拟议建设的重大项目,会受到各利益集团的制约,有时甚至得通过全民投票表决才能付诸实施。如果公众强烈反对,此类项目就难以建设。例如,美国旧金山国际机场与旧金山地铁系统的连接段,因为沿线居民的强烈反对,拖了十几年都无法修建。而在我国,基础设施的建设决定权完全属于政府的权限,数十年来各地搞的“首长工程”、“条子工程”不胜枚举。所以根据项目的性质不同,一定限度的不竞争保证是项目成功的必要条件。

第二,国际上采用BOT方式承建的项目大多数属于社会公益的基础设施(如修建大桥或公路),政府难以回避的一个事实是:一家公司,不论其为中国公司还是外国公司,究竟从何处获得建造该大桥或公路的权利?公司企业自身无法具有这种权利,也不能从另一家公司处取得这种权利,归根结底,它只能从政府得到这种权利,政府授权公司企业承建公共项目,是政府在服务业的采购活动。在世界各国,政府采购属于正常的政府行为。在发达国家,政府为了防止利益外流,往往采取各种措施限制外国公司参与本国公共设施的投标竞争,这也常常成为国家间就开放服务业部门的争端。所以,只要BOT项目的性质是社会公益的基础设施,政府作为项目的发包人资格:就无可替代,政府的介入就不可避免。在此种情况下,政府的介入不但要从宏观经济角度对BOT项目提出种种要求和限制(如环境保护、收费的费率控制、经营期满时项目设施的完整性,等等),还必须相应地作出各种保证及提供某些条件。此类保证是任何国有公司无权承诺的。试想,有哪家中国的国有公司可以向外商保证经营期或者不竞争?这就清楚地说明,在BOT项目的实施过程中政府坚持不出面是行不通的,从法理上无法自圆其说。

第三,如前所述,BOT项目的主办人要承受远超过一般投资方式的商业风险和政治风险，使之在实际投资前要考虑获得尽可能安全的保证。在东道国法制尚不健全的情况下，政府保证常常成为法律保证的必要补充，也是投资者进行项目可行性评估的不可缺少的因素之一。笔者所参与的某电力 BOT 项目的谈判过程中，外商坚持要求地方政府承诺：当煤炭和水的供应价格上涨时，出厂的电力价格也应作相应的上浮，否则就拒绝在合同上签字。考虑到近几年居高不下的通货膨胀率和基础产品轮番上涨局面难以控制的现象，外商的要求无疑是合理的。因为我国的电力价格属少数几项国家管制的服务收费项目，若煤炭等物料的价格不断上涨而出厂电价因国家控制而无法作相应的调整，则项目投资者的实际经营收益就要下降，无法按预期的数额归还贷款本息，并取得合理投资利润。其实质等于是政府以限制外商的投资回报率方式来实现变相征收外国投资之目的。故其他的通过收取过桥费、过路费方式回收成本并获取利润的桥梁、道路等基础设施项目，均存在此类保证的需要。我国经济生活中部门之间苦乐不均是普遍现象，除了其他原因之外，政府对不同的部门实行不同的价格管制政策不能不认为是重要原因。例如，农用物资的原材料价格年年上涨，而最终产品的价格受到政府控制，故经营单位亏损累累。对国内企业政府尚可予以财政补贴，对外商投资企业，政府是绝不会采取同样措施的。显而易见，一定程度的政府保证是保障外商合法权益所必需的。

第四，在所有的政府保证中，外商最关注的是外汇的兑换和汇出。不言而喻，其起因在于我国的人民币尚不能自由兑换。从现在到我国预定的人民币实现自由兑换的公元 2000 年，还有四五年，而在此期间内正是我国迫切需要以外国资金加快基础设施建设的高峰期。虽然我国的外资法规均规定，外商所获得的利润在纳税后允许汇往国外，但实际情况并非那么单纯。因而，对于目前的项目主办人来说，中国政府一方面鼓励外商投资于不能创汇的基础设施，另一方面又拒绝对外商的投资回收作出承诺（哪怕仅是对现行法规规定的重复），是根本不会考虑鼓励措施的现实性的。考虑我国法律执行的现实性的一个简单问题是，当政府对法律明文规定的条款作一次重申都不愿意，如何建立起外商投资的信心？

外汇保证的重要意义还在于，它往往构成 BOT 项目主办人融通资金的前提条件之一。以 BOT 方式承建基础设施，国际惯例是采用项目融资（Project Financing）方式来筹集大部分建设资金，以该项目将来的收益作为对贷款银行的担保。一般贷款与项目融资的主要区别在于：前者是银行贷款给借款人，由借款人用于投资，银行注重借款人的自身信用，并要求借款人以自有资产作担保；但项目融资是银行直接将款项贷给某一投资项目，银行注重的是该投资项目建成后的经营收益和资产,偿还贷款本息的义务由项目公司承担,而不是由投资者承担。这样,银行对项目收益兑换成自由外汇以及如期足额偿付银行的贷款尤为关注。若得不到充分保证,银行绝不会将巨额资金投到还款无保证的项目。

综上所述,为了以 BOT 方式吸引外资建设我国的基础设施,我国有必要克服若干障碍,根据具体的项目性质和实际需要,对有关的 BOT 项目外国投资者作最低限度的保证。这是我国利用外资理论方面的一个突破口。如果能够有所突破,必将迎来我国新一轮外国投资高潮。

(1995 年第 10 期)

1996 年

试述关税减让与保护国内产业的立法问题

尤宪迅*

我国加入世界贸易组织的谈判已经进入最后阶段，由于美国等少数发达国家的多方阻挠，我国加入世界贸易组织一再受到拖延。作为全球性贸易组织来说，要把中国这样一个贸易大国拒绝在外是不合理的，也是不符合世界贸易组织宗旨的，可以说我国加入世界贸易组织只是时间早晚的问题。我国在进行加入世界贸易组织谈判的同时，已经在关税等方面主动作出大幅度减让，这充分表示我国加入世界贸易组织、进行贸易自由化的诚意和决心。关税减让是贸易自由化的重要保证，但是关税减让必须考虑到减让后国内工业的承受能力，要保护国内产业避免因关税减让而遭受重大损害，或者损害威胁，以免大量货物进口影响国内产业的确立。本文就关税减让与保护国内产业的立法问题谈几点建议。

一、关税减让要考虑国内产业的承受能力

关贸总协定成立后的40多年中已经有过8次大规模的关税减让。根据关贸总协定事务局的统计，主要发达国家的工业产品的平均税率，从关贸总协定设立之初的约40%，到东京回合已经降到4.7%。1993年结束的乌拉圭回合，约有264000项产品实施了关税减让，发达国家贸易加权平均的关税率降低达到40%，美国、欧洲共同体、加拿大及日本等国对医药品等7个部类相互废除关税，并统一化工产品的上限税率。

从发达国家大幅度降低关税来看，已经形成一套惯例和基本原则：

(1)降低关税是指关税整体水平的降低，发达国家关税整体水平虽然很低，但国际竞争能力薄弱的产品依然保持着较高的税率。这次乌拉圭回合的谈判中，美国、日本由于关税整体水平低，主张划一减让关税，个别产品互相废除关税；欧洲共同体关税整体水平比美国和日本高，但是没有美国和日本那样的高关税产品（纺织品、皮革等税率在15%以上），所以主张采用产品对产品方式大幅

* 作者单位：华东政法学院（现华东政法大学）。

度降低高关税;加拿大在水产品、林产品、非铁金属等资源产品方面很积极。可见,发达国家在进行关税减让时,并没有忽视保护本国缺乏国际竞争能力产品的问题。

(2)经过45年多的关税减让,发达国家关税整体水平已经大幅度降低,甚至有零关税的产品,但是每次大幅度降低关税,目标值的设定一般都不超过40%,如东京回合是33%,乌拉圭回合也大体保持在这个水平上。

(3)每次关税减让都有一个实施时期,即在确定目标值以后,要在规定的5年或者10年内分阶段逐步完成,如乌拉圭回合的工业品关税减让的实施要在1995年至1999年的5年内完成,每年都有一个确定的目标值。

由上可知,为了避免对国内工业造成大的冲击,发达国家进行的大幅度关税减让都有一个循序渐进的过程。我国离开关贸总协定已经有40多年,现在申请加入世界贸易组织不得不付出昂贵的"入门费"(大幅度降低关税),但关税是保护国内产业的重要手段,降低关税必须要慎重考虑国内产业的承受能力,特别是在关税减让目标值及实施步骤的设定方面不能操之过急。

我国从20世纪90年代起已经多次降低关税,特别是1994年和1996年的关税减让,间隔时间只有2年,下降幅度都超过发达国家每次减让的水平。多次关税减让对国内产业是否造成影响、下降幅度是否太快,应该尽快得出结论,至少在关税减让的目标值和实施步骤设定方面,应该有可知性和预见性,使受到关税减让影响的企业有一个调整的机会,避免大量进口对国内产业的冲击。

我国有关专家预计,关税降低后会导致一段时间内进口增长大大快于出口增长,给外汇收支平衡造成一定压力,甚至造成外汇汇率的较大波动,给企业的经营活动造成一定的冲击。为了避免这种冲击和波动,应该在关税减让的目标值和实施步骤的设定方面作些调整,并使企业知道今后的若干年内应该如何调整,所谓关税减让的循序渐进的过程,就是企业的调整和适应过程。这次乌拉圭回合达成的农产品协定,在农产品的关税化、市场准入及取消贸易壁垒方面,都有明确的实施时间表(1995年至2000年)和过渡时期保障条款,以免对农产品市场的冲击,这些做法是值得借鉴的。

二、关税减让要与进口有数量限制等保障条款相配合

美国、欧洲共同体等发达国家在大幅度降低关税的同时,都制定了一套严密的进口限制等保障条款。以下简单分析一下美国《1962年贸易法》第201条与保护国内产业的问题。

从20世纪70年代开始美国逐步加强了国际贸易中的紧急救济措施，这反映出美国钢铁、家电、汽车等成熟或者衰退产业需要用进口限制措施来实施保护。这些进口限制措施，是针对特定产业的进口急增而发动的紧急救济，它企图通过紧急措施的实施来争取时间进行设备更新、员工训练，进行产业的合理调整。

美国《1962年贸易法》规定的输入限制是美国关税减让的保障措施，如果关税减让后，外国产品进口急剧增加，对国内产业带来重大损害，可以发动数量限制的紧急措施。《1974年贸易法》修改了1962年的贸易法，第201条规定如果进口急剧增加，对美国国内产业带来重大损害，可以发动紧急进口限制措施，并有两个重要的修改：(1)可以不问进口急增的原因；(2)进口急增和损害发生的因果关系由主要原因修改为实质原因。修改后的第201条，进口限制措施的发动条件更加缓和。

这种紧急进口限制，先由国际贸易委员会进行调查作出决定，如果确认符合发动紧急措施的条件，还要向总统建议应该采取的进口限制措施（救济措施）。国际贸易委员会的调查时间被限制在申请开始后的180天之内。总统根据国际贸易委员会的调查结果和建议，除了认定实施救济措施违反国家利益以外，便可最终决定采取紧急措施，包括提高关税、关税配额、数量限制、产业调整援助措施和签订市场秩序维持协定等。采取紧急措施的同时，还包括国内产业的调整和援助。国际贸易委员会的建议中有具体的金融支援、税法上的优惠措施、员工的再训练等调整和援助措施，总统负有调整援助的义务。

从进口限制的紧急措施的程序来看，国际贸易委员会只是对是否具备发动紧急措施的条件进行调查以及提出紧急措施的建议，是否实施紧急措施的最终决定权在总统。在第201条程序中，总统的权限是很大的，议会如果要推翻总统决定，需要有上下两院的决议，司法审查只是限于形式要件有无的审查。

贸易法自1975年生效至1988年4月，国际贸易委员会受理了70件申请，其中34件认定为重大损害，34件中实施提高关税等救济建议的有18件，数量限制的救济建议有8件，在国际贸易委员会认定重大损害的34件中11件总统拒绝发动救济措施。

《1988年综合贸易竞争法》又对《1974年贸易法》第201条以及相关条款进行了修改：

(1)扩大了总统发动紧急措施的范围，原来的紧急措施只有征收关税、提高关税、关税配额、输入数量限制、缔结维持市场秩序协定等措施，修改后追加输入许可招标数量配额的通告，以及提出积极调整的方案等。

(2)总统发动紧急措施的期限,原来限于5年(可以延长3年),修改后增加到8年。

(3)原来规定,总统如果认为发动紧急措施不符合国家利益,可以不发动紧急措施,修改后把这个规定取消了,规定采取"努力促进调整措施的实现,增加国内产业同输入产品的竞争能力,产生经济以及社会成本以上的经济及社会利益"的适当和可能的措施。总统要在可能发动措施的范围内,采取必要的措施。

(4)增加了临时紧急措施,对生鲜农产品,或者存在危急情况,在一定条件下可以采取临时紧急措施。

(5)增加了积极调整的规定,为了增加同输入产品的竞争能力,要在劳动力转移,生产资源的分配等方面,由起诉者提出积极的调整方案,提出方案之前要同政府有关部门商量。

此外,在国际贸易委员会的调查、损害认定、向总统提出调查报告和建议等方面,缩短了期限,明确了认定标准。同进口国签订市场秩序维持协定(出口自动限制协定,进口自动扩大协定)等属于灰色措施。美国采取灰色措施的产品,已经从机床产品扩大到半导体、家电产品,输出国已经从发达国家扩大到亚洲、非洲等发展中国家和地区。

三、我国要尽快建立保护国内产业的法律体系

保护国内产业是各个国家的共同课题。产业都有它的生命周期性,由幼年期,经过成长期和成熟期,最后进入衰退期,对处于幼年期和衰退期的产业必须提供必要的保护,这就是所谓的保护幼稚产业和衰退产业的问题。由于各个国家经济发展水平和产业结构的差异,要求保护的对象和侧重点是不同的。如发达国家的纺织品和服装业就是衰退产业,面临调整和转产的问题,需要提供保护。但是在发展中国家,纺织品和服装是主要出口产品,是外汇资金的主要来源,如果进口国家过分保护,就会影响发展中国家纺织品和服装的出口。发达国家的知识密集型、技术密集型产业已经由幼年期进入成长期和成熟期,迫切需要发展国外市场,减少贸易保护。但是发展中国家的知识密集型、技术密集型产业尚处于幼年期,如果进口的急剧增加,势必影响发展中国家幼稚产业的发展。

现在,各国产业的关联性越来越强,任何国家不同外界发生任何联系,关起门来搞国内产业的时代已经过去。世界贸易组织要求在平等、自由竞争的条件下开展贸易,保护国内产业是违反世界贸易组织的基本原则的,但又是"必要的罪恶",暂时不能废除,这就成为贸易摩擦的重要原因。

保护国内产业主要是针对进口急剧增加对国内产业(衰退产业)造成严重损害或者损害威胁,或者是进口急剧增加妨碍国内产业(幼稚产业)的建立等问题提出来的。从发达国家保护国内产业的法律来看,主要包括两方面的内容:

(1)对于正当价格进口的急剧增加主要是通过保障条款加以限制,如美国贸易法第201条、欧洲共同体理事会规则288/82号,这些条款主要是根据《关贸总协定》第19条制定的。进口数量的增加,使进口产品"同类或者直接竞争产品"的生产商受到重大损害,或者损害威胁,可以发动进口数量限制(如进口配额等)紧急限制措施,达到保护国内产业的目的。但是,紧急限制措施必须遵守无差别适用原则,而且有时间限制,在保护期间内国内产业必须尽快进行产业结构的调整。

(2)对于不正当价格进口的急剧增加主要是通过反倾销等条款加以限制,如美国《1930年关税法》的反倾销条款(731条)、不公正进口竞争条款(337条),欧洲共同体反倾销规则(理事会规则2423/88号)的不公正贸易对抗措施(理事会规则2641/84号),出口价格低于出口国国内价格,就属于价格倾销行为,如果进口产品"同类或者直接竞争产品"的生产商受到重大损害,或者损害威胁,就可以征收反倾销税,抵消倾销的损害。《关贸总协定》第6条反倾销规则以及东京回合及乌拉圭回合对第6条反倾销规则的解释,也是要限制价格倾销,保护国内产业。

(3)对于出口价格补贴的进口急剧增加主要是通过反补贴等条款加以限制,如美国《1930年关税法》反补贴条款(303条)、欧洲共同体反补贴条款(理事会规则2423/88号),对有政府出口补贴的进口产品,要征收相当于补贴额的反补贴税,抵消补贴的损害。《关贸总协定》第6条反补贴规则以及东京回合及乌拉圭回合对第6条反补贴规则的解释,也是要限制出口补贴,保护国内产业。

我国在1994年5月公布了《中华人民共和国对外贸易法》,在保护国内产业方面,第5章"对外贸易秩序"的第29条、第30条以及第31条已经有一些原则性规定,但是还缺乏详细的程序性规定和实体性规定,如国内产业损害要有具体的数量指标,包括销售、利润、产量、市场份额、生产率、投资收益、设备利用等,损害和进口激增的因果关系、国内产业的定义等。我国已经开始大幅度减让关税,可以参照发达国家的现行法律,尽快制定保护国内产业的法律体系,克服保护措施滞后的问题,以免国内产业因关税减让而遭受重大损害,或者损害威胁,以免大量货物进口对国内产业的冲击。

(1996年第10期)

1997 年

国际环境责任法律问题初探

李伟芳*

国际环境责任有广义和狭义之分,用英文表示即"Responsibility"和"Liability",中文的对应词都是"责任"。前者包含并侧重于一系列法律义务和职责,责任产生的前提是实施了法律禁止的行为或不作为;而后者是在违背前者所包含的法律义务的情况下产生的,而且责任的产生可能来源于合法行为,也可能来源于非法行为。本文的国际环境责任是广义上的含义。

目前在国际环境责任制度方面主要存在下列法律问题:

一、环境损害概念的不确定

关于环境损害的概念,有关的国际条约没有明确的解释,和环境损害概念相关的术语是"越境污染"。1979年《远程越境空气污染公约》认为,越境污染是指污染源完全处于一国管辖或在一国管辖地区内对另一国管辖的地区产生有害的影响,且其相隔距离使一般情况下不可能区分其来源为个别污染源或污染源。《适用于越境污染的国际法规则》中的"越境污染"是指污染源全部或部分在同一境内而对他国境内造成危害结果的污染。但这里的"越境污染"定义仅局限于对他国造成的损害,不包括对国家管辖范围以外的环境的损害。因此越境污染不等同于环境损害。

环境损害概念的不明确直接影响到环境责任的落实。笔者认为,环境损害的概念和两个问题相关:环境损害的范围以及何种程度的环境损害将会导致国家责任。

关于环境损害的范围,国际条约和国际实践都有不同的看法。有的认为环境损害的范围仅局限于对自然资源的损害,包括水质污染、大气、土地、动植物等因素,这是比较狭窄的看法。而最广义的观点认为环境损害范围不仅包括对自然资源的损害,也包括对人类文化遗产的损害,同时也涉及对自然风景的破坏。1990年国际法委员会起草的国家责任草案则认为环境损害还要包括对人体和

* 作者单位:华东政法学院(现华东政法大学)。

财产的损害。[1] 笔者认为，环境损害的关键词是"损害"，我国民法认为，"损害"可以是指当事人因他人的违法行为而受到的利益损失，该损失包括财产上的直接减少和失去的实际上可以获得的利益，也可包括非财产损失，如对他人的信誉及其人身权造成的损失。同时，当一方当事人由于不履行义务或侵权行为而给对方造成损害时，当事人有义务采取措施减少损害的发生，因没有采取措施而使损害扩大，当事人要对扩大的损害承担责任。虽然环境损害由于涉及"环境"这一特殊领域，和民法上的损害概念有很大的区别，但从法理上看，两者有一定的同一性。结合有关的国际实践和一些国际环境条约，笔者认为，从责任赔偿的角度来看，环境损害的范围一般应包括对人身的损害、对财产带来的损害、生态损害、因采取预防和防范措施而产生的损害。

1. 对人身的损害。《世界卫生组织宪章》对健康的定义是：体力上、精神上和社会交往上均处于良好的状态。根据该定义，因环境损害造成的身体伤害都包括在人身伤害中。但问题在于如何鉴定积累性损害对人体健康的影响。所谓积累性损害，是指环境损害发生后，对人体的伤害往往要在很长一段时间内才能发现，这段时间可以是几年，也可以是几十年，这就给善后处理带来很多问题。尤其是在损害原因及损害结果的因果关系的确认、诉讼时效和赔偿金额的计算等方面产生一系列复杂问题。如何使这一类受害者的利益得到保护，是国际社会所要考虑的重要议题。通常认为可以延长诉讼时效。如《危险废物及其他废物越境转移及处置所造成损害的责任及赔偿议定书大纲》就建议将诉讼时效定为受害人知道或应当知道其权利受到伤害的3~5年内，或事故发生后的30年内。如果事故由一系列事件组成，30年的期限应从最后一次事件的发生日算起。但延长诉讼时效不能解决因果关系问题，这是决定责任归属的关键。

2. 财产损失。财产损失有直接和间接之分，前者指现有财产的减少，后者指失去的利益，是指应当增加而未增加的财产。是否对两者都给予赔偿，国际实践中没有明确的规定。但根据1971年《国际油污赔偿基金公约》成立的国际油污赔偿基金组织对油污损害的赔偿规定，包括了因油污产生的直接损失和间接损失。它认为在海上或沙滩上进行清除的费用、恢复被污染的私人财产如海上别墅或船只所花的费用、修理在清除工作中损坏的道路的费用、靠直接在海边或海上经营获得收入的人（如渔民和经营别墅的老板）遭到的经济损失都可获得赔偿。

---

① Philippe Sands, *Principles of International Environmental Law*, Manchester University Press, 1995, p. 633.

3. 因采取预防和防范措施而生的费用及损害。在环境保护中，特别注重预防和防范。所谓预防措施是在事故发生之前采取的措施，而防范措施是在事故发生以后。关于因采取这类措施而产生的额外费用的赔偿，有关的国际公约一般都规定对采取防范措施的赔偿。

如根据《国际油污损害民事责任公约》的规定，损害包括防范措施的费用和因防范措施而造成的进一步损失或损害。1989年欧洲经济委员会《关于公路、铁路及内陆运输、船只运输危险废物时造成损害民事责任公约》也要求对采取防范措施而产生的费用进行补偿，并认为防范措施是指事故发生以后为防止或减轻损害，由任何人采取的任何合理措施。而预防措施由于很难和某一具体的损害结果相连，所以得到补偿的可能性不大，仅在一些特定领域可以，如南极。《南极矿产资源活动管理公约》第8条第2款规定："经营者采取承担严格责任，偿还不论任何人在经营者所进行的南极矿物资源活动所造成的损害或可能造成的损害情况下，采取的必要行动，包括预防措施。"该公约尽管遭到环境保护者的反对，并被《南极环境保护议定书》取代，但在对预防措施是否要补偿问题上有一定影响。

4. 生态损害。在国际司法实践中，生态损害的确定是比较困难的。这主要有两个原因，首先是因为生态损害往往是无形的，很难确定因果关系。其次是因为对这种损害的估算很困难，一般来说，如果这类损害没有影响到某一国家的公民或其财产，对这类损害是否要赔偿，国际法规对此没有明确规定。著名的特雷尔冶炼厂仲裁案的裁决只赔偿美国方面遭受的物质损失，而对华盛顿州遭受的商业损失、农作物和木材的减少拒绝给予赔偿。仲裁法官认为这种损害即使能加以证明，也过于间接。① 近年来，在国际实践中最明确地涉及这类损害的国家赔偿的实例是联合国第687号决议，该决议重申根据国际法，伊拉克必须对由于入侵科威特而对他国造成的损失负有赔偿责任，这些损失包括对环境的损害和对自然资源的消耗。②

除上述范围外，还应包括对全球公域的环境损害。全球公域是指国家管辖范围以外的区域，如南极、外层空间、公海、海底区域等。这类区域的环境损害赔偿责任制度确认所面临的难题主要是：第一，缺乏明确的原告。目前的环境损害赔偿都是从因环境而受到影响的个人和国家间的关系来寻求原告，但全球

---

① 《国际法案例选》，陈致中、李斐南选译，法律出版社1986年版，第94～98页。

② Philippe Sands, *Principles of International Environmental Law*, Manchester University Press, 1995, p. 634.

公域是非国家管辖区域，很难发现这种关系。同时也缺乏明确的被告。第二，无法确定一个对全球公域损害的国际标准，无法确定哪些对全球公域的环境损害将导致对人和财产的损害，因而也就没有确定计算赔偿数额的衡量标准。目前，把这类损害纳入赔偿责任中的只有《南极矿产资源活动管理公约》，公约规定只要对环境的损害超过了公约所定的程度，经营者就要承担责任，至于如何断定对环境的损害已经发生，公约用了很模糊的标准，即超过可予忽视的程度，但公约没有说明何为“可予忽视的程度”。

关于何种程度的环境损害可导致国家责任的发生，国际社会对此没有达成明确的国际标准。有关的国际实践、国际仲裁法庭的裁决一般都认为必须是“严重”的程度，也就是说，并不是所有的环境损害都会导致国家责任的发生。例如，美国和加拿大的特雷尔冶炼厂案（1938 年）、美国和加拿大的加堤坝仲裁案（1959）、匈牙利向国际法院诉捷克斯洛伐克共和国关于两国在多瑙河流域建造水坝争端的案例（1992），都反映了这种观点。[①] 尽管国际实践倾向于只有对环境造成严重损害的行为，才能对其追究国家责任，但著名的切尔诺贝利核电站事故对这一观点提出了挑战。该核电站的爆炸导致大量放射性物质外泄，严重污染周边环境。在事故的处理中出现的法律问题之一是，苏联邻国为防止核污染采取合理措施所承担费用的赔偿问题。该事故说明不能仅以对环境造成损害后果来作为追究责任的前提，也应该考虑对防止损害费用的补偿。

二、责任形式问题

建立一个有效的国际环境责任制度，对在全球范围内保护人类赖以生存的环境是很有必要的。1992 年里约环发大会使世界各国意识到，国家拥有按照其本国的环境与发展政策开发本国的自然资源的主权权利，并负有确保在其管辖范围内或在其控制范围内的活动不致损害其他国家或在各国管辖范围以外的地区的环境责任。[②] 但里约大会仅确立了环境责任的一般原则，并不能解决在实践中出现的复杂问题，其中最重要的问题之一就是国际环境责任的形式。

从法理上看，国家责任可分为过错责任、无过错责任、损害责任。过错责任

① Philippe Sands, *Principles of International Environmental Law*, Manchester University Press, 1995, pp. 635 – 636.

② 联合国环境与发展大会文献汇编：《迈向 21 世纪》，中国环境科学出版社 1992 年版，第 29 页。

是以其主观上的过错作为构成要件,即“没有过错就没有责任”,这是国际法上最古老的责任赔偿原则。无过错责任,也称“严格责任”或“结果责任”,即行为人是否应负责任,主要看有无损害结果发生,而不管有无过错,只要有损害结果发生,就要承担赔偿责任。损害责任的法理基础是“无过错责任”,但它比无过错责任还要严格,其特点是由于实施了法律规定或不加禁止的行为而产生的损害,国家要依据有关条约进行赔偿。

从有关环境保护的国际条约来看,有些条约是明确规定国家责任形式的。例如,1972 年《空间实体造成损失的国家责任公约》就规定了两种不同的责任形式:损害责任形式和过错责任形式。该公约规定:“发射国对空间实体在地球表面,或给飞行中的飞机造成损害,应负有赔偿的绝对责任”,其他的损害,则采用过错责任形式。1982 年《联合国海洋法公约》第 139 条也规定了国家在海底区域对本国的自然人和法人所从事的违背本公约的行为,适用过错责任形式。即如果国家已根据公约的规定采取了一切必要的措施,对自然人和法人的损害行为就不承担责任。但在其他的环境保护公约中,是没有责任条款,或仅是非常模糊的规定。常用的措辞是“缔约方要合作承担义务”,“采取适当的措施确保条约义务的履行”等。还可以列举许多这样规定的公约。如 1979 年《远程越境大气污染公约》,1989 年《控制危险废物越境转移及其处置的巴塞尔公约》等。这种情况产生的原因:一方面是因为各国对这一问题的认识不统一;另一方面也说明国际环境责任形式的复杂及形式的多样性。

笔者认为,从目前的国际实践来看,对国际环境损害责任的形式可以得出这样几个结论:第一,过错责任形式是一种被国际社会普遍接受的责任形式,无论是国内法还是国际条约,都明确或默示了在环境保护领域,过错责任形式是基本的责任形式。第二,损害责任和无过错责任可能成为国际环境损害责任的主要形式。这是由于环境损害的特点决定的。一般来说,环境损害行为都有下列几个共同点:其活动在一国领域,但其危害具有跨国性和潜在的危险性;许多行为是条约没有规定或不加禁止的;受害国有权要求赔偿。在法律不能完全禁止这种损害行为,而同时又不能不顾及其产生的域外损害性后果的情况下,就需要一种制度来平衡行为国和受害国之间的利益关系,这就为损害责任和无过错责任这两种形式的产生和发展提供了基础,这实际上也是“谁污染,谁赔偿”原则的发展。特雷尔冶炼厂仲裁案是国际实践中采用无过错责任形式的典型案例,而一些国际公约也开始承认这两种责任形式,除上述提到的《海洋法公约》、《空间实体造成损害的国家责任公约》外,还有一些公约也有类似的条款。如《关于核损害的民事责任的维也纳公约》、《关于油污损害的民事责任公约》、《核动力船舶经营人的责任公约》。国际环境责任是国际环保领域中的新课题，有许多复杂的法律问题亟待研究和解决。国际上对该问题的研究开始于20世纪80年代,在中国尚属空白。本文仅就其中的两个主要问题作了初步探讨,但可以预见,中国在重视参与国际环保立法活动的同时,有关的法理研究将会逐步深入展开。

（1997年第9期）

1999 年

建立和完善有中国特色的海洋法规体系

周洪钧*

联合国确定1998年为"国际海洋年"。1994年11月16日,《联合国海洋法公约》生效,至1998年7月,批准或加入该公约的国家超过126个。已有130多个国家依据该公约调整或确立了12海里领海和200海里专属经济区的制度。它表明,联合国185个会员国中的大多数,特别是全世界145个沿海国中的绝大多数,在把本国的海洋辖区向原先公海的范围拓展。伴随这一轮"蓝色圈地运动"而出现的既是全球海洋产业的蓬勃发展,又是剧增的国际海域划界争端和海洋资源的争夺。面对这种态势,为了维护我国海洋权益和推进我国的海洋经济,如何建立和完善中国有特色的海洋法规体系的紧迫问题,理应受到举国关注。

一、中国海洋产业的发展及其对法律保障的需求

我国是发展中的海洋大国,拥有18000多公里大陆海岸线和14000多公里岛屿海岸线,沿海滩涂20多万平方公里,面积在500平方米以上的海岛约5000多个。[①] 我国行使主权和管辖权的海域近300万平方公里。我国海洋资源丰富,已开发的海洋渔场8118万平方公里,探明的海上石油可开采量250亿吨,天然气814万亿立方米。而我国人均占有陆地仅0.08平方公里,远低于世界人均0.3平方公里的水平。我国陆地矿产资源总量虽可观,但人均占有量不及世界人均量的一半。因此,开发、利用我国海洋空间及其资源,定将成为我国可持续发展战略的重要组成部分。

改革开放以来,我国海洋经济呈现出勃勃生机。海洋捕鱼、海水制盐和海上航运这三大传统海洋产业取得骄人成就。1997年,我国海洋捕鱼138514万吨,升为世界第二位,海盐产量292811万吨,居世界第一位;海运能力列世界第六,

---

* 作者单位:华东政法学院(现华东政法大学)。

① 参见1998年5月29日刊载的国务院新闻办公室《中国海洋事业的发展》白皮书第一部分。但据1998年3月3日《中国海洋报》第1版王诗成文章"海洋与我国发展的战略关系",我国有500平方米以上的岛屿7371个。录此备考。

造船顿数占世界第三。许多新兴海洋产业正在我国崛起。海水养殖业、海上油气开采、海洋化工业、海洋制药业、深海采矿业、滨海旅游业和海水直接利用等发展迅猛。我国海水养殖产量从1987年的192.6万吨增至1997年的791万吨,海水养殖面积已居世界第1位。海上石油产量1997年超过1629万吨,天然气达40亿立方米。1991年我国向联合国申请并获准,将太平洋国际海底15万平方公里矿区,登记为我国的合同开发区。我国海洋经济产值1990年为439亿元,1995年跃升至2464亿元,1996年为2800亿元,20世纪90年代年均增幅20%以上。预计2000年的产值将达5000亿元。届时,我国60%的水产品,10%的石油、天然气将取自海洋,70%的进出口贸易将经由海运。海洋产业将成为我国面向21世纪新的经济增长点。

然而,比照世界海洋经济现状,我国当前海洋开发程度显然偏低,尤其是高科技含量大的新兴海洋产业,我国比发达国家落后10~15年。我国仅占世界海洋经济年总产值的1%。20世纪80年代后,世界海洋经济高速增长,年产值从1982年的3400亿美元,增为1992年的6700亿美元,预测2000年可达15000亿美元。海洋产值在世界经济中的比重70年代为2%,90年代占5%,估计2000年将是10%。新兴海洋产业的发展更是惊人。海水养殖业将在数十年内压倒海洋捕鱼业,成为海洋渔业的主体;海上石油年产量本世纪末可望达13亿吨,占世界石油总产量的40%以上;深海采矿业2010年前后将步入商业生产阶段,从而形成新的海洋支柱产业。这些动态,为我国海洋经济提供了振奋进取的机遇,自然也构成了对我国十分严峻的挑战。

我国海洋经济在取得长足发展的同时,引起了对我国海洋生态环境的相当严重的污染和破坏。我国不少河流入海口、海曲、海湾以及大、中、小城市临海地区的环境质量逐年下降,致使资源状况衰退,造成重大损失。一些地方对海洋掠夺式的开发,产生大规模的海岸侵蚀或淤积,亦使我国许多珍稀海陆物种濒于绝迹。因环境恶化而肆虐的赤潮等各种海洋灾害的爆发率在日趋上升,对我国沿海地区带来较大的危害。仅以发生在1998年三四月间影响我国广东和香港地区的赤潮为例,这次延续1个多月的灾祸造成香港渔民的直接经济损失近215亿港元。

更受世人瞩目的是,与我国海上相邻或相向的8个国家,在《海洋法公约》通过和生效后,都以200海里专属经济区或其他方式,宣布了对海域的权利主张,其中同我国拥有管辖权的海域重叠的面积达120万平方公里,侵犯我国岛屿主权、攫取我国渔业资源和海洋油气资源的事件屡有发生。而与我国存有海域划界和岛屿归属争议的某些国家,相互之间也有着形形色色的海洋纠纷,从而使问题变得异常复杂。

为维护我国的海洋权益，确保我国海洋产业顺应世界海洋经济的强劲升势，并在不损及海洋环境的前提下，继续稳定、高效地增长，我国政府1996年业已制定《中国海洋21世纪议程》，还于1998年5月发布了《中国海洋事业的发展》白皮书。根据规划，我国海洋经济占国内生产总值的比例，2010年应达到10%。要实现这一目标，除了推行"陆海一体"、"科技兴海"等战略措施外，关键要为我国的海洋事业提供坚强、可靠的法律保障。我国应以《海洋法公约》确立的国际海洋法律制度为基础，从我国海洋事业"权益、资源、环境"三者统一的要求出发，逐步建立和完善具有中国特色的海洋法规体系，并理顺国内海洋管理体制，加大海洋执法力度，对我国行使主权和管辖权的辽阔海域，实施积极、合理的开发和管理，从而使我国的海洋事业真正走上可持续发展的道路，迈向光辉灿烂的前程。

二、改革开放后中国海洋立法的成就和不足

新中国海洋立法的起点较低。因为，旧中国除1931年国民政府行政院第21次会议作出领海为3海里、缉私区为12海里的命令和1932年颁布的《海洋渔业局条例》外，在拟制海洋法规方面差不多是一片空白。自1922年起，日本渔工一再侵入我国华北、华东、华南沿海以及东沙、西沙海域非法作业。当时，许多人士建议在我国领海外设立渔业保护区，甚至国民政府农林部渔业司亦主张将领海扩至12海里，以保护我国的海洋水产资源，但直到1947年，国民政府才同盟军驻日本总部签订了一个渔业协定，禁止日本渔船在我国沿岸12海里区域内捕鱼。①

在我国改革开放之前，总的说来，对海洋立法尚不够重视，这集中体现在，未能形成任何一部规范海洋活动的全国性单行法，仅发布了若干有关领海、海峡、海港、船舶管理、保护水产资源等方面的政策性文件以及行政条例、法令、规则等。其中最重要的是1958年9月4日我国政府关于12海里领海制度的声明，其他则包括：1953年政务院颁布的我国《海港管理暂行条例》、1960年交通部颁发的《船舶登记章程》、1964年国务院公布的《外国籍非军用船舶通过琼州海峡管理规则》、1971年交通部制定的《海损事故调查和处理规则（试行）》等。在参

---

① 综合魏敏主编：《海洋法》，法律出版社1987年版，第29页；鹿守本主编：《海洋法律制度》，光明日报出版社1992年版，第152页资料。

与国际海洋立法方面，我国只是在1973年加入了1966年的《国际船舶载重线公约》。[1] 这一时期的我国海洋立法明显地不能适应国家海洋事业的需要。这种海洋法制滞后的现象直至改革开放之后才发生根本的变化。

自20世纪80年代初起，我国海洋法制建设跨入了全面突进、成果丰硕的新阶段。其主要表现在：

（一）1982年8月，我国颁布《海洋环境保护法》，这是我国第一部关于海洋的单行法。它针对的是海洋生态的保护问题，表明我国已将海洋事业的发展与海洋环境保护有机地结合起来，一并纳入了以法治理的轨道。除此之外，我国还在1983年制定《海上交通安全法》、1991年颁布《海商法》，产生了数部专门关于海洋活动的全国性单行法。特别是在1992年2月25日，我国七届人大常委会第24次会议通过《领海及毗连区法》（当日起生效）、1998年6月26日，我国九届人大常委会第3次会议通过《专属经济区和大陆架法》（当日起生效），这意味着我国从20世纪70年代后期就开始规划的领海、毗连区、专属经济区、大陆架四大海域的基本法，经过30余年持久不懈的努力，已经实现初步系列配套。

（二）我国在大量的全国性法规中对涉海活动作出了具体规定。例如，1986年颁布的《渔业法》及其实施细则中，指明其适用于领海及我国管辖的一切其他海域，在海洋捕捞许可证、海上渔事作业范围、海洋渔业资源保护等方面都有明确的规定。同年颁布的《矿产资源法》，则使我国海洋石油、天然气的工业开采有法可依。我国政府及有关主管部门，依据各种单行法规，发布了数目众多、覆盖面宽广的涉海行政法规，诸如：1982年的《对外合作开采海洋石油资源条例》、1983年的《防止船舶污染海域管理条例》和《海洋石油勘探开发环境保护管理条例》、1985年的《海洋倾废管理条例》、1988年的《防止拆船污染环境管理条例》、1989年的《铺设海底电缆管道管理条例》和《水下文物保护管理条例》、1993年的《国家海域使用管理暂行规定》、1996年的《涉外海洋科学研究管理规定》等。

（三）在参与国际海洋法规方面，我国显示出积极的姿态。仅在1980年一年间，我国就先后加入1972年的《海上避碰规则公约》、1969年的《国际油污损害民事责任公约》、1969年的《国际船舶吨位丈量公约》、1972年的《国际集装箱安全公约》和1974年的《国际海上人命安全公约》5个国际海事公约。之后，我国批准或加入了更多的国际海洋法律文件。我国自始至终参加了1973年至1982年的联合国第三次海洋法会议，1982年12月10日，我国成为首批签署该

① 魏敏主编：《海洋法》，法律出版社1987年版，第32页。

会议通过的《联合国海洋法公约》的119个国家之一。① 我国还参与了该公约生效前对其第十一部分国际海底区域的重要修改，并在1994年7月28日形成《关于执行1982年12月10日〈联合国海洋法公约〉第十一部分的协定》的当天，签署了该协定。历经充分的审议，1996年5月15日，我国八届人大常委会第19次会议批准了《海洋法公约》（同年6月17日起该公约对我国生效）。我国成为《海洋法公约》的缔约国，这标志着“我国海洋事业全面走向以法治海、面向世界和发展经济的轨道”，我国即将迎来“海洋事业万紫千红的春天”。②

综上所述，我国海洋法制建设在改革开放后，确实取得了不小的成就。但不容忽视的是，我国目前的海洋法制还存在亟待弥补的不足之处。这些存在的问题可以简略归纳为：“还债多，超前少”；“缺口大，不配套”。具体而言则是：(1)有些法规是在实务界和学术界一再催促下才迟迟出台的，缺乏超前为海洋事业提供法律服务的意识。最明显的是《专属经济区和大陆架法》自1992年年初拟成送交国务院法制局的送审稿，直至1998年6月人大常委会才予通过。费时6年之久，使1992年因《领海及毗连区法》通过所掀起的我国海洋立法的高潮一度沉寂，也使我国同周边国家在制订海洋基本法方面拉大了时差。(2)许多海洋活动的规则仅在非以海洋为专门适用客体的单行法中附带提及。例如，《农业法》、《渔业法》、《矿产资源法》等，主要都不是针对海洋的，尽管其中含有涉海的规范。关于海洋活动的专门化法律、规章迄今甚少，尤其是关于新兴海洋产业的单行法暂付阙如。(3)在我国现时期的海洋法律体系中占主导地位的是中央和地方政府部门的行政性法规，而且囿于静态立法，即一经颁布实施，较少适时地进行修订、补充，以致其可操作性大为减弱。

值得指出的是，我国作为一个海洋大国，却在国家《宪法》这部根本大法中，见不到明确述及“蓝色国土”和海洋其他问题的只言片语。唯一隐约带到海洋的条文是我国1982年《宪法》的第9条，其规定：“矿藏、水流、森林、山岭、草原、荒地、滩涂等自然资源，都属国家所有。”此处“矿藏”可解释为包括了海底矿产资源，“滩涂”应当包括了河岸滩涂和沿海滩涂。由于当前并不具备全面修宪的条件，我国近年采取的制宪方式为拟制宪法修正案，在已生效的11条宪法修正案中，依然无一涉及海洋。③ 此乃我国传统的“重陆轻海”观念的典型表现，它使迄今为止，我国海洋活动存在缺乏宪法根据的严重缺憾。

---

① 赵理海著：《海洋法的新发展》，北京大学出版社1984年版，第213页。

② “走向以法治海的新世界”，载《中国海洋报》1996年5月17日。

③ 指1988年4月12日第四届人大第一次会议通过的第1条至第2条宪法修正案，1993年3月29日第八届人大第一次会议通过的第3条至第11条宪法修正案。

三、建立和完善具有中国特色的海洋法规体系

笔者已初步形成对于有关问题的两点考虑:第一,什么是我国海洋法规体系应该具有的特色;第二,什么是这一体系能展现上述特色的大致框架。

首先,我国海洋法规体系应该也必须具有当代中国的特色。这主要反映在:(1)能较好地坚持和贯彻发展中国家可持续发展的新型法律原则,在海洋立法和执法中做到国家主权、发展经济与保护环境的三者统筹。在海洋资源的开发利用领域,要兼顾眼前利益和长远利益,为子孙后代留下充分的余地。从我国业已制定的海洋法规来看,涉及海洋资源合理开发和海洋生态环境保护的已占了相当的比例。这种良好的势头应予保持和扩大。这是我国海洋法制与国际接轨的一个极为重要的方面。(2)各个主次的、规范各类海域及各种海事活动的海洋法律、规章、规则、法令、制度能配套较为齐全。此问题将放在下一段落"体系框架"中详加探讨。(3)已公布、生效的海洋法规能注重"静态"、"动态"的结合和全面、切实的施行。"静态"是指已有法律的基本稳定,但并不意味着不能适时的调整、补充、修改和更新。过去,我国的海洋法规极少修订,忽视了动态立法,这是今后切需加强的工作。"全面、切实实施"的关键是加大执法力度,不使相关法规徒有虚名,否则在实践中仍是有法不依。(4)能够调动国家立法机关、行政主管机关和沿海地方机关对于海洋立法的多种积极性,亦应调动海事实务部门和科研、教育单位专家、学者关心、参与海洋立法的积极性,促进我国全方位地重视开展海洋法制建设,以形成举国上下一致、国内国际协调的较为理想的中国化的海洋法规体系。

其次,我国的海洋法规应该也必须构成配套齐全、层次分明、实用有效的框架体系。这一体系可勾勒为:国家根本法——海洋基本法——海事专门法规(全国性+地方性)——其他单行法规的涉海部分(全国性+地方性)。鉴于尚无可能即刻全面修宪,在完善国家根本法的环节上,较为现实可行的办法是由国家立法机关酌情拟制一条新的宪法修正案。企望我国的第12条宪法修正案将是总体规范我国蓝色国土及其权益的"海洋条款"。在海洋基本法方面,由于《专属经济区和大陆架法》的出台,加之《领海及毗连区法》,我国已拥有两部配套的适用于领海、毗连区、专属经济区和大陆架四大海域的基本法。这两部法律广泛汲取了人大代表和各阶层的意见,其内容显得较为精炼、成熟。如1996年第八届人大第五次会议期间,海南省代表团提出的在《专属经济区和大陆架法(草案)》中增加"海洋权益历史性主张"的议案,其核心含义被采纳,列入了该

法的第14条。[①] 自然,这两部法律并非完美无缺,有若干的地方仍须切磋,留待日后加以修订。例如,《领海及毗连区法》第6条关于外国军用船舶通过中国领海实行批准制的规定,第13条关于我国在毗连区行使"安全"权利的规定等,似有偏浓的"军事色彩"。在该法律草案征询各界意见的过程中,笔者曾听到许多对之不同的意见,但仍未作更动。从长远来看,我国应在条件具备时,制定一部统一的海洋基本法,即《中国海洋法》,以取代目前两部二合一式的海洋基本法。在1998年3月召开的我国第九届人大第一次会议上,已有人大代表提出了"关于尽快制定《海洋法》的议案",[②]笔者对此衷心赞同。我国现只有3部专门关于海洋的全国性单行法,即本文第二部分提到的《海洋环境保护法》、《海上交通安全法》和《海商法》。当务之急是填补这一领域的大缺口。第九届人大第一次会议上,人大代表踊跃提交的25项涉海议案中,大多是关于加快拟制我国海洋专门法的,其中从第八届人大起一直在强调的是我国的《海域使用管理法》。[③] 此外各方面人士还提出了从速制定我国《海洋环境预报与海洋灾害预报警报发布管理规定》等很好的建议。[④] 依笔者所见,我国在世纪之交应抓紧实施并完成海洋专门法规配套的系统工程,特别是规范新兴高科技海洋产业的全国性单行法更要尽早推出,它包括制定新的专门法规或将原有的行政条例升格为法律。例如,(1)近海资源养护、利用管理法;(2)海上石油、天然气开采法;(3)深海采矿法;(4)海上人工设施构筑管理法;(5)海底电缆管道管理法;(6)海洋科研法;(7)海岸带管理法,等等。因专门法的制定毕竟不可能包罗我国海洋事业的一切方面,故而,在全国性和地方性的其他法规中设置若干涉海部分是十分必要的。有的专家结合我国参与国际海洋服务协议的对策研究,提出我国应订立《船舶法》等新法规。今后,我国中央和地方各级立法机关在立法时,似应联系我国海、陆大国的双重地位以及21世纪被公认为人类海洋世纪的大局,高度重视各种法案中应有的涉海条文。

同国际接轨,特别是同《联合国海洋法公约》接轨,以及认真借鉴其他沿海

---

① 参见1998年3月10日《中国海洋报》第1版报道以及1998年6月27日《法制日报》第2版所刊"专属经济区和大陆架法"全文,其中第14条为"本法的规定不影响中华人民共和国享有的历史性权利。"

② 参见1998年3月20日《中国海洋报》第1版新闻标题:"本次两会共收到涉海议案、提案五十项。"

③ 参见参见1998年3月20日《中国海洋报》第1版新闻标题:"本次两会共收到涉海议案、提案五十项。"以及1998年3月17日《中国海洋报》第1版国家海洋局局长张登义的发言。

④ 国家海洋局"三五普法办公室"编:《海洋法律知识讲话》,1996年12月(内部)版,第135页。

国在制订其本国海洋法规方面的经验和教训，应当是我国海洋立法中两个重要问题。除了使国内海洋法规与我国已参加的国际公约以及国际惯例尽量相符之外，尚有一些相关的国际海事公约，如《国际渔船安全公约》、《关于油污损害民事责任的国际公约》、《海事索赔责任限制公约》、《防止倾倒废弃物及其他物质污染海洋的公约》、《国际救助公约》等，我国应尽早进入其缔约国的行列。其他国家的海洋法规也确有不少可供我国参照之处。例如，在国际社会有关海洋综合管理的为数较少的立法中，韩国的《海洋开发基本法》就颇具特长。该法是为了确立在合理开发、利用、保护海洋方面的基本政策和发展方向而制定的，它要求政府每年制订综合开发利用海洋的实施计划，决定设立一个由政府总理领导的海洋开发委员会，负责审议海洋开发的重大计划和政策问题。[①] 我国日后在拟制统一的《海洋法》及其他海洋综合管理法，如《海域使用管理法》、《海岸带管理法》时，亦适当作为参考。

另外，我国在着力健全海洋法规的同时，亦应及早理顺海洋管理的体制。这是某些沿海国（如韩国）业已明确而我国尚待解决的重大问题。1964 年 7 月 22 日，我国第三届人大常委会第 124 次会议批准成立国家海洋局，作为国务院的直属机构，专门负责海洋工作。但海上运输、捕鱼、科研等活动，实际上长期分属交通部、农业部、国家科委等归口管理。结果是，多头主管，力量分散，各行其是，协调困难。1994 年国务院机构改革时，曾授权国家海洋局负责全国海域的监督管理、颁布海洋使用的统一的许可，进一步强化了该机构的海洋行政管理的职能。[②] 然而，在 1998 年的国务院机构调整中，国家海洋局成为新组建的国土资源部的一个部管局，其地位并未提升。笔者主张，我国作为发展中的海洋大国，应当单设一个海洋部或海洋产业部，在其上面再成立一个国家海洋委员会，由副总理以上国家领导人牵头，协调全国对内对外的各项海事活动。笔者还认为，我国需要建立一支精良的专业海上执法队伍。美国、瑞典等国的海岸警卫队和日本海上保安厅的实践证明，这样一支专门化的队伍，可以同时执行多项海洋法规和国际公约，分别为几个主管部门服务。[③] 在第九届人大第一次会议上，有的人大代表已经提出“关于组建《中国海洋监察总队》的议案”。[④] 这理应引起中

---

① 汪尧田、周汉民主编：《世界贸易组织总论》，上海远东出版社 1995 年版，第 299 页。

② 国家海洋局“三五普法办公室”编：《海洋法律知识讲话》，1996 年 12 月（内部）版，第 145 页。

③ 鹿守本主编：《海洋法律制度》，光明日报出版社 1992 年版，第 239 页。

④ 参见 1998 年 3 月 20 日《中国海洋报》第 1 版新闻标题：“本次两会共收到涉海议案、提案五十项。”

央有关立法和行政部门的关注。

总之，通过建立和完善具有中国特色的海洋法规体系，加上理顺我国海洋管理的体制和组建专业海洋执法队伍，一定能有效地服务于我国建成现代化海洋强国和全人类向海洋进军的宏图伟业。

（1999年第2期）

论国家主权与人权

王虎华*

国家主权与人权的关系是辩证统一的。国家主权在国际关系上是最高权威,国家主权原则,早已上升为国际社会公认的国际法原则,是当代国际法最基本、最重要的原则。但是,国家主权不是绝对的,而是有制约和限制的。国家主权是相互的,国家在行使主权时,不得侵犯别国主权。人权,本质上属于一国国内管辖的事项,但是,人权又不是纯属国内管辖的事项;人权受国际法的保护,人权原则也是国际法的重要原则,人权具有国际性。然而,人权原则尚未成为国际法的基本原则。坚持国家主权,才能保护国际人权。国家主权高于国际人权。“人道主义干涉”的理论观点,违背当代国际法,其实质是否定国家主权,干涉别国内政。

一、国家主权与人权的关系

国家主权与人权的关系是辩证统一的。主权与人权都是国际法的原则,是国际法的重要组成部分。主权原则是最基本的国际法原则,人权原则也是国际法的重要原则。国家主权是相互的,国家在行使主权时,不得侵犯别国的主权;国家不能违背国际法关于人权的一般强制性规则,而人权的国际保护则首先必须尊重国家主权,实现人权的过程也是国家主权行为的体现。

主权即国家主权,是指国家对内的最高权和对外的独立权。所谓对内的最高权,是指国家在国际关系上是最高的权威,在国家之上,再没有超国家的权威。所谓对外的独立权,是指国家在行使国家权力时完全自主,不受任何外来的干涉。① 国家主权是国家固有的根本属性。主权与国家同时产生,同时消亡。主权也是国家区别于人类社会其他组织的根本标志。否认或贬低主权,就是否认或贬低国家;否定或贬低主权,就是主张霸权。

应当指出,国家主权是最高权威,但不是绝对权威。国家行使主权不得违反

---

* 作者单位:华东政法学院(现华东政法大学)。

① 曹建明、周洪钧、王虎华主编:《国际公法学》,法律出版社1998年版,第44页。

国际法包括国际人权法的规定，更不得在行使主权时侵犯他国的国家主权。片面地将国家主权绝对化，将会导致各国无视国际法的存在，自行其是，使国际关系和国际秩序陷于混乱。

国际法上的人权，又称人权的国际保护，是指国家之间依据《联合国宪章》和公认的国际法原则，通过承担国际人权法上的国际义务，对实现基本人权进行合作与规范，并对侵犯人权的行为加以制止和惩治。国际人权法，是各国保证和促进基本人权和自由的国际法原则、规则和规章制度的总称。①

人权问题，本质上属于一国国内的事项。传统国际法并不调整国家与个人之间的关系。一国如何对待其本国国民，本质上属于该国的主权和内政。国际人权法是国际法的重要组成部分，国家应当承担其保护人权的国际法义务，这就是人权的国际性。人权和人权保护虽然是国际法的重要组成部分，但是，迄今为止，人权和人权保护尚没有上升为国际法的基本原则，人权的原则不能与国际法强行规则相抵触；保障人权也不能违背国家主权和国际法基本原则。人权固然受国际法的保护，而国家主权原则历来是国际法上最重要的基本原则。

二、国家主权是人权的前提和保障

国际社会对国家主权的尊重，已经将国家主权上升为国际法上的一项最重要的基本原则，即国家主权原则，又称互相尊重主权和领土完整原则，它是指各国应当互相尊重国家固有的对内的最高权和对外的独立权；互相尊重国家的主权，不损害他国领土的完整性。国家主权原则是任何其他国际法规章制度所不可抵触的强行法。国家主权原则作为当代国际法最重要的基本原则，早已为世界各国所公认。《联合国宪章》第2条规定了各会员国应当遵守的国际法原则。其第1项原则就是各会员国主权平等原则。这也是宪章对各会员国所规定的义务。

人权及其国际保护与国际法上的其他义务一样，是主权国家以公认的国际法原则和国际公约为行为规范，自觉承担国际义务的结果。国家之间签订的有关人权公约，是人权国际保护的法律依据；国家间相互承担这些条约的义务，是实现人权国际保护的基本方式。

人权的保护主体是国家，人权和人权保护任何时候均离不开国家。国家不

① 曹建明、周洪钧、王虎华主编：《国际公法学》，法律出版社1998年版，第523页、526页。

仅直接制定国内人权法，国家还参与制定国际人权法，而且，国家还承担着将国际人权法转化为国内法的义务。首先，国内人权法是由国家直接制定并由国家保证其实施的，国内人权的实现，是国家立法和司法实践的结果。其次，国际人权法同样也是由国家集体参与制定，并通过国家之间的合作保证其得以实现，国际人权条约，是国家以协议的方式制定的，人权条约规定的国际人权和人权的国际保护是国家之间通过国际合作履行国际法义务的结果。最后，国际人权法规定的基本人权和自由必须经过国家将其转化为国内立法，并保证在国内得以贯彻和实现。因此，没有主权国家的参与，任何个人和集体或民族均不可能直接享受到国际人权的保护。

可见，人权及其人权的国际保护与国际法上的其他义务一样，是主权国家以公认的国际法原则和国际条约为行为规范，自觉承担国际义务的结果。国家之间签订的有关人权公约，是人权国际保护的法律依据；国家间相互承担这些条约的义务，是实现人权国际保护的基本方式。

国家要达到保护人权的目的，就不可能没有主权。坚持国家主权原则，才能更好地保护人权。第二次世界大战中，欧洲国家被德国法西斯占领，整个欧洲处于白色恐怖之中。德国法西斯大肆杀害和虐待无辜平民，人民的基本人权包括生命和健康根本得不到保障。在国家主权被侵犯的情形下，国家对人权的保护根本无法实现。1931 年，日本帝国主义侵占我国领土，实行"烧"、"杀"、"抢"三光政策。在日本军国主义的铁蹄下，我国主权和领土沦丧，又何谈人权和人权保护？由此可见，没有国家主权，也就没有人权，尊重人权，首先应当尊重国家主权，坚持国家主权，才能保护国际人权。

综上所述，只有在坚持国家主权的前提下，国际人权才得以遵守和实施；也只有在坚持国家主权的前提下，国内人权也才能得以保障。因此，人权及其保护，本质上属于国内管辖的范围。一个国家对内没有权威，对外不能独立，该国人民就不可能真正地享有人权和人权保护。

三、人权与互不干涉内政

内政，是指本质上属于一国国内管辖的事项，即属于国家主权范围内的事务。具体是指国家在宪法中规定的事项，以及与国家行使主权相联系的对内和对外活动。内政，从地域上讲，是指在国家领土范围内的事项，具体是指国家在宪法中规定的事项，以及与国家行使主权相联系的对内和对外活动。

互不干涉内政原则，是从国家主权原则派生出来的又一项国际法基本原则，是指国家之间在相互关系中,不应为实现本国的目的,通过政治、军事、经济或文化等途径,采用直接的或间接的、公开的或隐蔽的手段,干涉他国主权范围内的事务。互不干涉内政,乃是《联合国宪章》和当代国际法规定的一项义务。

《联合国宪章》第2条第7项规定:不得干涉在本质上属于任何国家国内管辖的事件。1970年,联合国大会通过的《国际法原则宣言》强调:"任何国家或国家集团均无权以任何理由直接或间接地干涉任何其他国家之内政或外交事务"。1981年12月9日,联合国大会通过的《不容干涉或干预别国内政的宣言》再次强调:"各国有义务避免利用和歪曲人权问题,以此作为对其他国家施加压力或在其他国家集团内部彼此猜疑和混乱的手段"。国际法是国家之间的法。国际法并不调整国家与个人之间的关系。一国的人权和人权状况,即国家如何对待其本国国民,本质上是一国国内管辖的事项,是国家的内政。因此,以"人权高于主权"为借口,对主权国家进行所谓的"人道主义干涉",是严重违背互不干涉内政原则的。

应当指出,内政也不能绝对化。人权还具有国际性,即国家还应当遵守国际人权法所规定的义务,努力促进和保障人民的基本人权和自由。国家如果违反国际人权法的基本义务,在国内实行侵犯人权的罪行,国家就不能以内政为名,以排除国际社会对其行为的干涉和惩罚。然而,对一国破坏国际人权法罪行的干涉和惩罚,并不意味着可以干涉该国的内政。任何一种干涉或惩罚行为本身必须符合国际法。

四、余　　论

长期以来,一些西方国家主张"人权高于主权",即所谓的"人权至上论"。其基本含义是指:当一国国内发生了大规模的侵犯人权的罪行时,法律允许国际组织或国家集团为了人道主义对该国进行干涉;该国的人权就高于其主权,甚至可以牺牲该国的主权。

所谓"人权高于主权"的论调,理论上是错误的,在国际法上也是没有根据的。国家主权是人权的基本保障,没有主权就没有人权。人权不可能、也不允许高于主权。综观当今国际法的规定,没有一项国际公约或国际条约规定,人权可以高于主权。

(1999年第6期)

论意思自治原则确定合同准据法的理论与实践

裴　普*

合同的法律适用一直是国际私法中争论最多的一个问题。正如美国学者比尔所说:"冲突法中没有哪个问题比处理合同效力的准据法问题更为错综复杂"。[①] 这主要是因为合同关系具有高度作为的性质,既不像身份关系那样,以自然血缘关系作为基础,也不像物权那样具有对特定物的直接的、排他的利用和支配关系,往往不容易判定它与哪一个连结因素具有决定的意义,从而给法律的选择和适用带来极大的困难。长期以来,在合同法律适用问题上,一直存在对立的两种观点,即客观论和主观论。凡认为合同的成立与效力总是与一定的场所相联系的,因而最适合于合同的法律,应该是合同关系在那里"场所化"了的地方的法律,这便是属于合同准据法选择的客观论观点;反之,凡主张应适用当事人自主选择的法律的便称为主观论,也即"意思自治"原则。

一

在杜摩兰(Dumoulin,1500~1566)以前,按照相沿成习的传统法律观念,合同当事人虽然可以自由地决定他们在国际合同交易中的各种事项,自由地安排他们之间的合同权利义务关系,但是,他们并没有权利参与确定适用于他们所订立的合同的法律,因为当时,合同的法律适用问题是立法者和法官的权力范围内的事,合同当事人不得染指。然而,杜摩兰率先提出"当事人意思自治"的主张,指出合同应当适用合同当事人意思所指向的法律。其实质就是赋予合同当事人一种选择法律的权利。1856年《意大利民法典》首次在立法中对此明确加以规定,今天,"意思自治"早已成为一项法律原则,为各国理论中和实践中所普遍接受。

由里斯编纂的美国《冲突法第二次重述》第187条明确肯定了"当事人意思

* 作者单位:西南政法大学法律系。

① [美]比尔:《冲突法论》,1934年英文版,第1077页。

自治”原则：(1)如果特定问题是合同当事人以其合同中的明确规定本可以解决的，那么，合同当事人所选择的、用以支配他们合同权利和义务的那个州的法律就予以适用。(2)即使特定问题不是合同当事人以其合同中的明确规定能够解决的，合同当事人所选择的、用以支配他们合同权利和义务的那个州的法律亦予以适用，除非(a)被选择的州与合同当事人或交易没有实质联系，且合同当事人的此种选择又没有其他合理依据，或者(b)所选择的州法律的适用违背在决定该特定问题上比被选择的州有更大实际利益的，且是在合同当事人未作出有效法律选择情况下，据第188节所应适用法律的所属州的基本政策。尽管这里对“当事人意思自治”原则设定了两条限制，但他的主旨却是肯定这一原则的。在大陆法系各国，“当事人意思自治”原则也已被立法者和法院所接受。法国在1967年由一个政府委员会提交的、旨在补充《法国民法典》的法律草案中，明确确立了“当事人意思自治”原则。该新民法典草案第2213条第17款规定：国际合同及产生于国际合同的债务受合同当事人所选择的法律支配。《奥地利联邦国际私法法规》第35条第1款规定：“合同依当事人明示或默示选择的法律；如情况显示当事人曾设想依某一特定的法律，应认为与默示的选择具有同等效力。”1964年修订的《日本法例》第7条第1款规定：“关于法律行为的成立及效力，依当事人意思确定应适用的国家的法律。”这里的“法律行为”，当然包括合同在内。

我国《合同法》第126条规定：“涉外合同的当事人可以选择处理合同争议所适用的法律……”《民法通则》第145条第1款亦规定：“涉外合同的当事人可以选择处理合同争议所适用的法律，法律另有规定的除外。”可见，我国法律同样是接受“当事人意思自治”原则的。

不仅如此，一些国际公约也对此持肯定态度，诸如1955年《关于有体动产国际买卖法律适用公约》第2条第1款规定：“买卖受合同当事人所指定的国家国内法的支配。”1980年《欧洲经济共同体关于合同债务法律适用公约》以及1985年《国际货物销售合同法律适用公约》也都肯定了“当事人意思自治”原则。

意思自治之所以成为当今确定合同准据法的基本原则，主要是国际交易形式的变化使然。在19世纪以前，国际商品交换主要是采取现货贸易形式，而现货贸易形式合同的订立和履行，通常都是在同一个国家中进行，因而这种贸易的全部交易活动事实上都是处于行为地国家的法律支配之下的。此时“场所支配行为”原则便成为理所当然。然而，随着产业革命在19世纪的完成，资本主义生产关系进一步发展，资本的大量积累和集聚，通信业的发达，金融、保险业的兴起与繁荣，促使一种新的交易形式——期货贸易应运而生。国际期货贸易与现货贸易相比较,集中体现在三个“分离”:第一,合同当事人各方的履约地通常是相分离的。在期货贸易中合同当事人各方并不需要面对面地履行合同,出于商业便利和节省费用的考虑,他们通常是在其自己国家实施履约行为。第二,合同订立地通常与至少一方合同当事人的履约地相分离。在期货贸易中,由于各方合同当事人各有其不同的合同履行地,所以,合同订立地无论如何不能与所有合同当事人的履约地相重合,而是至少与一方合同当事人的履约地相分离。第三,订立合同的时间与履行合同的时间相分离。对于期货贸易,这一点自是其中之意,无须赘述。正是这三个“分离”,使国际期货贸易合同无论是在空间上,还是时间上,都与不同国家发生联系,处于不同国家的实际控制之下。由此固守“场所支配行为”原则,以“合同订立地法”或“合同履行地法”确定合同准据法,显然不合时宜。在此种情况下,人们发现“当事人意思自治”原则正好可以发挥其作用:它不把国际合同与一定的地域固定地联系起来,符合现代国际合同的实际需要。

此外,“契约自由”思想的广泛传播,已使其从事国际交易的合同当事人按照自己意愿确定支配其合同的准据法成为自然的要求,在实践中,“当事人意思自治”原则也受到了国际商业界的普遍欢迎和赞同。

二

尽管“当事人意思自治”已为各国所广泛接受,但是,各国在具体的立法规定或司法实践中,却呈现出各自不同的情况,具体涉及当事人如何进行法律选择。

(一)法律选择的形式

所谓法律选择的形式,主要分为明示的选择和默示的选择两种。明示的选择,是指当事人以文字、言辞所作出的关于法律选择的协议。所谓默示的选择,则是指在合同当事人未作出明示的法律选择的情况下,法院根据一定的合同条款、词语和案件事实所推定出来的合同当事人关于法律选择的意向。毫无疑问,明示的选择应该得到肯定,问题在于默示的选择是否能代表合同当事人关于法律选择的合意?因为所谓“默示的法律选择”并不是合同当事人自己作出的,而是受案法官以法律推定手段推断出来的。即“默示的法律选择”在一定程度上属于受案法官司法行为的产物。那么,是否应该完全否定“默示的法律选择”呢?西方国家的司法实践大都肯定了“默示的法律选择”的效力。既然如此,如何尽可能减少法官在推定合同当事人“默示的法律选择”过程中的任意性和武断，便成为该问题的关键所在。一般而言，一些国家司法实践常常是将合同当事人有关管辖权选择或仲裁条款作为根据来推定当事人的“默示的法律选择”的，然而，仅止于此难免会被人指责为法官只图方便以及假借推定之名，行适用法院地法之实。因此，正确推定“默示的法律选择”必须建立在对所有合同条款（而非仅限于管辖权或仲裁条款）以及案件事实的综合考察的基础上。

（二）法律选择的时间

通常情况下，合同当事人往往是在他们订立合同时就进行了法律选择，即在合同中订立了法律适用条款。然而，基于种种原因，合同当事人完全有可能在订立合同时并未同时作出法律选择。究其原因，可能是由于：(1)合同当事人的疏忽大意，特别是在合同当事人以口头形式订立合同时，常常无暇顾及法律选择问题；(2)合同当事人的放任，有时，合同当事人虽已注意到合同的法律选择问题，但是，他们却可能以为合同的法律适用问题主要是法官或仲裁员的事，因而便没有作出自己的法律选择；(3)合同当事人互不相让，即合同当事人在订立合同时由于分歧太大，无法达成法律选择协议，但是，双方又不想放弃他们之间交易的实际利益，于是，彼此暂且把法律选择问题搁置一边，订立了一个不含有法律选择的合同。有鉴于此，合同当事人是否对法律选择问题就再也无能为力了呢？换言之，合同当事人是否可以进行“事后的法律选择”？对此，各国立法和司法实践一般都持肯定的态度，只有极个别国家的法律反对这种做法。例如，美国、法国、瑞士和德国等国家的法律都曾在其司法实践中允许合同当事人进行事后的法律选择。不过需要指出的是，一些国家的实践通常是在合同当事人在其事后的法律选择中选择了法院地法的情况下，才承认其事后的法律选择的效力的。那么，如果合同当事人在其事后的法律选择中所选择的不是法院地法，而是其他法律，其法律选择的权利是否也应得到尊重？对此，国际社会尚未形成一致的做法。但是，我国最高人民法院《关于适用〈涉外经济合同法〉若干问题的解答》、《匈牙利人民共和国主席团关于国际私法的第13号令》以及1980年《欧洲经济共同体关于合同债务法律适用的公约》和1985年《国际货物销售合同法律适用公约》等立法和国际条约中并未将合同当事人事后的法律选择仅仅局限于法院地法。应该说，这是符合“意思自治原则”要求的。因为既然法律允许合同当事人选择支配他们合同的法律，那么，合同当事人由此所享有的选择法律的权利就不应该仅仅由于其行使的时间不同而受到损害，甚至被剥夺。当然，这并不意味着合同当事人事后法律选择的权利绝对不受时间流逝这一因素的影响。恰恰相反，应该对合同当事人事后的法律选择权利作出相应的限制：一方面，合同不应当由于他们所作的事后的法律选择而归于无效，这既包括合同形式上的效力，也包括合同实质效力;另一方面,合同当事人所作的事后法律选择,不得损害第三人的正当权益。

(三)法律选择的内容

1. 关于是否排除"反致"等类似制度问题。

合同当事人选择的法律仅仅是指实体规范,还是包括法律适用规范,这涉及法律选择的内容。一般而言,合同当事人选择法律是为了支配他们之间的合同关系,使他们之间的合同关系有一个稳定并可以预见的法律基础,当然,这只有通过实体法才能实现,就此而言,必须排除"反致"等类似制度。事实上,中国、捷克斯洛伐克等国的立法以及英、美国家的司法实践中都是排斥"反致"等类似制度的。不过,对此也不能一概而论,毕竟这种做法并非所有国家一致采纳,因此,对合同当事人而言,比较稳妥的方法是在进行法律选择时,应当特别注意说明其所选择的是实体法,而不包括冲突规范。

2. 关于所选择的法律是否包括统一实体法问题。

通常情况,法律选择是指选择某国的国内法,正是由于各个不同国家法律体系的并存,才产生了法律选择的需要。然而,法律选择不能仅仅局限于选择不同国家的国内法。在统一实体法与各国国内法并存的今天,在一定程度上,统一实体法也是合同当事人法律选择的对象。之所以如此,是因为:首先,合同当事人在选择国内法时发生了意见分歧且相持不下,选择一个适当的统一实体法可以使其找到一条解决问题的途径。其次,统一实体法,特别是惯例形式的统一实体法,往往容易被法院所接受,因此,选择统一实体法与选择国内法(选择法院地法除外)相比,前者所受的限制可能要少一些。即便如此,并非在任何情况下选择统一实体法都具有现实性:第一,并非在所有国际合同领域都存在相应的统一实体法,如在国际技术转让合同、国际直接投资合同和国际雇佣合同等领域,就没有或很少有相应的统一实体法;第二,并非所有的统一实体法都能为所有的国家所接受,在当事人选择那些未能为大多数国家所接受的统一实体法时,其法律选择的效力就很值得怀疑了。

3. 关于单一法律选择,还是分割法律选择问题。

所谓分割选择,是指将合同分割成几个方面的问题,分别选择每个方面问题所应适用的法律。单一选择是指把合同作为一个整体来选择其所应适用的法律。在国际私法的理论中,一般主张合同的效力原则上只受一个国家法律支配。但鉴于一些合同实际上是由几个相互独立的合同所组成;或者一些合同虽然是一个单一的合同,但它所涉及的是性质完全不同的问题,如国际货物买卖合同,虽然是一个单一的合同,但它却涉及买卖、运输、保险、支付等各个不同领域的问题。为此,西方国家普遍采用将合同分割(Depecage)的方法,作为解决国际合同法律适用问题的一般方法。这种做法就是将合同分割为相对独立的几个方面,然后分别对其适用不同的法律。这对于克服传统冲突规则的机械性,强调法律适用的合理性,无疑起着积极的作用。[①] 1980年欧共体《关于合同债务的法律适用公约》第3条第1款就规定,当事人可以选择准据法适用于整个合同,或只适用于合同的某一部分。

三

尽管各国普遍接受了"当事人意思自治"原则,然而,这种接受并非是无条件的,相反,各国法律对其普遍地设置了限制条件。究其原因,法律适用属于国家行为,而非当事人个人行为。作为一种权力,归根结底,只有国家才可以决定以什么法律来支配一定的合同。至于当事人所享有的法律选择权利完全是国家赋予的,因此,当事人选择支配其合同的法律的权利必须置于国家制约之下。国家限制"当事人意思自治"原则主要是基于两点:其一在于防止当事人以此为名规避内国法的适用;其二是为了维护法律适用的公正。具体而言,对"当事人意思自治"原则加以限制主要体现在以下两个方面:

(一)当事人所选择的法律必须与合同存在一定联系

1. 在立法中明文规定合同当事人可以选择的法律的范围。按照这种方法,当事人仅可以在内国法律所明文规定的几种法律之间进行选择,除此之外,当事人不得自行为之。例如,1926年的《波兰国际私法典》就曾规定,当事人只能在他们其中之一的本国法或住所地法、合同履行地法、合同订立地法及合同标的物所在地法之间进行选择。显然,这种方法可以保证法律适用的确定性和可预见性。但是其弊端也是明显的,即过于刻板,忽视了合同法律适用的灵活性,不利于国际经济交往的开展。目前,这种做法已被各国所废弃。

2. 直接规定当事人所选择的法律必须与合同存在实质性联系。一些国家的法律明确规定了法律与合同之间的本质联系,否则,当事人的法律选择无效。同样可以依波兰的立法为例。1966年《波兰国际私法》第25条第1款规定:"契约债权,依当事人所选择的法律,但所选择的法律与该法律关系要有一定联系。"可见,波兰的新立法抛弃了原来刻板的限制方法,而采取了相对灵活的限

① 李双元、张明杰:"论法律冲突规范的软化处理",载《中国法学》1989年第2期。

制方法。与此相似,美国《冲突法第二次重述》第187条第2款规定,当事人根据意思自治所选择的某一州的法律必须与当事人或交易有"实质联系"。而按照已为美国49个州所接受的《统一商法典》第1章第105条也规定,合同当事人所选择的法律必须与合同有"合理的联系"。

(二)当事人选择的法律不得违反公共秩序

运用公共秩序保留制度限制当事人意思自治是各国通行的做法,它要求意思自治的适用不得违反一国的国家利益、法律秩序、法律的基本观念和基本原则、文明社会的道德观念和善良风俗等。1986年联邦德国《关于改革国际私法的立法》第6条规定:"如果适用某一外国法律将导致违背德国法律的原则,尤其是与其基本法发生冲突时,则不适用该外国的法律而适用德国的法律。"1980年欧共体《关于合同债务的法律适用公约》第16条也规定:"如果依照本公约的规定适用任何国家的法律规范明显地与法院地的公共政策不符时,可拒绝适用。"需要指出的是,公共秩序保留制度原本主要是针对违背法院地法而言的。但是如果当事人的法律选择尽管没有违反内国的公共秩序,但却违反了某外国的公共秩序,此时,内国法院是否也应依据"公共秩序保留"制度来否定该法律选择的效力。对此,大多数国家的立法没有明确规定,表现出一种事不关己的冷漠态度。然而,这种冷漠在考虑到判决的承认和执行问题时,则不能不有所慎重——为了尽可能保证内国法院所作判决在外国的承认和执行,内国法院应当关注判决的执行地国家的"公共秩序"是否被当事人法律选择的行为所违反,如果确实被违反,那么法院地国对此惯常的事不关己的冷漠就必须纠正,否则,内国法院的判决的实际效力便非常值得怀疑了。

(1999年第8期)

略论 Internet 对传统冲突法的挑战

李　臣*

Internet又称因特网、互联网(以下简称因特网),是由一些使用公共语言互相通信的计算机连接而成的全球网络。作为最新科技成果,因特网正深刻地改变着我们的生活,也对传统的法律理论提出了严重挑战,在冲突法领域亦是如此。

首先,在因特网中,传统的地缘上或政治上的国界不复存在。只要用户将其计算机连接到一个Web站点,就表明已经与因特网连接,旅游可以非常轻松地跨越"国界"——只要在键盘上敲击几下就够了。发一份电子邮件给邻居与给在美国的友人并无二致,访问一个在美国的站点与访问一个在英国的站点一样容易。如果无意中点了连接到国外网站的工具栏,用户一不小心就"出国"了。人们只能从站点的最后两个英文缩写判断国别,如中国是.cn,法国是.fr,日本是.jp。但这种识别的意义并不大,因此,因特网是不以国界为界限的网络世界,"跨国"交往非常容易。其次,随着科技的发展,因特网的功能正在发生重大变化。最初人们只是把因特网当成一种信息传播工具,就如电话、传真一样是一种法律关系的表现形式,而不会影响法律关系的内容。但如今人们发现因特网本身就可以构成许多法律关系:在网上散布计算机病毒、黑客入侵银行电脑系统盗窃账号等侵犯他人财产权;在网上盗窃商业机密、对软件进行解密等侵犯知识产权的行为频频发生。网上贸易方兴未艾,据国际数据公司估计,网上贸易额在2000年将达到950亿美元;网上书店亚马逊公司的股票市值甚至超过了世界最大的图书公司;美国证券委员会(SEC)已经允许在网上进行证券交易。当然因特网上还会发生网上贸易逃税、网上洗钱等一系列犯罪活动。因此,因特网不再只是法律关系的表现形式,而且网上活动本身即构成大量的法律关系。

最后,虽然我们说因特网是一个虚拟的世界,虽然一度有人称为"赛柏空间"(Cyberspace),即受计算机控制的空间,是一个没有国家、没有法律、没有警察的网络空间。但由于从事网上活动的人、法律关系的主体处于不同国家的控制之下;许多网上活动的标的、法律关系的客体位于不同的国家;随着网上活动

* 作者单位:武汉大学法学院。

的日益频繁,极大地影响到各个国家的利益时,国家便会对因特网上的活动作出反应,加以调整,将其置于国家权力的控制之下。美国等发达国家已经审理了一些因特网案件,如 Playboy Enterprise v. Chuckleberry 案等,亦有报道表明我国法院也审理了一些涉及因特网的案件。但由于各国的科技水平不同,对因特网的态度不同,法律传统不同,频繁的跨国网上活动已经产生了大量的法律冲突,对传统冲突法提出了严重挑战,其主要表现为:

一、对连接点的改造

传统的冲突法是建立在一种以地缘区分国家主权范围基础上的法律体系。连接点是把冲突规范中范围所指的法律关系与一定地域的法律联系起来的纽带和媒介,体现了该法律关系与一定的地域法律之间存在实质性的联系或隶属关系。连接点的选用在冲突法中有着重要意义,经过几百年的发展,冲突法中形成了一些以连接点为标志的系属公式,如属人法、物之所在地法、行为地法等。而传统冲突法不外是在法律的属人优先权和属地优先权之间进行妥协,寻求利益平衡。体现属地优先权的连接点大多与一定的位置有关,如合同履行地、合同缔结地、侵权行为地、物之所在地、婚姻缔结地等。而体现属人优先权的连接点则往往强调国家与当事人之间的法律关系,如国籍、旗国法等。但因特网是一个虚拟的世界,地理因素在因特网中并无太大的意义。以网上诽谤为例,只要某个用户在网上散布这种言论,则世界任何地方都可以看到,亦即这些地方都可能成为侵权行为地,但对于受害者而言绝非这些地方都有着同样的意义。而有些时候要在网上确定一个地点即使并非不可能,至少也是非常困难的。如在网上缔结合同就难以确定合同缔结地位于何方。如果网上交易不涉及现实的交付,如一方将另一方提供的图像,数据汇编成软件而共享权利的交易,其合同履行地亦很难确定。因此,基于地缘因素选择的连接点很难套用到因特网上。人们可能会转而借助国籍这种体现国家与当事人之间的法律关系的连接因素,但事实证明在因特网中这种关系是相当偶然的。因为因特网是一种面向任何国家任何人开放的一种独立的自主的网络,任何国家都难以有效地对网上活动进行监管。随便到任何一台联网的计算机上都能够从事所有的网上活动,因此国家与当事人之间的联系是相当弱的。正如随着人员跨国流动的日益频繁,国籍作为连接点的作用大不如前一样,因特网中以国籍为连接因素意义不大。另一方面因特网的出现,使一些传统的连接因素的意义发生了变化。传统的连接因素总是与一定的地域相联系,因而拍卖应适用拍卖地法。但在因特网中有一些自发的拍卖场所，它独立于任何国家和地区之外，只虚拟的存在于因特网中，如果适用拍卖地法实际等于无法可依。

因此，就总体而言由于因特网是一个虚拟的世界，许多客观的连续因素难以有效地运用于因特网中，人们将不得不转而借助于主观的连结因素，让当事人的主观选择发挥更大的作用。而因特网本身的构造也为主观连结因素的运用埋下了伏笔。我们知道，因特网是由无数个局域网连结起来的“网络的网络”。较小的网络如果要加入较大的网络，就必须接受其预先设定的条件。同时，用户在网上随时都可以看到“如果你同意，请按这里”的提示栏，而点击提示栏的行为就构成了一种合意，表明完全接受其要约。而在其要约中，可能就包含了法律选择条款。由于因特网是一个高度自治的网络空间，用户自主的选择是开展网上活动的前提，因此，主观连结因素，特别是当事人意思自治日益显出其重要性。

二、对传统法律选择方式的检讨

20世纪以来，冲突法领域经历了一场“革命”，其矛头所向是对传统冲突法的法律选择方式进行批判，强调要用更加灵活、开放的法律选择方式取代僵硬、封闭的法律选择方式，在进行法律选择时应当考虑到相关国家的利益、政策和法律适用的结果等。应该说，这些学说对于克服传统法律选择方式的不足，更好地平衡各种利益，更加圆满地解决法律冲突而言有其合理性。但是这并不意味着这些革命成果可以自动地套用到因特网中来，如最密切联系原则就是如此。最密切联系原则由于可以使法官结合个案的具体情况，充分考虑各种连结因素的重要性，有利于软化传统硬性连结点，增强法律适用的灵活性，而备受学者好评，也为许多国家立法司法实践所采用，如美国《第二次冲突法重述》、奥地利国际私法等。但凡事都具有两面性，灵活性固然是最密切联系原则的优点，但法律同时还必须具有稳定性、明确性和可预见性的价值取向。传统的冲突法一般仅限于在有限的几个国家法律中进行选择，相对而言比较容易确定哪一个国家有更为密切的联系。但因特网使国际交往如此方便，每一个涉及法律关系的形成都只要在计算机上轻轻敲击几下就可以了。它的影响范围是如此广泛，面向世界任何国家和地区，这些国家与地区都可能与一定的网上活动发生联系。因此，在解决因特网法律冲突时，要求冲突规范简单明了，便于操作。这似乎是对传统的法律选择方式的回归，实际上这是对传统法律选择方式的扬弃。因为传统法律选择方式之所以封闭，主要原因是从维护本国法律的效力出发的，而在因特网上追求简明易行的冲突规范是从便利当事人、迅速快捷地解决法律纠纷出发，这两者的价值取向是完全不同的。

利益分析学说也是如此。由于因特网相互依赖性非常大，只要其中的某一部分出了问题，整个网络都不能与之连接，无疑会极大地阻碍网络科技的发展。因此在因特网中不但要考虑国家利益，而且要从有利于整个人类文明的进步出发。因此如果单纯从某个国家或地区的利益出发是不恰当的。而且，在因特网中适用利益分析的方法也是非常困难的，因为在很多情况下，几乎所有的国家都或多或少地存在一定利益，很难衡量。

因此我们需要对传统的法律选择方法进行反思，评价其在因特网中的可适用性。

三、对准据法的改造

传统冲突法认为准据法是经冲突规范指引用来确定国际民事关系当事人的权利与义务的特定国家的法律。但在因特网中，准据法的内涵和外延都会产生相当大的变化。由于因特网是20世纪80年代后期才发展到应用阶段的，是最新的科技成果，许多国家尚未来得及对之加以法律调整。即使像电子贸易这样急迫的领域也只有澳大利亚等少数国家通过了有关立法，而且这些立法往往仅就电子贸易的证据效力作了规定，未涉及其他方面。而许多国家出于保护科技发展的考虑，不愿过早下结论，因此有关因特网的立法在许多国家都是空白。所以尽管我们适用了冲突规范，确定了应适用哪一国法作为准据法，但最后却发现这一切都是徒劳的，因为该国根本就无相应的立法。而在很多情况下，适用冲突规范根本找不出准据法。由是观之，冲突法似乎很难完成其任务，最终解决当事人之间的法律纠纷。但好在因特网是网络的网络，用户只有进入一个服务商的网络才能上网，而该服务商只有将其网络连到局域网，由局域网再连结到全球网上，才能真正开展网上活动。这种连结网络的行为一般都伴有协议，该协议类似附和合同。服务商在屏幕上列出一些条件，在下方用一滚动条写着如同意则点出“下一步”，亦即用户在开始网上活动之前已经存在某种约定。因此因特网是一个高度自主的以合意为基础的网络，它的使用者必须遵守一套共同的规则。这些规则成为处理当事人之间争议，确定当事人权利义务的准则。但它并非法律，而且其适用亦非依据冲突规范的指引，而且具有直接适用的性质。我们或许可以套用“现代商人法”称为“现代因特网法”，因为两者确实有许多共同之处，如二者都是全球文明进步的需要；远比一般的法律冲突复杂，适用传统的冲突法将导致法律成本过高;很强的专业性,不能套用一般的法律概念;等等。所有这些都需要我们认真思考因特网的共同规则的地位和作用,以及它和冲突法之间的关系。但无论如何,这都意味着传统的冲突法的准据法的重大突破。

(1999 年第 11 期)

中国加入 WTO 的若干法律问题

曹建明* 贺小勇**

经历了13年艰苦曲折的“复关”和“入世”谈判,中国入世谈判的关键一步——中美关于中国加入世界贸易组织(WTO)协议终于在11月15日签署。中美协议的达成,标志着中国加入WTO取得了关键性进展。中国一直坚持权利与义务平衡作为加入世贸组织的基本原则,那么,从中美双边协议和世贸组织各项协议内容来看,中国加入世贸组织权利义务如何?中国正式成为世贸组织的成员,还要履行那些法律程序?加入后,哪些法律问题是当前亟须研究的?这些可以说是当前国内十分关注的问题。

一、关于中国加入 WTO 享有的主要权利问题

(一)享受世贸组织属下各项多边协定规定的权利

目前,世贸组织负责和实施管理的多边协议与协定包括:GATT1994、农产品协定、卫生与动植物检疫措施协定、纺织品与服装协定、技术性贸易壁垒协定、与贸易有关的投资措施协定、反倾销协定、装运前检验协定、原产地规则协定、进口许可证程序协定、补贴与反补贴措施协定、保障措施协定、服务贸易总协定、与贸易有关的知识产权协定、建立世界贸易组织协定(WTO协议)、关于争端解决规则和程序的谅解、贸易政策评审机制协定等。此外,还有乌拉圭回合以后达成的新协定:自然人流动协定、基础电信服务协定、信息技术产品协定、全球金融服务贸易协定。中国“入世”后,可以享受上述协定中的自由化成果和保护措施,特别是其中关于对发展中国家成员的特别保护措施。

(二)世贸组织非歧视原则为中国建立公平的国际贸易环境提供法律依据

非歧视原则是指WTO各成员之间应在无歧视的基础上进行贸易,相互的贸易关系中不应存在差别待遇。世贸组织的非歧视原则为消除双边贸易摩擦、建立公平的贸易关系提供了法律依据。长期以来,由于我国不是世贸组织的成

* 作者单位:华东政法学院(现华东政法大学)。

** 作者单位:华东政法学院(现华东政法大学)。

员，一些主要贸易大国都在不同程度上对我国实行一些歧视性的不公平贸易措施，影响我国产品出口。例如，我国纺织品出口问题，根据WTO的《纺织品与服装协定》，WTO成员应在2005年之前分阶段逐步削减进口配额限制。由于我国不是WTO的成员，目前我国是纺织品和服装出口受限国别最多、受限产品范围最广、受限程度最严重的国家。再如反倾销问题，自1979年6月欧盟对我国进行第一起反倾销调查以来，截至1998年年底，23个国家和地区对我产品提起的反倾销案件已达327起，所涉及的产品有许多是我国传统、大宗的出口产品。其中立案当年产品出口额超过亿美元的有8起，出口额在3000万美元以上的有11起，涉案额最高的达到四五亿美元。由于我国不是WTO成员，欧美一些国家根据国内法而不是世贸组织的反倾销守则就可以对中国出口产品发动反倾销调查，而在反倾销诉讼中又往往歧视性地视中国为"非市场经济国家"。

(三)中国加入WTO，享有通过多边争端解决机制解决双边贸易争端的权利

世贸组织《关于争端解决的规则与程序谅解》规定，世贸组织成员不应采取单边行动以对抗其发现的违反贸易规则的事件，而应该在多边争端解决机制下寻求救济，并遵守其规则与裁决。为此，世贸组织建立贸易争端解决机制，增强了贸易争端解决机制的法律强制性，主要表现为：其一是自动成立专家小组和自动通过专家小组的报告，除非所有WTO成员方一致反对成立专家小组或一致反对通过专家小组报告；其二是规定了严格的时间限制，争端双方如在60天内未磋商出满意结果必须成立专家小组，专家小组一般应在6个月内拿出裁决报告，如果上诉，上诉机构应在3个月完成裁决；其三是增加了交叉报复概念，即争端中胜诉方可以跨贸易领域对不执行裁决的败诉方进行贸易报复。中国"入世"后，在与世贸组织其他成员发生贸易摩擦与贸易纠纷时，有权利用该争端解决机制进行磋商和裁决。世贸组织的争端解决机制在国际贸易争端中发挥着十分积极的作用，成立四年以来共裁决了180多件贸易纠纷。它不仅裁决了美国与欧盟之间的香蕉案、牛肉案，而且也裁决了诸如委内瑞拉等发展中国家诉美国而胜诉的案件。目前，由于中国不是世贸组织正式成员，中国在国际贸易中虽遭受明显的不公平待遇，但无法诉诸世贸组织的争端解决机制。

(四)中国加入WTO，为获得永久性最惠国待遇奠定法律基础

我国目前和一些国家在双边的基础上签订若干相互享有最惠国待遇的贸易条约和协定，但其中有些最惠国待遇还是不稳定的和有期限的。如美国虽与我国签订了互给最惠国待遇的双边协议，但根据其国内的《1974年贸易法》第402节，美国政府需每年审查非市场经济国家的移民政策，决定是否对该国中止或延长最惠国待遇(现改名为“正常贸易关系”)。1989年春夏之交的那场政治风波以后,美国国会每年将是否延长中国最惠国待遇问题同人权、宗教、贸易逆差、知识产权保护等问题挂钩。尽管克林顿政府从1994年起宣布将对华最惠国待遇问题与人权问题脱钩,但仍未根本改变国会对我国一年一审的制度。根据中美两国协议以及世贸组织的规定,中国在市场准入方面作出的承诺与美国给予中国永久性正常贸易关系(最惠国待遇)是相互关联的,一旦中美之间协议生效及中国加入世贸组织,世贸组织成员包括美国在内就必须给予中国无条件的永久性最惠国待遇,除非该成员方与中国互不适用WTO协议。

(五)中国加入WTO,享有参与制定全球经济贸易规则的资格

今天的世贸组织,与国际货币基金组织和世界银行三足鼎立,成为协调当今世界经济的支柱。世贸组织135个成员之间的贸易额已占到世界贸易总额的90%,我国与世贸组织成员之间的贸易额同样已占我国外贸总额的90%左右。在如此重大的贸易关系中,世贸组织成为135个成员的保护伞,他们对关乎世界经济发展的重大问题有着充分的发言权,而作为位列世界第10位贸易大国的中国却在世贸组织制定全球经济贸易规则时没有发言权。如果说中国1971年重返联合国大会是在政治上加入了联合国。那么,中国加入世贸组织,则可以说是在经济上加入了联合国,无疑会进一步提高我国的国际地位。21世纪是经济全球化的世纪,经济全球化的趋势势不可当。经济全球化一方面通过跨国公司推动生产的一体化,同时以WTO为代表的国际经贸组织则推动着贸易和投资的一体化。WTO从推动关税削减到非关税壁垒的拆除,从商品领域到服务领域以及知识产权领域,从传统的农业领域到高新技术产品和电子商务,WTO在推动全球贸易自由化方面起着十分重要的作用。同时,WTO正试图向投资以及协调各国国内微观政策方面拓展,以期制定21世纪的多边规则。1999年年底开始的“千年回合”将涉及许多新议题,如贸易与环境、贸易与劳工标准、贸易与竞争政策、贸易与投资等,可以看出,WTO的谈判议程计划雄心勃勃,我国必须参与这些多边规则的制定,而不能仅仅是规则的接受者。

(六)中国加入WTO,为推动两岸关系发展提供了强有力的法律支持

香港特区已于1986年4月23日、澳门特区已于1991年1月11日成为GATT缔约方(1995年正式成为WTO成员方)。台湾地区于1990年申请加入GATT(WTO),谈判进展较快,根据议定书的“中先台后”原则,中美之间达成协议,不仅为大陆加入WTO扫除了障碍,而且也为台湾地区加入WTO创造了条件。海峡两岸恢复交往以来,经贸关系上每一点进步的取得都是两岸接触、了解的结果。然而,时至今日,两岸的直接接触交流仍有许多障碍,尤其是两岸高层领导仍处于隔绝状态。两岸间的贸易也主要通过转口形式。贸易争端的解决也都是间接方式进行，缺乏面对面的直接交流。应该看到，两岸加入 WTO 会给台湾当局在冲破“三不”政策羁绊方面以强制性的压力，两岸交流会因此而顺畅许多。因为既然双方同为 WTO 成员，根据 WTO 协议规定，在 WTO 组织机构如部长会议、总理事会、贸易争端解决机构以及相关的委员会中，大陆与台湾地区都将派出代表，参加会议，直接商谈有关经贸关系问题。两岸加入 WTO 后，两岸经贸关系自然应符合 WTO 规定的基本法律原则和规则。这些基本法律原则主要包括非歧视待遇原则，互惠原则，市场准入原则，以关税作为主要保护措施、一般取消数量限制原则等。这些法律原则就要求台湾地区必须修改目前对大陆实施的歧视性贸易措施，必须对大陆产品和资本开放市场。在当前海峡两岸关系依然扑朔迷离的形势下，加强两岸经贸往来是遏制分裂势力的重要手段。

二、关于中国加入 WTO 应承担的义务问题

中国加入 WTO，在享有世贸组织各项多边协定规定权利的同时，必须承担发展中国家相应的义务。这是中国加入世贸组织所应承担的基本义务。此外，根据世贸组织的最惠国待遇原则，中美之间达成的协议规定的中国应承担的义务将无条件适用于世贸组织的任何成员方。因此，中美两国协议一旦生效，该协议中规定的中国应承担的具体法律义务基本上可以看做中国加入世贸组织应承担的义务。根据现有媒体披露的信息，中美之间达成的协议关于中国应承担的法律义务主要为：

1. 平均关税：中国把平均关税从 22.1% 降到 17%。

2. 非关税措施：中国将在 5 年内取消所有的配额和数量限制。除很少的例外，大部分非关税措施将在 2 至 3 年内取消。

3. 农业：中国将农产品进口关税削减至 14.5% ~15%；中国将取消农产品出口补贴；将设定对进口美国小麦、玉米、大米、棉花的最高关税；逐步取消由国家控制的食用油贸易。

4. 纺织品：根据 WTO 规定，对发展中国家成员的纺织品配额保留至 2005 年，但美国对中国仍额外保留 4 年，即在 2009 年前保留中国输美纺织品配额以及为了防止低价倾销而采取的反倾销手段（中国可提请多边争端解决机制）。

5. 汽车：中国将在 2006 年前将目前的 80% ~100% 的汽车进口关税降至 25%。美国公司将可向中国消费者提供购车贷款。

6. 银行：外国银行被允许在中国加入 WTO 两年后与中国公司开展人民币

业务，加入5年后可从事零售银行业务，外国银行和中国银行一样享有在各地区开展业务的权利，即国民待遇；地域限制和客户限制在5年内彻底取消，外国银行可设立分支机构。

7. 证券：少数合资证券公司可与中国公司一样从事基金管理业务，中国公司的新增业务外国公司同样可以开展；少数合资公司可以在中国国内从事证券发行业务和以外币计价的证券交易，包括债券和股票。合资基金管理公司最初成立时，外资可拥有33%股权，3年后可增加到49%。从事承销业务的证券公司，股权限定为33%。

8. 电信：中国加入WTO后外国电信公司可在合资公司拥有49%的股份，经营一年后可增加到50%。外国IPC获准对华投资。外国公司还可以参与卫星通讯业务。

9. 分销权：中国将给予外商全面的贸易权和分销权，这意味着可以不通过中国中间商直接从事进出口贸易，并且拥有分销、批发、售后服务、维修、保养、运输等与市场营销有关的全程服务。

10. 视听作品：中美达成了在收入分享基础上进口美国电影每年10部的协定。

此外，协议还包括律师、会计师、医师在内的专业服务、旅游、交通等非常广泛的领域。

三、中国加入WTO的法律思考

（一）关于中国正式成为WTO成员的法律程序问题

必须指出，中美之间达成协议并不等于中国正式加入了WTO。中国正式加入WTO还须履行以下法律程序：

1. 结束所有的双边谈判。有36个世贸组织成员方提出与中国进行加入世贸组织的谈判，截止到12月3日，与我国达成“入世”双边协议的有：匈牙利、捷克、斯洛伐克、日本、韩国、巴基斯坦、新西兰、土耳其、新加坡、印尼、澳大利亚、智利、美国和加拿大14个。尚未结束双边市场准入谈判的成员方有欧盟、印度等22个。中国必须与这22个成员方结束市场准入双边谈判。虽然未达成协议的成员远远多于已达成协议的成员，但是余下谈判的难度将远远低于中美之间的谈判，正如欧盟指出的欧盟要与中国签署的协议内容中有80%与美国一致，欧盟愿意同中国进行谈判，以随时达成协议。估计结束这种双边谈判的时间不会很长。

2. 在中国与WTO其他成员达成双边协议后,这些协议必须依据各成员方国内法律规定提交立法部门批准后生效。

3. 根据WTO的规定,中国必须与世贸组织达成入世的协定,即由所有双边谈判结果和中国工作组对中国贸易体制审议结果进行汇总而成。该协定由议定书、市场准入协议(作为议定书附件)和工作组报告三部分组成。在中国工作组审议并通过加入协定后,将一揽子提交给WTO总理事会或部长级会议批准通过。如果WTO成员三分之二以上多数投票同意,中国就有权签署议定书。

4. 根据有关规定,我国加入世贸组织必须经过全国人大的批准,方可生效,并在世贸组织投票表决后30天内通知世贸组织,正式成为WTO的成员。鉴于中美达成协议后还牵涉到多国谈判以及大量程序问题,估计我国年底加入WTO可能性不大,WTO西雅图新一轮部长级会议11月底举行,届时中国只能以观察员身份出席。

(二)关于正确认识中国承担的法律义务问题

从法律意义上而言,享有权利和承担义务是相辅相成的,不存在无权利的义务,也不存在无义务的权利,因此,中国要享有多边贸易体制的保障,承担多边贸易体制规定的义务是顺理成章的事情。我们不能把承担义务看成是单方面的让步或牺牲。我们必须看到,加入世贸组织这样一个多边贸易体系,与我们改革开放的进程是一致的,换言之,即使没有世贸组织,中国也要逐步向世界开放,只不过加入世贸组织将使中国融入经济全球化的步伐加快。

有人认为,中国加入世贸组织将危及中国的经济安全。实际这是对WTO法律规则的一种误解。以最敏感的农业为例,尽管我国加入世贸组织后,中国的粮食会受到一定压力,但不会危及中国的粮食安全。这是因为,首先,根据WTO的规定,中国有权对粮食实行关税配额制度,进口量实际上是受到限制的。据专家估计,2004年我国粮食进口配额为2100多万吨,这个数字大抵相当于1995年进口的历史最高水平,当时并未危及我国粮食安全。有专家分析,即便在自由贸易环境下,我国长期粮食自给率也很难下降到70%~80%以下,这个数字仍高于粮食安全的警戒线。其次,从法律上而言,加入WTO并非表示中国农业一味开放,因为WTO的农产品协定规定了一些有关支持农业发展的条款。按照这些条款的规定,我国今后对农业的资金投入空间可达480亿元。这笔资金对拥有12.5亿人口的农业大国来说不算多,但就近3年我国对农业基础设施的建设、粮食储备、贫困地区扶持、自然灾害救济、生产资料的国内补贴等方面的投入平均每年只有270多亿元来讲,当中的差额却是相当可观的。我国应从农业的比较优势和不同农产品在国计民生中的重要性来确定对某些农产品进行适度的支持和保护。[①] 当然，对于粮、棉受冲击有两个问题亟须引起政府的注意：一个问题是随着粮食市场的开放，可能会使现有的统购分销体系受到较大压力，形成国家收购的粮食长期囤积，市场畅销低价外国粮食的局面，一旦财政无力承受，被迫停止高价收购政策，抛售存粮，粮价将急剧下降，可能对农村经济形成巨大冲击；另一个问题是如何看待针对中国的"粮食禁运"风险。从1950年到1984年间，全世界范围内真正的商业性粮食出口禁运只有一次，因此粮食禁运风险不足以成为制约有关政策调整的决定性因素。但是政府在宏观决策时，必须对粮食进口的用途、良田还原的可能性这两类因素加以适当监控，以消除粮食禁运所带来的风险隐患。再如金融服务业的开放问题，中国允许外资银行在全国各地开业，这只是给外资银行进入中国市场提供了一个市场机会，至于外资银行准入权的实现，还涉及一个政府审批的问题，只要主权在我国，并不存在外国银行一下子在中国全境开业问题。

（三）急需研究中国在千年回合谈判中的策略问题

世贸组织千年回合谈判于11月30日至12月4日在美国西雅图召开的WTO第三次部长级会议上拉开帷幕，并预计在3年内结束谈判。由于这次会议多边贸易谈判将规划21世纪全球经济贸易游戏规则，因此引起了所有WTO成员方的重视。新一轮谈判不仅要解决发达国家同发展中国家和地区的矛盾，也要协调发达国家之间的矛盾。美国准备提出5条建议性目标：全面取消农产品补贴；进一步降低关税和扩大服务贸易的自由化；确保电子商务交易不征税；确立劳工与环境标准；促进各贸易伙伴按贸易规则办事。欧盟则要求继续维持占全球85%的农业补贴；要求在新的一轮谈判中讨论建立食品安全新规则——在转基因食品的包装上贴标签的规则；主张把因特网上的销售定性为服务业。日本主张在新一轮谈判中把"一揽子接受方式"作为谈判前提，提出涉及电子商务、知识产权保护等12个议题。发展中国家强烈反对美国提出的将劳工标准和环境标准列入多边贸易规则的设想，要求重点讨论乌拉圭回合协议的切实实施和对发展中国家优惠待遇的切实落实。中国作为世界贸易中排名第10位的经济大国，又是最大的发展中国家，到底应该采取什么样的立场？我们认为，在未正式成为WTO成员之前，中国不宜强行出头，防止一些成员因此而阻止中国"入世"。中国正式成为WTO成员后，应该坚定地站在发展中国家立场上，并根据本国自身利益，与广大发展中国家一起，争取制定有利于发展中国家的新规则。应该说，发展中国家依靠集体的力量，使新的国际经济游戏规则能尽可能关注其利益是有一定的现实基础的。

---

① 参见《国际经贸消息》1999年4月22日。

例如,WTO成员方为135个,其中发展中国家成员方占3/4,根据WTO的议事规则,每一成员方拥有一票表决权,如果发展中国家能够团结起来,使“千年回合”谈判议题反映发展中国家的利益的可能性不是没有。

(四)急需研究两岸“入世”后面临的法律问题

1. 关于我国台湾地区加入WTO涉及的法律原则问题

我国台湾地区加入WTO,除了经济考虑之外,政治上的考虑也是显而易见的。台湾当局希望通过WTO来参与其他经济组织与活动。特别是在台湾政界,加入WTO一方面当然是其经济发展的客观需要,另一个深层次的原因是希望以WTO为跳板,加入其他国际组织,如世界卫生组织、国际货币基金组织、世界银行等,最终加入联合国。台湾地区的许多学者为此出主意:他们认为,在目前的国际组织中,除了联合国以外,就属世贸组织最为重要,台湾地区未来成为WTO的会员后,通过各国际组织与WTO的合作渠道,出席其他国际组织与WTO合办的会议或参加其他国际组织举办的研讨会,扩大其国际经贸发展空间和国际生存空间,为最后加入其他国际组织作准备。① 其核心问题是主权问题。我们认为,台湾地区加入WTO,不等于就能加入世界卫生组织、国际货币基金组织(IMF)和世界银行(World Bank)等国际组织,因为世界卫生组织、国际货币基金组织和世界银行均是政府间的国际组织,根据公认的国际法准则,其成员资格仅限于主权国家,所以台湾地区欲通过加入WTO重返国际社会的目的在法律上难以实现。实际上,1971年联合国恢复中华人民共和国的合法席位时,就已把台湾从联合国所属机构中驱逐出去。因而,属于联合国系统的IMF和World Bank不可能与台湾地区发生任何联系。事实上,国际货币基金组织和世界银行在1980年恢复中国的席位时,就明确表示了一个中国的立场,均发表声明明确表示终止同台湾当局之间的关系。因此,我们对台湾当局借加入WTO机会重返联合国或争取国际生存空间的企图必须保持足够的警惕。

2. 关于我国台湾地区有可能适用WTO“排除条款”的问题

就台湾当局的立场而言,参与国际经济组织是其一贯追求的目标。但是加入WTO意味着两岸经贸关系将由单向为主改为双向来往,在政治上面临和大陆直接交往的考验;在经济上,大陆产品及资金来台的限制将不得不撤除。在这两难之中,台湾地区一些学者提出台湾加入WTO对中国大陆援引“排除条款”。②

---

① 张昌邦:“加入WTO国际组织对我国经济发展之影响”,载《今日经济》1998年第6期。

② 陈嵩璋:“加入WTO应否对中共援引‘排除条款’”,载《台湾经济研究月刊》1998年第6期。

所谓“排除条款”,又称“互不适用条款”,根据WTO协议第13条的规定,是指任何国家或地区在申请加入WTO时,当完成与各成员双边磋商后,在WTO部长会议表决前提出的加入声明中,表明因特殊原因排除与特定成员方适用各项多边协议规定的法律原则,如市场准入原则、非歧视性原则等。此项声明一旦在WTO部长会议正式提出后,即成为各成员方表决是否同意该申请方加入WTO的参考。从法律上而言,要不要适用“排除条款”是加入WTO申请方单方面的权利,申请方可以对任何其认为不愿意适用WTO协议的成员方适用“排除条款”。但是根据WTO协议第13条的安排,提出“排除条款”的时间有严格的限制,即应在部长会议批准加入条件之前提出。而根据WTO协议第12条有关加入WTO的规定,申请方必须经过世贸组织全体成员2/3以上的赞成才能通过。换言之,目前WTO成员方为135个,台湾当局提出与大陆“互不适用”WTO协议及其多边协议,必须得到WTO 2/3以上成员方的赞同。如有45个成员方在审查台湾地区加入WTO申请时,不同意其提出“排除条款”声明,则无法通过。台湾当局没有把握能获得90个成员方的支持,这是其是否采取“排除条款”时不得不考虑的首要因素。同样,大陆为防患于未然,应对台湾当局提出“排除条款”之可能性保持足够高的关注,尽可能使世贸组织成员反对台湾地区在加入WTO时对大陆适用“排除条款”。当然,如果能使WTO中45个以上成员方表明反对台湾地区在加入WTO对大陆适用“排除条款”,则更能彻底打消其适用“排除条款”的念头。

3. 关于两岸贸易争端解决的法律问题

根据WTO争端解决机制的规定,任何两个成员方发生贸易争端,解决模式主要有两种:一种是双边磋商,通过磋商解决贸易争端;另一种模式是通过第三方裁决,即专家小组(上诉机构)进行裁决。而且根据WTO争端解决机制的规定,一旦第一种模式即双边磋商不能解决问题,可以进入第二种模式即第三方裁决的程序。一般而言,主权国家与其所属的单独关税区发生贸易争端,由于它们同属一个主权国家,因此,一般可以通过协商或磋商的方式解决,或者干脆通过行政隶属关系将贸易争端解决在萌芽状态。但是,大陆与台湾的关系又有一定的特殊性,虽然台湾是以中国的一个单独关税区身份加入WTO,但是台湾地区目前事实上行使不受中央任何机构管理的地方治权。鉴于这种特殊性,两岸发生贸易争端,双方协商或磋商解决的可能性当然有,但是双边协商解决不了的情况也会有,而且出现的可能性将更多。如果双方贸易争端双边磋商解决不了,根据WTO规则,任何一方可以提交WTO争端解决机构成立专家小组(第三方)进行裁决。目前某些西方国家基于对自身利益的考虑,一直积极插手两岸事务,加之这些国家在WTO的影响力与控制力，两岸分别加入WTO后会为这些国家对两岸关系的干预创造便利。当两岸发生贸易争端时，如果将争端交由WTO争端解决机制和上诉机构裁决，某些成员会不会在解决机制中因政治歧见和偏好带来对大陆不公正的裁决？这是对大陆提出的一个重大问题，值得深入研究。

（五）研究相关国内立法的完善问题

近年来，我国在扩大市场准入、保护知识产权、开放服务贸易和改进投资环境等方面加快了立法步伐，主要表现在：

1. 货物进口方面：关税四次减让，目前我国关税算术平均税率从23%降至17%；逐步减少进口许可证等进口限制措施；增加经济贸易政策的透明度，依法管理对外经济贸易；实行经常项目下人民币自由兑换等。

2. 外贸经营体制方面：当适应中国市场经济发展的需要和符合WTO的要求，我国企业外贸经营权将逐步由许可制过渡到自动登记制。目前我国外贸经营主体已初步实现多元化，除已批准的外商投资企业从成立之日起就自动享有自营进出口权外，全国有外贸经营权的企业2.5万家，其中包括142家私营生产企业和5家中外合资外贸公司。

3. 服务贸易方面：中国将在金融、保险、电信、商业、外贸、航空等十个方面进一步放宽对外商投资的限制。

4. 知识产权保护方面：修改了《专利法》、《商标法》和《著作权法》，并颁布了相应的实施细则以及相关的配套法规，对知识产权方面的保护与国际通行做法基本一致。

5. 外商投资方面：到目前为止，我国制定有关外商投资法律、法规达200多项；签订双边或多边国际条约达100多项；各省、市、自治区、经济特区也制定大量涉及外商投资的地方性法规。这些法律、法规、地方性法规相互联系，形成了一个我国特有的外商投资法律体系。根据乌拉圭回合达成的《与贸易有关的投资措施协议》，我国在实践中实际上已经取消了产品返销率要求、外汇平衡要求（人民币在经常项目下的自由兑换使外商投资企业外汇平衡失去实际意义）、对外资的优惠政策由以往的单纯地区性倾斜逐步转向产业倾斜，统一了全国外资政策和实施外资法规的透明度，外商投资企业正走向国民待遇。

与此同时，我国先后颁布了一批法律法规，其中特别重要的是1994年7月1日起实行的《对外贸易法》，这是我国对外贸易领域的基本法，它确立了我国货物、技术贸易自由化和服务贸易逐步自由化的原则，确立了国家统一管理对外贸易原则和运用国际通行做法维护国家利益原则。应该说，《对外贸易法》的颁布为实现与国际贸易规则接轨，特别是与世贸组织法律体系接轨创造了条件，也为依法管理对外经贸活动提供了可靠的法律基础。在《对外贸易法》的基础上，我国开始构建新型的涉外经贸法律体系，相继出台了一系列涉外法规、规章或规范性文件，从而初步形成了以《对外贸易法》为核心的新型涉外经贸法律体系。

但是，我们必须看到，我们立法有待进一步完善，特别是在服务贸易开放领域。各国对于服务贸易开放大多率先立法，用法律手段进行调节。因而国内的法律、法规成为规范和监管服务贸易活动的最有效手段，也成为对外开放市场的重要法律依据。而我国服务贸易业很多立法处于空白阶段，或过于原则、抽象而缺乏可操作性，使对外开放无法可依，或使外商进入市场后没有相应的规范规制。除法规不完善外，在现有的法规、规章中，我们对外资服务机构的限制主要表现在地域、资本、股权比例等市场准入条件上，较多采用"门槛"或控制，审批非常难，经批准后，后续有效监管却较少。规定外资进入的条件固然重要，但加强对外资机构的有效监管也非常重要。为此，我们进一步完善我国对外货物贸易立法、完善外商投资立法的同时，必须高度重视服务贸易领域的立法问题。亟须依法建立中国对外服务贸易的管理部门；尽快制定符合市场经济运行规律的《电信法》；切实加强金融服务业的监管立法；完善相关国内服务立法，逐步与《服务贸易总协定》相衔接。

（1999 年第 12 期）

2000 年

从国际法看日本国侵华战争的民间赔偿问题

管建强*

1999年9月22日,日本东京地方法院对三起侵华战争的受害人提起的索赔诉讼作出了驳回诉讼请求的判决。这是日本司法部门首次对侵华战争的受害人提起的索赔诉讼作出的驳回诉讼请求的判决,故而引起了世人的关注。笔者认为,对于驳回诉讼请求的判决“理由”,有必要从法律的角度进行剖析。

一、侵略战争的性质与战争受害赔偿的范围

在该判决的要旨书(以下简称要旨书)中,尽管对日本在侵华战争期间给中国人民造成极度的损害这一历史事实及原告受到的悲惨遭遇予以承认,却认为战争导致的个人损害应通过国家间的和平条约及其他外交手段来解决,甚至说和平条约缔结后被害人提起诉讼会扰乱基于和平条约确立的友好关系。为了避免两国回到战争状态,否定个人的诉讼权利是合乎理性的(要旨书第38页)。以上是由东京地方裁判所民事第24部的裁判长官伊滕刚、裁判官本多知成和林润所作的判决书、判决书要旨的一些理由,从表面上来看似乎不无一定道理,但是从法律的角度仔细分析,其理由是明显站不住脚的,驳回中国受害人的个人的诉讼请求是滥用法律、显失公允的。

1945年,日本政府签署了波茨坦公告,宣布无条件投降。根据波茨坦公告的精神,战后远东最高统帅部设立了远东军事法庭,对日本战犯进行了正义的审判,认定日本政府发动的这场战争构成反和平罪(侵略罪)、战争罪和反人道罪。法庭对参与规划或实行完成上述罪行的领导者、组织者、教唆者与共谋者作出了严厉的惩罚。日本发动的这场反人道的侵略战争行为的性质早已有定论,即使在上述驳回中国受害人起诉的判决要旨书中也承认“……日本国对中国人民的这场战争是毫无辩解理由的,只能是基于帝国主义、殖民主义为意图的侵略行为而已”(要旨书第23页)。

---

* 作者单位:华东政法学院(现华东政法大学)。

一国违反国际法对他国进行侵略,违反战争法对平民所施行的反人道暴行,必须承担国家责任,这早已为国际法和国际法惯例所确认。现代国际法对承担国家责任的主要形式有:惩罚战争罪犯、限制主权、战争赔偿和道歉等。

1972 年 9 月 29 日,中日两国政府在发表的共同声明中规定:“日本方面痛感日本国过去由于战争给中国人民造成的重大损害的责任,表示深刻的反省;中华人民共和国政府宣布,为了中日两国人民的友好,放弃对日本国的战争赔偿请求。”

国际法规定,发动侵略战争的国家应承担国家责任,对于战争罪犯除了按国际法严惩之外,发动侵略战争的国家还应对受害国和受害国民进行正式的道歉和战争赔偿。战争赔偿的范围本身就包括两部分,一部分是国家主权、军人、国有财产、历史文化等所遭受的损害赔偿;另一部分是受害国国民在战争期间因遭到敌国军队、军人不分皂白地屠杀平民、强暴妇女及施放细菌性武器等所受到的人身伤害和财产损失。战争赔偿的范围划分为政府和民间的两个部分早有国际先例,如第二次世界大战后的《日苏共同宣言》关于赔偿条款的内容是采纳苏联方面提出的草案写入的,宣言中对民间赔偿问题明确表示了放弃。

对于中日联合声明中关于中国政府放弃战争赔偿的问题所作的解释,现行中国国家领导人有了进一步深化的阐述。1992 年 9 月,原国务院副总理吴学谦公开表示:民间赔偿和政府赔偿不是一回事,遭受战争创伤的中国人民通过正常渠道,提出他们的要求是完全正当的。1995 年 3 月,国务院副总理钱其琛在全国人大会议上,再一次表明了中国政府的严正立场:“《中日联合声明》并没有放弃中国人民以个人名义行使向日本政府要求赔偿的权利。”①因此,所谓放弃战争赔偿是指中国政府放弃战争赔偿,并不包括民间个人受害者对日本侵华暴行所造成损害的求偿权。总之,中国政府方面已明确地解释了放弃战争赔偿的范围不包括民间受害者个人的损害赔偿部分。

二、解决民间战争赔偿的法律途径

一般而言,国际法的主体主要是国家和国际组织。当国家作为向他国索偿的主体时,索偿的范围通常包括两部分,即国家的损害部分和民间的损害部分。

① 张世欣编著:《浙江省崇山村侵华日军细菌战争罪行史实》,浙江教育出版社 1999 年版,第 73 页。

也有学者将前者称为“战争赔偿”，后者称为“受害赔偿”。① 当求偿国声明放弃战争赔偿的范围不包括民间的赔偿部分时，被求偿国是无权剥夺民间受害人请求赔偿的诉讼请求权的。在中日联合声明中，中方承诺的仅仅是“中国政府放弃战争赔偿”，从这个定义来看，它显然不包括民间的损害赔偿。

然而，国家的索偿途径与民间的索偿途径是不同的。被国际法公认的国际法主体国家向他国求偿可以通过外交和司法途径，如求偿国可以与被求偿国进行国家间的外交谈判，可以有第三国的斡旋、调停、国际调查等，必要时求偿国可以对被求偿国采取有限度的强制措施。当然也可以通过法律的方法来解决问题，如国际仲裁和司法判决。

而民间个人为求得因战争而导致的损害赔偿所采用的索偿途径之所以不同于国家为求得战争赔偿所采用的索偿途径，这主要是因为民间个人一般而言不具有国际法上的主体资格。民间受害个人的求偿是个人向被请求国的法院提起诉讼，依照的是被请求国的国内法即国家赔偿法进行的。

也有学者认为，民间受害人向被请求国法院提出司法救济，所适用的法律通常是该国的冲突规范的规定，即使是适用日本国的国内法，通常是指该国的民事法律规范而不是国家赔偿法。笔者以为，首先，按照大陆法系民法的一般原理，原告起诉被告的诉讼管辖由被告所在地法院管辖，因而中国的民间个人向日本的司法机关提起诉讼，日本国司法机关理应受理；其次，至于中国的民间个人起诉所依据的法律应该是日本民事法规或是国家赔偿法甚至是其他有关法规，应视具体情况而定。如果有具体、明确的被告，且被告的侵权行为不是出自公权力，在这种情况下，原告只能基于管辖国的民事法规来追究被告的民事赔偿责任。例如，1999年9月10日，东京地方法院对“花冈事件”的中国幸存者和死难家属的起诉做出了劝告双方和解的判决。日本鹿岛建设（原鹿岛组）和原告表示接受和解的宣告。这是一起适用日本民事法规的判例。

可是民间个人的起诉对象不是自然人、企业法人，而是政府和国家的侵权行为，且该受理国已经对公权力导致的侵权行为的诉讼从民事诉讼中分离出来，建立了国家赔偿的法律制度的情况下，原告应以管辖国的国家赔偿法为依据，通过行政诉讼的途径解决为妥。当然，在依据日本国国家赔偿法、具体适用其行政诉讼程序的过程中，也应遵循其民事法规的基本原理。

国家的国家赔偿法或行政诉讼法从本质上说是没有理由剥夺因其国家的公权力的行使而直接或间接造成外国国民损害而引起的诉讼请求权。被请求国对

① 丁伟：“日本侵华战争的民间受害者对日索偿问题研究”，载《法学》1999年第10期。

外国受害国民根据其国家赔偿提起的诉讼,按国际惯例应以国民待遇原则处理。

日本国于1947年颁布实施的《国家赔偿法》第1条规定,“因公权力的行使而由公务员的加害行为所造成的损害,受害人有求偿权。”其《国家赔偿法》第6条又规定了相互保证义务,“受害人是外国人的情况下,在相互保证的限度内适用本法。”即日本国遵循了其本国与外国在互惠对等原则的条件下适用本法。而我国的《国家赔偿法》第33条规定,“外国人、外国企业和组织在中华人民共和国领域内要求中华人民共和国国家赔偿的,适用本法。”因此,中日两国的受害民间个人均有权利向对方的国家提起以国家赔偿法为依据的诉讼。

根据国际惯例和日本的国内法,中国的战争受害者个人是享有权利向日本国法院提起诉讼请求的。由于中国的战争受害者个人向日本国法院提起诉讼请求是依据日本国内法,所以根本不须以取得国际法意义上的主体资格为前提的。而东京地方法院强调个人没有国际法主体资格,因而就没有诉讼请求权的做法是故意混淆了两类不同性质的诉讼。东京地方法院的判决书回避了外国受害者个人依日本国国内法获得司法救济的问题,非法剥夺了中国的战争受害者的起诉权利。

也许持谨慎态度的学者会提出这样的问题,日本的《国家赔偿法》中所指的公务员,从狭义的角度来看是不应包括日本军人的,尤其是日本军人在战争期间的个人的违反人道的罪行应由其个人承担,因此不能适用日本的《国家赔偿法》。笔者以为,第二次世界大战时期日本军队侵略中国和东南亚国家,滥杀当地无辜民众的行为是服从于日本国最高行政机关的决策和指导的。他们的不法行为是在国家的公权力的行使的过程中发生的。日本国最高行政机关对于日本军人的违反战争法的残暴行为有直接或间接的故意,因此日本国家应承担国家责任。

三、关于日本国《国家赔偿法》的溯及力与政府继承

日本的《国家赔偿法》是战后于1947年10月27日公布并施行的。也许有人会提出这样的异议,从时间的效力上来说,对《国家赔偿法》实施前因公权力的行使而导致的侵权行为,《国家赔偿法》没有溯及力。故而受害人以该法律为依据提起的诉讼是没有胜诉权的。

笔者认为,从国际习惯法来说,新政府对旧政府遗留的合理的债务应当承担。现行的日本国政府是第二次世界大战结束后新建立的政府,对旧政府的不法行为所造成的损害赔偿责任有继承的义务。即使旧日本政府有“国家赔偿

法”,那么由于旧日本政府早已消亡,在新政府建立的今天,受害人也无法依据已废除的旧政府的“国家赔偿法”来作为起诉的法律依据。所以说,日本国没有理由以《国家赔偿法》在时间上的效力来排除受害人基于政府债务的继承而提出的诉讼请求权。

1999年9月22日,在东京地方裁判所驳回起诉的判决要旨书中,法官还作了这样的说明:“从传统古典的国际法来看,海牙陆战规则对于个人的损害赔偿以及个人直接向违反海牙陆战规则的行为者所属的交战当事国请求赔偿权是不具有的。然而在80~90年代之际,国际法学者们曾对该规则起草的详细过程进行过研究,并作出了重新的认识,认为可以解释该规则赋予个人有直接向交战当事国起诉的权利。但是这种认识在实践中也只是起到法理解释的作用而已,在欧美国家中,根据海牙陆战规则(条约)第3条而承认个人的起诉权的实例基本上是没有的。尽管最近(1992)德国的波恩地方法院对于海牙陆战规则(条约)的起诉权解释为包括了个人的直接起诉权,但是具体的这类案件的审理还是适用了德国的国内法,而没有适用海牙陆战规则”(要旨书第33页)。日本法官们的本意是通过以上的说明和举例,强调在实践中同类情况下的德国也没有采纳国际法而是适用了国内法,因而个人不能作为国际法的主体。

不管个人是否可以作为国际法的主体,就该判决的要旨书所举例的德国受理同类案件是适用了德国的国内法这一点而言,至少可以说明以下的问题。战争中的受害者个人向德国地方法院起诉要求战争赔偿,其依据的德国国内的实体法不可能是希特勒统治时期的法律、法规,而必然是第二次世界大战结束、德国新政府建立后所颁布和实施的法律。德国和日本同属于一个法系,即大陆法系。德国以新政府的法律溯及旧政府的不法侵权行为的责任是因为根据国际法新政府有责任继承旧政府所遗留的侵权债务。

第二次世界大战后的《日本国宪法》第98条第2款规定:“日本国缔结的条约以及被确立的国际法规则必须诚实地遵守。”它清楚地表明了国际习惯具有国内法上的效力。如果在日本的国内法律与国际法、国家习惯法发生冲突时,日本国有不得违背“诚实地履行国际法、国际习惯法的义务”。德国根据国际法的国家责任和政府继承的原则承担了赔偿战争中受害者个人的损失,因而与德国同属一个法系的日本国也无任何理由可以公然违反国际法的通常惯例、拒绝被害国受害者个人的损害赔偿请求权。

四、关于通过外交途径解决的问题

该判决要旨书指出："关于本案件中日本国、日本军、日本军人对中国国民进行的战争行为、军事行动以及由此而产生的个别事情中偶发的各种残虐行为、卑劣行为所导致的损害赔偿等问题，基本来说应当属于由战后国家间根据和平条约的缔结而处理的外交问题、政治问题而已。（要旨书第36页）""……1972年9月29日，日中两国政府发表的共同声明中'日本方面痛感日本国过去由于战争给中国人民造成的重大损害的责任，表示深刻的反省'，'中华人民共和国政府声明为了中日两国人民的友好，放弃对日本国的战争赔偿请求。'而原告方面认为上述的放弃并非指中国国民作为个人对日本国请求赔偿的权利。本裁判所认为尽管有此观点，但是该问题的解决完全应当通过国家间的外交途径，个人对我国直接的损害赔偿请求权是没有的（要旨书第37页）。"笔者认为东京地方裁判所剥夺受害者个人的诉讼请求权是违反国际法和国家惯例的。退言之，即使依据《中日联合声明》通过外交途径来解决，日本国的违约责任也是显而易见的。根据《中日联合声明》的规定，"日本方面痛感日本国过去由于战争给中国人民造成的重大损害的责任，表示深刻的反省。""反省"虽是过程，但必然有其结果，中日联合声明中所指的"反省"当然包含其过程和结果。日本政府有义务就战后或中日两国政府发表联合声明以来长达20多年时间中的反省、认识的结果向中国政府和中国人民进行报告，并公告于世。如果认识到这场战争是日本军国主义者发动的侵略战争，日本政府就应公开地向中国政府和人民谢罪。即使该判决书也不得不表明："……由于我国的侵略行为造成了大多数中国人民的莫大的战争灾害，对此，我国完全应该向中国人民作出真诚的谢罪（要旨书第24页）。"事实上仍怀有日本军国主义情绪的日本政府至今没有向中国政府和人民谢罪。《维也纳条约法公约》第60条第1款规定："双边条约当事国一方有重大违约情事时，他方有权援引违约理由终止该条约，或全部或局部停止其施行。"既然日本政府违反约定不履行"反省"义务，则中国政府方面也有权拒绝履行"放弃战争赔偿的请求"的承诺。

判决要旨书还特意地暗示了中国政府放弃战争赔偿是日中两国人民友好关系的基础。笔者认为这是本末倒置，完全是一相情愿的胡言。日本政府向中国政府和人民正式的公开谢罪是中日两国人民友好关系健康发展的前提和基础，因为中国政府和人民不仅是战争的受害者，同时也是战胜日本军国主义侵略者的正义一方。按照国际法和国际公认的惯例，只有战败的侵略国家向受害国或战胜国承担战争赔偿、道歉的义务，却从来没有反其道而要求受害国或战胜国承担国家责任为前提的。因此，通过外交途径解决战争赔偿的问题，首先是中国政府可以，也有权利责成日本国政府正式向中国政府和人民谢罪。

此外，关于民间的个人战争赔偿问题也涉及国家的外交保护。现代国际法上的外交保护，是指私人因国际不当行为遭受损害，其所属国可以向实施不当行为的国际法主体追究国家责任，使个人遭受的损失得以补偿。行使其外交保护的条件是被保护者必须具有保护国的国籍，同时已在所在国“用尽当地司法救济”。日前，中国外交部发言人章启月在回答记者关于日本东京地方法院对中国战争受害者赔偿问题判决的提问时指出：“中国希望日本有关方面，特别是日本政府能够正确认识侵华战争后果，在涉及中国人民身心健康及切身利益的问题上，能够采取认真负责的态度，敦促日本有关方面严肃对待中国公民所提出的要求。”毋庸置疑，中国政府正在严肃认真地关注着这一事态的发展，在受害人用尽当地司法救济后（被驳回起诉的受害人已上诉）的必要时，中国政府完全有权利行使国家的外交保护权。

中国政府为保护本国公民而行使外交保护权，不仅能体现中国政府正在认真行使、履行保护公民人权职责，同时随着外交保护权的启动，随着为中国人民合法利益而追寻公平、正义的过程的展开，它将进一步增强中华民族的凝聚力、激发人民群众的爱国热情。从这一意义上来说，行使外交保护权对中国政府和中国人民也是极其有益的。

从中日两国发展的关系上来说，日本政府和有关方面只有向中国政府和人民作公开、真诚的谢罪，公平、合理地向战争受害者个人进行赔偿才能使中日两国的关系走向健康、正常、友好的发展方向。

（2000年第3期）

涉外票据法律适用法的一般问题及我国的涉外票据法律制度

李健男*

一、票据法律适用法的一般问题

(一)票据法律适用法的特点

1. 硬性冲突规范的普遍采用及对"软化处理"的排斥。票据具有流通性和无因性,可以依背书或交付方式自由转让和流通,票据关系与发行、转让票据的原因关系相互分离和独立。票据的上述特征决定了这样一个基本事实:几乎所有国家的票据立法和有关票据的国际公约都立足于保护正当持票人的权利,以保护票据的流通性和交易的安全性。而要实现上述目的,就必须保证票据的受让人在受让票据时能够预见自己享有的票据权利和应承担的票据义务,否则,他就不会轻易接受票据,从而导致票据流通的阻滞。硬性的冲突规则可以充分保障法律适用的确定性,正好能够适应保证票据流通性和安全性的需要。正基于此,在解决票据法律适用问题时,无论是大陆法系国家还是英美法系国家,都支持运用硬性的冲突规则来选择票据法律冲突所适用的法律,即使在对传统的硬性的冲突规则进行软化处理已成为国际私法发展趋势的今天也依然如此。一个直接的例证就是各国设计票据法律适用法时都排斥"最密切原则"的运用。

2. "意思自治原则"的排除。票据是严格的要式证券,票据法为保证票据的流通性和安全性,发挥票据的商业作用和适应统一性的需要而具有严格的强制性的特征,在一定程度上带有公法色彩。票据法的上述特征反映在票据法律适用上就是:两大法系国家在解决票据法律冲突时,都不适用当事人意思自治原则,而"票据行为适用行为地法"成为票据法律适用的主要原则。英国1882年票据法有关冲突规则部分采用的一个基本原则就是各个票据契约的当事人的义务受各个票据契约订立地法支配,当事人无权选择自体法。①

---

* 作者单位:中国人民银行广州分行。

① Cheshire and North, *Private International Law*, Eleventh edition, Butter North, 1987, pp. 597 – 509.

3. 分割制(Dépesage)的普遍运用。票据要求流通,同一票据在流通过程中包含着一系列各自相对独立的票据关系。根据票据行为的单方法律行为说,同一票据所体现的票据关系实质是发票、背书、承兑、付款等各种票据行为的组合,而根据票据行为的契约说,同一票据所体现的票据关系实质是数个性质不同的票据契约关系的组合。票据所承载的票据法律关系的复杂性决定了不宜由单一的准据法来解决同一票据的法律适用问题,而应该对同一票据所承载的各种票据法律关系按照票据行为的种类进行分割,根据"票据行为适用行为地法"这一基本原则分别确定不同票据关系的连接点。同时,对于同一票据行为关系还应分割成票据行为方式和效力,分别适用不同的准据法。分割制的普遍运用构成了票据法律适用的又一特点。

(二)票据法律适用法的一般原则

在有关票据的6个日内瓦公约中,其中有2个是解决票据法律冲突的公约。"在日内瓦参加讨论的代表们完全知道,英国和美国会拒绝采用日内瓦关于汇票、本票和支票的实体法。但是,显然,一般人都希望,它们至少会接受法律冲突的规则。甚至这种希望也已经消灭。"[①]至今,各国有关国际票据的冲突法本身依然存在冲突。但是,国际票据流通毕竟具有共同的规律性,各国有关票据的冲突法以及统一的国际私法公约在追求体现这种共同规律的过程中仍然形成了以下两大基本原则:

1. 票据能力适用当事人的属人法原则。票据能力包括权利能力和行为能力。依照许多国家的国内法,在票据上签名的能力,同订立契约的一般能力并无不同;但也有一些国家的国内法,则有保护不熟悉商业交易的债务人的特别规则,故有民事行为能力的人不一定就当然具有票据行为能力。

综观各国有关票据的冲突法以及国际私法公约,对于票据能力的冲突,国际上普遍实践是:票据能力适用当事人的属人法,尽管各国对属人法的理解不同。

2. 票据行为适用行为地法原则。如前所述,对于同一票据所包含的票据关系,应该依据票据行为采取分割制分别制定冲突规则,但所有这些冲突规则的连接点基本上可以统一概括为"票据行为地"。不仅票据行为的方式适用行为地法,而且因票据行为而产生的当事人的权利和义务都可适用行为地法。正如戚希尔和诺思所指出,当事人无权选择自体法,除少数几个例外,基本原则就是"场所支配行为"。[②] 比如出票地、支付地、背书地、承兑地、提示地、拒绝证书和

---

① [德]马丁·沃尔夫著:《国际私法》,李浩培、汤原舜译,法律出版社1988年版,第769页。

② Cheshire and North, *Private International Law*, Eleventh edition, Butter North, 1987, p. 508.

拒付通知书作成地等行为发生地均可作为票据行为及其所产生的权利和义务法律适用的连接点。

二、对我国涉外票据法律制度的反思及改进建议

我国《票据法》第5章对涉外票据法律适用问题作了专门规定,初步建立了我国涉外票据法律制度,但是,毋庸讳言,我国现行票据法确立的涉外票据制度仍有许多不尽如人意之处,有待改进。

(一)我国涉外票据法律适用的原则及其评价

我国票据法确立的涉外票据法律适用的原则主要有:(1)国际条约优先原则。(2)国际惯例补缺原则。(3)票据债务人的行为能力,适用其本国法或者行为地法原则。(4)票据行为方式,适用行为地法。(5)票据追索权的行使期限,适用出票地法律。(6)票据的提示期限,有关拒绝证明的方式,出具拒绝证明的期限,适用付款地法律。(7)请求保全票据权利的程序,适用付款地法律。(8)票据形式的有效性适用出票地或付款地法律。

比较国际社会解决票据冲突的法律适用原则和上述我国票据法确立的涉外票据法律适用原则,我们可以得出如下结论:尽管我国尚未加入任何有关票据的国际公约,但是我国票据法还是注意吸收有关国际公约,特别是日内瓦冲突法公约的有关规定的,从而保证了我国票据法在总体上与国际社会的普遍实践基本一致。应当说,这些原则的确立,为我国处理涉外票据法律问题提供了法律依据,使我国涉外票据立法逐步与国际接轨,是值得称道的一面。但是,从整个票据立法的要求和适应社会主义市场经济和改革的需要来看,我国涉外票据法律制度尚有许多需要改进之处。

(二)我国涉外票据法律制度的若干问题及其改进

1.《票据法》第95条有关涉外票据的界定只考虑了导致票据关系产生的票据行为的外国因素,而忽略了票据关系主体和客体的外国因素。同时,在涉外票据中,因票据的发行而产生的票据当事人之间的法律关系包括票据关系与票据法上的非票据关系两个方面。这两个方面的票据法律关系均是涉外票据关系中可能产生冲突的重要方面,而我国《票据法》第98条忽略了后一方面,即票据法上的非票据关系。①

---

① 宋航、肖永平:"论涉外票据的法律适用",载《现代法学》1996年第6期。

2. 我国票据法在某些重要方面与国际社会普遍实践相悖，且又没有涉外票据的特别规定，暴露出我国立法上的“特色情结”。

我国现行票据法较之于《银行结算办法》虽然有了较大的改进，但是，如果以市场经济的需要和世界各国通行的惯例作为评价的标准来观之，借用谢怀栻先生的话来说，“票据法是一部令人失望的法律。”①在一些比较重大的问题上，我国票据法没有能从《银行结算办法》向前迈进，仍保留着计划经济的痕迹。比如，我国票据法对汇票发票人资格的限制，对银行以外的当事人签发本票的资格的剥夺，特别是《票据法》第10条把三种票据的票据关系和原因关系混在一起，完全否认了票据行为无因性这一票据的根本特性，这不仅仅是与国际社会的普遍实践相悖的问题，更重要的是它与我国市场经济和对外开放格格不入。事实上，我国至今尚未建立起健全的票据制度和票据市场，上述“特色情结”导致的我国票据法在某些根本问题上与国际社会普遍实践的脱节是一个重要因素。

如果退一步说，我国票据法的上述规定合乎“中国国情”，具有“中国特色”，根据《票据法》第2条“中华人民共和国境内的票据活动，适用本法”的规定，国内的票据活动适用这些具有“中国特色”的规定尚无不可。但是，涉外票据毕竟不同于国内票据，如果将涉外票据也置于这些与国际社会普遍实践格格不入的规定的支配之下，其合理性就值得怀疑了。

因此，我们认为，对我国现行票据法与国际惯例脱节的重要方面，要么修改现行票据法，要么采取另一种折中方式，即在票据法中增设有关涉外票据的特别实体法，用来调整涉外票据活动，规范涉外票据关系。

3. 现行票据法关于涉外票据的规定仍有许多方面存在盲点，如有关票据的副本、誊本制度，参加承兑制度等很多方面，我国票据法都付之阙如，实际上是票据制度不健全的一种表现，一方面将造成我国票据流通在一定程度上无法可依现象；另一方面一旦涉外票据涉及这些方面的冲突要适用我国法律时，只能依据有关国际惯例处理，从而造成司法实践的不便。② 所以，对于现行票据立法中存在的盲点应尽快地加以补充或者在涉外票据一章中作出特别规定。

4. 在票据当事人的能力问题上一直存在住所主义的分歧，但在这一问题上的趋势是：冲突现象逐步得到了缓和。原因是大陆法系在属人法上作出了让步，提高了住所和惯常居所的地位，而英美法系也采纳了惯常居所这一新概念。欧洲一些新颁布的国际私法规范，也抛弃了在属人法上的本国法为准据法的绝对

① 谢怀栻：“评新公布的我国票据法”，载《法学研究》1995年第6期。

② 宋航、肖永平：“论涉外票据的法律适用”，载《现代法学》1996年第6期。

僵硬的做法，多兼采本国法与惯常居所地法。但我国票据法未能反映这一趋势，不符合当今国际贸易和商业往来发展的需要，因此，有必要对这一问题作出灵活的规定。

5. 有关票据能力的法律适用方面，我国现行票据法不接受反致和转致，有悖于当今世界各国立法和司法的普遍实践，两个日内瓦冲突法公约规定票据当事人的能力适用其本国法，但允许接受反致和转致；波兰、泰国、奥地利、英国、美国、法国、日本、瑞士等国在其立法中均接受反致。① 反致制度有促进判决的一致、增加法律选择灵活性之功效，有利于涉外民商事争议的解决，因而为各国所普遍接受。我国票据法有意回避这一问题，反映了我国对反致制度的一贯立场。

笔者认为，在解决涉外票据当事人能力问题上，不妨接受反致、转致和间接反致。

6. 有关票据提示，各国都主张区分票据提示的必要和提示票据的方式分别确定不同的准据法，前者应分别适用支配票据主债务人义务和从债务人义务的法律，后者适用行为地法。而我国票据法仅规定票据提示期限适用于付款地法律，这就在一定程度上导致了票据法律适用上的无法所依。

笔者认为，有关票据提示的法律适用条款应表述为："票据提示的必要性，涉及主债务人义务的适用付款地法，涉及从债务人义务的则适用票据签字地法。"

7. 有关拒绝证明和发拒绝通知，各国均主张区分必要性和行为方式分别确定准据法，前者应适用票据交付地法或签字地法，后者则由行为地法支配。而我国票据法仅规定有关拒绝证明方式、出具拒绝证明的期限适用付款地法。

笔者认为，有关上述问题的法律适用条款应表述为："持票人制作拒绝证明和出具拒绝证明的必要性适用签字地法。持票人为前款行为的方式和期限分别适用拒付证书制作地法和通知发生地法。"

（2000年第4期）

① 宋航、肖永平："论涉外票据的法律适用"，载《现代法学》1996年第6期。

制定中国保障措施法刍议

陈立虎[*]　王万新[**]

一

保障措施,指在国际贸易中如果因为大量的进口给进口国的产业带来严重损害,允许该国政府暂时背离其所承担的协定义务。它是国际贸易协定中常见的一种条款。1994年结束的乌拉圭谈判还达成了专门的《保障措施协定》。保障措施和反倾销、反补贴一样,都由行政机构执行;目的都是保护本国经济利益;适用条件基本上都依据两个方面判断,一是进口产品量大价低和时间相对集中;二是对进口国工业造成损害。但是,三者所针对的行为的性质不同,反倾销和反补贴所针对的倾销和补贴属于不公平竞争行为,而保障措施所针对的大量进口行为是公平竞争条件下的行为。保障措施只有在对国内工业产生严重损害的紧急情况下方可使用。因此,保障措施的执行条件也明显严于反倾销和反补贴。

鉴于保障措施对于一国经济具有突出的安全保障作用,除了较早在国内建立保障措施制度的美国以外,欧共体(欧盟)、澳大利亚以及诸如韩国、巴西、波兰等众多发展中国家亦纷纷依据双边和多边协定中的保障条款,制定相应的国内法,借以在对外贸易中保护国内产业。

我国正式对保障措施问题作出规定的立法是1994年5月由全国人大常委会通过的《中华人民共和国对外贸易法》(以下简称《外贸法》)。该法规定,因进口产品数量增加,使国内相同产品或者与其直接竞争的产品的生产者受到严重损害或者严重损害的威胁时,国家可以采取必要的保障措施,消除或者减轻这种损害或者损害的威胁。可以看出,《外贸法》对于保障条款的规定十分原则,而且缺乏程序性规定。由于《外贸法》通过至今,尚未出台任何与保障条款相配合使用的法规,有些需要界定的概念又缺乏适应国情的统一解释,因而实践中,中国保障措施如何操作是个亟须研究解决的问题。

---

* 作者单位:苏州大学法学院。
** 作者单位:苏州大学法学院。

二

截至目前,我国已与近30个国家达成了中国加入世贸组织(WTO)的协议,真正解决中国“入世”问题已指日可待。然而,世贸组织奉行透明度原则,要求任何一个缔约方都应在其国内统一、公正和合理地实施与贸易有关的各项政策、法令、规章、司法判决和行政裁决,要求各缔约方应维持或尽快建立司法、仲裁或行政的法庭和程序,以便对于涉及外贸和海关事项的行政行为及时进行检查和纠正。我国的保障措施立法现状离这一要求尚有不小距离。我国应尽早完善保障措施立法,对保障措施作出具体规定,并尽快公布实施。

另外,我国虽经过改革开放20年之发展,取得了较大的工业化发展成就,奠定了较扎实的工业基础。但工业部门仍面临着以下诸多问题:(1)在国家工业总体结构中,劳动密集型产业仍占相当大的比重,高科技产业只占小部分。虽然政府一再加大科技投入,加快企业技改步伐,并把“科技创新,加快发展高科技产业”作为国策制定出来,但工业部门问题成堆,积重难返。尤其是长期困扰国民经济快速发展进程的国有大中型企业,不仅摊子大,人员过多,而且管理水平低下,效益不佳,普遍面临结构调整问题,但这些调整需要时日,需要一个有秩序的过渡期。(2)传统的劳动密集型产业所具有的劳动力成本低等竞争优势正逐渐丧失。东欧一些国家如波兰、捷克等现已纷纷步上经济快速增长的轨道,其劳动力成本也很低,再加上印度、巴西等诸多发展中国家竞争力的逐渐上升,我国传统产业面临激烈挑战。(3)从我国国内情况来看,市场调节机制虽已基本确立,但由于国内产业竞争还存在一定程度的盲目性与无序性,宏观调控政策又未能及时充分发挥作用,许多行业投资重复、资源浪费严重,整体来说,抵抗外来竞争能力不强。(4)占有我国国民经济半壁江山的乡镇企业中,传统产业和产品所占比重畸高,新兴产业和产品所占比重畸低;产品档次低、质量差,产业和产品结构调整滞后于市场需求结构变化的矛盾相当突出。[①] (5)我国企业数目众多,力量分散,能抵御大风险的集团化企业“航母”数量很少。就拿我国烟草业来说,目前,全国有170多个卷烟工厂,2000多个品牌,却没有几家能与“万宝路”等国际知名品牌香烟相匹敌,这是中国烟草业“大而不强”的突出表现。而国际烟草大集团却早把中国的烟草市场看做一块大肥肉,想利用中国烟草业的弱点

① 韩俊、姜长云:“我国农村经济结构变革面临的问题”,载《经济研究资料》1999年第6期。

进行挤压。①

在我国工业部门存在的这些问题未能彻底解决之前,一旦加入世贸组织,源源不断进口而来的外国产品无疑将会对国内产业带来沉重打击。解决这些问题又非一朝一夕之事。怎样为脆弱的国内工业提供短暂而宝贵的几年保护期,保障措施将会起到关键作用。但反观现行的保障措施立法,却问题一片。我国工业界不能不深感忧虑。

此外,农业是我国国民经济的基础部门,它的兴衰是直接关系到国计民生的大事,农业健康稳步发展在保持国家的安定及促进工业发展等方面都具有重要意义。农业的这种重要性对于我国这样一个农业大国来说显得更为突出。我国政府历来都十分重视农业、不断加大农业投入,千方百计促进农业现代化。应该说,现今全国农业整体水平与二十年前相比已有了很大的提高,有些地区的农业已初具现代化规模。但是,就实际情况分析,我国农业仍面临以下诸多问题:(1)农业人口占总人口数的80%左右,比重太大。全国的农业生产由全国就业人口的50%(约3.5亿人)来完成。从国外来看,发达国家农业人口占总人口比重远远低于我国,如美国,其农业生产只是由其就业人口的3%来完成。② 所以说,我国农业上投入人力太多,效率低下,且由于人多地少,农村劳动力过剩问题十分严重。(2)我国农业科技化水平与农业发达国家相比仍十分低,农业产品成本高昂,附加值低下。总体上来说,我国农产品的国际竞争力远逊于国外。(3)由于实行以家庭为单位的土地承包制,土地分散种植,农业集约化程度低,与一些西方国家及较先进的发展中国家的全机械化、大农场式经营方式相比,劣势明显。(4)农产品产销制度受行政干预太多,农产品价格常被人为扭曲,市场调节机制未能充分发挥作用。

由此可见,我国农业发展正处于步履维艰的境地。近年来,政府虽不断加大科技和资金投入,实行政策倾斜,但历史"旧账"过多,"盘子"过大,故难以在短期内出现明显成效。"入世"后农产品市场逐步放开,中国对农业施行的一些关税和非关税保护措施将逐渐取消。面对即将源源而至的质优价廉的国外农产品,我国脆弱的农业必将面临生死攸关的激烈竞争。当诸多国内农产品在迅速增加的进口产品冲击下遭受严重损害或者是已面临严重损害之威胁时,如果不及时地施以保障措施,后果之严重将不可想象。这也正是许多有识之士在中美

---

① 狄建荣:"中国烟草业应对WTO挑战",载《解放日报》1999年8月31日。

② 宋泓:"工业优势、比较优势和竞争优势——中国加入世贸组织的收益与代价",载《国际经济评论》,1999年版,第7页。

达成农产品协议后忧心忡忡之原因所在。而若予以产业保护，根据这种情况，当首选保障措施。

综上所述，加入WTO与中国立法和经济发展的现状在呼唤，在盼望中国的专门《保障措施法》早日出台。那么，一部具体明确的《保障措施法》应当包括哪些内容？其立法思路、结构和原则如何确定？人们对此既无多少研究，更无统一观点。笔者经过长期研究初步形成的对这一立法的基本看法和主张有以下几点：

1.《保障措施法》的立法宗旨

我们认为，世贸组织宗旨的实现有赖于世界各国经济的健康有序发展，从另外一个角度来说，各国经济的发展与进步也是世贸组织宗旨的要义之一。所以说，我国的《保障措施法》的立法应把为了保障我国国内产业不至于因履行国际义务及意外情况之发展而受到严重损害或严重损害之威胁作为第一宗旨，同时也把维护国际贸易的正常秩序，促进世界经济的健康发展作为我国保障措施法的宗旨之一。这样就既可以突出我国保障措施立法的现实需要，又可阐明我国愿切实履行国际义务的负责态度。

2.《保障措施法》的立法原则

我们认为，我国的保障措施立法应遵循以下三项原则：(1)与国际法接轨原则。目前，世界上绝大部分国家已按WTO《保障措施协定》的要求制订或修改了国内保障措施法，以与WTO《保障措施协定》的要求保持一致。在即将加入WTO，全面融入多边贸易体制的关键时刻，我们也应严格按照WTO多边保障措施制度的要求来制定我国的《保障措施法》。换言之，我国《保障措施法》的实体规范及程序规范都应符合WTO《保障措施协定》的要求。只有这样，我国保障措施立法才经得起WTO的审查与监督。(2)借鉴他国经验与立足本国国情相结合原则。世界上许多国家的保障措施制度很完善，他们丰富的立法经验足资我们借鉴。如美国国内法历经半个多世纪的实践已相当成熟，其对许多问题的处理方法颇具特色，值得我们学习。而韩国的保障措施法则以立法详细完备见长，其立法经验也值得我们借鉴。当然，我国在进行保障措施立法时绝不能照搬其他国家的做法，借鉴他国经验必须兼顾我国的国情，只有这样才能制订出一部既跟上时代步伐又具现实意义的《保障措施法》。(3)原则性与灵活性相结合原则。要使我国的《保障措施法》与国际接轨，就必须严格遵循多边保障措施制度的要求来制定我国的《保障措施法》。对诸如"灰色区域措施"严格禁止、实施保障措施须不问产品来源，以及保障措施的实施须严格遵守时限等规定我们应切实遵守。同时，我们也应充分利用WTO保障措施制度中的一些弹性规定来使我国的保障措施法更富有灵活性。比如,在如何界定相同产品及直接竞争产品、如何确定受损害产业的数量标准、怎样规定因果关系、工业产品与农业产品怎样区别对待等问题上我们可以多做文章。只要不超越多边保障措施制度的框架和原则要求,能为我所用的制度方案都可以考虑。

3. 我国保障措施法的内容

我国保障措施法的内容应包括以下三个部分:(1)保障措施法的立法宗旨,即为了避免迅速增加的进口产品对国内生产相同产品或直接竞争产品的产业造成严重损害或形成严重损害的威胁,以及为了维护国际贸易的正常秩序、促进世界经济的健康发展而制定本法。(2)保障措施法的实体规范。在这一部分中应从"数量增加"、"相同产品及直接竞争产品"、"国内产业"、"严重损害及严重损害之威胁"、"因果关系"等方面作出规定。

在制定实体规范这一部分时,应注意解决好以下几个问题:

①进口产品数量增加的幅度要求问题。我们认为,既然《保障措施协定》中并未对此作出要求,我国也不宜限定具体的量化标准。只要进口产品的数量较前一年(对农产品等季节性强的产品可以前一季度进口量为比较对象)有所增加(包括绝对与相对增加)即为符合要件。至于增加应达到何种程度才为充分则应因个案中国内产业受严重损害或严重损害之威胁与否而定,不宜事先规定统一的标准。

②相同产品及直接竞争产品的界定问题。WTO《保障措施协定》并没有对相同产品及直接竞争产品的范围作出界定,如本文第二部分所述,世界各国对此也存有分歧。我国是一个进出口大国,进出口商品品种、数量皆相当可观。从最大限度地为我国产业界提供保护的目的出发,我国立法中在采用通行的"相同产品"的定义的同时宜适当扩大"直接竞争产品"的范围,以便为国内产业提供更大的保护空间。

③因果关系问题。因承担国际协定义务及因意外情况之发展而导致增加的进口产品对国内相关产业造成严重损害或严重损害之威胁作为发动保障措施的第一个必备要件在我国的保护措施法中仍应有所体现。而对于进口产品增加与国内产业遭受严重损害之间的关系是采用"主要原因"要件还是"重要原因"要件问题,我们认为最好采用"重要原因"要件,因为这样规定可以为我国产业界申请发动保障措施获得成功提供更大的可能性,而且这样也并不违反WTO《保障措施协定》的规定。当然,在因果关系问题上应明确指出,除进口增加以外的其他各类导致国内产业受到损害的因素应被排除在外。

④确定严重损害存在的标准问题。以哪些标准来确定国内产业是否已受到

损害是一个颇为复杂的问题。对此,为了减少各国在实践中的分歧,《保障措施协定》已作出了专门规定,要求进口国"主管部门必须评估与该国国内产业状况相联系的客观的以及具有可以量化性质的所有相关因素,特别是在绝对和相对条件下,有关产品进口增加的比例和数量、增加的进口产品在国内所占市场份额、销售水平的变化、总产量、生产率、能耗、损益及就业。"①《协定》的上述规定并没有对其所列的评估因素定下更具体的量化标准。世界上也很少有国家作出具体规定。我国在制定《保障措施法》时也宜仅作出类似的一般性规定。

4. 保障措施法程序规范

程序规范是实体权利的保障。世界各国的保障措施法都对程序规范十分重视。世贸组织《保障措施协定》对成员方发动保障措施的程序作出了详细规定。我国在制定《保障措施法》时应充分参考《保障措施协定》的规定,并大胆借鉴其他国家的做法。具体地说,我国的保障措施程序规范应至少包括国内产业保障措施申请的提起、有关部门对进口产品对国内产业损害情况的调查、与相关出口国间的磋商、临时性保障措施的发动与实施、保障措施实施的期限以及对保障措施实施情况的审查等方面。

在制定这一部分规范时应注意解决好以下两方面问题:

①农产品与工业品怎样区别对待问题。与工业品相比,农产品生产周期长,销售周期短,上市具有季节性。故一旦进口农产品对国内相同或直接竞争产品造成严重损害或严重损害的威胁,若不能予以及时的救济,则生产者的利益往往会受到难以弥补的损失。因而,我国在立法时应充分考虑农产品的特殊性。笔者认为,可作如下规定以应对这种特殊性。

A. 鉴于农产品易腐易坏,有关部门对于就进口农产品发动保障措施申请的审查期限应短于对就工业品所提申请的审查期限。

B. 凡是就农产品发动的保障措施的实施期限原则上为3个月到6个月,一般不超过1年,特殊情况下例外,这是因为农产品上市具有季节性的特征,过长的期限没有必要,但若国内农产品生产者需进行较长期的产业结构调整,则可突破既有期限。

C. 国内有关部门对农产品(尤其是在前一可比时期内进口量增加较迅速的农产品)的进口情况要进行密切监视,并把所获资料及该种产品进口将可能对国内产业造成的影响的评估意见及时向国内产业界通告。这可以使农产品生产者及时掌握市场信息,准确判断形势,进而适时地调整自己的产品结构以及在情

① WTO《保障措施协定》第4条第2款第a项。

况需要时及时提起发动保障措施的申请。

②关于避免保障措施不利影响问题。从经济学的角度分析,进口国实施保障措施在许多情形下并不能对进口国经济竞争力的提高产生积极作用。那么如何避免这种消极影响呢?我们认为,发动保障措施的根本目的并不仅是从进口环节上给国内产业提供几年的庇护,关键在于促进国内产业利用这段保护期来改善或调整产业结构,从而提高自己的生产率。因此,我国保障措施立法应尽量从制度上为国内产业进行产业结构调整提供驱动力。依笔者之见,我们不妨要求生产者在提出发动保障措施的申请后的一段时间内(最迟在有关部门作出决定前)提交产业结构调整计划,并将是否能提出可行的调整计划作为有关部门最终决定是否发动保障措施的条件之一。如此一来,当会促使产业界积极地采取措施提高自己的竞争力以应对进口挑战并最终获得市场竞争优势,从而使保障措施制度产生促进经济发展的积极作用。

(2000 年第 9 期)

欧盟统一大市场中的消费者保护一体化研究

范 征[*] 王凤华[**]

欧盟消费者保护的一体化是受欧盟统一大市场的推动而发展的。欧盟各成员国在代表消费者方面都有各自一定程度的国内法律。随着最近三十年欧洲经济一体化进程的发展,欧盟在消费者保护方面已考虑到全欧洲范围的统一性。

欧盟各成员国的国家贸易非关税壁垒有各种各样的渊源,包括经济利益、文化传统、健康和安全考虑。它们的累积效应是巨大的。如果欧盟不能够在摧毁国家贸易壁垒方面有重大进展,创建统一市场的努力只能流产。同时,由于其中一些事实上确实是为了合理的消费者公众目的,这些法规也不能被简单地废除。这样,欧盟统一大市场的建立过程中的消费者保护一体化过程,不仅显示了其必要性,也显示了它的两难:

第一,与欧共体法律不相容的国家贸易非关税壁垒法规表面上经常是一种该国消费者保护的措施。这样,欧盟可能会在两个方向中的任何一个上犯错误:它可能会以消费者保护为代价促进一体化;或以一体化为代价维持消费者保护。

第二,受到频繁抨击的,不仅因为人们认为欧盟层面的消费者保护标准制定过高;也因为人们认为法规标准制定过低。事实上,欧盟消费者保护一体化措施拥有其潜在的风险:欧盟层面设置的标准可能会比现行的国家标准低。

然而,欧盟在绝大部分领域都成功地避免了上述任何一种极端。欧盟的成就给人留下了深刻印象,如它在创建食品统一市场上取得了重大成就,同时在该领域绝大部分保持了——在某些情况下甚至强化了——国内食物安全标准。

本文归纳了欧盟统一大市场中的消费者保护一体化的进程与做法;分析了其潜在风险性和相应的防范措施;总结了欧盟消费者保护一体化得以实现的经验;并透过其表面矛盾性提出了欧盟经济一体化本身是消费者政策的一种形式的崭新观念,这是研究欧盟统一大市场中消费者保护问题的基本前提。

---

* 作者单位:上海外国语大学。

** 作者单位:上海外国语大学。

一、经济一体化本身是消费者保护的一种形式

在欧盟中,通常把“四大自由”看做共同市场这一概念的基础,即商品、人、服务和资本的自由流动。自由流动的实现依赖于消除区域内的贸易障碍。根据《罗马条约》第2条,共同体的目标是建立生产要素自由流通的“共同市场”。

经济一体化会产生良性循环,商品和服务自由流动在经济上的好处就是共同、内部市场作为一个整体所具有的好处;这一进程深化了生产商和供应商各自的竞争,为了能在激烈的竞争环境里生存,生产商应该会有质量更高的商品和服务,就会给消费者提供更为低廉的价格,这会使价格更低。如此,经济一体化的自然效果是,消费者是自由贸易带来的多样选择的受益人。因为取消了边界,竞争的增强,对消费者会产生更多的选择。依据条约形成的内部市场原则上已建立了私人消费者自由跨越国界任意购买私人消费物品的权利。能够越来越积极地享受完整市场的好处。欧洲法院也明确表明了它的观点:“有权自由进入另一成员国境内并以与当地人同样的条件购物”。

由此可见,在自由贸易和在更大的欧洲市场里减少对各个国家市场的规范是符合消费者利益的。共同市场理论把消费者作为整个过程的根本受益人,尽管它是跨境商业活动利益的被动接受者。从这个角度,欧洲经济一体化本身是消费者保护的一种形式。

然而令人困惑的是,与共同体法律不相容的国家贸易非关税壁垒法规表面上看经常是一种消费者保护的措施。但是,从本质上看,众多的国内消费者“保护”标准很少或根本没有给消费者带来什么好处。相反,它们的真正目的是要保护生产商的市场份额(详见下文的 Cassis 判例)。欧洲法院宣布某些国家法律不能适用,因为这些国家法律为了巩固有关的国家行业所取得的优势,为了与它们保持一致,而把特定的消费者习惯具体化。保护国内生产商免于竞争的法律以一种有损于市场一体化根本前程的方式限制着消费者的选择。

欧共体条约中有数条核心条款是用来限制有害于跨国界贸易的国家立法行为的。《罗马条约》第30条即为实现商品自由流动而制定的条款。它规定:“对进口货物的数量限制和其他有同等效力的措施,在不影响下列各条的情况下,应为成员国所禁止。”欧洲法院对第30条的解释更为广泛,更有利于商品的自由流动。它的解释是禁止:“成员国颁布的直接或间接、实际上已经或有潜在可能性能够阻碍共同体区贸易的所有规则。”

这就是著名的 Dassonville 准则,该准则适用的关键是看一项措施的效力。

一旦某项措施表明影响了成员国之间的贸易,那就可以用第30条来反对它。这一准则的影响幅度是十分宽广的,尽管1993年11月在Keck的裁决中,欧洲法院已经略微缩减了它的裁决适用幅度。

二、欧盟消费者保护一体化的进程与方法

必须指出的是,上述的Dassonville准则本身是一种"消极"的消费者政策形式。因为它们的作用是消除国家对一体化的障碍,取消与市场一体化的"大利益"相冲突的国家法律措施。而经济一体化,正如上文已说明的是符合消费者的利益的。然而,仅有"消极"的消费者政策是远远不够的,欧盟需要有更"积极"的行动。

(一)Cassis判例与"相互认可原则"

到了20世纪60年代中叶,欧共体成员国之间的关税实际上已经被消除了。因此,1969年5月,欧共体部长理事会开始将注意力转移到消除贸易的非关税或"技术"壁垒。欧共体决定依靠《罗马条约》第100条所赋予的权利来协调各国的法规。但是,这种协调是困难的。一个重要的原因是各国的风俗、传统和法规存在很大差异,如在食品方面,经常体现在具有沿袭几百年的与众不同的食物生产和食用模式的产品上。欧共体在欧洲范围内欲将面包、啤酒和饼干等产品标准化的努力曾使它自己成了笑柄。

打破这一僵局很重要的一步是1979年欧洲法院关于Rewe - Zentral AG v. Bundesmonopolverwaltung fur Branntwein一案的判决,也就是众所周知的Cassis de Dijon一案。Cassis de Dijon是一种法国生产的低酒精含量(15% ~ 20%)的红葡萄酒。一家德国公司欲将这种葡萄酒进口到德国,但被拒绝签发进口许可证,理由是1922年德国法律规定凡称为"酒"的饮料其酒精成分最少为25%。德国政府制定该法规是基于公众健康的理由:它认为Cassis de Dijon会威胁到德国消费者的健康,因为低酒精含量的酒精类饮料会导致过量消费,从而使消费者饮用更多的酒精。

欧洲法院承认,根据《罗马条约》第36条,"由于各国立法不同而导致阻碍在欧共体内的流动……应予以认可,只要……(它们)对于满足一些强制性要求来说是必要的特别是关于……保护公众健康……和保卫消费者的。"摆在欧洲法院面前的问题是该德国法律实际上是否对于满足其中一个"强制性要求"来说是必要的。

欧洲法院的结论是德国的最低酒精限量要求并非是为了保护合理的消费者

公众利益或国家利益。由于还可以采取其他非限制贸易性措施,如要求标签列明等。德国该法规对于保护消费者来说并不是十分重要。而且,欧洲法院还注意到,德国的消费者经常在酒中掺水稀释。因此,由于德国该法与“限量进口”具有“同等效力”,并且没有合理的健康或安全的理由支持,它违反了《罗马条约》第30条。

该判决明确了“相互认可”的概念:成员国对其辖区内生产的产品可以自由保持和执行各自的法规,但不能阻止其国民消费满足另一成员国法律标准的产品。该原则认为如果一种产品适合一个成员国市场,那么就应认为它适合所有其他成员国市场。欧洲法院的措辞如下:“因此,只要酒精类饮料由一个成员国合法地生产和营销,就没有理由不让它进入另一个国家。”继Cassis以后,成员国若想要以健康和安全为理由来适用一项阻碍欧共体内部贸易的法规,它就必须承担证明责任,证明它的该项法规是为了合理的公众的目的,并且为了达到该目的,它所已经采取的措施对贸易的限制性是最小的。否则,就要采用“相互认可”的原则。

在Cassis de Dijon案件的裁决中应充分认识到,欧洲法院要处理的两个方面是有关消费者利益的两个对立面。一方面,第30条为消费者展现了市场一体化和多样选择所带来的利益;另一方面,遭到反对的德国法律本身就是消费者保护的一项措施,因为它代表了国家立法层次上的消费者的利益。欧洲法院实际上是要选择决定究竟消费者利益存在于何处。对Cassis de Dijon案件本身来说,裁决是相当明确的,因为该德国法律是一种根本没有道理的(所谓的)消费者保护措施。实际上,受德国该法律真正保护的是能够垄断消费者选择的德国酒类生产商。对其他案件来说,更大市场里的消费者选择和国家立法层次上的消费者保护这两者之间达到平衡就更为微妙。这两者需要达到平衡使得欧共体贸易法难以裁定究竟什么是对消费者最有利的。有人认为,这些裁定是有风险的,即根据自由贸易法律的规定作出的选择可能会损害消费者保护的国家标准。这是评估欧共体法律和政策范围的核心问题,将在下文有进一步讨论。

(二)《单一欧洲法令》的贡献及其所导致的“积极协调”

由于各种原因,依靠经法院判决的“相互认可”并不是一种彻底可行的解决方法。在政治上,委员会认为有一点很重要,那就是使消费者确信创建统一的欧洲市场的进程不会导致任何消费者保护标准的松懈。它想要消费者认识到创建共同市场对他们是有益的,可以给他们更多的选择和更低的价格,不会因为可能使他们置身于更为松懈的健康和安全标准之下而处境更糟。并且,从经济的角度看,允许各国相异的健康和安全法规存在——使有公众健康的理由——会有损于委员会希望创建统一市场所带来的更多效益。

"相互认可"远不能替代"协调"手段。有些国家法律,尽管并不是很多,也不是那些 Cassis de Dijon 案件,根据第 30 条和第 59 条将不适用"消极法则",并且将继续阻碍市场一体化。共同体对这一领域里"消极法规"不足以使市场一体化的现象所作出的典型的制度上的反应是"协调":共同体采取"积极"措施引入在共同体范围内适用的自己的监管规则。一个大的一体化的市场会需要有一体化的法律结构。

欧共体法律政策制定作用和能力的这一继续扩大对防止完善内部市场危害到国家消费者保护标准起了至关重要的作用。委员会增援的"相互认可"的司法准则使创建统一市场成为可能。然而,"相互认可"本质上是一种一体化途径,不是法律规范途径。正是部长理事会和委员会对国家法规的协调才使消除贸易壁垒能与保护消费者健康和安全两者和谐共存。没有"相互认可"的"协调"在行政上也许不可能,但没有"协调"的"相互认可"在政治上是行不通的。

在"积极协调"方面,有必要提及《单一欧洲法令》(SEA)所作出的贡献。20 世纪 70 年代,随着西欧对于健康、安全和环境法规的公众需求高涨,欧共体随之扩展了它对《罗马条约》第 100 条的诠释。欧共体并没有将它的指令局限于促进区内贸易所必需的规则和法规上,相反,它颁布了越来越多旨在改善其成员国人民的健康、安全和福利的指令。这一显著的变化在 1987 年生效的《单一欧洲法令》上被正式化了。《单一欧洲法令》通过根据有关消费者保护的第 100 条 a 制订的计划中陈述了将"委员会"作为一个高标准和保护制度的基础,在条约新的第 100 条 a 中第一次引入了"消费者保护"的术语。其后第 100 条 a 被选作一系列消费者保护指令的基础。另外 SEA 更大的贡献还在于,第 100 条 a 只要求大多数有资格参加投票的人投票通过,与需要一致通过的第 100 条的立法程序相比,这一选择很大程度地加快了立法的过程。

(三)"直接"的消费者政策法令

综上所述,欧盟的消费者保护的一体化走过了一个否定之否定的过程:早期协调方面的困难导致了"相互认可原则"的诞生;"相互认可原则"的困惑又回到了对"积极协调"的渴求。《单一欧洲法令》所导致的"积极协调"虽然都深深地影响了国家消费者保护,但从正式的宪章的意义上说,欧盟需要有更"直接"的消费者政策法令。

在《马斯特里赫特条约》(简称《马约》)以前,市场一体化占据了本质的主导地位,消费者保护只不过是一个副产品而已。在原来的《罗马条约》中,并没有考虑消费者政策。事实上,"消费者"一词只用于两处:普通农业政策的受益者(第39条和第40条)和竞争领域中的受益者(第85条)。《单一欧洲法令》提出了对消费者保护的高标准,以此作为完善单一市场的若干目标之一。只有通过《马约》,针对共同体消费者政策的明确且合法的基本原则才得以用专门的条文形式出现在欧盟条约。共同体消费者政策在共同体宪章上的脱漏在《马约》里进行了弥补,其中建立了共同体在消费者政策领域的权利(下文四有详细论述)。以后的《阿姆斯特丹条约》又在《马约》的基础上有了新的发展(见下文四)。

但是,评估该两条约可能产生的影响时,必须要认识到1993年11月1日(《马约》生效日)前及1999年5月1日(《阿约》生效日)后欧盟"正面"和"直接"的消费者政策法令的演变。

共同体消费者保护政策法令演变的起点是1975年4月14日《关于共同体消费者保护和信息政策初步方案的理事会决议》。尽管它是在缺乏特定法律基础的体制背景下出现的,但这是为共同体消费者政策法令发展提供系统框架的第一次尝试。决议的附件(《欧洲经济共同体消费者保护和信息政策的初步方案》)评述道,现代市场经济,天平已经从消费者倾向到了有利于供应商。这种不平衡使在消费者之间传播有关他们权利的信息和向他们提供信息支持他们自由选择这一点越来越必要了。在该附件第三点里第一次陈述了欧盟消费者所拥有的五大基本权利。虽然,"获得信息、接受培训和代表的权利"只是在1999年生效的《阿姆斯特丹条约》中才予以正式确立。但是,历年来这些方面始终处于所有的消费者政策计划的核心地位:

(1)保护健康和安全的权利;(2)保护经济利益的权利;(3)赔偿的权利;(4)信息和教育的权利;(5)代表的权利(意见被倾听的权利)。

1981年随之而来的第二个决议很大程度上是第一个决议的延伸。第三个决议是1986年出台的,那时共同体已将其目标设定为1992年年底前完成内部市场的建立,这一政策性目标很大地影响了这个文件。内部市场政策也产生了下一个文件,1989年11月9日《关于重新实施消费者保护政策未来应考虑事项的理事会决议》。

1990年5月3日委员会颁布了《欧洲经济共同体消费者政策第三年行动计划(1990—1992)》。该计划选择了四大主要的焦点领域,因为这四大领域在建立支持内部市场运作所必需的消费者信心方面是十分重要的。这四大领域是消费者倾诉、消费者信息、消费者安全和消费者交易。

1992年6月,理事会通过了《发展消费者保护政策未来应考虑事项的决议》。第二份三年行动计划于1993年7月出版,副标题为《让统一市场为欧洲消费者服务》。这份计划是处在完成内部市场建立和一致通过《欧洲联盟条约》(即《马约》,尽管当时尚未批准)的历史背景中的。然而,这些决议和计划并未形成正式的共同体法案,它们不能弥补欧共体消费者政策制定在条约中缺乏的明示的基础。

1995年10月,第三份三年行动计划出台,名为《1996~1998消费者政策优先权》。1998年12月,最新的第四份三年行动计划《1999~2001消费者政策行动计划》颁布。由于受《阿姆斯特丹条约》的影响,最新这份行动计划辟有专门的章节阐述消费者"获得信息、接受培训和代表的权利",并特别关注"高水平的消费者健康与安全"。

(四)欧盟条约中的消费者保护

正如在上文评述中所提到的,欧盟消费者保护的模式是在1993年11月1日因为《欧洲联盟条约》的生效才改变的。1999年5月1日生效《阿姆斯特丹条约》又对其作了重要发展。

根据《马约》第100/100a条,现行的消费者保护和市场一体化之间在宪章上的关系已经松弛了。通过第100条和第100a条的协调,欧共体第一次在消费者保护领域具备了独立于市场一体化的立法能力。有关的条款是第129a条,条文如下:

(1)共同体应通过如下措施致力于获得高度的消费者保护:a)根据第100a条在完成内部市场的前提下采取的措施;b)支持和补充成员国有关保护消费者健康、安全和经济利益及向消费者提供适当信息的政策的特定行动。

(2)理事会依照第189b条规定的程序并经与经济和社会理事会商讨后,应采取上述(1)b)款的特定行动。

(3)根据上述2款采取的行动不应阻止任何成员国保持和引入更严格的保护措施。这些措施必须与本条约相容,并通知委员会。

在对第3条的补充中消费者保护确认被提升到共同体共同政策的地位,第3条现在规定"共同体的活动应包括……致力于巩固消费者保护。"

对于第100a条和第129a条,立法程序牵涉到理事会的合法多数和欧洲议会行使否决权的可能。采取的措施是理事会和欧洲议会双方一致通过的产物,在措施的标题中要提及双方的名字。这就解释了欧洲联盟条约生效后的《期限分享指令》为什么是"欧洲议会和理事会"的指令,而《马约》前的指令都是"理事会指令"。

应注意到,第129a(1)条中的第一个词组说特别是要"共同体"而不仅仅是"委员会"致力于高度的消费者保护,这要比第100a(3)条强硬得多。此外,第

129a(1)条还超越了第100a(3)条把高度保护仅仅"作为基础"这样一个淡薄的概念。另外,最低协调方案还由于欧共体条约第129a(3)条的原因在该能力领域里被提升到了条约的高度。

由于第129a(1)b)条所构想的特定行动还有待于实践给它提供本质的说明,这一新条款所带来的真正影响仍未清楚。然而,普遍的看法是,现在正是欧共体在独立于市场一体化法的消费者保护法的领域里进一步发展其作为法规制定者的作用的良机。

《阿姆斯特丹条约》中的有关消费者保护的条款(重新编号为第153条)与《马约》第129a条相比,有了相当多的修订。第129a(1)条已被做了很大的修改。到目前为止,消费者政策所采取的行为,如保护健康、安全、经济利益和确切的信息,其权利已被正式确立。原第129(1)b)条成员国政策的目标,已在第153条中体现为共同体的政策的目标。另外,目标已经被扩大。消费者为了保护自己的利益而接受的培训和自我组织现在也已被提到。这些有关信息的内容和目标不仅仅是"利益",也被认为是"权利"。第153(2)条完全是新的,且有了重大的变化,称作平行条款。第153(3)条的改变不涉及依照第100a条采取措施的附注。不过,第153(3)b)条,作为第153条的法律基础作了相当大的修订。目前,与在第129a条中一样,它仅指"特定的行动",但使用术语"措施"。另外,第153(3)条允许同时"监督"成员国消费者政策的措施。

三、欧盟消费者保护一体化可能存在的风险及其防范

时不时地会有人表示担心欧共体的立法措施有潜在的风险,即设置的标准可能会比现行的国家标准低。一旦发生这样的情况,自由贸易的成功就必须以消费者保护为代价。这种忧惧是与另一种风险并存的,即共同体"消极法则"会扫除国家对市场规范和消费者保护的选择权。有人主张说"积极的"共同体规则已经降低了现存的各项标准,这种主张很难确定地辩驳或支持,必须要对各个部门进行评估。另一种相关的忧虑是,尽管在有的领域标准并没有降低,这些标准的实施也受到严重阻碍,因为商品可以在幅员辽阔的共同体境内不经检验地跨越国界。这样就很难追查不安全的商品,在这方面就提出了如何在内部市场采用适当的施行战略的问题。

对欧共体干预会降低各项标准的忧惧也是由于在第100条,特别是在第100a条的指令中,频繁地使用"最低协调"方案。最低协调方案建立了共同体法规的标准水平,任何成员国制定的标准都不能再低于这个标准水平,但它也允许

成员国制定比欧共体强制的措施标准水平更严格的法规。根据这个模式,欧共体的法律干预并没有预先完全阻止了成员国的选择,自由贸易被放在与国家市场规范和消费者保护同等的地位,而不是置于这两者之上。例如,第 100a 条的一项措施,关于消费者合同不公平条款的指令,在其特性上最低的标准,因此它并不排斥根据国家立法对不公平条款实行更严格或更广泛的控制。

在宪章上,也曾多次尝试要缓解这样的忧惧。由《单一欧洲法令》所引入的第 100a 条,纳入了第 100a(3)条,告诫委员会在提议影响到特别是消费者保护的立法时"要把高度的保护作为基础"。由于仅仅提到要把它作为"基础",也由于认识到最终采取这些措施的是理事会和欧洲议会,而不是委员会,所以这一限制性条款的效力就被削弱了。然而,至少第 100a(3)条表明它对共同体协调法律会从成员国标准中选取最低者作为共同标准这样的指控还是很敏感的。

事实上,欧盟层面的"协调"是为制定较高水准的一般性保护。欧盟建立了相对严格的协调后的标准,从而巩固了许多国家的监管标准。如在食品方面,总的说来,一体化的产生没有以消费者的安全为代价。欧盟没有几个食物安全标准比成员国的"平均"标准宽松,大多数情况下他们是可比的,少数情况下欧共体标准更为严格些。如禁止给肉牛和奶牛使用生长荷尔蒙就属于这一类。然而在某些领域,只要不造成贸易壁垒,成员国可以保持相对于欧盟立法规定更高水准的消费者保护措施。在有些情况下,欧盟采用了比某些成员国更为松懈的协调标准。向下协调最重要的例子是欧盟的食物添加剂法规,该法规极大增加了允许在欧盟使用食物添加剂的数量。欧盟总共批准了 412 种添加剂。相比之下,德国法律以前只允许使用 150 种,而希腊限制性更强,只允许使用 120 种。欧盟对此的解释是:实际上所有被批准在欧盟使用的添加剂先前曾在至少一个成员国内被允许使用。并且各国法律政策的不同大多反映了不同的食物制作传统,而不是不同的健康和安全标准。例如,意大利是欧洲对泡泡糖添加剂限制最严格的国家,最多允许使用 20 种添加剂,而其他成员国允许使用多达 67 种,这并不能使意大利的口香糖更为安全。

相对《马约》第 129a 条要求欧盟的机构能担负起"致力于达成高标准的消费者保护"的责任,《阿姆斯特丹条约》的第 153 条明确增加了欧盟委员会以及成员国对消费者应承担的义务,该条约指出"制订和执行其他共同体政策和行动时应考虑消费者保护的要求。"这一条款为建立一体化市场创造了机会,在这个一体化的市场上,消费者享有至今为止仅仅商业领域才享有的全部权利。具体来说,此条款意味着欧盟的任何措施都必须对消费者的花费及利益作出估计,但这并不是从一体化市场上得来的商业利润一定得转移给消费者。第 100a(3)

条要求欧盟委员会、欧洲议会必须在制定一体化市场的措施上达到高标准的消费者保护,但这还有待积极的效果来证实,《欧盟消费者政策行动纲领》(1999~2001)正为此而努力。

四、结论与经验

综上所述,欧盟消费者保护一体化之所以得以实现有赖于以下三个关键方面:

1. 欧盟能够平衡"消费者保护"与"经济一体化"的关键在于它在这两个领域都能够集中决策。消除非关税壁垒和保持或巩固健康和安全法规需要一个强大的国际权力机构。欧盟拥有能够影响成员国贸易和法律政策的权力。欧盟不仅仅拥有除去妨碍贸易的国家法规的权力,所有的国际贸易协定,根据规定,都必须将某些国家法律交国际再检查。欧盟与其他国际机构的不同在于它还有权把一项法规强加给它的成员国。因此,它与世界贸易组织(WTO)不同,WTO只有消极协调的权力(能命令政府不得执行与WTO下规定的政府义务有冲突的法律),而欧盟还有法律和政治能力,可以进行"积极协调"——颁布政府"必须"执行的法规。

2. 正是欧盟在"贸易"和"法规"两大领域里权力范围的平衡,使它能够既减少贸易壁垒又没有危害到欧洲消费者的健康和安全。一方面,欧盟对非关税壁垒的定义比任何其他国际条约的定义广泛得多。特别是,它超越了传统的WTO"国民待遇原则"。实际上,"1992"方案核心的假设是"非歧视待遇"对于实现经济一体化还不足够。因此,欧盟的法律制度把任何具有"限制"进口作用的法规都看做对贸易的"数量限制"。这种法规可以存在,只要使用法规的国家能证明这种法规对于达到合理的公共政策的目的而言是必要的并且所选择的措施对货物自由流通的影响尽可能小。没有任何其他国家集团为了促进贸易而把他们的国家规则和法规置于如此广泛的超越国家的监督之下。另外,欧盟运用"消极协调"的权力与运用"积极协调"的权力相平衡。没有一个其他的国际性机构对这么多国家法律政策行使这么大的权力。欧盟的权力运用在很多领域都有问题,但保护性法规却不在此列。实际上,欧盟几乎没有在其他公共政策领域发挥过如此积极的作用。

3. 欧盟消费者保护一体化进程得以迅速发展的一个十分关键的因素是欧洲法院的贡献。它对条约的解释给整个进程注入了无穷的活力。欧洲法院并不认为条约是"传统的"国际法,结果,欧洲共同体的法律秩序很快就形成了自己的特点。1991 年,欧洲法院称赞那些许多方面是它自行创造的东西是"基于法律准则的共同体宪章"。对规范一体化的法律规则则根据欧洲法院所认为的条约精神进行积极的解释。在有疑问的情况下,欧洲法院经常性优先选择有益于一体化的解释。Cassis de Dijon 案件的判决,确实可靠地证明了这种判决趋势。在制度上,欧洲法院坚持欧共体法律可以在国家层次上进行——"效力直接原则",并且国家法院适用欧共体法律应优先于有抵触的国内法律——"效力至上原则"。欧洲法院的理由是,如果没有上述原则,条约所设想的体系就不能运行。因此,彻底进行一体化进程不能仅仅依靠相关的共同体机构和委员会在欧洲法院起诉违约的成员国。除此之外,法律的执行还掌握在能够行使权利在国家法院非难政府当局并享受一体化果实的个人手中。在这种意义上,通过直接效力概念授予个人权利不仅有监督的功能,还具有民主化的功能。第 177 条预备参考程序允许欧洲法院监督和指导国家层次的法律发展。事实上,它把国家法院同化过来,一起加入了增进欧盟目标的工作,同时也增进了欧盟消费者保护一体化的发展。

(2000 年第 10 期)

区域性投资法律文件研究

阮赞林[*] 孔庆江[**]

随着对外国直接投资对国家经济发展中的作用不断增强的认识和各国赞成市场导向的政策的认识的交会,就外国直接投资的有关问题进行政府间的法律安排的重要性,已成为国际间的共识。事实上,有些与外国直接投资有关的问题已从国内层面跃升到国际层面,从双边层面跃升到多边层面,并成为关于外国直接投资多边法律安排讨论中的标准问题。迄今,已出现了大量的双边投资条约和不少的区域性投资法律文件,而且制定综合性的多边投资条约的努力也结出果实。① 目前,国内学界对双边投资条约已有较广泛和深入的研究,而鲜见对区域性投资法律文件和多边投资协定的研究成果。本文的目的在于就区域性投资法律文件作一研究。

一、概　　况

区域性投资法律文件主要由一些区域性国际组织所制定的区域性文件所组成。为了分析问题的方便,有必要按照区域性投资法律文件处理外国直接投资问题的方式,将其区分为纯粹处理外国直接投资的区域性文件和在区域合作和一体化的总体法律框架中处理外国直接投资的区域性文件。后者以《建立欧洲共同体条约》(1957),《北美自由贸易协定》(1992)和《欧洲能源宪章条约》(1994)为代表,前者则可以经济合作发展组织系统内缔结的《资本移动自由化法典》(1961)、东南亚国家联盟成员国缔结的《促进和保护投资协定》(1987)、南美自由贸易区——南锥体共同市场内缔结的《关于促进和保护投资的科隆尼亚议定书》(1994)以及亚太经济合作组织的《非约束性的投资原则》(1994)为例。

---

* 作者单位:杭州商学院。

** 作者单位:杭州商学院。

① 据联合国贸易发展会议的统计,截至1996年6月,全球共有1160个双边投资条约。经济合作发展组织早在1995年5月就开始了旨在缔结一个对经合组织成员国和欧洲共同体开放并接受非经合组织成员国加入的多边投资协定的谈判。

区域性投资法律文件大多数是具有法律约束力的，但也有例外。不同的区域性投资法律文件在其目的和所覆盖的外国直接投资问题的范围上，以及在其处理问题的方法上，较双边投资条约相互之间更为不同，例如，有的区域性投资法律文件，与双边投资条约一样，目的在于促进和保护外国直接投资，而有的区域性投资法律文件则在于消除投资障碍；再如多数区域性投资法律文件关注的是外国直接投资的进入和待遇问题，而经合组织《国际投资和多国公司宣言》却包括了投资法律文件通常所不处理的一些问题，如公司行为准则、司法冲突的解决程序。这种差异不仅反映在不同区域组织所制定的区域性投资法律文件之间，而且反映在同一区域性组织在不同时期所制定的区域性投资法律文件之间。

二、透视：主要的区域性投资法律文件

1.《建立欧洲共同体条约》

在区域合作和一体化的总体法律框架中处理外国直接投资的区域性文件中，影响最深远的是《建立欧洲共同体条约》，它将消除对设立（企业）权（right of establishment）和资本移动的限制作为建立共同市场的手段之一。该条约第52条至第58条规定要逐步消除具有一个成员国国籍的自然人和法人在另一个成员国领域内的设立企业自由的限制，第67条至第73条要求逐步取消对资本自由移动的限制。即使在《北美自由贸易协定》和美国与其他第三方国家缔结的双边投资条约中，外国直接投资的进入也要受制于若干包含在条约中的例外规定，因此，缔约国在设立（企业）权和资本自由移动方面承担的义务范围不及《建立欧洲共同体条约》要求深远。这是《建立欧洲共同体条约》有别于其他外国直接投资领域里的所有区域性投资法律文件的地方。在欧共体与第三国缔结的条约，包括近年来与中东欧国家缔结的联系协定中也作了类似的规定。

2.《北美自由贸易协定》

尽管《北美自由贸易协定》是在自由贸易的旗帜下缔结的，但它的主要目标，包括增加投资机会和促进协定地区的公平竞争。该协定的许多条款都涉及投资、服务业。可以说《北美自由贸易协定》也是一份综合性的区域性投资文件。

《北美自由贸易协定》从内容上看，很接近双边投资条约。与双边投资条约一样，《北美自由贸易协定》第11章也包括了一个范围广泛的投资定义：一般待遇标准（包括国民待遇、最惠国待遇和符合国际法的待遇）、在发生征收、武装冲突或其他内乱引起的损失及具体的补偿标准、资本转移、投资者和东道国之间的

争议的仲裁机制。然而,值得注意的是,《北美自由贸易协定》的投资纪律远远超出了典型的双边投资条约的规定。

严格的待遇标准特别是国民待遇是《北美自由贸易协定》的一个重要特征。该协定首先强调缔约国应对来自其他缔约国的投资授予国民待遇,并进而规定了缔约国所授予的待遇应是国民待遇和最惠国待遇中较优惠的一种,并应符合国际法规定的外国直接投资的最低标准,特别是公正和公平待遇。协定要求赋予国民待遇和最惠国待遇的规定既适用于投资进入后,也适用于投资的进入,而且联邦、州或省,以及各个层次的地方政府所采取的措施都不得违反此项义务。《北美自由贸易协定》投资规则的其他特点,还包括引进环境标准,规定了在涉及共同的事实和法律问题的合并仲裁程序等。

3. 亚太经合组织的《非约束性投资原则》

亚太经合组织的《非约束性投资原则》在其序言中即表明该原则是亚太经合组织成员国所期望的。文件共包括 12 项条款:透明度、非歧视、国民待遇、投资鼓励措施、实绩要求、征收和补偿、汇兑和可兑换性、人员的进入和居留、取消资本输出的障碍、避免双重征税、投资者行为和投资争议解决。

某些原则,特别是透明度原则和非歧视原则的行文比较明晰。这两个原则对投资者的重要性显而易见,在《非约束性的投资原则》中,有关这两个原则的规定基本上重复了关贸总协定有关的规定。然而,在其他一些原则上,如国民待遇原则、实绩要求原则、避免双重征税原则等,均包括了许多例外,从而很容易使例外所依附的原则归于无效。而且,在亚太经合组织中发展中国家的坚持下,《非约束性投资原则》并没有将亚太经合组织内绝大部分发展中国家和部分发达国家所采用的投资限制纳入其范围。例如,投资鼓励措施被限制在禁止降低卫生、安全和环保标准上,而未能就范围广泛的诸如外汇风险、出口退税以及补贴的投资鼓励措施进行规范。更有甚者,该原则没有静止条款或滚动条款,也没有对投资下定义。与大多数有关投资的国际法律安排不同,虽然它包含了一个争议解决条款,但没有将国家与国家之间的争议与投资者与东道国政府之间的争议分开处理,只是笼统规定了投资争议的解决原则。从行文上来说,规定非常含糊,似乎并不包括投资者和东道国之间的争议解决方法,投资者如因东道国违反该原则而想通过仲裁或诉讼来寻求救济,将会无所适从。[①]

---

① 该条款是这样规定的:成员经济同意因外国投资生产争议应立刻通过争议双方之间的协商和谈判解决,或,如此种方法未能奏效,通过根据成员经济的国际承诺的仲裁程序或通过可适用于争议双方的其他仲裁程序解决。

4. 经合组织有关的区域性文件

在区域性的安排中较全面处理外国直接投资的要数经合组织制定的《资本移动自由化法典》。这个法典于经合组织成立的1961年通过。《资本移动自由化法典》的范围覆盖除了商品贸易以外的一切国际交易。法典中包含了许多与外国直接投资有关的规定①,包括新企业的设立、现有企业的扩张、兼并接管以及非居民参与本国企业,这些规定的目的在于逐步取消对内流和外流的资本和经常性往来项目下的支付的限制,在法典中,经合组织成员国承诺“成员国应努力避免引入针对资本移动或使用非居民所有的资金的新的外汇限制,努力防止增加现有的法规的限制性”,②“成员国应授予达成和执行交易或转移,清单下的任一项目所需的批准”。③ 法典的义务还包括透明度、报告和检查制度。法典的规定是有约束力的,例外情形只限于缔约国在签署时所作的特定保留,法典所规定的一般例外规定和临时性的脱循(derogations)。然而,到了1984年4月,成员国才达成一致,将法典中要求成员国在处理其他成员国国民在其领域内开业所需的许可申请或其他审批手续时实行最惠国待遇标准的条款完全生效,1984年修订后的《资本移动自由化法典》又加入了设立权的规定。④ 这些法典的执行由经合组织属下的资本移动和无形交易委员会监控。虽然法典只适用于经合组织成员国,但法典呼吁将法典带来的自由化进程推广到国际货币基金组织的所有成员国内。另外,值得注意的一个地方是它没有规定争议解决程序。⑤

三、区域性投资法律文件的主要内容

在迅速全球化的世界经济中,在外国直接投资进行法律安排中可能会面临的实质性问题的清单将越来越长,最后极有可能会包括与生产要素有关的所有问题。有学者根据全球经济一体化的过程将外国直接投资的问题分为一体化阶段第一期(Phase 1integration)需要处理的问题和一体化阶段第二期(Phase 2

① 经合组织《资本移动自由化法典》附录D是法典所指的“资本国际移动”的一张清单,其中明确包括了外国直接投资。同样,附录A中的A清单中也明白列入了外国直接投资。

② 《资本移动自由化法典》第1条第5款。

③ 《资本移动自由化法典》第2条第1款。

④ 修改后的法典要求成员国政府不应保留或引入:适用于授予许可、特许或类似的批准的法规和做法,包括批准所附的条件,影响企业运营的,对非居民的投资者所施加的特别障碍或限制的,以及有意或产生防止或构成对非居民的对内直接投资障碍的效果的法规和做法。

⑤ 法典中的下面一个条款常被视为一种关于包括争议解决在内的执行的非正式的建立共识的程序:“(经济合作发展)组织应就取消或修改不利于自由化进程的措施提出适当的建议。”

integration)需要处理的问题两大类。[①] 前一阶段的问题包括投资的进入、投资的待遇(国民待遇和最惠国待遇)和投资保护(征收、资本移转和国家与投资者之间的争议),后一阶段的问题包括限制性措施、竞争政策、国家垄断和国有企业、私有化、投资鼓励措施、实绩要求、技术标准、政府采购、人员移动和数据交换。以这种分类标准作关照,可见现有的区域性投资法律文件处理的问题主要是第一阶段的问题,包括投资的定义、进入和设立权、投资的一般待遇、投资的保护和投资争议的解决,而其中一些区域性投资法律文件基于其各自的目的,要么只涉及第一阶段中的一些问题,要么则将第二阶段的问题包含了进来。

笔者认为,在确定一项区域性投资法律文件究竟应该涵盖哪些内容,要考虑全球经济一体化进程的特点,既要考虑投资自由化的要求,又要考虑参加国的经济发展水平。

1. 投资与投资者的定义问题

研究投资与投资者的定义,目的在于廓清区域性投资法律文件的适用范围。在投资者的定义上,问题是投资者应限于法人所为的投资,还是应包括自然人?如仅指法人,法人应如何界定?即应按照注册地标准、营业地标准、控股股东国籍国标准还是混合标准?如包括自然人,自然人应否再分国民和有永久居留权的外国国民?再如,一投资者在作投资时尚不是一国国民或居民而投资行为完成后已是该国国民或居民,那么就一项区域性投资法律文件而言,该投资者是否应视为该国国民或居民?在投资的定义上,投资应否限于直接投资,还是应包括间接投资,甚至将投资过程的不同阶段都包括在内?无形财产是否可以与有形财产一样作为投资?

综观现有的区域性投资法律文件,撇开没有涉及投资与投资者的定义问题的协定,绝大部分照搬已有双边投资条约的做法,给投资和投资者予范围较宽的定义。如包括动产和不动产以及有关的物权,如抵押权,留置权和质权;公司股份,在公司的债权和其他公司的利益;金钱请求或具有经济价值的请求履行合同的权利;知识产权或商誉;商业特许权,包括自然资源的特许权。最典型的当属《北美自由贸易协定》。需要注意的是,《北美自由贸易协定》在上述内容的基础上,又将下列内容加进了投资的定义中:按照法律签发的许可,包括生产和销售产品的许可;法律和合同赋予的任何权利,包括勘探或利用自然资源的权利,以

---

① Thomas L. Brewer, Stephen Young, Investment policies in multilateral and regional agreement: a comparative analysis, *Transnational Corporations*, Vol. 5, pp. 12 – 20.

及生产、使用和销售产品的权利。① 这些内容的添加并不是出于过分的谨慎，而是为了固定这些基于东道国公法和公法行为的权利。由于这些内容都是关于确认投资者可为某一项活动的权利，它们对于投资活动的正常运行是必需的，如果东道国政府后来撤销先前授予的许可或权利，投资活动将无以为继或无利可图。保护这种既得权，就成了投资者本国的任务。《北美自由贸易协定》就是期望通过扩大投资定义来实现保护投资者在东道国的既得权。

2. 进入和设立权与投资待遇

范围广泛的国民待遇和最惠国待遇是一项区域性投资法律文件的中心内容。事实上，现有的区域性投资法律文件无一例外地规定了东道国应赋予投资者以投资国民待遇和最惠国待遇。需要注意的是，如何解释国民待遇和最惠国待遇。国民待遇和最惠国待遇的核心是非歧视，这里不仅是指要消除法律上的歧视，而且要消除事实上的歧视，对此，通常无异议。在这里需要明确的是区域性投资法律文件中有关投资者待遇的规定的目的是禁止对外国投资者的歧视，而不是禁止东道国采取和实行不是歧视性的投资政策。因此，区域性投资法律文件不应该禁止针对外国投资者的任何形式的规制，只要这些规制不是有差别地对待外国投资者和本国投资者。任何一项区域性投资法律文件不能挑战政府的与投资有关的公共行为的合法性。在这方面，应注意如下两点：(1)无论国民待遇条款还是最惠国待遇条款都不是绝对的，而是相对的。它们的目的是要保证外国投资者获得与本国国民或任何第三国国民类似的待遇，而不是确立一个绝对的投资政策标准。(2)国家制定本国投资政策的权利不应该受到挑战。特别是，国家基于本国经济发展的需要制定政策的权利应不受挑战。例如，国家有权根据本国经济发展的需要在来自不同国家的投资者之间的进入问题上作不同的对待，再如，国家可以基于本国经济已经存在来自某特定的国家的投资者所控制的趋势拒绝该国投资的进入。

容易引起争议的是这些待遇是否应适用于投资的各个阶段，确切地说，这些待遇应否适用于投资的进入。于是，问题的实质就成为应否确立一项投资者的进入和设立(企业)权。进入或设立权意味着投资者享有绝对的自由。在有些西方学者看来，这种自由是与人权联系在一起的。而另外一些学者则认为，从事包括投资在内的商业活动是财产权所派生的。他们基于绝对的财产权的传统理念，认为投资者应有进入或设立企业的权利和自由。早期的国际法学家如维多

① 《北美自由贸易协定》第1139条。

利亚（Vitoria）和瓦特尔（Vattel）就主张绝对的贸易和投资自由，①作者认为，这是与当时（1860年以后到1914年前一段时期）的国际经济条件有关的。那时候，国际资本主义处于自由资本主义阶段，各国普遍奉行自由放任的政策，然而这些政策未能为经历过两次世界大战的国家所继续采用。即使主张自由化经济政策最卖力的美国在第二次世界大战后也未完全遵循完全的自由经济政策，这就是一直采取自由化立场的友好、通商、通航条约在战后逐渐被摒弃，以及坚持严格的国民待遇原则和进入和设立权的美国模式的双边投资条约计划并不成功的原因。②

迄今为止，所有的区域性投资法律文件中仅有美国参与并主导缔结的《北美自由贸易协定》规定了投资者的进入和设立权。但从外国直接投资的现实和要求情况看来，这种进入和设立权似乎已是不可避免的。

那么，应在多大程度上确立这样一项设立权？这就是一般性例外和个别的部门或行业的例外。从理想主义的角度来看，最好不要有对国民待遇和最惠国待遇原则的任何贬损。在民族国家组成的国际社会中这当然是不可能的。实践中，没有国家赋予外国投资者绝对的无条件的国民待遇及进入和设立权。③ 区域性投资法律文件均在此问题上规定了一般性例外。一般性例外通常是指基于国家安全、公共法律和秩序，以及维持国际和平与安全，有时也包括文化上的例外，目的是保护语言和文化上的多样性。区域性投资法律文件在一般性例外适用范围的规定方面存在一定的差别。如《欧洲能源宪章条约》规定一般性例外不适用于有关对征收造成的损失的补偿的义务。④ 其实，问题的关键在于一般性例外不能适用于对协议的目的（即保护投资）至关重要的义务，如对征收的补偿就被认为是这样一项至关重要的义务，因而，缔约国不得援引一般性例外来规避在发生征收时的补偿义务。

作者认为，国家安全、公众需要和其他重大国家利益，通常被视为对设立权

---

① O'Connel, *International Law*, 1970, Vol. 2, p. 693.

② 美国模式的友好、通商、通航条约终于20世纪60年代，而美国式的双边投资条约，至1995年年底一共才缔结了30余项条约，较之于其他条约，其数量实在很小。

③ 以亚太经合组织成员国为例，所有国家都基于国家安全等理由实行针对特定行业的例外，一些国家拥有按照经济或其他标准审查和甄别外国投资的权利，后者包括加拿大和墨西哥，这两个国家均为《北美自由贸易协定》的缔约国，但它们均在该协定的框架内保留了对来自其他缔约国的投资进行审查的权利。被认为实行最自由的外国直接投资制度的美国仍然根据综合贸易法埃克森—福罗里奥（Exon－Florio）修正案阻止外国公司对本国公司的收购、接管和合并，只要美国政府认为此种收购、接管和合并对美国国家安全构成威胁。

④ 《欧洲能源宪章条约》第24条第1款。

和国民待遇原则的合理例外,并且在可预见的将来也不会消除。显然,在一项区域性投资法律文件明确国家安全、公众需要和重大的国家利益之前,确定哪些部门或行业事关国家安全,何为公众需要,哪些内容构成重大国家利益,完全取决于东道国的自由裁量,理解的范围既可以宽,也可以窄。虽然东道国有时借此将不愿意接受的外国直接投资排除在外,但不能因此而否认这些合理的一般性例外规定。对一些国家来说,这些原则上被普遍接受的例外可以被用作由于政治原因而执行的政策的一部分来针对特定的国家,①这是要防止的。对一些发展中国家来说,除了国家安全、公众需要以外,经济和社会发展目标则应该被用于对进入权和国民待遇的一般性例外。至于国别的部门或行业限制的口子该开多大,必须顾及各个国家的经济发展水平。

3. 投资保护

投资保护主要涉及征收或国家化、资本转移。

长期以来困扰投资者的一个主要问题就是东道国对投资的征收或国家化,这也是有关外国直接投资的国际法律关系的主要问题。长期以来,发达国家坚持对外国财产的征收在国际法上是非法的,除非这种行为满足特定的标准。这些标准包括征收必须是为了公共利益,必须符合法定程序,必须给予被征收者以充分的补偿,其中,最重要的是充分的补偿。而发展中国家则主张征收是国家排他性的管辖权的体现,而且国家有权决定是否给予补偿以及补偿的标准。在国际法的实践中,国家有权实行征收或国有化的权利似乎已被确认,如解决投资争端中心在 1985 年 Amco v. Indonesia 一案的仲裁裁决中就断言:“主权国家有对财产,包括由其先前授予的合同权利,即使该等权利属于外国人,实行国家化或征收的权利,现在是国际法和国内法律制度明确承认的基本原则”。事实上,补偿的要求和评估被征收者的损失的方式以及支付补偿的方式是争议的焦点。许多现有的区域性投资法律文件的重点已不是是否应禁止东道国实行征收或国有化措施,而是这些措施有无必要以及对征收或国有化造成损失的补偿方式。由于近来征收和国有化的事例大为减少,普遍的大规模的征收或国有化看来是不大可能了,而针对特定的投资的措施倒有可能发生,如东道国政府废弃其与投资者之间的契约或契约性的文件。但由于早期的特许权的国家契约已经很少见了,因此,征收或国有化这个问题在区域性投资法律文件中的重要性已经下降。

在讨论区域性投资法律文件中与资本转移有关的问题中,争议最大的莫过

① 一个明显的例证就是美国。该国就经常以国内立法的形式以国家安全为理由限制甚至禁止与它所不喜欢的国家的包括投资在内的一切商务活动。

于国际收支平衡条款是否应该作为汇兑转移自由原则的例外列入文件中。有些人认为,允许资本和利润汇兑自由应是东道国的一项绝对的义务,即使在发生国际收支平衡危机时仍无必要限制外国直接投资,其他人则认为,政府必须保留在发生危机时控制支付的手段。作者认为有必要将是否应规定国际收支平衡的规定与投资定义范围的宽窄联系起来。投资定义范围越宽,越有必要设定国际收支平衡例外规定,理由是:如果一项区域性投资法律文件除适用于外国直接投资外还适用于间接投资或证券投资,那么,为了在发生国际收支平衡危机时控制支付手段,东道国应有权限制本属于间接投资或证券投资的那部分投资的汇出;换言之,如果投资定义只限于外国直接投资,自然无须限制投资的转移。这样就将区域性投资法律文件与《国际货币基金协定》结合起来。①

4. 争议解决

现有的区域性投资法律文件都具有高标准的投资待遇和投资保护。就一个区域性投资法律文件而言,无论其规定各方的权利义务的条款编制得多么详尽与周密,争议总会发生,特别是当政府认为自己有权管辖,而协定又没有对此作出规定的情形。尽管在理论上投资者与东道国之间的争议可以通过东道国的国内法解决,但是在如下三种情况下,东道国的国内法会显得不那么令人满意:第一,东道国政府相信投资者跨国公司在超出其管辖领域的范围内进行活动,而这种活动侵害了东道国的利益并违反了投资者根据协定应承担的义务;第二,投资者认为东道国实施的影响其经营的法规和政策违反了东道国承担的协定义务,而据此投资者与东道国政府有关部门的交涉也不奏效;第三,投资者认为由东道国和投资者本国分别实行的并影响其经营的法规和政策互相冲突而感到无所适从。为了确保这些高标准得到缔约国的正确执行,必须有一项解决争议有效的非国内机制。这一项机制不仅能够通过正式的程序解决区域性投资法律文件执行过程中所引起的争议,而且争议解决机制中的非正式程序也有助于解决意见分歧而避免争议的产生。显然,它最好就覆盖区域性投资法律文件的全部义务。

“投资争议”这个术语,可泛指一项国际投资法律文件的缔约国之间的争议、投资者和东道国之间的争议和外国投资者与当地企业之间的争议。由于外国投资者与当地企业之间的争议属于商事争议,不可能列入关于投资的国际安排,因此,本文不拟讨论。

---

① 《国际货币基金协定》第9条、10条要求会员国允许外国投资者将资本、利息、红利以及其他与企业活动有关的收益和资金自由转移。

就国家与国家之间的争议而言,这实际上是一种一缔约国声称另一缔约国违反义务而引起的国际法上的争议。对这种争议的解决办法,长期的国际法律实践特别是关于条约的国际实践中已形成了一系列通行的标准做法,主要有谈判、斡旋、调解、仲裁和国际诉讼。而且,在国际经贸领域,关贸总协定、世贸组织在这方面已创制了有益的先例。[①] 在投资者本国和东道国之间的争议解决的规定方面,《北美自由贸易协定》提供了一个独特的方法,如果世贸组织协议和《北美自由贸易协定》均适用于某一争议,争议方可在世贸组织争议解决程序和《北美自由贸易协定》规定的程序之间作一选择。[②]

在投资者和东道国的争议方面,国际仲裁作为投资者和东道国之间的争议的解决机制被区域性投资法律文件广泛接受,然而,有几个问题还颇有争议。第一个是争议双方达成将争议提交仲裁的协议的时间问题。在这方面以前的做法是不论仲裁协议是在争议发生前达成的、其形式是原始合同或其他文件中的仲裁条款,还是在争议发生后专门就争议仲裁达成一个协议,都具有同样的效果。近来这方面的区域性投资法律文件实践虽然远未统一,但已出现这样的趋势即偏好前一种做法。《欧洲能源宪章条约》就是例证。[③] 第二个问题是私人投资者在将争议提交东道国法院后反悔并随即要求仲裁的问题。虽然关于商事仲裁的理论和实践一致主张仲裁协议具有排除法院管辖的效力,但这种定论并没有涉及一方为国家的仲裁。笔者认为,投资者不顾仲裁协议的规定,将争议提交东道国法院的事实表明了它愿意接受东道国法院管辖的意思。既然国际法承认而并不禁止国家对外国投资者的管辖权,没有任何理由反对投资者自愿接受东道国的管辖;换言之,在这种情况下,投资者应被视为放弃了将争议提交仲裁的权利;相反,由于投资者向法院提交争议的事实即启动了司法程序,这时,如果再允许投资者反悔并将争议提交仲裁,势必造成混乱。当然,如果法院裁定自己没有管辖权,自应另当别论。然而,遗憾的是,《欧洲能源宪章条约》竟为投资者的这种恣意行为提供了可能。[④] 在作者看来,一旦东道国法院受理了投资者的申请,除非有明显的程序错误,投资者不得以任何理由再拒绝法院管辖。

---

① 关贸总协定、世贸组织的框架内有关争议解决的规定散见于《建立世界贸易组织的协定》、《与贸易有关的投资措协议》、《服务贸易总协定》、《与贸易有关的知识产权协定》和《关于争议解决的规则和程序的谅解》。

② 《北美自由贸易协定》第 2005 条。

③ 《欧洲能源宪章条约》第 26 条。

④ C. Fred Beergsten, Edward M. Graham, Needed: New international rules for foreign direct investment, *International Trade Journal*, 1992, pp. 15 - 44.

5. 其他

区域性投资法律文件处理或将要处理的其他问题还有投资企业关键人员的入境、居住和工作、投资鼓励措施和实绩要求、公司行为、限制性商业惯例以及社会问题(劳动、环境问题)。

从表面上看,关键人员的入境、居住和工作是执行投资或投资企业关键或重要任务的人员入境和居留的权利,实质上是关乎投资者的权利的,因为如果投资者无法自由调配其人员执行投资或投资企业的关键任务,投资或投资企业的活动就无法开展。这就是为什么非常期望制定规则保障关键人员的入境、居留和工作的权利。由于这个问题牵涉到东道国的移民法和劳动法,而因移民和劳动方面的事务与国家根本利益有关,这方面的法律规定被认为是强行法,任何其他做法不得与之抵触,从而使这个问题的处理就成了难题。很多国家无意放弃对外国人入境、居留和工作的国内法规制;同时受制于国内的就业问题的压力,很多国家也无能力放松在这个问题上的限制。在现有的区域性投资法律文件中,只有《北美自由贸易协定》对关键人员的问题作了规定。经合组织多边投资协定谈判,就没有触及谈判参与国的移民法,且也很少涉及谈判国劳动法规的变动。唯一的例外就是未来的缔约国不得通过设置数量限制或适用经济要求标准来禁止投资者及其关键人员的入境、居住和工作。①

人们普遍认为实绩要求具有扭曲贸易的效果②,而目的在于便利外国直接投资的也被认为与实绩要求一样具有扭曲市场的效果,实践中政府也经常将投资鼓励措施与实绩要求联系起来。为了在一个争夺外国直接投资的竞争日益激烈的全球市场上,影响外国投资者的投资定位决策,许多政府纷纷推出投资鼓励措施。投资鼓励措施可能是针对特定的行业的,也可能是针对特定的地区的。它通常是向外国投资者提供的,也有既向外国投资者又向本国投资者提供的。在有的情况下,主要是有关国计民生的投资项目,东道国政府还可能向投资者提供特别的投资鼓励措施。显然,这种投资鼓励措施可因项目不同而有所区别。然而,根据学者的研究,投资鼓励措施对世界范围内的外国直接投资的总流量几乎没有什么影响,但可能对某一特定的投资定位决定产生影响。然而,如果一个

① Anders Ahnlid, The Multilateral Agreement on Investment: Special Topics, OECD Publishing, 1997.

② 乌拉圭回合谈判在《与贸易有关的投资措施协议》里重申了关贸总协定对实绩要求的一贯立场,协议第2条第1款规定:在不贬损《1994年关税与贸易总协定》项上的其他权利和义务的前提下,任何成员国不得适用与《1994年关税与贸易总协定》第3条和第11条规定不符的与贸易有关的投资措施。

国家的政府向外国投资者授予投资鼓励措施，其他国家的政府也会群起仿效，结果导致国家之间的投资鼓励措施的竞争；同样，在同一个国家内，地方政府之间也会发生授予投资鼓励措施的竞争。考虑到一个时期外国直接投资的总量是固定的，这种竞争的总体结果是在互争投资项目的政府之间，公共福利并没有因此得以增进，而本应由政府获得的财政利益由外国投资者从中渔翁得利。从这个角度来看，投资鼓励措施是有负效应的。有鉴于此，有些国家认为应结束在国家之间为争夺特定的投资通过投资鼓励措施展开的成本昂贵的竞争。因此，参加未来的区域性投资法律文件谈判的政府是有可能接受对投资鼓励措施的纪律的。但尚需明确的是，是不是应该全部禁止投资鼓励措施。到目前为止，包括《北美自由贸易协定》在内尚无一个国际协定涉及投资鼓励措施，乌拉圭回合谈判达成的补贴协议虽然规定了影响贸易的补贴，但并没有直接就投资补贴制定纪律。《北美自由贸易协定》禁止缔约国以降低环保要求施。[①] 亚太经合组织的《非约束性的投资原则》也采取了与此类似的做法。[②] 经合组织的多边投资协定谈判的过程表明，投资鼓励措施纪律的谈判是最难的。[③] 它涉及的问题既有技术性方面复杂性，又有政治性方面敏感性，特别是还有很多国家在此问题上愿意保持现状。所以，就未来投资鼓励措施的纪律而言，最好的办法是在具体分析投资鼓励措施的效果的基础上，禁止那些没有一个国家受益，却每个国家受损的措施，对其他措施，应协调规则，规定国家政府和其他各级政府可以授予何种类型的何种程度的投资鼓励措施，但必须在最惠国待遇和国民待遇的基础上实施。这样规定的后果是保留投资鼓励措施的国家可能感到在财政上无力承受而逐步放弃投资鼓励措施。在这方面将出现的具体问题有免税期是否应该予以取消，是否应该限制直接补贴，向投资者提供基础设施是否应与投资鼓励措施区分开来，等等。

限制性商业惯例是企业旨在垄断市场、确立支配市场的地位或滥用这种支配市场的地位的反竞争性的做法。限制性商业惯例是一个备受发展中国家关心的问题。联合国顺应广大发展中国家成员国的要求，成立联合国限制性商业惯例会议谈判了《控制限制性商业惯例的多方协商一致的一套原则和规则》，于1980 年以联合国大会的建议的形式通过。这项联大文件虽然不具有法律约束

① 《北美自由贸易协定》第 1114 条。

② 亚太经合组织的《非约束性的投资原则》就投资鼓励措施规定如下：成员国经济不得放松卫生、安全和环境规制作为鼓励外国投资的刺激。

③ Anders Ahnlid, The Multilateral Agreement on Investment: Special Topics, OECD Publishing, 1997.

力，但它以压倒多数票明确宣告目的就在于"保证限制性商业惯例不构成（成员国）从对影响世界贸易的关税和非关税壁垒的自由化中可获得利益的实现的障碍"。这个目标宣示对于未来的以自由化为主要目标的区域性投资法律文件是极有借鉴作用的。未来在制定区域性投资法律文件时，都必须考虑到发展中国家和发达国家具有不同的利益的事实。

就业及其相关事务在外国直接投资问题上的重要性越来越明显。这些事项涉及政府和跨国公司在促进就业、机会均等、就业保障、职业培训、工资、工作条件、保险和健康、结社自由、信息披露、集体谈判、协商、劳资争议解决等多方面。事实上，就业及相关问题是与外国直接投资有关的问题中的最早在国际层面上得到处理的问题之一。经合组织的《多国公司指南》就是这样一份包括了这方面的问题的国际文件。然而，更为著名的是国际劳工组织的《关于多国企业和社会政策的三方原则宣言》。这份宣言是由政府、企业代表和劳工方面的代表共同参与达成的。它涵盖了主要的劳工问题，它所规定的原则被广泛接受。因此，在未来的多边投资条约谈判中处理外国直接投资与劳动问题的关系时，该宣言应可作为一份有价值的参考。

四、结　束　语

一项区域性法律文件只有当其能发挥纯粹的国内法律法规和双边条约所不能起到的作用时，才会有其地位。市场规模是跨国公司决定投资的一个重要因素。区域性投资法律文件正是通过在参加国之间相互消除投资障碍，一方面便利了区域内的相互投资，另一方面因市场规模得以扩大而刺激区域外潜在的投资者在区域内的投资。从这个角度看来，较之有关外国直接投资的国内法律法规和双边投资条约，区域性投资法律文件是保证外国直接投资的更有效的手段。从全球经济一体化趋势来看，重视区域性投资法律文件的理论和实践，应成为学界和有关部门的一项紧迫的任务。

（2000年第11期）

2001 年

习惯和条约的国际造法功能比较

姜文忠*

一、习惯造法的特征及其优、缺点

“习惯是国际法以及一般法律的最古老和原始的渊源”。① 虽然国际法学界对于习惯国际法何以对国家产生法律拘束力的问题尚存在不同看法,但各学派对于国际习惯能产生拘束国家的国际法原则、规则和制度的事实则几乎没有争议。依据国际习惯形成程序、适用范围和证明方式的不同,国际习惯可分为一般的和特殊的习惯两类。鉴于特殊的或区域的国际习惯在国际社会中并不常见,因此,本文所称的习惯除特别注明者外,皆指一般性习惯。

习惯造法的一个主要特点同时也是它最大的一个优点在于经由习惯途径所形成的国际法规范具有普遍的约束力。根据《国际法院规约》第38条第1款第2项的规定,国际习惯是指“作为通例之证明而经接受为法律者”,这意味着,只有国际社会所有或绝大多数国家明示或默示作为法律予以接受和遵守的一般性实践,才能构成国际习惯。以此类推,一项习惯国际法规则一旦确立,即对现存所有的国家或至少对在该项规则形成阶段未明确表示异议的国家具有拘束力。需特别指出的是,那种从一开始就对某项习惯国际法规则的成立表示异议的所谓“持久反对者”(persistent objectors),应该只是国际社会中的少数国家,否则,该项习惯法规则根本就不可能确立。

已确立的习惯国际法规则是否自动约束新国家的问题是一个极具争议的复杂问题,这反映在大量的学者著作和官方声明中。大多数欧美学者和西方国家政府都主张新国家自动、直接地受一般习惯法规则约束,不需要它们的默示或明示同意。② 而苏联、东欧和第三世界一部分国家的国际法专家,包括西方国家的

---

* 作者单位:武汉大学法学院。

① [英]詹宁斯、瓦茨修订:《奥本海国际法》(第1卷第1分册),王铁崖等译,中国大百科全书出版社1995年版,第15页。

② See, e. g., H. Lauterpacht, *International Law. Collected Papers* (Vol. 1), Cambridge University Press, 1970, pp. 57, 238; H. Waldock, General Course on Public International Law, in *Recueil des cours*, Vol. 2 (1962), p. 52; L. Henkin, *International Law: Politics and Values*, Martinus Nijhoff Publishers, 1995, p. 36.

一些知名学者则从“国家同意理论”和国家主权平等原则出发，认为新国家不应自动地受那些它们未参与创造，并且未以这种或那种形式表示同意的国际法规则约束，不论是协定国际法还是习惯国际法。他们主张新国家在独立后的一段时期内应有权确定它们对所有既存习惯法规则的态度。① 不过，上述两种观点的差异反映到现实中并未对习惯国际法的一般拘束性带来特别不同的结果。国际生活的现实是，除外国人的待遇、国有化的补偿标准以及领海宽度等少数习惯规范之外，战后新独立国家从总体上是接受既存习惯法规则的效力的，因为，“从总体上拒绝国际社会的基本规则不仅使一个新国家被排除在国家间关系之外，而且将危及它的生存。”②的确，即使从理论上讲一个新国家有权不接受既存的习惯国际法，但在现实中它们不得不承认这其中的大多数规则。关于这一点，就连后一种理论的坚定支持者童金也承认：“如果新国家在同其他国家发生正式关系时没有保留，这就意味着它接受作为国家间关系基本原则的现行国际法上那一套确定的原则和规范。”③

习惯造法的第二个重要特征是，习惯的确立过程是一个分散的、无组织的、或多或少无意识的、相对较为长期的过程。习惯的确立过程是分散的、无组织的，因为习惯在很大程度上是通过多个国家重复、类似的单边行为逐渐地形成的；习惯的确立过程或多或少是无意识的，是因为某国在从事创立习惯的实践时，不一定知道它是在用其行为创造法律规范，它也不一定有造法的意思，而且，习惯规则能否最终成立，并不取决于它的意志。④ 下面我们重点探讨习惯形成过程的长期性，并与前两者结合起来谈一谈它们对习惯造法所带来的影响。

尽管国际法学者对国际习惯的组成因素尚存在不同的看法，但一般认为国际习惯的形成必须具备两个要素：一是通例的存在；二是该项通例至少被大多数国家接受为法律（法律确念）。就通例的存在而言，首先是要求各国在其相互关系上，对某种事项在一定时期内重复地采取类似行为（不行为）。至于形成通例

---

① See, e. g., Van Hoff, *Rethinking the Sources of International Law*, Kluwer Law And Taxation, 1983, pp. 77 – 78; M. E. Villiger, *Customary International Law and Treaties*, Martinus Nijhoff Publishers, 1985, p. 16.

② Cf. G. M. Danilenko, *Law – Making in the International Community*, Martinus Nijhoff Publishers, 1993, p. 115.

③ [苏]格·伊·童金著：《国际法理论问题》，刘慧珊等译，世界知识出版社1965年版，第85页。

④ 近年来，有学者主张习惯的产生过程也可建立在同一事项上重复多次的联合国大会决议和宣言基础之上。如这一主张成立，则国家可以有组织、有意识地创立习惯法规范。See G. M. Danilenko, *Law – Makig in the International Community*, Martinus Nijhoff Publishers, 1993, pp. 78 – 80, 89.

究竟需要多少时间,这取决于国际关系频繁和密集的程度。在国际关系不发达的年代,需要相当长乃至上百年的时间才能形成国际惯例(通例)。随着国际交往的频繁和国际社会组织化程度的加深,某些国际惯例的形成以及它们成为国际习惯所需的时间趋向于减少。如有关大陆架、专属经济区、外层空间等方面的若干规章制度,在不长的时间内即被各国接受而形成为国际习惯。为此,国际法院在"北海大陆架案"的判决中指出:时间的长短必须根据所涉及主题的性质考虑,需要不同的时间,在某些情况下只需要很短时间就能够形成习惯法规则。① 现在这已经是一种普遍的观点。但是,从习惯国际法作为一个整体来看,通例的形成并成为国际习惯一般是需要较长的时间的,尤其是战后世界的分裂给国际习惯的形成增添了不少难度。总之,正如《奥本海国际法》一书的作者所指出的:"习惯通常是法律规则形成的比较缓慢的过程,因为有关实践要有发展的时间,而且往往只在一定时间之后,实践才产生必要的法律确念。"②那种认为不需要国家实践、单凭法律确念即能产生国际习惯的"即时的国际习惯法"概念,已受到广泛的批评。③

习惯造法的上述特点所带来的负面影响是十分明显的:

首先,国际习惯缓慢的形成过程已不能满足国际法的水平扩展和快速变革旧的国际法律秩序的需要。第二次世界大战以来,国际社会生活的各个方面发生了巨大的变化。在这场革命中,国际法的新领域不断涌现,需要及时地予以规范;同时,一部分传统的国际法原则、规则和制度已陈旧、过时,已经妨碍和平、友好和合作的国家间关系的发展,需要尽快予以改变。显然,习惯造法程序不是达成这些目标的合适工具。对此,有学者指出:习惯造法程序不能满足由各国共同行动以处理因技术发展、人口增长、环境退化等现象所引发的众多问题的需要,也不符合因国际社会所发生的结构性变化而产生的塑造新的国际法律秩序的迫切要求。④

其次,习惯形成过程的分散性、无组织性、无意识性意味着无法经由习惯程

---

① See ICJ Reports, 1969, p. 43.

② [英]詹宁斯、瓦茨修订:《奥本海国际法》(第1卷第1分册),王铁崖等译,中国大百科全书出版社1995年版,第18页。

③ 王铁崖著:《国际法引论》,北京大学出版社1998年版,第75~76页、82~84页;[德]鲁道夫·伯恩哈特:"不成文国际法",载《当代联邦德国国际法律论文集》,北京航空航天大学出版社1992年版,第50页、54页。

④ See, e. g., C. C. Joyner(ed.), *The United Nations and International Law*, the Press Syndicate of the University of Cambridge, 1997, p. 6; M. E. Villiger, *Customary International Law and Trenties*, Martinus Nijhoff Publpshers, 1985, p. 298.

序产生预期性、前瞻性的法律制度。当前国际社会的许多问题尤其是一些全球性问题在国家尚未从事该领域的实践以致取得实质重要性之前，就需要创立相关的法律制度。例如，为避免对全球环境造成灾难性的损害，需要预先制定预防性的国际规章；为合理地利用人类共同遗产，也需要在大规模开采共同资源前创建有效的法律框架。而习惯却是建立在已有的国家实践基础之上的，用国际法院前法官科列斯基(Koretsky)的话说，“它面向过去”，[①]显然它是不能承担上述使命的。

除以上两方面的特点之外，习惯造法另一个不得不提的特征是，通过习惯成立的国际法是一种不成文法。习惯国际法作为一种不成文法，它具有一切不成文法的优点和缺点，但在国际社会缺乏集中的立法、司法和解释法律的机关的情况下，其缺陷更为突出：

其一是习惯法规范内容的不充实、不系统、不精确。习惯“就其性质而言只能提供一些需要遵行的指导路线一类的基本法律原则”[②]，其内容往往过于一般、抽象和空洞，即使是发展得较为充分的习惯法规则也经常是不精确、不具体的。同时，既然国际习惯一般是建立在孤立的、没有事先协调的国家实践基础之上的，它提供的只是单个的规则，不可能借此产生一套系统、连贯的法律制度。此外，习惯法规范的不充实、不系统也表现在它无法提供一套相应的法律体制来确保有关行为准则的履行。由上可见，习惯国际法只适合于一些不需要具体、精确规范的领域，而在国际法垂直扩展，需要提供更具体、精确的行为规范的今天，习惯法的上述缺陷已在很大程度上影响到它的发展。

其二是习惯法规范确立时间、内容和适用范围的不确定、不明确。国际习惯是在各国重复、类似的单边行为而伴随着法律确念的基础上渐进形成的，什么时候形成了通例，什么时候具备了法律确念，这些都不是明确的事情；一项习惯法规范究竟是否约束某一国家，也往往存在争议。尤其是，要从国家实践中抽象出一般规则的内容，这是一件十分艰巨的任务，而且习惯法规范的内容也经常难以确证。习惯法的上述特点在很大程度上导致了法律的不可预测性，这是许多国家不愿将案件提交司法或仲裁解决的一个主要理由，同时这也是国际法院在引用习惯法规则裁判案件时始终坚持严格的标准，并经常拒绝诉讼当事国关于在某一事项上已形成习惯法规则的主张的一个重要原因。

习惯造法不大引人注意的第四个特征是，大国和强国在习惯国际法规范的

---

① ICJ Reports, 1969, p. 156.

② Gulf of Maine Case, ICJ Reports, 1984, p. 290.

形成过程中发挥着主导作用。国际法院在判决中多次强调“利益受到特别影响的国家”在国际习惯形成过程中的重要性,[①]所谓“利益受到特别影响的国家”在大多数情形下都是大国、强国的代名词,因为只有大国、强国才能从事人类生活各个方面的实践,包括许多小国、弱国根本无法从事的、需要依托高、精、尖的技术方能进行的活动,自然,它们的利益受到影响的机会也就要大得多。因此,在一般情形下,国际习惯的形成过程,往往是从较强大的或较有影响国家的实践开始的,一些弱小国家往往不是因为这种实践对自己有利,或出于必要的法律确念,而是迫于大势不得不默认或仿效这种做法。另外,某些大国对其他一些国家所从事的实践的异议或反对,也很可能阻止在有关领域产生国际习惯。国家之间在国际习惯确立过程中的不平等影响力与其他因素相结合使广大的第三世界国家对于习惯造法始终保持着一种比较消极的态度。

总之,习惯造法既有优点,也有缺点。一方面,习惯国际法具有的普遍适用性和一般拘束力是其他造法方式所无法代替的,它对于建立和维持一套有效的国际法律秩序至关重要、意义重大;另一方面,习惯国际法缓慢的形成过程和它作为国际不成文法固有的缺陷,已越来越难以满足现代国际关系和国际法发展的需要,这使它在国际法渊源中的地位有所下降,其国际造法作用有所减弱,这与条约地位的上升构成一枚硬币的两面。下文我们将探讨条约造法的有关问题。

二、条约造法的特征及其优、缺点

“条约是国际法主体之间以国际法为准则而缔结的确立其相互权利和义务的书面协议”。[②] 与国际习惯不同,条约作为国际法渊源的地位绝不是没有争议的。例如,国际法院前法官菲茨摩里斯(C. Fitzmaurice)就认为条约不够条件作为国际法的渊源,而只是义务的渊源。他的这一观点得到了派里(C. Parry)、布朗利(I. Brownlie)等人的支持。[③] 不过,占优势的一派观点是,条约是国际法的一种渊源,而且可以成为一般国际法的渊源。这不仅见之于学者著作,也已载入国际文书中。例如,1969 年《维也纳条约法公约》序言中特别申明:“承认条约为

① See ICJ Reports,1969,pp. 42 - 43.

② 梁西主编:《国际法》(修订第 2 版),武汉大学出版社 2000 年版,第 400 页。

③ 申建明:“关于国际法渊源的若干问题”,载中国国际法学会主编:《中国国际法年刊》1991 年,中国对外翻译出版公司 1992 年版,第 213 ~214 页。

国际法渊源之一，且为各国间不分宪法及社会制度发展和平合作之工具，其重要性日益增加。”另外，《联合国宪章》序言中也有“尊重由条约与国际法其他渊源而起之义务”的规定。①

条约能直接为缔约各方创设权利和义务，这一点是没有疑问的，有疑问的是所谓的“契约性条约”和“造法性条约”之分。李浩培先生在批评特里派尔的学说时指出：“任何条约，不论是他所说的契约性条约还是立法性条约，都为当事国创立法律，即创立国际法规则。”②同样，凯尔森认为：“任何条约的主要职能都是创造法律。也就是说，创造法律规范，而不论是一般规范还是个别规范。”③不过，至少就与国际法渊源的关系和在创立国际法规范中的不同作用而言，这种区分还是有意义的。一般认为，只有那种以规定一般共同遵守的法律规则为内容，目的在于宣示或创立国际法原则、规则和制度，开放供所有国家加入的“造法性条约”才有可能直接成为一般国际法甚或普遍国际法的渊源，它们在发展国际法方面的作用显然是那种单纯规定有关当事方特定权利和义务的“契约性条约”所无法比拟的。

与国际习惯相比，条约造法有其自身的特征，其优、缺点也同样明显。需要指出的是，以下所称的“条约”仅指一般性多边造法条约。

条约造法的第一个特征在于，以条约形式表现的国际法是一种成文法。虽然也有通过口头协议成立条约的例子，但这只是极少的例外，条约按常规应是国际法主体间的一种书面协定，两个《条约法公约》和《关于国家在条约方面的继承的维也纳公约》对此都作了充分的肯定。

条约法作为成文国际法，其优点与作为不成文法的习惯国际法相比，可以说是与生俱来的。特别是考虑到国际社会缺乏中央立法、司法和解释法律的机关的现实，这一点给人印象尤为深刻。

其一，条约规范在成立程序、内容和效力范围等方面具有确定性。条约是国家之间的明示协议，条约何时缔结、何时生效、何时废止，条约拘束哪一些国际法主体，各缔约方从条约享有哪些权利、负担哪些义务，需要遵守什么样的行为规范，一般情况下条约都已载明，在无规定的情形下可依《条约法公约》等对缔约方有拘束力的国际文件进行解释。条约的这一特性使它免除了为确立一项国际习惯是否存在及其确切内容而到处寻找证据的艰巨工作，减少了适用法律时的

① 王铁崖等编：《国际法资料选编》，法律出版社1986年版，第743页、862页。

② 李浩培著：《条约法概论》，法律出版社1987年版，第34页；另见氏著：《国际法的概念和渊源》，贵州人民出版社1994年版，第67页。

③ ［奥］凯尔森著：《国际法原理》，王铁崖译，华夏出版社1989年版，第269页。

不可预测性，能够增强国际法的有效性和权威，有助于通过司法手段解决国际争端。

其二，条约规范相对精确、具体、系统。条约是各国政府在法学家的帮助下经过较为长期的外交谈判，或是在国际法委员会等国际机关精心准备的草案基础上缔结的，其精确性自不待言，它在传递一般的国际行为标准方面因而较习惯法规范要有效、可靠。条约是各国合作处理国际事务的工具，为确保有关的权利得到行使，相关的义务得到履行，为保证违约行为得到有效的制裁，条约规则一般远较习惯规则具体。再就条约的系统性而言，它不仅可以提供支配某一事项的规范体系，而且只要缔约方愿意，也可以创立使有关行为标准得到切实履行的法律制度。当然，条约规范的精确性、具体性、系统性只是相对的事项，在国际法的一些新领域，或是在各国利益和价值冲突比较尖锐的一些领域，所产生的某些条约规范难免模糊、空洞和一般，正如凡·胡夫所指出的，作为各国间利益和观念更为分歧的结果，当今就困难问题的具体规则达成协议更为艰难，而同时增长的国际社会的相互依存性又使以某种方式规范这些问题成为必需，结果就只好寻求一般的方针和原则，它们构成各国间能够取得的最高“公分母”。①

总体来说，条约作为国际成文法的特性与国际习惯相比更适应国际法垂直发展的要求，更符合国际合作和相互依存日益加强的国际社会的需要。一方面，传统的国际法原则、规则和制度需要更精确地加以制定和系统化，并视国际社会的新需要逐渐地予以发展，而要实现这一目的只有借助于编纂性条约。另一方面，随着国际法从强调不作为的“共处法”向强调作为的“合作法”的演进，新的国际合作领域如贸易、发展、环境、人权、邮政、通信等广大领域不仅需要一套更明确、更具体、更系统的实体规范，并且也需要制定一套相关的法律制度来确保有关的行为标准得到有效的履行。所有这一些，都只有条约才能提供，而非习惯所能胜任。此外，作为国际合作一种法律形式的国际组织也只有通过条约才能创立。总之，“条约已成为实现国际福利和合作目标之不可缺少之工具。”②

条约造法的第二个重要特征在于它是一种集中的、有意识的、相对较为快速的造法过程。条约是各国在外交会议上，或是在国际组织的框架内经过面对面谈判而缔结的，约文的拟定和通过都在集中和有组织的情况下进行，因此国外不少学者将通过多边条约创立国际法的程序和结果，尤其是将在国际组织主持下

---

① Von Hoff, *Rethinking the Sources of International Law*, *Kluwet Law And Taxation*, pp. 127 – 128.

② W. Friedmann, *The Changing Structure of International Law*, Stevens & Sons, 1964, p. 124.

进行的缔结多边条约的程序和结果称为“国际立法”，[①]这当然只是一种比喻，因为在缺乏一个真正的国际立法机构，并且各国只受自己同意的条约拘束的现实情况下，国际社会是不可能存在国内法意义上的“立法”的，不过，也应该承认，通过多边条约的国际造法在所有国际造法方式中最接近国内立法。

条约造法的有意识性也是很容易理解的。国家参与条约的谈判和缔结过程，其意图便是要创设相互间的权利和义务，或制定一般的国际行为准则。国家用其行为表明了这种意图，并对此行为可能带来的法律后果有着较为充分的心理准备。

条约造法的集中性、有意识性所带来的一个积极影响是，一般情况下，条约规范比习惯规范更容易在较短的时间内确立。既然各国花费大量的人力和物力聚集在外交会议上或国际组织中是专门为创立国际法规则的目的，那么这一过程显然比通过国家实践确立习惯规范的过程要快。通常来说，从开始谈判到缔结条约需要几年时间，在复杂或有较大争议的主题上甚或需要上10年时间。[②]此外，从条约缔结到生效还需要一段时间，短的可能在1年内就会生效，长的则需要超过10年的时间，还有的也许永远不会生效。如此看来，有的条约从开始谈判到生效需要二三十年的时间，《联合国海洋法公约》就花了近20年时间。但即便如此，从战后半个多世纪已缔结数以百计且其内容涉及人类生活各个领域的“造法性条约”的事实看，条约造法的过程相对习惯造法来说还是要快。当然，仅从总体上来看才是如此，某些单个的习惯法规则也可能先于具有同一内容的条约规则而产生，例如，在《联合国海洋法公约》生效之前，有关专属经济区的法律制度就已形成为习惯法规则。

条约规范确立过程的相对快速性连同其他优点使它成为更新旧的国际法律秩序的最合适工具，并较好地迎合了国际法水平发展的需要。众所周知，战后新独立的第三世界国家和社会主义国家强烈要求改变它们未曾参与创造的、不合理的旧的国际法律秩序，它们提出了一系列新的、能体现它们利益的法律主张和要求，并迫切希望将这些主张和要求上升为具有一般约束力的国际法原则、规则和制度。它们实现这一目标的最好工具只能是条约。同样，随着国际法的水平

① See, e. g., M. Hudson (ed.), International Legislation, Carnegie Endowment for International Peace, 1931, pp. xiii – lx; K. Skubiszewski, International Legislation, in R. Bernhardt (ed.), *Encyclopedia of Public International Law* (Vol. Ⅱ), Elsevier Science Publishers, 1983, pp. 97 – 98; H. H. Han, *International Legislation by the United Nations*, Exposition Press, 1971, pp. 19 – 26.

② 国际法委员会准备公约草案的时间可能更长，但考虑到它在此过程中要受到种种因素的制约，包括工作任务的繁重、工作时间的过短、特约报告人的更换等，这只能作为一种单独情况来对待。

扩展，一些新产生的国际法领域需要及时地予以规范，有的领域还需要制定前瞻性、预防性的法律规章，这无疑也需要借助于条约。总之，如同童金所指出的："在现代国际生活各方面都在迅速变化的时期，条约应当算是具体规定、发展、变更或创立新的国际法规范的特别合适的手段。"①

条约造法的第三个特征是，通过条约创立国际法规范的程序是一种相对"民主"的程序。根据国际法上的主权平等原则，每一个国家在议定和通过条约约文时都只有一个投票权，它们也都只受自己同意的条约规范拘束，除非该条约规范是重述现行的习惯法规范，或已转化为一项习惯法规则。因此，对于渴求能平等参与国际造法事务而又珍惜自己的主权与独立的第三世界国家来说，通过条约造法就成了它们的首选。正如凯斯特纳达(J. Gastaneda)所指出的，新国家"所喜欢的创立国际法的方式是普遍性会议，在会议上所有国家，不论是旧的国家，还是新的国家，也不论是大国，还是小国，都能在平等的基础上参与。习惯——主要是大国的实践，在海洋法领域尤其是如此——不被视为创立法律规则的主导力量。"②

以上所谈的主要是条约造法的优点，它们来自这一造法程序和条约作为国际法原则、规则和制度的载体所固有的特点。与习惯造法相比，条约造法也有其自身无法克服的缺陷，即通过这一程序很难产生约束所有国家的普遍国际法，由此程序确立的国际法规范总体上看远不如习惯法规范的效力范围广泛。这也可被视为条约造法的第四个特征。

《维也纳条约法公约》第34条规定，"条约非经第三国同意，不为该国创设权利和义务"，③条约只拘束同意受其拘束的国家的原则早已成为一项习惯国际法。因此，尽管在理论上所有国家都成为某一条约的缔约方，这一条约从而拘束所有的国家的可能性是存在的，但在现实中这样的条约尚不存在。原因很简单，在价值、利益越来越多元化并且日益扩大的国际社会中，无论各国之间如何妥协，如何平衡，所缔结的条约永远不可能满足所有国家的利益要求，不可能考虑到所有国家的价值观念，那些切身利益和基本价值观念没有在条约中得到反映的国家自然也就会选择停留在条约之外。

条约适用范围的不够普遍性从国际法委员会所起草而缔结的国际公约的缔

---

① [苏]格·伊·童金著：《国际法理论问题》，刘慧珊等译，世界知识出版社1965年版，第89页。

② G. M. Danilenko, *Law – Making in the International Community*, Martinus Nijhoff Publishers, 1993, p. 133.

③ 王铁崖等编：《国际法资料选编》，法律出版社1986年版，第754页。

约国数目来看可见一斑。截至1996年12月31日，在国际法委员会条款草案基础上缔结的国际公约共有15项。在这15项公约中，只有《维也纳外交关系公约》和《维也纳领事关系公约》超过了100个缔约国，分别为174国和153国，接近普遍接受的程度，《条约法公约》等5项公约接受的程度也还尚可，都超过了50个缔约国，但仍不到联合国现有成员国的半数。其他8项公约的参加状况则非常不理想，其中《减少无国籍状态公约》只有17个缔约国，另有5项公约尚未生效，很可能在短期内也无法生效。国际公约如此低水平的接受率，再加上对这些公约所可能施加的种种保留，严重限制了条约造法作用的发挥，照此看来，一些国际法学者不把它视为国际法的渊源尤其是一般国际法的渊源并非没有道理。

综上所述，条约造法与习惯造法相比：第一，条约所造之法比习惯所造之法在一般情况下要精确、具体、系统，其内容和适用范围具有较大的确定性，因而更适合国际法水平扩展和日益加强的国际合作趋势的需要，其缺陷是效力范围明显不如后者；第二，条约造法相对习惯造法来说相对较为快速，因而更适合充当法律革新的工具，更能满足国际法垂直发展的要求；第三，条约造法是一种为广大第三世界国家更愿意接受、相对较为民主的国际造法方式。

三、结　　论

习惯程序和条约程序作为创立和发展国际法的两种基本方式，它们在国际造法中的地位和作用是在逐渐变动之中的。20世纪以前，习惯造法在国际造法中处于绝对优先地位，那时的国际法规范基本上是习惯规范，条约规范所占的比重很小。自两次海牙和平会议开始，条约尤其是多边条约作为调整国家间关系的有效手段的作用日渐为各国所认识，条约造法在国际造法中的地位和作用遂不断提升，但直到第二次世界大战结束，与习惯造法相比，它仍处于一种从属和补充的地位。第二次世界大战后，随着国际体系结构的变化、组织化程度的加深和国际合作的紧密化，以及国际法朝水平和垂直两个方向的拓展，国际社会对造法方式提出了新的要求，要求造法速度更快，所有形成的国际法规范更精确、具体、确定，并能保证所有的国家都能在平等的基础上参与重塑国际法律秩序的进程，而条约造法由于具有前文所述及的种种优点，它比习惯程序更能满足上述要求，更能适应国际社会的现实需要。因此，在当代国际社会中，国际造法的天平越来越向条约一方倾斜，条约造法已取代习惯造法成为国际造法的首要方式。对此，许多国际法学者都曾经论及。例如，塞尔维（Thirlway）指出，条约，尤其是编纂性条约,已成为国际法的首要渊源,国际法发展的最重要途径。其他如菲德罗斯、阿库斯特、童金等亦持有基本相似的观点。

另外,在肯定国际造法方式往集中化、成文化方向发展的同时,也必须指出,在可预期的将来,习惯造法仍将会是国际造法的一种重要形式。其原因是多方面的,最重要的一个原因在于,大多数国际公约很难为国家所普遍接受,其适用范围有限,而经由习惯途径形成的国际法规范具有普遍的拘束力,因此,要确立普遍性适用的规则,国际社会仍不得不依靠习惯造法。总之,既然国际社会仍是一个分散化的社会,既然国际社会的组织化程度远未达到使法律完全实现成文化的程度,那么,条约造法和习惯造法将长期是一种相互配合、相互补充、相辅相成的关系。

(2001年第4期)

TRIPs对建立中国知识产权诉讼证据披露规则的影响

潘福仁[*] 徐亚丽[**] 徐 俊[***]

一、WTO对知识产权诉讼证据问题的启示

1995年1月1日,被称作"经济联合国"的世界贸易组织(WTO)正式取代关税与贸易总协议(GATT)。WTO突破了GATT原有货物贸易的框架,将服务贸易和知识产权等当代国际贸易新领域纳入其中,并达成《与贸易有关的知识产权协定》(TRIPs)。TRIPs的产生既体现了国际贸易在知识经济时代的发展,同时又加强了知识产权执法与保护的国际化。WTO具有一套严格的争端解决机制,加大了各协议实施的强制性。TRIPs作为WTO的文件之一,具有难以抗拒的国际强制力。这种国际强制力通过最惠国待遇的中介直接影响各成员国的经济利益。各成员国因此纷纷修改国内法律,以符合TRIPs的要求。实际上,自1996年2月9日美国与日本爆发录音制品纠纷以来,WTO争端解决机构(DSB)已受理了19件因不符TRIPs要求而产生的知识产权纠纷,占DSB受理纠纷总数的10.3%。① 在19件知识产权纠纷中,因成员国知识产权执法和诉讼程序违反TRIPs规定引发的又有4件,占21.1%。对于即将迈入WTO大门的中国而言,审视国内法律与TRIPs的不协调之处并及时作出修改,不仅必要而且必须。

随着知识经济时代的到来,知识产权诉讼日益增多。中国加入世界贸易组织后,将全面履行自己在知识产权领域承担的权利和义务,恪守TRIPs的规定。这对我国的知识产权诉讼将产生深远的影响。TRIPs第三部分分五节专门规定了知识产权执法的内容,其中有关证据披露的部分充分考虑到知识产权权利性质的特点,有利于保护权利人的知识产权。我国现行有关证据披露的法律规定

---

* 作者单位:上海市浦东新区法院。
** 作者单位:上海市浦东新区法院。
*** 作者单位:上海市浦东新区法院。

① 朱榄叶编著:《世界贸易组织国际贸易纠纷案例评析》,法律出版社2000年版,第652页。

同TRIPs相比尚有一定差距。

鉴于知识产权诉讼证据问题，是制约和影响当前知识产权审判事业深入发展的重要课题之一，其除具有一般民事诉讼证据的共性之外，还具有其自身特点，积极开展这方面的理论与实务研究，对于深化审判方式改革，提高知识产权审判工作水平具有重要意义。[①] 本文将就TRIPs对知识产权诉讼证据披露规则的影响进行探讨。所讨论的知识产权诉讼主要是指知识产权民事诉讼，所论述的证据披露规则是指规定证据披露主体、方式、时限及其后果的制度总称，包括法律、司法解释的审判规程等。由于证据披露规则并非一个十分确定的概念，不同法律传统和诉讼模式的国度都有不同的规定和解释，因此，本文并无意就证据披露规则展开全面论述，主要围绕TRIPs的有关规定，同时参照具有代表性的英美法系理念进行介绍。

二、TRIPs关于证据披露规则的规定[②]

TRIPs关于证据披露规则的规定主要集中在第43条。该条对当事人举证义务及举证时限等作了规定。这些规定对实现审判公正、提高审判效率具有重要作用，对我国正在进行的法院审判方式改革也将产生重要影响。

TRIPs第43条第1款规定，如果一方当事人已经提供足够支持其权利主张的、并能够合理取得的证据，同时指出另一方当事人控制着证明其权利主张的证据，则司法当局应有权在适当场合确保对秘密信息给予保护的条件下责令另一方当事人提供证据。该规定表明，一方当事人提出必须提交法院的、对其有利的重要证据被另一方当事人所掌握，法院有权要求另一方当事人提供该证据。需要说明的是，TRIPs在该款中，并未强调主张其重要证据被对方掌握的当事人应履行举证义务。实际上，当事人在很多情况下不可能举出其重要证据被对方掌握的证据，而只能是“指出”。是否责令另一方当事人提供，这属于法官的自由裁量权范畴。该款是知识产权民事诉讼中的一般规定，TRIPs还专门在第二部分第34条就方法发明的举证责任作了特别规定。TRIPs第34条第1款规定，在侵权民事诉讼中，如果专利的内容系获得产品的方法，司法当局应有权责令被告

---

① 最高人民法院知识产权庭编：《知识产权审判指导与参考》（第1卷），法律出版社2000年版，第86页。

② TRIPs协议的译文除第43条第1款参考汤宗舜先生的意见外，其他有关条款均取自郑成思先生的翻译。

证明其获得相同产品的方法不同于该专利方法。

TRIPs 第 43 条第 2 款规定，如果诉讼的一方当事人无正当理由主动拒绝接受必要的信息，或在合理期限内未提供必要的信息，或明显妨碍与知识产权之执法的诉讼有关的程序，则成员可以授权司法当局在为当事人对有关主张或证据提供陈述机会的前提下，就已经出示的信息（包括受拒绝接受信息之消极影响的当事人一方所提交的告诉或陈述），作出初步或最终确认或否认的决定。该款对当事人提出了举证时限的要求，当事人必须在合理的期限内举证，否则法院将根据已有信息作出裁决。法庭审理中，经常有当事人对其主张虽不能举证，但却当庭表示庭后可以提交相关证据。根据 TRIPs 的该款规定，若该当事人不能在法庭规定的合理期限提交相关证据又不能说明正当理由的，法院有权作出裁判。对于是否贯彻该款规定，成员方享有自由决定权。

TRIPs 除了上述规定外，对当事人起诉时的举证义务、侵权人的信息披露义务及有关证据保全的临时措施也作出相应规定。这些规定都是 TRIPs 关于证据披露规则的组成部分。

TRIPs 第 42 条规定，被告应有权获得及时的、足够详细的、包含权利主张之依据的书面通知。应正式赋予程序中的当事人各方证明其权利主张以及出示一切有关证据的权利。该条通过程序性要求来保障诉讼公正，确保当事人有充分机会举证。该条规定要求在法院送达给被告的书面材料中应包含详细具体的权利主张依据，以便被告准备应诉，这实际上明确了原告在提起诉讼时的举证义务。该条的规定为建立我国知识产权诉讼的庭前证据交换制度提供了一定的依据。

TRIPs 第 47 条规定，成员可规定，只要并非与侵权的严重程度不协调，司法当局均应有权责令侵权人将卷入制造和销售侵权商品或提供侵权服务的第三方的身份及其销售渠道等信息提供给权利持有人。该条规定了知识产权权利人的获得信息权。这意味着权利持有人可以依靠司法当局获得必要信息，得知侵权商业链上的其他侵权人，如侵权商品提供者、销售者以及其他涉嫌侵权者，以从源头制止侵权行为。最高法院《关于审理涉及计算机网络著作权纠纷案件适用法律若干问题的解释》第 6 条规定了网络服务提供者应著作权人要求，提供侵权人网络注册资料的义务。该规定就体现了 TRIPs 第 47 条关于信息权内容的精神。TRIPs 第 47 条的要求并非强制性的，由成员方自行决定是否作出该规定。

TRIPs 第 50 条第 1 款规定，为了保存被诉为侵权的有关证据，司法当局应有权下令采取及时有效的临时措施。该条第 2 款规定，如果认为适当，司法当局应有权在开庭前依照一方当事人请求，采取临时措施，尤其是在有关证据显然有被销毁的危险的情况下。两款规定中,前者是司法当局主动采取,后者则是司法当局应当事人请求采取。该规定对及时保存和固定可能灭失的证据,充分保护权利人利益具有重要意义。上述条款实际上也是为实现第 43 条第 1 款而规定的保障性措施。2001 年 7 月 1 日生效的《专利法》和正提交全国人大常委会审议的《商标法》草案均规定了有关"诉前责令停止侵权行为"和"财产保全"的临时措施,对证据保全尚缺少有关临时措施的规定。这与 TRIPs 第 50 条的最低要求仍有一定差距。

三、英美法系与大陆法系有关证据披露规则的比较

截至 1999 年 5 月 31 日,WTO 的成员已达 135 个,并有 20 多个国家和地区申请加入。TRIPs 的制定经过了不同法系的各成员反复磋商。故探讨 TRIPs 关于证据披露规则的内容,就有必要了解英美法系和大陆法系有关证据披露的做法。

英美法系实行以当事人主义为核心的民事诉讼模式。该模式赋予双方当事人平等的诉讼地位、诉讼权利与义务,最终的裁判就建立在双方当事人对抗作用的基础之上。英美法系的证据披露规则主要是在当事人之间发挥作用,当事人享有要求对方披露证据包括对该方不利证据的权利。由于庭审活动往往是一次集中审理进行,英美法系的证据披露成为庭审活动中言词辩论得以正常进行的前提和基础。在 20 世纪 70 年代以后,美国出于更加公正、迅速和廉价地解决纠纷之目的,先后对证据披露规则进行了几次修改,直接导入了自主开示规则。新规则将证据的开示义务化,要求当事人双方应尽早和自动地将与案件的基本信息提供给对方,并规定了懈怠开示的严厉制裁。①

美国证据披露的方式有多种,其中重要一种就是"要求提供文书及其他实物证据。"这种要求披露证据的方式是在文书和其他实物证据为对方当事人或诉讼外第三人所有、保管和控制时所采用的。"现代证据披露规则使当事人之间在诉讼一开始就能够有发现文书的途径,而不必等到法院发出命令。请示的一方当事人只要提出要求,对方便可提供不属于特权性质的以及在该方当事人占有或控制之下的具有关联性的文书或资料。关键问题在于何种书证属处于一方当事人的控制范围之内。控制很明显并非必须属于合法有效的控制。假如一

① 毕玉谦等著:《证据披露规则研究》,中国法制出版社 2000 年版,第 371 页。

方当事人处于对占有文书的个人或机构具有影响的地位，那么，该方当事人将被视为文书在其控制之下。”①被要求提供的文书包括文字、图画、图表、地图、照片，以及其他数据汇编等。一方当事人基于调查、测定、测量、拍照、试验等需要可以进入对方当事人的土地或不动产范围。当事人向对方提出的书面要求，应逐条或分表表明将调查的项目，并较为精确地记述各个项目，同时应指定进行调查或作出相应所为的地点和方式。允许提出证据的合理时限由法官与双方律师共同协商，并以审前裁定的形式确定。此后，任何一方要求引入新的争执点或提出新证据，都必须得到法院的准许。

大陆法系实行以职权主义为核心的民事诉讼模式。该模式以法官的诉讼行为为主导，依法官的主动行为而展开，不强调当事人双方在诉讼中的对抗作用。大陆法系的法官对事实的认定主要取决于庭审阶段的职权调查，当事人之间的对抗远非英美法系那样激烈。

在德国民事诉讼的证据披露程序中，一方当事人通常无权要求对方当事人披露有关证据，而要获得法官的许可或由法官凭借职权命令当事人提供有关证据。当事人向对方收集和调查证据的范围极为有限，这与美国的民事诉讼程序大相径庭。尽管如此，《德国民事诉讼法》仍规定，若一方当事人肯定有关书证在对方手中时，可向法院申请命令，要求对方提交该书证。另外，在对方当事人有义务提交有关书证时，可以直接要求该方提交。如债务人在清偿债务后有权直接要求债权人交还借据。在1877年《德国民事诉讼法》的制度安排下，法官边审理边确定争议焦点，一旦出现新的事实和请求，则不得不拖延开庭审理，诉讼效率比较低下。1976年德国《简化诉讼程序法》改变了这种状况，它将证据的随时提出主义改为适时提出主义，强化了证据的失权性。该法不仅规定了举证时限，还规定如果当事人在法庭上提出事先未告知对方当事人的证据，法官可根据情况不予采纳。

法国民事诉讼法典就证据披露方式的规定较德国而言，职权主义色彩有所淡化。有关规定如下：(1)当事人之间的披露。当事人应适时地相互披露他们的请求所依据的事实、证据材料以及引用的法律依据。当事人一方援引某一证据时，应主动将此证据通知参加诉讼的任何一方。法官应规定将证据通知对方的期限，如有必要，可同时规定通知的方式，违反时可采取强制处分。对那些没有及时通知对方的证据，法官可以拒不考虑。(2)由法院指定一方或第三方披露证据。当事人如持有某项证据，法官可以根据另一方的请求，责成他及时把该

① 转引自 Mary Kane, *Civil Procedure*, West Publishing Co. 1979, p. 119.

项证据提供出来,必要时可以采取强制处分。根据当事人一方的请求,法官可以要求或命令持有证据的第三方在没有合法障碍的情况下及时提供证据,必要时采取同样处分。

由于受历史背景、法律传统、文化习惯及诉讼模式等差异的影响,两大法系对证据披露在立法规定和学理思潮上不尽相同。但是,各国都不约而同地采纳了规定举证时限的做法。对于一方当事人指出必须提交法院的、对其有利的重要证据被另一方当事人所掌握的情况,各国法院一般均有权要求另一方当事人提供该证据。

四、建立中国知识产权诉讼证据披露规定的意义

(一)知识经济时代社会变革的要求

由于人类生活节奏的明显加快和工作效率的大幅提高,知识经济时代对诉讼效率提出了更高的要求,有关诉讼的法学理论与司法实践都受到了来自大工业和高科技的巨大挑战。

目前,我国知识产权诉讼的重点主要还是放在庭审阶段。这是造成相当数量的积案、诉讼进程缓慢以及庭审阶段负荷过重的重要原因。而对知识产权诉讼重点进行结构性调整,加重以证据披露为核心的审前准备工作则是解决上述顽症的良方。

通过证据披露程序并适用相应规则,双方律师可以相互了解对方在审理中将提出的证据并获得用其他方法难以得到的证据。通过证据披露方式获得证据与采取其他方式搜集证据相比,可以在相当程度上减少时间和金钱的耗费。这将有效减少不必要的审理活动,简化原本烦琐的证据调查程序以实现加速诉讼程序进程的目的,并带来更加公平合理的审判。

(二)知识产权性质和特征的要求

知识产权的客体是一种没有形体的精神财富。知识产权的本质属性就在于其客体的非物质性。知识产品相对于动产、不动产而言,具有不同的存在、使用和处分形态:不发生有形控制的占有;不发生有形损耗的使用;不发生消灭知识产品的事实处分;特别是不发生有形交付的法律处分,非权利人完全有可能不通过法律途径就非法处分属于他人的知识产品。① 知识产权客体的非物质性给知

① 吴汉东主编:《知识产权法》,中国政法大学出版社1999年版,第5页。

识产权的保护、侵权认定和贸易,带来了比有形财产在相同情况下复杂得多的问题,涉讼的知识产权权利人往往无法通过法律手段有效保护自己的权利,而运用证据披露规则、实行举证责任倒置则能解决这一难题。

计算机软件是著作权的保护客体之一,其一般以电磁形式储存信息,变更和毁灭相当方便,且不易察觉,因此它作为证据具有较大的脆弱性和隐蔽性。另外,大量的侵权复制在企业内部完成,并在内部使用,这给证据的收集和保存带来了难度。侵权当事人大多也不会如实承认其实施侵权行为或主动披露侵权证据以及表明复制数量的财务账册等证据。在方法发明专利的侵权纠纷中,由于侵权方法专利的实施一般都是在侵权方的场所里进行,隐蔽性较强,原告在正常情况下不可能取得必要证据。同样,商业秘密侵权行为在很多情况下具有类似的性质。侵权人如何不正当获取或违约披露商业秘密,商业秘密又是怎样被侵权使用的,均处于秘密状态。

对于这些情况,TRIPs 第 43 条等关于证据披露的条款作了相应的阐述,司法解释与行政规章在现有法律的框架之内也作了倾向于权利人的规定,但是受现行民事诉讼法有关条款的限制,尚存许多难以解决的难题。

(三)实现诉讼公正与效率的要求

上海市法院 1999 年二审改判和发回重审案件共 1828 件,改判及发回率为 14.96%,其中因当事人在二审中提供新证据或出现新事实被改判或发回的案件占 10% 左右,这种情况在民事和经济案件中尤为突出。① 由于当事人在举证时故意隐瞒证据或未按要求及时提供证据,以致两审法院所作裁判截然不同,不仅破坏了法院判决的稳定性,也使公众对法院裁判的公正性、权威性和司法制度的合理性产生怀疑。

当事人举证不实导致两审法院所作裁判截然不同的现象还可能违背我国两审终审制所设定的目标,并造成诉讼资源的浪费。法律上设定两审终审制的初衷在于二审对一审的审查、监督和制约作用。如果采纳二审提交的新证据,受此不利判决的当事人将没有机会上诉,实际剥夺了该当事人的上诉权。在审判监督程序中提交新证据的情况类似于此。另外,证据随时提出主义实际上是将法院的审判活动屈从于当事人提出证据的行为。二审法院根据新证据进行判决将造成一审审判资源极大的浪费,成倍地增加了诉讼成本,违背了诉讼效率的原则。

建立证据披露规则,明确举证时效不仅有利于避免上述情况的出现,同时还

① 任林峰:“民事举证时限制度设立之必要性”,载《上海审判实践》2000 年第 2 期。

能促使当事人和解或及时撤诉。证据的披露有助于当事人双方在相互知悉所持证据之后,从理性角度重新考虑和审视诉讼纠纷,易于达成共识、谅解或妥协,从而提高诉讼效率。美国由于证据披露活动的开展以及庭前会议的推动,使95%以上的民事案件在庭审前采取和解或其他方式协商解决。

(四)防止滥用诉权,强化诚实信用理念的要求

没有证据披露,当事人在庭审过程中就没有能力或机会来确定证据的可靠程度,即便是虚假的证言在毫无准备的情况下也不能予以揭露。美国多年的判例研究结果表明,如果在诉讼程序中不采取证据披露规则,就很难避免当事人利用证据给对方以突然打击。若双方律师一味追求这种诉讼策略和技巧作为胜诉的决定性因素,那么在实质上就是对诉讼公平与诚实信用的一种亵渎。

当事人对证据的披露既是一种诉讼上的权利,又同时为法律上所设定的相应义务。"长时间不行使诉讼上的权能时,为了保护与不行使的行为有利害关系的对方当事人持有依赖,可以不再允许当事者行使该权能。"①这是对当事人不在法定或限定的证据披露时效内行使举证权能产生失权效果的法理基础。由此可见诚实信用原则对证据披露规则的程序价值。

五、关于构建中国知识产权诉讼证据披露规则的若干建议

(一)关于证据披露的时限

我国《民事诉讼法》第125条规定:"当事人在法庭上可以提出新的证据。"对此规定,一般都理解为,当事人可以在任何时候甚至是在审判监督程序结束以后向法庭提交新证据。我国《民事诉讼法》规定了"以事实为根据"的基本原则。上述理解一般都以该规定作为依据。但是,这种观点值得商榷。诉讼中对事实的发现要受到时间和手段的诸多限制,诉讼事实只能是建立在有限的证据基础上的事实,故我们所说的"以事实为根据"也只能是"以法律事实为根据"。人们通常所说的"实事求是"应是指依证据所证明的事实裁判案件,而证据的提出属于程序的范畴,为了保障程序合理公正的应用,就必须明确程序的及时终结性。在民事诉讼中,当事人希望的是一种私权救济。这就要求当事人在提出主张的同时,及时提供相应的证据来支持其主张。

最高人民法院《关于适用〈中华人民共和国民事诉讼法〉若干具体问题的意

---

① [日]谷口安平著:《程序的正义与诉讼》,王亚新、刘荣军译,中国政法大学出版社1996年版,第147页。

见》第76条规定:“人民法院对当事人一时不能提交证据的,应根据具体情况,指定其在合理期限内提交。当事人在指定期限内提交确有困难的,应在指定期限届满之前,向人民法院申请延期。”这一规定虽然明确了法院可以为当事人指定一个举证期限,但并未涉及逾期后证据是否还可以被采纳,是否还具有证据证明的效力。

我国《民事诉讼法》第125条的规定已经对审判方式改革形成了障碍。在现有体制下,能否通过司法解释与各级法院的审判规程对我国《民事诉讼法》第125条的规定有所突破,仍然值得研究。一方面,我国宪法体制并未赋予法院立法和修改法律的权限;另一方面,从《立法法》的规定来看,对法律的修改与完善应由立法部门进行。即使法院通过司法解释进行某种突破,其合法性依然值得怀疑。在这种情况下,当事人无法接受因违反举证时限的规定而败诉的结果。

在《民事诉讼法》尚未修改,而审判实践又亟须解决这一问题的情况下,由于《民事诉讼法》第125条的规定系授权性规范,故可以通过合同约定的方法将举证时限合法地纳入诉讼过程。[①] 这就是在庭审调查即将结束的时候,法院将有关举证时限的规定提交给各方当事人,如果当事人愿意接受举证时限的规定,视为当事人与法院之间已经就举证时限的拘束问题达成了合意。正是这种合意改变了《民事诉讼法》第125条的授权性规定。当事人事后不得反悔,否则就违反了禁反言规则。已有法院开始尝试由各方当事人共同签署《当事人举证声明》的制度。该声明内容主要有三项:(1)所有(除已向法院提出延期举证或请求法院依职权调查取证,并获准许外)与本案有关的诉讼主张、事实及证据都已提交法庭;(2)为尊重其他当事人的合法诉讼权利,确保诉讼公正和高效,本声明日后本人再提出的诉讼主张、事实及证据,人民法院有权作出不予采纳、要求承担相应费用、视为妨害民事诉讼的行为等决定;(3)本人保证详尽提供有利于揭示本案客观事实的一切证据,如有证据证明本人无正当理由拒不提供不利于自己的证据,自愿接受人民法院强制出示及视为证据成立的制裁措施。当然,改革证据随时提出主义的最终解决办法是在今后《民事诉讼法》修改或制订单行的《证据法》时,直接规定举证时效制度。

建立举证时效制度就有必要明确举证的具体期限。英美法系国家由于审前会议制度相当健全,通常都是由法院作出审前裁定,明确证据披露的最后期限为最后一次审前会议结束时。近年来,大陆法系国家由于受案件数量和诉讼效率

① 王利明著:《司法改革研究》,法律出版社2001年版,第399页。

的困扰，也渐将证据随时提出改为证据适时提出，并正向英美法系的举证时限制度靠拢，以期摆脱困境。由于我国一向沿袭证据随时提出主义，这直接导致了法院对案件的审理周期较长，有些案件甚至一拖数年，严重影响了诉讼的公正与效率。我国法律有必要将一审第一次开庭日期规定为最后举证期限，明确二审为法律审并不再接受新的证据。当然，规定一审第一次开庭日期为最后举证期限，并非一概而论。出于特殊原因，如不可抗力的发生等，可允许在举证期限届满后提交新证据，但当事人对不可抗力的发生应负举证责任。由于我国幅员辽阔，地区差异较大，如果仅规定举证时效制度，而无其他配套的证据制度作保证，则该制度的实施效果可能不够理想。建议在目前法院"大立案"格局下，加强立案过程中的诉讼指导工作，有选择、有重点地推行庭前证据交换程序，逐步建立审前会议制度。该制度的建立对上述举证时效制度价值的体现将发挥积极作用。

（二）关于怠于证据披露的诉讼后果

在最后期限怠于证据披露的诉讼后果主要有：(1)禁止当事人在此后提交有关证据。在二审程序中，除一审确认的事实争执点改变等原因外，为二审法院所考虑的证据只能限于一审事实调查阶段提供的证据。(2)产生自认效果。一方当事人对另一方当事人的口头询问或书面质问无正当理由拒绝回答或答非所问，视为对询问事项的默示承认。(3)推定有关主张成立。持有证据的一方当事人无正当理由拒不提供，如果对方当事人主张该证据的内容不利于证据持有人，可以推定该主张成立。(4)直接由法院作出有关裁判。对未在合理期限内举证的，法院有权根据现有信息作出裁判。

1998年7月11日施行的《关于民事经济审判方式改革问题的若干规定》第30条规定，有证据证明持有证据的一方当事人无正当理由拒不提供，如果对方当事人主张该证据的内容不利于证据持有人，可以推定该主张成立。上述内容是民事诉讼的一般规定，由于知识产权审判工作的特殊性，最高人民法院在1998年8月还发布了1997年11月召开的知识产权审判工作座谈会的《纪要》。该《纪要》指出，一方对于自己的主张，由于证据被对方掌握而无法以合法手段搜集证据时，人民法院应当要求对方当事人举证。例如，在方法专利和技术秘密侵权诉讼中的被告，应当提供其使用的方法的证据。被告拒不提供证据的，人民法院可以根据查明的案件事实，认定被告是否构成侵权。侵权行为证实后，权利人要求按照侵权人的获利额进行赔偿时，侵权人应当提供其经营额、利润等情况的全部证据。侵权人拒不提供其侵权获利证据的，人民法院可以查封有关财务账册，依法组织审计。1999年6月在天津召开的第五届全国部分省市法院知识产权审判研讨会,就知识产权诉讼中的举证责任达成共识,认为方法发明专利侵权、商业秘密侵权、计算机软件侵权及其他著作权侵权等案件中,可就特定事实加重被告方的举证责任。从上述有关证据披露规则的司法解释来看,与 TRIPs 第 43 条的规定比较接近,但上述规定还有必要通过立法的形式固定并加以完善。

(2001 年第 9 期)

2002 年

国际项目融资中的环境影响评价制度

刘　俊[*]　诸程骏[**]

随着绿色环保革命席卷全球,社会公众对于大型项目建设过程中所可能引发的生态问题日益关注。在这样的背景下,许多国家纷纷出台法律等强制性规定,诸如炼油、能源和高等级公路等污染较高的项目建设必须全面考虑环境影响的因素,其制度性保障之一就是要进行环境影响评价(Environment Impact Assessment,以下简称"环评")程序。① 值得一提的是,一些国际金融组织作为项目融资的"幕后老板"更先行一步,在贷款守则中明确规定:其贷款项目的50%必须应用于改善环境,而所有的项目都先要进行"环评"。② 由此,我们不得不关注这样一个问题:"环评"制度究竟在国际项目融资中扮演什么角色呢?

一、二者的实质性联系

应该说,在国际项目融资中引入"环评"程序,归因于环境法制的发展和环保理念的普及。在走过了许多弯路之后,大多数国际金融组织和发达国家的当地政府都不遗余力地推动二者的有效结合。

(一)"环评"程序已经成为国际融资项目可贷性③的一个重要条件。

在国际项目融中扮演重要角色的国际金融组织,如世界银行集团、亚洲开发银行等都有对融资项目的环境影响进行评价的程序,甚至在其审核项目贷款的操作指南中,把是否进行符合其要求的"环评"等一系列环保程序作为其考虑是否借贷的前提条件。④ 如世界银行贷款指南十项原则之一就是"从一开始就考

---

* 作者单位:华东政法学院(现华东政法大学)。

** 作者单位:华东政法学院(现华东政法大学)。

① Environmental matters in International Economical Law, *Yearbook of International Environmental law*, Vol. 9, Oxford University Press, 1998, pp. 324 - 326.

② www. worldbank. org/html/extdr/loanapp. html&www. asiadevbank. org/projects/prclist. html.

③ 所谓"可贷性",又称作"贷款条件的可接受性",是指为了保证贷款的顺利进行,而在项目文件中必须包含的必备内容。详见沈伟:"与项目融资有关的环境法问题",载徐冬根主编:《国际金融法律与实务研究》,上海财经大学出版社1999年版,第35页。

④ 印度政府因无法回答世界银行为其Narmada水坝建设项目专门成立的独立委员会对其环境影响的严厉质询,而不得不向世行撤回最后一期拨款的要求,导致该项目举步维艰。

虑环境”并专门确立了“第一无公害”原则。[①] 亚行更积极与部分国家合作，向各个国家（地区）地方政府提供了环境风险评估步骤指南，帮助他们将环境保护融合于经济发展之中。

（二）“环评”程序已成为部分融资项目能否得到当地政府批准的前置程序

在美、欧、日等发达国家的“环评”法例中，尽管对“环评”程序的性质尚有不同看法，但几乎都规定了特定融资项目公司在向当地适格政府部门申请立项审批时，应提交符合规定的“环评”文件。如欧盟规定，大型工程项目公司，尤其是国际融资项目中的项目公司必须向当地主管机构（local planning authority，LPA）提交环境报告，简要介绍该项目的性质、用途、工程所在地（主要涉及地区敏感性问题）[②]及其规模。当然，LPA 也须在较短时限内决定该项目是否需要实施“环评”，如需要，就须按照“环评”的程序，要求项目公司提交一份详尽的环境评价报告，其中要包含该项目公司和独立专家评估认为可能对当地环境（土壤、植被、空气、水源及其动植物种）造成的影响并提交减轻否定性影响或替代方案的报告。之后，再向当地社会公众予以公布并举行听证会。[③] 不满足这些程序，该项目不可能得到批准。

（三）“环评”程序有助于实质性预防或减轻环境灾难，完善风险管理

“环评”制度的理念在于尽可能早地将项目建造过程所可能对当地环境造成的影响进行定量和定质的评估并以公示的方式，提请各利害关系人予以质询并强制性要求该项目公司提交解决或替代方案。[④] 表面看来，这种程序是强加在原有项目建造之外的附加程序，费时费力且较为冗繁。但从长远看，当前世界各国普遍确立了环境侵权领域严格责任原则，其对商业活动产生的直接性影响将是一旦发生事故，严格责任带来的巨额损害赔偿将置项目公司于死地。与其到那时银行“竹篮打水一场空”，不如及早要求项目公司积极稳妥地推行“环评”制度，尽最大可能防患于未然。当然，“环评”制度的实施有助于企业建立一套完善的项目风险管理系统，使在合约中定明的相关风险的承担机制落到实处。

---

① www. worldbank. org/html/extdr/loanapp. html&www. asiadevbank. org/projects/prclist. html.

② EEC1999 规则以举例的方式对“敏感性地区”（sensitive location）作了解释：（1）有一定科学利益的场所；（2）自然保护区；（3）公园；（4）特定古代圣庙；（5）世界遗产；（6）风景区等关涉公众利益的地区。

③ David Wooley QC，Richard Langhan，*Environmental Law*，Oxford University Press，p. 676；又见［日］原田尚彦：《环境法》，于敏译，法律出版社 1999 年版，第 127 ~ 133 页。

④ David Wooley QC，Richard Langhan，*Environmental Law*，Oxford University Press，pp. 675 – 680.

(四)"环评"制度将直接影响融资项目的建设进度乃至使其无限期延长

80年代肇始于世行资助的印度、印尼等国的大型工程建设(如水坝),由于事前没有考虑环境因素造成了不可挽回的毁灭性灾难(诸如移民普遍处于贫困,严重的水土流失以及因环境、生态改变而导致项目实际可使用年限大大缩减等问题①)。在频频被西方媒体报道后,世界银行等国际金融机构和当地政府受到了国际社会的强烈指责;休戚与共的社会公众也开始极大关注项目建设的环境影响,他们强烈要求参与整个项目建设中涉及环境问题的审查听证;甚至于许多绿色环保组织为了从微观上影响项目发起人所在公司的股东决策,通过购买股票行使股东建议(shareholder proposal)权,以否决公司投资参与某些项目的动议。② 在发达国家,普遍建立了社会公众在某些大型基础设施项目决策时审查参与和复议其环境影响的程序。他们的赞成和反对将直接关系政府 LPA 对这些项目的态度。例如,菲律宾的苏比克湾、澳大利亚悉尼第二机场,就因当地居民的强烈反对而无限期地被搁置。

话说回来,如果在项目申请立项时就进行了与"环评"相关的程序,和当地民众及其绿色环保组织建立起良好的磋商、互信关系,就可能使其项目获得社会公众的正面评价。③ 一旦事故发生,项目公司提出的救济方案也能很快被公众所接受。基于上述理由,"环评"程序已成为特定大型工程建造过程中不可或缺的部分,按照许多国家的法律,它将自动适用于诸如炼油、高等级公路或水利、电力能源等建造项目。"环评"项目甚至直接助长了某些环保 BOT 项目和绿色融资计划的启动。

(五)"环评"制度的运作在客观上将加剧项目建造风险的不确定性,但二者存在调和的可能性

单方面强调"环评"制度对国际项目融资是多么重要,而忽视与现实制度的衔接是不符合实践需求的。我们也要看到"环评"制度将在客观上给国际融资项目建设造成相当的困难,主要是它提高了融资项目的风险,如完工时间延长,项目成本增加。而对应的"完工险"、"成本超支险"本身就是项目融资中的基本商业风险,"环评"制度的实施直接加剧了这种风险的不确定性,可能引发各分

---

① Jan Vernon, environmental risks in project Financing, *Projects & Infrastructure Finance Handbook (Asia)*, The Chase Manhattan Bank & Zaid Ibrahim & Co. ,1997, p. 58. 转引自沈伟:"与项目融资有关的环境法问题",载徐冬根主编:《国际金融法律与实务研究》,上海财经大学出版社1999年版,第90~92页。

② Hamilton, *Corporate Law*(Fourth Edition), West Publishing Co. ,pp. 359 – 360.

③ 如马来西亚的一些林业者常邀请记者参观其管理系统,以证明其对环境风险的重视。

协议风险承担人新的争端,甚至导致项目的夭折。众所周知,项目风险承担均衡是国际项目融资成功的关键因素,因此如何协调融资项目建设风险与环保的冲突,调和两者的矛盾将是我们必须回应的问题。

欧盟和日本的做法给了我们极大的启示。上述国家并不是不加区别地要求所有大型建设项目均须实施“环评”,只是对于需要强制进行“环评”的项目作了严格定义。如欧盟1999年的修正指令①将所有大型融资项目工程分为两类,一类是须强制性进行“环评”的项目,列举得非常详尽和具体,共13种;另一类是可选择适用“环评”的项目,当这些项目在规模及其“地区敏感性”未达到某一标准指数时,就免予实施“环评”,有20种之多。② 但所有这些项目均需向当地LPA提交环境立项报告,LPA在规定时间内必须将该项目是否需要实施“环评”及其后续程序通知到申请人,并允许申请人进行行政诉讼。这样一来,一方面将“环评”审查程序公开、透明化;另一方面,所有项目实施“环评”与否的主动权都掌握在LPA手中,这在一定程度上巧妙调和了项目建造风险和环境保护的矛盾。

二、我国现行建设项目“环评”制度及其改进

中国正进行着世界范围内最大的基础设施建设(包括耗资甚巨的长江三峡),单一的国内资金来源已远远不能满足巨大的资金缺口,与此同时,国际社会的游资已近天文数字;③1997年以来,我国已经成为世界银行的“最大受惠国”。单从国际融资需要这一点来说,我们就必须重视国际金融组织的环境政策并妥善提出相应对策,何况,它对我国的国内金融机构的贷款守则也将产生深远的影响。

(一)我国融资项目建设中的“环评”法律规定的缺位

我国尚没有专门的《环境影响评价法》,相关的规定散见于《环境保护法》和诸如《办法》、《通知》及《暂行规定》等文件当中。虽然早在1989年,《环境保护法》就对建设项目过程中应推行环评制度作出了强行规定,④而诸如《建设项目

① 主要针对欧盟著名的85/337环评指令。

② David Wooley QC, Richard Langhan, *Environmental Law*, Oxford University Press, pp. 675–680.

③ 详见《信报》1996年6月26日。

④ 该法第13条:“建设项目的环境影响报告书必须对建设项目产生的污染和对环境的影响做出评价,规定防治措施……《环境影响报告书》经批准后,计划部门方可批准项目设计任务书。”

环境保护管理条例》、《建设项目环境影响评价资格证书管理办法》也进一步细化了“环评”程序的操作流程,①但颇为遗憾的是,上述规定丝毫没有针对融资项目建设,特别是国际融资项目建设的特殊性作出特别规定,现行规定仅对项目建设方要向环保部门申请“环评”的义务作了规定,丝毫没有关于融资中的另一方——金融机构权利、义务的规定。将现行规定任意套用在涉外融资的项目建设中,影响的将是我国借贷当事人的利益(国际借贷合同中的管辖权及法律适用条款置借款人于不利地位),并最终影响到我国在国际资本借贷市场的信誉。

在当前我国信贷市场颇为混乱的情况下,融资项目中“环评”制度的缺位可能产生如下后果:既然没有法律规定,中国的银行在向拟建设的项目融资时就可以完全忽略该项目可能对环境产生的负面甚至灾难性影响;反之,中国的银行在审批项目贷款申请时,发现可能有严重的环境隐患以致影响其回收贷款时,仍不能启动“环评”这一有力工具进行否决!

(二)现行建设项目“环评”法律规定对项目融资负面影响之检讨

有专家对我国环境法实效不佳的原因进行了系统分析,得出结论:我国在各项重要决策的过程中没有考虑环境的因素,可以说是一个从决策机制、法律制度、思想认识到公众参与的全面缺位。自然,在当前的建设项目中进行环评时,有这样或那样的缺陷,也就不足为奇了。②

1. 我国只对具体的工程建设项目进行“环评”,对事关全局、对环境有可能产生长期性影响的宏观决策、立法等行为并不实行“环评”。在这种情况下,外资金融机构往往不愿意“投钱”,用商业术语来说,其风险是无法预计的。于是,这种情况下,国内金融机构的贷款可能就是唯一的资金来源,而正是这种缺位带给金融机构的影响可能是全局性、毁灭性的!

2. 现行“环评”程序中的“专家评审制”产生的评审责任主体的缺位,将为项目建设方提供一把隐遁之伞,一旦发生事故损及贷款方利益,项目建设方将把责任推给“环评”审批部门,而所谓的“专家负责制”最终使贷款方因无适格主体而无法追索责任。

3. 涉外融资项目立项的审批权主要集中于外经贸部门和地方相关部门,这

---

① 参照现行法律,建设项目环境影响报告书应包括下列内容:建设项目概况、建设项目周围环境现状、建设项目对环境可能造成影响的分析和预测、环境保护措施及其经济、技术论证、环境影响经济损益分析、对建设影响经济损益分析、对建设项目实施环境监测的建议。

② 李艳芳:“我国的环境影响评价制度”,载《中国人大复印资料》(经济法学、劳动法学)(2000年第10期);沈伟:“与项目融资有关的环境法问题”,载徐冬根主编:《国际金融法律与实务研究》,上海财经大学出版社1999年版,第90页。

些部门由于缺乏专业环保人员和经验，在具体的审批中时有取消或简化审批程序、降低环保标准的情况发生，这样一旦立项之后，环保部门再以项目公司没有适当履行"环评"程序为理由阻却项目建设，将置我国借款人于极为被动的局面，甚至面临外国贷款人追索而破产的境地。

4. 我国的"环评"制度缺乏公众参与机制。《环境保护法》对此无规定，《建设项目环境保护管理条例》虽规定："编制环境影响报告书，应征求建设项目所在地有关单位和居民的意见，"但征求的程序是什么，由谁召集，以何形式进行，有关单位和居民反对时，项目是否停建或缓建等问题均未明确规定，这时该项制度形同虚设，实际执行程度很低。这就有可能使项目建设招致当地群众和有关单位的反对，甚至有可能引起他们的过激行动，从而对项目的顺利建设和项目方的如期还贷带来负面影响。

三、建立我国"环评"制度与项目融资风险有效协调的机制

如前所述，"环评"制度虽在客观上将加剧项目建设的风险，但从长远来看，二者存在协调的可能性。BOT 的成功运作提供了较好的思路，即从国际项目融资的最关键点——风险均衡分担出发来构建风险均衡机制，以实现既防范和约束"环评"程序对融资项目建设所带来的风险，又有利于环境保护的"双赢"。

（一）实行"环评"审查的法人负责制，建立民事赔偿基金，保证环评资金专项管理

现行的《建设项目环境保护管理条例》（以下简称《条例》）第 13 条规定："从事建设项目环境影响评价工作的单位……对评价结论负责。"根据《条例》及《建设项目环境影响评价资格证书管理办法》（以下简称《办法》）的规定，对弄虚作假的环评单位，环保部门可给予限期整改、降级、吊销资格证书、罚款等行政处罚，但并未规定环评单位对由于其出具虚假环评文件而造成的环境污染事故承担民事责任。

但问题是，现行"环评"审批的工作主要由环保部门主持，采取专家评审会形式，大部分专家只是在召开会议的很短时间内拿到"环评"报告，对项目缺乏了解，从而难免出现偏差。而且，要专家花费巨大的时间来对所有项目进行论证远没有成立专门的中介组织来得有效，从长远看也更经济！所以推行"环评"审查的法人负责制势在必行。

实践形式可以鼓励设立独立的"环评"公司，将建设项目中与"环评"有关的评估、认证及其后续环保措施的设计、施工、维修及其保养交由该公司进行运作，

并以签订分协议的形式承担风险，成为BOT项目风险链上的重要一环。这有利于分散项目风险，加强环保效果。现行"环评"报告书的一个主要内容"环保措施及其经济、技术论证"，并未明确由建设单位自身单独完成，这就为该制度的运用提供了法律依据。在该制度中，由一个独立的并具有相应资质的环保公司单位提供"环评"服务，甚至由其来单独利用、管理贷款方在环保方面给予的贷款并利用收益（主要通过产品或服务分成来获得）予以还贷，从而成为该项目营业方中的一员。

设想如下：投放初期，环保设施所有权由其享有，并负责提供企业环保设施运作过程中的维修、保养服务。在其发现企业有闲置或拆除环保设备的举动时，有权向贷款方报告。在尚未移转设备所有权时，其对履行合同失职而造成的环境污染，根据其过错程度承担相应的责任。为保证其有承担责任的能力，必须由保险公司为其提供相应的履约保证保险。在环保设施运转了相当时期，并已还清了项目方贷款后，其可将该设施折价转让给使用方，收回一定的投入成本。但仍须继续提供环保设施的后期维修、保养服务（因为企业在这方面可能缺乏相应的技术与零件、设备）。其优点在于：(1)融资项目的环保风险得到了分散。在该制度中，环保公司与项目其他营业人分摊了项目的环保风险，克服了项目融资中风险的不确定性。(2)项目环保公司的专业化与市场化运作以及承担风险的可能性使其不得不考虑环评过程风险的最大可能性，敦促它拿出较好的救济方案。(3)由独立的环保公司承接"环评"任务，利用环保贷款，避免了企业过多追求经济效益和扩大生产、忽视环保而对环境可能造成的不利影响。(4)保证了长期可靠稳定的环境保护。该制度重在后期的服务，有利于保证环保设施的长期运转，在一定程度上延伸了"环评"和"三同时"制度对项目融资中环境保护的规定。(5)"环评"公司通过提供该项服务获得收益来不断壮大自己，从而可以有条件实施更多的环保项目，并吸引其他投资者参与投资，从而推动和促进"环评"的产业化。

仅有责任主体，没有相应的经济实力承担责任，无法真正对贷款方进行有效的保护。可以考虑要求"环评"公司在设立时，提供一笔资本金作为民事赔偿基金并对贷款方提供的专用于环境处理的资金设立专门账户，由贷款方委托存款银行进行专项管理。

（二）授予贷款方将"环评"程序纳入借贷守则的权利

贷款方等金融机构可以要求在特定项目融资时，申请人应提交包括经专业部门出具的"环评"合格书在内的各项申请文件，甚至在必要时可以要求申请人重新进行"环评"程序，否则贷款方有权利拒绝借款人的申请。

可以参照世界银行等机构颁行的贷款指南，在贷款协议中详细规定双方的权利义务。如在协议的声明和保证款项中，借款人应确保其提交的“环评”书经过了权威认证，没有涉及环境因素实质性事项的遗漏；在约定事项中应规定借款人应随时将项目建设过程中发生的涉及环境影响的事宜及时、完整地通知贷款人。上述事项一旦违反，将构成违约，贷款方不仅可以中止后续贷款的发放，而且可以视情况或提前解除合同并提出索赔，或要求项目建设方满足“环评”程序的要求并参与全程监管。

据笔者了解，我国银行尚没有在其贷款守则中专门将是否符合“环评”程序作为项目可贷性的重要条件，但随着我国环境法制的发展（诸如环境侵权领域严格责任原则的确立）及其社会公众的压力，金融机构主动要求享有此类权利以减轻风险并参与“环评”监管必将提到议事日程上来。

（三）确保“环评”审批部门的审批意见公开，并尽可能保证当事人获得司法复审的权利

我国的“环评”程序类似于实体规定，一旦行政机构迟迟不给予答复或不说明任何理由就一票否决，项目建设方辛苦筹集的资金甚至没有用武之地，何谈用项目收益归还贷款；金融机构不仅没有拿到利息，反而陷入诉讼的泥潭，实在违其初衷。而这种风险的产生仅仅归因于一句干脆（没有理由）或者不干脆（无限期搁置）的否决，可以预见的后果是国际融资建设项目方将在一个黑匣子里被人牵着走，不知道自己的命运将在何时、哪个阶段终结！因此，参照国外发达国家的做法，“环评”审批部门应及时发布一份声明（statement），应包括审批决定的全文、主要的理由及其在审批中的相关考虑。而且，该声明一般要定期公布在公开发行的报刊或杂志上；其他相关资料即使不公布，但是如果当事人索求，则应向其提供，保证公开。在此基础上，一旦当事人对该决定表示异议，特别是涉及程序的拖延、“环评”法规的解释等问题，应保证其能够诉诸法院，获得司法救济的权利。①

（2002 年第 2 期）

① David Wooley QC，Richard Langhan，*Environmental Law*，Oxford University Press，p. 690.

从"9·11"恐怖袭击事件看航空旅客运输承运人责任

黄力华*

2001年9月11日，恐怖分子劫持了美国航空公司(American Airlines)四架民航客机，并驾驶其中三架被劫持的客机撞击纽约世贸中心双塔楼、美国国防部五角大楼，而另一架客机则坠毁于宾夕法尼亚州。恐怖袭击造成了大量无辜平民死亡及巨额财产损失，震惊了整个国际社会，同时也给本来就处于不景气状态的国际航空运输业以重大的打击。为了打击恐怖主义，美国对涉嫌恐怖袭击的阿富汗塔利班及"基地"恐怖组织采取了军事行动。而另外，在美国国内，被劫持的四架飞机上的死者家属向美国航空公司索赔的工作，也在紧锣密鼓地进行着。据美国相关部门估计，美国航空公司这次的损失在400亿美元至600亿美元之间。航空公司的巨额损失主要由两大部分组成：一部分是航空器的损失，四架波音757及767客机的采购价格为3亿至4亿美元间；而剩余的部分则主要用于支付四架飞机上的死亡旅客及机组人员的赔偿金以及对地面所造成损害的赔偿金。虽然这些损失最终将由保险公司来支付，但这已经导致了整个国际航空旅客运输保险市场的崩溃。① 而与此同时，许多人对于航空公司将承担巨额的赔偿责任感到不解，认为劫机事件是一种犯罪行为，航空公司似乎不应当承担责任；也有人认为航空公司应当承担一定的责任。至于航空公司是否应承担高达数百亿美元的责任，其承担责任的理论依据何在，我们将在下文中进行讨论。

目前，航空旅客运输承运人的责任制度是建立在《华沙公约》体系②基础之上的。订立于1929年的《华沙公约》(以下称华沙公约)是一部缔约国众多的统一法公约，迄今为止已有近150个国家成为其缔约国。虽然华沙公约是针对国际航空运输而制定的，但是由于它是一部有强制力的统一法公约，因此它对各个缔约国的国内航空立法有着深远的影响，作为缔约国之一的美国也概莫能外。有鉴于此，关于"9·11"恐怖袭击事件中美国航空公司责任的研究，对研究国际

---

* 作者单位：四川大学法学院。

① "2001年国际航空大事记"，载《国际航空》2002年第1期。

② 指以1929年在华沙订立的《统一国际航空运输某些规则的公约》及其一系列议定书而形成的法律体系。——作者注

航空旅客运输中承运人的责任有着同样重要的意义。在本文中,笔者将结合华沙公约体系以及蒙特利尔公约的规定,对旅客运输承运人的责任制度进行研究。

一、华沙公约体系中航空旅客运输承运人的责任性质

所谓航空旅客运输指的是由航空运输承运人承担的,收费或不收费的人员运输。[①] 由于航空运输具有高速、远距离等优势,航空旅客运输在国际旅客运输中占据着极为重要的地位。据统计,1999 年全球搭乘飞机旅行的人数高达 15 亿人次,其中美国最高,达到了近 5 亿人次。[②] 在此情况下,认真分析航空旅客运输承运人的责任性质是十分必要的。

华沙公约第 17 条明确规定:"承运人对旅客因死亡、人身伤害而蒙受的损失应承担责任,只要引起死亡、伤害的事故发生在航空器上,或上、下航空器的操作过程中。"从第 17 条的规定中我们不难看出:航空旅客运输的承运人,对于旅客的死亡或受伤,承担的是一种推定过失责任。[③] 推定过失责任本身仍属过错责任范畴,只不过在推定过失责任中,举证责任出现了倒置。具体来说,在发生旅客死亡或受伤时,旅客或权利人只需证明自己有受伤害之事实,而无须举证证明承运人有过错,即可获得赔偿。而对于承运人而言,只要在航空旅客运输中出现了旅客死亡或受伤的情形,就首先推定承运人有过错,并应因此而承担赔偿责任。按照通常的解释,在承担推定过失责任的情况下,只要被推定有过失一方证明自己无过失,他就可以免于承担责任。但在航空旅客运输中,情况却并非如此,在许多因天气等不可抗力及鸟撞等意外事故而造成的伤亡事故中,承运人依然是承担了责任的。我们将在下面予以讨论。

二、华沙公约体系中航空旅客运输承运人责任的构成

前面我们已经提到,在华沙公约体系中航空旅客运输承运人的责任性质为推定过失责任制,但这并不意味着承运人要对所有的旅客死亡、受伤事件承担责

---

① 黄力华著:《民用航空法学》,四川大学出版社 2000 年版,第 175 页。

② 同上,第 190 页。

③ 赵维田著:《国际航空法》,社会科学文献出版社 2000 年版,第 307 页。

任。在旅客航空运输中,由于旅客身患急病而在旅行中身亡的情形并不鲜见,[①]但承运人却并不承担任何责任。只有在旅客的死亡、受伤与“事故”有关时,承运人才承担责任。华沙公约第17条规定“事故”为承运人承担责任的基础。但对于什么是“事故”,公约却没有加以说明。目前,各国法学家在解释“事故”时,多引用美国最高法院的一个判例。[②] 在该案中,原告塞克斯女士搭乘法国航空公司的飞机飞往纽约,在飞机下降过程中,机组人员按照操作程序对客舱进行减压。大气压力变化,导致塞克斯女士的右耳失聪,塞克斯女士因而要求法国航空公司赔偿。法院在审理案件时,首先对“事故”的概念进行了界定,并进而明确了“事故”的构成要件。美国最高法院法官认为“事故”的要件有三个:首先,事故是旅客自身以外的原因造成的;其次,事故必须是不可预料的;最后,事故必须是旅客所不能抗拒的。而在本案中,机组人员对客舱进行减压是飞行中的正常操作程序,而根本不是“不可预料的”,因此塞克斯女士的受伤不是由“事故”引起的,法国航空公司也不应承担责任。而在罗尼·克里格诉法国航空公司案中,[③]也同样遇到了对“事故”的认定问题。在该案中,罗尼女士搭乘夜班飞机旅行,并坐在靠窗的座位上。进入深夜后,乘务员熄掉了客舱内的灯。为了不打扰坐在通道旁的旅客,罗尼女士在未开灯的情况下,跨过坐在通道上的旅客,摸索着上了一趟洗手间。在回来时,她又摸索着试图跨过通道旁的旅客以回到自己的座位上,不料她却踩在其他旅客脱在地板上的鞋子上面,摔倒在地并造成骨折。她向法院提起诉讼,要求承运人承担责任。而法官却认为,在夜间飞行的飞机上,其他旅客脱下的鞋子乱放在地板上是“可以预料得到的”;并因此认定罗尼女士的受伤与“事故”无关,法国航空公司也因此不承担任何责任。

通过上述两个案例,我们不难发现,在航空旅客运输中,如果出现了旅客伤亡情况,而伤亡又与“事故”有牵连的话,承运人才应对损失承担责任。

在国际航空旅客运输实践中,出于保护旅客利益的考虑,法院在审理涉及旅客伤亡的案件时,都尽可能地将引起旅客伤亡的事件认定为“事故”。因此,前面我们提到的不可抗力及意外事故一般也被认定为事故。那么,“9·11”恐怖袭击事件中,四架客机被恐怖分子劫持能否被视为“事故”呢?在华沙公约制定出来后相当长的一段时间内,航空旅客运输的风险都集中在技术领域内,引起旅客伤亡的原因包括不可抗力、意外事故及人为事故。到20世纪60年代后期,劫

---

① “心脏病导致的旅客死亡不构成事故”——International Case Note, The Aviation Quarterly, October 1999 LLH。

② Sakes v. Air France, 参见Lexis案例库。

③ Ronni Craig v. Air France,参见Lexis案例库。

机罪才开始变得越来越严重，如1976年伊诉美国环球航空公司案、[①]伊万格里罗斯诉美国环球航空公司案、[②]1986年美国泛美航空公司客机在卡拉奇国际机场被劫持案等。在美国泛美航空公司73航班被劫持一案中，飞机从印度孟买飞往美国纽约，当飞机在巴基斯坦卡拉奇机场经停时，恐怖分子劫持了飞机。恐怖分子在被制伏以前枪杀了20名旅客并造成大量旅客受伤。法院在审理这类案件时，出于保护旅客利益的目的，同样将劫机事件也认定为“事故”。这样一来，劫机事件中发生的旅客伤亡也应由承运人承担责任。现在“9·11”事件中死亡的旅客的家属也正是基于劫机这一“事故”而向承运人索赔的。

三、华沙公约规定的航空旅客运输承运人可免责的情形

华沙公约在规定承运人承担推定过失责任的同时，也规定了承运人可以免责的两种情形。第一种情形是华沙公约第20条第1款所规定的：“如承运人证明自己及自己的代理人为了避免损失的发生，已采取了一切的、可行的措施，或采取这种措施为不可能”。第二种情形是华沙公约第21条所规定的：“如承运人证明损失是由于受害者的过失造成的或促成的，则法院可以依照其本国的法律，部分或全部地免除承运人的责任”。就国际航空旅客运输实践而言，第一种免责情形是比较少见的。而较为著名的案例为查特诉荷兰皇家航空公司案，[③]在该案中查特夫人登机以后，又准备走出飞机与自己的女儿挥手告别，但此时飞机悬梯已经移开，查特夫人因此摔下飞机并受伤。查特夫人向法院提起诉讼，要求荷兰皇家航空公司承担责任。法院在审理案件中查明：在查特夫人准备走出飞机舱门时，机舱内的“系好安全带”指示灯已经闪亮，而查特夫人并未发现。法院因此认定荷兰皇家航空公司已采取了一切的、可行的措施来避免损害的发生，并因而免除了承运人的责任。相比之下，第二种免责情形比较常见，如胡塞尼诉奥林匹亚航空公司案[④]即是。在该案中，胡塞尼与家人一道搭乘奥林匹亚航空公司飞机旅行，胡塞尼患有严重的哮喘，而且一旦接触香烟烟雾便会产生呼吸困难。而胡塞尼的座位位于客舱后部，靠近吸烟区。当飞机进入航线飞行后，旅客便开始在吸烟区吸烟。这时胡塞尼开始出现不良感觉，胡塞尼的妻子向乘

---

① Day v. TWA，参见Lexis案例库。

② Evangelinos v. TWA，参见Lexis案例库。

③ I. H. Ph. Diederiks – Verschoor, *An Introduction to Air Law*, Kluwer Law, 1996, p. 150.

④ Rubina Husain v. Olympic Airways，参见Lexis案例库。

务员提出换位及禁止其他旅客吸烟的要求。乘务员同意了她的换位要求,但要求她自己去找愿意换位子的旅客。由于胡塞尼的妻子没有及时去寻找愿意换位子的旅客,胡塞尼终因呼吸困难而窒息死亡。事后,胡塞尼的妻子向法院提起诉讼,要求奥林匹亚公司赔偿。而诉讼中,奥林匹亚公司援用华沙公约第21条进行抗辩。法院在审理中也认为:胡塞尼的妻子在得到乘务员的同意后,未及时主动去寻找愿意换座位的旅客,也是导致胡塞尼死亡的原因之一。在此情况下,法院判令奥林匹亚公司承担部分责任。

前面我们已经提到了华沙公约规定的承运人可以主张免责的两种情况,但是承运人是否每次都能像查特诉荷兰皇家航空公司案那样幸运呢?答案是否定的。在大多数情况下,承运人是无法通过证明自己"已采取了一切的、可行的措施来避免损失的发生,或采取该种措施为不可能"来免除自己的责任,其原因有两个:一是承运人几乎没有办法来证明自己"已采取了一切的、可行的措施来避免损失的发生",例如,在20世纪80年代著名的"大韩航空公司001航班案"①中,大韩航空公司的一架波音747客机在从美国飞往汉城途中偏航误入苏联领空,苏联空军对客机发射导弹,客机中弹后坠入日本海,造成机上全部旅客及机组人员死亡。迄今为止,客机偏航原因仍未查明,但大韩航空公司却承担了巨额的赔偿;二是美国在1966年以后禁止承运人援用华沙公约第20条第1款进行抗辩。

四、蒙特利尔协议书所规定的承运人责任性质

1966年以后,在出现旅客伤亡或飞机遭遇劫持时,很多承运人不能再依据华沙公约第20条第1款主张自己免责了。究其原因,主要是1966年签署的"蒙特利尔协议书"。

1929年华沙公约订立后,美国直到1934年才加入。第二次世界大战结束后,由于美国经济得到了迅猛的发展,国内人身伤害的赔偿数额得到了很大的提高,美国国内对华沙公约的赔偿限额的非议也日渐增多。

华沙公约对于人身伤亡的最高赔偿额为125,000金法郎(每个金法郎为含金量900‰的黄金65.5毫克),按1950年的标准来计算,约合1万多美元。为了解决美国方面对公约赔偿数额的不满,国际民用航空组织(ICAO)着手对华沙

① In re Korean Disaster, Lexis案例库。

公约进行修订，并于1955年制定了“海牙议定书”。[①] 海牙议定书将旅客人身伤亡的最高赔偿限额由原来的125,000金法郎提高到250,000金法郎。华沙公约大多数缔约国都接受了海牙议定书，并成为其缔约国。但是与美国国内航空旅客运输的赔偿额相比，海牙议定书所规定的赔偿额仍然显得过低。在此情况下，美国政府未在海牙议定书上签字，海牙议定书对美国无约束力。美国政府不参加海牙议定书对华沙公约体系产生了不良影响。

1965年，美国政府以华沙公约体系中旅客伤亡赔偿限额过低为由，宣布退出华沙公约体系。根据华沙公约规定，如一个缔约国宣布退出公约，则其退出行为自宣布之日起六个月后自动生效。鉴于美国为世界上最重要的航空运输国家，世界上约三分之二的国际旅客及货物航空运输的起运地、目的地或经停地与美国有关，如美国退出华沙公约，则可能造成整个华沙公约体系的崩溃。为避免这种情况出现，国际航空界只好对美国作出妥协。1966年5月4日，美国民用航空委员会与国际航协（IATA）[②]订立了“蒙特利尔协议书”（Montreal Agreement），该协议书规定：“任何一架起运地点、目的地点或约定经停地点在美国的航空旅客运输承运人，在其运输合同中及运输规则中除必须声明受华沙公约约束外，还必须声明：（1）对每位旅客伤亡的最高赔偿限额为75,000美元；（2）对于旅客因死亡、受伤或身体伤害而提出的赔偿要求，承运人不得援用公约及议定书所修订的公约第20条第1款规定的任何抗辩。”蒙特利尔协议书是由美国民用航空委员会与国际航协订立的，由于国际航协是一个非官方组织，因此蒙特利尔协议书不是国际公约、条约，相反它是一个非政府性的协议。但是应当看到，由于美国在国际航空旅客运输中所处的重要地位，蒙特利尔协议书对国际航空旅客运输承运人的责任性质产生了深远的影响。

自蒙特利尔协议书生效后，国际航空旅客运输承运人的责任性质便发生了分化。对于一般的国际航空旅客运输而言，承运人对旅客伤亡损害责任仍然是推定过失；而对于起运地、目的地及约定的经停地点中有一个在美国的国际航空旅客运输，承运人对旅客伤亡损害的责任则变成了严格责任制。在严格责任制度下，即使承运人证明了自己为避免损失的发生，已采取了一切的、可行的措施，承运人也不得主张免责。这就意味着只要发生了旅客伤亡，承运人便要承担责任。当然如承运人能证明损害不是由“事故”所造成的，承运人则无须承担责

---

① “海牙议定书”全称为《修订1929年在华沙订立的〈统一国际航空运输某些规则的公约〉的议定书》。

② 国际航协（IATA），国际航空运输承运人协会，是世界各国航空承运人所组成的一个非官方组织。——作者注

任。由于承运人对非因"事故"而造成的伤亡不承担责任,所以承运人所承担的是严格责任而非绝对责任。①

蒙特利尔协议书的订立,使华沙公约所确立起来的统一法制度受到了极大的挑战。1929年订立的华沙公约所追求的目标,就是尽最大可能实现国际航空运输法律制度的统一。为了实现这一目标,公约的立法者们将旅客客票、行李票等内容强制性地统一了起来。华沙公约所追求的目标——实现国际航空运输法律的统一,也在相当程度上取得了成功。这主要表现在两个方面:一是各国制定的国内航空法在很大程度上实现了统一;二是华沙公约在国际航空运输中得到了广泛的适用,华沙公约的缔约国也越来越多。但是,蒙特利尔协议书却直接动摇了华沙公约的责任基础,破坏了公约的统一性。

蒙特利尔协议书订立后,同样的案件可能会出现两种截然不同的结果。如在1978年"哈代德诉法航"一案中,针对因劫机而造成的损害,法国法院认为:"法航无权,未获任何授权可以在外国机场控制旅客登机,也未获得在机上配备安全保卫人员的做法……法航已证明它不可能采取一切必要措施以避免损害",在此情况下,法院根据华沙公约第20条第1款的规定,判令法航不承担责任。② 但假如该案中的起运地、目的地或约定的经停地点中有一个在美国,则法航不可避免地要承担责任。理由在于根据蒙特利尔协议书的规定,承运人不能援用华沙公约第20条第1款的抗辩。正是由于这个原因,与美国有牵连的一切劫机案、坠机案中,承运人都毫不例外地承担了责任。也正因如此,有些美国学者甚至称航空旅客承运人为"旅客的保险人"。③

五、危地马拉城议定书规定的承运人责任

为了解决由蒙特利尔协议书而引发的混乱,使美国重新回到华沙公约体系中来,国际民用航空组织在1971年制定了"危地马拉城议定书"。④ 为了实现解决因蒙特利尔协议书而引发的混乱这一目标,危地马拉城议定书关于旅客运输承运人责任制度的规定在很大程度上与蒙特利尔协议书保持一致。危地马拉城

---

① 赵维田著:《国际航空法》,社会科学文献出版社2000年版,第307页。

② 同上,第317~328页。

③ George N. Tompkins, Jr., The Future for the Warsaw Convention Liability System, *The Aviation Quarterly*, April 1999 LLP.

④ 危地马拉城议定书的全称为《1971年3月8日在危地马拉城签署的、修订经1955年9月28日海牙议定书修订的、1929年在华沙订立的〈统一国际航空运输某些规则的公约〉的议定书》。

议定书第4条规定:"华沙公约第17条应被删除,并应由下列文字取代:承运人应对旅客因死亡、人员伤害而蒙受的损害承担责任,只要引发这些死亡、人身伤害的事件发生在航空器上或上、下航空器的过程中。"同时议定书也删除了华沙公约第20条,而规定承运人只有对延误造成的损害,才可以以"自己已采取了一切的、可行的措施"作为抗辩。这样一来,危地马拉城议定书将承运人的责任性质变成了严格责任。此外,危地马拉城议定书也对承运人责任限额作了较大的调整,旅客死亡或受伤的最高赔偿限额达到了150万金法郎。但是这个几乎是专门为美国人而订立的议定书并未得到美国政府的首肯。美国政府之所以没有加入危地马拉城议定书,主要原因仍然是认为议定书规定的赔偿数额达不到自己的要求。目前,危地马拉城议定书已成为国际民用航空法律史上的一件"文物"。①

六、蒙特利尔议定书②规定的承运人责任

由于美国政府不加入危地马拉城议定书,使国际民用航空组织重新恢复华沙公约统一的愿望未能实现。国际民用航空组织希望通过重新制定一个议定书的方式,来解决这一问题,这便导致了蒙特利尔议定书的出现。但是,就在国际民用航空组织制定危地马拉城议定书时,其成员国中就已经出现了一些不同的声音。由于危地马拉城议定书所规定的责任限额制度是根据发达国家生活水平制定的,这便引起了以非洲国家为代表的广大不发达国家的反对。对于广大发展中国家而言,危地马拉城议定书所规定的责任限额无异于是个天文数字。某个非洲国家的代表甚至指出:"这样大的一笔赔偿,足以使某些善良的父母为了贫穷的子女铤而走险",并称这是"农夫补贴国王"的做法。③ 有鉴于此,国际民用航空组织在制定蒙特利尔议定书时便分别不同情况,制定了四份议定书,其中第3号议定书是专为美国等发达国家而制定的。第3号议定书在承运人责任性质问题上适用危地马拉城议定书所规定的严格责任制,而在责任限额上则采用

---

① Michelle Milde, Montreal Convention of 1999, *Air Law*, Vol. 1, 2000, Mc Gill University, Canada.

② 蒙特利尔议定书的全称为《1975年9月25日在蒙特利尔签署的、修订经1955年9月28日海牙议定书修订1971年3月9日危地马拉城议定书的〈统一国际航空运输某些规则的公约〉的议定书》。

③ George N. Tompkins, Jr., The Future for the Warsaw Convention Liability System, *The Aviation Quarterly*, April 1999 LLP.

“特别提款权”(SDR)。[1] 第3号议定书规定：对于旅客死亡、受伤的赔偿限制于每人100,000个特别提款权(约折合130,000美元)。虽然许多国家对蒙特利尔议定书表示赞许并成为其缔约国，但是美国政府对议定书并不满意，也一直不在第3号议定书上签字。这样一来，国际民用航空组织的美好愿望又一次落空。

七、“双轨制”下承运人的责任性质

由于美国政府拒绝在危地马拉城议定书及蒙特利尔议定书上签字，这使华沙公约体系处于长期停滞不前的状态，这种停滞状态不仅仅给国际航空旅客运输造成了不利的影响，同时也妨碍了华沙公约各成员国国内的航空立法的发展。20世纪70年代，日本发生了一起非常惨重的空难事故。在这次空难中，全日空的一架波音747客机在空中解体，事件造成机上近400人全部遇难。空难调查表明，空难的起因是飞机尾部隔舱因金属疲劳而断裂，断裂后造成飞机骤然失压并进而解体。造成空难事故的金属疲劳断裂，既可能是设计上的原因，也可能是制造上或维护上的原因，但与承运人无关。该空难事件引发了两个问题：(1)全日空公司能否依照华沙公约第20条第1款主张免责；(2)即使全日空公司承担责任，每名旅客2万美元(250,000金法郎)的赔偿额相对于当时日本的平均国民收入而言，是否是太低了。全日空空难事件导致日本政府于1992年修改了本国航空法，根据修改后的航空法，航空旅客运输承运人对于旅客伤亡的赔偿分成两个部分。首先在10万特别提款权范围内，承运人承担严格责任；而对于超出10万个特别提款权部分的赔偿，则适用过失责任制。这意味着在10万特别提款权范围内，承运人不得主张华沙公约第20条第1款的抗辩；而如果旅客或权利人提出超过10万特别提款权的索赔，对于超出部分，旅客或权利人必须举证证明承运人有过错。日本政府所规定的这种责任制度即人们通常所说的“双轨制”(Two Tier System)。“双轨制”的出现对国际航空旅客运输有着深远的影响，它以严格责任制取代了华沙公约的推定过失责任制，同时提高了赔偿责任限额。“双轨制”出现后，立即得到了许多发达国家的认可。1998年欧盟也以立法的形式将“双轨制”确定下来，根据规定，欧盟成员国的国内航空旅客运输及国际航空旅客运输均适用“双轨制”。

1995年，国际航协(IATA)在科伦坡召开年会，会议对“双轨制”进行了讨

① 特别提款权(SDR)是指国际货币基金会所制定的一种货币计算单位。——作者注

论,最终形成了“旅客运输承运人间责任的协议”等两份文件(“IIA”,[1]“MIA”[2]),并于1997年2月14日生效。由于国际航协是一个非官方组织,因而“旅客运输承运人协议”的性质一直受到人们的质疑。但是由于包括美国在内的大多数国家都签署了“旅客运输承运人协议”,受“旅客运输承运人协议”约束的国际航空旅客运输已占到全球旅客运输量的80%以上,[3]因而其影响是不可低估的。国际航协的“旅客运输承运人协议”虽说不是国际公约,但它对于国际航空旅客运输责任制度的统一起到了相当重要的作用,改变了华沙公约体系下责任制度混乱的现象。

八、蒙特利尔公约关于旅客运输承运人责任制度的规定

自蒙特利尔议定书订立后,国际民用航空组织便停止了对华沙公约体系进行现代化改造的工作。在国际民用航空组织看来,华沙公约体系已是一个古老的、陈旧不堪的法律体系,任何小的修改都不足以使华沙公约符合现代航空运输的要求。在此情况下,唯有制定一部新的公约,才能从根本上解决问题。所以,自1975年蒙特利尔议定书制定后,国际民用航空组织法律委员会一直致力于新公约的起草工作。在新公约的起草过程中,法律委员会对现代航空旅客运输所存在的问题及“双轨制”的优劣进行了认真的研究。1999年5月30日,在国际民用航空组织所在地——加拿大蒙特利尔市召开的外交会议上,蒙特利尔公约[4]得以通过,包括中国在内的110多个国家在公约上签字,但该公约尚未生效。

蒙特利尔公约第17条第1款规定:“对于因旅客死亡或身体伤害所产生的损失,只要造成死亡、身体伤害的事故是发生在航空器上,或上、下航空器的操作过程中,承运人就应当承担责任。”蒙特利尔公约第21条对承运人的责任性质及限额作了规定,其中第1款规定如下:“对于根据第17条第1款所产生的每名旅客不超过100,000特别提款权的损害赔偿,承运人不得免除或限制其责任。”第2款则规定:“对于根据第17条第1款所产生的损害赔偿每名旅客超过100,000

---

① IIA——《国际航空运输协会关于旅客责任的承运人间协议》。——作者注

② MIA——《关于实施国际航空运输协会承运人间协议的措施的协议》。——作者注

③ Michelle Milde, Montreal Convention of 1999, *Air Law*, Vol. 1, 2000, McGill University, Canada.

④ 蒙特利尔公约全称为《统一国际航空运输某些规则的公约》,称其为蒙特利尔公约主要是为了避免与华沙公约发生混淆。——作者注

特别提款权的部分，承运人证明有下列情形的，不应当承担责任：（一）损失不是由于承运人或者受雇人、代理人的过失或者其他不当作为、不作为造成的；或者（二）损失完全是由第三人的过失或者其他不当作为、不作为造成的。”

从蒙特利尔公约的规定来看，它所规定的责任制度为严格责任制与推定过失责任制相结合的一种制度。虽然蒙特利尔公约第17条第1款的规定看似一种绝对责任，但事实并非如此，公约第20条明确规定：“经承运人证明，损失是由索赔人或者索赔人从其取得权利的人的过失或者其他不当作为、不作为造成或者促成的，应当根据造成或者促成此种损失的过失或者其他不当作为、不作为的程度，相应全部或者部分免除承运人对索赔人的责任。旅客以外的其他人就旅客死亡或者伤害提出赔偿请求的，经承运人证明，损失是旅客本人的过失或者其他不当作为、不作为造成或者促成的，同样应当根据造成或者促成此种损失的过失或者其他不当作为、不作为的程度，相应全部或者部分免除承运人的责任。本条适用于本公约中的所有责任条款，包括第21条第1款。”这表明根据蒙特利尔公约的规定，并非只要发生旅客伤亡事故，承运人便不可避免地要承担赔偿责任。蒙特利尔公约虽然不允许承运人以“采取一切的、可行的措施”及“损害完全是由于第三人原因造成的”等理由对10万特别提款权部分责任进行抗辩，但公约并未剥夺承运人关于受害旅客有过错的抗辩的机会。从上述规定中我们可以看出在10万特别提款权范围内，承运人承担的是严格责任。

蒙特利尔公约第21条第2款所规定的承运人的责任则是一种推定过失责任。公约首先推定承运人有过错，并应承担超过10万特别提款权的责任。如承运人想对超过10万特别提款权部分的赔偿要求主张免责，承运人就必须证明两种情况。第一种情况是“损失不是由于承运人或受雇人、代理人的过失或者其他不当作为、不作为造成的”；第二种情况是“损失完全是由第三人的过失或者其他不当作为、不作为造成的”。

关于蒙特利尔公约第21条第2款所规定的推定过失责任，远非公约文字所规定的那样简单。就第一种情况而言，承运人证明自己、自己的代理人、雇佣人无过错是非常困难的一件事，它要求承运人、代理人、雇佣人在履行自己的责任时，达到一种完美的、无可挑剔的境界。以“9·11”事件而言，劫机犯在劫机时使用的凶器为纸箱开箱器。虽然美国联邦民航当局并未禁止携带开箱器上飞机，但是美国航空公司的安检人员①应当认识到开箱器可能造成危险，美国航空

① 美国机场的安检由各个航空公司自行负责，“9·11”恐怖事件后，美国政府修改法规，规定由联邦人员负责机场安检。——作者注

公司未能做到这一点,便可能存在“不当的作为或不作为”。[①] 在这个问题上,蒙特利尔公约的规定,与华沙公约中所规定的承运人存在“有意的不良行为”(Willful Misconduct)一样模糊不清。

而第二种情况证明起来也十分困难。首先,必须要有证据证明“损失是由于第三人”造成的。这种情况在某些时候证明起来比较容易,如 2001 年俄罗斯一架图 154 客机在从以色列特拉维夫飞往莫斯科的途中,被正在举行军事演习的乌克兰导弹部队发射的导弹击落。[②] 在此事件中,可以非常明确地说损失是由于第三人造成的。而在其他许多空难事件中,包括 1999 年埃及航空公司坠机案,即使美国及埃及政府耗费了近上千万美元,也未能查明事故原因。[③] 在这类无法查明原因的空难事故中,承运人几乎是没有办法来证明损失是由于第三人原因造成的,如承运人无法证明损失是由于第三人原因造成的,则承运人是不能对超过 10 万特别提款权的责任主张免责的。其次,除了必须证明“损失是由于第三人”原因造成的外,还必须证明这个损失“完全”(solely)是由于第三人原因造成的。如果证明损失的原因只能部分地归咎于第三人,则承运人仍然不能免责。同时,根据蒙特利尔公约第 21 条第 2 款的规定来看,在损失的原因只能部分地归咎于第三人时,承担人也不得要求部分免责,而必须对全部损失承担责任。

九、严格责任的合理性

如前所述,华沙公约适用的是推定过失责任制,在 1929 年华沙公约制定时,过错责任制在民事责任制度中仍占据着统治地位。华沙公约率先使用推定过失责任制可以说是一种创举,当然推定过失责任制也是航空运输所必不可少的。就各种运输活动而言,航空运输无疑是最为危险、最为复杂的一种运输方式。1929 年时,航空器(飞机)尚不太发达,而到现在则大不相同,仅举波音 747 为例,其技术说明书就需要数十张光盘才能容纳得下。而驾驶员所需技能也更趋复杂,驾驶员的培训时间会长达数年。在此情况下,如仍实行过错责任制,则旅客的利益将根本无法得到保障,这是因为要旅客来证明承运人有过错,几乎是一件不可能的事。在此,我们可以得出这样一个结论,华沙公约所规定的推定过失

① Chen v. Korean Airline,参见 Lexis 案例库。

② “2001 年国际航空大事记”,载《国际航空》2002 年第 1 期。

③ 路透社新闻。

责任制不仅有效地保护了旅客的合法权益,更为重要的是,它极大地促进了民用航空事业、尤其是航空旅客运输的发展。离开了华沙公约所规定的推定过失责任制,可能人们至今仍视航空旅客运输为畏途。

但是,正如我们前面所提到的那样,推定责任制也同样面临着航空旅客运输中所出现的新问题的挑战。其中最为明显的就是20世纪60年代以来出现的劫机犯罪问题。在所有劫机犯罪而产生的旅客伤亡事件中,都涉及承运人责任这样一个问题。按照国际通行做法,机场安全及登机前的安全检查都是由警察当局负责(美国稍有例外),当承运人的飞机位于外国机场时更是如此。在这种情况下,如仍允许旅客运输承运人主张华沙公约第20条第1款所规定的抗辩,则旅客的利益便会受到损害,这是因为要求旅客向劫机事件发生国的警察当局或向劫机犯要求赔偿,都是十分荒唐的。60年代,美国多次出现劫机犯因"政治原因"而将客机劫持到古巴的事件,因此美国率先对华沙公约第20条第1款予以取消,而这在1966年的蒙特利尔协议书中得到了充分的体现。

那么将旅客运输承运人的责任规定为严格责任的合理性何在呢?一般而言,国际航空运输界是从以下几个方面来看待此问题的。

首先,国际航空运输界普遍认为,航空旅客运输是一种高空、高速行为,按照民法一般原理,航空旅客运输行业属一种高度危险行业。自工业革命以来,各种机器设备的使用,对人们的安全构成了严重的威胁。自那时起,人们发现在高速、高压等高度危险场合下,如果继续适用过错原则,则受害者得到补偿的可能性将会微乎其微。为了保护受害者的合法权益,必须在责任制度中适用高度危险责任制。自普鲁士率先将高度危险责任制应用于铁路运输以来,高度危险责任制在世界各国得到了普遍的认同。旅客航空运输具备了高度危险责任的所有要件,因而也应适用高度危险责任制。高度危险责任制本身就可以被认为是一种严格责任制,在高度危险责任制度下,责任人唯一的抗辩就是:受害人的过错造成损害,而自己在任何方面都没有过错。从这个意义上讲,蒙特利尔公约将旅客运输承运人的责任规定为严格责任制是有其理论基础的,也是符合航空旅客运输发展的要求的。

其次,按照"谁受益、谁承担风险"原则来看,也应由航空旅客运输承运人承担责任。由于航空旅客运输承运人从事旅客运输的目的在于赢利,而且他们也的确从旅客运输活动中受益。正因如此,他们也就有义务对从事这种风险行业所带来的损害负责。

再次,适用严格责任制,也是保护旅客利益所不可或缺的,在劫机事件中尤为如此。在国际航空旅客运输实践中,机场的保卫及旅客安检等活动通常都是由警察当局负责，如不实现严格责任制，在发生劫机事件后，受损害的旅客将面临索赔无门的情形。这是因为，旅客是不可能向劫机犯要求赔偿的；当然旅客也不可能向警察部门索赔。如果受害旅客是外国人，他向警察部门的索赔还会涉及国家豁免权等一系列复杂问题。从保护旅客的角度出发，唯有对承运人实行严格责任制，旅客的利益才可能得到保护。

最后，人们之所以将旅客运输承运人的责任规定为严格责任，其中一个重要的原因是保险制度的存在。旅客运输承运人在投入运输以前，是必须就自己的各种责任向保险人投保的。而蒙特利尔公约也明确地将投保规定为旅客运输承运人的责任。就目前情况来看，旅客运输承运人会对航空器（飞机）本身、机组人员及旅客分别投保。这样一来，在发生旅客伤亡时，基本上都是由保险公司予以赔付，换言之，我们可以说承运人的责任已由保险制度予以分散了。在此情况下，让承运人承担严格责任，并无不妥之处。当然需要特别说明的是，自“9·11”事件后，国际航空保险人协会已将自己对每架航空器（飞机）的战争险保险额限制在5000万美元的范围内，对超出部分保险人将不再负责。这个新规定虽然对承运人构成了较大的威胁，但它却无损于承运人的严格责任制度。

十、小　　结

从华沙公约订立到蒙特利尔公约订立的70多年时间里，航空旅客运输承运人的责任性质经历了推定过失责任制、严格责任制、严格责任制与过错责任制相结合的责任制度，直到蒙特利尔公约所确定的严格责任制与推定过失责任制相结合的责任制度。在蒙特利尔公约生效以前，国际航空旅客运输承运人的责任制度仍将是“双轨制”所规定的严格责任与过错责任相结合的责任制度。通过本文我们不难发现，航空旅客运输承运人的责任越来越严格，而对旅客的保护则越来越完善。首先由美国等发达国家创立的严格责任制，在一定程度上影响了华沙公约体系的统一性，但却为华沙公约体系的进一步发展创造了条件。蒙特利尔公约再一次实现了国际航空运输法律体系的统一，同时也为世界各国采纳严格责任制创造了条件。在严格责任制体制下，国际航空旅客运输必将获得更大的发展。

（2002年第10期）

2003 年

从“神舟”五号成功发射看外层空间法发展趋势

徐冬根*

一、引言：“神舟”五号升空促进了传统理念流变和外层空间国际法制建设

“神舟”五号载人航天取得圆满成功，将中国第一名航天员送上太空，飞船经过绕地球14圈后在内蒙古阿木古郎草原安全着陆。这次航天飞行任务的顺利完成，标志着我国突破和掌握了载人航天的基本技术，使中国成为世界上第三个能够独立开展载人活动的国家。

人类探索和利用外层空间的活动在50年代以后取得了重大的进展。苏联先声夺人，首先进入外层空间，于1957年10月4日发射了第一颗人造卫星；1961年4月12日第一个宇宙飞船由航天员加加林驾驶进入了运行轨道，历时1小时48分钟。美国不甘落后，在1958年1月31日也将“勘探者一号”卫星送上了天。1962年2月20日，美国航天员格林驾驶的宇宙飞船也进入了轨道。第一艘航天飞机哥伦比亚号于1981年4月进行了发射。1975年7月，美国飞船“阿波罗号”和苏联飞船“联盟号”进行第一次联合飞行，包括飞船的靠拢接合，以及航天员的互相通过。

中国进入外层空间的时间虽然稍晚一些，但是发展的步履十分稳健。1970年4月，我国成功发射了第一颗人造卫星，这是我国在外层空间科学技术方面伟大成就的先声。自此以后，研究和活动一直在迅速发展。1999年11月20日我国首次发射“神舟号”试验飞船取得成功，本次“神舟”五号载人航天取得圆满成功，不但极大地振奋了民族精神，增强了民族凝聚力，使我国跻身世界航天大国的行列，而且还进一步推进了我国对外层空间国际法制发展变化趋势的关注，促进了传统理念流变和外层空间国际法制建设。

随着人类各种不同宇航器进入外层空间，外层空间的开发和利用在国际范围逐渐地提上了议事日程，随之而产生的一系列国际法问题也开始受到人们的

---

* 作者单位：上海交通大学法学院。

关注,这些问题包括:国家在其上空的主权问题、外层空间活动的规范管理问题、宇航器落地时对人员和物体的援救与返回问题、宇航器发射国对他国造成损害的国家赔偿责任问题、各国之间相互合作问题以及日趋复杂化的各种外层空间法律新问题。各不同利益的国家在这些问题上的矛盾以及对这些问题的考量和反思,必将对传统国际法制度和理念形成一定的冲击。在新观念与传统制度反复冲击和碰撞的过程中,传统国际法理念在慢慢地流变,新的外层空间国际法制正在悄悄地生成和发展。

当然,这种新的外层空间国际法制的生成和发展,除了理念的流变之外,另一个原因是各有关利益主体的积极推动。20 世纪 50 年代以后,有关和平利用和开发外层空间的合作活动在国际间紧锣密鼓地开展起来。联合国大会 1958 年 12 月 13 日一致通过决议,设立"和平利用外层空间特别委员会",1959 年 12 月 13 日联合国大会通过决议,将特设委员会转为常设委员会,改称"和平利用外层空间委员会"(The Committee on the Peaceful Uses of Outer Space,UNCOPUOS 或"外层空间委员会")。1961 年、1962 年,联合国大会又先后通过决议,要求各国在外层空间的探索与利用须遵循联合国宪章以及其他相关国际法,并成立了外层空间委员会下属的法律小组委员会,负责起草有关条约。联合国外层空间委员会及其法律小组委员会成立以来,已制定了许多外层空间条约和法律原则或宣言,逐步建立起一整套外层空间法律制度,并呈现出外层空间区域的非主权化、外层空间活动管理的规范化、航天员国际援救制度人性化和外层空间法律新问题日趋复杂化等发展新趋势。

二、外层空间区域的非主权化

公认的看法是:地球以外的整个空间分为空气空间和外层空间两个区域,两者各受不同法律制度的调整。

1. 外层空间的法律含义。外层空间(outer space),在自然科学上一般是指地球表面大气层以外的整个宇宙空间;在法律上是指国家主权范围以外的整个空间。外层空间又称"宇宙空间"、"领域外空间"、"大气层外空间"、"星际空间",等等。"外层空间"目前虽已成为国际法和空间科学的一个通用名称,但是外层空间究竟从何处开始,一直没有定论,导致"外层空间"至今尚无一个确切的定义。

2. 对国家在其上空主权问题的争论。按照罗马法,土地所有人的权利上至天空,下至地心。这一法谚曾被许多学者奉为经典,并由此推论出国家领土上空的主权及于无限高度。一国领土的上空是其领土的不可分的部分，且属于该国的主权范围。这一空中主权原则已为现代国际法的理论和实践所肯定。1944年《芝加哥国际民用航空公约》也规定国家对上空具有完全的和排他的主权，不过从事非定期性国际航行的航空器可以在遵守公约条款的情况下不经事先许可飞越其他缔约国上空。1958年《日内瓦领海和毗连区条约》也确认了这一空中主权原则："沿海国之主权及于领海之上空"（第2条）。约有50多个国家的法律作了类似的关于空中主权的规定。问题在于国家的空中主权究竟扩展到什么范围。

早在19世纪末和20世纪初期，有些学者鉴于气球和飞机的相继发明和使用，开始认为，人类经常活动所需部分以外的上空，可供和平利用，不受领土所属国家主权的限制。据认为这是从格劳秀斯早年《公海自由》一书中的理论推断出来的。1906年国际法学会根据法国学者傅希悦的建议，提出了同样的理论。在1957年10月第一颗人造地球卫星上天之后的一段时间内，虽然仍有少数法学家坚持国家的空中主权原则应适用于外层空间，但是绝大多数国际法学家认为，国家对其领土上空的主权范围，必须有一个限度。

3. 外层空间的非主权化原则的确立。在1958年联合国大会关于外层空间法律地位的辩论中，所有发言的国家代表在强调外层空间应用于和平和科学目的的同时，都主张外层空间不得为任何国家所占有，也就是认为国家的空中主权原则不适用于外层空间。联大第一委员会报告员在他的报告中称："外层空间作为'一切人的公有物'这一国际性质看来已被普遍接受"。

1963年联大一致通过的《各国探测和利用外层空间的法律原则宣言》（以下简称《外层空间法律原则宣言》）确立了九条原则，其中包括"外层空间供一切国家自由探测和使用"以及"不得为任何国家所占有"的两条原则。1967年《关于各国探索和利用包括月球和其他天体在内外层空间活动的原则条约》（Treaty on Principles governing the Activities of States in the Exploration and Use of Outer Space, including the Moon and other Celestial Bodies），又称《外层空间条约》（Outer Space Treaty）或《外层空间宪章》，成为确定外层空间法律地位的第一个条约。《外层空间条约》确立了外层空间任由各国在平等基础上探测和使用，但不得据为己有的原则，否定了地面国家对外层空间的主权。

外层空间是全人类的共同继承财产，是"共有物"而不是"无主地"，任何国家或主体不得通过主权要求、使用或占领等方法，以及其他任何措施，把外层空间（包括月球和其他天体）据为己有。外层空间的非主权化原则是绝对的，该原则既不允许国家或政府占有，也不允许私人或私人企业占有；而不得据为己有的对象既包括外层空间的空域及天体，还包括外层空间的资源。

值得一提的是，国际法的规定与国际实践是一致的。各国探索外层空间的活动表明，国家主权只能及于其领土之上的空气空间，不能及于外层空间。各类宇航器反复在各国上空的外层空间部分飞行，从未受到任何国家的抗议。因此，外层空间的非主权化原则已经在国际实践中得到各国确认。

三、外层空间活动管理的规范化

为了避免各国发射宇航器的无序状态，联合国外层空间委员会牵头对外层空间的开发和利用活动进行了规范化的管理，通过了一系列国际条约，建立了一套较为完整的管理制度，包括宇航器发射强行登记制度、国家对外层空间活动的责任制度以及和平开发和利用外层空间制度等。

1. 宇航器发射强行登记制度。《关于登记射入外层空间物体的公约》(Convention on Registration of Objects Launched into Outer Space，简称《登记公约》)要求发射国登记发射物体，不仅在本国登记，并且向联合国秘书长登记。联合国秘书长保持一份“外层空间物体总登记册”。发射国应将其发射的空间物体的下列情况向秘书长报告，以便登记入册：(1)发射国或几个发射国的国名；(2)空间物体的适当标志或其登记号码；(3)发射的日期和地域或地点；(4)基本的轨道参数(交点、周期、倾斜角、远地点、近地点)；(5)空间物体的一般功能。若登记国切实知道其所登记的物体已不复在地球轨道内，应尽快通知联合国秘书长。公约规定强行登记义务的意义不仅在于确立对空间物体的管辖和控制，而且在于方便确定该物体所造成的损害的国际责任。

2. 国家对外层空间活动的责任制度。《空间物体所造成损害的国际责任公约》(Convention on International Liability for Damage Caused by Space Objects，简称《国际责任公约》)对国家在进行外层空间开发中的责任作出具体规定。国家对其外层空间活动承担责任的一个重要基础是宇航器发射国对空间物体的管辖权和所有权原则。所谓宇航器发射国对空间物体的管辖权和所有权原则，是指空间物体登记国对留置于外层空间或天体的物体及其所载人员，保留管辖权和控制权。射入空间的物体及其组成部分，无论出现在何处，其所有权应始终归登记发射空间物体的国家，登记国始终有权对之进行管辖。在发射当局管辖区域以外发现的空间物体，在发射当局的要求下，都应归还给发射当局。

与此相对应，各国对其(不论是政府部门，还是非政府的团体组织)在外层空间(包括月球和其他天体)所从事的活动及其宇航器对他国造成损失，应承担国家责任。这种责任通过赔偿的机制实现。《国际责任公约》规定，空间物体造成损害的责任承担者是发射国，当有数个发射国时，这些发射国对该外层空间物体造成的损害负连带责任。赔偿损失的范围包括自然人生命的丧失、身体受伤或健康的其他损害，国家、自然人、法人、国际组织的财产的损失和损害。发射国对其空间物体对地面的损害负绝对责任。

3. 和平开发和利用外层空间制度。外层空间的和平开发和利用制度主要体现在以下各项原则之中：

第一，共同利益原则。探索和利用外层空间(包括月球和其他天体)，应为所有国家谋福利和利益，技术先进的国家不得仅仅为了自身的利益而利用外层空间，必须对国际社会承担为全人类谋福利和利益的义务，防止它们利用其空间技术优势垄断空间利益。

第二，依照国际法自由探索和利用原则。外层空间，是对全人类开放的空间。所有国家可在平等、不受任何歧视的基础上，根据国际法自由探索和利用外层空间(包括月球和其他天体)原则，自由进入天体的一切区域。各国享有对外层空间(包括月球和其他天体)进行科学考察的自由，在进行探索和利用外层空间(包括月球和其他天体)的各种活动方面，应遵守国际法和联合国宪章，以维护国际和平与安全，促进国际合作和了解。

第三，非军事化原则。作为人类共有的财产，外层空间的非军事化至关重要。各国必须把月球和其他天体绝对用于和平目的。禁止在天体建立军事基地、设施和工事；禁止在天体试验任何类型的武器以及进行军事演习；不禁止使用军事人员进行科学研究或把军事人员用于任何其他和平目的；不禁止使用为和平探索月球和其他天体所必需的任何器材设备；不得在绕地球轨道放置任何携带核武器或任何其他类型大规模毁灭性武器的实体；不得在天体配置这种武器，也不以任何其他方式在外层空间布置此种武器。但是，人类的这些和平呼声并没有被拥有利用外层空间技术的超级大国所接受。美国在20世纪80年代开始研究的“星球大战”计划，乃至如今的国家导弹防御计划，必将使外层空间的非军事化受到极大影响。这种为一国绝对安全而牺牲全人类和平利用外层空间的霸权行径，理应受到国际社会的谴责，乃至国际法的约束。

四、航天员国际援救制度人性化

援救人性化是指外层空间国际法制要求各国遇到航天员在其管辖的区域、公海或不属于任何国家管辖的任何地方发生意外、处于灾难状态、进行紧急或非预定降落时，相关国家应关爱航天员的生命、安全和健康，尊重航天员人性特点。它是航天员国际援救制度体系构建、执行的出发点，也是其终极目的。航天员是人类派往外层空间的使节，承担着人类挑战自然的崇高职责。建立外层空间援救制度对于促进人类探索及和平利用外层空间的事业具有重要的现实意义。

空间探索和载人航天是具有相当风险的活动，历史上也曾有过许多挫折和失败，如苏联在外层空间实验和登月方面均有多次失败并造成航天员死亡的记录，其中较大的事故有 1962 年 9 月苏联的一颗人造卫星烧残部分落到美国威斯康星州曼尼多瓦市和 1965 年 12 月落到西班牙境内的事件。美国在航天实验中的失事和造成死亡事件也有不少记载，如 1960 年碎片曾落到古巴，1962 年落到南非，1967 年落到委内瑞拉。1970 年 4 月，美国宇宙飞船"阿波罗十三号"失事后，苏联曾给予协助。这类事故将随着外空活动的日益频繁而逐渐增加。因此，非常有必要在国际社会建立一套航天员的援救法律制度。在我国本次"神舟"五号载人飞船发射之前，我国就对航天员的援救措施作出了精心安排，事先出动了包括交通部南海援救局"德鲲"号在内的我国海上应急搜救船队。

联合国大会在外层空间委员会和法律小组委员会不懈努力的基础上，于 1967 年 12 月通过《关于援救航天员、送回航天员和射入外层空间物体的协定》(Agreement on the Rescue of Astronauts, the Return of Astronauts and the Return of Objects Launched into Outer Space，简称《援救协定》)，该协定已于 1968 年 12 月 3 日生效。根据协定的规定，各国对援救航天员和送还空间物体承担三项义务：

第一，通知发射当局。各国获悉或发现航天员在其管辖的区域、公海或不属于任何国家管辖的任何地方发生意外、处于灾难状态、进行紧急或非预定降落时，应立即通知发射当局，在不能判明发射当局或不能立即将此情况通知发射当局的情况下，应立即用它所拥有的一切适用的通信手段，公开通报这个情况，并通知联合国秘书长。

第二，援救航天员。航天员降落在一国领土内，该国应立即采取一切可能的援救措施。航天员降落在公海或不属于任何国家管辖的区域，获悉或发现国在必要和力所能及的范围内，均应协助和援救，并把所采取的措施和取得的结果通知发射当局和联合国秘书长。但如降落在公海或在不属任何国家管辖的其他任何地方，只有力所能及的缔约国，并在必要时，才有义务协助寻找和援救这些人员。

第三，向发射国送还宇航器。航天员如因意外事故、遇难和紧急的或非预定的降落，在任一缔约国管辖的区域内着陆，或在公海、不属于任何国家管辖的其他任何地方被发现，他们的安全应予以保证并立即交还给发射当局的代表。各国若在它管辖的区域内发现空间物体或其组成部分时,应根据发射当局的要求,并如有请求,在该当局的协助下,采取它所认为是切实可行的措施,来保护该空间物体或其组成部分。空间物体或其组成部分若在发射当局管辖的区域外发现,应在发射当局的要求下归还给该发射当局的代表,或交给这些代表支配。

五、外层空间法律新问题日趋复杂化

外层空间活动的新发展,特别是人造卫星技术的突飞猛进,给国际法提出了诸多新问题,其中包括但不限于:

1. 卫星遥感地球的国际法问题。卫星遥感地球,是指利用在外层空间运行中的卫星上的传感器观察和探测地球物的一种空间科技方法,广泛适用于资源勘探、环境监测、气象预报、自然灾害预测、海洋勘察、地质测绘等诸多领域。因遥感而产生的法律问题有:(1)遥感侦察是否构成对有关国家主权或其他权利的侵犯;(2)对一个国家或其资源进行遥感侦察,应否事先征得他国同意;(3)由遥感侦察取得的资料,能否公开发表或自由转让给第三国;(4)被侦察的国家对遥感资料的取得是否有优先权;(5)遥感资料的采集、保管、散发等,是否应置于国际管理或监督之下;等等。其中最关键的问题是主权和资料的处理问题。这方面最主要的法律文件是联合国大会1986年12月3日通过的《关于从空间遥感地球的原则》的决议,决议所包含的主要原则是:(1)遥感活动应为所有国家谋福利和利益,应特别考虑发展中国家的需要;(2)进行遥感活动应遵守国际法,应遵守所有国家和人民对其财产和自然资源享有完全和永久主权的原则,不得损及被遥感国的合法权利和利益;(3)遥感国按照彼此同意的条件向其他有兴趣的国家提供技术援助;(4)被遥感国亦得按同样基础和条件取得任何遥感国拥有的关于其管辖下的领土的资料;(5)遥感应促进保护地球自然环境及人类免受自然灾害的侵袭。

2. 卫星直接电视广播的国际法问题。卫星直接电视广播指通过卫星将电视广播直接传送至地面电视机,而不需通过地面电视接收站的电视广播。这类电视广播会引起一系列的法律问题,如卫星直接电视广播是否应征得接受国的事先同意,未按照国际法规则进行的或为接收国明确禁止的广播是否构成未经许可的非法广播等。1982年,第37届联大通过了《各国利用人造地球卫星进行国际直接电视广播所应遵守的原则》决议,该决议的主要内容有:(1)利用卫星进行国际直接电视广播不得侵犯各国主权。(2)计划建立国际直接电视广播卫星服务的国家应将此意图通知收视国,并且只应根据与任何提出协商要求的国家达成的协议建立这种服务;任何广播国和接受国有要求协商的权利和迅速与之协商的义务。(3)卫星广播活动应遵照国际法。(4)卫星广播应以国际合作为基础,并应特别考虑发展中国家利用这种技术促进其本国发展的需要等。

3. 外层空间使用核动力源的国际法问题。如果核动力卫星失控或发生故障而重返大气层,其放射性残片和被烧毁后的散落物会对有关国家的人和环境造成重大污染损害。1964 年,美国一颗核动力卫星在重返地球时燃料铀 238 在高空中放射了 17,000 千居里。1978 年,苏联的核动力卫星“宇宙 954 号”坠毁时有几十公斤的放射性残片散落在加拿大西北部 4.6 万平方公里的领土上,苏联因此赔偿加拿大 300 万美元。1992 年联合国大会通过了由法律小组委员会拟定的《关于在外层空间使用核动力源的原则》的决议,其主要内容是:(1)切实必要原则。核动力源的使用应限于非用不可的宇航器。载有核动力源的空间物体的设计和使用应确保其危害低于国际辐射防护委员会建议的防护目标。(2)确保安全原则。对核动力卫星拥有管辖和控制权的国家在发射前应作彻底和全面的安全评价,并公布评价结果。(3)尽速通报原则。当具有核动力源的空间物体有重返地球的危险时,发射国应及时通知其他国家,并将该资料送交联合国秘书长。其他国家要求索取进一步的资料时,发射国应尽速答复。(4)通力合作原则。拥有监测和跟踪设施的国家互相合作,向联合国秘书长及有关部门国家提供情报。(5)承担责任原则。发射国赔偿损失的责任应包括有充分依据的搜索、回收和清理工作的费用及包括第三方提供援助之费用。

4. 地球静止轨道的国际法问题。地球静止轨道(Geostationary Orbit)和地球同步轨道(Geosynchronous Orbit)是两个不同的概念。地球静止轨道是一条圆形轨道。该轨道上的人造卫星绕地球一周需 24 小时,恰好等于地球自转一周的时间。由于卫星和地球自转的方向相同,从地面上观看,卫星犹如处于静止状态。哥伦比亚在 1975 年联合国大会上第一次提出该国上空的地球静止轨道应归该国所有的主张。1976 年 12 月 3 日,八个赤道国家发表了《波哥大宣言》,声明各赤道国家上空的静止轨道是各该国领土的组成部分,应由该赤道国家行使主权;在赤道国家上空的静止轨道上放置卫星事前须取得有关赤道国家的认可。美国、苏联和其他西方国家表示反对,其主要理由为:(1)地球静止轨道和其他轨道都是由整个地球,包括所有国家的土地和海洋,而不是一个或几个国家的土地的吸力造成的,任何国家都不能对地球静止轨道和其他轨道提出排他性的主权要求。(2)尽管目前尚未就外层空间的定义和界限达成协议,但如果允许某些国家对卫星的最低轨道或更高轨道行使主权,则等于废弃了外层空间的自由探测和利用以及外层空间不得占有这两条原则。这两条原则已成为普遍接受的国际法规范,任何国家不论是否加入外层空间条约都受这两条原则的约束。(3)地球静止轨道是有限的自然资源,但肯定是在外层空间内,不受各国主权管辖。(4)在地球静止轨道上放置卫星不构成对该轨道的占有,国际电讯公约明文规定地球静止轨道上位置的分配不赋予任何持久的优先权或占有,静止轨道的使用应服从外层空间条约规定的法律制度。

5. 外层空间环境保护的国际法问题。人类探索和利用外层空间的活动不可避免地会对空间环境造成一定程度的不利影响。空间环境保护问题已日益引起各国政府和国际法学界的关注。对空间活动的最大威胁来自“空间碎片”(space debris)或“空间垃圾”,包括报废的卫星和其他空间物体、运载火箭的遗弃物,以及火箭爆炸或空间物体碰撞后所产生的破碎物。这些都是人类从事空间活动的人为产物。随着空间活动的发展,空间轨道上所积累的碎片急剧上升,从而增加了空间碎片与空间物体碰撞的可能性和危险性。各国从事研究和探索外层空间(包括月球和其他天体)时,应避免使其遭受有害的污染,并避免地球以外的物质使地球环境发生不利的变化。如必要,各国应为此目的采取适当的措施。但现有的条约规定尚不够充分、完备,需要进行新的立法予以完善。该问题现已列入外层空间科技小组委员会的议程。目标是制定相应的国际法律文书,以减轻和防止空间碎片可能造成的危害。

6. 空间站的国际法问题。自1971年4月苏联发射了世界上第一个空间站“礼炮1号”开始,美国和欧空局也加快了空间站的建设。空间站是一种新事物,在法律上提出了许多新问题:首先,涉及的是“空间站”(space station)的概念,目前还缺乏权威性的法律定义,一般指以探测、研究和开发空间为目的的永久性载人或不载人的空间物体群或系统。其次,多国参与的国际性空间站及其组成部分的管理问题,包括登记、管辖和控制权问题,损害赔偿问题,知识产权、技术转让及税收问题,空间站的非军事化问题等也是必须要加以规范的重要法律问题。

六、结　　语

外层空间问题极其复杂且涉及科技、安全、政治和法律等领域。从近30年来的发展来看,关于外层空间的法律制度正开始初步形成。坚持国家的空中主权可以无限制地扩展到外层空间的人已越来越少。外层空间供一切国家自由探测和使用以及不得为任何国家所占有两条原则已被订入《外层空间条约》。我国于1980年6月开始派观察员代表团出席联合国外层空间委员会第23届会议,1980年年底联大决议通过我国正式参加外层空间委员会的请求。从1981年起我国作为正式成员国派出代表团出席了外层空间委员会和它所属的科技和法律两个小组委员会。我国还派代表团出席了1982年和1999年召开的联合国第二次和第三次外层空间大会。我国于1983年12月加入了《外层空间条约》,于1988年12月加入了《援救协定》、《国际责任公约》和《登记公约》。以和平开发与利用空间资源为宗旨的航天事业,是全人类的共同事业。推进航天事业的持续发展,扩大空间技术的应用范围,需要各国的共同努力,需要不断地加强国际合作。

千年飞天梦,今日终成真!“神舟”五号发射成功,不但开辟了我国航天事业的新天地,也必将推动中国更多地关注和参与外层空间国际法制的建设。

(2003年第11期)

2004 年

经济全球化背景下的法律服务自由化

李本森*

WTO在全球化中的作用已经超越了其经济组织本身。WTO规范中法律服务作为服务贸易的一种被纳入经济自由化的体系之中。虽然目前法律服务在整个服务贸易总量中所占份额相对较小,但由于法律服务本身与一个国家的政治、法律等密切相关,是服务贸易中直接触及上层建筑的部分,所以法律服务自由化问题有其自身特殊性。对经济全球化背景下的法律服务贸易自由化问题进行分析和研究,不仅关系一个国家的法律服务业的开放程度以及政策取向问题,而且对于一个国家的经济、政治、法制、文化等相关政策的确立具有十分重要的现实意义。

一、经济全球化背景下国际法律服务市场的新发展

根据国际货币基金组织(IMF)对经济全球化的定义,经济全球化意指“跨国商品及服务贸易与国际资本流动规模和形式的增加以及技术的广泛迅速传播使世界各国经济的相互依赖性增强”。① 由于现代市场经济是以法制为基础,市场中各种交易活动要受到契约、商业惯例、国际商业条约的约束,由此衍生出大量的法律服务需求。近几年,网络技术和信息产业的迅速发展,加速了经济全球化特别是金融全球化的发展。随着国际贸易的增长,特别是金融全球化进程的加快以及新的贸易领域和贸易方式的出现,律师法律服务的业务无论在其形式、内容、规模等方面都出现了不少新的变化和新的发展。

第一,法律服务产业化在国际法律服务领域得到了很大的发展。经济全球化加快了国际间经济贸易的活跃程度,特别是跨国公司的发展,跨国间的公司兼并与收购、金融机构的全球资本运作、工业知识产权的跨国交易、跨国项目投资的发展,使得相应的国际法律服务需求迅速增长。根据世界贸易组织的统计,美英两国的法律服务在20世纪90年代初净贸易额达20亿美元;在意大利,法律

* 作者单位:中国政法大学法学院。

① 国际货币基金组织编:《世界经济展望》,中国金融出版社1997年版。

服务的输出从1990年的400万美元增加到1997年的1.15亿美元;澳大利亚则从1991年的2900万美元增加到1997年的1.18亿美元。[①] 随着世界经济一体化进程的加快,估计发达国家的国际法律服务贸易仍然会保持较高的增长态势。

第二,大型律师事务所的全球化已经成为潮流。从20世纪80年代开始,美国的许多大型投资银行开始在国外进行资本运作,原来这些投资银行的法律事务所为了保持同这些银行的关系,也跟随这些机构到国外开设分支机构。以香港为例,1980年美国律师事务所在香港开设分支机构只有8家,到2000年之前已经有36家分支机构。据《美国律师》(American Lawyer)统计,1999年英美全球化程度最高的前十位律师事务所在国外设立分支机构有将近200个,在国外分支机构中工作的律师近40%。其中全球化程度最高的律师事务所Baker & Mckenzie律师事务所,该所在35个国家设立了分支机构,有律师2306多人,在国外工作的律师占80%。[②] 全球化程度仅次于Baker & Mckenzie的是White & Case律师事务所,1997年该律师事务所有750名律师,在全球的分支机构为25家,而到了2000年该所的律师已经接近1500名,在全球的分支机构为36家。[③] 国外大型律师事务所在我国设立的办事机构从20世纪90年代初的10多家发展到现在的120家,另外还有43家香港律师事务所在内地设立办事机构。[④] 这些大型律师事务所的分支机构主要分布在世界经济、金融发达的城市和地区。

第三,法律服务的开放和自由化程度在不断加强。根据世界贸易组织乌拉圭回合谈判的结果,在乌拉圭回合中,有45个成员方(其中欧共体12个国家作为一个成员)作出了法律服务自由化方面的承诺。其中22个成员方作出外国律师可从事对东道主国家法律咨询的承诺,40个成员方作出外国律师可从事对本国法律咨询的承诺,4个成员方作出外国律师可从事对第三国法律咨询的承诺,还有6个成员方作出外国律师可从事其他法律服务的承诺(包括法律文书证据的提供和证明服务,以及提供其他咨询和信息服务)。[⑤] 我国在加入WTO的法律文件中对法律服务的开放承诺也比加入前也有新的扩展。

第四,国际法律服务机构在服务的提供和交易形式方面出现了许多新的变化。从20世纪80年代中后期开始,国外的一些大型律师事务所出现了兼并和

① 张圣翠、赵维加著:《国际服务贸易法与中国》,上海三联书店2000年版,第49页。
② www.bakerinfo.com。
③ www.whitecase.com。
④ 段正坤:“依法监管,促进中国法律服务市场的开放”,载《中国律师》2003年第8期。
⑤ 张圣翠、赵维加著:《国际服务贸易法与中国》,上海三联书店2000年版,第52页。

重组的倾向。许多大型的律师事务所都是在这一阶段通过重组之后扩张规模的。另外,在提供服务的方式方面也出现了新的变化。商业存在(commercial presence)成为法律服务自由化的最主要形式。近年来,新加坡为了发展和强化其在亚洲国际金融市场中的地位,对法律服务市场的开放程度要求较高,目前已经有多家国外大型律师事务所获准与新加坡本地律师事务所联合,形成新型的国际化律师事务所,为客户提供"一站式"(One Stop Shop)的法律服务。

第五,国际法律服务市场的竞争已经超越了法律服务业本身。由于法律服务市场的巨大利润和市场的巨大潜力,不仅法律服务业内部的竞争在加强,而且国际上一些大型会计师事务所、咨询公司也加入到法律服务市场的竞争中来。由于这些公司中也有大量的公司律师,而且国际法律服务市场的业务是以咨询为代表的非诉讼业务为主,他们所从事的业务与律师事务所所从事的咨询业务有共同的特点。正因为如此,国际法律服务市场的竞争将趋于更加激烈。

二、《服务贸易总协定》(GATS)在法律服务自由化中的作用

GATS 作为乌拉圭回合"一揽子"协议的一部分,是第一个全球性的多边服务贸易协定。它是经济全球化所产生的贸易多元化的产物。GATS 涵盖了几乎商业服务的所有领域,但"在行使政府权限时提供的服务"除外。GATS 的目的就是根据逐步自由化的原则,通过多边谈判以达成有法律约束力的承诺,以增加可预见性并提高透明度,在世界范围内创造有序的市场竞争环境。

GATS 在法律服务自由化中的作用主要体现在以下几个方面:

1. GATS 直接影响法律服务部门的国内部分法规、政策手段

GATS 对于服务贸易的规范影响到一国的政策干预,但并不包括一个国家的所有的该行业宏观政策管理。GATS 最重要的普遍义务是最惠国待遇(第2条)和透明度(第3条),它们适用于所有服务部门。具体义务是指市场准入和国民待遇(第16、17条),只适用于各成员减让表中以限制形式列出的服务部门市场准入和国民待遇具体承诺。这种限制根据四种模式(跨境提供、境外消费、商业存在、自然人流动),可能是水平的,也可能是单个部门的。在具体的服务部门上,GATS 涉及核心的政策干预手段主要集中在市场准入和准入后的待遇方面,以确保有关资格要求、程序、技术标准和许可要求等国内规章不会对服务贸易构成不必要的障碍。而在这方面,也即贸易自由化方面,各国政府经常设置贸易限制,以防止外国服务提供者跨境设立国内存在。GATS 提倡贸易自由化的主要重点就是要削减和取消这些措施,以提供更好的市场准入和国民待遇,以

在权利和义务的总体平衡的基础上增进所有参加方的利益。在这一点上看,对于法律服务领域是同样的。

2. GATS 基于非歧视基础上的自由化的原则创制了有助于保持持续的和有效率的政策的动态法律机制

首先,WTO 成员在现实的多边承诺或者关系将来自由化的承诺,由此使得国家政策变得明确和可预见,在一定程度上限制了政府的权力,减少了国内不合理制度产生的可能性。比如,一国关于商业存在方式提供法律服务在地域和数量的限制逐步取消问题的承诺,由此法律服务提供者就可以在可预见性的基础上作出合理的决策或规划,从而达到提高效率和降低成本效用。其次,对于法律服务自由化的逐步承诺有助于加强法律服务业的宏观监管和改革。法律服务的自由化和其他服务行业的自由化一样,必须同加强宏观监管和行业自律结合起来。在这方面,基于 GATS 的有关承诺在为政府确定宏观监管政策和改革的时间表,加强改革的目的性、一致性和紧迫性方面可以发挥有效的推动作用。最后,GATS 通过不断的多边谈判达到贸易自由化的目的,使得法律服务的自由化程度不断加强,为全球法律服务的自由化提供了驱动的设置。由于服务贸易自由化的谈判刚拉开序幕,今后的谈判必将走向更加深入和更加成熟。由此对于整个国际法律服务市场的形成创造了良性的运行机制。

3. GATS 考虑到发展中国家在服务贸易中的不利地位,鼓励发展中国家更多参与的原则,有利于发展中国家在法律服务自由化进程中获得更多的发展机会

考虑到发展中国家在服务贸易的大多数领域同发达国家相比具有明显的劣势,《服务贸易总协定》关于发展中国家在服务贸易领域的自由化、市场准入、进一步参与、信息提供等方面规定了许多有利于发展中国家的优惠条款。发展中国家在开放法律服务贸易领域方面可以充分利用这些优惠的条款,把发展国际法律服务贸易与保护本国的法律服务市场的正常发展有机地结合起来,在扩大开放的同时,不断提高法律服务的水平和质量,以增强本国法律服务业在国际法律服务市场上的竞争力。

三、影响法律服务自由化程度的因素

影响法律服务自由化的因素有很多,既有宏观的,也有微观的。这里主要讨论的是具体的法律上的微观因素。根据 GATS 的精神,服务贸易自由化的核心是解决服务市场的准入和准入后的待遇问题。因此,影响法律服务自由化程度

的具体因素也围绕这两个问题产生。

1. 市场准入

市场准入问题解决的是WTO各成员的法律服务提供者是否可以进入以及以什么形式进入其他成员境内提供服务的问题。GATS所规定的服务的提供的四种方式,跨境提供、境外消费、商业存在和自然人流动,在法律服务领域都可能产生。但是影响服务贸易自由化的最主要方式是商业存在。在法律服务领域具体表现为一成员的法律服务提供者在另一成员领土内设立代表处或其他形式的机构为后者的法律服务消费者提供服务。各国的法律服务开放程度并不相同,这决定了商业存在这种形式在不同的成员内有不同的表现形式。

在市场准入方面的限制实际上就构成了服务贸易的壁垒。在法律服务领域这方面的壁垒主要围绕商业存在这种形式。这方面的限制具体表现为三个方面:第一个方面是关于商业存在准入后的表现形式问题,有的成员允许设立代表处,有的承诺可以设立分所,有的允许以公司的形式,还有的允许以同所在地的律师事务所联合组成新的实体等不同形式。第二个方面是关于商业存在中派驻人员的资质的限制,如规定派驻人员的职业资格、执业年限、职业道德以及在所在地年度居留时间要求等。第三个方面就是数量和地域限制问题,比如,外国律师事务所是否在一个成员境内可以设立多个代表机构,这些代表机构的设立是否存在地域的限制等。

在上述三个方面问题中,影响市场准入的关键问题是商业存在的形式。衡量一个成员法律服务自由化或开放的程度在市场准入方面主要是看形式是否灵活或单一。目前,在商业存在方面出现了一种新的形式,就是一些成员方允许境外的律师事务所和境内的律师事务所联合组成新的实体。根据新加坡和我国香港的经验,境外的律师事务所可以同本地的律师事务所组成新的联合体,开展新的法律服务。在新加坡至少有7家国外的律师事务所获准与本地的律师事务所联合。

出现这种新型的联合体的根本原因在于国际法律服务市场出现的新的更高的服务需求造成的。现在很多大型跨国企业、金融机构由于在全球运作技术、资本,一个投资或融资项目往往要涉及多个法域的法律,因此需要提供的法律服务也往往是复合的。由于经济全球化,在国际法律服务市场上的法律服务纯粹只涉及一个国家的法律事务越来越少。法律服务业务不仅涉及所在国的法律,而且会不同程度地涉及其他国家、国际组织和民间机构的规范和商业惯例。这就给法律服务的提供者提出了新的问题,即如何更好地提供这样的复合型法律服务。如果一个律师事务所的业务范围被严格地局限于某一方面的法律事务,显然,按照传统的律师事务所的组织模式和业务范围的划分就很难满足这些高端客户的要求。因此采取跨境的律师事务所联合体就可以在全球范围内有效地调动法律服务资源,从而更好地满足这些新型的法律服务需求。这就是出现新型跨境的律师事务所的联合体的根本原因。

2. 国民待遇

市场准入后的待遇问题主要是国民待遇问题。国民待遇问题主要是两个:一个是境外的代表机构与所在地的律师事务所的执业权利与义务平衡问题;另一个是境外派驻的律师与所在地的律师权利与义务平衡问题。

根据 1998 年 WTO 的有关资料统计,给予商业存在全部国民待遇的成员方占 16%,部分国民待遇的占 76%,未承诺的占 8%,主要是境外代表机构的执业范围问题。在商业存在方面具体的问题就是,境外的机构是否可以从事与所在地的律师事务所相同的法律事务,也就是业务范围的限制。绝大多数成员的承诺中都排除了诉讼代理,特别是刑事诉讼代理,这方面对外国法律服务提供者给予了几乎全部的限制,因为这些业务与所在国的国家的司法主权密切联系。至于法律咨询方面情况比较复杂,主要涉及是否可以提供本国法律事务的咨询。在这方面的限制趋于松动,其原因与上文所谈到的国际法律服务的新需求的原因是相似的。

关于派驻律师的待遇问题,也即境外的律师与所在国的律师的权利与义务平衡问题。由于法律服务是专业服务,因此专业资格的限制就很高;同时,由于不同国家的法律制度都会有很大的不同,因此,对法律服务的要求也会不一样。因此从维护客户的利益的角度,境外律师并不能当然在所在国境内以律师身份为法律服务的消费者提供所在国的法律服务。但接下来的问题是,外国的公民或律师是否可以参加所在地律师资格或司法资格考试获取本地律师执业资格,这也是一个影响律师跨境执业的一个重要问题。

从上述分析可以看出,影响法律服务自由化的因素主要是市场准入和国民待遇问题。根据这两个因素可以对目前的法律服务开放的 WTO 成员加以分类:高度开放的成员,指在市场准入和国民待遇上没有限制的成员;中度开放的成员,指在市场准入和国民待遇上,虽然有限制,但不至于对相应的国际法律服务的业务的提供产生实质的不利影响;低度开放的成员,指在市场准入和国民待遇方面存在较多限制的成员。根据这个划分,对照我们国家目前的承诺和有关法律和规章,不难看出我们国家在法律服务自由化方面还处于低度自由化和低度开放的状态。

四、法律服务自由化可能导致的政策和法律风险

1. 法律服务自由化与法律全球化问题

法律全球化在理论界是个很有争议的概念。法律服务自由化是否会导致法律全球化,进而影响一个国家的司法主权和法律的性质。这也是一个国家或成员在开放法律服务市场时不能不考虑的问题。

经济全球化所产生的大量的商人习惯法、国际商事活动惯例、国际仲裁法庭规则等国际法律规范,通过各种国际经贸组织、行业协会、产业联盟、跨国公司、商事仲裁机构等组织在不同领域内的实践,就产生了新的法律空间。这种空间有别于国家法律所管辖的主权法律空间。因此,法律全球化在一定范围内是正确的。这一范围就是跨国间的民事、商事活动的法律规范随着经济的全球化而产生趋同化倾向。当然,这种趋同化的现象在国内法律中也会有一定程度的反映,但这种趋同化并不会影响国内整个法律体系和法律性质发生本质的变化,因为这些规范主要局限于经济民事领域。国际法律服务市场具体操作的规范也在很大程度上局限于这个范围以及相联系的涉外法律规范,而且国际法律服务的主要表现形式体现为法律咨询和代理活动,跨国的法律诉讼在国际法律服务市场上所占的份额也很少。因此,国际法律服务的自由化并不必然会导致法律的全球化,更不会影响一个国家的司法主权。

2. 法律服务的自由化与境外法律服务机构的本土化问题

随着一些大型律师事务所在世界各地开设大量分支机构,这些分支机构的本土化的问题越来越引起所在国的重视。境外律师事务所的本土化主要通过两种形式实现:一种是境外律师事务所和本地的律师事务所联合或者合作;另一种是聘请本地的律师到其分支机构工作。分支机构本土化程度越高,经营的成本就越低,该机构的业务就越有保障,在当地也就越能获得发展。本土化已经成为境外律师事务所在发展和经营分支机构中的重要目标。White&Case 律师事务所《2000 年年度报告》就将分支机构本土化程度列入统计表格中。根据对全部 36 个所属机构的统计,有 29 个机构完全本土化,有 2 个分支机构通过和当地的律师事务所的正式合作来提供本土法律服务,有 4 个分支机构要通过选择当地律师事务所或律师提供本土法律服务。可见,一些国外律师事务所在境外的本土化的程度是相当高的。

外国法律服务机构的本土化直接结果是使外国的律师事务所在更大范围和更深层次参与所在地法律服务市场的竞争,具体体现为业务上的竞争和人才的

竞争。对于这种竞争，国内的法律服务行业完全不必惊慌失措，更没有必要惊呼“狼”来了，因为本土化的结果应该是双赢。虽然境外的法律服务分支机构在本土化过程中获得了更大的发展，而本地的法律服务消费者获得了高质量的法律服务，同时本地的法律服务机构和法律人才通过与境外律师事务所合作学到了先进的经验，提高了在法律服务市场上的竞争能力。因此，总体上看境外律师事务所的分支机构的本土化并不会给本地的法律服务市场造成本质的损害。当然在这一过程中行业管理部门对国外法律服务机构的有效监管就显得非常重要。

3. 法律服务自由化与当地法律服务可能被边缘化问题

近来中国的一些业内人士认为，随着中国法律服务市场的放开，不少中国律师将被迫退出高技术含量、收入丰厚的非诉讼事务领域，退到包括中国城市社区、基层农村在内的以诉讼为主的次要服务领域。他们现在所从事的业务领域和范围将被缩小，从而走向边缘化。

对此，我们应辩证地去分析。法律服务市场实际是由两个市场构成，一个是国内法律服务市场，另一个是国际法律服务市场。这两个市场的情况完全不同。在国内法律服务市场上由于国内法律性质和法律传统的影响以及本地法律服务业的多年积累，即使全面开放法律服务业，国内法律服务业也不可能会被边缘化。这就好像在演艺圈里，外国人在中国做演员永远不可能成为中国一流演员的道理是一样的。

在国际法律服务市场的情况就不一样，由于以美国为代表的发达国家在世界经济中占有绝对优势，其各种“游戏规则”也为他们所制定，所以国际法律服务的份额也是他们占绝对优势。不仅广大发展中国家，即使经济发达国家如日本在整个国际法律服务市场上也处于边缘状态。问题是，这种边缘化的程度会不会进一步加深。总体上看，中国加入 WTO 后，法律服务市场的进一步开放，有利于中国的律师事务所在更大范围内学习和借鉴国际先进的经验，并且开拓国际法律服务市场，由此也会相应地减弱我们被边缘化的程度。实际上，在国际法律服务市场上，我们已经处于边缘，开放的结果是我们将不断地从法律服务的边缘地带向中心地带前进，而不可能出现被进一步边缘化的问题。那种认为开放法律服务市场，我国的律师从业人员将被边缘化的说法是缺乏根据的。

五、结　论

1. 必须选择逐步加快自由化的策略

面对经济全球化的浪潮和国际法律服务市场的新发展，对法律服务市场采取严格的保护性的措施不是实现法律服务市场政策目标的最佳手段。现代市场经济越来越倚重法治,法律服务自由化的趋势随着经济全球化程度的加深而将持续下去。法律服务自由化将加剧全球法律服务市场的竞争,进而降低法律服务市场的成本,提高法律服务的效率,实现法律服务资源跨国家、跨地域、跨时段的优化配置;同时,法律服务自由化将进一步促使国内法律服务市场的结构性调整,有利于加强和改善政府和行业组织对法律服务市场的监管,提高决策的科学性和监管的高效率。当然,一国法律服务自由化的步骤要取决于一国的状况,世界上统一的法律服务自由化的模式是不存在的。自由化的时机和步骤完全取决于各国的具体情况,其中的决定性因素是两个:首先是国内的经济开放程度,因为法律服务最终要为经济开放服务;其次才是本国的法律服务市场自身的发展状况。我国加入 WTO 后,在法律服务领域已经推出了进一步开放的措施:加入 WTO 一年内取消“三个限制”,即从 2003 年 1 月起,取消设立外国律师事务所驻华代表机构数量的限制、取消开办城市的限制、取消一个外国律师事务所只能在我国设立一个代表机构的限制;允许外国律师事务所驻华代表机构继续从事本国的法律业务,可以“提供我国法律环境影响的信息”,但不能从事任何有关我国法律事务的活动;允许外国(港澳)律师事务所驻华(内地)代表机构通过订立合同的形式,与我国律师事务所建立长期的委托关系;降低对外国(港澳)律师事务所驻华(内地)机构首席代表、代表执业年限的要求。

2. 提高国内法律服务机构的竞争力是应对法律服务自由化挑战的关键

鉴于法律服务贸易自由化的利益与挑战,决策部门就得面对一个问题,即如何通过逐步自由化以及配套的改革,实现本国法律服务提供者竞争力的增强和利益的最大化。一国能不能够在全球法律服务中占有一定的位置是关系到在竞争中能否不被边缘化的一个关键。实际上并不是很发达的国家也已经开始认识到这一点的重要性,包括像中国这样的发展中国家的一些在国内有实力的律师事务所在中国加入 WTO 之前,就到国外开设了分支机构。虽然这些分支机构并没有在很大程度上增加法律服务的业务总量,但是对于中国这样的发展中国家的律师来说从积累经验方面已经达到了目的。对于发展中国家来说,法律服务的出口并不存在法律上的障碍,因为法律服务市场最发达和最需要的地方目前仍然集中在世界经济、金融发达的国家和城市,而这些地方当地的法律服务市场基本上是完全放开的,所以,法律服务的出口障碍很大程度上来自于自身。以我们自身来说,我们缺乏同国际大型高端客户交往的经验,我们缺乏国际法律服务职业规则的严格训练,一句话,我们还不能生产出合乎国际法律服务市场需求的产品。在国际法律服务市场上打造属于自己的专业品牌,提供一流的法律服务，是当前和今后相当长一个时期中国法律服务业需要认真面对的一个问题。

3. 法律服务的自由化将促进法律服务的产业化

法律服务自由化的发展将大大促进法律服务产业化进程，这已经为发达国家的法律服务的实践所证实。法律服务作为一种产业的前提在于法律服务从国家公权力的中心逐步分离出来，形成自成体系的与经济生活相匹配的经营机制。法律服务贸易自由化使得国际法律服务贸易与经济的联系程度更加紧密，服务的专业化、服务的品牌与服务的收入之间的关系更加密切，这些都将带动国内特别是发展中国家内部法律服务产业化的进程。传统上，法律服务属于公众事业的范畴，人们习惯上把法律服务看做非营利性的事业，但是随着社会对法律服务的需求越来越广泛，需求的层次越来越高，这时法律服务的产业化的功能就日益凸显出来，这也是社会文明进步的一个重要标志。当我们面对经济全球化的浪潮，面对法律服务贸易的迅速扩张，如果我们决策部门不能够认识到在一定范围内的法律服务可以构成产业的话，那我们就还停留在计划经济或传统的思维中，我们就会落后于这个时代。将法律服务看做一种带有经营性质的产业，有利于我们从全球范围找到我们的位置和规划未来法律服务发展的策略。那种仅着眼于短期利益加强对法律服务自由化的限制，而不考虑长远和开放的策略的观点和做法在实践中是不可能应对世界法律经济全球化和法律服务自由化的浪潮的挑战。

4. 法律服务自由化必须同加强和改善行业的宏观监管结合起来

GATS 在为多边框架下承诺法律服务自由化提供了机制的同时，也要求政府的宏观管理和行业监管更加有效。GATS 通过最惠国待遇原则，使得具体的服务贸易的承诺约束现今的市场准入水平以及将来的自由化，因此就使一成员在法律服务领域的自由化的承诺在一定时期内保持相对稳定和透明。虽然法律服务自由化的市场风险总体比较低，但是也不能忽视，特别对境外法律机构的本土化过程，要正确引导规范。随着今后贸易自由化的谈判，新的自由化的承诺将会产生，但现有的承诺构成了未来的承诺水平的可预见的基础。主管法律服务的政府或行业对于本国法律服务市场的法律和政策监管也同样要围绕当前的法律服务承诺的水平和实践状况进行，在开放的条件下的法律服务的监管必然要适应新的要求和新的形势，这对于提高决策部门的管理的有效性具有十分重要的意义。

（2004 年第 1 期）

论国际商事仲裁协议的法律适用

刘晓红*

仲裁协议法律适用是指依据某一特定法律(仲裁协议准据法)来确定仲裁协议的效力问题。可以认为,国际商事仲裁协议法律适用的中心问题便是解决仲裁协议的有效性问题。关于国际商事仲裁协议法律适用的含义,有权威学者指出:"仲裁协议的适用法律是指支配与仲裁协议有关的实体问题应当适用的法律。此项法律适用于仲裁协议的解释、仲裁协议的有效性及其解除等问题,以及与执行仲裁裁决有关的上述类似问题。此外,某一争议是否属于仲裁协议的范围,也受仲裁协议的适用的法律的支配。"①仲裁协议是国际商事仲裁的基石,没有有效的仲裁协议,就不存在有效的国际商事仲裁。一项合法有效的仲裁协议,既是仲裁庭行使管辖权的依据,又是裁决具有执行效力的法律基础。因此,国际商事仲裁协议法律适用,不仅是一项重要的理论问题,更是国际商事仲裁实践中必须予以解决的问题。可见,国际商事仲裁协议的法律适用作为国际商事仲裁法律适用三大问题中②的一项,具有极其重要的法理意义。

一、仲裁协议准据法的适用范围——"整体论"和"分割论"

作为调整仲裁协议有关问题所应依据的法律——仲裁协议的准据法,其适用范围如何?是涵盖了所有涉及仲裁协议的解释、仲裁协议的效力、仲裁协议的无效及其解除以及当事人缔约能力、可仲裁性等问题,还是仅适用于其中的某些问题?换言之,在确定仲裁协议准据法时,将仲裁协议作为整体来确定其准据法,抑或将仲裁协议的不同方面分别适用不同的法律?在国际商事仲裁理论与实践中,对于该问题存在"整体论"和"分割论"两种不同的观点和主张。

仲裁协议准据法确定中的"整体论"(也有称为"统一论")主张将一项仲裁协议视作一个整体,将其所涉及的所有问题都统一地由一种法律来支配。该观

---

* 作者单位:华东政法学院(现华东政法大学)。

① David St. John Sutton, John Kendall, Judith Gill, *Russell on Arbitration* (21st ed.), Sweet & Maxwell, 1997, p. 72.

② 其余两项问题分别为:国际商事仲裁程序法的适用和国际商事仲裁实体法的适用。

点主要源于国际私法中有关合同准据法确定的“整体论”。① 在国际和国内,有一些学者持该种主张。例如,英国著名国际私法学者戴赛和莫里斯的论著中就包含了这样的论断:一项仲裁协议是否合法有效涉及多方面的问题。除了当事人的缔约能力外,还涉及协议的形式有效性、协议的内容合法性,仲裁条款的独立性(可分性)等。这些问题,都要根据仲裁协议准据法作出决定。② 也有学者认为:在通常情况下,如果当事人明示选择了适用于合同全部的法律,即可认为或推定仲裁协议也受该法律支配。③ 我国也有少数学者的论著中反映了“整体论”主张。④

仲裁协议准据法确定的“分割论”则主张对仲裁协议涉及的所有要素进行分割,不同方面受不同的法律支配。学者们主张“分割论”的理论依据为:其一,仲裁协议在本质上属于契约范畴,国际私法中有关合同法律适用的“分割论”方法同样可以在商事仲裁协议准据法的确定中适用;其二,仲裁协议的有效性涉及诸方面的问题,这些具有不同性质的问题应该适用不同的法律;其三,从实践角度来看,无论对法院还是仲裁机构而言,“分割论”方法对仲裁协议效力问题的解决更具合理性和准确性。

鉴于以上理由,目前在国际商事仲裁理论界更多的学者倾向于“分割论”观点。类似观点在许多国内外仲裁著作及论文中均有所反映。⑤ 总之,无论学者在理论上的观点分歧如何,笔者注意到,从国际商事仲裁实践来看,以 1958 年

① 谢石松主编:《商事仲裁法学》,高等教育出版社 2003 年版,第 160 页。

② Dicey and Morris, *The Conflict of Laws*(11th ed.), Stevens, 1987, p. 535.

③ Mustil and Boyd, *The Law and Practice of Commercial Arbitration in England*(2nd ed.), 1989, p. 62.

④ 郭寿康、赵秀文主编:《国际经济贸易仲裁法》,中国法制出版社 1995 年版,第 65 ~ 68 页;杨树明主编:《国际私法》,中国政法大学出版社 2000 年版,第 222 页;赵秀文著:《国际商事仲裁及其法律适用研究》,北京大学出版社 2002 年版,第 32 ~ 40 页。

⑤ Marc Blessing, The Law Applicable to the Arbitration Clause, *ICCA Congress Series* No. 9 (Paris/1999), pp. 168 – 188; Julian D. M. Lew, The Law Applicable to the Arbitration Clause, *ICCA Congress Series* No. 9 (Paris / 1999), pp. 114 – 145; A. Redfern, M. Huter, *Law and Practice of International Commercial Arbitration* (2nd ed.), Sweet & Maxwell, 1991, pp. 74 – 146; Emmanuel Gaillard, John Savage (ed), *Fouchard, Gaillard and Goldman on International Commercial Arbitration*, Kluwer Law International. 1999, pp. 21 – 318;赵威主编:《国际仲裁法理论与实务》,中国政法大学出版社 1985 年版,第 135 ~ 137 页;韩健著:《现代国际商事仲裁法的理论与实践》,法律出版社 1993 年版,第 89 ~ 93 页;高菲著:《中国海事仲裁的理论与实践》,中国人民大学出版社 1998 年版,第 86 ~ 99 页;朱克鹏著:《国际商事仲裁的法律适用》,法律出版社 1999 年版,第 24 ~ 57 页;谢石松主编:《商事仲裁法学》,高等教育出版社 2003 年版,第 160 ~ 169 页。

《纽约公约》为代表的国际商事仲裁立法①和各国国内立法及商事仲裁实践，对仲裁协议法律适用问题也广泛地采纳了“分割论”的方法。

二、确定仲裁协议准据法的理论与方法②

Marc Blessing 先生在英国学者 Julian D. M. Lew 提出的仲裁协议准据法确定的4 种理论基础上，增加了5 种理论，提出了有关确定仲裁协议准据法的9 种理论，它们是：(1) 仲裁协议签订地法(locus regit actum，更确切地说为：locus regit formam actus，意指仲裁条款效力来源所在地法)；(2) 仲裁庭所在地法(the law of the seat of the arbitral tribunal)或仲裁地法(lex arbitri)；(3) 仲裁协议自体法(the proper law of the arbitration agreement)，③在一定程度上该自体法由当事人选择或采用其他方法加以确定；(4) 包含仲裁条款的主合同的准据法(lex causae)；(5) 当事人双方或一方的属人法；(6) 在没有仲裁条款情况下，有管辖权的法院所在国法律；(7) 仲裁裁决执行地国家的法律；(8) 上述任何7 项法律的综合；(9) 非国内化或非当地化理论(an anational or denationalized approach)，适用一般法律的基本原则。④ 这些理论较全面探讨了仲裁协议准据法可能适用的法律，在一定程度上反映了学者对仲裁协议准据法确定的一般认识和看法。虽然有些理论尚缺乏可操作性，但对仲裁协议准据法确定问题的研究有一定的指导意义。

就仲裁协议准据法确定的方法来看，多数学者比较认同下列传统方法：仲裁协议准据法首先应依意思自治原则，允许当事人自主选择仲裁协议适用的法律；在当事人无明示选择时，则直接适用或推定适用仲裁地法(裁决作出地法)。在仲裁地无法确定时，则适用受理案件的法院地国的冲突规则决定仲裁协议适用的法律。⑤ 此外，受仲裁程序法的非国内化理论的影响，在仲裁协议准据法确定上，也出现了适用一般法律原则的做法。现将这些理论具体阐述如下：

---

① 如《纽约公约》第5 条对当事人行为能力、仲裁协议本身、争议事项可仲裁性等的法律适用分别加以了规定。

② 这里“仲裁协议准据法”的概念作狭义解释，主要是指仲裁协议自身效力的准据法，涉及确定仲裁协议自身内容的有效性、解释、效力和适用范围等问题时应适用的法律，它有别于支配仲裁协议形式要件、当事人的行为能力和争议事项的可仲裁性的法律。

③ 笔者翻译该概念时借用了国际私法中“合同自体法”(the proper law of the contract)的概念。

④ Marc Blessing，The Law Applicable to the Arbitration Clause，*ICCA Congress Series* No. 9 (Paris/1999)，p. 169.

⑤ 朱克鹏著：《国际商事仲裁的法律适用》，法律出版社1999 年版，第52 页。

(一)依当事人选择的法律——意思自治原则的适用

当事人意思自治在仲裁协议准据法确定中的适用应源于仲裁协议的契约性。在一些国家的仲裁理论及实践中,当事人选择仲裁协议准据法被视为首要原则。一般情况下,如果双方当事人在仲裁协议中已特别选定了适用的法律,双方当事人的约定自然优先适用,除非这种约定被认为是违反了公共政策。[①] 而从国际及国内立法层面来看,1958 年《纽约公约》、1961 年《关于国际商事仲裁的欧洲公约》、1975 年《美洲国家间关于国际商事仲裁的公约》以及 1985 年《国际商事仲裁示范法》均明确规定,应根据当事人指定适用于仲裁协议的法律裁定仲裁协议的存在或有效性。[②] 此外,尽管鲜有国家仲裁法对仲裁协议的法律适用加以专门规定,但在这些规定中仍有对当事人意思自治原则加以肯定的。如瑞典仲裁法、葡萄牙仲裁法及英国仲裁法均有相关规定。

(二)适用仲裁地(裁决作出地)国法

在当事人对仲裁协议准据法未作明示法律选择时,国际上通行的观点和做法是以仲裁地法作为仲裁协议的准据法。[③] 尽管以仲裁地法作为补充已得到普遍认同,但在具体的推定上,各国存在不同观点。

英国学者的观点是:在当事人对法律选择没有明示意思表示(expressed intention)时,首先应推定当事人的默示意思(tacit intention),而所谓默示意思系指当事人未就有关契约准据法明确约定时,法院或仲裁庭可根据契约的内容或文字,确定当事人对于契约准据法默示的意思。我国台湾地区学者也大都认为当事人意思自治应包括明示及默示之意思。[④] 而应当注意的是,探求当事人默示意思时,必须依据一定的事实或情况加以认定,不得凭空臆断,而且该认定可由当事人以反证推翻。[⑤] 在确定当事人默示意思的过程中,仲裁地法则是一个最有力的推定。英国法院曾在其判例中,以当事人已明示选择了仲裁地为由,推定当事人意欲适用仲裁地法支配仲裁协议。但是,近些年来,特别是自 1990 年"合同法律适用法"生效以来,英国的立场有所改变。在当事人仅指定了仲裁

---

① Dr. Marc Blessing :"论仲裁协议——法律和实务中的重要问题",载中国国际商会仲裁研究所编译:《国际商事仲裁文集》,中国对外经济贸易出版社 1998 年版,第 41 页。

② 《纽约公约》第 5 条第 1(1)款;《欧洲公约》第 6 条第 2 款;《美洲国家间关于国际商事仲裁的公约》第 5 条第 1 条第 1 款;《国际商事仲裁示范法》第 34 条第 2 款第 a 项和第 36 条第 1 款第 a 项。

③ 韩健著:《现代国际商事仲裁法的理论与实践》,法律出版社 1993 年版,第 91 页。

④ 马汉宝著:《国际私法总论》,台湾汉林出版社 1983 年版,第 140 页。

⑤ 姚淇清:"契约准据法之研究",载马汉宝主编:《国际私法论文选辑》(下),台湾五南图书出版有限公司 1984 年版,第 637 页。

地，但未明确指定仲裁员的选定方法时，尚不足以推定当事人的默示法律选择。但是，如果仲裁条款明确规定仲裁在特定国家举行，则可推定当事人有选择该国法的意思。[①] 瑞典仲裁法在该问题上的规定则代表了另一种观点。在缺乏当事人明示法律选择的情况下，瑞典法律并不主张去推定当事人默示的意思，而是倾向于适用仲裁举行地或裁决作出地法。[②]

仲裁地法的适用在国际商事仲裁立法及实践中也得到了普遍的认同。1958年《纽约公约》、1961年《关于国际商事仲裁欧洲公约》及1975年《美洲国家间关于国际商事仲裁的公约》均规定，双方当事人没有指定适用于仲裁协议的法律，则适用作出裁决地国家的法律。[③] 在一些国际著名仲裁机构，如国际商会仲裁院、保加利亚商会仲裁院和比利时商会仲裁院等均出现了适用仲裁地法的案例，[④]如国际商会仲裁院在1988年第5832号案件的裁决中便采用了该种方法。[⑤] 同时，类似的裁决也出现在英国、德国、埃及、比利时、瑞士、日本等国国内法院的判例中。[⑥]

从仲裁地法作为仲裁协议准据法适用的法理分析来看，有学者基于仲裁协议本身即为合同或契约，提出这一标准来源于国际私法上关于确定国际合同准据法的密切联系说。[⑦] 而笔者更倾向于认为：如同当事人选择仲裁协议准据法理论受仲裁协议的契约性影响，仲裁协议受仲裁地法的支配实际是受仲裁协议程序性质的影响，是程序问题受程序地法支配所决定的。从国际商事仲裁立法及实践来看，仲裁地是确定仲裁程序法最为重要的连接因素之一。仲裁地法被国际社会普遍接受的主要原因是由仲裁地本身在国际商事仲裁中的特殊地位和作用所决定的。由于仲裁地作为仲裁程序进行地和仲裁裁决作出地，仲裁地有管辖权的法院享有在仲裁程序不符合仲裁地国法律的强制性规定时撤销仲裁裁决的权力。因而，无论是考虑到仲裁庭的“本座”或是与仲裁程序有“最密切联系”的国家，还是考虑到仲裁需要的起码的司法支持或仲裁裁决撤销、承认与执行，直接适用仲裁地法作为支配仲裁程序的法律无疑具有重要的现实意义，从而成为仲裁庭的首选目标。而从实践角度来看，何为“仲裁地”则是一个需要解决

---

① Dicey and Morris, *The Conflict of Laws* (12th ed.), Stevens, 1993, pp. 577 – 578.

② 《瑞典的仲裁》，周子亚等译，法律出版社1984年版，第27~28页。

③ 《纽约公约》第5条第1(1)款；《欧洲公约》第6条第2款；《美洲公约》第5条第1(1)款。

④ Mauro Rubino – Sammartano, *International Arbitration Law*, (1990), Kluwer, pp. 141 – 142.

⑤ *Collection of ICC Arbitral Awards* (1986 ~ 1990), ICC Publication No. 514, p. 534.

⑥ Mauro Rubino – Sammartano, *International Arbitration Law*, (1990), Kluwer, p. 132.

⑦ 赵秀文著：《国际商事仲裁及其适用法律研究》，北京大学出版社2002年版，第36页。

的问题。上文中所提及的以1958年《纽约公约》为首的商事仲裁国际公约,在有关条文中使用的均为"依裁决作出地国法"措辞,而非"仲裁进行地国法"措辞。从严格意义上讲,仲裁裁决作出地是指已作裁决中所指明的作出裁决的所在地国,而仲裁地国则是指仲裁程序进行地国。但是,在实践中,二者往往是重合的,这是由于仲裁员通常都把当事人约定的仲裁地或当事人委托仲裁机构指定或仲裁员授权指定的仲裁地作为裁决作出地,很少出现仲裁地与裁决作出地为不同国家的情况。[①]

(三)适用法院地冲突规则援引的准据法

由于当事人未作法律选择时,推定适用或直接适用仲裁地(裁决地)法已成为一项较为普遍接受的理论和实践,法院地冲突规则在确定仲裁协议准据法时的适用因而是较为少见的。它一般适用于有关国家法院确定仲裁协议准据法时,当事人未指明仲裁地或仲裁地难以认定的场合。1961年《欧洲公约》对此作了规定,该公约第6条第2款规定,应适用受理争议法院地的冲突规则所规定的有效法律。

(四)适用一般法律原则

受20世纪60年代以来的国际商事仲裁非本地化趋势的影响,一些仲裁机构摒弃传统的仲裁协议准据法的确定方法,在当事人未选择仲裁协议准据法的情况下,不再适用仲裁地法,而依超越于各国国内法体系之上的跨国法律观念,如一般法律原则、国际商事惯例等来确定仲裁协议的效力。例如,在20世纪80年代审理的Isover Saint-Gobain v. Dow Chemical案中,[②]仲裁员适用国际贸易惯例和需要的客观标准,以及当事人公平合理的期望与当事人所表达的共同意愿这一主观标准,作为仲裁协议的准据法,而法官在Khoms EL Mergeb v. Dalico案[③]中认为,仲裁条款受当事人的共同意愿支配,而没有必要依据一特定国家的法律。目前在国际商事仲裁中,这种不拘泥于某一特定法律体系的被某些学者称为"气球仲裁"(balloon arbitration)[④]的案例已日趋增多。

当然,对于仲裁协议准据法的确定,尽管在理论层面的探讨已较为深入,各种理论应运而生,但是,它归根结底是一项实际问题,是仲裁庭或法院在处理案件时需要实际操作的。所以,只作学术方面的分析往往是不能得出正确结论的。

---

① 韩健著:《现代国际商事仲裁法的理论与实践》,法律出版社1993年版,第92页。

② Journal du Droit International(Clunet),(1983),pp. 899 - 901.

③ Rev. arb. (1994),No. 1,pp. 116 - 125,with note Prof. GAUDEMET - TALLON.

④ Gerold Herrmann, The 1958 New York Convention : Its Objectives and Its Future, *ICCA Congress Series* No. 9, Paris / 1999, p. 22.

如何从“科学转向艺术”(from science to art),即从仲裁理论研究转为仲裁实践中具体方法的确定,①是一项相当重要的任务。在实践中,运用有关理论对仲裁协议准据法加以确定时,应视其不同的案件审理机构,因为国际商事仲裁庭和法院在确定仲裁协议准据法时,因其地位的不同会适用不同的法律。例如,一般而言,国内法院在确定仲裁协议实质要件准据法时,通常会考虑适用法院地冲突规则,因为法院地冲突规则是国内法院调整有关诉讼程序活动规则的法院地法(lex fori)组成部分,而对仲裁庭而言情况则不同,因为没有法院地法,因而仲裁庭就不必受有关冲突规则的约束。②

三、我国立法及司法实践有关仲裁协议法律适用问题之检讨及建议

我国《仲裁法》及有关仲裁规则并未对仲裁协议法律适用作出立法上的明确规定。我国《仲裁法》第20条仅规定,当事人对仲裁协议效力有异议的,可以请求仲裁委员会作出决定或者请求人民法院作出裁定。但对仲裁委员会和人民法院适用什么法律判定仲裁协议的效力未作规定。我国国际经济贸易仲裁委员会和海事仲裁委员会的规则也仅对仲裁庭决定实体问题的法律适用作了非常原则的规定:“仲裁庭应当根据事实,依照法律和合同规定,参考国际惯例,并遵循公平合理原则,独立公正地作出裁决”,③并未涉及仲裁协议准据法问题。可见,我国在仲裁立法上并未对仲裁协议法律规定予以明确规定。

由于我国缺乏对仲裁协议法律适用的立法规定,长期以来,中国的司法及仲裁实践对仲裁协议效力的法律适用极不统一,在有关案例中出现了确定仲裁协议准据法的不同方法。④ 这些案例可以让我们清楚地看到我国司法实践对仲裁准据法适用的认识过程。我国《仲裁法》及相关法律对国际商事仲裁协议的法

① Marc Blessing, The Law Applicable to the Arbitration Clause, *ICCA Congress Series* No. 9, Paris/1999, p. 169.

② Julian D. M. Lew, The Law Applicable to the Form and Substance of the Arbitration Clause, *ICCA Congress Series* No. 9, Paris/ 1999, p. 136.

③ 参见CIETAC现行仲裁规则第53条和CMAC现行仲裁规则第52条。

④ 可以参阅“诺和诺德股份有限公司诉海南际中医药科技开发公司经销协议案”,载朱建林编著:《国际商事案例评析》,中信出版社2002年版,第377页。“香港三菱商事会社有限公司诉三峡投资有限公司、湖北三联机械化工工程有限公司案”,载朱建林编著:《国际商事案例评析》,中信出版社2002年版,第375~377页。铁行渣华有限公司与华兴海运(中国)有限公司纠纷案,案件来源:http://www.ccmt.org.cn,由广州海事法院提供。

律适用问题未作出明确规定，造成了我国最高人民法院以及各级地方法院在《中华人民共和国仲裁法》实施之初，对仲裁协议应适用的准据法问题未予以足够的重视，并导致司法实践中对仲裁协议效力法律适用问题上的混乱。我国司法界对仲裁协议准据法加以确定方面集中反映的问题便是：

其一，并未将仲裁协议（指合同中的仲裁条款）准据法与主合同准据法相区分，一般将当事人选择的合同准据法作为仲裁协议的准据法加以适用；

其二，不考虑案件的具体情况，而对仲裁协议效力的判断以法院地法——中国仲裁法中对仲裁协议的规定为依据。除上述案例外，类似的案例在我国司法实践中屡见不鲜。例如，在最高人民法院给浙江省高级人民法院的法函（1997）36号复函中，在关于仲裁条款效力的问题上，明确要求法院应依据中国仲裁法来认定仲裁条款无效。① 而在1996年天津市高级人民法院审理的香港富勒诉天津外贸一案中，被告方即主张应按香港法即仲裁地法确认该条款有效，但天津市高级人民法院仍按中国法律关于仲裁条款应订明仲裁机构的规定，裁定该仲裁条款无效；该裁定在二审中得到了最高人民法院旗帜鲜明的支持。②

然而，随着我国法院对仲裁法认识的深化及审判经验的增加，我国法院对仲裁协议准据法的认识日趋成熟。我国司法实践中，以上述案例为代表，不仅出现了直接适用当事人选择的仲裁协议准据法的做法，在当事人未对仲裁协议准据法加以选择的情况下，法院则直接适用仲裁地法。这些做法都是符合国际商事仲裁惯例的。最高人民法院经济庭还针对其关于香港三菱商事会社有限公司诉三峡投资有限公司、湖北三联机械化工工程有限公司案对湖北省高级人民法院的函复特别作了说明，强调先以当事人选择的法律为认定仲裁协议效力的准据法，在当事人未对此作出选择时，则以仲裁地法来认定。③ 此外，最高人民法院李国光副院长曾在1998年11月23日全国经济审判工作座谈会上的讲话中明确指出："对于涉外仲裁协议效力的认定，要注意准确适用法律，通常要适用约定的仲裁地国法律，并参照国际惯例，予以认定。只有在明确适用中国法律的情况下，才能按照仲裁法第17条和第18条的规定确定仲裁条款的效力。"该讲话中所确定的仲裁协议法律适用原则，完全与1958年《纽约公约》第5条第1款规定相吻合。

---

① 黄有土："论商事仲裁条款的法律适用——从一起涉外货物买卖合同纠纷的管辖权争议谈起"，载《法制日报》2000年1月30日。

② 同上。

③ 李国光主编、最高人民法院经济庭编：《经济审判指导与参考》（1999年第1卷），法律出版社1999年版，第169～172页。

可以认为,以当事人意思自治优先,以仲裁地法为补充的仲裁协议准据法适用原则在我国已基本确立起来。相信我国司法实践在仲裁协议准据法确定问题上的成熟将进一步促进我国在该问题上的仲裁立法。

在目前的立法体制下,我国仲裁机构和人民法院应适用何种法律来确定仲裁协议的准据法?对此,我国学者们有不同的主张。

有学者提出,在裁决作出后,适用1958年《纽约公约》规定;在裁决作出前,应将仲裁协议识别为程序问题,适用法院地法解决。[①] 还有学者认为,从最高人民法院发布的《关于审理涉港澳经济纠纷案件若干问题的解答》、《全国沿海地区涉外、涉港澳经济审判工作座庭会纪要》中的规定看,最高人民法院显然认为对仲裁协议效力的判断属管辖权的内容之一,属程序问题,故应适用法院地法。[②] 但另有学者主张,在强制执行仲裁协议(即仲裁作出前)阶段,我国法院应依据我国《民法通则》第145条的规定决定仲裁协议的准据法,因为我国《民法通则》第145条所称"涉外合同",并未明确排除具有涉外性质的仲裁协议,或表明仅指规定当事人实体权利义务的合同。据此,应首先适用当事人选择的法律;在当事人未作明确选择时,依最密切联系原则确定应适用的法律。由于在多数情况下,法院地或仲裁地与仲裁协议有密切联系,故在无当事人选择时,法院应着重考虑适用法院地或仲裁地的法律。而在仲裁裁决的撤销阶段,我国法院可以参照1985年《示范法》的做法,首先适用当事人选择的法律;无选择的,则适用法院地法。[③]

笔者同意上述学者们的某些观点,如学者们对于在强制执行阶段适用《纽约公约》问题上所达成的共识,但某些观点尚值得商榷。例如,将仲裁协议效力的确定识别为程序问题,是缺乏法理根据的。因为,尽管就仲裁协议构成仲裁庭管辖权基础而言,仲裁协议具有某些程序性质,但并不能将其识别为程序问题,而直接适用法院地法。而将仲裁协议与其他合同的法律适用问题不作区分,直接适用法院地国的冲突规则——我国《民法通则》第145条的规定,则会忽略了国际商事仲裁协议自身的特性。

笔者认为,鉴于我国目前关于仲裁协议法律适用上的立法空缺,在我国司法及仲裁实践中确定仲裁协议效力所应适用的法律,应在认识仲裁协议准据法特殊性的基础上,根据我国参加的国际条约,并结合国际惯例对仲裁协议准据法作

---

① 李海:"论涉外仲裁协议的准据法",载《仲裁与法律通讯》1995年第5期。

② 黄有土:"论商事仲裁条款的法律适用——从一起涉外货物买卖合同纠纷的管辖权争议谈起",载《法制日报》2000年1月30日。

③ 朱克鹏著:《国际商事仲裁的法律适用》,法律出版社1999年版,第59页。

出正确的判定。由于对于仲裁协议效力的判定问题，法院或仲裁庭作为不同的审理机构在不同的审理阶段均会涉及，因此，应按照不同的情况分别加以处理。

首先，在确定仲裁庭管辖权阶段及仲裁裁决撤销阶段，由于我国现行立法并未对仲裁协议的法律适用作出明确规定，我国法院或仲裁庭应参照国际惯例确定仲裁协议准据法。应先适用当事人选择的法律；在当事人未选择法律的情况下，则应适用仲裁地法。[①] 其次，在仲裁裁决执行阶段，我国法院在执行国际商事仲裁裁决时，应依据我国加入的《纽约公约》的相关规定，决定仲裁协议的效力问题。

（2004 年第 4 期）

① 而非法院地法，当然不排除一定条件下仲裁地法与法院地法的重合。

反倾销调查中证据提供的法律问题

陈明聪* 陶立峰**

WTO《反倾销协定》第6条关于“证据”的规定共有14款，是《反倾销协定》中内容最多的一个条款，数量之多反映了证据制度在反倾销法中的地位。可以说，反倾销程序中，最复杂和最重要的问题就是证据问题。① 反倾销调查中，证据的认定和使用是最关键的问题。

《反倾销协定》规定的是政府义务。其对证据的要求，实质上是要求成员方政府反倾销主管机关在证据方面满足《反倾销协定》的要求，而不是要求反倾销程序中有关利害关系方满足《反倾销协定》的要求。但通过对政府主管机关的要求，也间接地对有关利害关系方提出了要求。本文探讨了反倾销调查中证据提供的六个焦点法律问题，即证据的提供主体、提供期限、提供形式、反倾销调查的证据责任、反倾销调查申请的证据要求和发起反倾销调查的证据要求，旨在抛砖引玉，引起对反倾销证据制度的重视。

一、关于证据的提供主体

WTO反倾销证据制度的一个显著特点是引入普通法系的自然公正原则。按照自然公正原则，所有与反倾销调查有关的当事方都应有提出对己方有利的所有证据的充分机会。②

（一）利害关系方

《反倾销协定》第6条第1款规定，应给予反倾销调查中所有利害关系方提供证据的机会。反倾销调查中的利害关系方包括：(1)被调查产品的出口商或外国生产者或进口商，或大多数成员为该产品的生产者、出口商或进口商的同业公会或商会；(2)出口成员的政府；(3)进口成员中同业产品的生产者，或大多数成员在进口成员领土内生产同类产品的同业公会和商会。除上述各方外，不排

* 作者单位：华东政法学院（现华东政法大学）。
** 作者单位：华东政法学院（现华东政法大学）。

① 曹建明、贺小勇著：《世界贸易组织》，法律出版社1999年版，第195页。
② 王贵国著：《世界贸易组织法》，法律出版社2003年版，第484页。

除各成员允许国内或国外其他各方作为利害关系方。[1]

利害关系方的表述方式是乌拉圭回合反倾销谈判妥协的结果。谈判各方普遍不同意给予国内生产者的雇员或雇员代表利害关系方的地位。根据《反倾销协定》第5条第4款的注释14,反倾销调查的申请人除国内产业或国内产业的代表外,同类产品的国内生产者的雇员或者雇员的代表也可提出。换句话说,申请人范围包括国内产业或者国内产业的代表以及国内产业的雇员或雇员的代表。这就造成了申请人范围和利害关系方范围的冲突。因此,在利害关系方的表述方面,采用了妥协的语言,同类产品的国内生产者的雇员或者雇员的代表被排除在利害关系方的清单之外,但允许成员把国内外其他各方列为利害关系方。[2]

在证据提供主体方面,包括但不限于《反倾销协定》第6条第11款规定的利害关系方的列表范围。

(二)用户和消费者

《反倾销协定》规定,在反倾销调查期间,成员方反倾销主管机关要为被调查产品的工业用户,或在该产品通常为零售的情况下,向具有代表性的消费者组织提供机会,使其能够提供与关于倾销、损害和因果关系的调查有关的证据。[3]

反倾销调查的直接效应,是提高国内同类产品的价格,同类产品的国内产业产出增加,生产者福利改善,就业增加,这是实施反倾销措施的收益。但由于价格提高,消费者支出增加,消费者福利恶化;作为使用被调查产品的下游用户,由于投入品价格提高,成本上升,竞争力削弱,产出下降,这些则是反倾销措施的成本。被调查产品的工业用户和消费者利益可能受到损害,这是不争的事实。

反倾销被调查产品的工业用户或消费者组织在反倾销调查中得到了提供证据地位,这表明在反倾销调查中,除考虑生产者的利益外,开始考虑消费者的利益。

我国WTO专家赵维田认为,这是《反倾销协定》在"公共利益"方面迈出的第一步。对反倾销调查中公共利益的含义,目前尚无广泛认可的明确界定。从WTO成员反倾销立法和实践来看,公共利益可以大致理解为包括国内生产者、进口商、工业用户、消费者等利益在内的国家(或地区)整体利益。[4] 所谓"公共

---

① WTO《反倾销协定》第6条第11款。

② Terence P. Stewart ed., *The GATT Uruguay Round: a Negotiating History*, Kluwer Law International, 1999, pp. 1582 – 1583.

③ WTO《反倾销协定》第6条第12款。

④ 朱庆华:"反倾销中的公共利益问题",载《中央财经大学学报》2003年第1期。

利益”条款,指的是在倾销认定、损害标准以及采取反倾销措施时,不能只考虑受到损害的国内产业的利益,还要考虑或重视公众的利益,尤其是用户和消费者的利益。①

“公共利益”条款是乌拉圭回合谈判中争执的焦点之一。反对将公共利益条款列入《反倾销协定》的理由主要有:(1)公共利益条款是国内立法机关考虑的事情,而不应归属于谈判的事项。(2)公共利益条款将使原已复杂的反倾销程序更加复杂和政治化。(3)公共利益条款对于采用“追溯征税”反倾销体制的国家缺乏可操作性。同时,一些成员也不同意给予消费者组织利害关系方的资格。② 最后妥协的结果是“给予用户和消费者提供证据的机会”这么一点可怜的地位。但万事开头难,总算迈出了第一步。

二、关于证据的提供期限

按照自然公正原则,所有与反倾销调查有关的当事方都应有充分机会提出对己方有利的所有证据。

(一)“充分的机会”提供证据

在证据提供期限方面,《反倾销协定》第6条第1款要求给予所有利害关系方“充分的机会”提供证据;第2款要求反倾销主管机关在整个调查期间,给予所有利害关系方进行辩护的“充分机会”,同时,应请求,主管机关应向利害关系方提供会面的机会,以便相互陈述对立的观点和提出反驳的证据。《反倾销协定》关注的是在实践中为所有利害关系方提供“充分的机会”提供证据,而不是设立提交证据的具体期限。

危地马拉对墨西哥出口的灰色普通水泥最终反倾销措施案中,墨西哥提出,危地马拉没有规定调查最终阶段提出证据的时限,违反了《反倾销协定》第6条第1款。危地马拉断言,它确定了提交证据的各个特定的期限。专家小组认为墨西哥的主张在法律上没有意义。在专家小组看来,第6条第1款没有要求反倾销主管机关指定提交证据的期限。第6条第1款规定的唯一时限是在第6条第1款第1项:出口商或外国生产者应有至少30天的时间回答问卷调查表。第6条第1款要求主管机关给予所有利害关系方“充分的机会”提供证据,没有明

---

① 赵维田著:《世贸组织(WTO)的法律制度》,吉林人民出版社2000年版,第303页。

② Terence P. Stewart ed., *The GATT Uruguay Round: a Negotiating History*, Kluwer Law International, 1999, pp. 1687 - 1690.

确要求主管机关指定在调查的最后阶段提交证据的期限,也没有阻止主管机关指定这样期限,只要满足了基本的要求(如"充分的机会")。换句话说,该规定对主管机关强加了实质性的责任,而没有要求通过特定的形式履行这些责任。重要的是实践中提供"充分的机会",而不是设立提交证据的期限。①

(二)问卷的答复期限

《反倾销协定》第6条第1款第1项规定,应给予收到反倾销调查中所使用问卷的出口商或外国生产者至少30天时间作出答复。主管机关为回答调查问卷规定期限,这是WTO赋予成员方的权力。主管机关必须能够控制调查过程中的行为,必须能够执行为了作出最终裁定而要求的多个调查步骤,如果没有时间界限,主管机关实际上就是将控制调查的权力让给了利害关系方,也就不能够在《反倾销协定》规定的期限内完成反倾销调查。同时,也必须强调该项第二句的意义。"对于延长该30天期限的任何请求应给予适当的考虑,且根据所陈述的原因,只要可行即应予以延期。"第二句表明,主管机关规定的回答调查问卷的截止期限不应该是绝对和不可改变的,只要利害关系方提出理由,并且延长期限实际可行时,主管机关必须延长回答调查问卷的期限。

三、关于证据的提供形式

东京回合《反倾销协议》规定利害关系方在合理情况下,有权提供口头证据。《反倾销协定》要求证据必须是书面的。即使听证会上的口头辩论,事后也必须以书面材料递交进口国主管机关和对方当事人,否则不予考虑。②

书证不仅内容明确,且形式上也相对固定,稳定性较强,一般不受时间的影响,易于长期保存。只要作为书证载体的物质材料本身未遭毁损,即使是经历了很长的时间,其特定的思想内容仍然能够借助有关的文字、符号或图画等起到应有的证明作用。在英美法系中,其最佳证据规则的适用对象便是书证,因为书证并不像口头证据等证据形式那样常常会因为时过境迁和时间的推移而被淡忘或产生记忆模糊的现象,从而影响其证明价值。③

---

① 危地马拉对墨西哥出口的灰色普通水泥最终反倾销措施案专家小组报告(Guatemala—Definitive Antidumping Measures on Grey Portland Cement from Mexico—Report of the Panel),世界贸易组织文件第WT/DS156/R号,第8.245~8.253段。

② WTO《反倾销协定》第6条第3款。

③ 卞建林主编:《证据法学》,中国政法大学出版社2002年版,第73~74页。

四、关于反倾销调查的证据责任

反倾销主管机关受理反倾销案件,一般按立案、调查、听证、初裁、终裁等诉讼程序进行审查工作,与国内法院处理民事案件有相似之处。但反倾销调查中的证据责任不同于民事诉讼的证据责任,并不是与反倾销调查有关的利害关系方都承担提供证据的责任。

反倾销法作为一个非常独特的法律部门,在法律体系中的地位是属于国家对进口贸易进行管理的行政法范畴。WTO 各成员的反倾销法是通过国内立法程序制定的,以不同形式出现的关于调整倾销与反倾销关系的行政管理法。反倾销法通常由国家行政机关来执行,一般来说不是由司法机关来执行。反倾销调查程序不属于司法程序,而属于行政程序。所以主管机关在调查过程中,承担着主动依职权搜集证据的责任。①

申请人在反倾销调查程序中的证据责任是很低的。《反倾销协定》仅规定了反倾销调查申请人在提起反倾销调查申请时的证据责任,并没有其他方面的要求。

出口商和外国生产者提出证据证明自己没有通过倾销造成损害,是一种“权利”,而不是一种“责任”。反倾销调查程序中,出口商或外国生产者应重在事实的提供、核实和反驳。

危地马拉对墨西哥出口的灰色普通水泥最终反倾销措施案中,专家小组提出了关于反倾销调查程序中证据责任的一个非常重要的观点。该案中,危地马拉主张,为了避免受到伤害,出口商应证明其没有通过倾销造成损害。专家小组明确拒绝了这一主张。专家小组指出,证明的责任,不是出口商证明没有损害(否定证明),而是主管机关肯定性证明出口商进行了对相关国内产业造成损害的倾销。只有肯定性证明倾销、损害和因果关系时,才可以实施反倾销措施。这就像刑事诉讼程序中公诉人的责任,不是被告证明自己没有犯罪,而是公诉人确切证明被告犯了罪。被告的辩护主要在于对公诉人的主张和证据的反驳。专家小组的这一主张,进一步明确、强化了反倾销调查中的有关证据的责任。②

---

① 司法部法规教育司、国家外国专家局科教文卫司:《WTO 争端解决机制——规则、程序与实践》,法律出版社 2002 年版,第 154 ~ 162 页。王承斌主编:《西方国家反倾销法与实务》,跨国对外经济贸易出版社 1996 年版,第 13 ~ 14 页。

② 韩立余编著:《WTO(2000)案例及评析》,中国人民大学出版社 2001 年版,第 346 页。

五、关于反倾销调查申请的证据要求

仅仅是简单的断言,而缺乏有关的证据,不能构成有效的反倾销调查申请。《反倾销协定》第5条第2款规定了反倾销调查申请应包括证据的有关范围。反倾销调查申请应包括倾销、损害和二者的因果关系的证据,它包括四方面的内容:(1)申请人的身份和申请人提供的对国内同类产品生产的数量和价值的说明。如代表国内产业提出书面申请,则申请应通过一份列出同类产品的所有已知国内生产者的清单(或同类产品的国内生产者协会),确认其代表提出申请的产业,并在可能的限度内,提供此类生产者所占国内同类产品生产的数量和价值比例的说明。(2)对被指控的倾销产品的完整说明、所涉一个或多个原产国或出口国名称、每一已知出口商或国外生产者的身份以及已知的进口所涉产品的人员名单。(3)所涉产品销售供一个或多个原产国或出口国国内市场消费时的价格信息(或在适当时,关于该产品自一个或多个原产国或出口国向一个或多个第三国销售价格的信息,或关于该产品推定价格的信息),出口价格信息,或在适当时,该产品首次转售给进口成员领土内一独立购买者的价格信息。(4)被指控的倾销进口产品数量变化的信息,这些进口产品对国内市场同类产品价格的影响,以及由影响国内产业状况的有关因素和指标所证明的这些产品对国内产业造成的影响,如第3条第2款和第4款中所列的因素和指标。①

(一)证据的数量问题

《反倾销协定》第5条第2款明确规定申请应包含四方面的信息,其中第4项要求申请应包括第3条第2款和第4款列举的因素和指标的有关信息。同时该款只要求申请人提供"可合理获得的"证据,但协定又未对何为"合理"作出解释。因此,如何理解申请是否包含了申请人合理获得的证据是争议的焦点问题,特别容易引起的争议是第5条第2款第4项,即申请书在证据的数量方面如何体现包括了第3条第2款及第4款列举的因素和指标。

在泰国对波兰出口的铁或非合金钢的角铁、型材、轧材及H型钢梁反倾销税案中,波兰声称,泰国国内生产者的发起反倾销调查的申请书不符合《反倾销协定》第5条第2款的要求,因为申请书没有指控倾销的证据材料,没有第5条第2款第4项要求的内容。专家小组认为,该申请书中原始数据构成了第5条

① WTO《反倾销协定》第5条第2款。

第2款上的相关证据,包含有《反倾销协定》第3条第2款和第4款列举的与损害和因果关系有关的数据和证据。专家小组并不认为泰国违反协定第5条第2款。①

证据的数量问题在墨西哥对美国出口的玉米糖浆反倾销调查案中也涉及。该案中,美国声称,墨西哥糖业协会提交的要求发起反倾销调查的申请书不符合《反倾销协定》第5条第2款的要求,该申请书缺少足够的有关玉米糖浆倾销产品可能对国内产业造成影响的信息,缺少与国内产业状况有关的经济因素和指数,缺少所指控的倾销与所指控的损害威胁之间的联系。专家小组认为,申请人仅需提供与相关因素有关的"合理"可得到的证据;申请人所提供的证据的数量不需要像作出初步裁定或最终损害裁定时那样的证据的数量。专家小组确认,墨西哥糖业协会提交的申请书包含了协定第3条第4款的相关因素的内容,这些内容显示有损害威胁存在及其与倾销进口产品之间有因果关系的证据,因而墨西哥糖业协会的申请与《反倾销协定》第5条第2款的要求是一致的。②

在证据的数量方面,第5条第2款第4项在提及第3条第2款和第4款中的因素和指标时使用"相关的"(relevant)和"例如"(such as),这说明反倾销调查申请书不需包括第3条第2款和第4款规定的所有因素和指标的证据。相反,第5条第2款第4项只要求申请书包括与进口产品对国内产业影响有关的因素和指标的证据。如果申请人提供了合理可利用的、与申请书中指控的损害相关的因素的证据,那么就满足了第5条第2款第4项在证据数量方面的要求。

(二)证据的质量问题

如果不具备上述数量的证据,发起反倾销调查的申请即缺乏证据的支持。但具备了上述证据数量,还需要满足证据在质量方面的要求。仅仅是简单的断言,而没有相关的证据的支持,仍不能认为充分满足了发起反倾销调查在证据质量方面的要求。

对反倾销调查申请证据的要求和对准确性、充分性的要求,是《反倾销协定》中两个不同的要求,分别规定在第5条第2款和第3款中。表面上,第5条第2款是对反倾销调查申请的要求,而第5条第3款则是对反倾销主管机关的

---

① 泰国对波兰出口的铁或非合金钢的角铁、型材、轧材及H型钢梁反倾销税案专家小组报告(Thailand—Antidumping Duties on Angles, Shapes and Sections of Iron or Non - Alloy Steel and H - Beams from Poland—Report of the Panel),世界贸易组织文件第WT/DS122/R号,第7.60~7.79段。

② 墨西哥对美国出口的玉米糖浆反倾销调查案专家小组报告(Mexico—Antidumping of High Fructose Corn Syrup from the United States—Report of the Panel),世界贸易组织文件第WT/DS132/R号,第7.63~7.78段。

要求。但我们知道,WTO 规则设定的是政府的义务,而不是企业的义务,因而,对第 5 条第 2 款的要求是通过第 3 款的要求来实现的。

反倾销调查申请中的证据质量,必须满足准确性与充分性的要求,而不仅仅是简单的断言。在这里很难有一个可以量化的标准。反倾销主管机关面临如何判断证据质量的问题。

在危地马拉水泥第一案中,专家小组采取的标准是:面对发起反倾销调查申请中提供的证据,客观公正的主管机关是否能够得出存在足够的证据证明发起调查的正当性。

在泰国对波兰出口的铁或非合金钢的角铁、型材、轧材及 H 型钢梁反倾销税案中,波兰声称,泰国国内生产者的发起反倾销调查申请书中不符合《反倾销协定》第 5 条第 2 款的要求,因为,关于倾销方面的证据,只有原始数据形式的"简单的断言",没有第 5 条第 2 款第 4 项要求的内容;关于损害存在及因果关系,申请书中没有足够的数据、证据和分析。专家小组认为,该申请书中原始数据构成了第 5 条第 2 款上的相关证据,而不仅仅是"简单的断言"。该申请书含有《反倾销协定》第 3 条第 2 款和第 4 款列举的与损害和因果关系有关的数据和证据。专家小组认为,尽管专家小组希望申请书含有更多的与倾销有关的解释和更多的有说服力的分析,然而,该申请书有数据而没有较多的对数据的解释和分析,这一事实本身并不导致违反协定第 5 条第 2 款。①

在墨西哥对美国出口的玉米糖浆反倾销调查案中,美国声称,墨西哥糖业协会提交的要求发起反倾销调查的申请书不符合《反倾销协定》第 5 条第 2 款的要求,该申请书缺少足够的有关玉米糖浆倾销产品可能对国内产业造成影响的信息,缺少与国内产业状况有关的经济因素和指数,缺少所指控的倾销与所指控的损害威胁之间的联系。专家小组确认,墨西哥糖业协会提交的申请书包含了协定第 3 条第 4 款的相关因素的内容,这些内容显示有损害威胁存在及其与倾销进口产品之间有因果关系的证据。专家小组认为,申请人仅需提供与相关因素有关的"合理"可得到的证据;申请人所提供的证据的质量不需要像作出初步裁定或最终损害裁定时那样的证据的质量。②

在证据质量方面,相关证据必须能够证明倾销的存在及倾销进口产品对国内产业造成的影响;同时,只要求申请人提供"可合理获得的"证据。

---

① WTO《反倾销协定》第 5 条第 2 款。

② 泰国对波兰出口的铁或非合金钢的角铁、型材、轧材及 H 型钢梁反倾销税案专家小组报告(Thailand—Antidumping Duties on Angles, Shapes and Sections of Iron or Non - Alloy Steel and H - Beams from Poland—Report of the Panel),世界贸易组织文件第 WT/DS122/R 号,第 7.79 ~ 7.90 段。

六、发起反倾销调查的证据要求

《反倾销协定》要求主管机关在决定是否发起反倾销调查申请时，审查反倾销调查申请书所提供的证据的准确性和充分性，以确定是否有足够的证据发起反倾销调查。[①] 很显然，证据的准确性和充分性与主管机关决定是否有足够的证据发起反倾销调查有关。然而，不是证据本身的准确性和充分性，而是证据的足够性是决定是否发起反倾销调查的证据标准。

（一）证据"准确性和充分性"的审查

在发动反倾销调查之前，反倾销主管机关是否履行了有关申请的证据审查义务，直接关系到发动调查的正当性。然而，第5条第3款并没有确定一个具体的审查证据的程序，也没有关于审查是如何开展的解释。

欧共体对印度出口的棉质床上制品的反倾销税案中，印度声称，欧共体没有按照《反倾销协定》第5条第3款的要求履行"审查申请中提供的证据的准确性和充分性"的义务，因为，记录中没有证据证明欧共体在发起调查之前已经进行了这一审查。关于欧共体是否违反第5条第3款，专家小组必须认定什么样的因素才能被用来审查证据的准确性和充分性，同时根据什么样的事实来判断是否进行过必要的审查。仅凭依据声称主管机关没有审查申请中证据的准确性和充分性，很难说明这是违反第5条第3款的，除非专家小组认定第5条第3款明确设定了一个具体的审查证据的程序。很明显，第5条第3款规定了主管机关审查证据，其审查的目的是确定是否有足够的证据来发起调查，然而，该款没有规定关于审查本身的内容，也没有要求关于审查是如何开展的解释。在专家小组看来，专家小组确定反倾销主管机关是否审查了申请中的证据的准确性和充分性，只能是为了确定是否有足够的证据发起调查。但是，本案中，印度没有提出欧共体在没有充分证据情况下发起调查违反了《反倾销协定》第5条第3款的主张，即使假设印度提出了这样的主张，印度也没有提交相关的事实证明欧共体在决定有足够的证据发起反倾销调查是错误的。印度提出的证据中并没有支持这一观点的内容，而是仅认为欧共体没有审查证据的准确性和充分性。专家小组认为，从清楚的事实中可以得出这样的结论，即欧共体反倾销主管机关在发起的调查中表明了其审查申请是为了评估证据是否足够发起反倾销调查。

① WTO《反倾销协定》第5条第3款。

因而专家小组得出的结论是，欧共体并没有违反第5条第3款的规定。①

在上述案例中，虽然专家组裁定欧共体有“足够的”证据证明了发起调查是正当的因而并没有违背对证据准确性和充分性审查的义务，但却回避了关于审查证据的“准确性和充分性”这一平行的关系。

（二）证据的足够性

《反倾销协定》第5条第2款要求反倾销调查申请书包含有倾销、损害和二者因果关系的证据，第5条第3款要求反倾销主管机关审查证据的充分性和准确性，确定证据的足够性支持发起反倾销调查。因而，根据第5条第2款来理解第3款，第3款提到的证据必然是倾销、损害和因果关系的证据。因此，证据的足够性标准包含了倾销证据、损害证据、因果关系证据的足够性。

本文以危地马拉对墨西哥出口的灰色普通水泥实施的最终反倾销措施案专家小组报告为例，分析上述三项证据的足够性标准。

1. 倾销证据的足够性

专家小组注意到，《反倾销协定》第2条第1款规定，如果产品的出口价格低于同类产品在出口国消费的正常贸易过程中的可比价格，则认为该产品倾销。第2条的其他规定进一步阐述了这一基本规定，其中第2条第4款规定了出口价格与正常价值的可比性的某些原则。尤其是，第2条第4款具体规定，出口价格和正常价值的比较，应在同一贸易水平上进行，在每一案件中，应据案件的不同情况，对影响价格比较的差别进行适当的调查。专家小组认为，虽然第2条的这些规定本身不适用于发起调查的确定，但却与主管机关对是否有足够的倾销证据支持发起反倾销调查的考虑相关。

专家小组认为，在考虑是否有足够的倾销证据支持发起调查时，主管机关不能全然忽视第2条关于倾销的规定。这并不是意在表明主管机关必须在发起调查时，拥有第2条含义上所必要的性质和数量上的倾销证据。然而，主管机关必须拥有足以支持发起反倾销调查、第2条规定的倾销的证据。

在该案中，危地马拉反倾销主管机关发起调查所依赖的正常价值的证据，是墨西哥零售商的两张发票，两张发票都是一袋水泥；出口价格的证据由两张进口发票组成，分别是7035袋和4221袋水泥。在专家小组看来，正常价值和出口价格的证据在涉及交易的数量和销售的贸易水平上，表现出了明显的差别。很明

---

① 欧共体对印度出口的棉质床上制品的反倾销税案专家小组报告（EC—Antidumping Duties on Imports of Cotton - Type Bedlines from India—Report of the Panel），世界贸易组织文件第WT/DS141/R号，第6.185～6.201段。

显，从这些文件的表面看，反映墨西哥国内水泥价格的发票对应的是商业链的终端发生的销售，而进口单证反映的是进口点的价格，是墨西哥水泥在危地马拉的商业链的始点。这些数量和贸易水平的巨大差异，本应至少引起危地马拉反倾销主管机关对可能的不可比性的注意，但危地马拉反倾销主管机关并没有试图考虑贸易水平和销售数量的巨大差异，以及它们对价格可比性的可能影响。根据这些情形，公正、客观的反倾销主管机关在专家小组看来不可能得出存在足够证据支持发起反倾销调查的结论。

2. 损害证据的足够性

专家小组对损害证据的足够性的解释如同对倾销证据足够性的分析。专家小组认为，当考虑是否有足够的损害证据支持发起反倾销调查时，主管机关不能全然忽视构成第3条所述的损害存在的因素。同样，这不是意在表明主管机关必须在发起反倾销调查时，拥有第3条含义上的支持临时或最终损害裁决所必要的数量和质量上的损害的证据。然而，主管机关必须拥有足以支持发起调查的、第3条定义上的损害的证据。

3. 因果关系证据的足够性

该案中，由于已经确定危地马拉反倾销主管机关没有足够的倾销和损害证据支持发起调查，逻辑上必然是，二者之间也没有足够的因果关系的证据支持反倾销调查。通过该案例专家小组对倾销、损害证据足够性的解释，可以进一步认为，主管机关在判断因果关系证据足够性问题时，必须拥有足以发起反倾销调查、第3条第5款规定的关于因果关系的证据。

（三）反倾销申请证据要求与反倾销调查证据要求的区别

反倾销主管机关不一定要自我满足于反倾销调查申请书中提供的证据，为了符合发起调查的足够证据，主管机关可以自己搜集证据。《反倾销协定》任何条款都没有阻止主管机关自己搜集证据材料，这些证据材料将能够弥补反倾销申请书提供的证据的不足。《反倾销协定》对于反倾销申请证据的要求是较低的。

（2004年第6期）

《联合国国际货物销售合同公约》免责规定之研究

孙美兰*

合同法中一条被普遍接受的基本原则即“合同必须信守”原则。该原则反映着自然正义和经济上的需求,它要求当事人必须遵守自己的诺言,从而保持对方当事人的利益。如果缺乏可靠的承诺,就不可能有有效的经济活动。因此,“合同必须信守”原则不得不被强调。① 可是,实践表明,在某些场合下,适用“合同必须信守”原则反而会导致不公结果。这种场合指的是,合同缔结时所处的环境已经发生了根本变化,其变化程度已到如果当事人于缔约时知道这种变化,就不会缔结该合同,或者原样缔结合同。② 在短期合同中,以上情形出现的可能性不大,可是在国际贸易中,多数合同相当复杂,即便不是长期合同,合同涵盖的时间也相当长。而且,国际贸易活动容易受外国政治、经济的影响,因此包含着更多的不确定因素。另外,尽管多数国家的国内法对缔约后情事发生变动问题都有所规定,③但各国的规定存在一定的差异。首先,各国对因意外事件导致履行不能而免责的条件不尽相同;其次,并非所有国家都允许因情事发生变动致使合同履行艰难情形下的合同调整。有关国际商事统一规则早已尝试解决这些问题。《联合国国际货物销售合同公约》(以下简称 CISG)第79条就是用以应对情事变动问题的。像《国际商事合同通则》一样,在对情事变动问题的规定中,CISG 没有采用各国国内法中既存的相应术语,而使用了自己独特的术语。正因为如此,所以很难说 CISG 第79条与某国国内法中的某个制度(如英美的契约受挫制度等)是完全对应的。CISG 的这一做法固然体现了它作为国际商事统一法不偏不倚的中立姿态,但也由此引出了不少问题。其中一个争议很大的问题是,如果由于情事发生变动导致合同履行艰难,这种情形下,不利方当事人可否依据

---

* 作者单位:北京联合大学。

本文是中国法学会2003年课题“情事变动与契约理论”的中期研究成果。

① Dietrich Maskow, Hardship and Force Majeure, 1992 *Am. J. Comp. L.* 657, 658(1992).

② Clive M. Schmitthoff, *Schmitthoff's Export Trade* 146(8 ed. 1986).

③ 因为我国国内法中“情事变更”这一术语的含义已固定化,它一般不能包括致使合同履行不能的变化。故本文使用“情事变动”一词来表述致使合同履行不能或履行艰难的所有情事变化。

CISG 第 79 条而免责？本文将试图对该问题进行探讨，并得出自己的结论。

一、不可抗力、不可抗力规则与艰难情事、艰难情事规则

国际商事法上，两组应对情事变动的主要法律概念即不可抗力、不可抗力规则与艰难情事、艰难情事规则。为更好地理解 CISG 第 79 条以及考察出现艰难情事能否援用该条而免责的问题，我们有必要首先对这两组概念进行分析。

（一）不可抗力及不可抗力规则

资料显示，无论在国内还是国际上，无论在学说还是立法上，“不可抗力”（force majeure）这一术语经常在两种层面（含义）上被使用。其一是作为一种客观情况、客观事实被使用；其二是作为一项法律规则或制度被使用。前者如我国《合同法》第 117 条第 2 款规定，“本法所称不可抗力，是指不能预见、不能避免并不能克服的客观情况”以及第 94 条中的“因不可抗力致使不能实现合同目的的”。又如，外国学者称：“... it can be said that force majeure occurs when the performance of a contract is impossible due to unforeseeable events beyond the control of the parties.”①（当由于不能为当事人所控制的不可预见的意外事件导致合同履行不能时，即发生不可抗力。）“Force majeure occurs when the law recognizes that without default of either party a contractual obligation has become incapable of being performed because the circumstances in which the performance is called for would render it impossible. I promised to do this but I cannot due to some irresistible unforeseeable and uncontrollable event.”②（当法律确认，由于合同履行环境使得合同履行不可能，合同义务变得不能履行，而双方当事人对此又不存在过错时，即发生不可抗力。我虽承诺过履行合同义务，但由于某种不可抗拒、不能预见、不能控制的意外事件，导致我不能履行。）显然，以上表述都是在“客观情况”意义上使用“force majeure”（不可抗力）这一术语的。与此同时，“不可抗力”术语又经常在规则或制度意义上被使用。例如，学者称“与情事变更关系最密切而经常被学者与之相提并论的是，不可抗力和显失公平。但是，学者提到不可抗力和显失公平时，都认为二者是法律制度”。③《国际商事合同通则》（以下简称

---

① Wouter Den Haerynck, Drafting Hardship Clauses in International Contracts, *Structuring International Contracts* 231,232(Dennis Campbell ed.,1996).

② A. H. Puelinckx, Frustration, Hardship, Force Majeure, Imprévision, Wegfall der Gesch? Ftsgrundlage, Unm? Glichkeit, Changed Circumstances, *J. INT' L ARB*. 47(1986).

③ 张照东著：《情事变更制度比较研究》，中国书籍出版社 2001 年版，第 77～78 页。

PICC)第7.1.7条的标题“force majeure”显然是在规则意义上使用该术语的。因为在该标题“force majeure”下,第1款规定的是“Non – performance by a party is excused if that party proves that the non – performance was due to an impediment beyond its control and that it could not reasonably be expected to have taken the impediment into account at the time of the conclusion of the contract or to have avoided or overcome it or its consequences.”(如果未履行契约义务的一方证明,该方之所以未履约,是由于非其所能控制的障碍导致的,而且,没有理由认为该当事人理应于缔约时对该障碍加以考虑,或没有理由认为该当事人理应避免或克服该障碍或其后果的,则免除其未履约之责任。)PICC第7.1.7条其余3款规定是在发生第1款所规定的情况下当事人的其他权利义务。事实上,国内大多数学者在对“不可抗力”的相关论述中,都同时在以上两种意义上使用这一术语,例如,梁慧星先生在其《合同法上的情事变更问题》一文中就在两种含义上使用了“不可抗力”。[①] 外国学者中,也有人同时在两种意义上使用“force majeure”。[②] 笔者认为,国内对于“不可抗力”、“艰难情事”以及“情事变更”等概念之间的关系争论不休,其根本原因就在于这些概念常常同时在双重含义上被使用。显然,学说上不应当在两种层面上同时使用这些概念,而应当在表述上对二者进行区

---

① 梁先生称,“第一个理由,显系混淆了不可抗力与情事变更两个不同的概念和制度”、“不可抗力已构成履行不能”,“《民法通则》第153条规定了不可抗力的定义”。梁慧星著:《中国民法经济法诸问题》,中国法制出版社1999年版,第192~193页。同一篇文章在两种含义上使用“不可抗力”的还包括:韩世远:“情事变更原则研究”,载《中外法学》2000年第4期;毕秀丽:“情势变更与不可抗力比较分析”,载《政法论坛》1999年第3期;喻志耀:“情势变迁与不可抗力之辨异”,载《江苏社会科学》1999年第5期;郭洪俊:“艰难情形与不可抗力的区别及其不同法律效果探讨”,载《现代法学》1998年第5期;张照东著:《情事变更制度比较研究》,中国书籍出版社2001年版,第81~83页。

② 例如,Joern Rimke称,“The concept of force majeure, providing for the discharge of one or both parties when a contract has become impossible to perform”...(在规则意义上使用force majeure);Joern Rimke, Force Majeure and Hardship: Application in International Trade Practice with Specific Regard to the CISG and the Unidroit Principles of International Commercial Contracts, *Review of the Convention on Contracts for the International Sale of Goods* (*CISG*) 1999 – 2000 (Pace International Law Review ed., 2000, p. 199. 在同一篇文章中,Joern Rimke又称,“it can be said that force majeure occurs when the performance of a contract is impossible”...(在客观情况意义上使用force majeure)。

分,将制度意义上的"不可抗力"称为"不可抗力规则"。①

不过,在国际上,"force majeure"一般还是在规则意义上被使用。外国学者在表述"致使合同履行不能的意外情事"这一概念时,一般使用"events of force majeure"(不可抗力事件)来表述。②

依国外学者的观点,"客观情况"意义上的不可抗力,在国际贸易法上,它所指的应当是,由于不可抗拒、不能预见、不能控制的意外事件,导致合同履行不能这种状况。③ 而不可抗力规则指的是,由于不可抗拒、不能预见、不能控制的意外事件,导致合同履行不能时,免除当事人责任的规则。④ 我国合同法上的不可抗力规则被规定于《合同法》第117条以及第118条,我国合同法上的不可抗力规则与一般所指的不可抗力规则的含义是一致的。

不过,前文提到,PICC第7.1.7条也对不可抗力规则作了界定。依据该条,不可抗力规则是指,如果未履行契约义务的一方证明,该方之所以未履约,是由

---

① 依据我国国内法,如果是在第一种含义上使用"不可抗力"(即不能预见、不能避免或不能克服的客观情况),那么,发生不可抗力未必就当然会使合同履行不能,实际上还可能使合同履行艰难(从而可能导致我国民法学说上情事变更规则的适用),或者使合同虽然能够履行但履行已失去实际意义,或者对合同履行根本不构成任何影响。只有在第二种意义即制度意义上使用"不可抗力",才能提出"不可抗力与情事变更能否同时发生进而出现规范竞合现象"(参见韩世远:"情事变动原则研究",载《中外法学》2000年第4期)这种疑问。其实我们不难看出,以上两种含义上的不可抗力,前一种实际上指的是影响契约履行的一种客观"原因",后一种含义上的"不可抗力",则是指因客观原因导致合同履行出现障碍,从而免除当事人的责任这样一种规则。

② Ewan McKendrick, The Regulation of Long - term Contracts in English Law, *Good Faith and Fault in Contract Law* II(Jack Beatson and Daniel Friedman ed. ,1995), Clarendon Press, Oxford, p. 324.

③ 我国《民法通则》第153条及《合同法》第117条第2款对不可抗力的界定是,"指不能预见、不能避免并不能克服的客观情况"。需要再次强调的是,如果发生我国合同法所指称的不可抗力,那么,其结果并不一定是合同履行不能。因为,我国合同法并没有规定只有导致合同履行不能的不能预见、不能避免并不能克服的客观情况才是不可抗力。相反,如果发生我国合同法所指称的不可抗力,其对某合同履行可能造成的影响无非是:(1)致使合同完全履行不能;或者(2)致使合同部分履行不能;或者(3)致使合同一时履行不能;或者(4)致使一方履行成本大幅上涨或所受履行价值大幅减少双方利益均衡关系严重失衡即履行艰难;或者(5)致使合同虽然能够履行,但履行已失去意义;或者(6)根本没有任何影响。其中第1、2种情形属于《合同法》第117条第1款规范的对象,第4种情形可能引起我国民法学说上情事变更规则的适用,第5种情形属于《合同法》第94条第1项规范的对象,第6种情形在法律上没有实际意义。也许有人不同意笔者所持的观点"不可抗力可能对合同履行没有任何影响"。可是,笔者认为,根据合同法对不可抗力的界定,我们没有理由说"只有对合同履行造成影响的才是不可抗力"。这也许正是在不涉及任何合同履行的情况下"地震"、"水灾"、"战争"、"暴乱"等事件仍能被列举为不可抗力的原因所在。

④ Joern Rimke, Force Majeure and Hardship: Application in International Trade Practice with Specific Regard to the CISG and the Unidroit Principles of International Commercial Contracts, *Review of the Convention on Contracts for the International Sale of Goods(CISG) 1999 - 2000*(Pace International Law Review ed. ,2000), p. 199.

于非其所能控制的障碍导致的，而且，没有理由认为该当事人理应于缔约时对该障碍加以考虑，或没有理由认为该当事人理应避免或克服该障碍或其后果，则免除其未履约责任。当然，作为一项规则或制度，其内容还包括适用程度等方面的内容。

将一般所指的不可抗力规则[①]与 PICC 第 7.1.7 条中规定的不可抗力规则进行比较，我们不难发现，二者存在一定的差别。PICC 第 7.1.7 条没有规定，"只有当事人证明障碍导致合同履行不能时，才得免责"，而是规定"证明合同义务未履行(non—performance)是由于障碍所致，即可免责"。而一般所称的不可抗力规则是指因意外事件导致合同履行不能时免除当事人责任的规则。可见，PICC 第 7.1.7 条规定的不可抗力规则其适用范围应当比一般所称的不可抗力规则要稍宽一些。详言之，根据 PICC 的规定，在个别场合，因意外障碍的发生，即使尚未导致合同履行不能，而仅仅导致合同履行极为艰难，当事人也有权援引 PICC 第 7.1.7 条的不可抗力规则寻求免责。[②] 当然，事实上，也只有极个别的艰难情事场合能够援引 PICC 第 7.1.7 条不可抗力规则，并非所有发生艰难情事的场合都得援引。而一般所称的不可抗力规则仅适用于履行不能的场合，不适用于履行艰难即出现艰难情事(hardship)的场合。

(二)艰难情事与艰难情事规则

前文已提到，就像"不可抗力"一样，"艰难情事"，除被用于表示一种客观情况外，有时也被用于表示一种规则。笔者认为，应当区别使用"艰难情事"以及"艰难情事规则"这两个概念。

在国际贸易活动中，艰难情事条款(hardship clauses)经常被订于合同中，而艰难情事之概念则常在这种条款中被讨论。在国际商事统一规则中，国际商会(简称 I. C. C.)1985 年 421 号出版物包含有艰难情事概念，421 号出版物为国际贸易中当事人之间的艰难情事条款精心设计了四个可供选择的方案。根据国际商会 421 号出版物，如果发生合同各方均没有能够预见到的意外事件，改变了现有合同的平衡，使一方的合同义务负担过重，就可构成艰难情事。PICC 第 6.2.2 条也对何谓艰难情事作出了规定。依据该条，当意外事件的发生使一方当事人的履约成本增加，或一方所获履约的价值减少，导致契约双方的均衡发生了根本性改变，而且，该意外事件的发生或者不利方当事人知道该意外事件的发生是在缔约之后；该意外事件的发生不能合理地为不利方当事人所考虑；该意外事件不

---

① 包括我国合同法上的不可抗力规则。

② 参见 PICC 第 6.2.2 条注释 6。

能为不利方当事人所控制;且该意外事件带来的风险不由不利方当事人承担的,就构成艰难情事。可见,艰难情事指的是,由于不能预见、不能为当事人所控制的意外事件的发生,导致一方当事人的履约成本增加,或一方所获履约价值减少,双方均衡关系发生了根本性改变这种状况。值得注意的是,这里导致艰难情事发生的原因同样只能是不可预见、不能控制的意外事件。

而所谓艰难情事规则,是指在合同履行出现艰难情事的情况下,不利方当事人有权在合理的时间内,要求与对方当事人重新谈判的规则。[①] 艰难情事规则赋予艰难情事发生后不利方当事人要求重新谈判的权利,双方通过再协商对合同进行修改使之适应新的情事,从而改变因发生意外事件所导致的双方权利义务关系严重失衡的状态,回复双方的均衡。

(三)两组概念之间的关系

1. 不可抗力与艰难情事的关系。如前所述,根据国外学者的观点,不可抗力指的是,由于不可抗拒、不能预见、不能控制的意外事件,导致合同履行不能这种状况。而我国《合同法》第117条界定的不可抗力为,“不能预见、不能避免并不能克服的客观情况”。艰难情事指的是,由于不能预见、不能为当事人所控制的意外事件的发生,导致双方当事人权利义务均衡关系发生了根本性改变这种状况。从国外学者对不可抗力的界定看来,不可抗力与艰难情事二者实际上都是因为不能预见、不能控制的意外事件导致合同履行出现障碍,它们的发生原因是一致的,即都是不能预见、不能控制的意外事件。二者不同的是,不可抗力的发生是因意外事件导致合同履行不能,而艰难情事的发生是因意外事件导致合同双方均衡关系发生根本性改变,即合同履行艰难,但合同并非履行不能。而以我国合同法界定的不可抗力概念来看,导致不可抗力规则以及艰难情事规则二者适用的原因其实都是不可抗拒、不能预见、不能控制的意外事件,即我国合同法所指的不可抗力。

2. 不可抗力规则与艰难情事规则的关系。由上文可知,不可抗力规则与艰难情事规则二者都是应对缔约后情事发生意外变动导致合同履行出现障碍的规则,二者设立的宗旨都在于避免特殊情况下适用“合同必须信守”原则带来的不公结果。二者的区别在于:第一,一般所指的不可抗力规则适用于因意外事件导致合同义务履行不可能,至少是一时履行不能的场合,而艰难情事规则适用于不利方当事人的履行变得艰难,但并非不可能的场合。[②] 不过,PICC第7.1.7条中

---

① 参见PICC第6.2.2条、6.2.3条以及1985年国际商会421号出版物。

② Dietrich Maskow, Hardship and Force Majeure, 1992 *Am. J. Comp. L.* p.663.

规定的不可抗力规则也适用于个别履行变得极为艰难的场合。因此,PICC 中的不可抗力规则与艰难情事规则存在规范竞合现象,即个别合同履行极为艰难的情形,不利方当事人既可援引 PICC 中的不可抗力规则,又可援引艰难情事规则,当事人可选择适用其中之一,只是适用效果不同。第二,不可抗力规则的适用效果是免除未履约方未履约之责任,艰难情事规则的适用效果是,赋予不利方当事人要求重新谈判的权利,双方经协商对合同进行调整,使之适应于变化了的新情况。

二、对 CISG 第 79 条的分析

(一) CISG 第 79 条的主要内容分析

1. 一般规则(第 79 条第 1 款)

第 79 条第 1 款规定了合同当事人未履行义务而免责的条件。以下分别对 CISG 规定的"未履行"(failure to perform)以及免责条件进行分析。

(1)未履行合同义务。有学者认为,公约中使用的"未履行"术语应当作广义的理解,未履行既可以是完全的未履行、部分未履行,也可以是未按期履行或不适当履行。① 而且认为,CISG 第 79 条适用于任何义务的未履行,因此该免责规定既适用于卖方,也适用于买方。② 另外,由于 CISG 第 79 条对导致一方未履行义务的障碍发生时间没有作出规定,所以这里存在这样一个问题:如果合同缔结时,障碍就已存在,而且不为双方当事人所知,这种情况下,第 79 条是否适用?关于这一点,秘书处对公约 1978 年草案评论称,如果没有相反的证明,CISG 第 79 条适用于这种情形。

CISG 第 35 条规定,卖方有义务交付符合契约约定的标的物。如果由于意外障碍导致交付的标的物存在瑕疵,卖方是否可能依据 CISG 第 79 条免责呢?这一问题在第 79 条的起草阶段就曾引起激烈的争论,至今尚无定论。其中争论的焦点在于,是以"障碍"(obstacle),还是以"情事"(circumstance)作为一方未能履行契约义务的原因。③ CISG 第 79 条的"前身"《国际货物买卖统一法公约》第 74 条起草过程中,这种争论就存在。《国际货物买卖统一法公约》第 74 条 1956

① Fritz Enderlin, Dietrich Maskow, United Nations Convention on Contracts for the International Sale of Goods 320(1992).

② Denis Tallon, *Commentary on The International Sales Law—the* 1980 *Vienna Sales Convention* C. M. Bianca & M. J. Bonnell ed., 1987, p. 576.

③ J. Honnold, *Uniform Law for International Sales* (2nd ed.) 1991, p. 534.

年草案采用的是"障碍"(obstacle)这一术语。德国等大陆法国家担心,采用"障碍"(obstacle)用语,免责的原因仅包括后发的外部事件,从而没有承认在经济状况发生极端变化情况下的免责。由于德国等国强烈要求,该术语由"障碍"(obstacle)改为"情事"(circumstance)。[①] 因此,除德国学者之外,法国也有学者认为,根据《国际货物买卖统一法公约》第74条的规定,如果卖主没有过失,则他对标的物的瑕疵担保责任被免除。[②] 在CISG第79条的起草过程中,这一问题一开始就被英、美、法等国提出,所以又由"情事"(circumstance)改为"障碍"(impediment)。有学者根据这一点认为,契约履行不适当责任,不可能依据CISG第79条而免除。[③] 总之,在关于标的物瑕疵担保责任是否可依CISG第79条而免除这个问题上,争议极大,这种争论可以说反映了英美法和大陆法违约责任归责原则的不同,即是采用严格责任原则还是采用过失责任原则。[④]

关于瑕疵担保责任是否可能依据CISG第79条免责的问题。笔者认为,当由于不可预见、不能控制、不可克服的障碍导致卖方交付的标的物不符合合同约定时,卖方同样可以援引第79条。理由如下:CISG第79条第5款规定,"本条之规定不妨碍任何一方当事人行使本公约规定的除要求损害赔偿以外的任何权利"。可见,如果允许上述情形下的卖方援引CISG第79条,那么卖方被免除的仅仅是损害赔偿责任,而买方仍可以行使以下权利:第一,如果标的物为种类物,卖方交付货物不符合约定构成根本违约时,买方有权根据CISG第46条第2款要求交付替代货物。这种情况下,卖方可以被免除的责任,则仅仅是因迟延履行(如果发生迟延履行的话)而引起的损害赔偿责任了。如果所交货物不合约定尚不构成根本违约,买方有权根据CISG第50条要求减低价格,也有权根据CISG第46条第3款要求卖方通过修理,做出补救。第二,如果标的物是特定物,当所交货物不合约定尚不构成根本违约,买方也有权要求减低价格以及要求修理补救。当所交货物不合约定构成根本违约时,买方可依CISG第51条第2款宣告整个合同无效(这时,情况实际上已经转化成因意外障碍而导致完全履行不能了)。由此来看,既然因意外障碍[⑤]导致卖方完全履行不能,卖方的损害

---

① J. Honnold, *Uniform Law for International Sales*(2nd ed.), 1991, p. 534.

② 转引自[日]久保宏之著:《经济变化と契约理论》,成文堂1992年版,第302页。

③ J. Honnold, *Uniform Law for International Sales*(2nd ed.), 1991, p. 534.

④ Nicholas, Impracticability and Impossibility in the U. N. Convention on Contracts for the International Sale of Goods, in International Sales 5 ~ 12, N. Golston & H. Smit ed. 1984.

⑤ 为叙述方便,以下将公约第79条所指称的不能预见、不能控制、不可克服的障碍称为意外障碍。

赔偿责任可以免除,为什么因意外障碍导致卖方交付不符合约定的货物,反而不能免除其损害赔偿责任呢?笔者认为,这种情形下,卖方的损害赔偿责任同样可得免除。因为卖方实施了交付行为,只是由于非其所能预见、控制的原因导致所交付货物与约定不符。而且买方还可以行使诸如要求交付替代物及减价等救济措施。如果卖方无权援引第79条免除其损害赔偿责任的话,则有违第79条的立法宗旨——避免特殊情况下适用"合同必须守信"原则带来的不公。

有学者认为,CISG第79条免责规定"不适用于诸如交货不符这样的瑕疵履行。因为如果把卖方交货不符也作为第79条可免责范围,必然要追究卖方交货不符是否归因于他本身的过错,这与CISG的一元论的违约责任制度相悖。追究责任可能要调整上游更远的制造商和供应商,证明他们本身是否在产品制造中、经销转运中有过错,这几乎是不可行的"。[①] 以上观点值得商榷。因为,交货不符的卖方如果想要援引第79条免责,证明责任在卖方,即卖方必须证明其交货不符是由于非其所能控制的障碍所导致的,且没理由认为他应于缔约时对该障碍加以考虑,或没有理由认为他理应避免或克服该障碍或其后果。换言之,举证责任并不像上述观点所说的应由买方承担。因此,交货不符的卖方要想免责,其实并非易事。

(2)免责条件。未履行义务的一方当事人如果请求免责,必须证明以下几点:其一,该方之所以未履约,是由于非其所能够控制的障碍导致的。公约使用impediment(障碍)一词,其含义不十分明确,这引起以下问题,即到底哪些情况可以适用第79条而免责?其二,没有理由认为未履行方理应于缔约时对该障碍加以考虑,即该障碍具有不可预见性。这一规定的逻辑基础为:如果某事件是可以预见的,则一般认为承诺人已经承担了该事件真实发生所带来的风险。其三,或者没有理由认为未履约方理应避免或克服该障碍或其后果。合同履行过程中,当事人负有义务避免或克服妨碍合同履行的障碍发生。首先,当事人应当采取措施避免眼看就要发生的障碍;其次,如果障碍已经发生,则应当尽快采取必要措施排除其后果。[②] 关于如何判断当事人是否理应避免或克服某障碍或其后果,一般以类似的当事人在类似的情况下的行为为判断标准。不过这一标准很模糊,有些情况很难以它来判断到底是可以克服还是不可能克服。这直接引出

---

① 李巍著:《联合国国际货物销售合同公约评释》,法律出版社2002年版,第349页。

② Joern Rimke, Force Majeure and Hardship: Application in International Trade Practice with Specific Regard to the CISG and the Unidroit Principles of International Commercial Contracts, *Review of the Convention on Contracts for the International Sale of Goods (CISG) 1999 – 2000* (Pace International Law Review ed., 2000), p. 216.

如何区分履行不可能以及履行艰难(即艰难情事)的问题以及艰难情事是否在CISG第79条调整范围内的问题,这一问题也许可以说是第79条最具争议性的问题。

2. 由第三人引起的未履约之免责(第79条第2款)

根据CISG第79条第2款的规定,如果由于一方当事人雇佣的履行契约全部或一部分的第三人不履行其义务,导致该方当事人未能履行契约义务,只有在该方当事人以及该第三人都满足第79条第1款规定的情况下,该方当事人的责任才能免除。在CISG起草过程中,对于这种基于第三人不履行的免责条款,发展中国家以及瑞典、挪威、丹麦等国认为,卖主应当无条件地保证履行,因而对该款的规定表示反对,土耳其也提案主张删除该款规定,丹麦及芬兰则提出修正案,西德则主张应当维持这种规定。各国对该款规定形成尖锐的对立意见,其原因在于对该款性质认识不同,即是将第79条第2款看做当事人责任之扩张,还是看做免责事由之扩张?当时特别工作组会议提出了两个替代方案,结果两个方案均被否决。① 另外,由于subcontractor这一用语在各国的含义不相同,容易引起误解,因此第2款被修改成现在这样。

可是,一般认为,当事人(尤其是卖主)雇佣第三人的场合主要有:②(1)债务人组织、管理作业的场合。这种情况,当事人对被雇佣人的不履行,应当承担责任。例如,被雇佣人为当事人的公司员工。第79条第2款显然不适用于这种场合。(2)雇佣第三人直接对债权人履行债务的场合。这种情形适用第79条第2款。不过,只有在第三人的不履行超出当事人的控制能力,且没有理由认为当事人在缔约时理应对此加以考虑,而且,该第三人也满足第79条第1款之规定这种情况下,当事人的责任才免除。(3)第三人的履行只不过是当事人履行契约的前提。这种情况下,第79条第2款不适用。例如,卖主为了生产买主定做的标的物,与第三人缔结契约,从第三人那里购买零件以及原材料,结果第三人的工厂作业因过失而停止,因此而无法向卖主供给零件及原材料。这种供给者,与第79条第2款中的第三人不相符。不过,在现实当中,有些情况下,也很难将第79条第2款中的第三人与上述这种供给者相区分。

3. 关于免责期间(第79条第3款)

根据CISG第79条第3款的规定,免责在障碍存续期间有效。详言之,如妨

---

① United Nations Conference on Contracts for the International Sale of Goods, Vienna, 10 March – 11 April 1980, Official Records, 410 et seq.

② [日]久保宏之著:《经济变化と契约理论》,成文堂1992年版,第309页。

碍一方履行之障碍是永久性的，则未履行义务方的责任被彻底免除；如果履行只是一时不能，未履行契约义务方当事人可以不承担迟延履行之损害赔偿责任，但在履行障碍消失后，对方当事人仍然可以请求未履行方履行义务，该方当事人应当履行其义务。也就是说，契约履行过程中如发生了符合本条第1款之规定的履行障碍，契约并非一概终止。不过，如前所述，履行障碍消失后，情事变化使得要求当事人承担契约责任不合理时，未履行方当事人也有可能永久性地被免责。① 但这一问题从根本上说，实际上还是"在履行艰难或发生经济不能的情况下，当事人得否免责"的问题。

另外，致使一方未能履行义务的障碍消失后，依第79条的规定，未履约方当事人诚然应当履行契约，问题是，对方当事人是否必须接受迟延履行？应当说，根据第79条第5款之规定，这取决于公约关于救济迟延履行的规定。如果对方当事人依据救济迟延履行之规定有权拒绝接受履行，就可以宣告解除契约。否则，则须接受对方的履行。

4. 通知义务（第79条第4款）

国内有学者认为，"未履行义务的一方将障碍以及对其履约能力的影响通知对方当事人"是未履约方免责的要件之一。② 可是，实际上，如果对方没有收到履行发生障碍的通知，未履行义务方因此而承担的不利后果，只是应承担对方因未收到通知所引起的损失，而不承担对方因其未履约所引起的损失。

5. 可免除的责任内容（第79条第5款）

第79条第5款规定，因发生履行障碍致使一方没有履行契约义务，仅仅是该方的损害赔偿责任得到免除，而这并不妨碍契约的任何一方当事人依照CISG的规定行使损害赔偿请求权以外的其他权利。例如，根据CISG的规定终止契约的权利，以及障碍消失后对方请求继续履行的权利等。从CISG的免责规定起草过程中的争议③可以看出，发生履行障碍虽然可以免除没有履行义务方的损害赔偿责任，但这并不是说，当事人在契约中约定的违约金债务（penalties or liquidated damages）也可以免除，这体现了CISG尊重契约自由的基本精神。有

---

① 在英美法中，这种一时妨碍契约履行之障碍是否使契约受挫，取决于履行实际中断或可能中断的时间长短，以及中断结束后继续履行契约是否会使得一方或双方承担的义务与原来约定的义务有着重大区别。

② 张照东著：《情事变更制度比较研究》，中国书籍出版社2001年版，第46页；张燕玲："情事变更制度研究"，山东大学法学院硕士学位论文，第47页。

③ 东德提案，在最终免责草案第5款中，契约中约定的违约金债务（penalties or liquidated damages）等应当和损害赔偿一样得到免责。但鉴于这与CISG尊重契约自由原则的精神相抵触，该提案被否决。

疑问的是，如果障碍并非一时性的，未履行契约义务的一方当事人固然可以免除其损害赔偿责任，可是，障碍的发生是否使对方当事人的履行请求权丧失呢？换言之，如果障碍非一时性的，对方当事人是否还有权请求未履行义务方当事人履行其义务？在CISG第79条起草过程中，西德曾提案，因草案第5款对损害赔偿以外的救济方法之行使不受妨碍作了规定，在永久性障碍的场合，为了尽量不容许对方作履行请求，要在"请求赔偿损失"（to claim damages）后，追加"请求履行"（to require performance）。也就是说，该提案试图让CISG规定，在永久性障碍的场合，对方的履行请求权丧失。可是，西德的这一提案遭到否决。另外，CISG又无官方注释，因此很难对这一点作出判断。不过，笔者倾向于认为，如果影响契约履行的障碍是永久性的，对方当事人的履行请求权也就随障碍的发生而丧失。

（二）发生艰难情事（hardship）得否适用CISG第79条而免责

前文提到，发生艰难情事是否能适用CISG第79条免责的问题，也许是CISG第79条争议最多的问题。由于第79条使用的是自己的一套独特术语，它没有采用各国国内法相关制度[①]的既存术语，人们无法参考这些法律制度对其进行解释，造成第79条解释上的困难。不过，有学者称，由于第79条规定得过于模糊，使用诸如"due to an impediment"（由于某种障碍）等词语，给司法解释留下空间。法官或仲裁员自然会倾向参考其本国法中类似的概念来读解第79条。可是，如果在适用第79条中参考各国内法，这必定会损害到CISG的统一适用。例如，如果参考其国内法，法国就不会承认艰难情事下公约第79条的适用，而德国、英美等国就很可能承认其适用。实际上，第79条使用不同于各国国内法中的既存术语，其目的就在于，试图消除国际贸易领域各国国内法互不相同所带来的冲突。而且，促进国际贸易规则的统一也正是CISG的主要目标。[②]

有学者认为，价格显著上涨也可以成为CISG第79条第1款之"前身"——《国际货物买卖统一法公约》第74条第1款规定的免责理由，如果契约双方的等价均衡性遭到明显破坏，也有可能免责。[③] 在CISG第79条的起草过程中，挪威当时提案，免责草案应附加以下内容的条款：导致契约履行一时不能的原因消失后，情事发生变化使得要求当事人承担契约责任不合理时，未履行方当事人永久

---

① 如force majeure（不可抗力规则）、frustration（契约受挫制度）、impracticability（履行不现实规则）、Wegfall der Gesch ftsgrundlage（交易基础丧失制度）。

② 参见CISG第7(1)条。

③ [日]久保宏之著：《经济变化と契约理论》，成文堂1992年版，第305页。

性地被免责。但该提案因受到法国[①]等国的反对而被否决。尽管如此,但从挪威提出的另一个替代提案[②]被采纳的情况看来,障碍消失后,如果情事发生变化使得要求当事人承担契约责任不合理时,永久性地免除未履行方当事人的责任也并非完全没有可能性。进而言之,如果一开始一方履行就并非完全不能,而只是履行极为艰难,或经济不能,这种情况,似乎也可能依据 CISG 第 79 条而免责。不过,一般情况下,这种可能性相当小,这是因为,各国对艰难情事、经济不能理论采取相当严格的态度,不说法国,就是英美、日本,甚至于德国,对经济不能理论的态度都并不那么宽松。

对于发生艰难情事、经济不能是否可适用第 79 条而免责这一问题,也存在否定说。[③] 否定说认为;在发生艰难情事、经济困难的情况下依据公约第 79 条免责的主张是很危险的。持否定说的学者认为,对于一方可能出现经济困难等问题,应当通过在契约中设立艰难条款等方式处理。因为 CISG 采取契约自由原则,也允许依据当事人的意思对契约作灵活解释。[④]

国内一些学者认为,CISG 第 79 条是对不可抗力规则以及情事变更规则作的规定。[⑤] 笔者认为,CISG 第 79 条规定基本上相当于大陆法系的不可抗力规则,但又不完全等同于后者。依本文的考察看来,CISG 第 79 条之规定,也许可以说比不可抗力规则(force majeure)的适用略微宽松一点,但它应比英美契约法中的履行不现实规则(impracticability)的适用更为严格,更应当比德国的交易基础障碍制度(Wegfall der Gesch ftsgrundlage)以及其他大陆法系国家的"情事变更规则"的适用严格得多。甚至可以说,CISG 第 79 条基本不包括"情事变更规则"的内容,换言之,合同履行中如果发生艰难情事(hardship),不利方很难援引第

① 法国基本上不承认 imprévision 在民事契约中的适用。法国司法审判长期奉行契约强制力原则,坚持适用《法国民法典》第 1134 条"依法订立的契约,对于缔约当事人双方具有相当于法律的效力"之规定。

② 挪威提案,将最终草案第 3 款"The exemption provided by this article has effect only for the period during which the impediment exists"中的"only"这一用语删除。该提案被采纳。公约草案原本将"本条所规定的免责"仅(only)限于"障碍存续期间";后来将草案中的"only"用语删除。从这一修改过程可以推测出,公约的立法本意并没有将"本条所规定的免责"仅限于"障碍存续期间"。

③ 对此,D. Tallon 认为,即使 CISG 第 79 条采取了比传统的不可抗力理论更具弹性的处理方式,它也理应比美国法上的履行不现实理论更严格。参见 Denis Tallon, *Commentary on The International Sales Law—the* 1980 *Vienna Sales Convention* C. M. Bianca & M. J. Bonnell ed. ,1987,p. 592。

④ CISG §6、§8。

⑤ 彭真明:"论情势变更与不可抗力",载《政法学习》1993 年第 3 期;马俊驹:"我国债法中情势变更原则的确立",载《法学评论》1994 年第 6 期。

79 条免责。其理由在于,无论从第 79 条的立法史、第 79 条与 PICC 第 7.1.7 条的比较、第 79 条规定的适用效果,还是从第 79 条的适用判例来看,我们都不难发现,发生艰难情事很难依据第 79 条免责。具体阐述如下:

首先,第 79 条的立法史方面,CISG 第 79 条之"前身"《国际货物买卖统一法公约》(简称 ULIS)第 74 条以及 CISG 第 79 条的起草过程中的争论可以说明这一点。在两个公约的起草过程中,对于是以"障碍",还是以"情事"(circumstance)作为一方未能履行的原因,曾经有过激烈的争论。ULIS 第 74 条 1956 年草案使用的是"障碍"(obstacle)一词,后来德国等国认为应当承认经济状况发生极端变化情况下的免责,所以强烈主张将"障碍"(obstacle)改为"情事"(circumstance)。ULIS 公约最终采用了"情事"(circumstance)用语。在 CISG 的起草中,工作组会议最初就指出,ULIS 第 74 条的主要问题在于,当事人在契约履行中太容易得到免责,即不仅物理上的履行不能以及法律上的履行不能可以成为免责根据,而且,预料之外的履行负担也可以成为免责根据。因此,建议缩小免责根据。正因为如此,"情事"(circumstance)又被改为"障碍"(impediment)。由此可见,CISG 第 79 条基本上属于不可抗力规则之性质。另外,联合国国际贸易法委员会(UNCITRAL)在公约 1977 年草案准备过程中,曾经建议加入以下规定,"如果由于缔约后发生的,不可能为双方当事人预见到的特殊意外事件,导致合同的履行极为困难或使双方当事人中的一方面临重大损失,受此影响的当事人有权要求适当修改合同或终止合同"。然而,委员会并没有保留该建议。[①] 挪威建议增加规定艰难情事问题条款的提案也被否决。换言之,公约第 79 条起草过程中,艰难情事(hardship)问题确实被考虑过,但特意用以处理此问题的规定最终还是被慎重地删除了。这一起草过程基本上排除了公约中包含未明确规定的艰难情事规则的可能性。甚至可以说,以上起草过程表明,第 79 条的起草者有意将合同履行仅仅是变得更为困难的情况排除在第 79 条的适用范围之外。

不过,从挪威提议将最终草案第 3 款"The exemption provided by this article has effect only for the period during which the impediment exists"中的"only"用语删除提案被采纳这一过程可以推测出,公约的立法本意并没有将"本条所规定的免责"仅限于"障碍存续期间"。换言之,正如日本学者久保宏之所说,一时之障碍消失后,如果情事发生变化使得要求当事人承担契约责任不合理时,永久性地免除未履约方当事人的责任也并非完全没有可能性。但总的看来,艰难情事或

① J. Honnold, *Uniform Law for International Sales*(2nd ed.),1991,pp.349 – 350.

经济不能等情况下 CISG 第 79 条的适用绝不可能轻易获得。

其次,如果将 CISG 第 79 条之规定与 1994 年 PICC 第 7.1.7 条(不可抗力规则)之规定作比较,可以看出,二者的规定极为接近,甚至可以说,PICC 第 7.1.7 条的规定简直就是 CISG 第 79 条的翻版。而 PICC 第 7.1.7 条下使用的标题正是"ForceMajeure"。由此我们可以说,CISG 第 79 条规定的属不可抗力规则。不过,根据 PICC 第 6.2.2 条(关于艰难情事规则之规定)注释 6 的解释,某些情况可能既可被看做构成 PICC 第 6.2.2 条所规定的艰难情事,同时又可被看做构成 PICC 第 7.1.7 条规定的不可抗力。换言之,PICC 第 7.1.7 条也可以适用于极个别的"履行艰难"情形。因此,相应地,与 PICC 第 7.1.7 条规定基本相同的 CISG 第 79 条,也可能适用于极个别的"履行艰难"、"经济不能"情形。

再次,第 79 条规定的适用效果只是"免除未履约方的损害赔偿责任",而且,第 79 条第 5 款还规定,"本条之规定不妨碍任何一方当事人行使本公约规定的除要求损害赔偿以外的任何权利",这意味着,如果由于意外障碍只是导致履行艰难而没有导致履行不能,另一方当事人仍然有权根据公约的规定请求未履约方履行其合同义务。由此可见,第 79 条之规定基本不适用于发生艰难情事的场合。因为,要是适用于发生艰难情事的场合,该条规定的适用效果应该包括"未履约方有权请求对合同进行修改"才更为合理。而事实上,CISG 没有规定未履约方有权请求对合同进行修改,这样,如果将第 79 条的免责规定适用于发生艰难情事的场合,那么,本来由未履约方所承担的因意外障碍引起的损失便完全转嫁给了对方,这便形成了新的不公局面。从这一点看来,发生艰难情事很难援引公约第 79 条免责。

最后,第 79 条的适用判例也反映出,要想在发生艰难情事的场合援引该条的免责规定绝非易事。例如,在 Nuova Fucinati S. P. A. v. Fondmetall International A. B. ①案中,一家与瑞典买主(Fondmetall Int'l)缔结销售合同的意大利金属卖主(Nuova Fucinati),因合同标的物的价格在合同履行期间上涨将近 30%,从而试图以发生艰难情事寻求免责。法院判决 CISG 第 79 条不适用于本案。

总之,CISG 第 79 条之规定大体上相当于大陆法系的不可抗力规则,但又不

① T. Civile di Monza, 14 Jan. 1993 n. R. G. 4267/88,转引自 Joern Rimke, Force Majeure and Hardship: Application in International Trade Practice with Specific Regard to the CISG and the Unidroit Principles of International Commercial Contracts, *Review of the Convention on Contracts for the International Sale of Goods (CISG)* 1999 - 2000 (Pace International Law Review ed., 2000), p. 225。

完全等同于后者。它也许比后者的适用略微宽松一点，但基本不包括大陆法上“情事变更规则”的内容。换言之，该条的免责规定基本不适用于发生艰难情事的场合，但也不排除在个别履行极为艰难场合下的适用。

（2004年第12期）

2005 年

论 WTO 解决环境问题的能力

彭 溆*

一、将环境与贸易问题联系起来的原因

环境问题和贸易政策相联系并非偶然,这其中有道德原因也有谈判策略的考虑。

许多贸易政策都包含了经济利益和价值标准,既体现了经济学原理,又反映一定的道德准则。贸易政策引起经济变化的同时意味着某些社会目标在一定程度上的妥协。① 没有任何贸易政策是客观上绝对最优的,每种选择都各有利弊和局限,只是各国从本国的情况出发来取舍。绝对的道德规范也不多见,如人类社会达成共识,认为奴隶制度是违背道德准则的,因此使用奴隶生产的产品应当遭到禁止。但是,如果一国的劳动生产条件很差,劳工标准很低,是否应当禁止同这样的国家进行贸易就不太容易找到答案了。单纯从经济学的角度来讲,应当选择购买这些国家生产的产品,因为这些产品价格更低,但是恶劣的劳动条件和劳工标准却是同维护人权标准相悖的。还应当看到,同该国进行贸易事实上也是在帮助维持它的经济不至于崩溃。显然,单独的市场机制无法有效地处理社会问题,因此各国在制定贸易政策时不可回避地要进行价值取舍。环境问题就是这样一个社会问题,解决环境保护和贸易的联系就是要平衡自由贸易和环境保护、可持续发展的关系。

除了出于道德原因,将环境问题同贸易政策相联系还有各成员方谈判策略的考虑,是为了增强自身的谈判能力,无论强势还是弱势成员方都可以加以利用。强势国家借此联系将强权由一个领域扩张至另一个领域,如在乌拉圭回合中,发达国家将投资问题、知识产权保护问题同贸易挂钩,寻求到其在单独的投资和知识产权领域内无法达到的协议安排。弱势国家亦利用此种策略把特定问题的谈判同他们具有谈判优势的议题捆绑起来,增强自己的谈判能力。另外,建

---

* 作者单位:华东政法学院(现华东政法大学)。

① Bruce E. Moon, *Dilemmas, of International Trade*(2nd ed.), Westview Press, 2000, p. 20.

立贸易与非贸易问题的联系也可以增加谈判的变量，有利于促使协议的达成。①例如，将纺织品贸易同知识产权问题合并谈判，尽管这两个议题之间表面上不具有任何联系，但是各方从谈判策略出发，最终还是会形成一定程度上的妥协，这是独立谈判所无法完成的。

不过，如果联系过于宽泛，谈判双方在各议题上的分歧过大，也是很难达成协议的。这一次多哈部长会议中欧盟要求讨论环境问题的呼声最高。美国由于政府更迭，小布什的共和党政府与前民主党政府所关注的利益集团有所不同，因而态度较之西雅图第三次部长会议时发生了微妙的变化，但仍对欧盟的提议表示赞同。而发展中国家则反对将环境纳入世贸组织谈判。因此，在贸易与环境问题上发达国家和发展中国家冲突的基本格局没有变化。

二、不堪重负的世界贸易组织

WTO 被认为是处理"棘手"的贸易与环境问题的少数多边机构之一，因此，许多人将 WTO 作为最终解决贸易与环境问题的机构看待。不过，期望往往过高。事实上，WTO 的资源非常有限，而且就其自身而言，也无意成为一个环保机构。

WTO 秘书处本身强调："WTO 不是一个环境保护机构，它在这个领域协调有关政策的权限，仅限于贸易政策以及环境政策中可能对贸易具有重大影响的相关贸易方面。"WTO 秘书处还着重指出，在处理贸易与环境关系的过程中，WTO 成员方不会根据关于 WTO 本身能提供解决环境问题的现成答案这类假设采取行动。② WTO 在《贸易与环境的决议》以及"贸易与环境委员会"一系列工作报告和公告中也多次提出：WTO 愿意在不超越多边贸易体制的权限下，协调贸易与环境领域中各项政策。③ 贸易与环境委员会（CTE）自成立以来，已将环境和可持续发展观念纳入到世界贸易组织的日常主流活动中，不过尽管 CTE 在这一领域做了一定的工作，但成效并不明显，在提出修改多边贸易规则的建议以

---

① Jeffery Atik, Democratizing the WTO, *George Washington International Law Review* (2001). James T. Gathii, Re - characterizing the Social in the Constitutionalization of the WTO: A Preliminary Analysis, *Widener Law Symposium Journal*, Sping(2001).

② United Nations Conference on Trade and Development, A Positive Agenda for Developing Countries: Issues for Future Trade Negotiations, United Nations, New York and Geneva(2000).

③ WTO Committee on Trade and Environment, Decision on Trade and Environment, http://www.wto.org/english/tratop - e/envir - e/envir - backgrnd - e/cls2 - e.htm.

促进贸易与环境协调发展方面还需要做大量工作,实际上这也反映出WTO似乎并不想在环境领域涉足过深。

WTO规则是多边贸易体制的法律基础,这一性质决定了它以维护和促进多边自由贸易为己任,致力于在贸易与环境之间建立一种建设性的关系,以求在不损害多边贸易体制公平、公开、非歧视特征的基础上加大环保力度,促进可持续发展,保护环境的目标只能在多边贸易体制的框架内实现。它在贸易与环境领域进行政策协调的职责仅限于影响环境的贸易政策和对贸易有显著影响的环境政策。

另外,从WTO的资源来看,它也没有能力承担起一个国际环境保护组织的重任。WTO规定通过双边或者多边谈判来达成协议。这种运行机制在会员国少、议题少的情况下是一种很好的机制,但随着会员国越来越多,谈判的议题越来越多,且又存在重大分歧,每轮谈判的时间也越来越长,这种机制就很难发挥作用。现在WTO有148个会员国,如果考虑到有多个议题,除了进行双边谈判外还要举行三边谈判甚至多边谈判,谈判量是非常巨大的。GATT的前四轮谈判都是当年发起,当年结束,但到第五轮谈判时就历时两年,第六轮谈了3年,第七轮谈判4年,到第八轮乌拉圭回合谈判,谈了整整8年。

多哈回合是WTO成立后的首轮谈判,《多哈部长宣言》制定了野心勃勃的谈判计划,涉及农产品、非农产品市场准入、服务贸易、与贸易有关的知识产权问题、贸易与环境、贸易与投资关系、贸易与竞争政策互动、贸易便利化和政府采购透明度等多项议题,全部谈判计划以“一揽子”承诺方式于2005年1月1日前结束。为此,WTO成立了贸易谈判委员会(TNC),下属的7个谈判小组在世贸组织总理事会授权下,监督和实施新一轮多边贸易谈判。从实际情况看,贸易谈判委员会自成立以来已举行过多次正式会议,不过只取得了一点进展,各成员方似乎在所有议题上都存有分歧。暂且不提多哈回合已走到尽头的论调,要完成如此繁重复杂的议题恐怕还要假以时日。

考察WTO自身的资源,无论就人员还是资金而言,完成这样巨大的工作量都是非常困难的。设在日内瓦的WTO秘书处只有大约500名工作人员,而且WTO的专家多数是经济学家或法学家,缺乏社会学、政治学或其他专业技术背景。① 对待贸易与环境问题,从总体上来说,WTO在具体裁决案件时,仍表明了

① Jan A. Scholte, Robert O' Brien and Marc Williams, The World Trade Organization and Civil Society, in Brian Hocking and Steven McGuire(eds), *Trade Politics: International, Domestic and Regional Perspectives*, Routledge, 1999, p. 173.

其贸易优先的价值取向，如此涉及政治、经济、社会、文化等多个复杂领域的重要问题，却只有贸易法的专家在唱独角戏，导致此种偏颇也就不足为怪了。而且，WTO 的预算也相当有限，它每年的预算大约是 1.17 亿瑞士法郎。① 所以从人力资源、资金等方面来衡量，WTO 早已经是超负荷运转了。正如前 WTO 总干事鲁杰罗在日内瓦研讨会上指出，"通过 WTO 及其决策程序讨论环境问题并设定相关规则，只能使 WTO 的工作负担更为沉重"。②

三、立法和准司法机构间的失衡

WTO 的运作方式是不平衡的，其司法机制比较强硬有效，而规则制定机制却相对软弱无力。在环境问题上，突出存在争端解决机构"造法"的严重威胁，即争端解决机构创造国际贸易法"普通法"的问题。

到目前为止，WTO 中对于贸易与环境的问题没有单独的立法，虽然 GATT 的第 20 条第 b 项和第 g 项中对环境问题有所提及，但仅仅是作出了原则性的规定；乌拉圭回合文件将环境保护和可持续发展列为目标和宗旨，写入《建立世界贸易组织协议》的序言，但"在制定具体规则上仍表现出裹足不前，使得本应朝着环境保护方向靠拢的步子，未能向前挪动半步"。③ 而 GATT/WTO 的争端解决机构在涉及环境问题的争端解决过程中，通过对 WTO 协议条款的适用所作的解释，填补了贸易与环境的相互关系这一法律空白（1acuna）。是否该允许甚至鼓励专家小组和上诉机构沿着这条路继续走下去？能否认为环境问题在 WTO 法律框架内可以通过争端解决机构"造法"的形式得到妥善解决呢？

《1994 年关贸总协定》第 20 条第 b 项和第 g 项条款是目前世贸组织争端解决机制在解决成员之间有关贸易与环境问题的纠纷时所采用的主要依据，但是由于这两项规定无论从内涵还是从外延来看都不明确，各方都根据自己的理解和需要作出相应的解释，因而极易被用来借环境保护之名，行贸易保护之实。

根据 WTO 的规定，部长会议和总理事会拥有对 WTO 协定和多边贸易协议进行解释的专有权力。《建立世界贸易组织协定》第 9.2 条规定，"部长会议和总理事会拥有通过对本协定和多边贸易协议的解释的专有权力。对于附件 1 中

---

① WTO 数据研究库，http://www.wtoinfo.net.cn/cgi-bin/zbxxzlk3-new.htm。

② 转引自秦天宝："世界贸易组织法与环境保护：挑战与发展"，载 http://library.jgsu.edu.cn/sfxz/jingji/LWJ/LWJ~201036.htm。

③ 赵维田："贸易与环境：化解冲突之路"，载 http://www.iolaw.org.cn/shownews.asp?id=1513。

多边贸易协议的解释,他们应在监督该协议运作情况的理事会所作建议的基础上行使其权力。通过解释的决定,应以成员方四分之三多数票作出”。“专有权力”一词,表明WTO规则不承认通过其他途径进行的解释可能取得WTO规则的地位,即不可能具有普遍约束力。而“四分之三多数票”的要求,强调了成员方的共同意志,具有协议性。

GATT/WTO的专家小组和上诉机构在解决具体争议时,也对多边贸易协议的规则作出解释。专家组和上诉机构报告的通过采用“反向一致”原则,即除非一致反对通过则视为通过,是一种消极的一致。在这种情况下,有可能存在一部分或相当一部分成员方反对报告通过。因此,即使报告通过了,对当事方具有法律约束力,但并不必然表示成员方完全接受专家组、上诉机构在报告中对WTO规则所作的解释,更不能表明成员方同意报告中的法律解释具有超越该案的约束力或成为WTO法的一部分。

尽管国际法上普遍认为,争端解决程序或司法意见或判决不具有先例效力,[①]然而,通过对GATT/WTO诸多案例的考察可以看出,事实上以前的专家组、上诉机构报告确实对后来的争议审理具有重大影响。[②] 争端解决机构在争端解决过程中对WTO协议条款的适用所作的解释,已成为争端当事方、专家组和上诉机构援引的论据,这种例子比比皆是,除有限的几个例外,[③]几乎所有已通过的GATT/WTO争端解决报告都援引了以前报告中的法律解释或法律推理。作为争端解决报告的一部分,专家组与上诉机构的法律解释对争端当事方具有约束力。虽然WTO不存在严格的“遵循先例”原则,争端解决机构在特定案件中所作出的法律解释在法律上不具有先例效力,但在事实上,他们是具有先例效果的。这样就产生了关于争端解决机构“造法”的问题。

一个典型的例子是贸易—环境问题中特别敏感的PPM问题(以产品的生产、加工过程和方法的标准,而不是以产品本身的标准来衡量其对环境的影响,从而决定是否对该产品进行进口限制或者禁止)。进口国采取PPM标准衡量外国进口产品,是对出口国主权的严重挑战,是典型的绿色环境壁垒。WTO体制

---

① John H. Jackson, *The Jurisprudence of GATT & WTO*, Cambridge University Press(2000), p. 129.

② 朱榄叶:The Effects of the WTO Dispute Settlement Panel and Appellate Body Reports: Is the Dispute Settlement Body Resolving Specific Disputes Only or Making Precedent at the Same Time?, *Temple International and Comparative Law Journal*, Sping 2003。

③ 例如,加拿大冰激凌案中涉及“易腐产品”的解释,专家组认为这一定义不具说服力,因此未予采纳。参见Canada—Import Restrictions on Ice Cream and Yoghurt, report of the Panel, para. 72。

下，PPM问题几次进入争端解决机制，在牛肉荷尔蒙、海虾—海龟案件获得了一定突破。曾有发达国家学者断言，将PPM引入WTO，现在不是时候，但是不等于永远不做（not now，not never）。[①]

放任争端解决机构"造法"是一种危险的倾向，成员方将会越来越倾向于诉诸争端解决机制来创立新法或修改现行规则。尽管WTO成员方有权对规则进行修订或解释，但这种权力受制于严格的程序性限制，使得其行使困难重重。因此即使争端解决机构作出的法律解释背离了WTO起草者的本意，在实践中也没有办法推翻这一解释。专家组与上诉机构的观点成为法律，而立法机构却没有有效的手段重新解释法律，纠正专家组或上诉机构的意见。尽管《建立世界贸易组织协定》赋予了部长会议和总理事会以权威性的法律解释权，然而这种权力从未行使过。[②] 可见，争端解决机构"造法"的问题如得不到解决，会对争端解决程序乃至整个WTO规则的运作产生重大影响。

与国内法不同，WTO法是各成员国谈判斗争后达成的协议，反映了各方利益的协调和妥协。争端解决机制在这方面应当非常谨慎，不能走得太远，不能违背成员方的意愿，侵犯属于成员方全体的立法权。这也是为什么DSU第3.2条明确规定："争端解决机构的建议与裁决不得增加或减少涵盖协议所规定的权利与义务。"争端解决机构不能也不应该承担制定新规则的职能，WTO规则中包括环境问题、劳工标准问题在内的众多空白和模糊之处，恰恰反映了缔约方之间的政策分歧，留待将来谈判时重新考虑。允许由争端解决机制的专家来填补这些空白，是对成员方立法权的侵蚀。就连上诉机构的专家也指出："考虑到贯穿于DSU的争端解决的明确宗旨，我们不认为DSU第3.2条的意思是鼓励专家组或者上诉机构在解决特定争端的范围之外对WTO协议的现有规定进行阐明而'造法'。"[③]

四、非政府组织参与的困境

当今社会，决定国际贸易政策和规则的力量越来越多元化，不仅有传统的政

① 那力："WTO环境保护可持续发展"，载http://www.wtolaw.gov.cn/display/displayInfo.asp?HD=200212211134236056。

② 尹德永："试论WTO争端解决机构的法律解释权"，载《中国国际经济法年会论文集》，第765页。

③ United States—Measures Affecting Imports of Woven Wool Shirts and Blouses from India, para. 19.

府和政府间国际组织，而且有非政府组织（NGO，包括非政府间国际组织）的积极而重要的参与。这是全球化带来的效应。在WTO中，非政府组织的参与面临着两难的困境。

WTO完成了对GATT的继承，并成功地过渡为迄今为止人类历史上最为完整的一套世界贸易规则体系，被称为“经济的联合国”。非政府组织当然不可能放弃WTO这个展现其能力的大舞台，他们对将各种问题列入未来的贸易谈判产生了新的期望和兴趣。他们希望向世界贸易组织进军，特别是向它的争端解决机制提供更多的投入，从而在促进制定一项更均衡的贸易与环境议程方面能够发挥重要作用。

在环境问题上，“绿化”世界贸易组织的呼声一直很高，①显然人们并不相信一个贸易组织能够有效地处理环境问题，尤其是贸易法专家们的贸易政策至上倾向，会导致过度追求自由贸易的目标，而忽略环境保护。2003年7月，十大NGO②向包括WTO秘书长、总理事会主席和WTO第五届贸易部长级会议主席在内的5大机构同时发出了“增进WTO内部透明度和参与度的备忘录（以下简称备忘录）”，建议WTO改变现有的“暗箱操作”的决策机制，改变不公平、不透明的议事程序。应该承认民间团体是全球化时代决策、治理的重要参与者，有时甚至是启动力量、决定性力量。③ 例如，各国政府迟迟未能就控制滥伐森林问题达成协议，世界自然基金会（WWF）建立了世界森林保护协会（FSC），对合乎可持续发展标准的林产品（主要是木材）给予认证，已经在十多个国家推开，从贸易这一关键环节有力地保护了森林。

另外，西雅图会议也令WTO意识到，与其让这些非政府组织在街上示威，不如将他们引入WTO。与非政府组织的联系对于缺乏透明度的WTO来说，无疑有助于改善其饱受非议的民主形象，是加强其为公众所认知的有效途径。事实上，各方在达成《建立世界贸易组织的协定》中，已经包含有关于非政府组织的内容。该协定的第5条第2款规定：“总理事会应做出适当安排，以便与在职责范围上与WTO有关的各非政府组织进行磋商与合作。”在1996年6月18日，总

① Dunkley Graham, Greening the GATT or GATTing the Green? The Free Trade Adventure: The WTO, The Uruguay Round and Globalism, London: Zed Books, p. 193.

② 联合发出备忘录的是第三世界网络、国际乐施会、公共服务国际、世界自然基金会、国际环境法中心、互不干涉南部中心、农业与贸易政策学院、非洲贸易网络、国际性别与贸易网络和TEBTEBBA国际土著人权中心。

③ 那力：“ WTO环境保护可持续发展”，载 http://www.wtolaw.gov.cn/display/displayInfo.asp?HD=20021221134236056。

理事会通过了《与非政府组织关系安排的指导方针》(WT/L/162),建立了一整套 WTO 与非政府组织的关系框架。①

但是,人们对非政府组织的加入又心存疑虑。多数的非政府组织来自于发达国家,表现最活跃的也是他们,这是因为发展中国家非政府组织资金不足,不能充分利用此类机会。对于多数的发展中国家而言,这些非政府组织极力游说的诸如环境保护、劳工标准、人权等问题,恰恰是他们因经济发展水平的制约缺乏谈判能力的问题。单纯采取贸易自由化的立场而忽视环境保护固然不可取,但是过分强调环境问题而严重偏离贸易谈判的主题亦属不宜。非政府组织所代表的特殊利益集团的加入很可能会对多边贸易谈判施加不平衡的影响,某些以"透明度"为标题的提案,如作为法庭之友向争端解决专家组提出的那些提案,实际上可能会加剧议程的某种不平衡。WTO 作为一个调整政府间关系的机构,应当保证成员国政府在贸易政策的制定中起主导作用。发展中国家如何能够将自己尚不具有的权力交给 WTO 组织以外的非成员方来行使呢?因此,他们主张"在所有的成员方,尤其是那些弱小的成员方,感到他们真正能够参与到对他们的利益有重大影响的政策制定之前,不应当将非政府组织引入 WTO"。②

至于民主的问题,非政府组织认为如果 WTO 将他们拒之门外,就是违反了民主的原则,剥夺了民间团体参与国际事务的权利,WTO 不需要以一个纯粹的处理国与国之间关系的机构形式存在。但是,民主究竟意味着广泛的参与性呢,还是真实的代表性?发展中国家强烈反对的主要原因正是他们担心无法实现真实的代表性。来自发达国家的非政府组织真的能够如他们标榜的那样代表欠发达国家、弱势群体的利益吗?"当一个纽约的非政府劳工组织代表危地马拉的女工发言时,我们应当如何来评价它的观点呢?"③

---

① 这一系列的指导方针包括:(1)遵循《建立世界贸易组织的协定》第 5 条第 2 款所确立的基本原则。(2)各成员方认识到非政府组织能起到增进公众对 WTO 相关活动的认知程度的作用,因而各成员方愿意提高 WTO 的透明度并发展同非政府组织的关系。(3)为了达到更具透明度的目的,必须保证非政府组织获得更多有关 WTO 活动的信息,特别是比过去更快地取消对获取有关这些活动的文件限制。为此,秘书处将使相关资料(包括已经取消限制的文件)在互联网上公布。(4)WTO 秘书处应积极地采用各种方式,发展同非政府组织的直接联系。(5)如果 WTO 各理事会或委员会的主席参加同非政府组织的讨论会或其他会议,他只应代表其本人,除非该理事会或委员会做出其他的特别决定。(6)各成员方重申 WTO 是一个对其成员方的有关权利和义务具有法定拘束力的政府间组织。因此,各成员方认为非政府组织不可能直接参与 WTO 的工作或其会议。

② Debra P. Steger, The "Trade and..." Conundrum – A Commentary, *American Journal of International Law*, January(2002), pp. 140 – 141.

③ Christopher McCrudden, Anne Davies, A Perspective on Trade and Labor Rights, *Journal of International Economic* Law, (2001), Vol. 3, p. 60.

发达国家的非政府组织的参与可能带来的另一个问题是贸易制裁措施的滥用。乌拉圭回合中，发达国家国内的企业集团或行业协会成功地寻求将贸易同投资措施、知识产权保护等非贸易议题相联系，实现了更大的市场开放和市场份额，巩固了他们的市场控制地位，防止新竞争者的加入。非政府组织无疑从中得到启迪，相信贸易措施或是贸易制裁是最有效的工具来推动实现捍卫动物权利和环境保护的目标。他们因此会向本国政府游说，施加压力逼使他们的政府和谈判代表采用强硬的执行机制，比如单方面贸易制裁，或是以贸易制裁为后盾的WTO的争端解决机制的利用。例如，一些环保组织和动物权利保护组织相信，政府应该给予根据生产方法，比如破坏动物的生态的理由以单方面实施进口禁令的权利，而世贸组织规则也应该修改，以便能够单方面采取行动。贸易措施和贸易制裁因此成为了维护企业和社会组织的利益服务工具。但是允许对另一国的污染或环境退化实行单方面制裁，将会从根本上改变贸易体制的方向，使之偏重于强权而不是规则。

此外，非政府组织在WTO会议上的出现也可能会使一些成员国由于担心受到国内的指责而不愿暴露其真实的想法，这样反而有违吸纳非政府组织加入WTO以增加透明度这一做法的初衷。[①] 另一些分析家认为，代表特定利益集团的非政府组织的加入会减缓决议制定的进程进而导致工作效率的降低。而且许多非政府组织不赞成贸易自由化，因而担心它们的加入会阻挠贸易自由化的发展。[②]

不难看出，非政府组织的加入正使WTO陷入两难的境地。一方面，阻止非政府组织的参与会被指责为反民主、歧视、独裁，直接导致WTO的合法性受到质疑；另一方面，如果允许非政府组织参与，必定要将他们所关心的环境等非贸易议题引入多边贸易政策框架，会严重损害发展中国家的利益，WTO的合法性同样会面临挑战。

五、贸易制裁是万能的吗

讨论环境组织和世界贸易组织在解决环境保护问题上孰优孰劣，并不是简

① Karsten Nowrot, Legal Consequence of Globalization: The Status of Non – Government Organization Under International Law, *Indiana Journal of Global Legal Studies*, (1999)6, p.583.

② Jeffrey L. Dunoff, The Misguided Debate over the NGO Participation at the WTO, *Journal of International Economic Law* 1998(3), p.439.

单地比较究竟由哪一个组织来规范的问题,也涉及对于规则的执行保障问题。从某种意义上讲,任何社会都负有三个责任:规则的制定、规则的管理和规则的执行。[①] 世界贸易组织之所以引起全球关注的一个主要原因在于它的强硬的准司法性质的执行机制,相比之下,环境组织的"软"执行机制似乎效力平平。但是贸易制裁真的是万能的吗?

首先,强有力的执行机制的前提是规则本身是公正正确的。发展中国家成员方作为 WTO 的成员方应当遵守 WTO 规则中的社会条款,但是仅仅有发展中国家愿意遵守这一事实并不能说明遵守的结果一定是公正的,如果规则本身是不公正的,那么强硬的执行机制只能使不公正的结果进一步恶化。

其次,解决环境问题的最佳措施并不是贸易制裁,出于环保目的而实施的贸易限制或制裁并不一定有利于保护环境。环境库兹涅茨曲线(EKC:the Environmental Kuznets Curve)说明,在环境恶化和经济增长之间存在一种倒 U 字形关系,在经济发展的初期阶段,某种形式的环境恶化是不可避免的,但不断增长的收入最终会产生一种提高环境质量的动力。[②] 收入提高后对较为清洁的服务的消费增多,以及治理污染的承受能力和愿望增强,这些都将导致更好的环境保护。而更先进、更清洁的环保技术的传播也将有利于提高环保水平,其他新技术则可能节约能源与其他投入,贸易工具只是次优措施,因此,应该小心采用那些出于环境目的而限制贸易的政策。现在一些发达国家对发展中国家动辄以贸易限制相威胁,似乎全球的环境问题都是发展中国家造成的,而实际上类似于全球气候变暖等问题正是发达国家在经济发展过程中长期积累的恶果,发展中国家才是真正的受害者。如果发达国家的本意真是为了保护全球环境的话,目前就不应在贸易与环境问题上做过多的纠缠,这并不是解决问题的根本办法,而是应该在帮助发展中国家发展经济方面做更多的工作,以促进其经济增长,使其产生保护环境的内在动力,在经济发展的同时降低恶化环境的代价。

最后,对待环境问题,各国基于不同的发展水平和文化,会有不同的取向。施加贸易制裁的通常只是那些经济实力强,在谈判中颇具影响力的大国的特权,而广大的发展中国家通常会反对采用贸易制裁的手段。如果成员方根本就是缺乏履行某项规则的能力,则贸易制裁的效果就相当有限,甚至会使得该成员方更加难以实现某项特定社会目标。因此,世界银行在其《全球经济展望和发展中

---

① [美]康威·汉得森著:《国际关系:世纪之交的冲突与合作》,金帆译,海南出版社、三环出版社 2004 年版,第 337 页。

② http://www.bjwto.org/forum/forum2003/fzhh/newl－main.htm.

国家》报告中指出，执行主要的劳工标准和环境标准对于增长和公正都是至关重要的。不过，利用贸易制裁的方式来支持劳工和环境标准结果可能适得其反，因为他们会限制发展中国家进入国际市场，同时也不利于改善福利。劳工和环境标准一般都会随着国家的发展而提高，但劳工和环境标准低通常不利于建立比较优势。实行贸易制裁往往容易被保护主义利益所操纵，而且通过减少对工人所生产的商品的需求而对工人造成伤害。即使制裁的威胁改善了某些工人的工作条件，但国家内的一般工作条件不太可能普遍得到改善。同样，对历史经验的研究表明，对出口国实行贸易制裁有可能带来相当大的产出损失，同时也无助于减少污染。

这方面的例子并不鲜见。为了推行劳工标准，美国国会讨论禁止进口使用童工生产的产品，孟加拉因担心贸易制裁，解雇了纺织行业大批的女童工，结果很多被解雇的贫困的女童为了生计做了妓女。① 再如，出于保护动物的目的而禁止象牙及其制品贸易，这导致象牙价格骤减，捕杀大象的现象因为不再有利可图而明显减少。但是令人始料不及的是，这却给环境带来了副作用，数量剧增的大象严重地毁坏了丛林，威胁到其他的生物品种安全。② 最典型的一个例子当属印度尼西亚的圆木出口禁令。欧盟禁止进口热带圆木，同时对其他木材制品提升进口关税，印度尼西亚于是被迫下令禁止出口圆木，但由于采伐未被禁止，木材制品出口也仍然在继续，这一禁令的结果只是导致国内圆木价格的下跌，却有效地刺激了家具和其他木材制品业的迅速发展，廉价的圆木加上低等的工艺，使得印度尼西亚在家具和其他木材制品贸易中具备了较强的比较优势。不难想见，即使欧盟的禁令初衷是保护热带森林资源，但圆木的砍伐和使用却丝毫未减少，相反却有增加。③

采取贸易制裁的措施是为了向目标国施加压力，采用经济手段来达到政治目的。但是如果允许动辄就将政治因素加进来的话，就极易导致成员方为了追求明显的国内利益而对机构进行政治操纵。④ 环境保护不是单纯的经济问题，而是更深层次、更复杂的社会问题，贸易措施往往被证明并不是实现社会目标的

---

① Jagdish Bhagwati, Afterward: The Question of Linkage, *American Journal of International Law*, January 2002, p. 131.

② Edward B. Barbier et al, *Elephants*, *Economics and Ivory*, (1990), Earthscan Publication.

③ General Agreement on Tariffs and Trade, Trade Policy Review: Indonesia, (1991), Geneva: GATT Secretariat.

④ Ibrahim F. I. Shihata, Human Rights, Development, and International Financial Institutions, *American University Journal of International Law and Policy*, Fall 1992, p. 36.

最佳手段。这是因为贸易制裁并不会直接触及社会问题产生的根源，贸易制裁结合了外交政策目标和经济手段，因此在使用时常常会招致怨恨和报复，①贸易纠纷不断升级就在所难免，随之而来的是报复和反报复措施。长此以往，会极大地削弱多边贸易体制的功能。

六、发展中国家的反对声音

主要发达国家积极想促成将诸如环境保护、劳工标准等非贸易问题纳入世界贸易组织的多边贸易谈判“主流”中，但遭到来自发展中国家的强烈反对。发展中国家认为他们尚不具备就这些问题同发达国家进行谈判的能力，更不用说达成协议了。对于这些新的议题，他们缺乏了解，因此他们担心新的协议或是规则的达成将会加重他们原本已经非常沉重的义务负担，从而阻碍他们的进一步发展。

在旧的 GATT 体制下，已经存在发达国家同发展中国家利益的严重失衡，到乌拉圭回合时，尽管差强人意，服务贸易、与贸易有关的知识产权和与贸易有关的投资问题最终还是被引入了多边贸易体制，这进一步加剧了利益的不平衡。发达国家总是催促发展中国家尽快开放其国内服务贸易市场和投资领域，声称经过短暂的阵痛，发展中国家将来必定会从中受益。但是发达国家在农产品和纺织品领域的保护历时多年却仍然要求长些、再长些的调整期。事实证明，发展中国家在上述领域作出的让步不仅没有带来他们期望换回的利益，而且已经导致了严重的义务实施困难。乌拉圭回合所确立的规则整体上不利于其经济发展，例如，较高的知识产权保护水平导致了昂贵的药品价格，发展中国家消费者难以承受；导致了发展中国家要向发达国家的跨国公司支付高额的专利费用，而这些专利的生物材料却是来源于发展中国家；导致了发展中国家从发达国家取得技术的成本大大增加。

2001 年 11 月，WTO 多哈会议通过《多哈部长宣言》，它确定的谈判议程较乌拉圭回合相比更加繁重，但是发展中国家的市场准入问题却被束之高阁，只有在新议题确定之后才能够谈判。② 鉴于谈判能力和发展水平的严重不对称，可

---

① Koen De Feyter, *World Development Law: Sharing Responsibility for Development*, Intersentia: Antwerp - Groningen - Oxford(2001), para. 188.

② Martin Khor, The WTO, The Post - Doha Agenda and The Future of The Trade System: A Development Perspective, http://www. networkideas. org/featart/may2002/WTO - Post - Doha - Agenda. pdf.

以预见包括环境问题在内的新议题,即使达成了协议或是制定出规则,也多是发达国家从中受益,而发展中国家非但无法获得互惠的利益,还要付出更多的代价。实践证明,全球贫困化问题不仅没有随 WTO 的产生而得到缓解,反而有继续恶化的趋势。在发达国家没有完全兑现原有承诺的条件下,开展新问题的谈判将会加剧发展中国家在国际经济中的不平等地位。究竟是应当先纠正现有的不平衡格局,还是引入新议题,使发展中国家承担更多的不合理负担?

在 WTO 制度下,对发展中国家的特殊照顾和优惠待遇与多边环境保护条约(MEAs)相比,有相当大的差距。多边环境保护条约体系作为国际环境法的主体和重要组成部分,充分贯彻了国际环境法共同而有区别的责任的原则。例如,保护臭氧层条约规定,发达国家和发展中国家停止生产和使用破坏臭氧层气体有 5 年的时间差;在气候变化公约中,发达国家要减少排放总量的 6% ~8%,而发展中国家因为要发展,没有减排义务。而多边贸易谈判没有充分考虑国家之间的差别 WTO 在环境—贸易问题上没有给予发展中国家特殊的优惠待遇,没有任何特殊的制度安排。这是 WTO 处理环境—贸易问题的致命弱点,也是发展中国家不愿意在 WTO 体系内讨论和解决环境—贸易问题的重要原因。

思考贸易与环境问题的关键是可持续发展观念,它包括保护环境和消除贫困两个方面。贸易与环境方面的工作应当能够促进经济活动,特别是国际贸易、多边贸易体制及环境之间的积极互动。这项工作应当有助于将发展中国家,特别是最不发达国家进一步融入世界经济,并促进他们的中长期增长和发展。与此同时,在多边合作及共同承担不同责任的原则基础上,实现环境和可持续发展的目标。只有在更广泛的发展背景下审议贸易与环境的互动作用,才能实现这些目标。缺乏占成员绝大多数的发展中国家的支持,WTO 规范环境问题的能力先天不足。

七、结　　论

环境问题同贸易政策相联系在世界贸易组织中并非一个新鲜的话题,成员方出于各种原因,其中既包括道义方面的,也包括谈判策略的考虑,希望将环境问题纳入 WTO 多边框架内。尽管发达国家极力主张将 WTO 谈判和规则制定延伸到环境保护领域,却遭到了广大的发展中国家的极力反对。仅仅拥有有效的争端解决机制和以贸易制裁为后盾的执行机制,并不足以证明将环境问题引入 WTO 的合理性。发达国家成员方和发展中国家成员方在经济发展水平和谈判能力方面的严重不对称,使得直接建立环境问题同贸易政策的联系会导致单边主义的制度化，阻碍发展中国家通过多边谈判实现经济发展和减少贫困的目标。环境等非贸易问题的引入只会加剧这种不平衡的局面。对环境问题鼓吹最积极的是非政府组织，但是在他们参与事务的问题上还存在悖论。

就WTO自身而言，凭借WTO的有限资源，要想在本来已经极度繁重的议程中再增添环境保护等非贸易议题，无疑是雪上加霜。而且，如何建立非歧视和贸易自由化的原则同一般例外措施之间的平衡，直接关系到各成员方的利益和整个多边体制的发展，如此重要的问题理所当然应当交由全体成员方来决定，而非WTO争端解决机制通过“司法造法”的形式加以确立。贸易制裁措施被证明并不是万能的，甚至会起到破坏性的作用。总之，诸多情况和因素表明，世界贸易组织解决环境问题的能力是有限的，那些期望将环境保护问题纳入WTO框架“一揽子”解决的想法无疑是不恰当的，对建设一个公正有效的多边贸易体制是有害的。

（2005年第1期）

论 ICC 国际仲裁院裁决在我国的承认与执行

赵秀文*

2004 年 11 月至 12 月间,笔者有幸应邀参加了分别由最高人民法院民四庭、中国国际经济贸易仲裁委员会华南分会和中国法学会仲裁法研究会联合在深圳举办的“涉外仲裁与司法审查研讨会”和由国际商会中国国家委员会(ICC CHINA)在北京主办的“国际商事仲裁研讨会”。在这两个研讨会上,笔者有机会了解到如下信息:我国法院目前正在受理一起当事人请求我国法院承认与执行 ICC 国际仲裁院作出的仲裁地点为中国上海的仲裁裁决(以下简称 ICC 裁决)的案件。如何认定该裁决的性质?我国法院将该裁决作为外国裁决执行还是我国涉外裁决执行?法理上的依据是什么?这些问题成为与会仲裁和司法界人士争论的热点。截至本文写作之时,法院将对本案作出怎样的最终裁定,我们还无从得知。然而,无论我国法院最终作出什么样的裁定,笔者都愿意从国际商事仲裁法的理论与实践相结合的角度,谈谈对该问题的看法。

一、ICC 裁决的含义

ICC 裁决是指在国际商会国际仲裁院管理下由仲裁庭适用该院仲裁规则作出的裁决。鉴于 ICC 仲裁院总部设在法国巴黎,那么是否凡是根据该院仲裁规则作出的裁决都是法国裁决呢?

我们的回答是否定的。因为 ICC 仲裁院管理的仲裁案件来自不同的国家和地区,适用该院仲裁规则仲裁的案件的仲裁地点遍及世界各地,所以尽管 ICC 仲裁院总部在巴黎,其裁决并不都具有 ICC 仲裁院所在国的国籍。根据国际商事仲裁立法与实践的一般原则,决定国际商事仲裁裁决国籍的公认标准是仲裁裁决在哪一个国家作出,即法律意义上的仲裁地点在哪一个国家或地区。如果 ICC 裁决在法国作出,即为法国裁决。相反,如果 ICC 裁决在法国

* 作者单位:中国人民大学法学院。

以外的国家作出，则该裁决不再是法国裁决，而具有裁决地国的国籍。[①] 如果当事人约定将我国上海作为仲裁地点，能否认为适用ICC仲裁规则在上海作出的裁决是我国裁决呢？当事人向我国法院申请承认与执行该裁决时，我国法院应当依据什么样的法律对该裁决进行定性？适用什么样的法律规则承认与执行该ICC裁决呢？

二、仲裁庭适用ICC规则在我国上海作出的裁决的性质

本案ICC裁决是由ICC仲裁院管理的适用该院仲裁规则仲裁且将仲裁地点定在我国上海的情况下由仲裁庭作出的裁决。本案ICC裁决具有以下特点：

（一）本案裁决所适用的是ICC仲裁院仲裁规则

对于ICC仲裁规则的适用范围，存在不同的看法。焦点问题是ICC规则是否可以供国际上任何常设仲裁机构或临时仲裁机构选择适用，还是只能由ICC仲裁院一家适用？

在我国，无论是一些业内人士，还是以往一些法院的司法实践，都坚持第一种看法，认为ICC规则不能仅为ICC仲裁院一家适用。例如，我国海口市中级人民法院在1995年曾经审理了一起涉及对仲裁条款效力如何作出认定的案件。一家中国公司与一家瑞士公司签署的合同中含有如下仲裁条款："由于本合同所发生的争议，应按照国际商会调解与仲裁规则最终解决，仲裁地点在伦敦。"合同在履行中发生争议，中方当事人将该争议提交海口市中级人民法院。海口市中级人民法院认为该仲裁条款是无效的，其理由是当事人没有在仲裁协议中明确约定仲裁机构，而国际商会仲裁规则也并不仅为国际商会仲裁院一家适用，因此，该仲裁条款是不明确的，根据中国法律，不明确的仲裁条款是无效的。[②]

笔者认为，ICC规则只能由ICC仲裁院一家适用，而不能由其他仲裁机构（包括常设仲裁机构和临时仲裁机构）适用。理由如下：第一，根据该院仲裁规则，当事人指定的仲裁员应当交ICC仲裁院审批；第二，仲裁庭在审理案件实体问题之前，应当与当事人签署审理事项（Terms of Reference）的协议，而此项协议

---

① 关于国际商事仲裁裁决的国籍及其撤销，详见赵秀文："论国际商事仲裁裁决的国籍及其撤销的理论与实践"，载《法制与社会发展》2002年第1期，以及法苑精萃编委会编：《中国国际法学精萃》（2003年卷），机械工业出版社2004年版，第120～151页。

② 王生长："外国仲裁裁决在中国的承认与执行"，载陈安主编：《国际经济法论丛》（第2卷），法律出版社1999年版，第501页。

也应当由ICC仲裁院审批;第三,仲裁裁决草案在向双方当事人签发之前,也要提交ICC仲裁院审批;第四,仲裁员的费用和仲裁行政管理费用应当按照仲裁规则的规定向ICC仲裁院提交,仲裁院应当按照仲裁规则规定的标准向仲裁员支付报酬。我们且不谈在适用该规则的过程中当事人可以指定什么样的仲裁员组成仲裁庭、仲裁庭是否与当事人签署仲裁审理事项的协议以及裁决书草案交ICC仲裁院的审批等问题,就当事人对仲裁费用的支付而言,如果其他仲裁机构或者临时仲裁庭适用ICC仲裁规则仲裁,当事人按ICC仲裁规则就应当向ICC仲裁院按照该院仲裁规则规定的标准支付仲裁费。试想,对于那些按该院仲裁规则实际审理仲裁案件的除ICC仲裁院以外的其他任何常设仲裁机构或仲裁庭而言,如果要求他们一方面按照该规则规定的程序审理仲裁案件,另一方面却又得不到当事人向他们直接支付的任何仲裁费用,世界上又有哪一个仲裁机构或者仲裁庭愿意做这种亏本的买卖呢?如果向实际审理案件的仲裁机构支付,又如何解释适用ICC规则呢?

(二)仲裁地点在中国上海

本案中的仲裁地点是当事人在仲裁协议中共同约定的,即为根据ICC仲裁规则第14条第1款规定的当事人约定的仲裁地点。如前所述,此项仲裁地点是法律意义上的仲裁地点,而不是指仲裁庭借用中国国际经济贸易仲裁委员会上海分会或者上海仲裁委员会的开庭室开庭,或者是ICC仲裁庭在我国内地某一地点进行合议或者与仲裁当事人会面的情况。因为仲裁地点与仲裁庭开庭地点或者仲裁庭合议的地点属于不同的法律术语。仲裁地点具有法律上的含义,而仲裁庭开庭地点或者合议地点没有任何法律意义上的含义,只是说明了一个事实。在仲裁中,仲裁地点只有一个,而开庭地点或者仲裁庭合议地点可以有若干个。特别是在国际商事仲裁中,仲裁员、当事人均来自两个或者两个以上的国家和地区,一个仲裁案件在几个国家开庭、合议是很普遍的情况。

根据国际商事仲裁法的理论与实践,由ICC仲裁庭适用ICC仲裁规则且将上海作为仲裁地点的情况下作出的裁决,应当认定是中国裁决而非外国裁决,理由是根据ICC仲裁规则第14条的规定,当事人约定的或者仲裁院决定的仲裁地点在我国,因此,裁决应当视为在裁决地作出,即在我国境内作出。① 因此,尽管该仲裁由ICC仲裁院行使行政管理职能,适用的也是该院仲裁规则,但是由于仲

① 仲裁地点在上海不一定意味着仲裁庭一定要在上海实际开庭,仲裁庭可以决定在世界上的任何地点开庭或者与当事人会面。

裁地点在我国上海，因此该裁决具有裁决地国中国的国籍。根据国际商事仲裁一般立法与实践，该裁决应当视为我国裁决，如果当事人申请撤销该ICC裁决，也应当向我国法院提出申请，因为上海是该裁决的作出地。

笔者认为，界定ICC裁决的性质，关键在于适用ICC仲裁规则时的仲裁地点是否在我国。凡是仲裁地点在我国的ICC裁决，应当认为是我国裁决，否则为其他国家和地区的裁决。[①] 我国法院受理的当事人申请执行ICC仲裁庭作出的仲裁地点为我国上海的裁决，理论上应当认定为我国裁决，如果当事人申请撤销该裁决，我国法院应当行使对该裁决的撤销监督权。然而，就目前我国国内法而言，尚未对该裁决的性质作出界定，至少根据现行法律不能认为该裁决为我国裁决。[②] 而根据我国在加入《纽约公约》中的互惠保留声明，[③]又不能将该裁决认定为外国裁决，因为按照该仲裁案件所适用的ICC仲裁院仲裁规则，裁决应当视为在我国上海作出，而不是在法国巴黎作出。

三、在我国境内作出的ICC裁决的承认与执行

如前所述，尽管根据国际商事仲裁的理论与实践，在我国境内作出的ICC裁决应当认定为中国裁决，但是根据我国现行仲裁立法与实践，我们又无法找到相应的国内法上的依据，在承认与执行ICC裁决的问题上，该裁决既不属于我国国内裁决，也不属于涉外裁决的范畴。那么，当具体的案件已经摆在我国法院面前时，我国法院应当依据什么样的法律规则对该ICC裁决的承认与执行作出裁定？即法院在作出相关裁定时，应当适用我国国内法，还是《纽约公约》呢？

（一）本案ICC裁决的性质与适用我国国内法执行该裁决的法律障碍

我国现行仲裁法规定的仲裁，均指根据我国1994年《仲裁法》组建的仲裁委员会管理下由仲裁庭作出的裁决。这些裁决可以分为国内裁决和涉外裁决。国内仲裁裁决通常指我国国内仲裁机构对我国当事人之间争议作出的裁决，而

---

① 笔者主张根据仲裁地点是否位于我国境内，将国际商事仲裁裁决分为中国裁决和外国裁决。我国现行法律将仲裁裁决分为国内裁决和涉外裁决，事实上根据我国现行法律，这两种裁决都属于我国裁决。

② 根据我国现行仲裁立法，我国裁决是指由我国仲裁机构在我国境内作出的国内或者涉外裁决。当事人申请法院撤销上述裁决时，根据《仲裁法》第58条的规定，应当向“仲裁委员会所在地的中级人民法院”提出。

③ 据此声明，我国法院“只承认与执行在缔约国领土内作出的仲裁裁决”。转引自程德钧主编：《涉外仲裁与法律》（第1辑），中国人民大学出版社1992年版，第5页。

对于涉外仲裁裁决,根据我国1991年《民事诉讼法》第260条的所谓"对中华人民共和国涉外仲裁机构作出的裁决"的规定,显然是指我国涉外仲裁机构——中国国际经济贸易仲裁委员会(CIETAC)和中国海事仲裁委员会(CMAC)——依照其各自的仲裁规则由仲裁庭作出的裁决。我国《仲裁法》第7章的标题也是"涉外仲裁的特别规定",适用于涉外经济贸易、运输和海事中发生的纠纷,并规定"涉外仲裁委员会可以由中国国际商会组织设立"。对涉外仲裁裁决的监督也与国内仲裁裁决不同,前者适用《民事诉讼法》第260条,后者适用该法第217条。

1995年我国《仲裁法》实施后不久,根据国务院办公厅1996年颁布的一个文件,[①]如果涉外合同的当事人在该合同中的仲裁条款约定将争议提交某一国内仲裁委员会解决,该国内仲裁委员会也可以受理涉外仲裁案件。随后CIETAC也在1998年修改了该会的仲裁规则,即将其以往只受理涉外案件的争议扩大到了也受理双方当事人均为国内当事人之间的经济贸易争议,进而使该涉外仲裁机构在受理传统上的国际经济贸易仲裁案件的同时,如果国内经济贸易合同当事人在他们之间的仲裁协议中约定将争议提交CIETAC,CIETAC根据其修订了的仲裁规则,也有权受理国内合同当事人提交的国内经济贸易争议的仲裁案件。由此便产生了如下问题:作为国内仲裁机构的国内各仲裁委员会的仲裁庭就涉外合同争议作出的裁决是否属于涉外裁决?另外,作为国际仲裁机构的CIETAC仲裁庭根据国内合同争议作出的裁决究竟是国内裁决,还是涉外裁决?与此相适应,我国法院在对涉外仲裁裁决实施监督的过程中,势必遇到一些麻烦。当胜诉方当事人申请法院执行国内仲裁委员会仲裁庭就涉外合同作出的裁决或者CIETAC仲裁庭对国内经济合同争议作出的裁决时,究竟适用《民事诉讼法》第217条还是第260条的规定?

为了澄清涉外裁决的含义,最高人民法院发布了《关于人民法院处理涉外仲裁及外国仲裁案件的若干规定》(征求意见稿)(以下简称《若干规定》),《若干规定》第38条对涉外仲裁裁决作出了如下界定:"本规定所指涉外仲裁裁决,是指中国国际经济贸易仲裁委员会及其分会、中国海事仲裁委员会以及依照仲裁法规定组建的仲裁委员会作出的具有涉外因素的仲裁裁决。"这一规定,明确了涉外仲裁裁决的含义,即涉外仲裁裁决是指我国境内仲裁机构作出的具有涉外因素的裁决:涉外裁决既包括我国涉外仲裁机构,也包括国内其他仲裁机构作

---

① 参见国务院办公厅1996年6月8日发布的国办发〔1996〕22号文件:《关于贯彻实施〈中华人民共和国仲裁法〉需要明确的几个问题的通知》。

出的具有涉外因素的裁决。这一点对于我国各级人民法院正确地适用现行仲裁法和民事诉讼法的相关条文,具有重要的指导意义。然而,《若干规定》并没有解决外国仲裁机构在中国境内作出的裁决的性质问题。具体而言,本案中的ICC仲裁院仲裁庭依照该院仲裁规则且将仲裁地点定在上海的情况下作出的裁决,究竟属于外国裁决还是中国裁决?如果认定是中国裁决,是否属于涉外裁决的范畴?

就目前我国《仲裁法》、《民事诉讼法》和《若干规定》第38条的上述规定而言,我们还不能找到相应的答案。因为我国《仲裁法》、《民事诉讼法》和《若干规定》第38条的各项规定,显然并不包括外国仲裁机构适用其仲裁规则在我国境内作出的裁决。如果我们套用目前我国《仲裁法》第58条规定的有权撤销裁决的法院为仲裁委员会所在地中级人民法院,以仲裁机构所在地作为认定裁决国籍的标准,也可能将该裁决认定为法国裁决。这也是我国有些界内人士的主张。①

笔者认为,我国现行法律规定的裁决,无论是国内裁决,还是涉外裁决,都是我国裁决。根据国际商事仲裁立法与实践,广义上的中国裁决还应当包括所有在我国境内作出的裁决,即外国仲裁机构适用其仲裁规则在我国境内作出的裁决和临时仲裁机构将仲裁地点定在我国而作出的裁决。就国际商事仲裁法的一般理论而言,本案裁决应当属于我国裁决,因为仲裁地点在中国。但是从我国国内法而言,本案裁决又不能认定为中国裁决,因为它并不是由我国仲裁机构而是由外国仲裁机构作出。

由此可见,如果适用我国国内法承认与执行本案ICC裁决,目前我们还找不到相应的法律依据,因为按照我国现行仲裁立法与实践,本案裁决既不属于国内裁决,也不属于涉外裁决。因此,我国法院对该ICC裁决的承认与执行,既不能适用《仲裁法》第63条规定的执行国内裁决的情况,也不能适用该法第71条规定的执行我国涉外裁决的情况。

(二)适用《纽约公约》承认与执行本案ICC裁决

《纽约公约》能否适用于本案ICC裁决的承认与执行呢?我们的回答是肯定的。但是,对于为什么适用《纽约公约》承认与执行该裁决,也存在不同的理由。第一,按照我国一些学者有关仲裁机构所在地决定仲裁裁决国籍的观点,将

---

① 康明:"我国商事仲裁服务市场对外开放问题初探",载《仲裁与法律》2003年第6期。

本案ICC裁决认定为法国裁决,因此,将该裁决作为“外国裁决”加以承认与执行。[①] 第二,根据笔者的观点,本案裁决按照国际商事仲裁法的一般理论应当认定为我国裁决,但是在我国国内法上找不到将此裁决作为我国裁决的法律依据,因此,我们只能将本案裁决认定为“非内国裁决”。

我们在这里重点探讨的问题是:为什么《纽约公约》也适用于对“非内国裁决”的承认与执行呢?这点我们可以从《纽约公约》第1条第1款所规定的关于公约的适用范围中找到答案。

《纽约公约》第1条第1款的规定如下:

“本公约适用于在申请承认与执行裁决地国家之外的国家领土内就自然人或法人之间的契约性和非契约性争议而作出的裁决。对于承认与执行地国认为不属于其本国裁决的,本公约同样予以适用。”

解读上述规定,《纽约公约》项下的裁决包括以下两种情况:第一,以地域原则为标准的在申请执行地国以外的国家领土内作出的裁决;第二,以仲裁适用法律为标准的根据外国仲裁法在申请执行地国作出的裁决。执行地国法院根据其本国法并不认为该裁决为当地裁决,进而拒绝对该裁决行使撤销的监督权。尽管如此,如果当事人向该裁决所在地法院申请承认与执行时,法院应当按照《纽约公约》规定的承认与执行外国仲裁裁决的条件,承认与执行该非内国裁决。此外,我们还可以从《纽约公约》上下文规定的有关公约的适用范围和拒绝执行的条件看,公约项下的裁决,不仅包括在执行地法院所在国家领土以外作出的裁决,而且还包括那些在公约缔约国领土内适用外国法作出的裁决,如果该执行地(也是裁决地)法院认为该裁决不属于本国裁决(非内国裁决),如果当事人向该裁决地法院申请执行该裁决,《纽约公约》规定的承认与执行外国仲裁裁决的条件,同样应当予以适用。

就本案而言,本案裁决应当视为在我国作出,但是所适用的法律规则不是我国涉外仲裁机构的规则和我国仲裁法规定的法律规则,而是ICC仲裁院的仲裁规则。因此,根据我国现行仲裁立法与实践,由此作出的裁决并不属于我国涉外裁决的范畴,更不能认为该裁决为我国国内裁决。而根据《纽约公约》第1条第1款第2个句子的规定,我们就可以推定这样的裁决属于《纽约公约》第1条第1款第2个句子规定的非内国裁决(arbitral awards not considered as domestic awards in the State where their recognition and enforcement are sought)。其构成要件是:第

---

① 如果将此裁决作为外国裁决执行,则与我国在加入《纽约公约》公约时作出的关于中国法院“只承认与执行在缔约国领土内作出的仲裁裁决”的互惠保留声明相抵触。

一，该裁决根据ICC仲裁规则在我国（仲裁地）作出；第二，当事人向我国法院申请承认与执行时，根据我国（仲裁地）法律，该ICC裁决不是我国裁决（this ICC arbitral award not considered as domestic award in the PRC where its recognition and enforcement is being sought）。因此，我们有充分的理由认定该裁决对于我国而言，是非内国裁决，因为按照我国现行法律，此裁决既不能属于我国国内裁决，也不属于涉外裁决。此外，根据国际商事仲裁理论与实践，更不能认定为外国裁决，尽管根据我国有些学者的看法，可能认为该裁决为外国裁决，因为它是由位于法国的外国仲裁机构（仲裁庭）作出。

这里必须强调指出的是：《纽约公约》中的上述“非内国裁决”，是裁决地法院认定该裁决不具有当地国籍情况下的称谓。由于裁决地国法院认为该裁决不是本国裁决，因而拒绝对其行使撤销权力的司法监督，进而将其作为“非内国裁决”。但是，如果当事人向该裁决地法院申请强制执行此“非内国裁决”时，该裁决地国法院仍然有按照《纽约公约》规定承认与执行该裁决的国际法上的义务。另外，如果此项裁决到裁决地以外的国家申请承认与执行，执行地国法院根据当地法律或者《纽约公约》，完全有理由将其作为“外国裁决”执行，因为该裁决是在“执行地国以外的国家领土内作出”。

因此，尽管本案涉及的ICC裁决根据国际商事仲裁立法与实践应当认定为我国裁决，但是根据我国现行仲裁立法与实践，还没有将此类裁决列入我国裁决的范畴，故不能按照我国现行法律作为国内裁决或者涉外裁决加以执行，而应当按照《纽约公约》第1条第1款第2个句子中关于“对于承认与执行地国认为不属于其本国裁决的，本公约同样予以适用”的规定，将该裁决作为“非内国裁决”，而不是作为“外国裁决”，按照《纽约公约》规定的承认与执行外国仲裁裁决的各项条件，予以承认与执行。

四、结　论

通过上述分析，我们可以得出如下结论：

1. ICC裁决是指由ICC仲裁院管理的由特定的仲裁庭适用该院仲裁规则仲裁而作出的裁决。ICC仲裁规则只能由ICC仲裁院适用，而不能由其他任何常设仲裁机构或者临时仲裁庭适用。

2. ICC裁决并不都是法国裁决。因为按照国际商事仲裁法的一般理论与实践，决定国际商事仲裁裁决的主要标准是法律意义上的仲裁地点位于哪一个国家或地区。根据ICC仲裁规则，无论是当事人约定还是ICC仲裁院决定的仲裁地点，多数都不在法国，而在法国以外的国家和地区。

3. 适用ICC仲裁规则且将仲裁地点定在我国内地的裁决理论上应当认定为我国裁决。当事人向我国法院申请承认与执行时，根据我国现行法律应当认定为非内国裁决；进而应当适用《纽约公约》第1条第1款第2个句子有关"非内国裁决"的规定，按照《纽约公约》规定的各项条件，决定是否承认与执行该ICC裁决。

（2005年第6期）

试从 GATS 第 6 条与第 16 条的关系角度评“美国博彩案”

石静霞[*]　胡荣国[**]

WTO 成员方政府对服务贸易自由化最重要的干预体现在服务业的国内监管措施和市场准入限制两方面。乌拉圭回合谈判达成的《服务贸易总协定》(General Agreement on Trade in Services,GATS)在倡导服务贸易自由化的同时,承认 WTO 成员方对服务业的国内监管措施享有自主权。但在实践中,GATS 第 6 条国内监管(Domestic Regulation)与第 16 条市场准入(Market Access)之间的敏感关系一直是自 GATS 存在以来的重要话题。特别是,GATS 第 6 条第 4 款在承认成员方对服务业国内监管自主权的同时,对成员方进行的国内监管提出了约束性的纪律要求。① 如何理解该款的适用范围? 这一条款与 GATS 第 16 条约束成员方特定承诺的基本纪律之间有何关系? 本文拟结合 WTO 争端解决机构(Disputes Settlement Body,DSB)最近裁决的“美国影响跨境提供网络博彩服务措施案”的专家组和上诉机构报告,分析两者之间的关系,并期望为包括我国在内的 WTO 成员方在遵守 GATS 义务的前提下,合法行使对服务业的国内监管自主权提供相关建议。

一、关于国内监管与市场准入的基本区分及理由

与 GATT 中的关税和进口配额一样,服务业中的政府干预体现在不同的纪律中。在数量上限制外国服务提供者进入国内市场或设立机构等市场准入方面的限制,体现在 GATS 第 16 条。涉及服务或服务提供者质量的国内监管措施,主要反映在 GATS 第 6 条。就现行 GATS 规定而言,在市场准入限制和国内监管

---

* 作者单位:对外经济贸易大学法学院。

** 作者单位:广东东方昆仑律师事务所。

① GATS 第 6 条共有 6 个条款,分别从实施国内监管的若干方面(包括实施方式、透明度、核验专业能力的程序等)规定了成员方的义务。其中第 4 款是受到广泛关注并引起讨论的关键条款,该款规定了成员方实施国内监管的一些基本义务,并要求成员方通过谈判进一步发展相关的国内监管纪律。限于篇幅,本文所讨论的 GATS 第 6 条主要集中于该款的规定。

措施之间有一个基本的法律区分:成员方针对 GATS 第 16 条所作的承诺属于特定承诺,当成员方就某一服务业进行了特定承诺时,原则上禁止在该行业采取市场准入限制,除非该限制被列入承诺表,但在成员方未承诺的部门可以保有这些限制。[①] 对市场准入限制的消除需借助于成员方的特别承诺谈判。相反,GATS 第 6 条属于成员方的一般义务和纪律,对国内监管措施的贸易限制影响最小化也是基于这种义务。与严格的市场准入纪律不同,采取国内监管措施是由于成员方享有的较广泛的监管自主权,只有当歧视外国服务和服务提供者或者对贸易造成了不必要限制时,才违反 GATS 第 6 条。此外,对 GATS 第 6 条纪律的违反是不可以列表的。[②]

为了进一步明确这种区分,以 WTO 服务贸易理事会成立的专业服务工作组(Working Party on Professional Services,WPPS)制定的会计行业监管纪律为例加以说明。[③] WPPS 特别提到,关于第 6 条第 4 款的适用范围,尽管成员方提交的材料开始包括了有关国民待遇(GATS 第 17 条)和市场准入限制(GATS 第 16 条)的建议,但为了保持法律确定性以及 GATS 框架内各种纪律的一致性,对 GATS 第 16 条、17 条和第 6 条的各项纪律应当明确区分,彼此之间不应当有任何重复。基于这种认识,WPPS 制定的关于会计行业的国内监管纪律不涉及成员方根据第 16 条和第 17 条进行特定承诺的措施。[④] 虽然 WPPS 的工作结果仅仅适用于会计业,并未取代关于服务业国内监管的水平标准或其他行业的纪律,但 WPPS 就 GATS 第 6 条第 4 款适用于会计行业的作用和范围所得出的结论仍

---

① GATS 第 16 条列举了在成员方作出具体承诺的部门,应当禁止的 6 种市场准入限制,包括对服务提供者的数量限制、对服务交易和资产的总价值进行限制等。

② WTO Council for Trade in Services: Scheduling of Initial Commitments in Trade in Services: Explanatory Note, MTN. GNS/W/164, Sep. 3, 1993, para. 5. Hereinafter "1993 Scheduling Guidelines" (revised in 2001)或者"1993 年列表指南"。

③ 在发展第 6 条第 4 款要求的具体纪律方面,服务贸易理事会采取了"试点"方法。该理事会于 1995 年 3 月 1 日通过了关于专业服务(professional services)的决议,并成立了专业服务工作组,要求首先针对会计业制定更为详细的国内监管纪律。See WTO Council for Trade in Services, Decision on Professional Services, S/L/3, March 1, 1999. WPPS 在 1998 年年底完成了会计业国内监管的多边纪律,服务贸易理事会于 1998 年 12 月 14 日通过了该文本。See WTO Council for Trade in Services, Decision on Disciplines Relating to the Accountancy Sector, S/L/63, Dec. 15, 1998. 关于会计业纪律的文本, See WTO Council for Trade in Services, Disciplines on Domestic Regulation in the Accountancy Sector, S/L/64, Dec. 17, 1998。

④ 会计业中存在的一些典型的市场准入和国民待遇限制将由主席列在一份独立的非正式注释中,并暗示对这些限制的消除将受制于对特别承诺的谈判,而不是根据 GATS 第 6 条第 4 款。See WTO Council for Trade in Services, Disciplines on Domestic Regulation in the Accountancy Sector, supra note 4, para. 2, general provisions.

有重要意义,相关经验也可以为 GATS 第 6 条第 4 款的未来工作提供有益的基础。

对上述国内监管与市场准入之间进行的基本区分不仅仅是为了适用法律上的准确,同时也反映了 GATS 暗含的对某些类型政策的优先性考虑。一项政府措施如何被归类或定性,会直接影响其所受到的 GATS 不同纪律的约束。而曲解这一区别可能导致的风险是,使条约起草者对成员方预留的广泛的服务业监管自主权受到挑战。

区分市场准入限制和国内监管措施的另一层面的原因是,可援引的例外范围以及与此伴随的举证责任。原则上,对 GATS 第 16 条的违反只能基于 GATS 第 14 条所列举的一般例外或安全例外,相关的举证责任由被告(即采取该措施的成员方)承担,被告应证明采取该措施是为了保护公共道德等必需的手段。相比之下,根据 GATS 第 6 条采取国内监管措施的潜在合理性的范围更广一些,即符合合法的政策目标。这里的举证责任应是由原告承担的,即原告需证明被告采取的某种措施对实现相关目标是不必要的。虽然在理论上讲,一项措施违反了第 6 条,也可以援引 GATS 第 14 条的一般例外,但这种主张在实践中可能很难成立。[①]

二、关于二者关系的进一步讨论:相互排斥还是相互重合

GATS 本身未对第 16 条和第 6 条之间的关系进行明确界定,有人主张,一旦某项措施属于第 16 条的范围,就不再受到第 6 条的约束。[②] 然而,GATS 文本似乎并没有支持该观点,某些程度的重复是被暗示存在的。尤其是当国内监管措施不受市场准入纪律约束时,二者如果被广泛地定义,则会发生重复。这种重复具体体现在:

一方面,尽管存在上述国内监管与市场准入之间的基本区别,GATS 似乎并

---

① 首先,尽管第 6 条第 4 款提供了一个相对开放的合法政策目标清单,但 GATS 第 14 条则规定了范围相对较小的明确的清单。如果一项措施不属于开放性的清单,也就很难划入范围更小的清单。其次,尽管第 6 条提到了几个国内监管纪律的基础,如"客观和透明的标准",但并没有包括第 14 条提到的非歧视和其他要求。See Joost Pauwelyn, Rien ne Va Plus? Distinguishing Domestic Regulation from Market Access in GATT and GATS, *World Trade Review*, July 2005, p. 9.

② 参见美国博彩案专家组报告第 6.305 段。See, e. g., Laurel Terry, But What Will the WTO Disciplines Apply to? Distinguishing Among Market Access, National Treatment and Article VI: 4 Measures When Applying the GATS to Legal Services, *The Professional Lawyer*(2004)83, p. 98.

不能排除受第6条支配的“资历要求和程序、技术标准和许可要求”(Qualification, Technical standard and Licensing, 以下简称QTL要求)可以被第16条禁止的市场准入限制所涵盖。例如,一项关于服务获得许可的要求,可能会采取第16条所禁止的措施形式,如要求被许可人建立合资企业等。1993年和2001年修订的承诺表列表指南明确提到,第16条的限制应继续适用第6条第4款和第5款的规定。2001年修订后的列表指南提到,审批程序或者许可和资历要求经常被作为获得许可的条件。如果它们不包含第16条中指定的任何限制,则不应当根据第16条列入承诺表。但是,如果审批程序或者许可或资历要求包含了第16条中的任何限制措施,则其应当被列为市场准入限制。①

另一方面,第6条第1款适用于“所有影响服务贸易的普遍适用的措施”,似乎应当包括第16条所涵盖的“普遍适用的市场准入限制”。第6条第2款和第3款则分别针对“影响服务贸易的行政决定”和“服务提供需要得到批准”的情况对成员方施加了相应的义务,这两款规定也包括了某些类型的市场准入限制。因此,成员方采取的一项措施既可以适用第6条第1款到第3款,也可以同时适用第16条的规定。

DSB受理的“安提瓜诉美国影响跨境提供网络博彩服务案”(以下简称美国博彩案)一案中,专家组和上诉机构报告均在一定程度上涉及这一问题。2005年4月7日,美国博彩案的上诉机构公布其报告。② 在此之前,该案的专家组报告于2004年10月公布。③ 在该案中,世界上最小的国家之一,安提瓜和巴布达岛,对美国提起申诉,指控其有关网络博彩服务的联邦法(包括有线通信法、旅游法、禁止非法博彩经营法等)和某些州法,不适当地限制了网络博彩服务的跨

① Revised Scheduling Guidelines, p. 4.

② Appellate Body Report on United States—Measures Affecting the Cross - Border Supply of Gambling and Betting Services(“US - Gambling”), WT/DS285/AB/R, 2005年4月7日发布(以下简称美国博彩案上诉机构报告)。该报告部分推翻了以前专家组报告中的某些结论。关于这两份报告的评析,分别参见 Joost Pauwelyn, WTO Condemnation of U. S. Ban on Internet Gambling Pits Free Trade against Moral Values, ASIL Insight, November 2004, available at http://www.asil.org/insights/2004/11/insights/2004/11/insight041117.html; Joost Pauwelyn, WTO Softens Earlier Condemnation of U. S. Ban on Internet Gambling, but Confirms Broad Reach Sensitive Domestic Regulation, ASIL Insight, April 2005, available at http://www.asil.org/insights/2005/04/insight050412.html。

③ Panel Report on United States—Measures Affecting the Cross - Border Supply of Gambling and Betting Services(“US - Gambling”), WT/DS285/R, 2004年11月10日公布(以下简称美国博彩案专家组报告)。

境提供,违反了美国在 GATS 项下承诺的义务,并损害了安提瓜的利益。①

在美国博彩案中,安提瓜要求就争议中的美国法进行 GATS 第 6 条与第 16 条的集合适用,主张它们既违反了第 16 条的市场准入限制,也违反了第 6 条第 1 款和第 3 款的要求,因为美国法实际上不是以"合理的、客观的和公正的方式来实施"。② 但专家组认为市场准入和国内监管的两条规定是相互排斥的,而且市场准入限制应优先适用。③ 在裁决美国法违反 GATS 第 16 条后,专家组认为"安提瓜没有提供表面证据,来证明争议中的措施与 GATS 第 6 条第 1 款和第 3 款不一致"。④ 在上诉中,上诉机构报告则根本未涉及第 6 条的适用问题。上诉机构在解释第 16 条时,未提到 GATS 第 6 条和 GATS 序言中关于国内监管的规定,而是仅集中在对第 16 条的分析上,忽略了市场准入限制和国内监管措施之间所存在的敏感关系。⑤

实际上,澄清 GATS 关于市场准入和国内监管的纪律是否相互排斥的问题具有重要意义。首先,如果第 16 条总是适用于排除第 6 条第 4 款和第 5 款的情况,则一项根据第 16 条列为市场准入限制的措施在本国是自由实施的,不可以根据额外的第 6 条纪律来进行审查。其次,如果第 16 条和第 6 条在某些情况下是重复的,则一项措施即使根据第 16 条列举了保留,该措施在理论上仍可能违反 GATS 第 6 条,如果其超过对贸易的必要限制的话。

后一种情况下,在根据第 16 条明确允许的措施和第 6 条第 4 款或第 5 款明确禁止的措施之间可能会产生冲突。解决这种冲突的一种主张是,根据第 16 条将措施明确列表,作为特别法可以优先于第 6 条中的一般性规则。但实际上,因目前仍在进行详细的 GATS 第 6 条第 4 款纪律的谈判,成员方较少会出现违反该条款的情况。一旦 GATS 理事会发展了更完备的纪律,可以认为根据那些纪律所禁止的行为作为后法,优于根据第 16 条所允许的措施。

在美国博彩案中,专家组认为应当对市场准入纪律给予国内监管措施之上的优先性。但这样会产生一个不可忽视的问题,即根据第 16 条实质上禁止市场准入的措施,可能会侵蚀 WTO 成员方设定国内监管纪律的自主性。为缓解这一

---

① 当一个美国公民,杰·科恩,一家位于安提瓜的提供网络运动博彩服务的运营商,被美国因远程提供博彩服务违反美国 1961 年有线通信法为由将其实施监禁之后,安提瓜提起了申诉。关于该案的详情,see United States v. Cohen, 260F. 3d 68 (2nd Cir. 2001), cert. Denied 122 S. Ct. 2587 (2002)。

② 参见美国博彩案专家组报告第 6.427 ~ 28 段。

③ 参见美国博彩案专家组报告第 6.305 段。

④ 参见美国博彩案专家组报告第 6.437 段。

⑤ 参见美国博彩案上诉机构报告第 223 ~ 252 段。

矛盾,考虑到 GATS 前言中谈到的“各成员为实现国家政策目标,有权对其领土内的服务提供进行管理和采用新的法规”,应当对根据第 16 条实质上禁止的市场准入限制的类型进行较狭窄的定义。换言之,通过对 GATS 第 16 条的上下文解释,并根据 GATS 第 6 条和前言的规定,应当理解为,当一项措施只有明确清晰地被第 16 条中的六种限制措施所包括时,才能适用该条的规定。

不管怎样,考虑到上述不确定性因素的存在,进一步的 GATS 谈判应遵循会计行业纪律的例子,以一种合适的方式,明确规定进一步发展的第 6 条第 4 款纪律和第 16 条之间的相互关系。

此外,GATS 第 17 条规定的国民待遇是一个有力的纪律,它包括了形式上歧视和事实上歧视。根据该条第 2 款,任何措施如果修改了竞争条件,从而有损于外国的服务和服务提供者,则会被考虑为与国民待遇要求不符。因此,基于国民待遇的充分承诺有可能排除事实上的歧视(这些歧视可能主要是关于获得许可和资格要求的监管措施)。如果发展 GATS 第 6 条第 4 款所指的严格的非歧视措施,则成员方在决定采取这样的措施之前,还需要澄清如何划分事实上的歧视与严格的非歧视措施。一个重要的不同是,GATS 第 17 条国民待遇条款关注的事项是,在国内外的服务和服务提供者之间进行区别监管是否确有必要;而 GATS 第 6 条第 4 款关注的事项则是,一项监管措施本身的存在是否确有必要,即使它并没有以任何方式进行歧视。

三、如何确定一项措施属于市场准入还是国内监管

既然一项措施是属于市场准入限制,还是属于国内监管措施,能够影响其与 GATS 规则的一致性程度,因此对措施的性质进行明确是很关键的。尽管存在上述基本区分,但二者的界限在很多情况下还是不明确的。在实践中,有些措施很明显属于市场准入限制,如限制外国资金对银行的参与,便违反了 GATS 第 16 条第 2 款第 f 项的规定。有些措施则明显属于国内监管要求,如关于医生执业的教育要求或者获得出租车执照的驾照考试等。但就大量的贸易措施而言,并不容易判断其性质。例如,在美国博彩案中,美国出于保护公共道德、健康、环境或者国家安全等方面的考虑,对远程提供某些网络博彩服务进行限制,进而有效地禁止了这些服务的跨境提供,这是属于市场准入限制呢还是属于美国国内对服务提供方式进行监管的措施延伸?在该案中,专家组和上诉机构的推理方法和结论对成员方国内监管自主权的行使会有何种影响?这对正在进行中的 GATS 第 6 条第 4 款纪律的谈判会带来什么?

即使撇开监管目的和所涉措施不谈,GATS 第 16 条和第 6 条的实体规定方面也有明显区别,这种区别在某种程度上构成了美国博彩案争议的核心所在。第 6 条涉及的 QLT 要求是管制"允许进入的服务和服务提供者质量"的"最低限度的要求"。尽管 GATS 本身没有对第 6 条中的 QTL 要求进行定义,但 WTO 秘书处对此澄清,它们监管的是服务质量而非服务提供者的数量。① 成员方根据该条实施的国内监管措施,被看做出于合法的非贸易保护主义的目的,可以体现为诸如消费者保护、公共安全或公共秩序等。原则上,只有当歧视进口或者超过对贸易的必要限制时,成员方实施的国内监管措施才违反 GATS 第 6 条。服务提供者是否能够满足第 6 条所施加的能力或资格要求,理论上取决于服务提供者自身的行为或其能力。与此相对,GATS 第 16 条的市场准入则是管制"允许服务或其提供者进入数量"的"最大限制",这实质上可以被看做贸易保护主义的做法,因其仅适用于进口,而且这种限制不能被提供者自身的任何行为所突破。

更进一步而言,区分第 16 条和第 6 条的中心标准是,前者明确直接地关系到数量限制或者服务提供者是否能够进入市场的问题,后者则管制服务的质量和服务提供者的能力,即服务如何被提供的问题。不管所涉及措施的监管目的或意图如何,第 16 条指的是对进口数量的最大限制,而第 6 条则包括了对进入市场的服务和服务提供者的最低要求。

美国博彩案中的争议双方均认为第 16 条并不涵盖有关对服务质量进行限制的措施。② 值得注意的是,专家组在该案中确认了两个基于 GATS 第 16 条的重要限制。第一,第 16 条第 2 款所列六种类型的措施清单是穷尽性的。③ 如果一项措施不属于这六种中的一种,则并非一项被禁止的市场准入限制,即使该措施在实际上限制了市场准入。第二,六种限制措施中的每个细节也是详尽的。例如,关于对服务提供者的数量限制,只有当采取数量配额、垄断、专营服务提供者或者经济需求测试等形式时才是被禁止的。同样,对服务业总量的限制只有当"以配额或经济需求测试要求的形式时"才予以禁止。其他对服务提供者或

① World Trade Organization: The Relevance of the Disciplines of the Agreements on Technical Barriers to Trade (TBT) and on Import Licensing Procedures to Article VI. 4 of the GATS, Note by the Secretariat, S/WPPS/W/19, Sep. 11, 1994, para. 4. See also World Trade Organization: Article VI:4 of the GATS: Disciplines on Domestic Regulation Applicable to All Services, Note by the Secretariat, S/C/W/96, March 1, 1999, para. 4.

② 参见美国博彩案专家组报告第 6.327 段。

③ 参见美国博彩案专家组报告第 6.298 段。

服务业的数量限制实际上并不属于 GATS 第 16 条的规制范围。

尽管专家组确认了根据第 16 条的上述两种限制,但其忽视了另外一个问题(上诉机构也是如此),即一项国内监管措施,特别是受到第 6 条第 4 款和第 5 款约束的 QTL 要求,尽管与服务的质量和服务提供者的能力有关,也不能仅仅因为该措施实质性管制并在数量上限制了不符合要求的服务或服务提供者的市场准入,就被认为是违反第 16 条的市场准入限制。举个例子,如果一成员方要求出租车司机必须通过驾驶考试,仅仅因为这一要求将那些没有通过考试的人排除在该市场之外的措施,本身并不能构成违反第 16 条的市场准入限制。这解释了为什么 GATS 第 16 条仅禁止某些类型的对服务或服务提供者的数量限制。进一步而言,如果第 16 条被广泛地解释为包括所有有数量限制效果的国内监管措施,则第 6 条第 4 款和第 5 款的存在将是多余的。

将上述有关第 6 条和第 16 条的区别适用于美国博彩案,从而分析争议中的美国博彩法到底是何种性质的措施时,首先应注意到,美国有关博彩服务的法律所监管的主要内容是,某些类型的博彩服务必须通过特定的方式来提供。不管美国所声称的监管目的或意图如何,美国有关博彩服务的法律并没有对其市场上的博彩服务施加最大数量的限制,而是对如何提供该类服务提出了最低限度的要求,即面对面的服务提供,而不能通过网络进行远程提供。这种限制并不特别针对外国的服务提供者,其目的是确保服务质量,特别是防止青少年因赌博而使身心健康受到伤害,并出于保护美国的公共秩序和道德,反对欺诈、强制博彩、反洗钱、打击有组织犯罪等目的,这些应属于非贸易保护主义的国内政策目标。

这里的问题是,这种要求面对面提供博彩服务如果被看做针对服务质量所施加的限制,则已如前述,虽然该限制实质上禁止了不符合要求的服务提供方式和服务提供者,但并不能因此将其性质转化为第 16 条中禁止性的市场准入限制。但在本案中,专家组和上诉机构在具体分析第 16 条规定的六种措施之前,先将美国有关博彩服务的法律定性为禁止性的市场准入限制,原因是这些法律有禁止某些博彩服务跨境提供的效力。[①] 之后认定哪些法不符合 GATS 第 14 条的例外条款。[②] 如果这种认定合理,则是否会导致这样一种结果,即任何国内监管措施仅因其暗示了对所承诺的服务提供方式的禁止,就可以作为市场准入限制,而不管这种监管措施是否属于第 16 条中的六种情况之一。这显然与专家组

① 参见美国博彩案专家组报告第 6.285 ~6 段。

② 在其推理过程中,专家组超越了需要进一步发展的必要性检验要求,将有关必要性的举证责任从安提瓜转到了美国,将合理的实体性理由限制为 GATS 第 14 条的穷尽清单,而非更开放的 GATS 第 6 条第 4 款清单。参见美国博彩案专家组报告第 6.535 段和第 6.565 段。

自己的结论"GATS第16条第2款对限制措施的列举是穷尽的"自相矛盾。[①]

专家组承认,对于一项没有明确以数量配额方式表示的措施,如果将其归于第16条第2款第a项的范畴,则超出了第16条中的明确界定。专家组因此补充到,"如果坚持只有以明确的数量形式表示的措施才属于第16条第2款第a项的范畴,则会产生荒唐的结论"。

上诉机构实际上也承认第16条列举性质的穷尽性,即只有以配额或者是指定数量单位表示的服务产出总量来限制服务总量才是被禁止的。为此,上诉机构集中分析了第16条第2款第a项和第c项的用词,并通过相当复杂的对"形式"(form)和"数字的"(numerical)的字义分析,将"形式"重新定义为"包括效力",将"数字的"等同于"数量的"(quantitative),并就此得出结论,"第16条第2款第a项的核心不仅涉及限制的形式,而且是有关数量的限制",因为数量限制既可以用数字来表示,也可以通过第a项到第d项的指定标准来表示。因此,"效力上等于零配额的限制应属于第16条第2款第a项提到的数量限制的范围"。[②] 这些限制与所提供的服务质量无关,与服务提供者提供服务的能力(即技术标准或提供者的资历要求)也无关。[③] 但上诉机构认为,在限制数量和限制质量的措施之间进行区分既无必要,也不合适。[④] 可以看出,上诉机构在解释这些规定时,并未考虑第6条和GATS前言中关于国内监管的内容,也忽视了关于第6条和第16条的上述区分。

1993年列表指南似乎可以为上诉机构的推论找到某种依据。作为第16条第2款第a项的一个例子,该指南提到,对服务提供者的国籍要求可以作为"等于零配额的一种限制"。但该指南不具有法律约束力,也未能构成各方同意的文本,仅仅是作为一种补充解释方法而存在。而且,在明确的国籍要求的零配额措施和禁止所有通过网络提供远程博彩的零配额效果之间,还存在重要区别。国籍要求仅指对外国人的零配额。换言之,国籍要求可以完全被对外国人的零配额所代替,其唯一目标是基于来源地对数量进行限制。不管其监管目的或意图如何,这是一成员方对外国提供者数量的最大限制(零)。相比较而言,对所有通过网络提供远程博彩服务的禁止,则不管是本国的还是国外的提供者均适

---

① 参见美国博彩案专家组报告第6.298段。

② 参见美国博彩案上诉机构报告第232~238段。

③ 1993 Scheduling Guidelines, at para. 4. Repeated also in Guidelines for the Scheduling of Specific Commitments Under the GATS, adopted by the Council for Trade in Services on 23 March 2001, S/L/92 (hereinafter "Revised Scheduling Guidelines of 2001") p. 4.

④ 参见美国博彩案上诉机构报告第220段和第250段。

用,这并不完全等于对跨境提供网络博彩服务的零配额限制。因此,这在实体上是对服务如何被提供的方式进行监管,而不管服务提供者的来源地,即除了对跨境网络提供博彩服务的禁止外,也对国内提供网络博彩服务进行禁止。换言之,美国法允许的是非远程的博彩服务形式,不管该服务是由本国的还是由外国的提供者所提供。关于跨境提供博彩服务的零配额限制仅是美国监管措施的一种效果,并非其追求的内在目标。

四、结语:狭窄界定 GATS 第 16 条的市场准入限制

在美国博彩案中,如果专家组和上诉机构换用另外的思维方式,特别是考虑到 GATS 第 16 条与第 6 条之间的区别与联系,将美国有关影响博彩服务的法律定性为美国国内对服务业的自主性监管措施,而非禁止性的市场准入限制,则其结论可能会有很大的不同。之所以提出这样的思考,并非在为博彩案中的专家组阶段基本全面败诉、上诉阶段部分败诉的美国鸣冤叫屈,而是考虑到博彩服务业与一般服务业的性质具有很大的不同,它毕竟是非常特殊的需要成员方高度监管的行业。而且随着技术的发展,这类服务业提供的形式及其所产生的社会影响的确与一国的公共政策与公共道德有密切关系。如果美国在 10 多年前进行 GATS 承诺时会预见到网络博彩服务如此迅速的发展及其带来的重大社会影响,相信其绝对会将该行业从其具体承诺中排除出去。

作为全面涉及 GATS 规则的一个重要案例,美国博彩案留给人们的思考是多方面的。其中的一个问题是,该案折射出服务业的快速发展对各国具体承诺所具有的潜在重要影响,同时更反映了协调 WTO 众多成员方的国内监管目标与贸易自由化之间所存在的困难。尤其是在服务业的经济效率和良好治理的基础上,如何面对巨大的部门差异,决定成员方政府对国内服务业监管原则的执行程度是非常关键的。

笔者认为,从 GATS 的发展前景来看,有必要建立关于 GATS 第 6 条和第 16 条区分的明确的一般准则。出于贸易自由化的长远目标和监管成本的考虑,应当较为严格地约束成员方进行的市场准入限制。在成员方进行了服务承诺的部门,任何影响服务提供的措施应是非歧视性的,除非其被列入成员方的具体承诺表或符合 GATS 第 14 条的例外条款。相比而言,WTO 有 150 个左右的成员,其服务业发展水平相距甚远,因此应谨慎对待各成员方所实施的国内监管措施。这种国内监管仍要受到相关纪律的约束,但一项监管措施,特别是有关资格、许可、技术要求和程序等,如果并没有在国内外服务和服务提供者之间造成歧视或

在实质上超过对贸易的必要限制,则不能因其对进入市场的服务和提供者数量有一定的影响,而将其作为禁止性的市场准入限制。实际上,为保持 WTO 成员方在 GATS 下的监管自主性,对 GATS 第 16 条所禁止的市场准入限制进行狭窄界定是非常必要的,否则第 6 条规定的成员方的监管自主权将会因实质上违反第 16 条而落空。

我国作为服务业的未来发展大国,①在一定时期和特定条件下,需要强调对服务业的国内监管自主权,这对实现我国服务业发展的国内政策目标至关重要。因此,我国政府除应当积极参与有关 GATS 规则(尤其是关于 GATS 第 6 条第 4 款详细纪律的制订)的新一轮谈判、表明相关立场外,实践部门还需要切实加强对 GATS 具体条文的理解与运用,以便做到必要时能够维护我国作为 WTO 成员的合法利益。

(2005 年第 8 期)

① 据世界贸易组织的报告,2004 年全球服务贸易出口额为 2.1 万亿美元,比 2003 年增长 16%。在各种有利因素推动下,中国服务贸易继续保持良好发展势头。国际服务贸易收支总规模达到 1346 亿美元,比上年增长 32%。中国在世界服务贸易中的排序与 2003 年相同,出口居第 9 位,进口居第 8 位。See World Trade Organization: World Trade Report 2005—Exploring the Links between Trade, Standards and the WTO, available at http://www.wto.org/english/res - e/booksp - e/anrep - e/world - trade - report05 - e.pdf, p. 22.

2006 年

联合国安理会金融制裁措施的国内法实施程序

黄 风*

近几年来,联合国安理会不断通过决议,要求所有联合国成员国针对某些个人、集团或实体采取金融制裁措施,即冻结其金融资产或经济资源。这类金融制裁措施的采取或者是出于打击恐怖主义活动的需要,例如:安理会于2002年1月16日第4452次会议上通过的针对塔利班、本·拉登和"基地"组织的第1390号决议;或者是出于打击某些政府要员腐败行为的需要,例如:安理会于2004年3月12日第4925次会议上通过的针对利比里亚前总统查尔斯·泰勒等人的第1532号决议;或者是出于打击严重反人道暴力行径的需要,例如:安理会于2004年11月15日第1572次会议上通过的针对科特迪瓦某些人员或实体的第1572号决议。

一、安理会金融制裁措施的特点

第一,体现着一种具有指示性的要求,但不具有直接的可执行性。根据《联合国宪章》第7章第41条的规定,对于威胁或破坏和平的情形以及侵略行为,安理会有权决定采取武力以外之办法,"并得促请(call upon)联合国会员国执行此办法"。因此,如果说安理会有关的制裁决议具有一定拘束力的话,只意味着,联合国各成员国均应当响应该决议,采取相应措施予以落实;但是,制裁决议中关于冻结金融资产的措施则不具有直接的可执行性,必须通过各成员国的国内立法程序或者行政程序批准、认可或者转化,使之获得可实际执行的效力,换句话说,未经上述批准、认可或者转化程序,各国的执法机关和金融机构不能直接依据安理会的有关决议执行其中的金融制裁措施。

第二,金融制裁措施所要求的资产冻结是一种具有强制性的行动,需要以国内法程序作为其执行的保障。金融资产通常以储蓄存款等方式寄存在银行或非银行金融机构的账户之中,并且受到各国法律的特别保护,对金融资产的冻结属于只有在法律明确规定的情况下才能采用的、具有强制性的措施。我国《商业

* 作者单位:北京师范大学刑事法律科学研究院。

银行法》第29条第2款规定:“对于个人储蓄存款,商业银行有权拒绝任何单位或者个人查询、冻结、扣划,但法律另有规定的除外。”该法第30条规定,对单位存款,商业银行“有权拒绝任何单位或者个人冻结、扣划,但法律另有规定的除外”。

在国际司法合作当中,对金融资产的扣押和冻结同样受到严格的法律限制,这种限制一方面表现在被请求国对有关扣押和冻结的司法协助请求享有比较严格的审查权,特别是依据双重犯罪原则进行审查的权利;①另一方面表现在为有关扣押和冻结措施的执行规定了明确的条件,即在被请求方法律允许的范围内。②

第三,代表着国际社会的外交抉择,具有最宽广的覆盖面,联合国各成员国应当在其所辖的全部领域内予以落实。安理会的金融制裁决议不是单纯地针对某一刑事案件而作出的,而是为了维护世界和平与正义而作出的,是国际社会集体作出的重要的外交抉择。如果说对于某些国际公约各个缔约国有权决定是否允许将其扩展适用于它的某个特殊领土单位的话,维护世界和平与正义的根本宗旨决定了安理会制裁决议的最广阔覆盖面,所有接受此决定的国家在执行时不应当在其领土空间上有所保留,对于那些享有一定自主权,但在外交和国防问题上接受其主权管辖的附属领地或特殊领土单位,有关主权国家应当毫无例外地将安理会此类决定对之扩展适用。

二、我国为执行安理会金融制裁措施所采用的做法评析

对于安理会含有金融制裁措施的决议,我国目前是采用外交部下发通知的形式启动有关的执行程序。就内地法域而言,这种外交部通知(以下简称“通知”)的对象是国务院各部委、各直属机构,各省、市、自治区人民政府外事办公室;“通知”要求各部门“结合各自情况,采取具体措施,严格执行安理会有关决议规定。在执行过程中如遇重大政策性问题,请及时会商外交部”。就香港和澳门特别行政区法域而言,上述“通知”表现为中央政府外交部向特别行政区政府发出公函,就执行安理会决议作出指示。根据目前香港特别行政区的实践,随

① 《联合国反腐败公约》第46条第9款第2项试图在一定程度上变通双重犯罪原则对刑事司法协助的限制,但是,它仍认为这种变通应当以有关的协助请求“不涉及强制性行动”为条件。

② 我国目前缔结的双边刑事司法协助条约一般均包含此类规定,如《中美刑事司法协助协定》第16条第2款规定:“双方在各自法律许可的范围内,应在没收犯罪所得和犯罪工具的程序中相互协助。其中可包括在等候进一步程序前为冻结、扣押犯罪所得或犯罪工具所采取的行动。”

后由行政长官根据香港《联合国制裁条例》"订立规例",以执行中央政府的有关指示。①

采用外交部通知文件的形式启动执行安理会金融制裁决议的程序的确有简单、快捷之功效,作为在相关的法律制度尚不健全情况下的权宜之计是可以理解的。但是,从我国国内基本法律制度和原则的角度分析,这种权宜之计存在明显的法律缺陷或漏洞。外交部"通知"不具有法规的拘束力,特别是在查询、冻结以及没收资产问题上,它更不能代表法律的授权。我们注意到,外交部"通知"是以各级政府的外事部门和国务院各部委为对象的,可以说,它实际上是代表国务院向所属政府机关发出的通知;这种通知的意义在于将安理会的制裁决定及其相关信息通报给政府各部门。但是,安理会的制裁决议,无论是从国际法的角度,还是从我国国内法的角度,都不具有直接的可执行性,不能成为我国执法机关和其他金融主管部门的执法依据;安理会的制裁决议也不会因为被转载于我国外交部的通知文件上而获得上述执行效力。冻结资产属于一种限制当事人财产权利的强制性措施,在我国,除立法机关颁布的法律以外,由国务院发布行政规章是不能授权任何机构和个人采用此措施的,因此,外交部通知中关于"请各部门结合各自情况,采取具体措施,严格执行安理会有关决议规定"的表述在法律上是没有拘束力的。外交部"通知"不具有可操作性,它缺乏对相关执法活动的指引,没有为实施程序确定或者援引必要的规则,没有划定执行冻结措施的义务人。以通知的形式宣布实施某种法律措施,这要求在有关通知中明确列举或解释实施该措施的法律依据,告诉被通知人(或者公众)在遇到具体情况时应当遵循怎样的法律规则和程序予以处理,而不是简单地让他们"结合各自情况,采取具体措施"。缺乏这种明确指引的通知,对于相关的执法活动来说,就是不具有可操作性的文件。不具有可操作性的另一种表现是:外交部"通知"也没有列举或者提示执行冻结资产措施的义务人以及违反有关义务将导致的制裁或后果。实际上,对于执行安理会关于冻结资产的决定来说,除各主管执法机关外,执行义务人有两类:一类是位于执行国领域内的一切金融机构和其他资产存放机构;另一类是安理会制裁决议中所提及的需冻结资产的持有人。

对资产的冻结可以区分为司法冻结和法定冻结,前者是指司法机关或者其

---

① 马耀添:"浅析在香港特别行政区实施联合国安理会就制裁事宜所作决议的有关宪政问题",载中国社会科学院国际法研究中心编:《"中国的和平发展与国际法"学术研讨会论文汇编》(2004年)。

他执法机关在办理具体案件时采取的冻结措施，后者是指在符合法定条件下对法律明确列举的财产必须采取的冻结措施。如果说在司法冻结中金融机构只是被动地执行司法机关的冻结命令的话，在法定冻结中金融机构则有义务主动地排查、发现和报告符合法定条件的需冻结资产并且立即采取冻结措施。在法定冻结中，有关资产的持有人也有义务向主管机关申报和移交需冻结的资产。

因此，假如真在我国发现了联合国安理会金融制裁决议所列举的资产，执法机关、金融机构或其他资产存放机构可能会不知所措，是直接下令或者决定冻结呢，还是采用刑事诉讼法规定的程序予以冻结呢？如果是采用前一种方式，它们找不到任何法律依据，外交部通知不仅不足以成为直接冻结的依据，而且也没有提供国内法依据的线索；如果是采用后一种方式，该如何解释和认定刑事案件的存在和犯罪嫌疑人的身份？又如何处理安理会金融制裁决议与我国《刑事诉讼法》在资产冻结问题上存在的规范冲突问题（例如冻结的期限）呢？

仅以外交部公函的形式向特别行政区政府发出执行安理会金融制裁决议的指示是力度不够的，不足以使我国重大的外交决策在特别行政区产生普遍的和公开的约束力。

外交部关于执行安理会制裁决议的通知目前是以内部公函的形式发给特别行政区政府的，从法律上讲，这种公函是效力有限的、可操作性不强的和缺乏明示性的，它既不具有直接的法律效力，也不具有立法授权的效力，因而，不足以对特别行政区的行政机关、立法机关和司法机关产生统一的和不容置疑的约束力。①

三、欧盟及其成员国执行安理会金融制裁措施的立法经验

在“9·11”事件后，为执行联合国安理会关于制裁塔利班及“基地”组织的决议，欧盟理事会先后于2000年和2001年发布两项专门的条例，即欧盟理事会《第337/2000号条例》和《第467/2001号条例》，这些条例对于所有欧盟成员国具有法律约束力并且可直接适用。

在资产冻结问题上，欧盟理事会条例首先对“资产”一词作出界定，即任何性质的金融活动和收益，包括但不限于现金、支票、信用票证、汇票、支付凭证、在

① 马耀添：“浅析在香港特别行政区实施联合国安理会就制裁事宜所作决议的有关宪政问题”，载中国社会科学院国际法研究中心编：《“中国的和平发展与国际法”学术研讨会论文汇编》（2004年）。

金融机构或其他机构的存款、账户余额、债务、债务凭证、股票、股票证明、定息权利凭证、期票、认股证书、衍生交易契约、利息、红利、债权、抵消权、担保、信用保证、其他金融担保、信用证、提货单、转让单、证明持有资产或金融财产的文件以及任何其他出口融资票据。《第467/2001号条例》还将“冻结资产”明确解释为:禁止移动、转移、改变、使用或者处置资产,以防止对有关资产的规模、数额、位置、权属、占有、性质和用途造成变更,或者以防出现其他意味着允许使用有关资产包括经管资产组合的变化。欧盟理事会条例要求有关的自然人、法人、机构或者组织必须立即向欧盟各成员国的主管机关提供一切有助于实施财产冻结的情况,如关于需冻结的账户和钱款的信息。为了明确法定冻结的标的,欧盟理事会《第467/2001号条例》将联合国安理会于2000年12月19日第1333号决议所列举的个人、机构和组织的名单作为附件一予以公布;同时,在附件二中指定了各成员国负责资产冻结的“主管机关”(一般为各国的财政部、外贸部或者中央银行)。

欧盟理事会条例还责成各成员国通过各自的国内立法对违反有关条例规定的行为确定一定的制裁措施,并且要求这样的制裁措施“应当是有效的、相称的和有劝止力的”。为执行联合国安理会关于冻结资产的制裁决议,并且根据欧盟理事会《第467/2001号条例》的要求,欧盟各成员国均进一步采取了国内的立法步骤。例如,意大利总统于2001年9月28日签署了《关于违反针对阿富汗塔利班组织采取的措施的制裁规定》的第353号法令,该法令于同年11月27日经议会批准转化为正式的法律。法令更加具体地规定:有关的自然人、法人或者组织,在履行欧盟理事会《第467/2001号条例》规定的义务时,必须自该法令生效之日起30日内或者在随后的资产形成之日起30日内,向意大利经济和财政部的主管部门以及生产活动部的主管部门报告需冻结资产或其他金融财产的数量。第353号法令还同时规定:在不履行上述报告义务的情况下,将处以行政罚款,罚款额不低于被查实的财产额的一半并且不超过该财产额的两倍。

欧盟及其各成员国通过认真严谨的立法将联合国安理会的制裁决议转换为切实可行的法律规则,从而使制裁事项落到实处,并且取得了实际的执法成果。仍以意大利为例,自欧盟理事会《第467/2001号条例》及意大利2001年第353号法令颁布之后,到2001年12月11日止,就有79笔与塔利班或“基地”组织有关的资产受到冻结,其中,31笔表现为银行账户的资金,43笔表现为保险单,4笔表现为共同基金;被冻结的资产总额达到228,662.65欧元和298,189.11美元,其中,账户资金107,142.81欧元和298,189.11美元,保险单价值67,247.85

欧元,共同基金金额为54,271.98欧元。①

四、关于完善我国实施安理会金融制裁措施国内法程序的建议

为了切实执行联合国安理会含有金融制裁措施的决议,我国有必要通过立法程序将安理会决议的有关内容转化为国内法规,以使安理会的金融制裁措施具有真正的法律效力和可执行力。笔者的建议是:

1. 采用由全国人大常委会作出决议的方式,将我国所支持的联合国安理会金融制裁措施转换为国内法律规范。考虑到资产冻结是一种对当事人财产权利加以限制的强制性措施,以全国人大常委会决议的形式转换安理会的金融制裁措施是比较慎重的,这样做将比较恰当地满足我国法律制度为冻结资产(特别是冻结存放在金融机构的资产)所规定的条件。

2. 通过上述立法活动在我国建立法定冻结(扣押)制度。法定冻结(扣押)是指在法律明确规定的条件下,对法律明确列举的资产采取冻结或扣押措施,无须司法机关或者其他主管机关逐一作出冻结决定,也不以刑事立案或者提起任何诉讼程序为前提条件;冻结的期限由法律规定或者由法律授权的机关决定。在实行法定冻结的情况下,任何持有或发现法律明确列举的资产的个人、组织、机构或机关均有义务执行冻结或者保障冻结的执行。

3. 为明确法定冻结的标的,全国人大常委会的有关决议应当参考联合国安理会决议中的解释,对需冻结的"资产"作出界定,使之不仅包括存放在金融机构的资金,还涵盖任何其他金融票据、有价证券、财产权利凭证、债权凭证,等等。同时可以明确规定将某些财物排除在法定冻结标的之外。② 全国人大常委会的有关决议应当将联合国安理会金融制裁措施所针对的人员、组织或机构的名单和相关资料作为附件予以公布,以便对有关资产进行甄别。

4. 全国人大常委会的有关决议应当明确规定执行法定冻结的义务以及违反该义务所导致的法律责任。也就是说,明确规定任何作为需冻结资产持有人的个人、组织或机构均有义务在规定的期限内向主管机关报告该资产的情况,并

---

① 参见意大利根据联合国安理会第1373〔2001〕号决议第6条提交的报告。

② 根据联合国安理会的有关决议,某些资产是可以排除在金融制裁措施适用范围之外的,例如,为基本开支所必需,包括支付食品、房租或抵押贷款、药品和医疗、税款、保险费以及水电费,或者专用于支付合理的专业人员费用和偿还与提供法律服务有关的费用,或常规持有的资金或其他经济资源所需要的规费或服务费等(参见联合国安理会第1452〔2002〕号决议)。

且有义务根据主管机关的要求移交该资产;任何金融机构或其他资产保管机构均有义务对所发现的需冻结的资产立即采取冻结措施并向主管机关进行报告,在必要时还应当主动进行检查。对于违反上述义务的行为,应当规定予以一定金额的行政罚款处罚。

5. 全国人大常委会的有关决议还应当为资产冻结的执行指定一个主管机关,该主管机关应履行以下职能:负责汇总与需冻结资产相关的信息;指导和检查资产冻结措施的执行情况;协调有关部门解决和处理在执行过程中出现的问题;查处违反报告或冻结义务的行为;根据法律授权,调整需冻结资产的范围,宣布解除冻结的时间。根据我国法规对国家有关部门职能的定位和金融监管实践的经验,笔者认为,可以考虑指定中国人民银行作为负责上述资产冻结执行事宜的主管机关。

6. 全国人大常委会关于实施安理会金融制裁措施的决议应当也对香港特别行政区和澳门特别行政区具有直接的法律效力。落实联合国安理会的有关制裁决议是与我国外交事务决策紧密相关的活动,根据特别行政区基本法的规定,应当由中央政府负责管理。为此而制定的全国人大常委会决议应当被增加到各个特别行政区基本法的附件之中,使之能够直接在各个特别行政区适用。上述全国人大常委会的决议还可以授权特别行政区立法机关或者政府,根据本地的需要,制定相应的法规或者颁布行政命令,以保障安理会制裁决议和全国人大常委会决议在本地的贯彻执行。

(2006年第4期)

WTO汇率机制的困境及其解决思路

伏　军*

2003年以来,人民币汇率问题成为中、美两国贸易关系中的焦点,中国政府同时承受了来自美国、日本等国家要求提高人民币汇率的巨大政治压力。① 为了缓解这种国际压力并结合我国经济持续增长的客观条件,我国政府开始对长期以来施行的单一参照美元的固定汇率机制进行调整。2005年7月21日,中国人民银行发布〔2005〕第16号公告,自该日起施行以市场供求为基础、参考"一揽子"货币进行调节、有管理的浮动汇率制度,形成了更富弹性的人民币汇率机制;美元对人民币交易中间价格调整为1美元兑8.11元人民币,人民币升值2%。之后人民币汇率不断调高,2006年5月15日人民币与美元汇率中间价已突破8:1。②

人民币汇率问题引发的贸易与政治争端暂时得以缓解,但争端解决的过程却值得我们思考。就我国汇率政策的合法性而言,国内学者已充分论证指出,无论根据WTO规则抑或《IMF协定》,我国政府坚持原有汇率安排并不存在任何问题。③ 显然,此次人民币汇率问题的解决与我国汇率政策调整并非基于我国应尽的国际义务。一个不争的事实是,这次人民币汇率的调整完全是出于与美国、日本国家之间全面关系的考虑而进行的政治妥协,换言之,问题解决的方式是政治的,而非法律的。

我们知道,随着WTO体制的不断发展完善,今天绝大多数的贸易问题已可以纳入《WTO协定》这部"贸易宪法",从而通过WTO争端解决机制解决。人民币汇率问题的产生,在于汇率安排对于贸易关系产生的重要影响,因而问题的本质是贸易问题。但正如我们看到的,人民币汇率问题没有通过WTO机制解决,

---

* 作者单位:对外经济贸易大学法学院。

① 早在2001年,日本即提出人民币低估导致中国出口商在国际市场取得不公平的优势竞争地位。See Paul Wiseman, China's Currency Flexes Its Muscle, *USA Today*, Dec. 19, 2001, at5B.

② "人民币兑美元汇率中间价突破8:1心理关口",载http://www.finance.sina.com.cn/forex/forexrmb/20060515/09442567373/shtml。

③ 陈斌彬:"从国际法视角看我国当前人民币汇率政策的合法性",载《法律科学》2005年第5期;韩龙:"一国汇率义务与IMF职能:国际货币法视角下的人民币汇率问题",载《现代法学》2006年第1期。

而是采用了以贸易制裁为要挟、通过谈判达成妥协的政治方式。那么,现行WTO体制下的外汇机制有何特点,为何人民币汇率不能在国际法层面上得到解决,未来汇率争端解决的出路在哪里等问题,成为本文关注的主要内容。

一、WTO框架下的汇率机制与弊端

1. WTO框架现行汇率机制

《建立世界贸易组织协定》附件1A之《1994年关税与贸易总协定》(GATT)第15条,是WTO框架中最重要的外汇安排,该条也是WTO成员就(货物)贸易相关的外汇争端可以援引的主要法律。GATT第15条第4款确立了缔约方在外汇方面的基本义务,即"缔约方不得通过外汇措施阻碍本协议各项规定意图的实现,也不得通过贸易措施阻碍IMF协定各项规定意图的实现"。

一直以来,以外汇兑换、汇率安排为主要内容的外汇措施及外汇争端由IMF管辖,而包括进口数量限制、最惠国待遇、国民待遇等在内的贸易措施则由WTO管辖。GATT第15条第1款再次明确了这两大机构之间的这种分工:"缔约方全体应寻求与IMF进行合作,以便缔约方全体与IMF在IMF管辖范围内的外汇问题和缔约方全体管辖范围内的数量限制和其他贸易措施方面,可以推选一个协调的政策。"

基于这种管辖分工,GATT第15条第2款规定,当缔约方之间出现涉及有关货币储备、国际收支或外汇安排问题的争端时,缔约方全体应就外汇有关问题与IMF充分磋商,并应"接受IMF有关外汇、货币储备或国际收支的统计数据或其他事实的调查,并接受IMF就缔约一方在外汇方面采取的行动是否符合《IMF协定》……的决定"。这一条款确立了WTO及其缔约方将贸易争端涉及的外汇事项提交IMF决定的义务。GATT第15条第5款进一步对缔约方之间的外汇措施争端作出管辖规定:"缔约方全体在任何时候认为,任一缔约方正在实施的有关进口支付和转移方面的外汇限制与本协定对数量限制所规定的例外不一致,则应就此向IMF报告。"这里的"支付"或"外汇限制"虽然没有直接包括"汇率安排"的内容,但我们可以合理地推断,WTO缔约方之间的汇率争端也应直接提交IMF裁决。

服务贸易项下的外汇安排与货物贸易项下安排基本一致。根据《服务贸易总协定》(GATS)之《关于金融服务的附件》第1条第2款第1项的规定,各国中央银行和货币管理机关为推行货币或汇率政策而从事的活动属于"行使政策职权时提供的服务",不属于GATS管辖范围。从以上条款可以看出,包括汇率安排在内的外汇问题不在 WTO 管辖范围之内，WTO 在处理涉及国际收支失衡、外汇措施的贸易争端时，应当将其中涉及的外汇问题提交 IMF 决定，即采用“外接”的处理方式。IMF 就外汇问题作出决定后，WTO 再基于该决定对贸易问题作出裁决。概言之，WTO 不受理或处理缔约方之间的外汇争端，此类争端应由 IMF 专属管辖。

2. 汇率争端解决困境

汇率代表了以其他货币购买本国货币的价格，一国汇率安排将不可避免地对跨越国境的商品、资本以及服务的价格产生影响。正如前 IMF 总干事 Joseph Gold 所指出的，“对于大多数国家而言，没有哪一个价格如同汇率那样对金融领域的资产价值、回报率与经济领域的生产、贸易、就业产生如此重大的影响”。① 正因为如此，国与国之间的汇率争端往往会成为国际经济争端的主要形式与焦点。

作为两个非常重要的国际组织，WTO 与 IMF 之间存在相互补充、相互合作的关系，在功能上具有互补性。② 正如 WTO 章程第 3 条第 5 款所要求的，“为了在全球经济政策制定方面采取更高的一致性，WTO 应在认为适当的时候与 IMF、世界银行以及它们的附属机构合作”。现行 WTO 外汇机制的安排，旨在划清 WTO 与 IMF 之间的管辖界限，避免出现两大机构的管辖冲突，有其一定的合理性。但是，这种安排却由于 IMF 的软性约束，导致与贸易密切相关的汇率争端实际上处于无法在国际法层面得到解决的困境中。困境产生的原因来自以下几方面。

一方面，汇率争端各方不能通过 WTO 争端解决机制解决争议。由于 GATT 的起草者们意图将外汇事务方面的争端交由 IMF 管辖，③因此，汇率争端被排除在 WTO 管辖范围之外，致使 WTO 争端解决机制无法成为当事人可以诉诸的争端解决平台。依照《关于争端解决规则与程序谅解》(DSU)所确立的 WTO 争端解决机制，争端当事双方应在规定时间内进行磋商。磋商不成的，由专家组听证后出具专家组报告，上诉机构(Appellate Body)则根据当事人提起的上诉出具报

---

① Richard Myrus, From Bretton Woods to Brussels: A Legal Analysis of the Exchange Rate Arrangements of the International Monetary Fund and the European Community, 62 *Fordham L. Rev.*, p. 2095.

② Deborah E. Siegel, Legal Aspects of the IMF/WTO Relationship: The Fund's Articles of Agreement and the WTO Agreements, 96*Am. J. Int'l* lL., p. 561.

③ Xinchen Sofia Lou, Challenging China's Fixed Exchange Rate Regime: An Analysis of U. S. Options, 28 *Hastings Int'l & Comp. L. Rev.* 477.

告，专家组或上诉机构报告被 DSB 接受后即产生约束力。依照规则，专家组与上诉机构的审理有着严格的时间限制，并应对违反 WTO 规定的行为列出明确的救济措施，由 DSB 负责缔约方的执行情况。[①] WTO 所建立的这种争端解决机制具有高效、专业、终局、准司法等优势。但由于外汇争端不属于 WTO 管辖范围，WTO 成员方间的汇率争端无法利用这一多边争端解决机制处理。

另一方面，IMF 尽管对汇率争端享有管辖权，却缺乏争端解决的有效机制。《IMF 协定》对成员国汇率义务的要求主要体现在第 4 条第 1 节第 3 款的规定上。根据该条款，协定成员“应避免操纵汇率或国际货币体系，以妨碍国际收支的有效调整和取得对其他成员国的不公平竞争优势”。虽然该条款明确禁止外汇操纵的行为，并在其他相关文件中将“汇率操纵”界定为“在外汇市场上长期的、大规模、单一方向的干预”上，但 IMF 却对“操纵”行为缺乏具有可操作性的标准与认定方法，致使成员方这一义务很大程度上流于形式。这一点，可以从 IMF 成立以来从未认定过成员国“操纵”汇率并给予制裁的现象中得到印证。[②] 在执行方面，根据《IMF 协定》，IMF 在成员国不履行义务时可采取如下救济措施：(1)非正式磋商。即 IMF 私下与成员国进行磋商，敦促成员国调整其汇率政策。《IMF 协定》第 4 条第 3 节专门规定了 IMF 对成员国义务履行的监督职责(第 1 款)，并要求 IMF 通过与成员国间的“磋商”机制实现监督职责(第 2 款)。目前，IMF 每年与成员国进行一次磋商，对成员国经济与金融政策进行评估。当成员国出现外汇市场单一方向的、长期的和大规模的干预，一国出现无法支持的官方或半官方借贷水平、汇率表现与基本经济、金融状况无关时等情况下，IMF 也可以与成员进行特别磋商。[③] 但是，由于磋商机制不具有强制性，尚不足以对违反汇率义务的成员构成有效约束。(2)公开。这种救济措施授权 IMF 将其对成员国调整汇率的要求向所有成员国公开，以图借助国际舆论达到规范目的。这种监督方式虽对成员国履行义务有一定的影响，但也不具有强制约束力。(3)制裁。对汇率政策不符合要求的成员国，IMF 可采取剥夺其利益的强制手段，包括剥夺成员国使用 IMF 普通资金的资格、中止投票权、强制性要求退出等

---

① J. G. Merrills, International Dispute Settlement, 3d ed., Cambridge Univ. Press 1998, pp. 201 – 210.

② Xinchen Sofia Lou, Challenging China's Fixed Exchange Rate Regime: An Analysis of U. S. Options, 28 *Hastings Int'l & Comp. L. Rev.* 477.

③ The Internationanl Monetary Fund, Selected Decisions of the International Monetary Fund, Decision No. 5392 – (77/63) 19809, p. 31.

方式。[1] 这些措施虽属于强制性措施，但 IMF 对不履行义务的成员国一向倚重救济，而不是制裁，[2]实践中，这些强制性救济措施也从未被 IMF 使用过。因此，IMF 关于汇率安排方面的义务要求及规制往往被学者们视为"软法"，[3]实际上缺乏对成员方的真正有效的约束。

3. 非法律解决途径

由于 IMF 对成员方义务履行的软约束，国与国之间的外汇争端往往无法及时有效地得到解决。直接的后果是，汇率争端一方或双方不得不通过政治方式解决。这次中美关于人民币汇率问题的争端中，虽然《IMF 协定》与 WTO 的规则均未给美国挑战中国汇率政策提供足够的法律依据，但美国仍以单边制裁为要挟施加政治压力，迫使中国进行货币问题谈判，外交方式成为争端解决最主要的方式与工具。[4] 在美国国内，代表传统工业的议员纷纷要求对来自中国的进口产品进行制裁。2003 年 9 月，来自纽约、伊利诺伊、南卡来罗纳等州的 6 名参议员提出一项议案，要求国会在美国政府与中国政府关于人民币汇率问题未能取得效果时，授权对所有来自中国的进口产品征收 27.5% 的处罚性关税。[5] 不难看出，出于维护本国利益的考虑，在国际法层面与多边机制中无法得到救济（至少主观上如此认为）的当事方，极有可能通过政治措施来达到目的。由于政治的解决方式均具有极大的不确定性，并可能导致冲突的激化，从而会对冲突双方带来巨大的负面影响。对于发展中国家而言，经济问题的政治化解决往往会给它们造成巨大政治压力，迫于这种压力，他们往往不得不调整自己本国的汇率政策，以避免可能出现的贸易争端与政治冲突。无疑，这种调整是以牺牲本国的经济利益为代价的。

① 根据《IMF 协定》第 26 条第 2 节第 a 款、b 款、c 款的规定，对于未能履行协定义务的成员国，IMF 可以宣布其丧失使用 IMF 普通资金的资格。在其后合理时期内，如该成员国仍未改正，经 70% 以上投票权多数通过，IMF 可以中止该成员国行使投票权。如成员国在中止投票权后的合理时期仍未改正，IMF 经理事会 85% 以上投票权通过，可以要求该成员国退出 IMF。

② Joseph Gold, The Role of Law in the International Monetary Fund, *The International Monetary Fund Ser.* No. 32, 1980, pp. 21, 25.

③ 韩龙："一国汇率义务与 IMF 职能：国际货币法视角下的人民币汇率问题"，载《现代法学》2006 年第 1 期。

④ Xinchen Sofia Lou, Challenging China's Fixed Exchange Rate Regime: An Analysis of U. S. Options, 28 *Hastings Int'l & Comp. L. Rev.* p. 480.

⑤ S. B. 1586, 180th Cong. lst Sess. (Sep. 5, 2003).

二、汇率问题纳入 WTO 框架:合理性与可行性

现行 WTO 汇率机制的基本特征是将包括汇率争端在内的外汇问题交由 IMF 解决,也就是说,汇率问题不在 WTO 的框架内独立解决。现在,要解决这种机制引发的汇率争端政治化问题,有两种可能的解决路径:一是全面调整 IMF 汇率机制,细化 IMF 成员国的汇率义务,并建立务实有效的争端解决机制;二是将与贸易密切相关的汇率问题纳入到 WTO 框架之中,依照 WTO 争端解决机制处理。笔者以为,比较而言,后者更具合理性与可行性。

1. IMF 不适宜解决与贸易相关的汇率问题

IMF 直接关注的是货币体系本身,而非贸易平衡或贸易问题。《IMF 协定》第 1 条设定的六项目标中,其中五项是关于货币体系本身的,包括"促进国际货币合作,为国际货币问题的解决提供协商与合作机制"(第 1 款)、"促进外汇稳定、保持有序的外汇安排、避免竞争性外汇贬值"(第 3 款)、"协助在成员国之间建立经常性交易多边支付系统、取消外汇限制"(第 4 款)、"通过提供临时基金援助以树立成员国信心、解决国际收支失衡问题"(第 5 款)、"减少、降低成员国间国际收支失衡的周期与程度"(第 6 款)等。贸易平衡与贸易发展只是 IMF 的一项间接目标:"(IMF)推动国际贸易的扩大与均衡发展,由此促进并保持高就业率与高收入水平,推动成员国生产性资源的开发"(第 2 款)。可见,对于 IMF 而言,维持国际货币体系的稳定和各国汇率关系稳定是其直接目标,是第一位的;而促进贸易平衡、就业与经济增长则是间接目标,是第二位的。这种目标定位决定了 IMF 对贸易问题关注的间接性,也导致 IMF 对与影响贸易关系的汇率安排不够敏感。贸易相关的汇率问题本质上仍是贸易问题,因为争端双方考虑的是汇率对贸易关系所产生的影响。因此,将影响贸易关系的汇率问题置于 IMF 管辖范围中,与 IMF 的目标不相匹配。此外,IMF 也不具备裁决贸易方面问题的能力与经验。《IMF 协定》第 4 条第 1 节第 3 款所规定的"操纵汇率或国际货币体系,以妨碍国际收支的有效调整和取得对其他成员国的不公平竞争优势"中的核心,在于如何认定"不公平竞争",而这一问题无疑当属 WTO 所管辖的贸易领域,IMF 无力独立完成这种判断。加之前已提及的 IMF 监督措施过于软性,因此,将影响贸易平衡的汇率争端继续置于 IMF 现行框架下无助于问题的解决。

在成员国协商一致的情况下对 IMF 目标进行根本性调整,由单一货币目标扩展到贸易平衡、货币体系稳定等多元目标并行的方案同样不足取。首先,迫使

IMF 由关注短期国际收支平衡转移到长期贸易平衡，违背了其设立初衷与目的，缺乏解决贸易争端经验的 IMF 也难以短期适应这种转变。其次，即使 IMF 可以适应这种新的目标定位，IMF 对贸易问题的关注势必造成 IMF 与 WTO 两个国际组织在贸易问题方面的管辖冲突，削减 WTO 在贸易方面的管辖权力。再次，这种根本目标的调整牵一发而动全身，会涉及 IMF 的各种运行机制。贸易问题纳入到 IMF 调整范围后，IMF 必须修改其监督机制，使之由“重救济、轻制裁”的软约束转化为更强硬的争端解决机制，否则，影响贸易平衡的汇率争端仍无法摆脱政治化解决的困境。然而，这种调整在操作上有相当大的难度。最后，也是最为重要的，IMF 对贸易平衡的关注，会分散其在货币政策方面的专注程度，影响其维持国际货币体系稳定方面的功能实现。

2. WTO 独立解决汇率问题的合理性与可行性

在全球金融一体化与经济一体化程度日益加深的今天，在贸易关系直接影响汇率关系的同时，一国汇率安排也会对国际贸易产生重大影响。基于汇率与贸易之间的这种互动关系，将影响贸易平衡的汇率问题纳入 WTO 框架下解决具有天然的合理性。以奉行“贸易自由”终极目标的 WTO 组织处理贸易相关的汇率争端有其明显的优势。WTO 在对贸易平衡以及对贸易措施合法性的判断上具有 IMF 或其他国际组织所不具有的专业优势与资源优势，在解决以贸易问题为实质的汇率争端时，可以充分发挥其贸易领域的传统优势。而且，争端各方可以直接借助 WTO 争端解决机制，及时、有效地通过法律途径从国际法层面上解决缔约方的汇率争端，并通过具有强制色彩的执行程序来保障争端的切实解决。可以合理地认为，建立在多边机制基础上的 WTO 争端解决机制，虽不能完全排除汇率争端政治化的可能性，但却能在很大程度上降低这种可能。

历史表明，WTO 体制具有很大的开放性与包容性，可以将那些影响贸易关系的非贸易问题不断地纳入到 WTO 框架中解决。乌拉圭回合谈判中，服务贸易、与贸易相关的知识产权措施（TRIPs）、与贸易有关的投资措施（TRIMs）等主题全部纳入到了 GATT 的规则体系，而传统上这些问题却基本上脱离世界贸易体系的规则之外。① 当汇率问题越来越成为影响国际贸易关系的焦点问题时，在 IMF 机制无法胜任这种争端的有效解决时，在外汇争端越来越面临巨大的政治化冲突的危险时，将此类争端纳入到 WTO 框架下无疑是一种应然选择。汇率问题很可能在不久的将来成为又一纳入 WTO 体制中的非贸易问题。

---

① ［美］约翰·H. 杰克逊著：《世界贸易体制》，张乃根译，复旦大学出版社 2001 年版，第 334 页。

三、WTO框架下汇率机制的发展构想

为了更好地解决汇率问题,防止不同国家之间汇率争端非法律解决现象的加剧,将汇率问题纳入WTO框架下解决是根本出路所在。为了实现这一目的,应对WTO框架现行汇率机制进行必要调整,在程序上与实体方面作出适当的安排。

首先,在程序方面,应当在法律规则上确立WTO组织对汇率争端的管辖权力。具体而言,应对GATT第15条第2款、5款及GATS第1条第2款进行修订,明确WTO对涉及公平贸易与贸易平衡的汇率安排及与由此产生的汇率争端行使管辖权。这里的“贸易相关”,应是指严重影响一成员方与其他成员方之间贸易平衡的汇率安排,尤其是一国政府有意“操纵汇率”达到不当竞争目的的汇率安排。

确定WTO汇率问题的管辖地位,并不意味着剥夺IMF现有的外汇事务管辖权,两者之间应是一种并行共存的关系。在外汇争端管辖安排新框架下,IMF依然行使对一般外汇事务的管辖权,如经常项下外汇支付与转移安排等,对于严重影响贸易平衡的汇率安排及汇率争端,当事人可以直接提交WTO解决。WTO受理并处理外汇争端时,IMF应利用其货币方面的优势提供协助,如应专家组或上诉机构请求提供成员国汇率安排是否符合IMF协定等方面的咨询意见。但IMF的作用是辅助性的,最终裁决应当依WTO争端解决机制作出。

此外,成员方通过WTO争端解决机制获得的救济措施,与IMF本身的救济措施并行不悖。成员国就影响贸易平衡的汇率争端提交WTO审理后,如IMF认为成员国一方的行为构成了对《IMF协定》的违反,仍可启动其监督程序,在这种情况下,违反汇率义务的国家将可能面临WTO与IMF的双重管辖与制裁。

在实体方面,WTO全体缔约方可以通过谈判,共同协商确立缔约方应履行的汇率义务,其核心原则应当是缔约方不得通过操纵汇率使本国企业在国际贸易中取得不公平竞争优势。但如同其他贸易规则一样,这种安排应充分考虑到各国的实际情况,尤其应当照顾发展中国家的落后现状,通过给予发展中国家过渡性安排等措施来平衡不同类型国家之间利益关系。此外,在具体设立贸易相关汇率义务时,应当汲取《IMF协定》相关规定过于原则的教训,明确汇率“操纵”的标准、认定程序与方法,以便于争端的解决。

对于包括我国在内的发展中国家而言,将与贸易密切相关的汇率问题纳入WTO体制中解决,既构成一种国际义务(不得操纵汇率获得不当竞争优势),同

时也形成了一种保护机制。在未来 WTO 规则体系的不断丰富、完善过程中，发展中国家可以在多边谈判中尽量争取自身的利益，并利用规则中的过渡性安排或对发展中国家的保护措施来维护本国的货币主权与汇率政策，同时，在出现人民币汇率争端等类似情况时，不必再迫于发达国家的政治压力而作出妥协，而可以通过 WTO 多边机制来避免政治争端与冲突，这从长远角度来看无疑是非常有益的。

（2006 年第 7 期）

作为免责事由的“障碍”在CISG中的适用

张金海*

在以严格责任为归责原则的背景下,《联合国国际货物销售合同公约》(CISG,以下简称公约)关于免责制度的规定尤为引人注目。① 其规定免责事由的条文为第79条、80条。后者规定的是对方造成的不履行,内容较简单。前者规定的是超出控制的障碍所引起的不履行,对该条的理解向来有较大出入,因此以障碍为核心进行专门的研究甚有必要。

一、“障碍”一词的采用

公约第79条第1款是该条的重点,另外4款在其基础上规定了第三人、免责的期限、通知义务与其他救济措施的继续存在等。该款规定:“一方当事人对不履行其任何义务不负责任,如果他证明不履行是由超出其控制的障碍引起的,并且不能合理地期待他在缔约时考虑到该障碍,或避免或克服该障碍或其后果”②,涉及障碍的后果、特征及范围等问题。在讨论这些问题前,有必要分析该款何以采用了“障碍”(impediment)一词。

从比较法的视角看,障碍这种表达方式罕见使用。比如,在法国,依司法见解,不可抗力(或称意外事件、外因)是指使履行成为不能而非负担更重的事件③;在德国,适用过错原则的场合,不可抗力制度无从彰显。交易基础丧失制度的要旨则是:在缔约之后对于合同来说具有本质性的情事(Umstande)发生了变更,如果一方当事人在缔约之时预见到这一变更,将不会或不会以此种内容缔

---

* 作者单位:清华大学法学院。

① 如以过错原则为归责原则,则顺理成章地无过错即无责任。因此,在严格责任的背景下,免责制度的设计益显重要。

② 该款的英文版为:A party is not liable for a failure to perform any of his obligations if he proves that the failure was due to an impediment beyond his control and that he could not reasonably be expected to have taken the impediment into account at the time of the conclusion of the contract or to have avoided or overcome it or its consequences。本文中的相关表述未与中文正式文本保持一致。

③ Barry Nicholas, *The French Law of Contract*, 2nd edn, Clarendon Press, 1992, p. 202.

约，则不可苛求在不变更合同内容的情况下维持该合同，①而是要变更合同的内容或解除合同；在英国，合同受挫则是指在缔约之后，事件（events）的发生使得合同履行不能、不法，或变得与当事人在缔约之时的设想极为不同，②并因此导致合同消灭的制度。这几个国家在相关制度上使用的是“事件”、“情事”等措辞。

公约为何采用了这一术语？第79条的蓝本是《国际货物买卖统一法公约》（以下简称ULIS）的第74条。该条第1款为：“在当事人一方不履行其义务时，如果他能证明不履行是由根据当事人在缔约之时的意思其不必予以考虑或者避免或者克服的情事（circumstances）所致，即不对不履行负责。在没有将意思表达出来的情况下，应考虑处于同样处境的理性之人本会如何打算。”1974年工作组第五次会议期间，免责事由是议题之一。工作组成员自起草及实质的角度对ULIS第74条进行了分析。就实质而言，主要的反对意见是，根据第1款当事人可以过于容易地免于履行合同。免责的原因不限于事实不能、法律不能，以及履行已被根本改变的情形，还扩及至履行变得意外地沉重的情形，并有评论指出卖方因未预料到的价格上涨也有可能得到免责。③ 因此，工作组成立了第五起草小组以起草第74条修正草案。但起草小组只提出了一个临时草案，另外挪威的观察员提出了一个替代方案（alternative proposal），在替代方案中，使用了“障碍”（impediment）一词。④ 次年工作组第六次会议期间提出的关于免责的条款草案采纳了替代方案的措辞，表述为非因不履行方的过错而发生的障碍。⑤ 之后的草案均坚持了障碍的表述方式。1976年日内瓦草案尚坚持非因自己的过错引起的障碍的说法，至1977年维也纳草案，将非因自己的过错引起的障碍改为

---

① Hans Brox, Allgemeines Schuldrecht, 28 Aufl., Verlag C. H. Beck München, 2003, SS. 284 - 286.

② Ewan Mckendrick, *Contract law*, 4th ed., Law Press, 2003, p. 301.

③ John Honnold eds., *Documentary History of the Uniform Law for International Sales*, Kluwer Law and Taxation Publishers, 1989, p. 184.

④ 替代草案的第1款是：Where a party has not performed one of his obligations [in accordance with the contract and the present law], he shall not be liable [in damages] for such non - performance if he proves that it was due to an impediment [which has occurred without any fault on his side and being] of a kind which could not reasonably be expected to be taken into account at the time of the conclusion of the contract or to be avoided or overcome thereafter。当然，impediment 一词在ULIS第74条第2款中已经出现。该款规定，引起不履行的情事构成一时障碍时，不履行方在一定条件下可以永久免责。但当时使用该词并不具有后来公约使用该词的重要意义。

⑤ John Honnold eds., *Documentary History of the Uniform Law for International Sales*, Kluwer Law and Taxation Publishers, 1989, p. 252.

客观化的表示方式,即以"超出其控制"的说法来表明障碍的客观性。1977 年草案第 51 条第 1 款与正式文本第 79 条第 1 款完全一致。在 1977 年至 1980 年关于免责事由的争论中,重心已不在第 1 款,而在第三人、不履行方的通知义务、对方可获得的救济的种类等问题上。[①] 第 79 条第 1 款的规定后为《国际商事合同通则》、《欧洲合同法原则》效仿,"障碍"这一用语也渐为人们熟知,更为重要的则是该词的采用揭示了其背后的限制免责条款适用范围的考虑。

二、"障碍"对履行的影响

欲认定第 79 条第 1 款的适用范围,重要之点在于确定障碍对履行的影响应达到何种程度。在此方面,有两个争议热点:一是瑕疵履行应否被纳入障碍的后果;二是障碍的影响是否亦包括了艰难情形在内。

1. 瑕疵履行

英美学者多明确地将瑕疵履行排除在第 79 条的适用范围之外,德国学者则多倾向于将瑕疵履行纳入第 79 条的适用对象。比如,美国学者 Honnold 认为,"货物中所存在的未知的瑕疵,也提出了一个损失分配的问题。根据公约,卖方应对这些损失负责"。[②] 德国学者 Stoll 则认为:"如果卖方未履行其根据第 35 条所负有的提供与合同内容相符的货物的义务,第 79 条所规定的免责原则上也是可能的。即使在相当少见的卖方出售其占有的特定物的场合,就在缔约之际已经存在的货物瑕疵或权利瑕疵而免责也不是自始就被排除的。"[③]

首先,争执的出现与第 79 条第 1 款本身规定得不甚清楚有关。该款使用了"因障碍而不履行其任何义务"(failure to perform any of his obligation)的表述方式。另外,第 35 条规定,卖方交付的货物必须与合同所规定的数量、质量和规格相符,并须按照合同所规定的方式装箱或包装。结合起来看,瑕疵履行似应纳入第 79 条的调整范围,或者说障碍的影响应包括瑕疵履行。然而,自立法解释的角度来看,并不能简单地得出这一结论。1964 年海牙会议上,免责是否适用于瑕疵履行是争议焦点。一些民法法系的国家,尤其是德意志联邦共和国,主张免

---

① Peter Schlechtriem eds. ,*Commentary on the UN Convention on the International Sale of Goods*, Clarendon Press,1998,p. 602.

② John Honnold,*Uniform Law for International Sales under the 1980 United Nations Convention*, 3rd edn,Kluwer Law International,1999,p. 473.

③ Peter Schlechtriem eds. ,*Commentary on the UN Convention on the International Sale of Goods*, Clarendon Press,1998,p. 619.

责应适用于瑕疵履行，另外一些国家则力主将瑕疵履行排除于免责的适用对象之外。这种分歧体现在是采用“障碍”（obstacle）抑或“情事”（circumstances）一词上。主张瑕疵履行不可获得免责者，赞同使用“障碍”一词。他们认为“障碍”一词可以表明一个事件既是嗣后的，又外在于卖方和货物，而瑕疵一定是内在的，并且是在合同订立之时即已存在的。另有人则赞同使用“情事”一词，因为该词与“障碍”相比较易于将瑕疵的存在包括在内。[①] 海牙会议最终采用了“情事”一词。这种争议在制定公约时再度出现，[②]“情事”一词终为“障碍”取代，不过这次所使用的是 impediment 而非 obstacle。Impediment 与 obstacle 两词并无什么差异，也暗含了对发货或支付价款等履行行为而非对仅存在于卖方履行的某个方面的阻碍之意。[③] 另外，1980 年外交会议时期，在第一委员会第 33 次会议上，美国代表 Honnold 曾指出，在 ULIS 中，免责可以基于当事人所不能控制的条件之上。在贸易委员会内部，人们认为这种表述方式可作过于宽泛的解释，并被用于卖方提供了有瑕疵的货物但不能被证明有过错的场合。为避免此种解释，决定以障碍的概念取代情事。障碍的概念表明即使卖方在其自己的制造过程中并无过错，也不能就货物中的瑕疵免除责任。另外，如果卖方不是自己制造货物而是从供货商那里购买货物而这些货物被证明是有瑕疵的，也不存在障碍。[④] 这些情况表明，公约的立法意图还是要将瑕疵履行排除在免责的范围之外的。有的学者不认为从情事到障碍的变化有多少意义。[⑤] 此观点在方法论的意义上可以说并不可取。

其次，从体系解释的角度来看，亦应主张瑕疵履行不可免责。第 79 条第 4 款规定：“不履行义务的一方必须将障碍及其对他履行义务能力的影响通知另一方。如果该项通知在不履行义务的一方已知道或理应知道此一障碍后一段合理时间内仍未为另一方收到，则他对由于另一方未收到通知而造成的损害应负

---

① Barry Nicholas, Impracticality and Impossibility in the U. N. Convention on Contracts for the International Sale of Goods, in Galston & Smit ed., *International sales: The United Nations Convention on Contracts for the International Sale of Goods*, Mattew Bender, 1984.

② 参见本文第 1 节的论述。

③ John Honnold, *Uniform Law for International sales under the* 1980 *United Nations Convention*, 3rd edn, Kluwer law international, 1999, p. 478.

④ First Committee Deliberations, 33rd meeting, in John Honnold eds., *Documentary History of the Uniform Law for International Sales*, Kluwer law and taxation publishers, 1989, p. 631.

⑤ C. M. Bianca & M. J. Bonell ed., *Commentary on the International Sales Law*, Giuffrè. Milan., 1987, p. 579.

赔偿责任。”如果瑕疵是隐藏的,则要求卖方将相关情况通知买方即是荒谬的。[①] 如果瑕疵是显见的,卖方在通知对方后反处于较前者有利的地位。此种处理难谓合适。将瑕疵履行排除在外,即可消除这一矛盾。

最后,有学者认为,障碍导致完全履行不能可以免责,因障碍导致交付的货物不符合约定亦应可以免责,况且,第79条所免除的只是损害赔偿之责,在瑕疵履行的情况下,买方仍可有其他的救济方式,如标的物为种类物时的交付替代物、减价、修理,标的物为特定物时的宣告合同无效、减价、修理等。[②] 考虑到瑕疵履行与履行不能的不同,这一观点似不足以说明第79条第1款可适用于瑕疵履行。[③] 在履行不能,债务人未提供给付,在瑕疵履行,债务人提供了不符合要求的给付,因此,在后者的场合,债权人可能会因货物的瑕疵而遭受进一步的损失,此种损失只能经由损害赔偿的方式得到填补。基此亦应主张瑕疵履行时不得以第79条第1款为据主张免除损害赔偿之责。

综合以上几个方面,应认为障碍对履行的影响不包括瑕疵履行在内。

2. 艰难情形

在某些国家,如果出现了后发事件,虽未导致履行不能,但造成了履行对于一方来说过于沉重或不再有意义等艰难情形,则遭受不利的一方可以得到救济,其结果是合同的消灭、合同的解除或合同内容的变更。此类制度如德国法中的交易基础丧失、英美法的合同受挫制度等。[④] 艰难情形应否为第79条第1款所调整也是一个有较多争议的问题。比如,Schlechtriem 认为,障碍应包括经济负担加重(okonomische Erschwerungen)的情形。[⑤] Flambouras 则认为公约中并无情事变更规则。[⑥] 笔者认为,基于以下理由,应排除第79条第1款适用于艰难情形的可能。

---

① John Honnold, *Uniform Law for International Sales under the* 1980 *United Nations Convention*, 3rd ed, Kluwer Law International, 1999, p. 478.

② 孙美兰:“《联合国国际货物销售合同公约》免责规定之研究”,载《法学》2004年第12期。

③ 实际上,货物有瑕疵时的减价也具有损害赔偿的因素,相当于赔偿因货物的瑕疵致使货物价值减少的部分。

④ 须注意,英美法中的合同受挫制度大体上对应于大陆法系的不可抗力与情事变更(本文称艰难情形)两项制度。法国民法中的不可抗力制度适用于履行不能的情况,但对应于传统的情事变更制度的不可预见制度(imprévision)在民事案件中很少见采。德国法中不可归责的履行不能包括了不可抗力引发不能的情况,交易基础丧失制度则对应于传统的情事变更制度。

⑤ Peter Schlechtriem, Internationales UN – Kaufrecht, 2. Aufl., Mohr Siebeck, 2003, S. 187.

⑥ Dionysios Flambouras, The Doctrines of Impossibility of Performance and Clausula Rebus Sic stantibus in the 1980 Convention on Contracts for the International Sale of Goods and the Principles of European Contract Law—A Comparative Analysis, *Pace International Law Review*, 2001, Fall.

第一，公约将 ULIS 的情事一词改为障碍，此点除有助于人们理解第 79 条第 1 款是否适用于瑕疵履行外，更为直接地表明了公约不欲规制艰难情形的立场。此外，在 1977 年审查公约草案条文期间，有人建议在免责的条文之后规定艰难情形，并提出了这样的提案："作为发生在缔约之后且不能为当事人所预见到的特殊事件的结果，如果履行合同义务会造成极度的困难或者有给当事人一方带来极大损失的危险，则受到影响的一方有权要求对合同作出相应的修改或者解除合同。"①为支持该提案，有关人员并称，对于买卖合同的双方当事人来说，一个最为困难的问题就是在缔约之际不能为双方所预见的情事变更的问题。这种变更会给一方当事人造成极度的困难，为解决这个问题，公约应设有条款以使当事人可以变更合同内容或解除合同，如此可以避免另外一方获得意外的好处。但这个建议并未被接受。② 这个事实也可表明，公约是要把情事变更排除在规定之外的。

第二，自法律后果来看，第 79 条第 1 款不应适用于艰难情形。依该条的规定，障碍所能导致的法律后果是免除损害赔偿责任。③ 这种处理措施不同于艰难情形的法理。比如，依《德国民法典》第 313 条的规定，在交易基础丧失时，基本的法律后果是合同内容的调整，只有在合同的调整不可能或者对一方来说是不能合理地期待之时，遭受不利的当事人方可解除合同。在《国际商事合同通则》中，艰难情形所引起的法律后果是：当事人重新谈判、法院决定终止合同或修改合同、法院指导当事人重新谈判或维持合同。④ 由此可见，发生艰难情形后，为免遭受不利的一方过度受损，通常当事人应重新谈判以调整合同内容。法院也不是以消灭合同为唯一要务，也要借修改合同内容的方式来维持一个交易。⑤ 这种复杂的处理措施旨在出现情事变更时于有约必守与契约正义两原则间找到均衡点。相形之下，第 79 条的处理措施不足以应对发生艰难情形时的错综局面。由此亦应反对将第 79 条第 1 款适用于艰难情形。

第三，1980 年在对规定免责事由的条文草案进行讨论时，挪威代表

---

① John Honnold eds., *Documentary History of the Uniform Law for International Sales*, Kluwer Law and Taxation Publishers, 1989, p. 350.

② Ibid.

③ 虽宣告合同无效、特定履行的救济措施仍保留，但特定履行显不适用于发生艰难情形的场合，而宣告合同无效仅是相对人的权利，遭受不利方并不享有该权利。至于重新磋商、变更合同则是公约所无。因此，公约就障碍所规定的免责与艰难情形的法理不同。

④ 参见《国际商事合同通则》第 6.2.3 条（艰难的效果）的条文及正式评论。

⑤ 如前文所提及的，在德国则是合同调整不可能或对一方来说不能合理地期待时，当事人才可解除或终止合同。

Rognlien建议在第3款后增加一句，以调整在障碍消失后情事发生剧烈变化以致受影响的一方负责显不合理的情形，并提出如此建议未被接受则应删除第3款中的only一词。其前一个建议因被认为有引入情形变更规则之虞被拒绝，但删除only一词的建议则被接受。① 有人认为删除only表明在障碍消失后如情事剧烈变动则受影响方可免于责任，从而第79条在一定程度上吸纳了艰难情形规则。但考虑到Rognlien的前一项建议遭拒，并且即使免除受不利方的损害赔偿责任，相对人仍可要求实际履行，仍不应承认第79条涵盖了艰难情形规则。②

总之，就障碍所造成的影响来说，瑕疵履行及艰难情形均应被排除在外。如此，则公约在免责事由上的立场近于法国法上的不可抗力规则，仅适用于履行不能的场合。

三、"障碍"所包含的客观情形

在明确了第79条第1款所称的障碍对履行所造成的影响后，当进一步探讨构成障碍的客观情形（事件），以使该款的含义更为清楚。在第79条第1款中，障碍有一定语"超出他的控制"（beyond his control），此点为判断哪些情形构成障碍的标准。至于何为"超出债务人的控制"，学者们多将其解为障碍的外部性，即障碍是外在于债务人的。比如，Magnus认为，超出债务人控制的障碍必须是一个外在的，而非内在的给付障碍。③ 当然外在性的标准仍有些模糊，须结合具体的情况来加以认识。在不考虑当事人通过合同所作的风险分配及习惯、惯例之时，可区分如下几类情况来分析：

1. 不构成障碍的情形

毫无疑问的当事人应负责任的情形可概括如下：

---

① John Honnold eds., *Documentary History of the Uniform Law for International Sales*, Kluwer Law and Taxation Publishers, 1989, p. 602. 当时讨论的第65条第3款为："The exemption provided by this article has effect only for the period during which the impediment exists."删除only后即为公约第79条第3款。

② 相似的观点，参见Barry Nicholas, Impracticality and Impossibility in the U. N. Convention on Contracts for the International Sale of Goods, Galston & Smit ed., *International Sales: The United Nations Convention on Contracts for the International Sale of Goods*, Mattew Bender, 1984.

③ Ulrich Magnus, J. Von Staudingers Kommentar zum bürgerlichen Gesetzbuch mit Einführungsgesetz und Nebengesetzen, Wiener UN – Kaufrecht (CISG), 1999, Sellier – de Gruyter. Berlin, S. 692.

(1)典型的个人责任范围内的事件。下述事件被视作典型的个人责任范围内的事件,故不构成障碍:债务人的企业有序地加以组织是其责任范围之内的事情,组织出现问题构不成障碍;[①]经济性的支付能力也属于债务人的风险范围,支付能力的欠缺也不构成障碍;就产品的设计和制造而言,也属于债务人的控制范围,因机器故障而出现产品瑕疵,亦不能被看做障碍。[②]

(2)雇员的行为。[③] 一般认为,雇员的活动与行为处于雇主的控制范围,雇主应承担此方面的风险,因此雇员的不当行为构不成障碍。哪怕雇主在雇员的选任和监督上已极其小心,也不得据以免责,甚至雇员违背其指示而行为也不得成为障碍。[④]

(3)置备风险。所谓置备风险是与种类物的买卖相联系的。就种类物的买卖来说,卖方承担了获得该货物的风险,倘某个市场上该类货物已经告罄,此种障碍是可以克服的,故不得构成障碍。只有因不可控制的事件致使在市场上该类货物全部灭失,此时方可认为债务人因障碍而履行不能。储存之债(Vorratsschuld)的情况则有所不同。在公约的框架之内,可将储存之债理解为当事人自己对第79条的适用范围所作的变更,亦即将所储存的某类物品的告罄解为履行不能,如此种告罄是由不能预见的外在客观事件所引起的话,应导致卖方免责。

2. 得构成障碍的情形

毫无疑问地构成障碍的情形有这样几类:自然事件,此类事件所指的是自然灾难,地震、洪灾、泥石流、海啸、风灾等均属于此类事件;重大社会事件,得视为重大社会事件者,如战争、骚乱等;政府行为,政府行为如造成合同不能履行,也属于障碍。在国际货物买卖中,政府行为构成障碍并不罕见,原因在于政府可能对国际贸易采取管制措施。比如,进出口管制、外汇管制等措施在某些情况下可以构成障碍,不履行方可借此免除损害赔偿责任。

3. 有争议的情形

对于下述两类情形能否构成障碍,学者间分歧较大,故单独予以分析。

---

① Ulrich Magnus, J. Von Staudingers Kommentar zum bürgerlichen Gesetzbuch mit Einführungsgesetz und Nebengesetzen, Wiener UN – Kaufrecht (CISG), 1999, Sellier – de Gruyter. Berlin, S. 692.

② Peter Schlechtriem eds., *Commentary on the UN Convention on the International Sale of Goods*, Clarendon Press, 1998, p. 613.

③ 罢工是否构成障碍下文另作论述。

④ Peter Schlechtriem eds., *Commentary on the UN Convention on the International Sale of Goods*, Clarendon Press, 1998, p. 614.

（1）罢工

罢工得否构成障碍，应依据“超出其控制”的标准来加以判断，具体又可以从以下两个方面来认定：一是罢工发生在债务人的企业内部还是外部，二是罢工的原因为何。在第一个方面，一般地，发生在债务人企业内部的罢工是其应承担的人事及经营风险。至于债务人与员工之间的争议何方具有正当性，以及罢工是否与分配给员工的任务有关，这是不重要的。[①] 如果罢工发生在债务人企业之外，则要进一步分析是否是（第79条第2款意义上的）第三人的员工进行了罢工，如果是，债务人仍有可能负责。如果与债务人及第三人的员工均无关系，则不妨害债务人主张免除责任。总罢工（general strike）的情况有所不同，须作不同的处理。所谓总罢工是指为了特定的政治或经济目的而组织起来的由多家企业、工厂的为数众多的工人所参加的罢工。如果债务人的员工也参加了总罢工，并导致了履行不能，是可以认定为障碍的。在第二个方面，有的罢工可能是债务人与其员工的争议所引起的，有的罢工则可能是债务人的员工因政府的某项决策而发起的。就前者而言，其风险应由债务人承担，就后者言，风险不应由债务人承担，因为债务人无力干预政府决策，由政府的行为所引起的罢工亦非债务人采取措施能够阻止的。因此结合罢工发生的场合及罢工的原因两个因素，应对罢工是否构成障碍作出不同的回答。

（2）第三人不履行

第79条第2款规定：“如果当事人不履行由他所雇用以履行合同全部或一部的第三人不履行引起的，该当事人只有在以下条件下才能免除责任：（a）他按照前款的规定应免除责任；并且（b）假如该款的规定适用于他所雇用的人，此人也免除责任。”ULIS中没有类似的条款，公约的这一款据称是对日益增多的转包合同（subcontract）的回应。[②] 但草案中的“转包人”（subcontractor）一词后来被删除，原因是在某些国家并无转包合同这样一个术语，而另外一些国家虽有这个术语，却是在特殊的含义上亦即建筑合同分包的意义上来使用该词的。因此，“转包人”一词为“由他雇用以履行合同的全部或一部的第三人”取代。[③]

为确定第三人不履行得否构成障碍，首先要明确哪些人是第2款意义上的

---

① Peter Schlechtriem eds., *Commentary on the UN Convention on the International Sale of Goods*, Clarendon Press, 1998, p. 619.

② 转包合同是指由某一合同的一方当事人与该合同以外的第三人所订立的，内容涉及发行该合同的全部或部分的合同。参见薛波主编：《元照英美法词典》，法律出版社2003年版，第1299页。

③ John Honnold, *Uniform Law for International Sales under the* 1980 *United Nations Convention*, 3rd ed, Kluwer Law International, 1999, p. 488.

第三人。在这方面,应依据两点来加以判断。首先是独立性,也就是说,第三人必须独立于债务人。据此,债务人的雇员被排除出第三人的范围,因为雇员不独立于债务人,处于债务人的典型控制范围之内。如因雇员违反指示的行为致使合同履行不能,债务人不能以此为由主张免责。其次,在债务人与第三人之间存在一个合同关系,此合同关系与主合同关系有机地联系在一起。① 根据这一要求,总供应商(general supplier)即被排除在第三人之外。原因在于,无论是供应货物还是原材料,总供应商是为了各种不同的目的向为数众多的顾客供应产品的,债务人与第三人之间的合同与主合同之间的有机联系是不存在的。另外,总供应商所提供的产品通常是可替代物,如其不能提供产品,债务人应从其他渠道获得替代产品以履行自己的合同义务。满足了独立性的两个合同之间有着有机联系两个要求后,其他因素对于第三人的认定是不重要的。比如,某人的使用是否是不得已而为对于第三人的认定就不重要。② 如果某人实际上处于某种垄断地位,以致履行合同不得不借助于他,其仍可被认定为第三人,在第 2 款中的条件具备之时,债务人可以得到免责。另外,某人的使用是否是债权人引起的也无关紧要。在某些时候,债权人主张债务人使用某人以履行全部或部分合同义务,仅此点尚不足以否定该人成为第三人。不过,经过合同解释,如果可以确定债权人建议使用某人表明其承担了因该人的行为致债务人不能履行合同的风险,则第 2 款的适用可排除。③

确定第三人的范围后,随后的问题是债务人何时能够主张第三人不履行构成障碍从而免责。在此点上,第 2 款的要求相当严格。具体来说,如下的两个条件都应得到满足:首先,第三人不履行是由障碍所导致的,此种障碍超出了第三人的控制范围,且不能预见、不能避免、不能克服,第三人可以免除其对债务人的责任;其次,第三人由障碍引起的不履行超出了债务人的控制范围,且不能预见、不能避免、不能克服,此时债务人方可得以免责。换言之,只有第三人的不履行是由第 1 款意义上的障碍所引起的之时,第三人的不履行对债务人才能构成障碍。

总之,虽然如 Tallon 所言,不可能列举出构成第 79 条第 1 款称为障碍的所

① C. M. Bianca & M. J. Bonell ed. , *Commentary on the International Sales Law*, Giuffrè. Milan. , 1987, p. 585.

② Peter Schlechtriem eds. , *Commentary on the UN Convention on the International Sale of Goods*, Clarendon Press, 1998, p. 616.

③ Ibid.

有事件，[①]但以超出当事人控制这一客观标准为据，并结合既有的类型化成果，还是能够对哪些事件构成障碍作出相当肯定的回答。

四、"障碍"的特征

某个事件即便在客观意义上构成障碍，倘不具备第79条第1款规定的不能预见、不能避免并不能克服三个特征，亦不能使债务人免责。由此足见这些特征的重要性。

1. 不能预见性

第1款规定，障碍应当是在缔约之时不能合理地期待债务人加以考虑的。此即障碍的不能预见性特征。这一要求在许多国家的不可抗力或情事变更规则中都可以找到，其隐含的思想是，如果障碍在缔约之际可以预见，在另无约定时，该障碍实际发生的风险由不履行方承担。[②] 以可否预见作为风险分配的标准似乎没有深刻的说服力。有时，债务人预见到某种障碍是可能发生的，且不愿意承担该风险，只不过因为在与相对人的博弈中处于劣势地位或因其他原因而未说服或未能说服对方来承担罢了。虽无根本的正当性，但由于现在并无在法理上更为合理、操作起来更为方便的风险分配理论，[③]不可预见性要求仍广为接受。

不能预见的判断时点为缔约之时，但认定某一事件在缔约的时点上究竟可否预见并非易举。就像有的学者所说，在抽象的意义上来说，几乎没有什么状态或事件是不能预见的。[④] 或者更确切地说，在现代商业环境中，几乎所有对履行的潜在障碍，如战争、火灾、禁运和恐怖活动（更不要说火车晚点、货物瑕疵）等

---

① C. M. Bianca & M. J. Bonell ed., *Commentary on the International Sales Law*, Giuffrè. Milan., 1987, p. 585.

② Dionysios Flambouras, The Doctrines of Impossibility of Performance and Clausula Rebus Sic Stantibus in the 1980 Convention on Contracts for the International Sale of Goods and the Principles of European Contract law—a Comparative Analysis, *Pace International Law Review*, 2001, Fall.

③ 比如，在英美学界，为在合同受挫制度上提供风险分配的理论基础，就有传统的默示条款说、公正解决说、合同基础说、合同解释说、对价丧失说，以及晚近的由波斯纳、罗森菲尔德提出来的优越风险承担人说等多种学说，但似乎并没有哪一个能够得到完全的认同[这些学说的要旨，中文资料可参考孙美兰：《情事变动与契约理论》，法律出版社2004年版，第21～30页；英文资料可参考Guenther Treitel, *Frustration and Force Majeure*(2nd ed.), Sweet & Maxwell, 2004, pp. 643－648]。

④ Peter Schlechtriem eds., *Commentary on the UN Convention on the International Sale of Goods*, Clarendon Press, 1998, p. 611.

的可预见性程度都在提高。[①] 尽管有如此的难度，在实际操作中，还是要从预见能力、障碍发生的现实性等方面予以衡量，以为债务人获得免责提供可能。就预见的心态与能力而言，要采取客观标准，亦即处于债务人地位的理性之人，或者说善良家父的标准。在心态上，理性之人介于认为各种灾难都会发生的根深蒂固的悲观主义者与认为将不会出现任何不幸事件的坚定不移的乐观主义者的中间。[②] 在能力上，理性之人则具有对某类障碍的足够知识和经验。就障碍发生的现实性来说，则须结合具体的缔约场景与将来的履约场景来加以确认。这样的方法可给不可预见性的认定以有力的支撑。

2. 不能避免性与不能克服性

障碍的不可预见性特征只是意味着，如果障碍在缔约时是可以预见的，倘无另外的约定，该障碍发生的风险即由债务人承担，不过并不能得出相反的结论，即如果障碍在缔约时不能预见，债务人就当然地得到免责。在缔约之后，债务人不能袖手旁观，而是要采取合理的措施避免或排除困难来履行自己的义务，如未采取合理的措施，仍应负损害赔偿之责。第 1 款所规定的障碍的另外两个特征，即不能避免性与不能克服性就揭明了主旨。这两个特征表明立法者对债务人提出了较高的要求，毕竟采取合理的措施会付出经济或其他方面的代价。

在理解不能避免与不能克服这两个特征时，首先应注意，避免与克服的对象均系障碍及其后果，[③]而不能预见所针对的则只是障碍。将障碍及其后果作为避免与克服的对象是 1977 年维也纳草案确定下来的，在此前的草案中，避免与克服的对象并未提及障碍的后果。[④] 在 ULIS 第 74 条，避免与克服的对象也只是情事而未列出情事的后果。避免或克服障碍本身与避免或克服障碍的后果在难度上可能有很大的差异，所引起的花费也会有相当的出入。因此，将障碍的后果纳入避免与克服的对象，就立法技术言是值得肯定的精细化的

---

① Herbert Bernstein and Joseph Look of sky, Understanding the CISG in Europe, 2nd ed., Kluwer Law International, 2003, p. 151.

② C. M. Bianca & M. J. Bonell ed., *Commentary on the International Sales Law*, Giuffrè. Milan., 1987, pp. 580 – 581.

③ Dionysios P. Flambouras 的理解是不能避免障碍也不能克服障碍的后果。这应当说是一种误解（Dionysios Flambouras, The Doctrines of Impossibility of Performance and Clausula Rebus Sic Stantibus in the 1980 Convention on Contracts for the International Sale of Goods and the Principles of European Contract Law—A Comparative Analysis, *Pace International Law Review*, 2001, Fall）。

④ John Honnold eds., *Documentary History of the Uniform Law for International Sales*, Kluwer Law and Taxation Publishers, 1989, pp. 349 – 350.

做法。后来的《国际商事合同通则》与《欧洲合同法原则》从之，将障碍的后果明确作为避免或克服的对象。

不能避免与不能克服之间的区别在于：前者指的是经采取一切合理措施仍不能避免障碍或其后果的发生；后者指的是在障碍或其后果实际发生后，经采取一切合理措施仍不足以应对该障碍或其后果，以排除它们对履行的负面影响。在障碍的不可避免性上，可能引发这样的疑问，即障碍已经有不能预见的要求，既然不能预见，何以能够防止其发生。实际上，不能预见与不能避免的判断时间是不同的。不能预见的判断时点是缔约之时，不能避免则是指在缔约时某一障碍虽是不可预见的，但在缔约之后、履行之前这段时间内如果有足够的证据表明将会发生障碍，债务人就应采取合理的措施来防止它。

为明了避免与克服的对象包括了障碍及其后果，以及避免与克服之间的区别，兹举一例加以说明。设某工厂的附近有一片树林，某日因雷击林中的一棵树被引燃。倘厂方发现后扑灭该树上的火苗，使得树林没有整个烧起来，可谓避免了火灾这一障碍。倘厂方并未发现一棵树上起火而未及时予以处理，而是在发现树林燃起大火后动用人力、物力扑灭之，可谓克服了火灾这一障碍。如果厂方无力去灭火，只是就便在厂房与树林间清理出隔离带，从而厂房、设备未被殃及，能够继续生产以履行合同，可谓避免了障碍的后果。如果火烧到了厂区，致厂房、设备受损，但厂方如果经采取投入新设备等措施生产出即将发货的产品，则可谓克服了障碍的后果。由此可以看出，此例中各类措施实施起来的难度和所耗成本有较大区别。只要能够达到不影响履行的效果，具体采取何种措施，债务人当有斟酌的余地。反之，如采取各种合理的措施终究仍是不能履行，债务人就可以免除责任了。

在对不能预见性等三个特征进行分析之后，有必要对我国《合同法》这方面的规定及相关见解予以辨明，这也是公约研究的比较法意义之所在。《合同法》第117条第2款规定，"本法所称不可抗力，是指不能预见、不能避免并不能克服的客观情况"。在此，仅指出三点。首先，公约中不能预见、不能避免、不能克服之间是用 or 来连接的，《合同法》的表述方式则是"不能预见、不能避免并不能克服"。此一差异容易使人认为，公约中的不能预见、不能避免与不能克服之间是选择关系，《合同法》中的这三者则是并列关系。其实，公约与《合同法》的要求是一样的。秘书处对1978年草案第65条（对应于公约第79条）的评论7说明了此点。[①] 其次,针对第117条第2款,有学者认为,不能预见是不可抗力的主观要件,不能避免及不能克服则为客观要件。这种解读不甚妥适。如前所述,不能预见性是虽难说很合理但眼下尚不可取代的风险分配标准。不能避免与不能克服则是对不能预见的障碍,向债务人提出的更高的要求。因此将该三个特征分别以主观要件、客观要件名之,并没有揭示它们所蕴藏的内涵。最后,在《合同法》中,如同不能预见、不能避免与不能克服的对象亦是"客观情况",而未像公约那样将后两者的对象界定为障碍(事件)及其后果。倘将客观情况解为客观事件,则《合同法》关于不能避免、不能克服的对象的规定就有失狭隘。倘将客观情况解为包括客观事件及其后果在内,虽就不能避免与不能克服的对象来说没有什么问题,但作为不可抗力的还是应界定为客观事件为妥,因此亦有不融洽之感。就此来说,《合同法》第117条第2款的规定尚有不及公约之处。

五、小　　结

在公约第79条的理解上存有较大歧异,这表明了对其加以研究的必要性,关键之所在则是围绕着障碍而展开的该条第1款。"障碍"一词的采用揭示了限制免责适用范围的考虑。至于障碍对履行所造成的影响,应把瑕疵履行与艰难情形排除在外,而限于履行不能。得构成障碍的情形,难作穷尽式的列举,在适用时,应以超出债务人的控制为依据,结合既有的类型化成果来加以判定。不能预见性、不能避免性与不能克服性三个特征,表明了立法者在风险分配上的认识,以及对债务人所提出的采取合理措施以履行义务的要求。明确上述诸点后,第79条的适用就有了较清晰的标准。

(2006年第8期)

① John Honnold eds., *Documentary History of the Uniform Law for International Sales*, Kluwer Law and Taxation Publishers, 1989, p. 445.

国际法追究个人刑事责任与管辖豁免问题

朱文奇*

这里所说的管辖豁免，是指司法管辖豁免；追究个人刑事责任，是指通过起诉和审理来惩治犯有国际罪行的个人；管辖豁免则是指某些人因为特权而免受他国的司法管辖。

管辖豁免是国际法一项非常古老的原则。外国国家元首、国家代表及其该国位于外国境内的财产豁免于当地法律的原则，也许是整个国际法中最为古老的部分。管辖豁免的理论根据是"主权平等"原则。管辖权是一个国家主权的重要组成部分。国家主权是平等的，"平等者之间无管辖权"（*Par in parem non habet jurisdictionem*）。因此，一个国家的主权不能凌驾于另一个国家之上，从而排除一个国家从属于另一个的可能性，也排除了国家间相互管辖或支配的可能性。

然而，国际刑法的发展，使原来传统国际法上管辖豁免问题在理论或实践方面都需要在新形势下重新审议。

国际刑法上追究个人刑事责任与国际法有直接的内在的联系。国家责任的理论与实践是传统国际法重要部分之一。根据国家责任原则，个人作为国家机关或政府的代理人，如果犯有国际不法行为，就会产生国际法上的国家责任。相对由于国家代理人而使国家承担国际法上"国家责任"之说，现代国际法上开始强调追究"个人刑事责任"。也就是说，任何个人（自然人）犯有国际罪行，就必须为此承担个人刑事责任。

刑事法律的作用，简单地说，就是通过惩治来预防和打击国际犯罪，以维护世界正常的和平秩序。国际刑法中的人权保障机制，就是通过设立对犯有国际不法行为的人予以起诉和惩治的机制，来达到保障整个国际社会基本人权不受伤害的目的。所以，国际刑法的发展势必对传统国际法上豁免原则会产生影响和冲击。

* 作者单位：中国人民大学国际法学院。

一、追究个人刑事责任对管辖豁免概念的影响

从理论上讲,国家官员之所以享有豁免权,是因为这些官员的官方地位和对外交往的需要。只要他们拥有某些官职,就会享有此种身份豁免权(personal immunity)。传统国际法上,这些官员首先是国家元首,政府首脑和外交部长,[①]同时也包括外交官和其他在国外执行国家特殊使命的官员。[②]

从逻辑上讲,这些在国际交往中担负主要职责的国家官员享有这些豁免权,是国际关系和国际合作的平稳发展的需要,是国家相互之间进行有效交往与沟通的需要。因此,这种豁免权的存在对于保持国家间的合作与和平共处是十分必要的。正如国际法院在 1980 年美国诉伊朗的"绑架案"判决中所声明的那样:"维也纳公约 1961 年《外交关系公约》和 1963 年《领事关系公约》,编纂了外交关系与领事关系的法律,明确了维护国家之间和平关系的主要原则,并被世界各国所接受,而不管这些国家在宗教、文化以及政治立场方面有如何的不同。"[③]所以从传统国际法的角度讲,由于国家主权平等原则的结果,国家及其代表在国际上就自然享有免受其他国家司法管辖豁免的权利,目的是确保国家不会受到他国不正当的干涉。

然而,随着国际人权法和国际人道法的发展,现在又产生了一些较新的国际法原则。它们以人道价值为基础,并把某些严重侵犯国际社会利益的行为界定为国际法罪行,并要求对那些犯了国际罪行的个人追究刑事责任。

在第二次世界大战以后,国际社会为了惩治德国和日本法西斯而成立了纽伦堡国际军事法庭和远东国际军事法庭,以清算他们在战争中的暴行。通过对这些罪大恶极的战犯的审判,国际法上开始出现"官方身份无关性"(irrelevance of official position)的原则,即不管担任国家或政府怎样的官职,只要犯有国际法上的罪行,就都要被惩处。例如,《纽伦堡宪章》第 7 条就明确规定:"被告之官职上地位,无论系国家之元首或政府各部之负责官吏,均不得为免除责任或减轻刑罚之理由。"

联合国大会在 1946 年 12 月 11 日的 95(1)号决议中肯定了国家元首犯有国

---

① Judgment of Case concerning Arrest Warrant,(Congo v. Belgium),ICJ,2002,para. 47.

② 参见 1961 年《维也纳外交关系公约》第 29 条、31 条;1969 年《联合国特别使团公约》。

③ Bruce Broomhall, *International Justice and the International Criminal Court: Between Sovereignty and the rule of law*, Oxford University Press Inc. ,2003 p. 12.

际罪行不能适用豁免权。后来联合国国际法委员会在1950年也确认了由《纽伦堡法庭宪章》和法庭审判所确立的国际法原则：犯有国际法下严重罪行的人在犯罪行为发生时其作为国家元首或负责的政府官员的事实不能免除其在国际法下的刑事责任。这个国际法豁免权的例外可能扩大到国际和国内的刑事管辖范围中，这样，犯罪官员非国籍所属国就可以依赖这个例外并运用普遍管辖的原则在本国国内法院起诉这些人。①

联合国国际法委员会在编纂1954年《惩治危害人类和平与安全治罪法草案》坚持了"与官职地位无关"原则，不仅适用一般的官员也包括国家元首。在1996年的《治罪法草案》中国际法委员会同样坚持了这个原则。另外，根据1948年《防止及惩治灭绝种族罪公约》第4条、1973年《种族隔离法案》第3条和1984年《酷刑公约》第2条与第12条的规定，国家元首和其他官员如果犯有这些国际条约的规定，也都不能享有不被刑事起诉的豁免权。因此，对于他们的这些行为，不论国内还是国际司法机构也都可以予以起诉。

国际法以上这些关于追究个人刑事责任的规定和规则表明，不管是什么人，也不管是从法律意义上讲(de jure)，还是从事实上(de facto)讲，即使因为代表国家利益犯有国际罪行，那也不能享有司法豁免权，也要被追究其个人在国际刑法上的刑事责任。

二、关于不予豁免的国际实践

对国家和政府官员所犯国际罪行不予豁免，在国际法上是一个过程。它随着国际刑法的发展以及国际社会要惩治国际犯罪行为呼声的提高、为了防止出现导致犯罪人逃脱惩罚的情况才开始强调对所有的人都要追究个人刑事责任，②并开始对怀疑犯有国际罪行的国家领导人予以追究刑事责任的实践。

在传统国际法上，没有关于对国家要加以刑事制裁的规则。事实上，国家是个抽象的概念，不可能将国家作为一个集体来实施刑事方面的制裁。另外，传统国际法对那些被怀疑实施国际罪行的国家领导人或其他负责人，也没有要追究其个人刑事责任的规定。究其原因，是因为他们的行为一般认为是代表国家的

① M. Cherif Bassiouni, *An Introduction of The International Criminal* Law, Transnational Publishers, 2003 p. 75.

② International Law Association: Final Report on the Exercise of Universal Jurisdiction in Respect of Gross Human Rights Offences, Committee on International Human Rights Law and Practice, London Conference, 2000, p. 2.

行为,个人不应负刑事责任①。传统的国际法文件,如1917年《海牙关于陆战规例公约》第3条规定,交战国(也就是国家)对于它的军队所属个人的一切行为负责任。换句话说,在传统国际法上个人对国家行为是不需承担个人刑事责任。

然而,20世纪第二次世界大战以后所发生的关于国际刑法的有关实践则清楚地表明:关于国际法上的国家刑事责任和实践起了变化。国家官员以官方身份为的行为不由本人负责而是仅由国家负责的这条普遍规则不再适用导致国际犯罪的行为,行为时具有的官方身份不能成为免除他(或她)应对其犯下的国际罪行负个人刑事责任的抗辩理由。这是第二次世界大战后纽伦堡国际军事法庭与远东国际军事法庭审判确定的原则。以后,在国际刑事法庭以及内国的一些案例里,例如在皮诺切特一案中,英国最高法院(House of Lords)也都坚持与纽伦堡、远东国际审判相同的立场和观点。② 由此,国际刑法对传统国际法上的管辖豁免原则形成了很大的冲击和影响。

1. 1919年《凡尔赛条约》

第一次世界大战1918年刚结束时,在国际法上出现一种比较新的观念:国家的一些行为,特别是与侵略战争有关的行为也可以构成刑事责任。理论上讲,虽然不可能对犯有国际罪行的那个集体实施刑事制裁,但对于具体犯有国际罪行的国家领导人以及其他负责人,仍是可以而且应该加以制裁。因为从某种意义上讲,国家的国际不法行为,实质上也就是对这种行为实际负责的个人的国际犯罪行为。因此,应该要有刑事制裁。

纵览国际刑法的发展历史,第一次要起诉和审判政府高级负责人的尝试正是发生在第一次世界大战刚刚结束时。那次世界大战的空前规模以及它给人们所造成的史无前例的痛苦和牺牲,使整个国际社会对于大战的发动者德皇和德政府领导人怀有深深的仇恨,认为必须对他们予以严厉惩罚。

于是,第一次世界大战后签署的1919年《凡尔赛条约》明确规定:同盟国及协约国将组织特别法庭审讯德国皇帝威廉二世,并治之以“破坏国际道德和条约尊严的最大罪状”(第227条)。然而,由于威廉二世在战争时期就已逃到荷

---

① 中国受害者就日本在侵华期间因为日军使用细菌化学武器所受到伤害,曾多次在日本法庭要求追究其责任,并予以赔偿,但所有这些申诉基本都被驳回。其驳回的主要理由之一就是日本法律中“国家无答责”,认为国家的行为(日本军队所为)不需为此承担任何责任。

② 英国最高法院的多数法官认为:智利前军政府领导人奥古斯托·皮诺切特被指控的罪名是“酷刑罪”(torture),它不属于官方行为(official act),或者说不属于国家领导人的职责范围。See John R. W. D. Jones, Immunity and “Double criminality”: General Augusto Pinochet before the House of Lords, *International Law in the Post – Cold War World: Essays in Memory of Li Haopei*, Edited by Sienho Yee and Wang Tieya, Routledge, 2001, p. 261.

兰，当协约国及其联系国向荷兰政府提出引渡战犯前德国皇帝威廉二世的请求时，荷兰却以违反本国《宪法》与历史传统为由拒绝引渡。这里，《宪法》当然是指荷兰的《宪法》；“历史传统”，则是指国际法上关于国家元首享有司法豁免权的习惯和原则。所以，荷兰拒绝引渡使协约国要对德国皇帝威廉二世的审判没有成功。

虽然威廉二世由于荷兰的庇护没有受到任何法律制裁，但1919年《凡尔赛条约》的订立则清楚地表明，国际社会惩办侵略战争的发动者和国际不法行为的负责人的努力，已经开始了初步的尝试。

2. 纽伦堡和东京国际审判

第二次世界大战是以轴心国的失败而告终的。对于第二次世界大战期间德国纳粹和日本法西斯犯下的种种令人发指的残暴罪行，战胜的同盟国在德日投降后，就先后在德国纽伦堡和日本东京设立了两个国际军事法庭。这两个国际刑事法庭在机构的组织上略有不同，但它们的任务和目的却是一样的：把轴心国对侵略和其他国际不法行为负责任的领导人当做首要的战争罪犯加以起诉和审判。①

针对与身份有关的豁免权的适用问题，建立纽伦堡国际军事法庭的法律文件《欧洲国际军事法庭宪章》就明确规定，被告的官职地位不得成为其免除责任或减轻刑罚之理由，从而明确消除了国家元首及政府首脑享有的不被刑事起诉的豁免特权。被纽伦堡审判的有22名甲级战犯，他们都是纳粹德国最重要的领导人（如果希特勒不自杀也一定会被列为受审者之列），其中被判处绞刑的有12人、判处无期徒刑的3人、判处有期徒刑的4人、无罪释放的3人。②

《远东国际军事法庭宪章》第6条是关于“被告之责任”的规定，虽然它由于政治上的原因避开明确“国家元首”的提法，但在该条款中还是明确规定：“被告在任何时期所曾任之官职，以及……均不足以免除其被控所犯罪行之责任。如法庭认为符合公正审判之需要时，此种情况于刑罚之减轻上得加以考虑。”③所以，远东国际军事法庭出于政治考虑没有起诉日本天皇，但还是起诉并审判了前日本政府其他军政首脑和内阁官员共28人，这些人都被证明有罪并得到判决，

① 《欧洲国际军事法庭宪章》第1条；《远东国际军事法庭宪章》第1条。

② 参见纽伦堡审判宣判书，转引自［德］施泰尼格尔·P. A著：《纽伦堡审判：选自国际军事法庭对首要战犯审判的文献和资料》（上卷），王昭仁、宋钟璜、关山、肖辉英译，商务印书馆1985年版，第325页。

③ 王铁崖等编：《战争法文献集》，解放军出版社1986年版，第190页、199页。

其中判处绞刑的有7人、判处无期徒刑的16人、判处有期徒刑的2人。①

以后,对德国实施占领的同盟国在其制定的"同盟国管制委员会第10号法案"中,对追究个人刑事责任的问题又作了进一步的明确规定。该法案的第2条第4款第1项与《欧洲国际军事法庭宪章》第7条的规定只是措辞略有不同,实质完全相同。1950年国际法委员会通过的《纽伦堡原则》第3条中去掉了"减轻刑罚",它规定:"被告人以国家元首或者政府负责官员的身份实施了国际法上罪行的事实,不能免除其根据国际法应当承担的责任。"

纽伦堡国际军事法庭和远东国际军事法庭对国家和军队领导人如此规模浩大的审判和极其严厉的惩罚,是以前国际法与国际关系的历史上从未有过的。通过这两个国际刑事司法机构的审判,在国际法上确立了"个人刑事责任原则"以及"个人官职地位不能成为其开脱罪责之理由"的原则。

3. 前南斯拉夫和卢旺达国际刑事法庭

在第二次世界大战以后,由于国际政治,或者说是由于东西方对立的实际状况,国际法上极具制裁力的国际刑法在很长一段时间内没有什么发展,也一直没有对被怀疑犯有国际罪行的领导人进行过实际的刑事审判。然而,这个状态随着20世纪80年代末、90年代初"冷战"结束和新的国际刑事法庭的设立而被打破。

在1993年和1994年,根据联合国安理会决议分别建立了前南斯拉夫国际刑事法庭和卢旺达国际刑事法庭。这是联合国在1945年成立以后第一次用设立国际司法机构的形式,以求达到恢复并维持世界和平与安全的目的。由于人员资源受到限制的原因,这两个国际刑事法庭自然而然地把起诉对象的重点,放在国家元首和政府高级官员方面。②

《前南斯拉夫国际刑事法庭规约》第7条第2款和《卢旺达国际刑事法庭规约》第6条第2款分别规定了国家元首豁免权的不适用性。这两个法庭分别起诉了前任国家元首:前南斯拉夫联盟总统米洛舍维奇(Melosevic)和卢旺达总理冈比达(Kambanda)。前总理冈比达因犯有种族灭绝罪、反人道罪和战争罪被起诉,尽管他在法庭主动认罪,但因罪行严重,仍被卢旺达国际刑事法庭判处无期徒刑。③ 米洛舍维奇总统于2006年3月11日在法庭拘留所(detention unit)去世。根据刑法"无罪推定"(presumption of innocence)的基本原则,米洛舍维奇总统一案在去世时还没审理完毕,所以,不管历史学者根据史料作如何评论,从法

---

① 王铁崖等编:《战争法文献集》,解放军出版社1986年版,第190页、199页。

② M. Cherif Bassiouni, *An Introduction of The International Criminal Law*, Transnational Publishers, 2003, p. 707.

③ The Prosecutor v. Kambanda, available at http://www.un.org.ictr.

律上讲,米洛舍维奇总统就是一个无辜和清白之人。尽管如此,米洛舍维奇于1999年5月就任南斯拉夫联盟总统时被国际刑事法庭起诉,从而成为历史上第一个被起诉的在位的国家元首。这件事本身清楚地说明了国际法追究个人刑事责任对管辖豁免原则的影响和冲击。

前南国际刑事法庭在其刚成立的时候,曾担心因没有被告而不能成功地履行国际社会所委托的惩治国际犯罪行为的任务,因而在调查和收集一定证据的基础上,尽可能多地颁布了起诉书。但出人意料的是,由于西方国家及北约军事组织的合作与配合,很快就有不少被国际刑事法庭起诉的被告被抓获并移送到法庭来。在这一背景情况下,根据国际刑事法庭资源有限的条件,加拿大籍的检察长路易丝·阿赫布(Louise Arbour)就重新调整起诉政策,果断地撤销了前检察长对一些人的起诉,从而把力量集中放在那些对严重违反国际人道法犯罪负责任的政治家和军队的高级将领的起诉方面。这则个典型事例反映出国际刑事司法机构对根据传统国际法本应享有豁免权的人的起诉态度和立场,也表明国际刑法实践对国际法豁免原则可能产生的影响和冲击。

4.“皮诺切特”案

通过本国国内法来追究个人刑事责任的最为典型的案例,是1998年至1999年间基于国际法被动“属人管辖”原则理论的“皮诺切特”案。这也是近年来对传统国际法豁免理论影响较大的一个案例。

皮诺切特(Augusto Pinochet)原是智利总统。1973年9月,皮诺切特在外国势力支持下发动了军事政变,杀害了当时智利总统萨尔瓦多·阿连德(Salvador Allende),于1974年12月自任总统。皮诺切特统治智利长达17年,一直到1990年3月。即便下台后,他根据智利1980年宪法规定,仍继续担任陆军总司令,直到1998年3月。那时他才彻底交出军权,成为一个终身参议员,法律上享有完全的刑事豁免特权。

在皮诺切特统治间,智利有许多人被杀害或失踪。由于这中间有不少受害人是西班牙人,所以西班牙多年来一直在调查皮诺切特担任智利总统期间所犯下的罪行,并试图就这些罪行对他进行起诉。

1998年10月,西班牙趁皮诺切特来英国治病时以皮诺切特犯有国际罪行为由,要求英国拘留皮诺切特并提出引渡请求。① 于是,英国司法部门在西班牙

---

① 西班牙在引渡请求中对皮诺切特的指控有32项,主要涉及酷刑、绑架、谋杀等罪行。参见Opinions of the Lords of Appeal for Judgment in the Cause, Regina v. Bartle and the Commissioner of Police for the Metropolis and Others(Appellants) and *Ex Parte* Pinochet(Respondent), 24 March 1999。

的请求下将皮诺切特拘捕,皮诺切特的律师则自然地以传统国际法豁免理论为基础,提出国家元首应享有豁免权,英国没有权利拘留皮诺切特,更没有权利将他引渡给西班牙。

在皮诺切特于英国拘捕以前,欧洲有些国家法院已经基于普遍管辖权对那些被指控在前南斯拉夫和卢旺达犯有严重罪行的人进行了审理。① 从那以后类似案件接连不断,最后终于因为比利时国内法庭对卢旺达国内武装冲突中的四个犯罪嫌疑人在卢旺达所犯的战争罪行的审判,使"普遍管辖权"从理论转为实践,从而使传统国际法的豁免原则发生了变化。

对皮诺切特进行起诉和审判,首先是由西班牙国内法庭作出的决定。根据西班牙的"国家听证"(Audiencia's National)裁决,"西班牙可以就在智利发生的严重罪行进行调查,国内法庭可以就此对那些在西班牙领土之外的非西班牙国民行使普遍管辖权" ②,这一决定为西班牙在 1998 年提出将皮诺切特引渡到西班牙的正式请求提供了基础。

从该案的案由来看,西班牙是以保护管辖原则为根据向英国提出引渡请求,英国只是根据本国《1978 年国家豁免法》来审查它是否符合向西班牙引渡的条件。然而,由于这种审查本身涉及皮诺切特作为一个前国家元首所享有的国际法豁免权能否阻止对其刑事责任的追究,因此,该案也就成了涉及国际法上管辖豁免原则的一个重要问题。

皮诺切特一案经过英国上议院上诉法庭的审理,最后是以六比一的投票结果在 1999 年 3 月 24 日通过裁定,决定将皮诺切特引渡到西班牙。然而,从国际法的角度来看,重要的还不仅仅是结果,主要是在于为什么同意或者反对引渡的理由。

在案审中,布朗尼·威金森(Browne Wilkinson)议员认为,国家豁免的适用是有限制的,它只限于国家元首等人在位期间代表国家实施的职能性行为,而实施《酷刑公约》规定的酷刑罪行则不属于执行一个国家元首功能的范畴。另外,他还认为,酷刑罪行与国际法相违背。这种酷刑即便是发生在智利,其他国家也

---

① International Law Association, Final Report on the Exercise of universal Jurisdiction in Respect of Gross Human Rights Offences, Committee on International Human Rights Law and Practice, London Conference, 2000,附件中回顾了在皮诺切特案之前在奥地利、丹麦、法国、德国以及荷兰的各种援引普遍管辖权的案件。

② Mary Griffin, Ending the Impunity of Perptrators of Human Rights Atrocities: A magor Challenge for Internaitonal Law in the 21 st Century, *International Review of the Red Cross*, No. 838, June 2000, p. 382.

有权管辖这种官方的酷刑罪行。[1]

克雷格德(Craighead)议员认为,国际法豁免理论原则是为了在一个国家元首行使其政府职能时对他进行保护。但它有两个例外,一是该国家元首以行使政府职权为幌子而实施其个人利益行为;二是实施国际强行法禁止的行为,因为强行法要求所有国家在任何情况下都不能实施这类行为,并要求所有国家对这些行为予以惩罚。所以,在皮诺切特被指控的犯罪中,酷刑罪属于国际法上可引渡的罪行。[2]

切维利(Chieveley)议员则持有不同意见。他认为,仅仅是行为构成犯罪这个事实,并不能排除国家豁免的适用。一个国家元首的职能是政府性的,而不是私人行为;如果一个国家元首实施了一个非私人行为,并且构成犯罪,但这仍然不失去其政府行为的性质。对于严重的犯罪,例如谋杀或者酷刑,或者对于较轻的犯罪,都是如此。因此,奇维利议员认为应当驳回西班牙的引渡请求。

尽管英国上议院上诉法庭裁定,要将皮诺切特引渡到西班牙。但 2000 年 3 月,英国则以皮诺切特的健康状况不适宜接受审判为由,仍拒绝了西班牙的引渡请求。但在皮诺切特回国以后,智利圣地亚哥上诉法院于 2000 年 6 月 5 日取消皮诺切特终身议员的司法豁免特权。2005 年 1 月 4 日,智利最高法院以 3 票对 2 票的表决结果维持该裁定。[3]所以,英国的司法程序对智利也产生了一定的影响,英国的裁决使皮诺切特作为议员而享有的豁免特权被取消,也使智利的国内司法程序也能适用于皮诺切特。

在皮诺切特案一案审理时,英国还认为,1984 年《反酷刑公约》的所有缔约国都有义务[4]对国际罪行采取必要措施,其中包括对正在其国家领土范围内的罪犯行使管辖权,或者将其起诉,或者将其引渡。它们也强调,一个国家的前元首犯有酷刑罪或者是犯有此罪的同谋不能要求享有豁免特权而免于引渡或被起诉。

---

① Opinions of the Lords of Appeal for Judgment in the Cause, Regina v. Bartle and the Commissioner of Police for the Metropolis and Others(Appellants) and *Ex Parte* Pinochet(Respondent), 24 March 1999.

② Ibid.

③ 参见《人民法院报》2005 年 1 月 7 日。

④ 《反酷刑公约》第 4 条、5 条和 7 条。

三、国际法院坚持传统管辖豁免原则的意见

关于国际刑法上被怀疑犯有国际罪行的人原来所享有的外交豁免权归于无效的规定的理论和实践，在联合国的主要机构之一，也是国际法最权威的机构——国际法院遇到了很大的挑战，国际法院在“逮捕令”的诉讼案中管辖豁免问题上的裁决，与其他国际刑事法庭的也截然不同。

2002年，国际法院受理了对刚果诉比利时关于“逮捕令”的诉讼案。在该案中，刚果反对比利时法院对被指控犯下严重违反国际人道法的时任刚果外交部部长阿普杜拉耶·耶罗迪亚·努道姆巴西(Abdulaye Yerodia Ndombasi)发放国际逮捕令，认为外交部部长在国际外交法上享有不受起诉的豁免权。

案由与比利时关于惩治战争罪行的国内立法和发生在卢旺达的大屠杀有关。比利时于1993年已制定了关于惩处严重违反1949年日内瓦公约法[①]，里面明确规定：“比利时法院对于本法规定的罪行有管辖权，无论该行为发生于何处。”以及“因官方身份而享有的豁免权不妨碍本法的适用。”所以，比利时国内法院对种族灭绝罪、战争罪以及反人道罪行都可以行使管辖权，即使犯罪嫌疑人当时并不在比利时的领土范围之内。

在1994年4月至7月，卢旺达国内爆发了种族大屠杀，它是占卢旺达人口多数的胡图族(Hutu)对图西族(Tutsi)的屠杀。该屠杀引起大量的图西族人涌入邻国的刚果，并在刚果形成严重的难民问题。1998年8月，刚果境内又发生了刚果政府与图西族人之间的暴力冲突。当时，努道姆巴西任刚果总统私人秘书，他多次在公开场所煽动对图西族人的种族仇恨。所以，2000年4月，比利时布鲁塞尔法院的冯德迈斯(Vandermeersch)法官对已经担任刚果外交部长的耶罗迪亚发出了国际逮捕令(an international arrest warrant)。但刚果民主共和国认为它违反国际法外交豁免原则，所以向国际法院提起诉讼，要求国际法院撤销这一逮捕令。

刚果在国际法院审理阶段认为，一个国家外交部长在其任职期间享有不可侵犯、绝对的管辖豁免权，这是国际法的一项原则，没有任何例外。因此，外国法院不能对其进行任何刑事诉讼和刑事判决，否则就违反了管辖豁免原则。这种管辖豁免是纯粹从其职能上考虑，是习惯国际法能够保证其无障碍地行使职权

① 惩治严重违反1949年《日内瓦公约》及其1977年第一、第二附加议定书的罪行的法律，参见《比利时观察报》1993年8月5日。

的保障。[①]

比利时则认为,外交部长在国外所享有的豁免权只能基于其行使官方职能的行为,豁免权本身并不保护该人的私人行为或者非行使职能的其他行为。而在逮捕令的案中,耶罗迪亚被指控行为发生时,并不享有豁免权,也没有证据能够证明那些行为是他以官方身份实施的。换句话说,逮捕令是针对耶罗迪亚个人行为,而不是国际法上管辖豁免所要保护的国家行为。[②]

国际法院在该案中认为,根据国际法,外交部长在其任职期间在外国享有完全的管辖豁免权和不可侵犯权,这些权利可以保护其不受外国有关当局对其行使职权进行妨碍:

"从这个意义上说,不能区分外交部长以官方身份实施的行为与其以所谓私人身份实施的行为,也不能区分该人在担任外交部长之前的行为与其任职期间的行为。因此,如果一位外交部长在另一国由于刑事指控而被捕,显然妨碍了其行使职权。当其被逮捕时,无论该外交部长是以官方身份进行访问还是以私人身份进行访问,也无论其被逮捕的原因是与其担任外交部长之前的行为有关还是与其担任外交部长期间的行为有关,也无论其被指控的行为是以官方身份实施还是以私人身份实施,这种妨碍其行使职权的逮捕所产生的后果,其严重性都是一样的。"[③]

对于比利时发布的逮捕令的背景情况以及该命令的内容,国际法院也进行了仔细地研究和考察。从其背景来看,毫无疑问,比利时的司法当局希望能够逮捕这位被指控实施了战争罪和反人道罪的刚果外交部长。也正是为了这个目的,比利时的司法当局才颁发了逮捕令。从法律上讲,该逮捕令在比利时具有执行力,因为它"命令所有能够执行本逮捕令的司法官及公共当局的代表执行本逮捕令,并且将嫌疑人送到位于福雷斯特(Forest)拘禁中心",并且认为"该嫌疑人现在的外交部部长职位并不能赋予其在管辖和执行方面的豁免权"。[④]

鉴于此,国际法院认为,比利时将逮捕令在全世界范围公布,就是想"在国外奠定一种法律基础,以便逮捕耶罗迪亚并将其引渡到比利时"。然而,国际法院认为,这一逮捕令的国际性质则在客观上侵犯了耶罗迪亚作为刚果外交部部长的豁免权,并且会进一步影响刚果在国际社会交往中的行为,因为只要耶罗迪

① International Court of Justice, Judgment of Case Concerning the Arrest Warrant of 11 April 2000 (Democratic Republic of the Congo v. Belgium), 14 February 2002, paras. 47 – 48.

② Ibid., paras. 49 – 50.

③ Ibid., para. 55.

④ Ibid., paras. 55.

亚一出国就有可能被捕。所以,国际法院认为,比利时公布逮捕令的行为违反了比利时对于刚果的国际法义务,它没能尊重刚果外交部长的豁免权,即他作为刚果外交部长根据国际法应当享有的刑事管辖豁免权和不可侵犯权。① 由于那些被赋予这类豁免权的国家元首、政府首脑、外交官和其他官员若在外国遭到逮捕或拘留则必然会阻止他们履行职务,所以这些官员对他国的刑事管辖享有绝对的豁免权。这种豁免权不仅适用于这些官员的职务行为,也同样适用于他们的私人行为。② 并且无论他们被怀疑的犯罪行为(包括极其严重的国际犯罪行为)发生在他们任职期间还是发生在任职之前,这些官员一概可以用这种豁免权作为抗辩。③

民主刚果在2000年11月进行了政府改组,耶罗迪亚改任教育部长。不过,他在2001年4月中旬又停止担任该项职务。尽管如此,国际法院认为:"尽管耶罗迪亚先生不再是外交部长,但是逮捕令依然还在,并且其非法性也还在持续。本院因此认为,比利时必须自己采用适当的方法,撤销该逮捕令,并且告知被送达的有关当局。"④

综上所述,我们可以清楚地看到,国际法院根据条约法和国际习惯法,认为对于高级官员享有不被外国国内法院刑事起诉的外交豁免权这一普遍规则不存在例外的情况,即使这些高官被控告犯有战争罪或其他危害人类罪时,他们也同样享有这样的豁免权。这个判决明确地包括了在位的外交部长,并且国际法院对这种官员在一国外交关系中的特别职责与活动作出了特殊解释。⑤

正是基于这样的认识,国际法院在这一"逮捕令"中,判决比利时败诉。⑥ 同时,国际法院强调,国际法上授予豁免权的目的是允许外交功能能得到充分发挥,正如《维也纳外交关系公约》在其序言中所表述的:"特权与豁免……目的并非有益于个人,而是确保代表国家的外交使团职责的履行。"⑦

---

① International Court of Justice, Judgment of Case Concerning the Arrest Warrant of 11 April 2000 (Democratic Republic of the Congo v. Belgium), 14 February 2002, paras. 70 - 71.

② Ibid. para. 54.

③ Ibid. para. 54 - 55.

④ Ibid. , para. 76.

⑤ Judgment of Case concerning Arrest Warrant (Congo v. Belgium), ICJ, 2002, para. 51.

⑥ 比利时国内法庭于2000年4月11日发布了针对刚果外交部长的一个国际逮捕令。刚果认为这是对国际法的违反,于是2000年10月17日在联合国的国际法院起诉比利时。2002年2月14日,国际法院作出判决,裁定比利时的这一逮捕令违反了国际法上的特权豁免原则,并要求比利时收回这一逮捕令。有关情况参见:Judgement of Case concerning Arrest Warrant (Congo v. Belgium), ICJ, 2002, available at http:// www. icj. org。

⑦ 参见1961年《维也纳外交关系公约》序言第四段。

国际法院在刚果诉比利时一案的判决中坚持了传统国际法上国家政府官员享有外交特权的原则,但在整个国际刑法领域里的实践来看,从联合国前南斯拉夫国际刑事法庭和卢旺达国际刑事法庭,到塞拉利昂特别法庭、东帝汶国际刑事法庭以及国际刑事法院这些所有国际司法机构的《规约》,它们全都明确地规定要追究个人的刑事责任。

四、塞拉利昂特别法庭

塞拉利昂特别法庭是一个具有国际性质的刑事法庭。虽然它也是一个国际刑事法庭,但其成立的途径与联合国两个特设国际刑事法庭完全不同。联合国前南和卢旺达国际刑事法庭是安理会通过决议成立,塞拉利昂特别法庭则是根据2002年1月16日联合国和塞拉利昂政府之间达成的协定而设立的[①]。在塞拉利昂特别法庭迄今为止的审判中,对利比里亚前总统泰勒管辖豁免问题的决定也是反映了国际刑法发展的一个比较重要的决定。

利比里亚邻国塞拉利昂于1991年爆发内战,战争持续了10多年,造成20多万人死亡,被称为非洲现代史上最残酷的战争之一。泰勒被怀疑武装并培训了塞拉利昂当时的反政府武装革命联合阵线,并犯有国际罪行。2003年3月7日,塞拉利昂特别法庭汤姆泊森(Bankole Thompson)法官同意(confirm)对泰勒的起诉书,里面有17项指控。与此同时,法庭还签发了逮捕令。2003年7月23日泰勒的律师向法庭提出管辖豁免的申请,认为从国际法的角度来看,国际刑事法庭对一个国家元首不具有管辖权。2003年10月30日和11月1日,塞拉利昂特别法庭就这一问题举行了听证会。

泰勒的律师提出了管辖豁免动议,要求法庭撤销对泰勒的指控和逮捕令以及其他一切命令。为支持这一动议,该律师援引了两个案例,一个是国际法院的"民主刚果诉比利时案";另一个是常设国际法院的"荷花号案"。

在"民主刚果诉比利时案"里,如前所述,国际法院认为比利时国内法庭公布逮捕令违反比利时所承担的国际法义务,也违反了国际法上的管辖原则,因为根据这一原则,刚果外交部长应当享有刑事管辖豁免权和不可侵犯权。根据国际法院的裁决,所有国家元首、政府首脑、外交官和其他官员都因为履行职务的

① Agreement between the United Nations and the Government of Sierra Leone on the Establishment of a Special Courtfor Sierra Leone, Annex to the Report of the Secretary - General on the establishment of a Special Court for Sierra Leone, UN Doc. S/2000/915, 4 October 2000.

需要而享有对他国刑事管辖的绝对豁免权。①

常设国际法院“荷花号案”清楚地表明，国际法上的主权平等原则禁止一国在另一国行使主权。根据这一原则，一国只有当犯罪人出现在该国的领域内时，才能对其发生在外国的罪行进行起诉。而塞拉利昂特别法庭向加纳送达逮捕泰勒的起诉书和逮捕令也都违反了主权平等原则。②

对于泰勒律师的论理，法庭检察官则认为，国际法院审理的“民主刚果诉比利时案”，其实是一个关于国家现任外交部长是否应在另一个国家法院享有豁免权的问题，这与当前塞拉利昂特别法庭要解决的问题不同。塞拉利昂特别法庭是根据国际法建立的国际刑庭，习惯国际法允许国际刑庭起诉在任的国家元首。起诉泰勒的根据是《塞拉利昂特别法庭规约》，泰勒被起诉的罪行是在塞拉利昂实施，而不是在其他国家进行的。③

塞拉利昂特别法庭的上诉庭在听取了当事方的理由后作了裁决。在法庭辩论中，检方认为管辖权与豁免之间存在有区别，认为即便有豁免权，管辖权不能被行使，但它仍然存在，所以被告方提出关于豁免问题动议并不影响法庭行使管辖权。对于检方这一观点，法庭不同意。法庭认为，既然管辖豁免原则意味着在特定情况下可以阻止法庭行使管辖权，申请人就豁免问题提出动议还是与管辖权有紧密的联系。④

但上诉庭同时还认为，法庭是由塞拉利昂政府与安理会通过签订协议而成立的，代表了整个国际社会的共同利益。所以，塞拉利昂特别法庭与其他国际刑庭，如前南国际刑事法庭、卢旺达国际刑事法庭及国际刑事法院管辖权基本一样⑤，《塞拉利昂特别法庭规约》第6条关于官方身份既不影响定罪也不影响量刑的规定与任何习惯国际法的规定，其中也包括管辖豁免原则的规定并不矛盾，因此，法庭也就没有必要去讨论被告人提出的关于他在其他国家是否享有管辖豁免问题。据此，法庭拒绝了被告人关于享有管辖豁免的动议。⑥

当塞拉利昂特别法庭就泰勒总统管辖豁免问题进行法庭辩论时，泰勒本人还没有被逮捕或移送到法庭。2003年8月，西非国家经济共同体安排时任利比

---

① International Court of Justice, Judgment of Case Concerning the Arrest Warrant of 11 April 2000 (Democratic Republic of the Congo v. Belgium), 14 February 2002, paras. 70 – 71.

② Decision on Immunity from Jurisdiction, Prosecutor Against Charles Ghankay Taylor, the appeals chamber, Case Number SCSL – 2003 – 1, 31 May 2004, paras. 6, 7.

③ Ibid., paras. 9, 10.

④ Ibid., para. 32.

⑤ Ibid., paras. 31 – 42.

⑥ Ibid.

里亚总统的泰勒流亡尼日利亚，以结束利比里亚多年内战。然而，当利比里亚新任女总统埃伦·约翰逊·瑟利夫于2005年3月当选后，表达了要追究泰勒刑事责任的希望，同时也向尼日利亚方面提出引渡要求。① 以后，在尼日利亚协助下，泰勒最后被移送到了塞拉利昂特别法庭，准备接受审理。② 我国国内媒体在报道这一事件时，曾有一篇文章以"泰勒：从总统到囚犯"为标题③。这个标题特别生动和形象地说明了国际刑法发展对管辖豁免问题的影响和冲击。

五、国际刑事法院关于管辖豁免的规定

国际刑事法院是国际社会为惩治国际犯罪而成立的一个常设的国际刑事司法机构。于2002年因为国际刑事法院成立而正式生效的《国际刑事法院规约》，在许多方面沿袭了这些年国际刑法实践中反映出来的规则和原则，其中也包括司法管辖豁免问题。

联合国为成立国际刑事法院而成立的筹备委员会在其1996年报告中，就开始使用"官方身份无关论"（irrelevance of official position）的术语，并将它作为一个"实质性问题"提出以供讨论。筹备委员会1996年报告认为：

"考虑到纽伦堡、东京、南斯拉夫和卢旺达法庭的先例，有人支持规约应驳回作为国家或政府首脑或负责的政府官员的官方立场的任何抗辩；这种官方立场不应免除刑事责任。一些代表团认为这个问题可以与'辩护'一起编入。有人也认为，关于外交或其他逮捕豁免问题和关于法院或以法院的名义采取的其他程序措施的豁免问题的进一步审议将是有益的。"④

1998年联合国成立国际刑事法院筹备委员会在荷兰聚特芬举行的会议报告第18条（官方身份无关性）规定："（1）本规约应绝无任何歧视地适用于所有人：任何人不得因其官方身份，无论是国家元首或政府首脑、政府成员或国会成员、民选代表，或政府官员而免除其根据本规约所负的刑事责任，也不得［仅仅］

---

① 马震："尼日利亚同意将泰勒引渡回利比里亚"，载《北京晚报》2006年3月26日第16版（世界新闻）。

② "非洲审判将引向何方？"载美国《洛杉矶时报》2005年4月2日报道，转引自：《参考消息》2006年4月4日第3版。

③ 史先振（新华社供稿），《北京晚报》2006年4月4日第37版（世界新闻）。

④ Report of the Preparatory Committee on the Establishment of an International Criminal Court, U. N. GAOR, 51st Sess., Supp. No. 10, U. N. Doc. A/51/10, Volume Ⅰ, March – April and August 1996, para. 193.

以其官方身份构成判刑理由。(2)不得援用国内法或国际法的规定而对任何人的官方身份适用的任何豁免或特别程序规则,使法院无法对该人行使其管辖权。"①

在1998年为成立国际刑事法院在罗马召开的外交大会上,与会国家代表们就管辖豁免问题进行了最后的全方位的讨论,并最终通过了现在《罗马规约》第27条的规定,明确规定灭绝种族罪、战争罪、危害人类罪不能适用传统国际法上的管辖豁免。

《罗马规约》第27条第1款规定如下:

"(一)本规约对任何人(all persons)一律平等适用,不得因官方身份而差别适用。特别是作为国家元首或政府首脑(a Head of State or Government)或议会议员的官方身份,在任何情况下(in no case)都不得免除个人根据本规约所负的刑事责任,其本身也不得构成减轻刑罚的理由。"

此条款用绝对性的语言排除了行为具有官方性质而享有的豁免权,确立了即使这些行为是以官方身份所为,这些官员也要受到国际刑事法院的管辖。

第27条第2款进一步规定:

"(二)根据国内法或国际法可能赋予某人官方身份的豁免权或特别程序规则,不得妨碍(shall not bar)本法院对该人行使管辖权。"

所以,第27条第2款作为程序法上的规范进一步表明国际刑事法院拒绝适用国际法及国内法豁免权的坚定性,以此强调在国际刑事法院进行的诉讼中彻底消除了行为人依赖豁免权以逃避个人刑事责任的可能性,同时确保了第27条第1款承认的结果不被豁免权或其他程序所阻碍。

《罗马规约》第27条,明确规定国际刑事法院对任何个人具有管辖权,不论其是否拥有官方身份或任何国内或国际法可能赋予的豁免权或特别程序规则。因此根据这条规定,所有被指控犯有国际刑事法院管辖范围内罪行的国家官员,都不能享有外交豁免权。

国际刑事法院与前南国际刑事法庭及卢旺达国际刑事法庭不同,它不是由联合国安理会通过决议建立,因此没有《联合国宪章》第7章所赋予的权威性的支持。但它仍然对所有参加国际刑事法院的国家具有拘束力。国家加入国际刑事法院,就意味着接受了《罗马规约》第27条的规定,即放弃本国外交官和其他官员在国际法本应享有的基于官方身份而产生的豁免权。

---

① Report of the Inter - Sessional Meeting from 19 to 30 January 1998 in Zutphen, The Netherlands, U. N. Doc. A/CONF. 183/2/Add. 1 (14 April 1998), pp. 54 - 55.

国际刑事法院《规约》关于管辖豁免的规定，相对纽伦堡国际军事法庭和东京国际军事法庭的《宪章》以及前南斯拉夫国际刑事法庭和卢旺达国际刑事法庭的《规约》来说，显得更为明确，它不仅确定犯下国际罪行的国家官员都要在国际法上承担个人刑事责任，同时它还意味着，《罗马规约》的缔约国放弃了本国国家官员本应享有的豁免权。

当然，那些还没有放弃国家或外交豁免权的国际刑事法院非缔约国，能够利用国际法提供的在被外国法院起诉时所享有的保护措施。尽管国际刑事法院有权对其非缔约国的公民行使管辖权，①但《罗马规约》却没有相关条款规定可以消除非缔约国官员在国际法下正常拥有的豁免权。从《罗马规约》的序言和第27条所明示的目标中，可以推断出，国际刑事法院有权对任何被怀疑犯有法院《规约》中所规定罪行的嫌疑者进行起诉，即使最高级别国家官员也不能被排除在国际刑事法院的管辖之外。

所以，如果一个国家批准成为国际刑事法院的缔约国，就意味着存在把本国官员交由国际刑事法院起诉和审判的可能性，并且按照《罗马规约》第27条的规定明确消除本国高级官员（包括国家领导人）的国际法豁免权。缔约国不仅同意国际刑事法院对其官员进行起诉，而且还同意这些高级官员可以被其他国家逮捕并移交到国际刑事法院。这是国际刑法上的一个重要发展。

六、结　　论

管辖豁免是国际法的重要部分之一。自从国际法产生以来，某些人、物或事件有权免受一国的司法管辖就一直得到国际社会的普遍承认。管辖豁免，简单地讲，就是指一国的行为及其财产不受另一国的司法管辖。其内容包括对国家行为和对国家财产的豁免，当然，也包括对他国国家元首、外交人员的刑事管辖豁免。

国际法是调整国家与国家之间关系的法律规范，是国际关系的一部分。国家主权是平等的。国际法豁免权则是国家主权的产物。根据国家相互间达成的国际条约，主权国家的代表人享有不受其他国家司法管辖的豁免权，包括民事和刑事豁免权。②这是传统国际法的一项基本原则和规定。

① 如果犯罪发生地国是国际刑事法院的缔约国，则不论犯罪人的国籍所属国是否是缔约国，国际刑事法院均可以行使管辖权。参见《罗马规约》第12条的有关规定。

② 参见1961年《维也纳外交关系公约》第23条、29条、31条的有关规定。

然而,通过以上对国际刑法近年来发展所做的回顾,可以清楚地看到:由于国际刑法的发展,现代国际法也开始强调追究个人刑事责任,主张任何个人(自然人)如果犯有国际法罪行都必须承担个人刑事责任。这对传统国际法豁免原则势必会产生很大的影响和冲击。

(2006年第9期)

协议管辖在互联网案件中的合理适用

李　智*

一、协议管辖——互联网案件管辖权确定的有益补充

在物理世界的传统案件中,协议管辖作为一种对管辖权确定相对明确的方式,已越来越广泛地被采用,协议管辖适用案件的范围也越来越广。比如,1999年《海牙公约草案》第4条第1款中设定的协议管辖的范围是,"任何一项与特定法律关系有关的,已发生或可能发生的争议"。[①] 这也充分体现了当今国际社会对当事人意思自治的尊重和放松限制的趋势。在对协议管辖是否具有排他性的看法上,也体现了上述的趋势,1999年《海牙公约草案》确立了当事人协议排他的效力,只有当事人的约定才能破除这一效力,对于它的限制只是不得与消费者合同管辖、个人雇佣合同管辖以及专属管辖相冲突。而且,排他性的规定实际上也排除了不方便法院原则及与不方便法院原则相类似的原则的适用。[②] 可以说,在物理世界的传统案件中,协议管辖的突出作用越来越被各国及国际社会所重视,对其限制也在不断放松,协议管辖已成为解决国际民事案件管辖权争议的重要选择。

互联网案件管辖权确定目前遇到的最现实和难以解决的问题是互联网的超国界性、虚拟性给予地域为基础的传统管辖规则适用带来的冲击。因为,在互联网环境下,物理世界中最基础的因素如当事人的身份和地理位置变得难以寻找。在这种状况下,协议管辖理所当然地体现出其在管辖权确定上所具有的确定性和可预见性的优势。对互联网案件的适用,同时又伴随着协议管辖良好的发展趋势,协议管辖似乎应成为互联网案件管辖权确定的主流方式;或者说,协议管辖似乎应成为解决互联网案件管辖困境的一剂猛药。但综观物理世界中协议管

* 作者单位:厦门大学国际经济法研究所。

① 原文如下:"Any dispute which has arisen or may arise in connection with a particular legal relationship". See Preliminary Draft Con – vention on Jurisdiction and Foreign Judgments in Civil and Commercial Matters Article 4.

② Haines, Avril D, Choice of Court Agreements in International Litigation: Their Use and Legal Problems to Which They Give Risein the Context of the Internet Text, http://www.hcch.net/general, 2005 – 12 – 12.

辖从限制到逐步放宽的过程，其实际上体现的是各国司法利益逐步平衡的过程，是各国司法利益在国际层面协调的结果。而在互联网环境下，各国互联网技术和电子商务发展不均衡，使在互联网案件的法院选择问题上，更需要面对和解决的是各国互联网技术发展不均衡所造成的各国之间、网络运营商与用户之间所存在的矛盾，简单地适用协议管辖，无疑会增大上述矛盾。在这种状况下，协议管辖尚不足以成为解决互联网管辖权争议的主要方式，而应将其作为一种有效的补充，在对其进行合理限制的情况下，充分发挥其有利的作用。应该说，这是协议管辖在互联网案件适用中的正确定位。

二、互联网案件中协议管辖有效性的判断

在传统民商事案件中，出于公平、公共秩序、"就原被告"及法院地利益等方面的考虑，对协议管辖进行了相应的限制和有效性判断，并形成了一系列的考量依据。在涉网案件管辖权的确定中，将协议管辖定位为具有补充作用，必然要面对协议管辖与其他管辖形式的协调问题。同时，根据互联网本身的特点以及发展现状，协议管辖在涉网案件中，应是规范之下的合理适用，而面对各国及参与者对网络技术资源占有的不平衡所带来的法律地位的不平等，必然要对涉网案件协议管辖进行限制和有效性判断。结合互联网技术的特点，在对涉网案件协议管辖规则的制定以及对协议管辖内容进行有效性判断时，所考虑的因素和内容与传统案件存在相近的同时，也存在差别。

（一）协议形式的有效性判断

对协议形式的有效性判断，在互联网环境下更有其特殊意义。无纸化是互联网技术的重要表现形式，协议的形成也往往超越了书面形式的要求，而更多地采用电子形式。因此，对协议形式多样化的认可及对书面协议形式之外的其他协议形式的有效性判断，也成为确定涉网案件协议管辖效力的重要内容。

1. 选择法院协议的形式要求

对于协议管辖的形式要求，目前多数国家认为应宽松对待。就 1999 年《海牙公约草案》来看，它所要求的最终条件也是往宽松的方向发展。该公约第 4 条第 2 款为管辖协议设定了四种有效形式：书面形式；任何其他联系方式，且该方式能提供可获取的信息，使其日后能被引用；当事人双方通常遵守的惯例；当事人双方知道或应该知道，并在特定贸易或商务合同中双方所通常遵守的惯例。公约既没有依一些国家的主张，赋予当事人决定协议方式的自主权，更没有因循传统，将协议效力严格限于书面这一种形式，而是在书面形式要求的基础上，放

宽了对书面形式的理解,认可了更多的能够体现当事人意思的表现形式。完全由当事人自主决定协议形式,会使这一问题失去法律的约束,而且不可避免地会与各国国内法的要求产生冲突。而将协议形式有效性仅限于书面形式的做法,随着交通、通讯技术的发展,各国跨国交易的增多,早已不适应现代科技和现代交易的发展,更不符合互联网时代无纸化交流的趋势。所以,在互联网案件中,纯粹意义上的书面形式在一定程度上是很难实现的,对涉网案件中协议管辖条款的严格书面形式要求,完全不符合这种交流方式的特征。

因此,在涉网案件中,对选择法院协议的形式有效性审查应结合其技术特点和技术要求而应更加宽松。形式上不能单纯要求书面,而要适应技术发展的需要。在选择法院协议往往是在线形成的情况下,协议内容以及协议达成记录的保存、日后获取和引用,应成为涉网案件中协议选择条款形式有效性审查的重点。在互联网案件中,只要能提供可供日后查询的记录形式,即可认为符合基本的选择法院协议的形式要求。此时,对于协议的存在,网络服务商负有举证的责任,即使是在用户主张或否认选择法院条款的情况下,对条款存在与否的举证责任,也应归于网络服务商,其有义务证实争议发生时,争议双方之间是否订立了其服务条款中的选择法院协议。在技术上,网络服务商应提供可供日后查询的难以更改的存储、查询等技术支持,以满足法律上证明的要求。

2. 选择协议条款的明确性要求

对于选择协议条款是否明确,在进行形式审查时,主要是看两个方面的因素:一是协议订立的要求以及订立协议可能产生的法律后果是否明示;二是协议本身的物理状态是否明晰,是否会轻易被协议人忽略。

在美国 Groff v. America Online, Inc. 案中,法院确认了原告通过点击接受被告网站所提供的选择法院条款的有效性。法院认为:在用户进入被告的系统之前,他必须点击接受被告的服务协议;而且这个点击的要求是明确的,原告绝对应该看到这个协议并进行接受的点击,而其以看不到或读不到进行抗辩,不应得到支持。① 在美国 Bruce G. Forrest v. Verizon Communications Inc. and Verizon Internet Services, Inc. 案中,法院认为:通过滚动文件(scrollbar),原告可以看到选择法院条款,被告已提供了充足的条件,以提示原告选择法院条款的存在,②因

① Groff v. America Online, Inc., No. C. A. No. PC 97 - 0331, 1998 W L 307001 (R. I. Superior Ct., May 27, 1998), http://www.phillipsnizer.com/library/cases/lib_case389.cfm, 2005 - 12 - 10.

② Bruce G. Forrest v. Verizon Communications Inc. and Verizon Internet Services, Inc., 805 A. 2d1007 (Dist. of Columbia Courtof Appeals, August29, 2002), http://www.phillipsnizer.com/library/cases/lib_case389.cfm, 2005 - 12 - 10.

此，法院确定选择法院条款是应该得到执行的。在美国 DeJohn v. TV Corporation International，et al. 案中，法院也确认了原被告双方所达成的选择法院条款的有效性。法院认为：原告通过点击“我同意”键接受了与被告之间合同中的选择法院条款，而用户在进行登记时，协议条款就在“我同意”键的上方，足以使原告看到并充分了解，因此，法院驳回了原告在所选择法院之外的法院起诉的请求。①

从上述对涉网案件协议管辖有效性的判断上来看，在协议条款明确性的判定上，在对上述两方面因素进行审查时，一般应进行如下内容的考量：首先，用户在线接受选择法院条款是明确的，用户受到充分的提示，它获知订立选择法院条款的必要性和可能的法律后果。即在用户实施网络行为时，对于选择法院条款的接受，是一个有充分认识的自主行为，而不是模糊的、暗示的或者是被捆绑在其他行为之内的行为；其次，协议形式和内容是很容易获知的和清晰的，不易被用户忽略和难以辨明。比如，告知协议内容所在的页面或位置突出和清晰，合同书的封面、协议内容清晰明了，既容易辨明又容易理解。此处，可以借提单背面管辖条款的表现形式来进行说明。但对于提单背面管辖条款的性质，众说纷纭，其中有观点认为：从提单背面载明的管辖条款来看，它大多体现了承运人的利益，而违反了公平的原则。在形式上的表现就是，未采取合理的方式提请对方注意免除或者限制其责任的条款，也未对条款进行相应的解释；管辖条款以小字形式出现在提单背面，一般情况下，在没有任何提示时是不会被注意的。② 虽然这只是对于提单背面管辖条款争议的一个看法，但实际上也是对协议形式明确性而提出的意见。类似的，涉网案件中的管辖协议也应进行这方面的考虑，协议内容应位置突出、内容明确、字迹清晰；再次，对于协议存在的告知以及对于协议内容的获知，只需要用户具备基本的网络技术手段即可以完成。比如，上文所述案例中登录页面即会发现，或通过简单的 scrollbar 技术即可浏览页面，而不需要特有的专业技术才能获知。否则，容易使用户因为技术上的劣势而忽略或无法真实意识到自身对协议的接受，在这种情况下，应视为没有为用户提供对协议充分意识和了解的充分条件，并因此影响协议的效力，这样的要求，也是对于当事人技术拥有不平等地位的一种平衡。

（二）选择法院协议实质有效性判断

在对待选择法院协议实质有效性的问题上，也存在宽严两种态度，涉及是否

---

① DeJohn v. TV Corporation International，et al.，245 F. Supp. 2d 913（C. D. Ⅲ. 2003），http://www. phillipsnizer. com/li－brary/topics/click_wrap. cfm，2005－12－10.

② 郑志华：“提单背面管辖条款的性质”，载《人民法院报》2005 年 11 月 30 日。

对当事人的选择进行实质性的限制,或限制到何种程度的问题。诸如,所选法院是否须与案件有实质联系,以及何种程度的联系为实质联系;在协议选择法院的范围上是否进行限制以及如何限制;是否排除其他依国内法行使的管辖权;等等。主张对当事人选择进行相应限制的国家认为:适当限制可方便审理过程中的取证、适用法律;主张减少限制的国家则认为:减少限制可以保证法院的中立性和公正性,可以保障当事人选择的充分自由;被选法院可以不方便管辖为由,拒绝管辖以实现管辖的便利性;过分限制对法院的选择,会破坏协议管辖最重要的优点,即管辖的可预见性。

如上所述,随着国际交往和国际交易的增多,对协议管辖的利用越来越频繁,这样也有利于减少各国间的法律冲突。协议管辖的增多,提出了放宽对实质有效性审查的要求,但目前尚难在国际范围内形成一个趋势或共识。因为管辖协议实质有效的审查内容涉及各国法律的实质性规定,使实质性有效判断很难像协议形式有效性要求那样,摆脱国内法的规定。各国出于公共秩序、公平、公正等方面的考虑,对协议有效性进行审查,而这些考量因素又因为各国规定不尽相同且难以协调,从而对协议管辖的实质有效性判断的结果产生差异。比如,纵然不考虑其他影响协议管辖效力的因素,就协议管辖最基本的限制——专属管辖来看,各国有关专属管辖的规定差别也很大。所以,有关协议管辖实质有效性的判断,国际社会虽然也在做宽松要求的努力和尝试,但还存在一个各国协调的过程。在选择法院是否必须要与案件有联系的问题上,1999年《海牙公约草案》对此未作明确规定,看来是采用了某些国家的建议,将此问题留给各国国内法解决。① 在涉网案件中,由于各国网络发展的不平衡,网络行为对于各国法律的影响以及各国处理涉网案件的能力也各有不同,使涉网案件协议管辖实质性有效审查的标准更加难以协调。因此,对于涉网案件中协议管辖实质有效性的判断,只能在目前规则的基础上,结合网络案件的特征进行合理的审查。

然而,总的来说,由于跨国行为的增多,协议管辖的重要性受到越来越多的重视和保护,虽然遇到各国国内法规定的障碍,尚不能实现完全意义的自由选择,但国际上对协议管辖有效性的审查还是趋于宽松。如1999年《海牙公约草案》中虽然没有对当事人所选法院是否必须与案件存有联系的问题作出明确的规定,但根据公约第4条的规定,并没有提出选择法院与任一方当事人、争议存在联系的要求,而是将选择的权利交给当事人;除该条第3款的限制性规定外,

① 沈涓:“存异以求同,他石可攻山——评海牙《民商事管辖权和外国判决公约》(草案)并比较中国相关法律”,载 http://www.iolaw.org.cn/lawtheory.asp。

由当事人自己根据第1款的规定进行协议选择合理性的判断。[①] 涉网案件中，虽然面临网络资源占有不平衡的问题，但对涉网案件管辖确定性的要求则更为突出。由于互联网跨国性的特点，协议管辖在涉网案件管辖权确定中有其不可比拟的优势，这也促使涉网案件对协议管辖的充分利用。在这种条件下，涉网案件中协议管辖适用的总趋势是在保证公正的前提下，减少对选择协议的限制，以实现管辖的确定性和明确性。

1. 排除所选择法院与案件实质联系要求

对于网络案件中协议管辖所选择法院是否必须与案件存有联系的问题，结合协议管辖本身和互联网案件的特点，可以作出否定的答复。首先，当事人意思自治的核心是个人自由，限制太多，便无自由可言。既然已有了专属管辖优先于协议管辖的限制，就足以维护根本的国家司法权益，不必再将当事人的选择框限于国籍、住所这样狭窄的范围。其次，确如前述一些国家的观点，由一个除了握有司法管辖权之外与案件再无其他联系的法院来审理案件，其中立性或许有助于提高结果的公正性。[②] 再次，与当事人选择准据法一样，一旦当事人选择了一国法院审理他们之间争议，该国法院就与案件有了实质联系。如果当事人在法律关系产生之初，就已达成选择法院的协议，那么，被选择的法院自始便与法律关系具有联系。争议产生时，被选法院更与争议有直接联系，它的意义专为解决争议而存在，当事人的选择创设了被选法院与案件之间不可分割的联系，也就是说，被选法院与案件的联系可以由当事人的选择而创设。[③] 最后，结合网络行为本身特点来看，由于网络的超国界性以及虚拟性，使当事人的身份和地理位置难以确定，选择法院是否与当事人或案件本身有联系，在选择法院之初判断存在困难。而且，由于互联网的全球性，在任何地区均可以登录网站实施网络行为，同样，在所选择法院地也很容易登录争端所涉及的网站，因此，很难确定所选择的法院地与网络行为完全没有关联。所以，在互联网案件中，对于所选择法院，除专属管辖之外，可以排除关联性的要求。

2. 选择法院协议的非排他性要求

考虑各国网络技术和网络经济发展的不平衡，以及网络服务商与用户地位

---

① Nygh, Peter & Pocar, Fausto, Report in the Preliminary Draft Convention on Jurisdiction and Foreign Judgments in Civil and Commercial Matters(R). Preliminary Document No. 11 of August 2000. 42.

② 沈涓："存异以求同，他石可攻山——评海牙《民商事管辖权和外国判决公约》(草案)并比较中国相关法律"，载 http://www. iolaw. org. cn/lawtheory. asp。

③ 同上。

的不对等，在目前的一般情况下，互联网案件中的协议管辖不应是完全排他的。一方面，可以参照1999年《海牙公约草案》的规定，保证各国专属管辖以及出于对消费者等弱势交易主体的保护而制成的管辖规则的适用，对与之相冲突的协议管辖条款予以排除；另一方面，因保护本国公共秩序、不方便管辖原则及其类似原则以及出于公平的考虑，确定协议管辖无效或放弃管辖的行为，也应得到支持。同时，在一定程度上，协议管辖的非排他性也有助于保证选择法院协议的形成当事人真实意思表示，网络服务商为保证其所提供的选择法院协议有效并得到执行，无论在形式还是在内容上，会提供更能体现双方真实意思的选择法院协议。

3. 依对网站的利用程度进行有效性判断

用户登录网站时与服务商签订服务协议并接受选择法院条款，该条款的有效性也可以通过用户对该网站的利用程度进行判断。比如，用户频繁使用某网站，在形式上就可以得出其对该网站的服务条款内容应该是相对了解的结论；将"滑动范围"标准适用于协议管辖，对用户通过网站实施交易或进行交流的行为进行分析，可以判断其对网站的接受程度，并以此作为管辖权确定标准。

在美国 Cairo, Inc. v. Cross Media Services Inc. 案中，加利福尼亚州法院就驳回了原告在伊利诺伊州起诉的动议。法院认为：被告在网站上明确告知网站用户与运行者之间的协议，而且明确告知协议之中包含了选择加州法院为争端解决法院的法院选择条款。原告多次利用被告的网站，通过网站进行交易，其应该知道和了解法院选择条款的存在和内容，因此，该条款应是有效的，并应得到执行。①

在美国 Robert Novak, d/b/a Pets Warehouse and Petswarehouse. Com v. Overture Services, Inc. , et al. 案中，法院认为：用户通过滚动窗口可以明确地看到和了解服务协议，其中包含有选择法院条款，因此，这个协议管辖条款应是有效的，该案应由约定的加利福尼亚州法院管辖，除非证明它是不合平和不合理的。另外，法院在实体条件认定上，认为被告 Google 并没有通过网站实施侵权行为，它只是提供了一个平台，并不是言论和信息的提供和发布者。而对于另两个被告，Biochemics Inc. d/b/a Doctordog. com and John Holdefehr，法院驳回了他们有关管辖权的异议。法院认为：被告 Biochemics Inc. d/b/a Doctordog. com 在纽约州运营了一个网站，并通过它销售了6000美元的商品给纽约州的居民；被告

---

① Cairo, Inc. v. Crossmedia Services Inc. , No. C04 - 04825 (JW) N. D. Ca. , April 1, 2005), http://www.phillipsnizer.com/library/cases/lib_case389.cfm, 2005 - 12 - 10.

John Holdefehr 则与纽约州的公司签订了商业合同，而诉讼的原因则是由此合同引起的。[①] 在这个案件中，法院除了对选择法院条款进行形式审查外，对于被告的行为也进行了审查。在审查过程中，被告通过网站实施的行为和对网站的利用程度受到了重视，法院运用了“滑动范围”标准，考虑被告网络行为的特征，从而得出结论认为其是最合理的管辖地。

4. 协议管辖中消费者权利、义务的设定

出于对消费者的保护，选择法院协议的内容与消费者合同纠纷管辖规则的规定不能存在冲突，否则协议管辖条款有可能无效而得不到执行。这个立法趋势在欧盟和海牙国际私法会议的立法行为中得到认可。在互联网环境下，考虑电子商务全球性的特征，这种规定更应得到体现。一方面，从管辖选择的形式上，可以进一步完善“逆向选择方式”，[②]将选择权交给消费者，并要求网络服务商提供更多的可供选择的法院地；另一方面，消费者也可以根据法律的规定，在起诉时选择法院。但赋予消费者选择法院权利的同时，也要注意对商家利益的保护，防止消费者对选择权的滥用。否则会使商家面临在全球被诉的局面，而且这种局面往往是被动的。作为消费者，在其通过某网站进行交易或实施网络行为时，应有提供真实身份和地理位置等基本信息的义务。否则，应由消费者承担相应的法律责任，包括有可能会影响对协议管辖条款有效性和可执行力的审查和判断。比如，如果消费者隐瞒自己的真实身份和地理位置，网络服务商可以以此提出抗辩，要求排除消费者所在地法院管辖。此举一方面有利于网络服务商明了消费者所在地，从而判断自己可能招致诉讼之地；另一方面也是为网络案件管辖权的确定，提供更多的可以寻找的连结因素。或许有人提出，此种方法仍无法解决消费者对协议管辖接受的被动性，用户为了利用网站仍会接受协议，或网络服务商为了避免在某地被诉，而禁止该地消费者的进入。但从商业的角度考虑，网络服务商或电子商务的商家就是为了利用网络的全球性、便利性，出于商业目的，他们绝不会因噎废食，最终会在此种法律条件下，努力完善自身技术以合理地承担法律风险。诸如在更多的地区设立服务器、建立分公司等，更多地了解消费者所在地的法律，并努力减少和避免诉讼。因此，通过对协议管辖有效性的判断，合理设定网络服务商和消费者的义务，从而合理分配法律风险，刺激商

---

① Robert Novak, d/b/a Pets Warehouse and Petswarehouse. com v. Overture Services, Inc. , et al. , Civ. 02 – 5164(DRH) WDW E. D. N. Y. , Mar. 25, 2004), http://www. phillipsnizer. com/library/cases/lib_case343. cfm.

② 逆向选择方式，即将选择法院条款中选择法院的权利交给用户，由用户提出所选择的法院，由网络服务商进行选择的选择法院的形式。

家和消费者共同寻找合理的协议管辖形成方式。

三、小　结

协议管辖以当事人意思自治为基础,通过司法主权对当事人意思自治的尊重,使司法管辖权在当事人的意思自治之下得到合理的分配,其优势在传统案件中已得到充分体现,尤其在实现管辖权的确定性、可预见性以及减少管辖冲突、使判决得到承认与执行方面,更充分展现了其价值。但毋庸置疑,选择法院协议的形成永远是当事方博弈的过程,在多数情况下,都存在协调和妥协,存在强势、弱势的区别。所以,无法完全保证此类选择是当事人真实意思的体现,弱势的当事方往往会为了达到交易目的,而被迫接受强势方提出的选择法院条款。因此,协议管辖在涉网案件中适用的主要问题应是:如何对协议管辖进行合理地限制,如何使选择法院协议体现当事人的真实意思。于是,对协议管辖形式和有效性的审查也逐渐形成了一系列的判断标准,虽然各国标准不一、方式不同,但总的趋势仍是趋于宽松。在形式明确并充分考虑各国公共秩序、公平、公正及专属管辖的基础上,尽量尊重当事人的意思自治和自我选择。

在涉网案件管辖权确定中遇到的最紧迫问题是,互联网的超国界性和虚拟性所带来的传统连结因素的难以寻找和辨别,在这种情况下,协议管辖所具有的管辖权确定性的特点,就显得更为重要和突出。但作为一种新兴事物,互联网技术和交易方式各国发展严重不平衡,而且互联网的跨国性特征给各国的主权带来一定的冲击。因此,在法律层面上,涉网案件管辖权问题尚无法像传统法律问题一样,在国际层面得到充分的认识和讨论,形成系统的结论就更加困难。如果出于管辖权的难以确定,而对协议管辖简单地全盘接受,不可避免地会使互联网技术和经济强国在本已强势的基础上,使其强势地位得到完全的确立。体现在交流和交易中,网络服务商和用户之间也存在对网络技术掌握不对等的矛盾,用户出于网络利用的需要,往往被迫接受网站服务条款,包括选择法院条款。因为网络服务商往往是网络发达国家的公司,他们所选择的法院往往也就是网络发达国家的法院,过分适用协议管辖可以预见的结果就是,加大了上述的矛盾和不平衡。因此,对于协议管辖,虽然它的确定性对涉网案件管辖权的行使帮助极大,但尚不能成为唯一或主流的管辖权确定方法,它应是一种重要的补充方式。而且通过对协议管辖的限制,通过对网络服务商和用户设定相应的义务,使得他们采取更合理的选择法院方式,并通过这种协调来寻找真正的身份和地理位置,为其他管辖方法的确定提供帮助。另外,通过对弱势方的保护,对各国管辖权的尊重,结合网络案件的特点对协议管辖进行相应的限制,尽量消除和减少因技术资源占有不均所带来的矛盾,从而在法律层面上实现公平和合理,这也应是协议管辖所要实现的最终目标。

(2006 年第 9 期)

评 WTO 争端解决机构对保障措施中“未预见的情况”的判断

王　超*

一、保障措施及“未预见的情况”

国际贸易领域里的“保障”(safeguard)这一术语,是指“政府对被认为‘有害’于进口国经济或国内竞争产业的那种进口所采取的行动”。① 在 WTO 制度中,它可以泛指所有允许成员方在特定情况下不履行其承诺和义务的规定,比如 GATT 第 12 条的国际收支平衡例外条款、第 20 条的一般例外和第 21 条的安全例外条款,等等。狭义上的保障制度专指 GATT 第 19 条所规定的保障措施条款,即“对某些产品进口的紧急措施”,它所针对的是一成员方在履行其 WTO 义务的过程中,由于某些未预见到的情况导致某种产品的进口大量增加,以至于对相同或直接竞争产品的国内生产者造成严重损害或严重损害威胁的情况。

保障措施作为国际贸易的“安全阀”(safety valve),为 WTO 成员方在进口激增的紧急情况下提供了一种有效的贸易救济手段,帮助成员方树立了贸易自由化的信心。然而在 GATT 时期,第 19 条的保障措施很少被援用,各国政府实际上更偏好使用“自愿出口限制”(voluntary export restraint)或“有序销售安排”(orderly marketing arrangement)等所谓的“灰色区域”措施(grey - area measures)。造成这种局面的原因有很多,比如 GATT 第 19 条规定的实施条件含糊且相对严格,特别是要求保障措施必须在最惠国待遇原则的基础上非歧视地实施,即必须限制来自所有来源地有关产品的进口②;而通过实施“灰色区域”措施,进口国可以有选择地针对特定的出口国实施进口限制。为了克服 GATT 第 19 条的不足,将被滥用的“灰色区域”措施纳入统一的国际贸易法律框架之中,各国谈判者们在乌拉圭回合中达成了《保障措施协议》。该协议对 GATT 第 19 条规定的保障

---

* 作者单位:香港城市大学法律学院。

① [美]约翰·H. 杰克逊著:《世界贸易体制——国际经济关系的法律与政策》,张乃根译,复旦大学出版社 2001 年版,第 196 页。

② 世界贸易组织秘书处编:《乌拉圭回合协议导读》,索必成、胡盈之译,法律出版社 2000 年版,第 153 页。

措施的一系列实体和程序规则进行了澄清和细化，其所要达成的目标，就是要“重建保障措施的多边控制，并消除逃避此类控制的措施”。①《保障措施协议》无疑有积极意义，但各成员方对它与GATT第19条之间的关系却产生了不同的认识，这在实践中又间接导致了WTO保障措施争端案件中经常引起争议的一个问题，即关于“未预见的情况”(unforeseen development)这一条款的法律效力及其适用的争议。

“未预见的情况”一词出现在GATT第19条第1款第a项，该条规定了实施保障措施的条件，“如果由于未预见的情况的出现，并由于一缔约方履行本协定项下的包括关税减让在内的义务的影响，使进口至该缔约方境内的无论何种产品数量增加如此之大，以至于对该缔约方境内相同产品或直接竞争产品的国内生产者造成严重损害或严重损害威胁”，那么一成员可以实施保障措施。这里，进口数量的增长必须是由于“未预见的情况”的出现而导致的。《保障措施协议》第2条第1款也规定了实施保障措施的条件：“一成员只有在根据下列规定确定正在进口至其领土的一产品的数量与国内生产相比绝对或相对增加，且对生产同类产品或直接竞争产品的国内产业造成严重损害或严重损害威胁，方可对该产品实施保障措施”。据此，实施保障措施需满足三个条件，即有关产品的进口大量增加、对国内相关产业造成严重损害或严重损害威胁、进口增加与严重损害或严重损害威胁之间存在因果关系。不难发现，GATT第19条和《保障措施协议》在实施保障措施条件的规定上，至少在字面上是有差异的，即GATT第19条的“未预见的情况”没有出现在《保障措施协议》里。实际上，对这个问题一直存在不同理解，围绕这一条款的争议也出现在了数个保障措施案件之中，WTO争端解决机构对此已经作出了一些解释和判断。

二、WTO争端解决机构对“未预见的情况”的判断

1950年前捷克斯洛伐克皮帽案②是GATT早期关于保障措施最具影响的个案，该案就首先涉及了“未预见的情况”这一问题。在此案中，美国认为皮帽样式的改变是“不可预见的情况”，捷克对此则辩称任何时装的式样都是在不断变化的，皮帽当然也不例外，谈判时美国代表应该认识到这一常识，即皮帽式样变

① 《保障措施协议》序言第2段。

② GATT, Report on the Withdrawal by the United States of a Tariff Concession Under Article XIX of the General Agreement, GATT/CP/106, October 1951.

化属于可以预见的情况,因此美国援用保障条款的前提是不成立的。负责该案的 GATT 工作组(Working Party)同意将“未预见的情况”解释为“不能合理期望做出减让的谈判方在谈判时能预见或应预见的,并且是在减让之后发生的情况”。① 他们认为,不能合理地期望美国代表在谈判时就预见到皮帽样式的变化,这种变化属于不可预见的情况。皮帽样式的变化并不能构成 GATT 第 19 条意义上的“未预见的情况”,但是由于皮帽样式的变化而改变竞争的情况的影响程度是不能合理预期的,因而满足了 GATT 第 19 条的要求。②

在《保障措施协议》生效后的 1997 年韩国奶制品案中③,欧共体和韩国就是否应该继续适用“未预见的情况”产生争议,欧共体认为韩国没有证明进口增长是“未预见的情况”的结果,因而违反了 GATT 第 19 条第 1 款的义务。该案专家组指出,WTO 协定是“单一的”承诺,其每一个条款都是有意义的;WTO 的所有义务都是叠加的,成员方必须同时遵守所有义务,除非它们之间存在冲突。④ 专家组认为 GATT 第 19 条第 1 款与《保障措施协议》第 2 条并没有冲突,因为“未预见的情况”只是解释为什么需要采取保障措施,而不是规定缔约方的义务,该条款并不解决 GATT 第 19 条的适用条件问题,它没有在 GATT 第 19 条可能采取措施的条件之外又设定额外的条件;在《保障措施协议》中没有使用“未预见的情况”是可以合理推断的,因为各成员能理解该条款只是对保障措施背景情况的一种描述,而非对实质内容的添加,因此也就没有必要在新的《保障措施协议》中再重复这一条。⑤

与韩国奶制品案同期的阿根廷鞋类产品案⑥产生了同样的争议。该案专家组认为,《保障措施协议》应理解为指导 GATT 第 19 条规定的保障措施,它是对 GATT 第 19 条的发展,代表了 WTO 成员关于保障措施的最新观点,因此“只要符合《保障措施协议》的规定,就是不违反 GATT 第 19 条的规定”。⑦ 对于“未预

---

① GATT, Report on the Withdrawal by the United States of a Tariff Concession Under Article XIX of the General Agreement, GATT/CP/106, October 1951, p. 9

② Ibid., p. 12.

③ 韩国对某些奶制品实施最终保障措施案(以下简称韩国奶制品案):Korea - Definitive Safeguard Measure on Imports ofCertain Dairy Products, Report of the Panel, WT/DS98/R (21June1999), Appellate Body Report, WT/DS98/AB/R(14 December 1999)。

④ 韩国奶制品案,WT/DS98/R, pp. 68 - 90。

⑤ Ibid., p. 172.

⑥ 阿根廷鞋类进口保障措施案(以下简称阿根廷鞋类产品案):Argentina - Safeguard Measure on Imports of Footwear, Re - port of the Panel, WT/DS121/R(25 June 1999), Appellate Body Report, WT/DS121/AB/R(14 December 1999).

⑦ 阿根廷鞋类产品案,WT/DS121/R, p. 147。

见的情况”的适用，应理解为“对一项理论或原则总结或清楚的陈述，对某事项产生影响，而在特殊或适当的案件中，将对某一事项产生实际的联系”。[①] 上诉机构不同意专家组的“WTO协定生效后采取的保障措施只要符合《保障措施协议》就不违反GATT第19条”这一结论，而坚持认为WTO协定生效后实施的所有保障措施必须同时符合GATT第19条和《保障措施协议》，即两者应当累积适用。[②] 对于“未预见的情况”条款，上诉机构认为虽然“未预见的情况”不构成实施保障措施的独立条件，但在实施保障措施时必须证明出现了这样的事实，即由于履行GATT义务而出现的进口增长的情况是未预见的。[③]

经过韩国奶制品案和阿根廷鞋类产品案，WTO争端解决机构对“未预见的情况”有了基本判断，即要求必须是由于“未预见的情况”导致了进口激增，并且是在此情势下对国内产业造成不可预见的损害或威胁；“未预见的情况”必须是“用事实证明的情势”(as a matter of fact)。在之后的保障措施案中，争端解决机构对“未预见的情况”的判断又有了新的发展。比如，在2001年的美国羊肉案[④]中，专家组阐述了“未预见的情况”的审查标准，作为证明的事实，什么时间、用什么方式说明等问题，上诉机构在该案中则进一步明确“未预见的情况”必须在国内调查机关的报告中得到说明，“‘未预见的情况’的存在是必须证明的前提条件，就如我们已经陈述的，要根据GATT第19条采取保障措施，就必须在采取保障措施之前证明。否则，实施保障措施的法律基础就是有缺陷的”。[⑤]

2003年的美国钢铁案[⑥]是迄今最复杂也是最有代表性的WTO保障措施案件，它反映了争端解决机构对“未预见的情况”的最新判断。该案专家组再次确认了上诉机构在先前案件中的论断，即欲援用保障措施的成员方必须将导致进口增长的“未预见的情况”作为一个事实问题加以证明，并且与其他条件同时在调查机关报告中得到说明。对于如何判断“未预见的情况”，专家组承认该问题

---

① 阿根廷鞋类产品案，WT/DS121/AB/R，p. 148。

② Ibid.，pp. 27－28.

③ Ibid，p. 32.

④ 美国新鲜冷冻羊肉保障措施案(以下简称美国羊肉案)：United States－Safeguard Measures on Imports of Fresh，Chilled or frozen Lamb Meat，Report of the Panel，WT/DS177/R and WT/DS178/R (21 December 2000)，Appellate Body Report，WT/DS177/AB/Rand WT/DS178/AB/R(1 May 2001).

⑤ 美国羊肉案，WT/DS178/AB/R，p. 72。

⑥ 美国某些钢铁产品最终保障措施案(以下简称美国钢铁案)：United States－Definitive Safeguards Measures on Imports of Certain Steel Products，Report of the Panel，WT/DS248－259/R(11 July 2003)，Appellate Body Report，WT/DS248－259/AB/R(10November 2003).

在一定程度上是主观的，应考察成员方在做出减让谈判时所有可能没有预见到的情况；但专家组同时认为，其判断标准也包含一定的客观因素，因为需要证明的都是在特定情况下应当或可能预见的客观事实。① 上诉机构在此案中重申，WTO协定的每一个条款都应该是有法律意义的，既然《保障措施协议》未明示排除适用“未预见的情况”，则应视其为仍有效力，成员方适用保障措施时应累积适用GATT第19条和《保障措施协议》。上诉机构分析了“未预见的情况”的意义，认为GATT第19条是指导致对国内产业造成严重损害或威胁的进口产品数量增长是没有预见到的，该事实必须被证明；GATT第19条第一句实际上是描述援用保障措施的情势（circumstances），它虽然无法独立构成条件，但和第二句所列的条件相比，它应是附加的条件，因此也应是必须被证明的事实。②

总之，WTO争端解决机构通过一系列判例和解释，目前在“未预见的情况”问题上已经基本形成共识，即GATT第19条与《保障措施协议》是累加适用的，适用保障措施不仅要满足《保障措施协议》第2条所规定的三个条件，同时也要证明存在GATT第19条规定的“未预见的情况”。如果某援用保障措施的成员没有在其调查报告中对“未预见的情况”进行说明，那么争端解决机构就会判定该成员援用保障措施的法律基础存在缺陷。

三、质疑：争端解决机构对“未预见的情况”的判断

WTO争端解决机构虽然并不承认先例原则，但其在先前案件中的判断是裁判后续案件的重要参考。在将来的保障措施案件中，争端解决机构很有可能会继续遵循目前对“未预见的情况”的判断，要求成员方在援用保障措施时必须证明“未预见的情况”的存在。笔者认为，这种做法值得商榷。

首先，理解和判断“未预见的情况”的法律意义及其是否构成实施保障措施的条件，无疑应该先将其置于WTO法框架中，从分析GATT第19条和《保障措施协议》的关系入手。《马拉喀什建立世界贸易组织协定》第2条规定：“附件1、附件2和附件3所列协定及相关法律文件为本协定的组成部分，对所有成员有约束力。”关于附件1A的总体解释性说明还规定：“当GATT 1994中某一规定与WTO协定附件1A中其他协议的某一规定发生冲突时，后者应当在冲突范围内有优先效力。”GATT第19条和《保障措施协议》均属于附件1A，所以两者在法

① 美国钢铁案，WT/DS248－259/R，p.92。
② 美国钢铁案，WT/DS248－259/AB/R，pp.97－100。

律上同属WTO协定，共同适用于保障措施，但在内容上有冲突时，后者将优先适用。另外，从《保障措施协议》的文本来看，其序言明示该协议是GATT第19条的细化，第1条表明并非GATT第19条的所有条款都应有效，第11条第1款第a项则进一步强调了该协议的优先性，其效果促使其与GATT第19条相符合。因此，如果没有证明GATT第19条所要求的“未预见的情况”，并不能被认为就一定违反《保障措施协议》。WTO条款和义务的累积适用，也并不能说明因为累积的关系就没有必要再在《保障措施协议》里重复规定GATT第19条的“未预见的情况”；相反，“未预见的情况”如果要作为实施要件的话，恰恰需要在《保障措施协议》里有相应的条款作出明确说明。

争端解决机构认为，如果谈判者们有意删除“未预见的情况”，就会在《保障措施协议》中明确说明，但他们没有这样做，因此可以推断该条款仍然有效。笔者认为，这种推理是不严谨的。因为按照同样的逻辑，如果谈判者们意欲使“未预见的情况”条款继续有效，他们同样也会在保障措施协议中说明，但事实上《保障措施协议》没有对该条款的适用加以任何说明。实际上，乌拉圭回合的谈判者们制定《保障措施协议》的初衷，就是出于减少混乱、明确纪律的目的而对GATT第19条的模糊语言和标准加以澄清，希望通过制定一个清晰、客观、具有可操作性的协议来规范保障措施的各个方面。① 如果谈判者希望明确“未预见的情况”这一模糊条款的含义，完全可以在新协定中作详细的规定，但事实恰恰相反，“未预见的情况”没有出现在《保障措施协议》的最终文本中，因此可以推论，谈判者是有意删去了这一条款。

其次，这一点还可以从《保障措施协议》的谈判历史中得到验证。在《保障措施协议》的最初草案里“未预见的情况”是被纳入的，且1990年的草案还扩大解释为“未预见的、突然的、重大的增加”(unforeseen, sudden and significant increase)，②但这种做法遭到了美国和欧共体的反对，理由是如果继续保留“未预见的情况”，适用条件将过于严格，且这个条件本身在实践中也很难被适用。到20世纪90年代中期的草案，这一条款被删除了，而原GATT1994第19条的其他条件几乎都被逐字逐句地搬入新的《保障措施协议》里。③ 从这种变化可以推断出：谈判者有意在新协议中删除“未预见的情况”条款但却依然有意将其保留

① Alan O. Sykes, Protectionism as a“Safeguard”: A“Positive”Analysis of the GATT“Escape Clause”with Normative Specula - tions, *University of Chicago Law Review*, 1991, p. 58.

② GATT Doc. MTN. GNG/NG9/W/25(27 June 1989).

③ Pierre Didier, Les principaux accords de L'OMC et leur transposition dans le Communaute Europeene(1997).

在老的GATT里适用是不合理的；同样也很难理解谈判者多年来努力用一个新协议来代替过时和模糊的GATT第19条，但却依然在GATT第19条里保留某个适用条件。[①] 因此，目前争端解决机构对“未预见的情况”的判断是不符合乌拉圭回合谈判者的原始意图的。

再次，争端解决机构将“未预见的情况”纳入现行保障措施体制的做法还有悖于保障措施在多边贸易体制中存在的必要性和目的。GATT/WTO的宗旨是协调各成员方的贸易关系，通过削减关税和消除其他贸易壁垒等方式开放市场，推进贸易自由化。保障措施针对的是出口国的公平贸易行为，尽管这和WTO所倡的自由贸易原则不一致，但现行多边贸易体制仍然允许其存在，原因就在于它是自由贸易的“安全阀”，能为进口国政府提供在某种情况下违背贸易自由化承诺的救济方式，从而增强其削减关税、开放市场的信心。“未预见的情况”条款的价值取向主要也就在此。但目前世界平均关税水平已经很低，进口激增和关税减让之间的联系也已经不那么密切，关税弱化使各国更趋向于利用其他例外条款及本国的贸易救济制度，其结果使“未预见的情况”条款存在的价值逐步消亡。[②] 另外，近年来各国援用保障措施越来越频繁，“未预见的情况”条款逐渐演变成了要求别国适用保障措施时的严格要件，而在本国援用保障措施时则是尽量少用或不用，其实质是一种变相的贸易保护主义。这些都显然与GATT/WTO宗旨和保障措施目的相违背。

复次，争端解决机构要求“未预见的情况”必须在援用保障措施时得到证明，还会在实际适用中产生很多问题。因为“未预见的情况”一词主观性太强，如何证明“未预见的情况”的存在，如何说明它导致了进口增加，都很难用一个客观明确的法律标准要求。[③] 立法上GATT第19条和《保障措施协议》都没有给出一个可以衡量“未预见”的标准和尺度，实践中争端解决机构也仅仅是根据全部情势，把“未预见的情况”放在具体个案中分析，这也无可避免地导致主观上的偏差。争端解决机构虽然极力解释，但仍然没有、以后也很难给出克服其主观性太强缺陷的解释来，因为主观要件不仅难以确立标准，而且成员方适用时具有很大自主性，容易导致实践脱离合法的轨道，滋生贸易保护主义。按照目前的

① Alan O. Sykes, The Persistent Puzzle of Safeguards: Lessons from the Steel Dispute, *Journal of International Economic Law*, 2004, p. 7.

② 陈立虎：“论保障措施的特征、功能和实施条件——兼评中国《保障措施条例》”，载《东吴法学》2002年版，第111页。

③ Yong-Shik Lee, Critical Issues in the Application of the WTO Rules on Safeguards, *Journal of World Trade*1235-1246, 2000, p. 136.

判例，只要未能合理证明“未预见的情况”以及其与“进口增加”之间的关系，成员国实施保障措施的法律基础就被认为存在缺陷，从而会被判定为不合法的贸易救济措施。实际上，因为“未预见的情况”缺乏作为法律要件的客观明确的要求，导致WTO成立以来的保障措施案件中所有实施保障措施的国家都在这个问题上败诉。这一要求已经给成员方有效利用保障措施设置了不必要的条件，成为援用保障措施的一大障碍。

最后，从WTO成员方国内立法层面看，目前仅有韩国、挪威等少数国家在其国内保障措施立法中明确规定有“未预见的情况”，而不将“未预见的情况”作为要件的国内保障措施立法占了大多数，包括了中国、美国、加拿大、澳大利亚等主要贸易大国。WTO争端解决机构要求各成员国在援用保障措施时必须证明“未预见的情况”的做法，显然与很多成员方的国内立法相悖，容易导致这些成员实践与其国内立法的不统一。

综上，乌拉圭回合谈判历史、WTO协定和《保障措施协议》文本、保障措施的目的和实践以及各国国内立法等都表明，“未预见的情况”不应被继续适用。目前WTO争端解决机构对此的判断，有可能会给现行的保障措施体制带来更大程度上的不确定和造成适用上的混乱，并最终可能破坏多边贸易体制的完整性和发展。

（2006年第9期）

2007 年

关于单边经济制裁的司法性与合法性探讨

简基松*

2006年7月5日,朝鲜进行导弹试射的当天,日本政府就宣布对朝鲜实施第一轮单边经济制裁,禁止朝鲜的"万峰号"进入日本港口半年;2006年9月19日,日本以朝鲜的核武器试验计划为由启动了对朝鲜的第二轮单边经济制裁,禁止15家朝鲜公司和一名朝鲜人士的资金进出日本国境。日本的两轮单边经济制裁得到了许多国家的响应和肯定性评价。相反,美国曾于1960年开始的、针对古巴实施的、长达40余年之久的单边经济制裁,却遭到了国际社会的普遍批评。各国对不同的单边经济制裁所表现出来的褒贬态度使国际社会产生了如下疑虑:(1)单边经济制裁属于何种性质的行为,其司法性如何。(2)单边经济制裁行为在国际法上的地位怎样,在何种情况下是非法的。本文正是要对单边经济制裁的司法性与合法性进行深入的探讨。

一、关于单边经济制裁的司法性探讨

"司法行为"与"司法性行为"是两个不同的概念。"司法行为"仅指专门的司法机关为确保法律得到强制执行而做出的各种行为。而"司法性行为"的范围要广泛得多,它包括确保法律得以强制执行的一切行为,不管该行为是否为专门的司法机关所为。"制裁"虽然不一定是"司法行为",但却一定是"司法性行为"。可见,传统意义上的"制裁"是一个司法性很强的概念。然而,在现代社会里"制裁"的"司法性"却在不断地减弱。正如大卫雷顿·布朗在《国际经济制裁的实用性》一书中所言:"'制裁'一词来源于拉丁文Sanctio,其精确含义是对违背神意、法律、法规的一种惩罚。在17世纪下半叶以前,制裁是对不法行为的惩罚,到了18世纪中叶,关于'制裁'的解释发生了变化,'制裁'不再被认为是一个严格的司法性概念,'制裁'更多地被认为是一种通过惩罚和奖赏来改变一个实体之行为的手段,被制裁者是否违反法律不再是制裁的焦点问题,也不再是制裁的前提条件。随着制裁概念的变化,国际经济制裁的概念也随之发生变化,对

* 作者单位:中南财经政法大学法学院。

一个国家采取经济制裁,未必以该国的国际不法行为为前提条件,这就是当今的国际经济制裁。"①世界著名的经济制裁问题专家霍夫鲍尔(Hufbauer)也持有相同的观点,他将国际经济制裁界定为:"政府有意对目标国施加的剥离与目标国传统的贸易、金融关系的行为。"②卡拓(Cf. Barry E. Carter)也持有相同的观点。③换言之,国际经济制裁所代表的行为范围已经变得十分广泛了。既然"制裁"的司法性在不断地减弱,这就意味着被声称为"制裁"的行为在某种情况下有可能不是一种司法性行为。因而当一个国家声称对另一个国家实施单边经济制裁时,其单边的经济制裁,也未必是一种司法性的行为。

那么,单边经济制裁在何种情况下是一种司法性行为,而在何种情况下又不是一种司法性行为呢?对于该问题不可简言之。在开始探讨该问题之前,有必要先对单边经济制裁的分类有个清醒的认识。当一个国家声称对另一个国家实施单边的经济制裁时,其所声称的单边经济制裁在本质上有可能属于三种不同类型的行为。

(一)单边自助性经济对抗措施

对抗措施在历史上又称为"报复",那么,何谓对抗措施呢?目前没有一个权威的定义,但从各种学术观点和国家实践来看,对抗措施至少应该包括下述几个核心特征:一是由受害国采取的;二是针对加害国的国际不法行为而采取的;三是非武力的强制行为。根据对抗措施的上述核心特征,我们可以这样认为:如果一个国家实施了国际不法行为,那么,该国际不法行为的受害国,针对加害国的国际不法行为而采取的单边经济制裁就属于一种单边的经济对抗措施。

美国最早的单边经济对抗措施实例发生在1807年,当时美国总统杰弗逊下令对所有美国和欧洲之间的贸易实行禁运,以抗议英国进攻美国商船。④ 1922年法国对德国采取了一次较大的单边经济对抗措施,由于德国违反《凡尔赛条约》之规定,拒绝向联合清算办公室支付赔款,作为遭受损失最大的债权国——法国在抗议无效后立即对德国采取了单边的经济对抗措施,其中包括没收德国

---

① Kim Richard Nossal, Economic Sanctions in the League of Nations and the United Nations, *The Utility of International Economic Sanctions*, by David Leyton—Brown(ed.), ST Martin s Press, 1986, p. 11.

② Gary C. Hufbauer et al., *Economic Sanctions Reconsidered: History and Current Policy*, *Institute for InternationalEconomics*, 1990, p. 2.

③ Jeong Hwa Pires, North Korean Time Bomb: Can Sanctions Defuse It? A Review of International Economic Sanctions as an Option, 24 *Ga. J. Int l&Comp. L.* 307, 1994, p. 17, Note 18.

④ Robert H. Ferrell, *American Diplomacy: A History*, W. W. Norton, 1969, p. 141; Richard Leopold, *The Growth of American Foreign Policy*, Alfred A. Knopf, 1962, pp. 5 -6.

公司在法国的财产。① 1978年法国以美国开往法国的航班改变其航线为由拒绝其降落。美国认为法国违背了法美1946年缔结的航班协定,因而拒绝法国部分航班进入美国,以此作为单边经济对抗措施。②

(二)单边法律性经济干涉

正如《奥本海国际法》所言:由于国际社会缺乏一个集中组织起来的制裁体系,国际法还不得不依赖国家的自助(self - help)和干涉(intervene)来确保执行。③ 如果一个国家实施了国际不法行为,那么,除了该国际不法行为的直接受害国可以采取对抗措施做出反应外,其他非直接受害国也可以采取非武力的强制措施作出反应,这种反应就是通常我们所说的干涉。干涉和对抗措施的相同点在于:两者都是非武力的强制措施,两者都是对国际不法行为做出的反应。所不同的是对抗措施是由直接受害国采取的,而干涉却不是由直接受害国采取的,而是由直接受害国以外的国家采取的。值得注意的是这里所说的"法律性干涉"与"干涉内政"是完全不同的两个概念。前者针对的是国际不法行为,而后者针对的是一国内政。据此,我们认为当一个国家实施了国际不法行为,而由不法行为直接受害国以外的第三国对不法行为国采取经济制裁时,那么,这样的经济制裁就属于单边法律性经济干涉。

比如,1979年苏联侵略阿富汗,联合国安理会因为常任理事国前苏联的否决票而无法作出制裁苏联的决议。美国立即对苏联实施单边经济制裁,禁止美国小麦进入苏联境内。美国声称的单边经济制裁实际上是一种单边法律性经济干涉。因为苏联侵略阿富汗显然构成国际不法行为——侵略,但侵略行为的直接受害国是阿富汗而不是美国,美国是作为直接受害国以外的第三国对苏联采取单边经济制裁措施的,因而美国的单边经济制裁实际上是一种单边的法律性经济干涉。④ 又如伊拉克侵略科威特,在安理会作出制裁决议之前,美国已对伊拉克实施了单边经济制裁,由于美国的经济制裁行动是以伊拉克的国际不法行为(侵略科威特)为前提条件的,而且美国又不是直接受害国,因而属于一种单

① Bowett, Self - *Defence in International Law*, Manchester University Press, 1958, p. 136.

② Omer Yousilf Elagab, The *Legality of Non - forcible Countermeasures in International Law*, Clarendon Press, 1988, p. 49.

③ [英]詹尼斯、瓦茨修订:《奥本海国际法》(第9版)(第1卷第1分册),王铁崖译,中国大百科全书出版社1995年版,第6页。

④ Robert L. Paarlberg, The 1980 - 81 US Grain Embargo: Consequences for the Participants, *The Utility of International Economic Sanctions*, by David Leyton - Brown(ed.), ST Martin's Press, 1987, p. 185.

边法律性经济干涉。[①]

(三)单边外交性经济强制

何谓"经济强制"呢？法余利尔(Farer)在他的《当代国际法上的政治、经济强制》一文中下了一个相对成熟的概念。他认为：任何国家通过控制、拒绝方式来影响另一国获得该国的资源、资金、商品、服务、技术、市场的努力都可称得上是一种国际经济强制的行为。[②] 法余利尔(Farer)关于经济强制的定义有一个重要的特点：那就是经济强制未必以国际不法行为为前提条件。[③] 经济强制、经济对抗措施、经济干涉三者之间既有联系又有区别。[④] 经济对抗措施和经济干涉在本质上都是一种经济强制，只有当经济强制被用来对国际不法行为做出反应时，才构成经济对抗措施或经济干涉。不同之处在于经济强制措施的采取未必以国际不法行为为前提条件，而经济对抗措施和经济干涉措施的采取则是以国际不法行为前提条件的。国家常常将经济强制当做一种攻击性的力量，如同一件握在手中的外交兵器。据此我们可以认为：当一个国家在另一个国家没有做出国际不法行为的情况下对该国实施单边的经济制裁，其单边的经济制裁实际上是一种单边外交性经济强制。

在第二次世界大战中，各国在相互之间的经济战中使用的经济战方法就属于经济强制，如冻结目标国的资金、封锁目标国的贸易等，[⑤] 1949 年资本主义阵营里的许多国家先后对新中国实施经济制裁，这些宣称实施经济制裁的国家甚至公开承认其经济制裁是建立在政治基础上的。[⑥]

---

① Tom J. Farer, Political and Economic Coercion in Contemporary International Law, 79 *Am. J. Intl L* (1985), pp. 405 – 408. Michael P. Malloy, *United States Economic Sanctions: Theory and Practice*, Kluwer Law International, 2001, p. 113.

② 早期的国际经济强制，主要表现为贸易强制，且多为"单边"性质。最早关于国际贸易强制的记载要追溯到公元前 432 年，帕利克斯头人(Pericles)奥塞尼(Athenian)对马格拉实施贸易强制措施，马格拉请求斯巴托给予援助，最后导致佩罗珀尼西亚(Peloponnesian)战争。

③ Lawrence, *The World s Struggle with Rubber*, 1905—1931, Harper & Bros., 1931; F. M. Surface, *The Grain Trade During the World War*, Macmillan, 1928; B. Emery, *The Strategy of Raw Materials*, Macmillan, 1934.

④ 早在第一次世界大战前后就开始有学者对经济战和经济制裁的区别进行过深入的探讨，并得出了上述结论。See J. C. Lawrence, The World's Struggle with Rubber, 1905 – 1931, Harper & Bros., 1931; F. M. Surface, *The Grain Trade During the World War*, Macmillan, 1928; B. Emery, *The Strategy of Raw Materials*, Macmillam, 1934.

⑤ M. S. MC Dougal, and F. P. Feliciano, *Law and Minimum World Order*, Yale University Press, 1961, pp. 30 – 32.

⑥ Paul M. Evans, Against the Dragon: Post – War Economic Sanctions against the PRC, *The Utility of International Economic Sanctions*, by David Leyton – Brown(ed.), ST Martin s Press, 1987, p. 60.

这样的经济制裁显然属于经济强制。从1960年开始美国对古巴采取经济封锁措施，美国声称是在实施单边的经济制裁，美国所谓的单边经济制裁并不是以古巴的国际不法行为为前提条件的，而是因为卡斯特罗在古巴推翻了亲美政权，美国对古巴的单边经济制裁很显然只是一种推行美国外交政策的经济强制行为而已。[①] 通过对各种不同种类的单边经济制裁的分析，我可以得出两个基本的结论：一是单边经济制裁的司法性正在进一步降低，其根源与各国的国际实践有很大关系。由于"制裁"一词在历史上是一个司法性很强的概念，是正义的代名词，其合法性自然不容怀疑。因而，每个国家将自己在经济领域采取的强制行为声称为单边经济制裁，是想表明自己的行为代表法律、代表正义，而不论其所采取的强制行为是否针对不法行为。正是由于各国频繁使用这个司法性概念表述一些"非司法性"的行为，使"制裁"一词所包含的司法性大大降低。二是作为对抗措施和经济干涉的单边经济制裁都是针对国际不法行为作出的反应，因而仍然具有较强的司法性，但作为经济强制的单边经济制裁并不以国际不法行为为前提条件，因而在本质上不再具有任何司法性。

二、单边经济制裁之合法性探讨

在国际法上，作为对抗措施的单边经济制裁的合法性是显而易见的。但作为经济干涉和经济强制的单边经济制裁的合法性却是一个存在极大争议的问题。

(一)作为对抗措施的单边经济制裁的合法性探讨

20世纪之前，还没有对抗措施的措辞，因而，对抗措施实际上就是指当时在国家间流行的"报复"(Reprisal)。[②] 报复最初可以分为"公报复"(Public Reprisal)和"私报复"(Private Reprisal)。17世纪是私报复十分流行的时代。格劳秀斯认为：当一个私人受到外国或该外国国民的损害时，该私人可以请求其本国颁发"拿捕外国商船的许可证"(Letter of Marque)，授权其采取报复行动。[③] 由于国家只是授权而已，报复最终是由受害人自己来执行的，因而这种报复就被称为私报复。私报复的前提条件是一个私人在外国遭受不法侵害，并且有明显

① Sergio Roca, Economic Sanctions against Cuba, *The Utility of International Economic Sanctions*, by David Leyton - Brown(ed.), ST Martin s Press, 1987, p. 87.

② "报复"一词来源于法语(repre'sailes)，而法语中的repre'sailes又来源于拉丁语。

③ Groutius, De *Jure Belli Ac Pacis Libri* Tres, 1648, ed. Scot, 1925, Book III, ch. 2, p. 627.

的证据证明该外国拒绝司法(Denial of Justice),[①]私报复流行了一段时间,接下来便受到了国际社会的批评,许多国家开始通过条约的方式对私报复加以调整与限制。如英国先后同荷兰、法国、丹麦缔结双边协定,来限制私报复。[②] 后来一些国家干脆通过缔结条约禁止私报复。到了18世纪末,私报复基本上被公报复所取代。[③] 瓦特尔(Vattel)认为当一个国家受到另一个国家的伤害而采取措施来救济自己时,谓之"公报复"。[④] 最早的"公报复"案例是"英国教徒船舶案"。[⑤]20世纪初,国际社会先后缔结《和平解决国际争端公约》、《国际联盟盟约》,对国家的战争权加以限制。1946年的《联合国宪章》彻底废除了国家的战争权。所有这些限制和废除国家战争权的条约并没有同时废除国家采取非武力报复的权利。于是在这一阶段报复区分为"武力报复"和"非武力报复"。由于武力报复已被禁止,因而非武力报复备受各国青睐。美国在其非武力报复的实践中提出了"对抗措施"的说法,并迅速为国际法院所采用。到了当代,"对抗措施"成为国际实践的普遍用词。[⑥]

1979年国际法委员会在起草《关于国家责任条文草案》时,将非武力报复措施改称为对抗措施(Counter Measures)。[⑦] 它标志着对抗措施的规则由习惯法规则向条约法规则演变。1996年和2001年,国际法委员会两次修订了《国家责任条文草案》,在这两个版本的草案中,继续援用对抗措施的措词。[⑧] 从此以后,非武力的报复措施又被称为"对抗措施"或"反措施"。[⑨]

综上所述,对抗措施在国际法上是一种合法的强制措施。很早就为国际习

---

① 俄马约塞夫·依兰伽贝(Omer Yousif Elagab)在其《国际法上的非武力对抗措施的合法性》一书的第7页脚注5中列举了若干国家拒绝签发"拿捕外国商船许可证"的实例。

② E. g. Treaty between England and Holland, 1654, text: BL ref. No. 8122. e e. 6(22); Treaty of Utrecht between France and England, 1713, text: BL ref. no. 8122. f f. 2(I); Treaty between England and Denmark, 1660, text: De Bernhardt, Handbook of commerc Treaty, & c., Between England and Foreign Powers 1912, p. 241.

③ Butler and Maccoby, *The Development of International Law*, Longmans, Green and Co., 1928, p. 177.

④ Vattel E. and Chitty J., *The Law of Nations*, Sweet. Yunupingu. G., 1834, Book II, p. 283.

⑤ Phillimore, *Commentaries upon International Law*, Vol. iii, London, 1885, p. 33.

⑥ Omer Yousilf Elagab, *The Legality of Non—forcible Countermeasures in International Law*, Clarendon Press, 1988, p. 2.

⑦ 1979年《关于国家责任条文草案》第30条规定:"一国不符合该国所负义务的行为,如果构成因该国某项国际不当行为而引起的对抗该他国国际法上的合法措施,则该行为的不当性应予以排除。"

⑧ Daniel Bodansky and John R. Crook, The ILC s State Responsibility Articles: Introduction and Overview, 96 *A. J. I. L* 773, 2002, p. 3.

⑨ 1996年的《国家责任条文草案》在第30条、47~50条就对抗措施的规则作了专门规定。

惯法所公认,并被写入现代国际条约《国家责任条文草案》之中,虽然该草案尚未生效,但作为一项习惯国际法原则,它早已为国际社会一致公认。以此类推,作为经济对抗措施的单边经济制裁的合法性也不容置疑。

(二)作为经济强制的单边经济制裁的合法性探讨

要探讨经济强制的合法性,就要从国际条约法和国际习惯法两个角度来查明是否存在一般禁止经济强制的规则。通过解读《联合国宪章》和大会的有关决议基本上可以得出结论。

1. 从《联合国宪章》和《国际法原则宣言》的条文内容来看,并没有一项明文规定一般禁止经济强制。

国际社会曾在两次重要的立法场合涉及经济强制的禁止问题。一次是1945年的旧金山制宪会议,另一次是20世纪60年代末进行的《国际法原则宣言》起草会议。旧金山制宪会议在制定宪章第2条第4款时曾遇到这个问题。根据该条之规定,国家被禁止使用"Threat or Force"。由于force在英文中的含义比较多,既可以指"强制",也可以指"武力"。如果"Force"在第2条第4款中专指"武力",则表明宪章并没有一般禁止包括经济强制在内的非武力强制措施;如果"Force"在第2条第4款中专指"强制",则表明宪章不但禁止武力强制,而且禁止包括经济强制在内的非武力强制,因为强制是由武力强制和包括经济强制在内的非武力强制构成的。很显然,该条之规定十分模糊。为了使该条规定变得十分明确,巴西代表建议将"经济强制"(Economic Coercion)明确写入第2条第4款禁止的范围,不过,巴西代表的建议最终被宪章起草委员会以26票对2票拒绝了。[①] 1970年《国际法原则宣言》特别委员会在起草第一条法律原则时同样遇到了"经济强制"的禁止问题。捷克斯洛伐克代表、南斯拉夫代表和八个非洲国家代表分别向特别委员会建议,将"经济强制"写入第1条原则规定的禁止范围。[②] 然而,上述国家的建议遭到了西方国家的反对,特别委员会最后没有采纳发展中国家的意见,"经济强制"仍然没有被列入一般禁止的范围。不但两次重要的立法场合都因各国的分歧而最终没有产生一般禁止"经济强制"的明文规定,而且学术界对该问题的回答也始终存在严重的分歧:

一派观点认为:1945年旧金山制宪会议和《国际法原则宣言》起草会议上,部分国家提出将"经济强制"明确地列入禁止的范围,但却遭到了拒绝,对这些

---

① Doc. 2, G/7(4), 6 May 1945, UNCIO Doc., Vol. iii, 1945, p. 251, at pp. 253 - 254, No. 15, emphasis added.

② Report of the Special Committee on Friendly Relations, UN Doc. A/6230, 1966.

建议的拒绝就表明宪章无意对“经济强制”施加一般禁止。顾德里奇(Goodrich)教授和翰姆布罗(Hambro)先生都参加过旧金山制宪会议,他们一致认为:“既然宪章没有明确规定,那么,被一般禁止的‘Force’就专指‘武力’。”① D. W 伯卫特(Bowette)在他的《国际法上的自卫》中也这样写道:“很清楚,既然禁止的是‘Forceor Threat’,那就表明只是禁止‘武力或威胁’的使用,而并不对‘经济和政治强制’等非武力强制加以禁止。”又如里里奇(Lilich)在《国际经济强制与国际经济新秩序》中也有相同的论述说:“从一般理性的角度来判断,联合国拒绝了经济强制的修正建议就表明这里的‘force’仅指‘武力’而不包括经济强制。”②另一派却持有相反的观点。如评论家里伊 C. 布奇黑伊特(Lee C. Buchheit)对此就持不同的态度,他认为:既然“强制”(force)之前没有加任何形容词来修饰,就表明第 2 条第 4 款规定的原则将随着强制方法的日趋成熟而得到调整。比如宪章第 46 条中的 Force 专指“武力强制”时,就在 Force 前面使用 Armed 来加以修饰,③同样道理,如果宪章的第 2 条第 4 款所指的仅仅只是“武力强制”,那么也应该在 force 之前加一个限制性的形容词“武力的”(armed)。而事实上该条并没有加这样的修饰性词语,因而该条禁止的是所有的“强制行为”,不但禁止武力强制行为,而且禁止包括经济强制在内的非武力强制行为。

不过对于这个问题,笔者更赞成第一派的观点。我们可以从“多种文本同作一准”④的条约解释原则推导出这样的结论。因为宪章条文是用多种文字写成的文本,每种文本同作一准,比如中文文本也是其中的一种作准文本,而中文写成的宪章第 2 条第 4 款中对应“Force”的措辞是“武力”而非“强制”,⑤换言之,宪章一般禁止各国动用武力,而不一般禁止包括经济强制在内的非武力强制。因此笔者认为包括经济强制在内的非武力强制不在宪章明确禁止的范围之内。

2. 从联大决议和国际实践来看,还没有明显的证据证明存在一项一般禁止“经济强制”的国际习惯法规则。

虽然一般禁止经济强制的条约法规则因各国之间的严重分歧而无法产生,

---

① Lilich, Economic Coercion and the New International Economic Order: A Second Look at Some First Impressions, *Virginia Journal of International Law*, Vol. 16(2), 1976, pp. 233, 236.

② Shane M. McGee, Or I'll Take My Toys and Go Home: The Iran and Libya Sanctions Act of 1996, 20 *Hous. J. Intl L* 111(1997).

③ 《联合国宪章》第 46 条规定:“武力(Armed Force)使用之计划应由安理会以军事参谋团之协助决定之。”

④ 梁西主编:《国际法》,武汉大学出版社 2000 年修订版,第 427 页。

⑤ 《联合国宪章》第 2 条第 4 款(中文文本)。

但联大决议却似乎朝着“一般禁止经济强制”的方向发展。

联大决议在国际法上具有重要的影响，体现了国际法两类渊源的要素，即国际条约法和国际习惯法。这就意味着联大的某些决议也以多种方式代表着国际法。大会多数表决通过的决议可能通过两种方式最终融入国际法：一方面，有些决议是对《联合国宪章》的解释，这样的决议常常可能获得条约国际法的效力；另一方面，有些决议是由大多数会员国同意通过的，可能显示了足够多国家的法律确信，最终为形成国际习惯法准备条件。①

联大于 1965 年、1970 年、1974 年先后三次通过决议规定：任何国家都不得通过使用或鼓励使用经济、政治或其他种类的措施来强迫另一国在行使主权时依附于该国，并从中获得任何利益。这些决议中的措辞几乎完全相同，通过这些决议时，反对票几乎毫不例外地不超过 6 票。虽然，联大决议本身并没有法律拘束力，但却可以构成国际习惯法的两大要素之一（法律确信）的明显证据。包括经济强制在内的非武力强制所牵涉的这个问题被联大用几乎相同的措辞多次重复通过决议。一个国家通过投票赞成体现在联大决议中的行为规范可能构成该国对该行为规范的法律确信的明显证据，因而可以说几乎所有的联合国会员国都有该行为规则为法律规则的法律确信的证据，有的为一次性证据，有的为三次性证据。

不过，遗憾的是形成国际习惯法的另一个要素——“国际实践”却并没有朝着同样的方向进展。因为当一个国家真的对另一个国家采取经济强制措施时，其他国家很少反对，有些国家在对别国采取经济强制措施时甚至认为自己是合法的，所有这些国际实践都最终导致一般禁止经济强制的国际习惯法难以形成。正因为如此，泊罗特斯盖（Porotsky）认为：“国际习惯法长期以来都承认国家有权以其认为合适的任何方式管理其贸易关系。是否存在一项一般禁止经济强制的国际习惯法规则是一个很有争议的问题。”

3. “与现有国际法协调原则”是判断作为经济强制的单边经济制裁是否合法的重要标准。虽然目前既没有条约法规定，也没有习惯法规定一般禁止经济强制，但从综合的角度判断，应该不难看出某些经济强制行为是非法的。

那么究竟在何种情况下，经济强制是被禁止的呢？里里奇对这个问题曾有过提示性的探讨。他认为：“国际法对某些种类的经济强制行动是加以禁止的。”至于哪些种类的经济强制行动是受到国际法禁止的，他认为：“严厉且持续

① 在联合国的决议中有两种具有法律拘束力：一种是解释联合国宪章的决议；另一种是宣示国际习惯法规则的决议。See Oscar Schachter, United Nations Law, 88 *Am. J. Intl.* 1,3(1994).

不断的经济强制只有和国际社会的整体利益协调一致时才是国际法所允许的。”①换言之,当经济强制与国际社会整体利益不协调时,则是国际法所禁止的。另一位国际法学者(DR Omer Yousif Elagab)在他的一本专著——《非武力对抗措施在国际法上的合法性》中,间接提到过这个问题,他认为:“任何压力,不管名称为何,都必须与现有的国际法原则协调一致。”②据此,他认为经济强制属于这些压力中之一种,因而也应该与现有国际法原则协调一致。其实两位学者所见略同,因为现有国际法原则应该也是与国际社会整体利益协调一致的,因而要求经济强制与国际社会整体利益协调一致,必然推导出“与现有国际法协调一致原则”。比如采取经济强制的手段去干涉一个国家的内政,则这样的经济强制显然是非法的,因为国际法一般禁止干涉内政。③ 关于这一点,联大曾在三个重要的决议中以几乎相同的措辞,并以几乎相同的高票,通过了几乎相同的条款。

综上所述,国际法虽然没有一般禁止“经济强制”,但“与国际社会整体利益协调一致”和“与现有国际法协调一致”原则是判断经济强制是否合法的重要标准。据此,我们完全可以认为那些与现有国际法原则或国际社会整体利益背道而驰的经济强制是非法的。

(二)作为经济干涉的单边经济制裁的合法性探讨

《奥本海国际法》指出:“各国组成的国际社会共同同意,认为国际行为规则应由外力加以强制执行,在没有为此目的而成立的中央权威机关的情形下,各国有时用自助(self-help)和干涉(intervene)等方法将法律掌握在自己手中。”④可见在传统国际法律系统中,“自助”和“干涉”都是确保国际法得以强制执行的外力。不同的是:“自助”是由不法行为受害国采取的,而干涉却是由不法行为受害国以外的国家采取的。

据此,我们可以间接地肯定:受害国之外的国家对国际不法行为采取的经济强制,也即作为经济干涉的单边经济制裁,是国际法所允许的合法行为,因为这

① Richard B. Lilich, *Economic Coercion and the International Legal Order*, 1976, at 73, pp. 81-82.

② DR Omer Yousif Elagab, *Legality of Non—Forcible Counter—measures in International Law*, Clarendon Press, 1988, p. 196.

③ 《关于各国内政不容干涉及其独立与主权之保护宣言》第2条明确规定:“任何国家不得使用或鼓励使用经济、政治或任何其他措施胁迫他国,以谋自该国获得主权行使之屈服,或取得任何利益。”

④ [英]詹尼斯、瓦茨修订:《奥本海国际法》(第9版)(第1卷第1分册),王铁崖译,中国大百科全书出版社1995年版,第6页。

样的经济强制行动对国际不法行为具有抑制的效果,维护的是法律正义,显然与国际社会整体利益协调一致。只要其不违背现有的国际法原则,应该是合法的行为。

事实上,当不法行为受害国以外的国家采取经济强制行动对国际不法行为作出反应时,其他国家几乎没有谁会对此作出否定的评价。如1979年苏联侵略阿富汗,美国立即做出反应,对苏联实施谷物禁运。① 又如1990年,伊拉克侵略科威特,在联合国尚未采取制裁行动之前,美国和英国就已经对伊拉克采取了单边的经济制裁。1995年至1996年印度和巴基斯坦违反《核不扩散条约》进行核武器试验,美国立即对该两国采取单边经济制裁行动。1997年美国以缅甸侵犯人权为由,采取了单边经济制裁行动,禁止美国人向缅甸投资。② 所有这些单边经济制裁行动显然不是由受害国采取的,因而不是经济对抗措施,而是一种经济干涉行为,但其合法性也没有受到国际社会的反对与质疑。

三、结　语

综上所述,虽然单边经济制裁的司法性正在降低,确保国际法得以强制执行不再是单边经济制裁的唯一属性,有时它也可以充当国家的外交压力工具。但不管属于何种情况,单边经济制裁都没有被国际法所一般禁止。随着中国在国际上经济地位的提高,借助于单边经济制裁来维护本国在国际法上的权益和实现外交政策的需要也在不断增强,中国应该解放思想,充分地用好单边经济制裁这一重要工具。当然,要用好这一外交性、司法性工具,同时还需要我们进行相应的国内配套立法。

(2007年第1期)

---

① Robert L. Paarlberg, The 1980—81 US Grain Embargo: Consequence fo the Participants, *The Utility of International Economic Sanctions*, by David Leyton—Brrown(ed.), ST Martin s Press, p. 185.

② Craig Forcese, Municipal Buying Power and Human Rights in Burma: The Case for Canadian Municipal "Selective Purchasing" Policies, 56 *U. T. Fac. L. Rev.* 251, 1998, p. 2.

实在国际法的危机与强行法的作用
——从朝鲜进行核试验说起

罗国强*

一、实在国际法在朝核问题上的危机

2006年10月9日，朝鲜进行了首次核试验，引起世界各国的普遍震惊与关注。国际社会普遍意识到，这是一个极端危险的事例。在世界上某些地区局势异常紧张的情况下，如果每个国家都起而仿效，宣称为了自保而发展核武器的话，那无疑将给整个人类社会带来毁灭性的灾难。与3年前美国入侵伊拉克相类似的是，国际法在这些棘手问题面前都显得束手无策。更为令人尴尬的是，入侵伊拉克至少被很多学者认为是违反国际法的，①而朝鲜进行核试验甚至无法被认为是违反国际法的。

而这也再次印证了笔者对国际法已经在新世纪陷入发展危机的论断②并非杞人忧天。也许，将此类问题的最终讨论权全部交给国际政治学，是非常轻松便利的做法，然而这也是一种极端不负责任的做法。尽管都以国际关系为调整对象，尽管两者关系密切，但是国际政治与国际法毕竟属于不同的范畴、有不同的适用领域。不能因为国际政治调整了此类问题，就放弃国际法对此类问题的调整，或者一旦需要深入研究就转到国际政治的进路上。尽管国际政治的衡量贯穿国际关系运作的始终，但在国际关系产生、改变、确立的关键点上，却不能缺少国际法所提供的规范的调整与指导。事实上，不论朝鲜此后是否会再次进行核试验，也不论"朝核六方会谈"日后是否能够达成妥协，都不妨碍国际法对这一

---

* 作者单位：华东政法大学。

① 从总体上，对于这场战争的合法性持否定论者属绝大多数。参见曾令良主编：《21世纪初的国际法与中国》，武汉大学出版社2005年版，第61页。

② 放眼世界，有了层出不穷的国际条约与国际惯例，有了数不胜数的国际组织，有了汗牛充栋的国际法专著，可以说，实在国际法已经相当繁荣。但是进入新世纪，面对着全球变暖、大气污染、经济全球化、恐怖主义、滥用自卫权等诸多问题，国际法没有能够担负起应有的责任。也正是在这个意义上，我们可以说，国际法在有的领域发展顺利，而在有的领域却踯躅不前甚至倒退；国际法的"巴尔干化"已经日趋严重，国际法已经陷入发展危机中！参见罗国强："'和平崛起'与新世纪国际法理论构建"，载《国际观察》2004年第5期。

问题的调整。

二、实在国际法在朝核问题上的缺失

当然，毋庸置疑的是，目前的实在国际法由于在诸多方面存在严重缺失，故而在调整朝核问题时显得力不从心，以至于在对朝鲜进行核试验这一事件进行评价的时候，国际社会陷入了几乎无法可依，只能喊喊政治口号、做做道义谴责的窘境。

下面我们不妨具体分析一下那些可能得到适用的有关实在国际法渊源或依据在此次事件中的境遇。

（一）国际条约

国际条约是目前最为可靠、最便于适用的国际法渊源，在核不扩散与禁止核试验问题上，有关的条约主要包括：《核不扩散条约》、《全面禁止核试验条约》、《部分禁止核试验条约》以及《限制地下核武器试验条约》。然而，《全面禁止核试验条约》尚未生效，①朝鲜也没有签署或批准该条约；朝鲜也不是《部分禁止核试验条约》以及《限制地下核武器试验条约》的缔约国；更糟的是，朝鲜已于2003年1月11日退出了其曾经于1985年加入的《核不扩散条约》。其结果就是，目前没有任何与核不扩散和禁止核试验有关的条约可以约束朝鲜，朝鲜对不进行核试验没有承担任何条约义务。

（二）国际习惯

一般来说，只要证明在核不扩散或禁止核试验问题上存在“惯常行为”和“法律确信”，②就可以依据国际习惯法，要求有关国家承担不进行核试验的国际义务。可以肯定的是，世界上的多数国家都赞成禁止核扩散与核试验，形成禁止核扩散与核试验的国际习惯法既是完全可能的，也是完全必要的，我们甚至可以认为禁止核扩散与核试验乃是“正在形成中的国际习惯法”。然而，“正在形成”

---

① 截至2006年10月，已经有176个国家签署了《全面禁止核试验条约》，其中135个国家已经批准该条约。但依据该条约第14条的规定，须经附件2所列举的44个核国家或有核能力的国家批准，条约才能生效。目前，在44个国家中已有34个国家批准，而美国、中国、哥伦比亚、朝鲜、埃及、印度、印度尼西亚、伊朗、以色列、巴基斯坦10个国家还未批准该条约，其中印度、巴基斯坦、朝鲜等国甚至没有签署该条约。这导致《全面禁止核试验条约》始终无法生效，并且近期内此种情况并无改观。

② 关于国际习惯的两大构成要素的说明，参见王虎华主编：《国际公法学》（第2版），北京大学出版社2005年版，第16～18页。

也就意味着还没有形成，而尚未形成的国际习惯法规则显然是没有拘束力的。事实上，《全面禁止核试验条约》的不成功，尤其是美国、朝鲜、伊朗、印度、巴基斯坦、埃及、以色列等国对禁止核试验的不同程度的反对态度，显然阻碍了禁止核扩散与核试验的国际习惯法的形成。由于上述国家都是具有核能力或核潜力的国家，它们的反对态度在很大程度上消解了对禁止核扩散与核试验的“法律确信”的普遍性，他们的种种行为更是直接导致禁止核扩散与核试验的“惯常行为”无法产生。退一步说，假设上述国家日后大多转变了态度，禁止核扩散与核试验的国际习惯法能够得以形成，①但只要朝鲜在禁止核扩散与核试验的国际习惯法规则尚未形成时就开始作出“持续的反对”，②就仍然可以不受有关国际习惯法的约束。

(三)安理会决议

朝鲜是联合国成员国，而安理会又是联合国内唯一有权采取行动维护国际和平与安全的机构。因此，只要安理会作出了决议，所有成员国(包括朝鲜在内)都承担执行决议的义务。2006 年 10 月 14 日，联合国安理会一致通过了关于朝鲜核试验问题的第 1718 号决议。该决议对朝鲜核试验表示谴责，要求朝方放弃核武器和核计划，立即无条件重返六方会谈，并决定针对朝方核、导等大规模杀伤性武器相关领域采取制裁措施；决议强调《不扩散核武器条约》缔约国应严格履行义务，有关各方应保持克制，不要采取任何可能加剧紧张局势的行动，继续通过政治和外交努力寻求解决问题，争取尽早恢复六方会谈；决议排除了授权使用武力的可能，未对朝鲜实施全面制裁，并表示将视朝鲜遵守决议情况调整、暂停或取消对朝制裁措施。

应该说，这一决议是目前唯一能够调整朝鲜进行核试验问题的国际法律文件了。然而，安理会毕竟是一个执行机构而非造法机构，安理会的决议，制定的是执行措施而非法律，且这些执行措施应当以国际法为依据。第 1718 号决议并没有说明其所依据的国际法，而只是对朝鲜进行核试验表示谴责、提出要求，这就导致其在自身内容的权威性与有效性上打了折扣。更为明显的是，由于受到地缘政治因素的影响，第 1718 号决议仅仅对朝鲜作出了有限的制裁(且此类制裁实际上早就被很多国家实行过了)，并未授权成员国实施全面制裁或采取武

---

① 因为，“惯常行为”与“法律确信”并不要求世界上所有国家的赞同，只要达到相当普遍且主要国家都赞同的程度，国际习惯法的构成要件就已经达到。

② 布朗利指出，一国在习惯的形成过程中可以约定不受某一习惯的约束；无论“持续的反对者”这一原则的理论基础如何，它却得到了国际法庭以及国家实践的充分认可。参见[美]布朗利：《国际公法原理》，曾令良、余敏友等译，法律出版社 2003 年版，第 9 页。

力行动以维护国际和平与安全，因而，这基本上就是一个只能口头上说说而且还说不出法律依据的决议。其结果就是尽管受到第1718号决议所施加的国际压力，但朝鲜实际上并不需要为此决议承担太多的国际责任。

（四）单方法律行为

单方法律行为也是一种创设国际义务的依据。[①] 因此，如果朝鲜作出并维持其放弃核试验的单方承诺的话，那么它就要为履行这一承诺承担法律义务。2005年9月19日，第四次六方会谈的代表通过了一项《共同声明》，在该声明中，朝鲜承诺放弃一切核武器及现有核计划并早日重返《核不扩散条约》，美国确认其在朝鲜半岛没有核武器并无意以核武器或常规武器攻击或入侵朝鲜。此外，1992年朝鲜和韩国还曾经共同签署《朝鲜半岛无核化共同宣言》，朝、韩两国承诺，不试验、不制造、不生产、不接受、不拥有、不储藏、不部署、不使用核武器；和平利用核能；不拥有核再处理设施和铀浓缩设施。

那么，是否可以依据这些承诺，要求朝鲜承担不进行核试验的国际法义务呢？笔者认为这是很困难的。首先，六方会谈《共同声明》与《朝鲜半岛无核化共同宣言》等文件，无论从形式上还是内容上都尚未达到构成国际条约的程度。各国只是集合起来，以同一份文件的形式各自表述观点而已，实际上还是“你说你的，我说我的”。在内容上，各方承诺的权利义务之间并没有直接的、明确的联系，一国是否履行其承诺的义务在法律上对他国义务的履行没有影响，实际上还是“你做你的，我做我的”。更何况，这些承诺中的权利义务几乎都是非常粗略而抽象的，可以说仅仅是关于某种意向的表述，距离真实的意思表示还差得很远。因此，充其量，这些共同声明或宣言就是各国单方承诺的合集而已。其次，单方承诺虽然也能带来法律义务，但是其稳定性极低，承诺国可以随时改变或撤销承诺，从而为自己解除履行承诺的义务。比如，在1973年“法国核试验案”中，面对澳大利亚和新西兰的指控，法国政府单方承诺不再进行核试验，使案件告一段落；但1995年法国宣布恢复在南太平洋的核试验；而1996年法国又再次宣布停止核试验。尽管反复作出、修改并撤销单方承诺，但法国并未因此而承担违反国际法的责任，这充分说明了单方承诺作为“特殊国际法渊源”的可变性与不稳定性。当然，如果单方承诺的内容本身不符合国际法，或者承诺方的行为已经构成“禁反言”（estopple），则那些做出、修改或撤销单方承诺的行为应当归于无效。但就朝核问题而言，上面已经说明，没有明确的条约或习惯义务约束朝鲜，且朝鲜在做出放弃核试验的单方承诺之后，不论在言辞上还是行动上都屡屡

① 李浩培著：《国际法的概念和渊源》，贵州人民出版社1994年版，第171页。

背弃承诺,故而不存在修改或撤销已做承诺违反实在国际法,或者朝鲜已经构成“禁反言”的情况。因此,指望通过单方法律行为来约束朝鲜进行核试验的行为,目前是不现实的。

总之,朝鲜并未在国际条约与国际习惯上承担不进行核试验的义务,安理会有关决议因受地缘政治因素的影响而难有作为,而指望依靠单方承诺解决朝核问题也是不现实的。也就是说,对朝鲜进行核试验的行为,目前在实在国际法上,几乎没有可以约束其行为的规则,国际社会无法适用实在国际法来评价、纠正朝鲜进行核试验的行为。

如果要探究出现这一尴尬局面的根源所在的话,那么笔者认为:由于实在国际法根本上是出自国家之间的合意,这意味着如果国家坚决表示自己对某一国际规范的反对意见的话,可通过退出国际条约或国际组织、持续反对国际习惯、修改或撤销单方法律行为等方式进行,那么在理论上,它就确实可以不受该国际规范的约束。而在实践中,国际政治斗争的复杂性,尤其是地缘政治因素的客观存在,确实为某些国家利用上述实在国际法的缺失以谋求私利提供了空间。应该说,这本是以国家合意为基础的实在国际法的固有缺失。但是,这并不能成为我们对此类行为听之任之的借口。相反,越是缺乏规范的地方,法律越应该对其进行规范。唯有如此,人类社会才能逐步走向和谐有序,国际社会的发展才能进一步被纳入符合社会规律的轨道中。

三、新的选择:强行法及其性质与作用

笔者认为,在处理类似于朝鲜进行核试验这样几乎无法可依的问题的过程中,当实在国际法因其固有缺失而不能调整有关国际关系的时候,应当直接适用作为自然国际法组成部分的、不需要国家同意即可成立的强行法,来调整有关国际关系。当然,要说明这一点,必须首先对强行法的性质与作用作出重新的梳理。

(一)强行法的性质

对于强行法(juscogens),即一种高于一般实在法的规则存在的认可,最早是在国内法中实现的。如今,“几乎在所有国家的国内法中,都可以找到强行法规则”,[①]在国内法中纳入强行法规则已经成为世界各国的普遍做法。相比之下,

---

① 李浩培著:《条约法概论》,法律出版社2003年版,第238页。

在缺乏中央权威的国际层面上，强行法被认可就是晚近的事了。1969年《维也纳条约法公约》（以下简称《条约法公约》）第53条对“与一般国际法强制规律（绝对法）抵触之条约”作了规定。但关于强行法的性质，《条约法公约》没有明确界定。在今天的实在法学者看来，强行法只是实在法的一种新的变种而已。他们通常的做法，就是用实在法上的某些制度来套强行法，试图把后者归入实在法的范畴。

首先，有的学者认为强行法属于国际习惯法。麦克奈尔坚称，强行法就是那些较高的、各国不能抛开或修改的习惯国际法规则，它们是由于条约的明文接受或习惯所默示接受作为保护各国的社会的公共利益或维持它们承认的公共道德标准所必需的。① 布朗利指出，强行法“均是习惯法规则”。② 拜尔斯尽管知道强行法欠缺习惯法所具有的合意性基础，但她相信，只要多数国家具有对不许损抑规则的共同利益，习惯国际法的进程也可以产生强行法。③ 值得一提的是，亨金虽然认为，强行法可以被归入“特殊的习惯法”之列，但是他也承认，在这样的归类方式之下，不仅无法解释“持续的反对者”（persistent objector）问题，而且很难界定所有习惯法都具有的两大要素（惯常行为与法律确信），甚至国家合意的原则也被钻出了一个窟窿。为此，亨金更倾向于自己所做的一个补充界定，即强行法是“一套关于为国际体系所认识和采纳的基本价值的系统的宪法性法律的成长”。④

实际上，亨金本人的矛盾已经说明了问题。不论他的补充界定是多么的晦涩与模糊，那种从基本价值出发而非从国家意志出发的视角，已经超出了实在法的界限。事实上，强行法可以转化为习惯法，两者可能重合，且两者都不以各国明示地接受为条件。但是，两者仍然属于不同的渊源体系，如果认为强行法是一种国际习惯法，那就意味着国际习惯法既属于实在国际法又一定程度上高于实在国际法，国际习惯法既以国家意志的合意为基础又具有推翻国家意志的合意的可能性，这的确是难以自圆其说的。

很多学者认为，只要指出多数国家具有某种共同利益并认为有必要存在某种不许损抑的规则，就可以证明强行法是国际习惯法的一个新种类，这显然是非

---

① Mcnair, *Law of Treaties*, Clarendon Press 1961, pp. 213 – 214.

② Ian Brownlie, *Principles of Public International Law* (6th ed.), Cambridge University Press, 2003, p. 488.

③ Michael Byers, *Custom, Power and the Power of Rules: International Relations and Customary International Law*, Cambridge University Press, 1999, p. 193.

④ Louis Henkin, *International Law: Politics and Values*, Martinus Nijhoff Publishers, 1995, p. 39.

常牵强的。默示同意与不需要同意可能具有某种形式上的相似性,但本质上绝对是大相径庭。国际习惯法的“新种类”如果连国际习惯法的本质属性都不具备,又何以成其为国际习惯法的一种? 并且,这种牵强的说法所引发的后续结论也是荒谬的。众所周知,国际习惯法是可以修改的,而被纳入国际习惯法的“强行法”,就成为了不可修改的。[①] 显然,这是不符合社会发展规律的。不论是何种法律规则,都会随着社会的发展而不断发展,会随着人类对规律认识的深入而不断改进。不存在永恒不变的绝对正确的法律,只存在不断发展的相对正确的法律。而出现上述“强行法不可修改”之谬论的根本原因是,强行法原本就是被硬塞进习惯法概念中的(以想当然的更高的共同利益取代合意),当然不可能按照习惯法的方式(合意)实现改变。

其次,有的学者倾向于认为强行法是实在国际法的基本原则。布朗利认为强行法是一个由某些最重要的国际法基本原则构成的体系。[②] 卡斯特兰(Castren)相信,强行法是涉及国际社会所普遍承认的基本原则的。[③] 在童金看来,国际法基本原则与强行法就是等同的,他声称,所有公认的国际法基本原则都是强行法的一部分。[④] 联合国大会第六委员会(即法律委员会)在1963年的一份报告中也说:“今天一般国际实在法中存在国际公共秩序的某些基本规则,各国不能违反他们而有效订立协定(强行法)。”[⑤]

其实不难看出,上述观点已经接近于强行法是自然法的结论。劳特派特在其于1953年提交给国际法委员会的关于《条约法公约》的特别报告中,倡导引入强行法,他将强行法称为“超越一切的原则”,并认为这种绝对的规范是国际道德——自然国际法[⑥]的表现。这说明,在很多学者那里,强行法至少已经不被当做纯粹的实在法范畴,相反,它与道德——自然法——息息相关。[⑦] 而在实在

---

① 拜尔斯对此所做的解释是,国家对强行法的支持过于强大,并且,除了作出声明之外,任何试图改变强行法的国家行为都是违法的,故而对强行法的改变将几乎不可能出现。See Michael Byers, *Custom, Power and the Power of Rules: International Relations and Customary International Law*, Cambridge University Press, 1999, p. 193.

② Ian Brownlie, *Principles of Public International Law* (6th ed.), Cambridge University Press, 2003, p. 488.

③ UN Documents, A/CONF, 39/11, p. 621.

④ 王铁崖著:《国际法引论》,北京大学出版社1998年版,第247页。

⑤ UN Yearbook, 1963, pp. 514 – 516.

⑥ 旧自然法学常将道德等同于自然法。

⑦ Alexander Orakhelashvili, The Impact of Peremptory Norms on the Interpretation and Application of United Nations Security Council Resolutions, *European Journal of International Law*, Vol. 16, No. 1, February, 2005, p. 62.

法的语境下,最接近自然法的制度就是实在法的原则,如此一来,它被学者们拿来当做容纳强行法概念的暂时性容器也就不足为奇了。

但是,强行法与实在国际法原则本质上是不同的,不可混为一谈。强行法是自然国际法的一部分,实在国际法基本原则是从实在国际法中归纳出来的指导性规范。基于自然国际法的转化作用,强行法可能在转化为实在法后又被归纳为其基本原则,因而与实在国际法基本原则发生重合,但是,这不能成为两者被等同的原因。正如阿勒支泽等学者所指出的,不是所有的实在国际法基本原则都可以成为强行法。① 反之也是一样,不是所有的强行法都可以成为实在国际法基本原则,很多强行法规则已经具体化到国际法的某些部门法中,已然不具有实在国际法基本原则的全局性。②

最后,有的学者倾向于认为强行法是实在国际法的一个新的、特殊的法律部门。张潇剑论述到,强行法是国家意志的产物,只是在其产生之后国家对其不能随意改变,改变强行法必须经过法定程序并得到各国公认;强行法是国际法上一系列具有法律拘束力的特殊原则和规范的总称,强行法的主要渊源是国际条约与国际习惯,次要渊源是一般法律原则、权威公法家学说以及司法判例。③

以上论述的前半部分,非常接近于人们对普遍实在国际法性质的论述,只是其中的主语换成了"强行法"而已。众所周知,普遍性国际条约和国际习惯都是不能随意改变的,都是必须经过法定程序并得到各国公认的。显然,这种界定除了具有把强行法等同于普遍性实在国际法的效果之外,根本不能说明强行法可以脱离国家意志而成立并发挥作用的独有特征。至于以上论述的后半部分,其表达方法与我们叙述海洋法、条约法、外交关系法等国际法的部门法时采用的方法如出一辙,具有强烈的将强行法等同于实在国际法一个部门的倾向。并且,"渊源"一词具有特定的含义与用途,如果要讨论所谓的"渊源",其隐含的前提必定是讨论的对象为一个法律部门或法律学科。但是,法律部门的划分是依据调整对象和调整方法,而不是依据规范的效力进行的。如果不承认强行法属于自然法而仅在实在法的语境中来考察它,那么它无论是在调整对象上还是在调整方法上都不可能有比较系统的独特之处,一系列的强行法规范组合在一起,也不可能成为一个新的法律学科,更不用谈法律部门了。只有承认强行法在学科

① Alexidze, Legal Nature of Jus Cogens in Contemporary International Law, *Recueil des cours*, Vol. 172, 1981 - III, p. 260.

② 江国青先生曾举例说,有关惩治诸如海盗、恐怖活动等国际犯罪行为的规则,被认为具有强行性,但并不是国际法基本原则。参见江国青主编:《国际法》,高等教育出版社 2005 年版,第 53 页。

③ 张潇剑著:《国际强行法论》,北京大学出版社 1995 年版,第 24 页、47 页、69 ~ 76 页。

上属于自然国际法,从长远来看,它才有发展为一个独立的分支学科的可能性。从这一点上说,张潇剑的主张在实在国际法的语境下提出,但只有在自然国际法的语境中才可能找到出路,如果剥离掉其实在法主义的局限性的话,上述观点就是有一定合理性与预见性的。

可见,在实在法学的语境中,强行法的性质始终处于一种模糊状态。它似乎可以是一种国际习惯,然而除了多数时候采取不成文形式这一点相同之外,两者的性质并不吻合;它又似乎可以是实在国际法的基本原则,然而两者的外延具有显而易见的非重合之处;它还似乎可以是一个新的部门国际法,然而它根本不符合划分法律部门的标准。应该说,提出上述观点的学者都有其合理之处,因为他们都抓住了强行法的某一点特征。但总的来说,他们又都不对,因为他们预设的论证前提是强行法必定属于实在法,如此一来,他们就好比是在不承认抽象的无穷概念的前提下作有关圆周率的具体运算,结论不同,只因不同的人所截取的位数不同,然而最后的答案总是不正确。因此,只有承认强行法属于自然法,才能破解这一国际法难题。

当然,这里所说的"自然法"乃是否定之否定后的新自然法,而非旧自然法学者所主张的"自然法"。笔者对自然法以及自然国际法作出了新的界定。笔者认为,扬弃后的自然法,本质上是理性对社会规律的认识,是发现性规则;自然法不等于道德,后者与实在法一样是制定性规则;自然法具有超实在性、价值中立性、抽象性、普遍性、进步性与可转化性等特性;自然法决定实在法,但是自然法一般不会直接调整社会关系,而是通过指导、评价、解释、转化为实在法的方式来间接地调整社会关系;自然国际法是自然法在国际层面的表现形式,自然国际法是理性对国际社会规律的认识,是调整国际关系的发现性规则;自然国际法包括基本原则、一般原则、具体化的原则三层渊源,强行法即属于自然国际法第三层级的渊源。与前两层渊源不同的是,强行法较为具体,故而可以直接调整国际关系。①

此外,由于在对强行法作出形式上的界定的时候,《条约法公约》使用了"就适用本公约而言"的限定词,因而有的学者认为这限定了强行法的适用范围。②然而,强行法并不仅仅限于条约法的范围。的确,《条约法公约》只能说"就适用本公约而言",因为该公约只能调整国际条约关系,并且当时国际社会对强行法

① 这部分内容的论证详见罗国强博士论文:"论新世纪国际法之本体",第26~48页。

② 王铁崖先生曾经指出,强行法见于《条约法公约》的规定,因而强行法主要适用于各国之间的条约关系。参见王铁崖著:《国际法引论》,北京大学出版社1998年版,第248页。

有极大争议，使用一个普遍的强行法概念根本不可能。但事实上，自然国际法是适用于整个国际法范畴的，强行法作为具体化的自然国际法，既可以转化为实在国际法起作用，也可以直接调整国际关系并使与之冲突的实在国际法无效，它的适用范围是广泛的、普遍的。正如劳特派特在"《防止及惩罚灭绝种族罪公约》适用案（临时措施）"中做的个人意见所言，强行法是作为一项既高于习惯国际法也高于条约法的概念起作用的。[①] 退一步讲，即使认为强行法是实在法，也不会妨碍上述结论。事实上，很多研究实在法的学者也认识到，《条约法公约》作此限定是出于其自身的范围局限，不能就此得出强行法只适用于条约关系的结论。[②] 可见，强行法的适用范围是普遍的。

总之，强行法是否定之否定后的自然国际法，是发现性而非制定性规则。基于其超实在性，强行法不需要国家意志的合意即可成立；基于其具体性，强行法可以直接适用于国际关系，且其适用范围是普遍的。

（二）强行法的作用

基于其不依赖国家意志合意就可成立以及其可以直接作用于国际关系的特性，强行法在弥补实在国际法缺失上可以起到独一无二的作用。为便于说明，我们可以来分析几个有关的实例。

第一，纽伦堡审判和东京审判。这两大审判实际上适用了禁止使用武力、惩治战争犯罪、惩治反人道主义罪行、个人应为其国际罪行承担责任、违背自然法的国内法以及主权者的命令不能成为免责理由等多项强行法。尽管法庭没有指出它所适用的是强行法，但显而易见的是，在当时，这些规范很多不是（或者确切地说还未能转化为）实在国际法，尤其是关于追究战争罪犯个人责任的规范，此前既没有任何条约规定这样做，也不存在相应的惯常做法。若仅从当时的实在国际法的规范内容出发，那么被告确实可以主张"法无规定不为罪"（nulum crimen sine lege）。就审判所依据的法律文件而言，《关于控诉和惩处欧洲轴心国家主要战犯的协定》及其附件《欧洲国际军事法庭宪章》仅仅是苏、美、英、法四国签订的不具有普遍性的国际协定，而《远东国际军事法庭宪章》则不过是远

---

① Case Concerning Application of the Convention on the Prevention and Punishment of the Crime of Genocide, ICJ Reports, 1993, p. 440.

② 拜尔斯认为，强行法的效力不仅仅及于冲突的条约，这与《条约法公约》第53条声明强行法"不许损抑"是相一致的。See Michael Byers, *Custom, Power and the Power of Rules: International Relations and Customary International Law*, Cambridge University Press, 1999, p. 184.《奥本海国际法》尽管认为强行法在条约法范围之外的作用与效果不甚明了，但也承认，大致说来，没有任何与之违背的行为能成为合法，也没有任何与之违背的习惯法能够存续或被创造。See *Oppenheim's International Law* (*9th ed.*), Vol. 1, Longman, 1996, p. 8.

东盟军最高统帅部发布的特别通告，其法律效力的范围有限。更为关键的是，即使假定上述法律文件具有普遍效力，即使认为当时国际社会对两大审判的普遍支持或接受促成了新的国际习惯法的产生，也无法反驳被告所作出的“法不溯及既往”的抗辩，因为实在法（包括实在国际法）确实是不溯及既往的。

因此，唯一合理的解释就是，审判所适用的规则是作为自然法的强行法，国际社会在历经曲折之后终于发现并适用了它们，故而这些开创先例的做法不需要普遍性国际条约或国际习惯的支持，不需要经过战败国的同意。并且，即便有关违法行为发生在这些强行法规则被认定出来之前，也不能逃脱罪责。而在审判之后，这些强行法规则得到了国际社会的普遍认同与采纳，①逐步转化为国际习惯法并对旧有的国际习惯法规则完成了取代。

第二，《海洋法公约》与“小条约”问题。美国、西德、英国和法国因不满《海洋法公约》关于深海采矿的规定，不仅拒绝签署《海洋法公约》，而且在该条约开放签署之前私下里订立了一个关于深海多金属结核临时安排的协议，即所谓“小条约”。这种行径在国际上激起强烈反对，许多参加第三次联合国海洋法会议的国家代表指出，“小条约”是非法的、无效的。② 遗憾的是，他们没有明确使用“强行法”概念来说明这一问题，有关的问题最终通过对《海洋法公约》第11部分进行修正解决。

显然，所谓的“小条约”，的确违反了“国际海底资源属于全人类”的强行法规则。问题在于，虽然多数国家都接受了强行法的观念并根据这一观念对美国等国的做法进行了驳斥，但由于强行法尚不是得到正式承认的渊源，各国在联合国这样的正式场合都没有明确提出将它作为诉求依据。因而反对“小条约”的国家就只能以《海洋法公约》为依据，如此一来，结果自然大为不同。首先，作为一项普遍性条约的《海洋法公约》（而不是强行法）与作为一项多边条约的“小条约”，同为实在国际法，其效力孰强孰弱？两相冲突如何解决？尽管可以有不同的回答，但已经不可能得出后者绝对无效的答案。而美国等国拒绝加入《海洋法公约》并在其生效之前订立新的多边条约的行为，已使争议的双方成为两项

---

① 1946年，联合国大会通过决议，确认了包含在《欧洲国际军事法庭宪章》中的、在两大审判中均得到适用的国际法原则。1950年，联合国国际法委员会将这些原则编纂为“纽伦堡原则”，其要点包括：从事构成违反国际法的犯罪行为的人应承担个人责任，并受惩罚；不违反所在国的国内法不能作为免除国际法责任的理由；被告的官职、地位不能作为免除国际法责任的理由；政府或上级命令不能作为免除国际法责任的理由；被控有违反国际法罪行的人有权得到公平的审判；违反国际法的罪行包括危害和平罪、战争罪和违反人道罪；共谋上述罪行是违反国际法的罪行。

② 沈韦良、许光建：“第三次联合国海洋法会议和海洋法公约”，载中国国际法学会编：《中国国际法年刊》，中国对外翻译出版公司1983年版，第433页。

不同条约的成员国并各自承担不同的条约义务。其次,在问题解决之前,美国等国一直明确反对《海洋法公约》规定的海底开发制度,这就构成了持续的反对,使海底开发制度即使构成习惯法也不能对其适用。可以说,美国等国所采取的一系列手段,的确掐住了实在法主义的要害,确实使其在实在法上没有必须遵守《海洋法公约》的义务。在此,若不诉诸强行法,根本无法找到主张"小条约"无效的有力依据,各国的反对最终只能成为纯粹的道义谴责,这样,原本有理的一方也就不得不让步。

从上述实例的经验得失中可以看出,当实在国际法因存在缺失而不能很好地调整国际关系的时候,强行法可以直接适用来弥补这一缺失。在国际实践中,像纽伦堡和东京审判那样在必要时适用强行法的,往往可以取得较好的效果;而像"小条约"问题那样不适用强行法的,则难以取得应有的效果。可见,在当前,明确强行法是可以在国际关系中直接适用的渊源,对实现国际正义、树立国际法的权威是非常必要的。

四、强行法在朝核问题上的适用

回到朝核问题上,尽管有关的实在国际法存在缺失,但是国际社会完全可以适用强行法,来评价与纠正朝鲜进行核试验的行为。

"禁止核扩散、限制核试验"是可以直接适用于朝核问题的强行法。依据这一强行法,所有国家都承担不扩散核武器的义务,五大国外的所有国家都承担不进行核试验的义务。而五大国本身也承担限制并逐渐停止核试验的义务。

需要说明的是,在核武器出现之前,自然不会存在禁止核扩散、限制核试验的强行法,即使在核武器产生之初,强行法也并不禁止有实力的国家研制核武器;但是在五大国相继掌握核武器并愿意为无核国家提供和平利用核能的保障之后,在地区冲突频发、暴力争斗有升级趋势的情况下,基于核武器的极端破坏性,进一步的核扩散终将导致全人类的灾难,强行法才开始禁止核扩散、限制核试验。禁止核扩散的强行法规则现已被转化为条约法与习惯法,限制核试验的强行法规则也正在向普遍的条约法和习惯法转化,但是,对于那些拒绝加入条约并持续地反对该习惯法的国际主体,强调禁止核扩散、限制核试验是强行法则更有意义。毫无疑问,自然法允许人们发展军事科技,也并不一概禁止社会主体持有武器,但无论如何,那种极具破坏性的军事力量是绝对只能由极少数人掌握的。因此,即使是允许公民持有枪械的国家(诚然,是否允许公民持有普通的枪械可以由国家根据本国具体情况自行立法决定),也绝不可能允许一般公民持有任何重型武器装备。当然,基于不同社会的不同结构,能够被允许掌握极端军事力量的主体在不同社会中是不同的:在国内社会中,那就是中央政府,而在国际社会中,则是五大国。

还需要说明的是,主张五大国可以合法地拥有核武器,并非是对其他国家的歧视,更不是对主权平等原则的违反。相反,如果仅仅因为主权平等原则,就要求"一锅端",大家都可以制造并拥有核武器,那是极端错误的绝对平等观。笔者认为,平等是指同类主体的权利义务在形式上普遍相同,严格意义上的平等,仅仅是形式上的。形式平等是抽象的、无条件的,而实质平等是具体的、有条件的。这就好比在联合国,形式上所有成员国都在大会上拥有一票,这是无条件的平等;但是会费并不是各国均摊,而是较富的国家多付、较穷的少付,这显然是有条件的差等;更为明显的是,并非所有国家都可以成为安理会常任理事国,只有那些综合国力强且对世界和平作出过重大贡献的国家才有资格、有能力担负这一特殊的职责。而若将实质平等与形式平等相混淆,就会产生错误的绝对平等观。基于绝对平等观所提出的各国都可以制造并拥有核武器要求,在理论和实践上都是站不住脚的,毫无疑问,在核武器问题上是吃不得"大锅饭"的。①

适用有关强行法后,我们不难判断,尽管朝鲜可以退出《核不扩散条约》、不加入《全面禁止核试验条约》,但是由于"禁止核扩散、限制核试验"已成为强行法规则,因此朝鲜仍然不能免除不进行核试验的国际义务。基于同样的道理,尽管有关的国际习惯法尚未形成且朝鲜可以持续地反对有关国际习惯法,但是由于"禁止核扩散、限制核试验"是强行法,因此朝鲜仍然不能免除此项国际义务。再有,尽管朝鲜可以随意做出、修改或撤销不扩散核武器或不进行核试验的单方承诺,但是由于"禁止核扩散、限制核试验"是强行法,因此只有符合该强行法的单方行为(如朝鲜在第四轮六方会谈《共同声明》中所做的承诺)才是有效的,而违反该强行法的单方行为,不论是新的还是旧的,也不论是旨在修改还是撤销原有单方行为的,都是无效的。

可见,朝鲜进行核试验的行为是违反"禁止核扩散、限制核试验"的强行法的行为。朝鲜不能摆脱其在强行法下的不进行核试验的义务,因为有关的强行法是不依赖于国家意志的合意而成立的。

综上所述,朝鲜进行核试验再次印证了新世纪国际法危机的存在。朝鲜并未在国际条约与国际习惯上承担不进行核试验的义务,安理会有关决议因受地

① 关于平等原则的详细论述,参见罗国强博士论文:"论新世纪国际法之本体",第96~107页。

缘政治因素的影响而难有作为,而指望依靠单方承诺解决朝核问题也是不现实的。尽管这是出于实在国际法的固有缺失,但这并不意味着我们可以对此听之任之。在这种情况下,需要直接适用强行法以弥补实在国际法的缺失。强行法是否定之否定之后的自然国际法,是发现性而非制定性规则。强行法不需要国家意志的合意即可成立,且其可以被直接适用于国际关系。朝鲜进行核试验的行为是违反“禁止核扩散、限制核试验”的强行法的行为。朝鲜不能摆脱其在强行法下的不进行核试验的义务,因为有关的强行法是不依赖于国家意志的合意而成立的。对类似于朝鲜进行核试验这样的特殊国际法问题的解决,适用强行法具有重大的理论意义和实践意义。

（2007年第2期）

我国的汽车贸易政策法规不违反《补贴和反补贴措施协定》

高旭军*

在我国和欧美国家的汽车贸易政策纠纷中,欧美国家不仅指控我国的《汽车产业发展政策》(以下简称《发展政策》)、《构成整车特征的汽车零部件进口管理办法》(以下简称《管理办法》)和《进口汽车零部件构成整车特征核定规则》(以下简称《核定规则》),下文将上述三个法规简称上述法规)等法规违反GATT第3条第2款、第4款和第5款、《与贸易有关的投资措施协定》(以下简称《投资措施协定》)第2条第1款和第2款及其附件《列示清单》第1条a款和第2条a款的规定,而且还指责我国的上述法规违反了《补贴和反补贴措施协定》(以下简称《协定》)第3条的规定。① 本文将专门研究欧美国家的上述最后一项指控,并从我国上述法规是否存在提供补贴的条款和相关的补贴是否违反《协定》的规定两个方面来分析欧美国家上述指控的合法性问题。

一、我国法规中的关税实惠

我国《管理办法》第7条第1款规定,汽车生产企业以在国内市场销售为目的使用进口汽车零部件生产汽车,应当依据本办法对所生产车型中使用的进口零部件是否构成整车特征进行自测。据此,那些不以国内市场为销售目标的企业就不受本办法和其他法规的调整。由此,《管理办法》第7条第1款把我国的汽车生产企业大致分成两类:以国内市场为销售目标的汽车生产企业(以下简

---

* 作者单位:同济大学法学院。

① China – Measures Affecting Imports of Automobile Parts – Request for Consultations by the European, WT/DS339/1, 3 April 2006, http://www. wto. org/english/tratop – e/dispu – e. htm – a/ds339 – e. htm. China – Measures Affecting Imports of Automobile Parts – Request for the Fstablishment of a Panel by the European Communities, WT/DS339/8, 18 September 2006. China – Messures Affecting Imports of Automobile Parts – Request for Consultations by the United States, WT/DS340/1, 3 April 2006. 美国在其磋商要求中没有提及《关于中国加入工作组报告书》第342段。China – Measures Affecting Imports of Automobile Parts – Request for Consultations by Canada. WT/DS342/1. G/L/774. G/TRID7S/D/24. G/RO/D/5.

称内销企业)和不以国内市场为销售目标的汽车生产企业(以下简称外销企业)。就前者而言,相关的汽车生产企业必须根据《管理办法》第21条、《核定规则》第13条等规定对其进口的汽车零部件进行自测。如果它们进口的零部件符合上述条款规定的"构成整车特征"标准,那么,它们就须为其进口的汽车零部件缴纳约25%的进口税;如果不符合构成整车特征,则仅需缴纳10%的进口税。① 这样,两者之间的税差约15%。就同一汽车生产企业的同一进口零部件而言,它们或者按照整车税率(约25%,下同)缴纳进口关税,或者按照零部件税率(约10%,下同)缴纳关税。② 如果将不同的汽车生产企业进行比较,有些企业在生产汽车过程中使用的进口零部件较多,达到上述条款规定的标准,它们就须为其使用的进口零部件缴纳25%的关税,而有些则仅需缴纳10%的进口税。也就是说,一些企业比另外一些企业少交了15%的进口关税。从理论上分析,少缴关税的企业获得了一定的少缴关税的实惠。

就那些外销企业而言,由于根据《管理办法》第7条的规定,它们将不受上述法规的调整。所以,它们依然可以按照正常的税率(10%)进口汽车零部件;即使其进口的汽车零部件达到了《管理办法》第21条和《核定规则》第13条规定的构成整车特征认定标准,也是如此。在这种情况下,如果将它们与以国内市场为销售目标的同类汽车生产企业相比,它们也少缴了15%的关税,也就相当于获得了15%的关税实惠。

二、有关违反《协定》第3条规定指控的合法性

那么,我国上述两类企业有可能获得的关税实惠是否违反《协定》第3条的规定呢?为澄清这一问题,我们不仅要分析《协定》第3条的规定,而且应该同时研究其第1条、2条的规定,因为该第1条规定了补贴的定义,第2条则规定了补贴的"专项性标准"。根据该《协定》第1条第1.2款的规定,只有符合第1条和第2条规定的补贴,才接受《协定》第3条等条款的调整,也才可能被判定违反《协定》第3条的规定。据此,违反《协定》第3条规定的措施必须同时具备下列条件:其一,成员国的相关措施必须给企业提供了《协定》第1条意义上的"补贴";其二,相关的补贴必须符合《协定》第2条规定的"专项性标准";其三,还应该具备违反《协定》第3条规定的要件。在加拿大汽车案中,专家小组也是从这

① 参见《管理办法》第28条。
② 参见2006年《中华人民共和国进出口税则》。

三个方面分析加拿大的国内措施是否违反《协定》第3条的规定的。[①] 下文将分别就此进行分析。

(一)补贴的概念

我国汽车生产企业根据上述法规有可能获得的"关税实惠"必须属于《协定》第1条意义上的补贴,它们才可能违反《协定》第3条的规定。那么,《协定》第1条意义上的补贴包括哪些内容呢?

根据《协定》第1条第1.1款的规定,补贴是由政府或者任何公共机构提供的并由收受者获得的经济利益。据此,构成本款意义上的补贴必须具备两个条件:其一,由政府提供的经济资助;其二,收受者因此而获得的经济利益。WTO争端解决机构的相关案例也证明了上述分析,无论是在美国出口限制和补贴案中[②]还是在巴西飞机案[③]中,WTO专家小组和上诉机构都认为:政府机构提供的经济资助、收受者因此而获得的经济利益是构成补贴的两个基本要素;如果国内措施同时具备了该两个要素,就是《协定》第1条第1款意义上的补贴。由于我国企业有可能获得的是关税实惠,因此,我们还有必要分析《协定》第1条第1.1款第(a)(1)项第II类规定的补贴类型。据此,政府应该征收但却放弃或者没有征收的税收(包括财务鼓励和税收扣除)属于政府提供的经济资助。在这里,政府应该征收却放弃或没有征收的税收既是政府提供的经济资助,又是收受者由此而获得的经济利益。所以在判定哪些税收是应该征收而又没有征收时,应该从政府提供和收受者获得两个角度来分析。[④]

1. 政府提供的经济资助

根据《协定》第1条第1.1款第(a)(1)项第II类的规定,构成本《协定》第1条第1.1款意义上的补贴,必须具备两个条件:其一,必须是属于政府放弃或者没有征收的税收;其二,必须属于政府应该征纳的税收。如果一项国内措施具备了这两个要件,就构成了政府提供的经济资助。

在开展进一步的讨论以前,必须首先澄清两个基本问题:审查标准和计算方法问题。就前者而言,涉及的问题是:究竟应该根据争议措施所属国的法律,还

---

① Indonesia - Certain Measures Affecting the Automobile industry, (98 - 2505) WT/DS54/R, WT/DS59/R, WT/DS64//R, 2, July 1998, para. 14.155.

② Panel Report - United States - Measures Treat Exports Restraints as Subsidies, WT/DS194/R, 29 June 2001, (01 - 3175), para. 8.20.

③ Appellate Body Report - Brazil - Export Financing Programme for Aircraft, WT/DS46/RW/2, 26 July 2001, (01 - 3570), para. 156.

④ Panel Report on US - United States - Tax Treatment for & quot; Foreign Sales Corporations & quot; , WT/DS108/RW, 20 August 2001, (01 - 3979), para. 88.

是根据WTO规则或者其他国家的法律来审查一国政府是否通过放弃其应该征收的税来提供补贴。对这一问题,《协定》中没有进行明确规定。在WTO的相关案件中,争端解决机构的专家小组和上诉机构对此有不尽相同的看法。在有关美国外国贸易公司一案中,专家小组认为:应该使用争议税收措施所属国之外的法律规则作为判断依据,因为作为WTO的成员国,它们就有义务采用一种特定的税法制度。① 但是,上诉机构否定了上述看法,上诉机构认为:任何WTO的成员国都有权决定采用何种税法规则;在确定《协定》第1条第1.1款第(a)(1)项第II类补贴的内涵时,必须将有争议的成员方税法措施和该国的其他税法规则进行比较,这样才能比较客观地判定:争议的措施是否放弃了在其他情况下应该征收的税收。② 上诉机构的这一看法是正确的。因为是否开设新的税种、征多少税都是一国的主权。WTO规则没有要求任何成员方必须征收特定种类的税收,对哪些所得征税。③ 既然如此,对该国税收问题的评估自然应该根据其相关的税法规定来进行。

就计算方法而言,涉及的主要问题是通过何种方法确定哪些是政府应该征收的却又放弃征收的税。从第1条第1.1款第(a)(1)项第II类规定的两个要件的内容来分析,《协定》主要是通过将"应该征纳的税"和"放弃征收的税"进行比较,来确认政府是否给相关企业提供经济资助。在美国外国贸易公司税收待遇案中,WTO的专家小组和上诉机构就是通过这种比较方式确定该案中是否存在"政府提供的经济资助"的。据此,这里所谓的"应该征纳的税"是指根据争议措施所属国的有关税法规定,相关企业在通常情况下应该缴纳的税款,这是计算政府放弃征税税款的基础;④其"放弃征收的税款"是指政府因为放弃正常情况下应该行使的征税权而减少征税的那部分税款。⑤

由上可知,我们应该根据我国相关的税法规定来分析,我国两类汽车生产企业根据我国上述法规所得的"关税实惠"是否属于《协定》第1条1.1款第(a)(1)项第II类规定意义上的"应该征收而又放弃征收的税"。

---

① Panel Report on US – United States – Tax Treatment for " Foreign Sales Corporations", WT/DS108/RW, 20 August 2001, (01 – 3979), para 8.93.

② Appellate Body Report on US – United States – Tao Treatment for "Foreign Sales Corporations", WT/D5108/AB/R, 24 February 2000, (00 – 0675), paras. 89 – 90, 98.

③ Ibid., para. 90, 98.

④ Appellate Body Report on US – United States – Tax Treatment for "Foreign Sales Corporations", WT/D5108/AB/R, 24 February 2000, (00 – 0675), para. 90 Appellate Body Report – Canada – Certain Measures Affecting the Automotive Industry, WT/DS139/AB/R, WT/DS142/AB/R, 31.

⑤ Ibid.

从国家征税技术角度分析,可以把汽车生产企业有可能享有的少缴的关税实惠视作我国政府放弃征收或者没有征收的税款。因为在我国相关政府机构制定上述法规时也可以规定:对上述企业进口的汽车零部件同样按照整车税率计征关税。即使如此,这也没有构成《协定》第1条第1.1款第(a)(1)项第II类意义上的"国家提供的经济资助",①因为放弃征税或者征较低的税仅仅是构成"政府提供的经济资助"的一个要件。另外的一个要件是:它们是否同时属于我国政府应该征收的关税?由上可知,判断一国政府是否放弃征收权的依据是该国正常情况下实施的税法规则,而我国相关的规则是《中华人民共和国进出口税则》(以下简称《进出口税则》)。《进出口税则》没有将我国汽车生产企业分成内销企业和外销企业。根据该《进出口税则》的规定,汽车生产企业必须为其进口的汽车零部件缴纳10%的进口关税。根据我国《管理办法》第21条和《核定规则》第13条并结合《管理办法》第28条的规定,如果企业进口的汽车零部件不具备"构成整车特征"的标准,它们没有缴纳25%进口关税的义务,仅需按照10%的关税缴纳进口税。可见我国政府并没有对那些按较低税率缴纳进口关税的汽车生产企业提供任何"经济资助",也没有免除或者减少这些企业应该承担的缴纳进口关税义务,因为在正常情况下,它们也必须按照10%的税率缴纳进口关税。无论汽车生产企业的目标市场是国内还是国外,都是如此,因为根据《进出口税则》的规定,它们为其进口汽车零部件"应该"缴纳的关税是10%,我国《管理办法》等法规既没有免除,也没有减少这些企业的纳税义务。可见,我国上述法规根本不具备《协定》第1条第1.1款第(a)(1)项第II类下的"经济利益"要件。

2. 企业获得的利益(benifits)

由上可知,构成《协定》第1条第1.1款意义上的补贴必须具备两个要素:政府提供的经济资助和收受者因此而获得的利益。《协定》第1条第1.1款b项仅仅规定"由此授予了一定的利益",但是没有对此进行任何定义。WTO争端解决机构在其相关的案例中确定了解释本款"利益"的几个原则。首先,必须从收受者角度分析是否存在本款意义上的"利益"。在加拿大民用飞机出口案中,专家小组和上诉机构一致认为:这里的利益并不是抽象的,它应该是由收受者或者受益者确实获得的经济实惠。因此仅仅从政府成本角度来解释《协定》第1条第

① Appellate Body Report on US – United States – Tax Treatment for"Foreign Sales Corporations", WT/D5108/AB/R, 24 February 2000, (00 – 0675), paras. 90, 98. 在本案中,上诉机构确认:任何WTO的成员方,作为一个主权国家有权决定征收何类税,对哪些所得征税;WTO规则没有要求任何成员方必须征收特定的种类的税收,对哪些所得征税。

1.1 款 b 项下的"利益",既不符合《协定》的调整对象,也不符合其目的,正确的是应该从收受者角度来分析是否存在本《协定》意义上的"利益"。[①] 这样,只有当自然人或者企业在实际上收到了某种实惠的情况下,才构成《协定》意义上的利益。这也表明,在人们研究《协定》第 1 条第 1.1 款 b 项下"利益"的含义时,必须从收受者的角度而不是从授予机构的角度来考察。[②]

其次,必须通过比较来确定是否存在本款《协定》第 1 条第 1.1 款 b 项意义上"利益"的内涵。根据专家小组和上诉机构在上述案件中的裁决,应该将收受者在获得政府"经济资助"时的情况和没有获得上述资助时的情况相比,如果收受者获得资助时的情况比后一情况更有利,就存在本款意义上的"利益",否则就根本无"利益"可谈。而没有获得利益时的情况通常是指正常的市场条件,这是进行比较的最好参照物。[③] 在 2001 年有关美国热轧钢案中,无论是专家小组[④]还是上诉机构[⑤]都是根据上述比较原则判断是否存在《协定》第 1 条第 1 款 b 项意义上的"利益"的。

就我国上述法规而言,我国汽车生产企业不可能从中获得任何利益,因为我国政府根本没有给它们提供任何经济资助。[⑥] 在那些内销企业中,即使它们使用国产部件超过同类车型总价的 40%,它们也没有获得任何"关税实惠",因为根据我国上述法规的规定,这些企业必须为其进口的零部件缴纳 10% 的进口关税,而在正常的市场条件下,它们也必须缴纳 10% 关税。[⑦] 所以它们没有获得任何"经济实惠"。

对于那些外销企业,由于它们不受上述法规的约束,所以只需缴纳正常的 10% 的进口关税。从这一角度分析,它们似乎获得了少缴 15% 的关税实惠。但是,由于在正常的情况下,它们仅需根据《进出口税则》的规定缴纳 10% 的进口关税。所以,它们也没有从我国上述法规中获得关税实惠。

由上可知,我国政府既没有给相关的汽车生产企业提供特定的经济资助,相

---

① Report of the Appellate Body – Canada – Measures Affecting the Export of Civilian Aircraft, AB – 1999 – 2, WT/DS70/AB/R, 2 August 1999, (99 – 3221), para. 149.

② Ibid., para. 157; 14 April 1999, (99 – 1398), para. 7.343.

③ Ibid.

④ Report of the Panel – United States – Imposition of Countervailing Duties on Certain Hot – rolled Lead and Bismuth Carbon Steel Products Originating in the United Kingdom, WT/DS138/R, 23 December 1999, (99 – 55), paras. 6.66 – 6.69.

⑤ Ibid., AB – 200 – 1, WT/DS138/AB/R, 10 May 2000, (00 – 1896), paras. 53 – 60.

⑥ Ibid.

⑦ Ibid.

关的汽车生产企业也没有获得任何经济利益。所以，我国的上述法规根本没有给企业提供《协定》第1条意义上的补贴。人们不能也不应该因为有些企业根据上述法规比另外一些企业少缴了15%左右的关税就将此视为我国政府提供的补贴。有些企业之所以按照较高的税率缴纳关税，是因为它们非法规避了我国《进出口税则》等法规的规定，利用整车和零部件关税税率差异进行偷税漏税，这是对这种非法规避行为的惩罚。我们不能将对违法企业的惩罚视做对守法企业的袒护。这种观点的潜在要求是必须同等对待守法者和违法者。这样要求既不符合一般意义上的法律公正，也不符合WTO的公平贸易原则。

但是为了充分分析欧美国家上述指控的合法性，本文假定我国相关企业少缴的15%的关税是《协定》第1条意义上的补贴，并在此基础上，进一步分析我国上述法规是否具备违反《协定》第3条的其他要件。

(二)专项性标准

根据《协定》第1条第1.2款的规定，第1款意义上的补贴必须同时符合第2条规定的专项性标准，才受本《协定》第3条的调整。[①] 这意味着：即使我国有些企业"少缴"的关税是本《协定》第1款意义上的补贴，它也必须同时符合第2条规定的专项性标准，才可能视作违反《协定》第3条的规定。所以，我们有必要进一步分析何为专项性标准、我国的相关法律规定是否具备《协定》第2条规定的要件这两个问题。

1. 专项性标准

《协定》第2条第2.1款a项对"专项性"进行了定义。据此，如果相关的国内机构或者这些机构根据相关的国内法规仅仅向"某些企业"(certain enterprises)提供补贴，这些补贴就是专项性的[②]，《协定》没有对"某些企业"内涵进行界定。按照通常理解，"某些企业"应该是明确指定的几家至多十几家企业。适用于整个行业的补贴当然不具有专项性要件。即使"某些企业"是指整个产业或者一个产业中的大部分企业，相关的补贴也不一定是"专项性"的。因为根据《协定》第2条第2.1款b项的规定，如果政府职能部门或者政府职能部门据以执行的法规明确规定了授予补贴及其数量的客观标准或条件，而且这些

① Indonesia - Certain Measures Affecting the Automobile industry, (98 - 2505) WT/DS54/R, WT/DS59/R, WT/DS64//R, 2, July 1998, para. 14.155.

② SCM Art. 2, 1. 1 (a): Where the granting authority, or the legialation pursuant to which the granting authority operate, explicitly limits access to a subsidy to certain enterprises, such subsidy shall be specific.

标准和条件是明确规定在法律、法规和官方文件中，只要符合这些标准或条件，就可以自动获得这些补贴；并且这些标准和条件是得以严格遵守的，那么相关的补贴就不是专项性的。①

另外，从WTO的相关案例看，成员方采取的要求企业使用进口替代产品的措施具备了《协定》第2条第2.1款规定的“专项性”要件。在印尼汽车案中，专家小组认为印尼政府在其《汽车发展计划》中规定的有关使用进口替代产品的要求已经具备了这一要件。② 在该案中，专家小组没有说明为什么“使用进口替代产品的要求”符合专项性要求的法律依据，因为争议各方一致认为印尼的措施符合专项性要求。③ 但是，从法律上分析，专家小组的这一裁决的正确性是值得探讨的。因为从《协定》的规定看，判断相关“补贴”是否符合“专项性”要件的标准是该《协定》第2条第2.1款a项的规定，或者属于《协定》第2条第2.1款b项规定的例外情形，或者属于该款c项列举的具备专项性要件的情形，④“使用进口替代产品的要求”并不是《协定》明确规定的一个认定补贴是否具有专项性要件的标准。因此简单地将“使用进口替代产品的要求”等同于“专项性”是没有法律依据的。只有在“使用进口替代产品的要求”同时符合《协定》第2条第2.1款规定的要件时，相关的“使用进口替代产品的要求”才具备本款意义上的专项性要件。

2. 我国上述法规的专项性审查

根据上述标准，我国上述法规可能提供的所谓“补贴”应该不具备专项性要件。首先，我国上述法规并没有将所谓的受益企业的范围明确限定为“某些企业”。虽然《管理办法》第7条第1款的规定限定了上述法规的适用范围，即它

---

① SCM Art. 2, 2. 1 (b): Where the gaming authority, or the legislation pursuant to which the granting authority operates, establishes objective criteria or conditions governing the eligibility for, sod the amount of, a subsidy, specificity shall not exist, provided that the eligibility is automatic and that such criteria and conditions strictly adhered to. The criteria or conditions natal be clearly spelled out in law, regulation, or other official document, so ea to be capable of verification.

② Indonesia – Certain Measures Affecting the Automobile industry, (98 – 2505) WT/DS54/R, WT/DS59/R, WT/DS64//R, 2, July 1998, para. 14. 155.

③ Ibid

④ SCM Art. 2, 2. 1 (c): If, notwithstanding any appearance of, non – specificity resulting from the application of the principles laid down in subparagraphs (a) and (b), there are, to believe that the subsidy may in fact be specific, other factors may be considered. Such factors ate: use of a subsidy programme by a limited number of certain enterprises, predominant use by certain enterprises, the granting of disproportionately large amounts of subsidy to certain enterprises, sod the manner in which discretion has bees exercised by the granting authority in the decision to gent a subsidy.

们不适用于以海外市场为销售目标的企业，而仅仅适用于以国内市场为销售目标的企业。但是，上述法规并没有明确指定享受低税待遇进口汽车零部件企业的名单。恰恰相反，任何以国内市场为销售目标的企业都有享有低税进口汽车零部件的机会。其次，我国上述法规明确而具体地规定了可以按照较低税率进口零部件的客观标准。《管理办法》第21条和《核定规则》第13条明确规定了"构成整车特征"的认定标准，上述法规及其标准都是公开的，符合相应的条件就可享有相应的待遇，而且没有理由相信我国海关不会严格执行相关的法规。可见从这一角度分析，我国上述法规的规定根本不符合《协定》第2条第2.1款a项规定的专项性要求；即使具备，它也完全符合《协定》第2条第2.1款b项的例外要件。

但是，从另一角度分析，我国《管理办法》第7条第1款也在某种程度上限制了受益企业的范围。因为根据该款规定，以海外市场为销售目标的企业根本不受上述法规的约束，这些企业自然不用承担任何按25%税率缴纳进口税的风险。这也意味着《管理办法》的这一条款剥夺了内销企业享受这一待遇的可能性，这就在某种程度上限制了或者指定了受益企业的范围。这样，我国上述法规就可能因为《管理办法》第7条第1款的规定而具有了"专项性"的嫌疑。

另外，需要审查的是上述法规中是否含有"企业使用进口替代产品的要求"。仅仅从理论上探讨，人们可以将我国《管理办法》第21条第3款和《核定规则》第13条第3款中有关"60%"比例要求解释为一种"使用进口替代产品的要求"。因为，"进口零部件的价格总和达到该车型整车总价格的40%及以上的"，其进口的汽车零部件就构成整车特征，人们也可以将此解读为：如果企业使用的进口替代产品即国产汽车部件的总价超过该车型整车总价格的40%的，该车型中使用的其余进口零部件就不"构成整车特征"；反之，则"构成整车特征"。但是如上分析，专家小组在印尼汽车案中有关"使用进口替代产品的要求具备专项性要件"的观点缺乏法律依据。判定补贴是否具有"专项性"特征的标准并不是"使用进口替代产品的要求"，而是《协定》第2条第2.1款的有关规定。那么，即使将我国《管理办法》第21条第3款和《核定规则》第13条第3款中规定的60%的标准视为"使用进口替代产品的要求"，它也不具备"专项性"的要件。仅仅是《管理办法》第7条第1款的规定具有专项性的嫌疑。总之，在我国上述法规中，《管理办法》第7条第1款的规定具有"专项性"的嫌疑。如果没有这一条的规定，我国上述法规就不具备任何意义的专项性。

(三)禁止性补贴

根据《协定》第1条第1.2款并结合第3条的规定,具有专项性要件的补贴还必须具备违反《协定》第3条规定的要件,它才为该款所禁止。因此,有必要继续分析我国上述法规可能提供的所谓"补贴"是否具备违反本条规定的要件。

1. 违反《协定》第3条的要件

《协定》第3条第3.1款规定两类禁止性补贴:其一为a类补贴,这是指因企业的出口行为唯一的或者一个条件而给予的补贴;《协定》附件一详细列举此类补贴。[①] 其二为b类补贴,它是指因企业使用进口替代产品为唯一条件或者一个条件而给予的补贴。[②] 根据上述条款的字面意义,违反《协定》第3条第3.1款a项的规定,应该具备三个要件:第一,存在本《协定》第1条意义上的补贴;第二,企业应该有出口行为;第三,获得补贴和企业的出口之间应该存在一定的因果关系。无论是在加拿大的飞机出口信贷和担保案中,[③]还是在美国贸易公司税收待遇案中,[④]专家小组和上诉机构都肯定了上述三个要件。同样,任何违反《协定》第3条第3.1款b项规定的行为,也应该具备三个要件:第一,存在本《协定》第1条意义上的补贴;第二,企业使用了进口替代产品;第三,获得补贴和使用进口替代产品之间必须存在了一定的因果关系。[⑤]

2. 我国上述法规的合法性分析

由上可知,《管理办法》第7条把我国的汽车生产企业分成两类:一类为以国内市场为销售目标的企业;另一类为不以国内市场为销售目标的企业。两类企业都可能在某些情况下获得少缴15%关税的"税收实惠"。它们是否为《协定》第3条所禁止呢?

(1)内销企业获得的"补贴"的合法性

这类企业所可能获得的"补贴"应该不属于《协定》第3条第3.1款a项规定的补贴。这里有两方面的原因。首先,它不具备违反这一条款的第二个要件,

---

① Agreement on Subsidies and Countervailing Measures,第3条(a)subsidies contingent,in law or in fact,whether solely or es one of several other conditions, upon export performance, including draw illustrated in Annex I.

② Ibid. ,第3条(b):subsidies contingent, whether solely or as one of several other conditions, upon the use of domestic over imported goods.

③ Panel Report on Canada – Canada – Export Credits and Loan Guarantees for Regional Aircraft, WT/D6222/R,28 January 2002,(02 –0153),para. 7.65.

④ Appellate Body Report on US – United States – Tao Treatment for"Foreign Sales Corporations", WT/D5108/AB/R,24 February 2000,(00 –0675),paras. 8.54 –8.55.

⑤ Appellate Body Report – Caned – Certain Measures Affecting the Automotive Industry, WT/D6139/AB/R,WT/D6142/AB/R,31May 2000,(00 –2170),AB –2000 –2,para. 123.

即相关的企业没有出口行为。我国上述法规既没有对此提出过明示的要求,也未规定隐性的要求。[①] 相反《管理办法》第7条第1款规定:“汽车生产企业以在国内市场销售为目的使用进口汽车零部件生产汽车,应当依据本办法对所生产车型中使用的进口零部件是否构成整车特征进行自测。”这一条款表明,即使这些生产企业没有出口任何汽车零部件或者汽车,它们依然可以获得所谓的“补贴”。因为只要其进口的零部件没有达到《管理办法》第21条和《核定规定》第13条规定的“构成整车特征”标准,它们依然可以根据《管理办法》第28条的规定为其进口的零部件缴纳10%的进口关税。所以,出口既不是这些企业获得所谓补贴的“唯一条件”,也不是众多条件之一。由此可以推定,即使我们把有些企业因为符合《管理办法》第21条和《核定规则》第13条规定的“构成整车特征”的规定而多交的15%进口关税视为对上述其他企业的“补贴”,它们也和企业的出口行为之间没有任何因果关系或者其他种类的关系。所以,它根本不可能违反《协定》第3条第3.1款a项的规定。

内销企业可能获得的所谓“补贴”是否为《协定》第3条第3.1款b项规定所禁止呢?由上可知,构成本款意义上的“补贴”除了必须确实存在补贴外,还必须具备另外两个要件,即相关企业“使用进口替代产品”、使用进口替代产品和获得补贴之间存在因果关系。

根据上文分析,我们可以将《管理办法》第21条第3款和《核定办法》第13条第3款中有关“60%”的比例要求解读成“使用进口替代产品”的要求。[②] 但是必须强调,我国上述条款的主要立法目的和功能是防止汽车生产企业利用我国整车进口税率较高和零部件税率较低的规定进口偷税漏税,加强对汽车零部件进口的监管。要求使用进口替代产品必须是该款规定在客观上所起的附带作用。尽管如此,姑且认为我国的上述法规中已经违反了《协定》第3条第3.1款b项规定的第二个要件。

我国企业可能获得的“补贴”和使用进口替代产品之间是否存在因果关系呢?在解答这一问题之前,应该首先分析这里所指的因果关系是仅仅指国内法中明确规定的因果关系,还是应包括事实上存在的因果关系。从《协定》条文的文字中,我们不能得出明确的答案。从b项的文字与a项条文的比较进行分析,两者的文字有所不同,即b项条款中没有采用像a项条款那样的表述,即“基于

---

① Appellate Body Report – Caned – Certain Measures Affecting the Automotive Industry, WT/D6139/AB/R, WT/D6142/AB/R, 31May 2000, (00 – 2170), AB – 2000 – 2, para. 100;在该案中,WTO上诉机构认为暗示或者事实存在的出口要求也违反《协定》的这一规定。

② Ibid., para. 123.

法律或者事实……而提供补贴"(subsidies Contingent, in law or in fact),而仅仅规定将使用进口替代产品作为提供补贴的唯一条件或者几个条件之一。这一细微的变化究竟意味着什么,WID 的相关案例对此有不同的看法。在加拿大汽车案中,WTO 专家小组认为,本款规定仅仅包括法律明确规定的因果关系,而不包括事实上存在的因果关系。[①] 但是,上诉机构推翻了专家小组的上述观点。其理由是《协定》第 3 条第 3.1 款 b 项中没有使用"在法律上或者事实上"一词,本身并不意味着这里仅仅是指"法律明确规定的因果关系",而不包括事实上存在的因果关系,从本项规定的字面意义分析不能得出上述结论;从 GATT1994 第 3 条第 4 款的适用范围看,该款也适用于"要求使用进口替代产品的国内措施",它不仅适用于有明文法律规定的要求使用进口替代产品的国内措施,而且适用于虽无法律规定但却有实际类似作用的国内法措施。所以,《协定》第 3 条第 3.1 款 b 项也应该包括具有同样实际功能的国内法措施。[②]

上诉机构的上述解释是不符合《协定》的规定的。首先,无论是 GATT 1994 第 3 条第 4 款使用的法律术语还是适用范围都与《协定》第 3 条第 3.1 款 b 项有很大的不同,上诉机构也不否认这一点。而且,相对于 GATT 而言,《协定》是一个特殊法,而 GATT 是一个普通法。有关特殊法条款的解释应该首先参照特殊法的上下文的内容来进行解释,只有在使用这种途径无法解释时才可以参照 GATT 的规定。所以,引用 GATT 1994 第 3 条第 4 款的规定来解释《协定》第 3 条第 3.1 款 b 项的内容并不十分恰当。其次,上诉机构也认为,《协定》第 3 条第 3.1 款 a 项规定对理解 b 项的内容十分重要,因而应该首先通过分析 a 项规定的内容来解释 b 项规定。就两款内容的比较而言,上诉机构与专家小组在该案中一致认为,《协定》第 3 条第 3.1 款 b 项之所以没有像 a 项那样采用"法律上或者事实上"这样明确的表述应该有其用意。既然如此,它就不可能像《协定》第 3 条第 3.1 款 a 项那样既包括"法律明确规定的、以使用进口替代产品为条件而提供的补贴",又包括"尽管没有法律明文规定但实际上以使用进口替代产品为条件而提供的补贴"。这不仅是因为《协定》第 3 条第 3.1 款 b 项中缺乏像 a 项中那样的明文规定,而且是因为《协定》的制定者专门对第 3 条第 3.1 款 a 项中的"法律上或事实上"加了脚注,以此特别强调:即使法律没有将使用进口替代产品作为提供补贴的前提条件,但是如果在事

---

① Appellate Body Report – Caned – Certain Measures Affecting the Automotive Industry, WT/D6139/AB/R, WT/D6142/AB/R, 31May 2000, (00 – 2170), AB – 2000 – 2,, WT/DS139/R, WT/DS142/R, (00 – 0455), 11 February 2000 paras. 10.220 – 10.222.

② Appellate Body Report – Caned – Certain Measures Affecting the Automotive Industry, WT/D6139/AB/R, WT/D6142/AB/R, 31May 2000, (00 – 2170), AB – 2000 – 2, paras. 137 – 138.

实上将两种联系起来也是违反本项规定的补贴。如果《协定》制定者有同样的立法意图,他们完全可以在 b 项中也加入"法律上或事实上"这几个词,也完全可以再加脚注对此进行解释。因此,《协定》制定者省略上述表述的唯一原因是,他们要借此表达一个特定的意思,即 b 项禁止的仅仅是"法律明确规定的以使用进口替代产品为条件而提供的补贴"。

从我国上述法规的内容看,没有任何条款明确规定使用进口替代产品是获得所谓补贴的条件;法规中明确规定的是,进口零部件符合构成整车特征的,应该按照整车缴纳进口关税。由于可以将相关条款理解为"使用进口替代产品的要求",这样该条款就在实际上将"使用进口替代产品"当做享受按照较低税率缴纳关税的一个前提条件。但是,根据以上分析,《协定》第 3 条第 3. 1 款 b 项所禁止的补贴不包括事实上存在因果关系的"使用进口替代产品要求",因此,我国内销企业所获少缴的 15% 的关税并不为该项规定所禁止。可见,即使我们将 15% 的税差利益视做对一些内销企业提供的"补贴",它们既不违反《协定》第 3 条第 3. 1 款 a 项的规定,也不违反该款 b 项的规定。

(2)外销企业获得的补贴的合法性

同样,外销企业既可能获得违反《协定》第 3 条第 3. 1 款 a 项规定的补贴,也可能获得违反该款 b 项规定的补贴。

如果企业生产的汽车以销往海外市场为目标,相关的企业有可能获得 15% 的税收补贴。这种补贴很可能违反《协定》第 3 条第 3. 1 款 a 项规定。如上所述,违反这一款项规定的前提条件是:企业获得了相应的补贴、企业有出口行为、在获得补贴和企业出口之间存在一定的因果关系。而且根据《协定》制定者对该款所加脚注 4 的解释和 WID 的判例,这种因果关系并不一定需要在国内法中有明确的规定,即使在相关的法律中没有明文规定这一点,只要在事实上将出口视为提供的补贴的前提条件,就属于为本款禁止的补贴。我国《管理办法》等法规根本没有提及汽车或者汽车零部件的出口问题,也没有任何条文将出口和提供补贴联系起来。但是,根据《管理办法》第 7 条的规定,汽车生产企业以在国内市场销售为目的使用进口汽车零部件生产汽车,应当进行自测。由此推论不以国内市场为销售目标的汽车生产企业不承担自测义务的唯一原因或者重要原因是其生产的汽车不在中国市场上销售,也即它们生产的汽车主要是销往国外市场。这样,我国上述规定就在事实上将提供补贴和企业的出口行为联系起来,并将后者作为前者的一个前提条件。可见,这就符合了《协定》第 3 条第 3. 1 款 a 项规定的情况。

外销企业可能获得的补贴不应该违反《补贴和反补贴措施协定》第 3 条第

3.1 款 b 项规定。因为，根据该款规定，违反这一款规定的前提条件是：使用进口替代产品（国产部件）是有关企业获得补贴的唯一原因或者若干原因之一。但是，《管理办法》第 7 条第 1 款规定没有提出任何此类要求，也未见《管理办法》、《核定规定》和其他法规中有类似的规定。因为它们并不违反《协定》第 3 条第 3.1 款 b 项的规定。可见，我国以海外市场为销售目标的企业可能获得的补贴应该是违反《协定》第 3 条第 3.1 款 a 项的规定，但是它们却符合该款 b 项的规定。

综上所述，无论是外销企业还是内销企业，它们因为按照较低税率缴纳关税而获得的"关税实惠"并不是《协定》第 3.1 款意义上的补贴。即使我们将它视为"补贴"，除了《管理办法》第 7 条第 1 款的规定外，它们也不具备《协定》第 2 条规定的专项性要件。另外，内销企业获得的所谓"关税实惠"既不违反《协定》第 3 条第 3.1 款 a 项的规定，也不违反该款 b 项的规定。外销企业可能获得的"补贴"虽违反《协定》第 3 条第 3.1 款 a 项的规定，但是它们却符合该款 b 项的规定。由于后两种结论是建立在"汽车生产企业获得的关税实惠是《协定》第 1 条意义上的补贴"这一假设基础上的，所以我国《管理办法》、《核定规则》等法规根本不违反《协定》第 3 条的规定。

（2007 年第 4 期）

从中国在TRIPs协定下的义务看美国对中国的申诉

朱榄叶*

前 言

2007年4月10日,美国正式向WTO提出申诉,指控中国的知识产权保护和实施的具体规定不符合TRIPs的相关规定(这一申诉在WTO争端解决机制的编号为WT/DS362)。① 美国共提出了4个诉请要求WTO专家组确认:(1)中国法律关于侵犯知识产权罪的刑事指控门槛太高,违反了TRIPs第41.1条和第61条。②(2)中国海关对没收物品的处理,违反了TRIPs第46条和第59条。③(3)对未批准进入中国市场的作品不给予保护,违反了TRIPs第41.1条。④(4)不对从事未授权复制或未授权发行著作权作品的人适用刑法程序和处罚,

---

* 作者单位:华东政法大学。

① 目前已经有日本、加拿大、欧共体、墨西哥要求加入磋商,中国政府也已经接受。WT/DS362/6,on http://docsonline.wto.org/gen—search,2007年6月7日和8日,中美双方在日内瓦举行了磋商。中国方面认为,两天的磋商有助于对问题的澄清,以便双方更好地沟通。http://en.ec.com.cn/article/biznews/headlines/200706/401723-1.html.

② 美国具体指出的法律和相关规定有:《中华人民共和国刑法》第213条、214条、215条、217条、218条、220条;最高人民法院、最高人民检察院《关于办理侵犯知识产权刑事案件具体应用法律若干问题的解释》(2004年11月2日最高人民法院审判委员会第1331次会议、2004年11月11日最高人民检察院第十届检察委员会第28次会议通过,2004年12月22日生效)(简称2004年12月司法解释),以及最高人民法院、最高人民检察院《关于办理侵犯知识产权刑事案件具体应用法律若干问题的解释(二)》(2007年4月4日最高人民法院审判委员会第1422次会议、最高人民检察院第十届检察委员会第75次会议通过,2007年4月5日生效)(简称2007年4月司法解释)。

③ 美国具体指出的法规和相关规定有《中华人民共和国知识产权海关保护条例》,特别是其中的第4章;《中华人民共和国海关关于〈中华人民共和国知识产权海关保护条例〉的实施办法》,特别是其中的第5章。

④ 美国具体指出的法律和相关规定有《中华人民共和国著作权法》,特别是第4条;《刑法》、《出版管理条例》、《广播电视管理条例》、《音像制品管理条例》、《电影管理条例》、《电信管理条例》、《音像制品管理条例》、《出版管理条例》、《电子出版物管理规定》、《音像制品进口管理办法》;出版境外著作权人授权的电子出版物审查和批准程序;电子出版物进口单位进口电子出版物制成品审查和批准程序;进口出版物备案程序;《互联网文化管理暂行规定》;《关于网络音乐发展和管理的若干意见》,以及上述规定的修正案、相关措施或者实施措施。

违反了 TRIPs 第41.1条和第61条。[①]

美国对中国知识产权法律及保护状况不满的问题由来已久。20 世纪 80 年代末至 90 年代中期，中国政府曾经先后与美国政府就知识产权问题进行过多次谈判，也签订了多个备忘录。中国在 2001 年年底加入 WTO 后不久，美国的音像制品和电影界就敦促美国政府在 WTO"起诉"中国，而美国政府在每一次对中国贸易政策的过渡期审查中都向中国单独提出知识产权问题。[②] 笔者无意对中国的知识产权保护状况作综合概括，只是试着按 WTO 争端解决专家组的思路，分析中国在 TRIPs 相关条款下所承担的义务，审视中国是否已经履行了这些义务，以明确中国在这场纠纷中应持的立场。美国的指控涉及了 TRIPs 第 41.1 条、第 46 条、第 59 条和第 61 条。这些条款的规定如下：

"各成员应保证其国内法中包括关于本部分规定的实施程序，以便对侵犯本协定所涵盖的知识产权的任何行为采取有效行动，包括防治侵权的迅速救济措施和制止进一步侵权的救济措施。这些程序的实施应避免对合法贸易造成障碍并为防止这些程序滥用提供保障。"（第 41.1 条）"为有效禁止侵权，司法机关有权力在不给予任何补偿的情况下，责令将已经确认侵权的货物在商业渠道之外处理，[③]以避免对权利持有人造成任何损害，或下令将其销毁，除非这样做会违背现行宪法的要求。司法机关有权力在不给予任何补偿的情况下，责令将主要用于制造侵权货物的材料和工具在商业渠道之外处理，以便将进一步侵权的风险减到最低限度。在考虑此类请求时，应考虑侵权的严重程度、给予的救济及第三方利益成比例。对于冒牌货，除例外情况外，仅除去非法加贴的商标并不足以允许该货物进入商业渠道。"（第 46 条）

"在不损害权利持有人其他诉讼权并在遵守被告寻求司法机关进行审查权利的前提下，主管机关有权依照第 46 条所列的原则销毁或处理侵权货物。对假冒商标的货物，主管机关不得允许侵权货物在未作改变的状态下再出口或对其使用不同的海关程序，但例外情况除外。"（第 59 条）"成员应至少规定适用于构成商业规模的蓄意假冒商标和盗版的刑事程序和处罚。可以获得的救济措施应当包括足以构成威慑的监禁和/或罚金，应与严重程度相应的犯罪所适用的处罚

① 美国具体指出的法律是《刑法》，特别是第 217 条，还有一切修正案、相关措施或者实施措施。

② IP/C/W/365，2002.9.18；IP/C/W/414，2003.11.10；IP/C/W/432，2004.11.10；IP/C/W/453，2005.9.29；IP/C/W/482，2006.10.5.

③ 原对外经济贸易合作部国际经贸关系司的译本翻译为："责令将已经发现侵权的货物清除出商业渠道"。

相当。在适当的案件中,救济措施还应当包括扣押、没收和销毁侵权物品以及主要用于侵权的材料和工具。成员可以规定适用于其他侵犯知识产权行为的构成商业规模的刑事程序和处罚,尤其是对那些蓄意并构成商业规模的侵权。”(第61条)

中国作为WTO成员,承担着TRIPs项下的义务和中国加入WTO议定书和工作组报告承诺的义务,这个义务主要是两方面的:一是立法;二是执法。美国的指控是针对我国的立法,因此我们要分析在美国的申诉中提及的中国法律、法规是否符合TRIPs的上述条款。

一、关于中国法律规定的刑事程序“门槛”问题

美国此次提出申诉依据TRIPs第61条。TRIPs第61条是协定第三部分第五节的内容,第三部分规定了知识产权的实施,第五节的标题是刑事程序,整个一节只有一条。美国认为我们的刑事处罚起点太高,被起诉的人太少。认真分析第61条,我们可以看到,TRIPs只要求各成员对“构成商业规模的蓄意假冒商标和盗版”规定刑事程序和处罚,处罚要“足以构成威慑”,而且“应与严重程度相应的犯罪所适用的处罚相当”。

在WTO争端解决程序中,几乎每一个专家组或上诉机构都强调在澄清具体协定的相关规定时,“解释国际公法的习惯规则就是维也纳条约法第31条和第32条”①。根据维也纳条约法公约第31条的规定,“条约应依其用语在其上下文中的普通含义,结合条约目的和宗旨,善意解释之”。争端解决专家组的分析基本上是循着术语的普通含义、上下文、目的和宗旨来展开。在特殊情况下,才会参考条约制定的历史和“嗣后的实践”。

这里,我们就试着按WTO争端解决专家组的思路,分析第61条中的三个条件。

第一,TRIPs要求各国对“构成商业规模的蓄意假冒商标和盗版”规定刑事程序和处罚。这首先表明,并不要求各成员对所有的商标侵权行为或版权侵权行为给予刑事处罚,而只要求处罚“构成商业规模的蓄意假冒商标和盗版”。对于假冒商标和盗版,业界已基本上取得共识,因此对是否“构成商业规模”的解

---

① WT/DS2/9, p. 17; WT/DS8/R, para. 6.8.

释就成了关键。[①] 从字典的解释中,我们无法直接找到答案,但可以明确的是,这一活动肯定与商业有关,但“商业规模”肯定不会指“与商业有关的任何规模”。

笔者认为决定这个问题需要考虑很多因素:首先当然要考虑侵权物品的数量,但这个数量不可能是全球统一的,须根据市场规模的大小来判断。比如,在一个人口5万的小镇,50张盗版碟片已经是人口数的千分之一,应该可以算是商业规模;但在人口1500万的城市,要达到人口的千分之一需要15,000张。此外,商业规模还要看被侵权物品是什么,带有商标的产品和盗版电影就不可能数量相同,因为一部电影可以有许多人同时观看,而一件商品在一个时间大多数情况下只能由一个人使用。其次,要看侵权物品的价值,在确定价值的时候,一个国家或地区的经济发展水平应该作为考虑的因素之一。GDP和生活水平较低的地区的标准应该相应低于GDP和生活水平较高地区,这主要是从商品在市场平均价格的角度考虑。当然,如果标准的确定本身就是从GDP和生活水平较低的地区考虑的,则不必提高其他地区的标准。最后,根据条约解释有效性原则,[②]TRIPs仅仅在第61条提出“商业规模”的要求,其他条款都没有这样的要求,这也表明“商业规模”的侵权应该不同于其他侵权,应该在程度上更严重。

第二,“足以构成威慑”[③]的处罚。处罚的威慑作用与处罚的严厉程度有关系,但也并非处罚越重,威慑作用就越大,因为侵犯知识产权的犯罪分子总是抱着侥幸心理,计算着自己的“机会成本”。以我国刑法规定贪污罪最高刑为死刑为例,剥夺生命,其刑罚已经是最重的了,其威慑作用已经没有办法再大了,但仍然有人会收受贿赂,贪污公款,在过去几年中因为贪污受贿被处以死刑的人也不是一个两个。所以,威慑作用是一个相对的概念,与整个社会的法治观念和守法意识有紧密关系。

对“构成商业规模的蓄意假冒商标和盗版”规定的刑事程序和处罚应当与严重程度相应的犯罪相当。据悉,美国提出了我国各城市中向检察机关提起刑

---

① WTO专家组经常使用的Shorter Oxford English Dictionary对“commercial”的解释是“engaged in commerce”; interested in financial return rather than artistry; likely tomake a profit; regarded as a mere matter of business;对“scale”的解释是“relative magnitude or extent; degree, proportion”。Shorter Oxford English Dictionary, pp. 459, 2683. Black’s Law Dictionary没有对commercial的解释,但其对“commerce”的解释是“the exchange of goods or services, esp. on a large scale involving transportation between cities, states, and nations”, Black’s Law Dictionary, p. 263。

② 即条约中的术语都应当是有意义的,不应当解释为同意反复。

③ Deter – Restrain or discourage by fear; deterrent – That deters, tending to deter. Shorter Oxford English Dictionary, pp. 658 – 659.

事诉讼的盗窃罪的标准，认为假冒商标和盗版的起点是5万元，大大高于盗窃财产罪的起点。其实这是混淆了盗窃财物和知识产权侵权的区别。盗窃财物，赃物的价值就是受害人的实际损失，比如盗窃了一辆价值300元的自行车，盗窃者的"获利"和受害人的损失都是300元。而销售300元的盗版音乐光碟，虽然非法经营额是300元，但销售者的获利及版权人的损失都不是300元，对销售者来说，他最多获得的是非法利润，而版权人的直接损失最多是因侵权而导致的利润损失。所以对不同性质的犯罪不能简单地比较涉案金额。

中国法院和检察机关规定起诉时侵权涉及的金额或物品数量，是为了在全国范围内统一执法标准。即使能够把这叫做"门槛"，它也是符合TRIPs的。

二、中国海关对罚没物品的处置

美国的这一指控实际上是对我国海关规定的曲解。根据我国相关法规，海关对罚没的侵犯知识产权的物品处理的顺序是这样的：如果有关货物可以直接用于社会公益事业，则物品就直接交给公益机构用于社会公益事业；如果知识产权权利人有收购意愿的，将货物有偿转让给知识产权权利人。如果有关货物不能按照上述办法处置且侵权特征能够消除的，在消除侵权特征后依法拍卖。拍卖货物所得款项上交国库。只有在有关货物不能按照上面两项规定处置时，应当将货物予以销毁。

美国先是把海关处理罚没货物的第一种、第二种处理方式隐去不说，单挑出第三种处理方式提出质疑，使不知道中国法律的人以为这是中国海关处理罚没物品的唯一方式，或首要方式。其次，在对第三种处理方式提出质疑时，美国又故意隐去了我国相关法规关于"消除侵权特征"的要求。

事实上，无论是TRIPs第46条还是第59条，都没有完全禁止海关罚没的商品进入商业渠道，只是不允许仅除去非法加贴的商标后就让侵权货物进入商业渠道；或者对侵权货物在未作改变的状态下再出口。我国相关法规要求允许罚没物品进入市场已经是第三种处理方式。即便如此，进入市场也是有条件的，即要消除侵权特征。简单地剪掉侵权商标不等于消除侵权特征，即使从字面意思来理解，也可以知道，消除侵权特征就是已经完全消除了消费者可以把货物与某个特定的品牌联系起来的任何特征，从这一点来看，消除侵权特征之后的商品也就不会给商标所有人造成任何损害。中国法规这样的规定完全符合TRIPs的要求。

三、关于不对从事未授权复制或发行侵权作品的人适用刑法程序和处罚美国的这一指控利用了我国法律翻译中的一个缺陷

《刑法》第217条规定,以营利为目的,未经著作权人许可,复制发行其文字作品、音乐、电影、电视、录像作品、计算机软件及其他作品的,违法所得数额较大或者有其他严重情节的,处3年以下有期徒刑或者拘役,并处或者单处罚金;违法所得数额巨大或者有其他特别严重情节的,处3年以上7年以下有期徒刑,并处罚金。在翻译上述"复制发行"时,英文译为"reproducing and distributing"。[①]于是美国就说,根据中国《刑法》第217条的规定,只有复制并发行侵权作品的,才可能被追究刑事责任。如果复制不发行,或发行不复制,就都不会被追究刑事责任。

2007年4月4日最高人民法院审判委员会第1422次会议、最高人民检察院第十届检察委员会第七十五次会议通过的《最高人民法院、最高人民检察院关于办理侵犯知识产权刑事案件具体应用法律若干问题的解释(二)》第2条明确指出:"刑法第217条侵犯著作权罪中的'复制发行',包括复制、发行或者既复制又发行的行为。"

在法律英语中有一个特殊的表达方式"and/or",表示的是两种情况中不管是其中任何一个情况出现,或两种情况同时出现,都可以适用。比如上述"复制发行"其实际含义是"复制、发行或者既复制又发行的行为",此时恰当的翻译应该是"reproduction and/or distribution"。由于中文中没有"和/或"的表达方式,在法律规定中比较常见的是在并列的情况中间用顿号。在最高人民法院、最高人民检察公布了法律解释之后,美国的这一指控就不攻自破,已经没有实际意义了。

四、关于对未批准进入中国市场的作品不予保护的问题

美国提出,我国《著作权法》第4条规定"依法禁止出版、传播的作品,不受本法保护",而我国又要求进入中国的作品要经过审查,得到批准后方可出版发行。于是,美国就认为在进入中国市场前经历审查机构的审查(或者其他形式

① The Laws of the People's Republic of China, Publishing House of Law, 1997.

的出版前或者发行前的审查)的作品,在审查完成和在中国出版和发行被授权前无法得到著作权的保护。

这至少是对中国法律的误解。美国是把"依法禁止出版、传播的作品"和"未完成审查、未被授权在中国出版和发行"等同了。我国尚未颁布出版法,禁止出版传播的作品,目前根据相关的行政法规来认定,主要指反对人民民主政权、煽动对民族和种族的歧视和压迫,破坏民族团结、泄露国家机密、宣扬盗窃、淫秽、纵火及其他犯罪行为、破坏社会公德等的作品。[①] 也就是说,《著作权法》第4条所称的法律禁止流通的作品是指其内容违反法律规定而被禁止流通,不是指还未完成出版发行审批程序的作品。根据中国法律和我国所参加的《伯尔尼公约》,凡是公约成员国国民的作品,或者在公约成员国有居所的人的作品,一经完成就享有著作权,除非其内容是我国法律所禁止传播的。美国在申诉中称"在审查完成和在中国出版和发行被授权前无法得到著作权的保护",完全是任意推断,既没有法律依据,也没有事实支撑。

TRIPs在前言中就明确,各成员认识到知识产权是"私权"。私权的保护主要应该由权利人利用国家现有法律体制的救济手段,主张权利,而不宜由政府过多地动用公共资源来予以维护。考虑我国目前在经济转型期的特殊情况,我国政府机关对市场的定期检查是必要的,这一方面是为了维护知识产权,另一方面也是为了保护消费者的权益。权利人没有理由也没有权利依赖政府给予保护。

事实上,TRIPs在订立的时候就考虑到了各国的不同情况,TRIPs第41条第5款规定:"本部分并不创设任何义务,要求(成员)建立与普遍的执法体系不同的实施知识产权的司法体系,也不影响成员实施其法律的能力。就实施知识产权法和其他法律的资源分配而言,本部分的任何规定都不创设任何义务"。这也表明,只要执法达到了TRIPs要求的义务,TRIPs并不规定各成员执法的方式和资源的分配。

美国政府提出申诉的背景是美国国家知识产权联盟的年度报告。美国国家知识产权联盟(International Intellectual Property Alliance,IIPA)每年出具报告,对世界各国知识产权保护状况提出评估,并要求美国政府采取措施。2007年的报告[②]建议美国贸易代表办公室将中国继续列入重点观察名单,并提出了中国必须加大对侵犯美国作品版权的行为的刑事指控;中国政府必须起诉盗版软件的

---

① 高严、周正义主编:《著作权法理解适用与案例评析》,人民法院出版社1996年版,第37~38页。

② http://www.iipa.com/rbc/2007/2007SPEC301PRC.pdf.

终端用户；中国政府必须加强对互联网知识产权侵权的刑事追诉；中国政府必须针对光盘工厂制造和出口未经授权的盗版光盘提出更多的刑事诉讼；等等。

美国知识产权联盟是一个松散的民间组织，但其每年提交的报告对美国政府的影响都很大。他们的报告中包括了大量的数据，但是从他们在网上公布的数据中，①笔者感到美国知识产权联盟报告中的数据不科学，取样和计算都可能存在问题。但可能需要搞统计学的人士帮助才能确切地指出其问题所在。

面对美国的申诉，笔者认为我们要认真对待，但不要过快妥协，不能让美国以提出申诉要挟中国让步的策略得逞。总的来说，中国政府要逐步适应，把被诉看做一件"平常事"，这也是中国实力增强和外贸剧增带来的必然后果之一。美国和欧共体是 WTO 中最大的成员，到目前为止共提出了 363 个申诉（包括本次中国被诉），美国被诉 97 次，欧共体被诉 57 次。到目前为止，根据 TRIPs 提出的申诉共 25 起，其中美国作为申诉方的有 15 起（占了 62.5%），欧共体作为申诉方的有 6 起（占 25%）；8 个案件通过专家组解决（其中作为被诉方的印度 2 起，加拿大 2 起，欧共体 2 起、美国 2 起）。

从事 WTO 研究的人都知道，WTO 争端解决程序有其固定的程序，这与哪个成员提出申诉，指控什么问题无关。一般地说，整个程序要经历提出申诉、磋商、专家组程序、上诉、专家组（和上诉机构）报告执行这样几个阶段。根据以上流程，从提出申诉日起到专家组和上诉机构报告通过最快要 20 个月（如果不上诉，最快 16 个月），加上执行期 15 个月，一共需要约 3 年。②

具体来看，我们做好一切准备应对美国的申诉，即使"败诉"，也是 2 年以后的事情，加上执行期，可以为中国赢得 3 年多的调整期。其实，在 WTO 被诉的成员大多数会输，在获得通过的 101 个专家组和上诉机构报告中，只有 12 个申诉方没有胜诉。

当然，我们并不愿意"打官司"，也希望中美双方能够通过磋商达成和解，正如国家工商总局商标局副局长赵刚 4 月 17 日在答记者问时说："合作和交流远比那些一味地指责要好得多。"③但是我们也不怕打官司，如果美国一意孤行，我们也会利用 WTO 这个平台，全力主张我们的权利。

（2007 年第 8 期）

---

① http://www.iipa.com/pdf/2007spec301methodology.pdf.

② 目前已经处理完毕的纠纷，从提出申诉日起到专家组和上诉机构报告通过平均 23 个月。

③ http://news.xinhuanet.com/legal/2007-04/17/content-5989381.htm.

和谐世界视域中的国际私法观照

——以现代国际私法体系的构建为焦点

吕岩峰*

一、和谐世界理念对国际私法研究的意义

建设“和谐世界”,是胡锦涛主席在联合国成立60周年首脑会议上的讲话中提出来的一个重要理念。这一重要理念,是中国政府对内建设和谐社会主张的必然延展,是中国最新的外交宣言,也是我们研究和处理一切国际事务和国际问题的指针。和谐世界,应该是一个多元的世界,有序的世界,和平的世界,合作的世界,互利的世界,共赢的世界,发展的世界。毫无疑问,运用和谐世界的理念思考和解决国际私法问题,尤其是思考和解决现代国际私法体系的构建问题,具有重要的理论意义和实践价值。

首先,国际私法的体系问题是国际私法领域的核心问题和根本问题。在中国,这个问题一直未能得到妥当的解决。究其原因,一方面是由于中国国际私法的理论与实践的积累尚嫌不足;另一方面更重要的,是由于缺少解决这个问题的思想指导。建设和谐世界理念的提出,为我们科学地解决这个问题提供了指南。而科学地解决现代国际私法体系问题,必将对国际私法其他具体问题的解决产生决定性的影响,对中国特色的国际私法学的建立和发展具有根本的和长远的意义。

其次,运用和谐世界的理念探讨和思索现代国际私法体系问题,将有助于深化和丰富对这一理念的内涵和价值的认识和理解。和谐世界的理念博大精深,源远流长,有着广阔而深邃的思维空间,统领着中国今后对外工作的全局。从和谐世界的视角观察和分析现代国际私法体系问题,不仅会提升国际私法的思想境界和价值位阶,而且会加强对和谐世界的体悟和把握,是对和谐世界理念的一种运用和实践。

最后,和谐世界也是一个法治世界,建设和谐世界离不开国际法治。国际私

---

* 作者单位:吉林大学、吉林省高级人民法院。

本文为吉林大学人文社会科学研究精品资助项目:“国际私法原论:适当论”的阶段性成果。

法作为调整国际民商事关系和解决国际民商事问题的法律体系，对于和谐世界的建设有着不可或缺和不容低估的作用，因此，研究和谐世界视域中的国际私法问题，尤其是现代国际私法体系的构建问题，将会拓展我们关于国际私法实践意义的视野，增强在建设和谐世界的过程中运用国际私法的自觉性。

二、和谐世界视域中对国际私法的新认识

建设和谐世界，是一个爱好和平的民族对全体人类的殷切吁求，是一个负责任的大国对国际社会的道义担当，是一个有自信的政府对全世界的庄严承诺。在全面、深刻地挖掘和阐发和谐世界理念的思想内涵的基础上以和谐世界理念为指导，重新解读国际私法的基本概念和基本原理，重新评价国际私法的基本制度和基本规则，系统反思国际私法的基本理念和基本价值，逐一审视国际私法的有关规范和有关学说，必定会使我们对国际私法的理解得以深化和升华，乃至有所发现和创造，并最终达成关于现代国际私法体系问题的认识和结论。

（一）建设和谐世界是现代国际私法的应然价值追求

国际私法的基本任务是调整国际民商事关系，解决国际民商事纠纷，确定国际民商事关系各方当事人的权利、义务和责任，平等保护内外国人的合法利益和正当诉求。在和平与发展成为当今世界的两大主题的时代背景下，现代国际私法更应该以建设和谐世界为导向，通过立法、司法和法理的努力和探求，在完成其各项任务的过程中，为缔造世界的和谐发挥应有的作用。

以建设和谐世界作为应然价值追求，既是现代国际私法区别于传统国际私法的重要标志，更是对传统国际私法价值取向的升华，是我们关于国际私法价值的理念和认识的一个进步和发展。传统国际私法的价值目标，是在承认内外国法律平等的基础上，谋求平等保护国际民商事关系各方当事人的合法权益，尊重有关各国的独立和主权，实现互利互惠。这个价值目标，可以说是国际私法的初级的或基本的追求，直到人类社会和国际关系发展的现阶段都还是一个现实而可取的目标。但是，随着人类社会的进步，随着世界的多极化、多元化以及全球化、一体化趋势的加强，建设和谐世界应该成为国际私法的价值追求，而以建设和谐世界为价值追求的国际私法便具有了“现代性”。

（二）世界的和谐是国际私法的基本理念

国际私法的另一个被公认的名称是“冲突法”，而“冲突法”所表征的基本含义是“解决法律冲突之法”，即解决在国际民商事交往中出现的适用法律上的冲突的法律部门，并且，有相当多的人认为国际私法“以解决法律冲突为中心任

务”。这些看法是否全面或恰当暂且不予讨论,但却毫无疑问地表明了法律冲突及其解决在国际私法或冲突法中所具有的重要地位。法律冲突的实质是各国及其国民之间的利益冲突,因而解决法律冲突实质上是协调有关各国及其国民之间的利益关系。无论是在形式上解决法律冲突,还是在实质上协调各国及其国民间的利益关系,其出发点和最终目标都是谋求和实现“和谐”——不同国家民商事法律之间的和谐,不同国家利益之间的和谐。而一旦实现了这两个和谐,也就在相当的程度上实现了世界的和谐。因此,可以认为,以解决法律冲突为基本功能的国际私法或冲突法,从一开始即包含着“世界和谐”的理念—— 这一点即使从作为统一私法的萌芽和国际私法之滥觞的罗马“万民法”那里也同样可以得到说明,①因为“万民法”是以自然理性为基础,以为所有民族或全人类所共享为特征的。

(三)世界的和谐是国际私法自身的前提、最高的目标和内在的诉求

国际私法的产生、存在和发展与世界的和谐密不可分。

首先,世界的和谐是国际私法自身的前提。众所周知,国际私法产生和存在的基本条件是:各国主权平等、相互尊重;国家之间正常的民商事交往的展开发展出国际民商事关系;有关各国相互承认对方法律的域外效力并愿意就彼此间法律的协调乃至统一进行磋商与合作。这些基本条件意味着,国际私法只有在世界和谐的状况下才有可能产生和存在。如果世界秩序混乱,战乱频繁,国与国之间充满敌意,缺乏信任与尊重,或者彼此间是“宗主国”与“殖民地”的关系,那么就不可能有正常的国际民商事交往,也不可能有国与国之间健康的法律事务交流与合作,因而也不可能有国际私法的产生与存在。

其次,世界的和谐是国际私法最高的目标。国际私法不仅以世界的和谐为自身产生和存在的前提,而且以构建和实现世界的和谐为最高的目标。国际私法调整国际民商事关系,确定国际民商事主体的权利、义务和责任,保护国际民商事交往各方当事人的合法权益,其目的在于保障和推动正常的国际民商事交往,建立和维护公正合理的国际民商事秩序,实现有关各国及其国民在国际民商事交往中的互利互惠。国际私法在法律适用问题上既承认内外国法律的平等,又尊重和维护内国的公共秩序;既承认当事人的自由选择,又禁止当事人恶意地规避法律;在对具体案件的处理过程中,从管辖权的合理确定到准据法的适当适用至判决的有效承认和执行,其目标都是通过“和谐司法”以求妥当地解决国际民商事争议,公正地处理国际民商事纠纷,最终实现各方当事人之间的利益均

① 笔者认为,国际私法的历史应该从罗马“万民法”算起。

衡,实现有关各国之间的利益协调,实现国际民商事领域的世界和谐。

最后,世界的和谐是国际私法内在的诉求。国际私法既以世界的和谐为自身存在的前提,又以世界的和谐为其求达的最高目标,这种外在的两极情状其实是国际私法的内在诉求的反映。国际私法的产生和存在需要世界的和谐,国际私法的发展和完善也需要世界的和谐,和谐是蕴涵和渗透在国际私法体系中的基本精神和基本理念。回顾国际私法的学说史,被奉为国际私法鼻祖的巴托鲁斯以其"法则区别说"揭示了法律的域内效力和域外效力这个法律冲突的根本问题,并站在内外国法律平等的立场上探讨法律适用问题的解决。荷兰学者胡伯的"国际礼让说"把主权者的意志作为确定准据法的根据,认为主权者的"礼让"是适用外国法的理由。萨维尼以其"法律关系本座说"而被誉为"现代国际私法之父"。按照他的见解,在存在由许多相互往来、相互依赖的国家所形成的国际社会的背景下,适用外国法的基础在于对各有关国家和个人都会带来利益。他还以在不同国家对于同样的问题能够做出同样的判决为其学说的价值目标。20世纪最具影响的里斯的"最密切联系说",要求法官在面对具体问题的时候,要考量该问题的实质和特性,权衡与之有关的各种因素,兼顾有关国家和当事人的利益,协调各种社会政策和价值目标,从而确定其最密切联系地,并依据该地的法律来解决这个问题。上述诸种学说大致反映了国际私法发展的思想轨迹,尽管其具体见解和主张存在差异,甚至后来的学说是在对先前的学说的或多或少的批判或否定的过程中产生的,但是,我们不难看出,它们遵循着一个共同的理念:兼顾各方,寻求和谐。越是晚近的学说,这种理念便越得到凸显。这实质上反映了国际私法对世界和谐的内在诉求。

当然,和谐是一个动态的过程,是一种相对的状态。纵观国际私法的历史发展及其在不同国家的生存状况,我们不难得出这样的结论,即当国际局势和平宽缓、国际关系健康发展的时候,国际私法在国际法律体系中的地位和作用就会得到彰显;当一个国家政局稳定、人民安居乐业、包括民商事交往在内的对外关系活跃的时候,国际私法在这个国家就会自然受到重视并得以发展。这些都说明,世界的和谐是国际私法自身的前提、最高的目标和内在的诉求。

(四)"和谐"是现代国际私法体系的核心范畴

现代国际私法体系区别于传统国际私法体系的关键在于它们的范畴体系不同以及各个共有范畴的基本内涵的差异。基于前面的论述,笔者认为,现代国际私法体系中的范畴体系应当以"和谐"为核心,从而现代国际私法体系应当以

"和谐"范畴来统摄。① 据此,现代国际私法学的基本概念和基本原理,现代国际私法立法的各种原则、规范和制度,现代国际私法司法的各种程序安排和实践做法,都应该置于和谐范畴的统摄和指导之下,从而使现代国际私法成为构建和谐世界的一种重要理论和实践资源。

(五)国际私法是和谐世界的基本法

和谐世界应该是一个法治的世界。法治昌明是和谐世界的基本特征。法治,既是构建和谐世界的重要手段,又是维护世界和谐的有力保障。和谐世界,应该是国与国之间相互尊重、互利合作、实现共同发展的世界,应该是全体人类戮力同心、包容友善、共谋福祉的世界,应该是各个民族之间平等相处、相互融合、共享升平的世界。和谐世界的主题,应该是:和平、发展、繁荣、进步。在和谐的世界里,国际民商事关系是最基本的国际关系,国际民商事交往是国家间交往的主要内容,通过开展国际民商事活动谋求富民强国是各国的基本政策,因此,以国际民商事关系为调整对象的国际私法是和谐世界的基本法。随着经济全球化进程的加快,法律的趋同化倾向日益明显,各国民商事法律之间的差异日益减少,调整国际民商事关系的统一私法规范日益增多,国际私法在发挥自身调整国际民商事关系的功能的同时,将通过国内的和国际的立法和司法实践愈益丰富而清晰的展现和谐世界的法治图景。

(六)和谐世界的国际私法应该是以人为本的"适当法"

构建和谐世界的过程,也必然是国际私法自身得以完善和发展的过程。在这个过程中,"和谐"的理念是核心,"适当"的理念是基础,"以人为本"是出发点和归宿,因而和谐世界的国际私法是以人为本的"适当法"②。据此,国际私法的立法和司法应该着力渗透和弘扬"私法自治"精神,应该更加追求实质正义和个案公正,应该更加注重保护弱者利益,应该更加重视国际合作。

三、和谐世界视域中国际私法的新问题

"和谐"的理念是中华文化的精髓并深深植根于中华文明的沃土之中。建设和谐世界的理念,是对优秀的中华民族传统文化的发扬光大,也是对优秀的中华民族传统文化的现代的和世界的意义的彰显。

---

① 与此相关联,笔者认为,"适当"属于现代国际私法体系的基石范畴,从而现代国际私法体系应当以"适当"范畴来贯穿。

② 关于"适当法",参阅拙著《吕岩峰论国际法》(吉林人民出版社,2005 年版)中的有关论述。

国际私法作为一个具有国际性的法律部门和法学学科，既有着漫长而辉煌的历史，也在其发展过程中积累了许多矛盾和问题。这些矛盾和问题愈益严重地制约着国际私法的进步，甚至妨碍着国际私法作用的发挥。其中，国际私法体系上的矛盾和问题最为突出，并且是其他各种矛盾和问题的症结所在。因此，解决"体系"上的矛盾和问题是解决国际私法其他矛盾和问题的关键。而尝试运用和谐世界的理念来解决这种"体系"上的矛盾和问题，进而构建能够在世界范围内得到认同的具有中国特色的现代的国际私法体系，正是我们研究的重点和难点之一。

同时，"国际私法体系"这个命题本身即是一个复杂的问题。这主要表现在：其一，国际私法体系存在立法体系、学科体系和理论体系之分。这三种体系虽然在根本上统一于国际私法这个最高范畴，但是，它们各自在内涵和外延上是有差异的，在价值和理念上也是不同的。其二，就各种体系自身而言，不同法系、不同国家、不同时代、不同学者往往对其持有不同的见解和主张，从而导致同一种体系在不同的时空条件下呈现出不同的状态。因此，运用和谐世界的理念，分析和评价各种体系之间和各该体系自身存在的问题，协调和化解各种体系之间和各该体系自身存在的矛盾，实现各种体系之间和各该体系自身的"和而不同"，实现"国际私法世界"的"和谐"，这应该是我们研究的另一个重点和难点。

再者，以和谐世界理念为指导的现代国际私法体系的构建过程必定也是对传统国际私法体系的扬弃过程，因此，紧扣"和谐世界建设与现代国际私法体系的构建"这个主题，充分考察两者之间的辩证关系和相互作用，充分发掘和谐世界理念的基本内涵及其对国际私法研究的指导意义，全面系统地反思和审视国际私法的历史积淀和现实困境，进而以建设和谐世界为导向，探讨和思索国际私法在和谐世界建设中的地位和作用，探讨和思索国际私法的发展出路和完善措施，最终以令人信服的思想渊源和可堪推敲的实证依据证成设想中的"现代国际私法体系"，这些都将是我们予以研究的重要问题。

（2007年第8期）

2007年莫里斯诉中华人民共和国案述评

黄 进 李庆明*

一、案件的诉讼背景及过程

(一)诉讼的背景

1.“善后大借款”之由来及偿还

辛亥革命后,西方列强承认中华民国政府的条件就是它必须承担清政府所欠外债(这一点,在原告莫里斯的诉状里面也提到)。当时的民国政府没办法,只好委曲求全。加上国内严重的财务危机,袁世凯政府与英国、德国、法国、俄罗斯等国谈判,达成了《中国政府重组贷款协议》(The Chinese GovernmentReorganisation Loan Agrement)。根据《中国政府重组贷款协议》,由英国、德国、法国、俄罗斯和日本五国财团组成的国际银行团向中国政府贷款25,000,000英镑。为此,发行了债券,利息五厘,期限47年,也就是1960年到期,以中国的盐税和山东、河南和江苏等省的税收为担保。在历史上,简称为“善后大借款”。①

1913年3月18日,美国总统威尔逊拒绝支持美国国内的银行参与此计划,表面的理由是该贷款的条款限制了中国的主权,所以没有一家美国的银行参与发行、销售债券。此后,中国政府一直按照约定在还款,直到1939年由于抗日战争的影响,国民党政府停止还款。1949年10月1日中华人民共和国成立之后,中国政府就一直没有支付利息,在1960年贷款到期后也没支付本金。1968年后,美国根据《国际求偿解决法》建立的“对外求偿解决委员会”(Foreign Claims

* 作者单位:武汉大学国际法研究所。

① 关于对善后大借款的认识与研究,可以参见张侃:“善后大借款债票发行之分析”,载《厦门大学学报》(哲学社会科学版)1999年第3期;宓汝成:“国际银团和善后借款”,载《中国经济史研究》1996年第4期;张侃:“20世纪中国近代外债史研究回顾”,载《中国经济史研究》2002年第2期;陈礼茂、马军:“妥协与抗争:熊希龄与善后大借款”,载《史林》2003年第4期;苏黎明:“‘善后大借款’的恶债典型”,载《漳州师范学院学报》(哲学社会科学版)2001年第1期;苏黎明、柯其成:“六国银行团与‘善后大借款’”,载《赣南师范学院学报》1997年第2期。当然,也有学者认为,有必要重评善后大借款,善后大借款在历史上的积极意义和成果不容抹杀,参见贺水金:“重评善后大借款”,载《江汉论坛》1995年第5期。

Settlement Commission)开始解决1949年10月1日后至1966年11月6日期间美国国民因中国的“国有化、征收、干预和其他占有”而引起的损失。此后,又开始处理1966年11月6日至1979年5月11日期间的请求,虽然当时的债券持有人也提出了请求,但最后都被驳回。1979年中美关系正常化以后,双方签订了“一揽子”解决协议,解决1949年至1979年间双方的财产问题,特别是解决“受到中华人民共和国所采取的或授权采取的针对美国国民之财产进行的国有化、征收、干预或其他形式的征用或特别措施而蒙受的经济损失”。在湖广铁路债券案中,中国政府于1983年曾经向美国提交过一份备忘录,指出中国政府不承认旧政府所欠下的任何外债而且也没有义务来偿还。

2. 2000年后债券持有人的行动

2002年2月5日,“美国债券持有人基金会”(The American Bondholders Foundation, ABF)[①]委托的美国斯泰茨—哈比森律师事务所的律师B. Riney Green致函中国驻美大使馆与中华人民共和国财政部,称代表了来自美国25个州的150多名公民,共持有18,261份1913年袁世凯政府发行的“五厘金币善后贷款债券”,其中面值20英镑的16,795份,100英镑的1466份,要求通过汇丰银行获得3068,558,142英镑的本息。同年2月22日,B. Riney Green致函美国政府,要求美国政府协助支持他们获得清偿,并承诺将把要回的钱的40%捐给美国政府和慈善组织,用来支持美国经济复苏,并援助“9·11”事件遇难者家属,等等。另外,ABF及其代理人还致函美国的国会议员、证券交易委员会等,要求调查中国政府的欺诈行为,颁发禁令冻结中国的款项。[②] 总之,以ABF为代表的债券持有人,希望通过政治、经济和法律等手段来劝说中国政府与他们坐下来谈判,至少偿还这些债券的部分本息。

在2004年Republic Austria v. Altman案[③]中,美国联邦最高法院认为《外国主权豁免法》具有溯及力。此后,ABF认为向中国政府主张偿付债券本息的时机已经成熟,所以发表声明,声称持有892亿美元的中华民国政府债券,要求得到清偿。然而,中国政府并没有满足他们的要求。于是,他们就酝酿通过诉讼来解决,随后便有了2005年5月6日莫里斯向美国纽约南区联邦地方法院提起的诉讼。

---

① ABF是一家根据特拉华州法成立的有限责任公司,自称是慈善性非营利机构。

② ABF的函件、备忘录和行动等都可以在网站上查找,参见http://www.globalsecuritieswatch.org。

③ 541U. S. 677. 124 S. Ct. 2240,159L Ed. 2d 1,2004U. S. Lexis 4030.

（二）诉讼过程

2005 年 5 月 6 日，美国公民莫里斯（Marvin L. Morris, Jr.）出示了旧中国 1913 年发行的“五厘金币善后贷款债券”，针对中华人民共和国和“中华民国”向美国纽约南区联邦地方法院（United States District Court, Southern District of New York）提起了民事诉讼，要求偿还本金 1 亿 8 千万美元。[①] 之后，2006 年 11 月 15 日，债券持有人庞斯（Gloria Bolanos Pons）和索里亚（Aitor Rodriguez Soria）也对中华人民共和国提起类似诉讼。[②] 对此，国内外都有媒体作了相关报道。[③] 美国纽约南区联邦地方法院对两案合并审理，并于 2007 年 3 月 21 日作出裁决，[④]裁决认为：（1）美国的《外国主权豁免法》（Foreign Sovereign Immunities Act, FSIA）所规定的商业行为例外的“直接影响”（direct effect）标准没有满足。（2）商业行为例外的“在美国的直接影响”标准也没有满足。（3）原告提出的诉讼时效因“上级权力”（superior powers）而中断并且重新起算的理由也被驳回了。因此，中国政府提出的要求撤销案件的动议得以批准。据此，长达 1 年多的诉讼有了初步的结果。在本案诉讼过程中，原告与被告双方数次提交材料进行攻守抗辩。下面，笔者简单地列出了一个时间表。

2006 年 5 月 12 日，中国政府提交答辩状，[⑤]要求撤销案件，理由是：（1）中国政府应该享受主权豁免，而《外国主权豁免法》所列举的豁免例外无一适用。（2）根据《国际求偿解决法》（The International Claims Settlement Act）[⑥]和 1979 年 5 月 11 日中美签订的《中华人民共和国政府与美利坚合众国政府关于解决资产

---

① 起诉书参见 Marvin L. Morri. Jr. v. The People ' s Republic of china, http://www.globalseeuritieswatch. org/civil_complaint. pdf；另参见 2005 WL 3824594（Trial Pleading）Gamplaht（May 6, 2005）. 如果没有另外指明，本文对相关案例、起诉书、答辩状等的援引均是通过 Westlaw 而获得的。

② 起诉书参见 Gloria Bolanos Pons and Aitor Rodriguez Soria v. The People s Republic of China, http://globalsecuritieswatch. org/Complain_Bolanos. pdf, 2007 年 2 月 4 日访问；另参见 2006 WL 3703342（Trial Pleading）Complaint（Nov. 16, 2006）；2006 WL 3884736（Trial Pleading）Complain（Nov. 16, 2006）.

③ 载 http://globalsecuritieswatch. org/ Bondholders_Say_China_Owes_2. 3_Billion. pdf, 2007 年 3 月 28 日访问；早在 2002 年，美国债券持有人就向中国政府提出清偿要求，参见田薇、卢四彬：“美国人翻出近百年老账”，载《世界新闻报》2002 年 4 月 15 日；丁刚：“袁世凯时发的债券　美国有人拿着胡闹　中国不付陈年烂账”，载《环球时报》2002 年 4 月 18 日。另外，在 2005 年，新浪网对美国债券持有人的一些动向作了报道，载 http://finanee. sina. com. cn/j/20050610/10231673887. shtml。

④ F. Supp. 2d, 2007 WL 851217（S. D. N. Y.）.

⑤ 2006 WL 179256. 3（Trial Motion, Memorandum and Affidavit）Memorandum of Law in Support of the People ' s Republic of China ' s Motion to Dismiss（May 12, 2006）.

⑥ 22 U. S. C. § § 1622, 1643（2006）.

要求的协议》(Agreement Between the Govenrnent of the United States of America and the Government of the People's Republic of China Concerning the Settlement of Claims,以下简称《中美资产协议》)的规定,原告的诉讼请求是无效的。(3)原告的诉讼请求已经超过了诉讼时效。(4)原告的请求没有国际习惯法的依据。

2006年6月28日,原告就中国政府的答辩与动议提出反对意见,①认为:(1)被告在美国领域外从事了商业行为并且在美国有直接影响,所以法院拥有管辖权。(2)原告的诉讼请求没有被《国际求偿解决法》和《中美资产协议》所消灭。(3)原告的诉讼请求没有超过时效,因为这是原告第一次有机会来要求强制执行其请求。

2006年8月11日,中国政府进一步提出反对主张,②认为:(1)原告没有证明《外国主权豁免法》废除、取消了本案的主权豁免。(2)《国际求偿解决法》和《中美资产协议》已经排除了原告的请求。(3)原告的诉讼请求超过了6年的时效规定,而且没有中止、中断、延长和重新起算的基础与依据。

2006年9月21日,Sovereign Adviser③ 的 Kevin O'Brien、James H. Kay、Dr. Tulsi Uprely 和 Wynne Hall 作为法庭之友向法院提交了意见,④认为:(1)中国政府在美国从事了商业行为,而且这种活动在美国一直都有直接影响,所以法院有管辖权。(2)根据美国外国债券持有人保护理事会(Foreigner Bondholders Protective Council)主席 John R. Petty 于1979年7月11日写给时任中国驻美大使柴泽民的信等证据,《国际求偿解决法》和《中美资产协议》并没有排除原告的请求。

在了解了相关背景之后,笔者就本案所涉及的国家豁免、时效等问题作一评析。

① 2006 WL 2178532 (Trlial Motion, Memorandum and Affidavit) Memorandum of Law in Opposition to Defendant's Motion to Dismiss(Jun. 28,2006).

② 2006 WL 2581974 (Trial Motion, Memorandum and Affidavit) Reply Memorandum of Law in Further Support of the People's Republic of China's Motion to Dismiss(Aug. 11,2006).

③ 关于该组织的基本情况,参见 http:// www. sov - advisers. com。

④ http:/ / global securitieswatch. org/Friend of the Cout - Sep21. pdf。

二、中国政府享有国家豁免

(一)美国的国家豁免制度

国家豁免主要是指一个国家及其财产免受其他国家国内法院的司法管辖。① 作为一项古老的国际法原则,国家豁免一直以来都为世界各国所接受、奉行和遵守,至少各国在公开场合都不否认。美国历史上曾主张绝对豁免,1952年的"泰特公函"发布之后,开始走上限制豁免的道路,即主张仅仅对外国的主权或者公法行为予以豁免。然而,在主张限制豁免后,鉴于美国政府对外国豁免的决定经常前后不一致,而且前后没有统一的标准,所以美国国会于1976年通过了《外国主权豁免法》,以统一规范国家豁免问题,减少行政部门对司法的干预。《外国主权豁免法》明确肯定了国家主权豁免,同时规定了对国家主权豁免的限制。② 在实践中,美国法院认为《外国主权豁免法》是对外国进行管辖的唯一根据和基础。③

虽然美国现在主张限制豁免,在实践中,美国法院也声称接受外国人针对外国国家和政府提起的诉讼,只要满足《外国主权豁免法》的实质要件,④但那只是例外。更多的情形下是首先推定豁免,在 Saudi Arabia v. Nelson 一案中,美国法院认为:"根据《外国主权豁免法》,推定外国是不受美国法院的管辖而是享受豁免的。"⑤当然,在另一案件中,美国法院认为"至于决定是否适用豁免例外的权限在于法院"。⑥ 需要注意的是,在2004年的 Republic of Austria v. Altmann 案中,美国联邦最高法院认定《外国主权豁免法》具有溯及力,可以适用于生效前的行为。⑦

---

① 龚刃韧著:《国家豁免问题的比较研究》,北京大学出版社2005年版,第1页;黄进著:《国家及其财产豁免问题研究》,中国政法大学出版社1987年版,第1页。

② 关于对美国国家豁免制度的案例的简单评析,参见黄进、李庆明:"诉权的行使与国际民事诉讼管辖权",载《政治与法律》2007年第1期。

③ See Argentine Republic v. Amerada Hess Shipping Cop., 488U. S. 428, 434, 109S. Ct. 638, 102L. Ed. 2d818(1989); Phaneuf v. Republic of Indon., 106F. 3d 302, 304(9th Cir. 1997); Republic of Austria v. Altmann, 541 U. S. 677, 124 S. Ct. 2240, 159 L. Ed. 2d 1(2004).

④ Verlinden B. V. v. Central Bank of Nigeria, 461 U. S. 480, 489, 76 L. Ed. 2d 81, 103 S. Ct. 1962 (1983).

⑤ 507 U. S. 349, 355, 123 L. Ed. 2d 47, 113 S. Ct. 1471(1993).

⑥ United States v. Nigeria, 117 F. 3d 1206, 1212(11th Cir. 1997).

⑦ 541U. S. 677. 124 S. Ct. 2240, 159L Ed. 2d 1, 2004U. S. Lexis 4030.

关于豁免的例外,除了商业行为外,还包括非商业性侵权行为的例外①和恐怖主义例外②等。《外国主权豁免法》第1605(a)(2)条规定了商业行为例外,不但要求原告的诉因与外国的商业行为有实质性的联系,③而且要求在美国境外发生的外国的商业行为在美国境内有“直接影响”。按照美国联邦最高法院的解释,所谓“直接影响”,是指被告行为的直接结果。④ 如果有其他因素干扰、干涉,则不构成“直接影响”。⑤ 因此,外国国家完全可以据此主张管辖豁免,要求撤销案件。

虽然美国法院不时受理针对外国国家、国家元首、政府官员、国家财产的起诉,但在实践中法院也可能依职权审查是否涉及国家豁免。在美国宪法的传统上,法院根据“政治问题理论”(political question doctrine),一般不会对政治问题进行司法审查,表现在国际民事诉讼中,由于可能影响外交关系,不利于行政部门解决对外交往这样的“政治问题”,所以法院也会主动审查主权豁免的问题。即使外国被告没有出庭抗辩,对诉讼不理睬,法院仍然可能以国家豁免为由裁定没有管辖权,宣布撤销案件。在这一点上,与国家行为理论有相似之处。

虽然《外国主权豁免法》结束了“双轨制”,把国家豁免问题的决定权完全转移到法院,但美国国务院不涉足外国国家豁免问题并不是绝对的。美国国务院法律顾问在1976年11月2日致司法部部长的信中表示,美国国务院对于在法

---

① 《外国主权豁免法》第1605(a)(5)条规定了非商业性的侵权行为的例外,在下列情形中外国政府不能享受豁免权:(并未包括在商业行为的例外中),针对外国政府提出来的人身伤害和财产损失损害赔偿,这种伤害和损失发生在美国,而且是由于该外国政府的官员或雇员在履行其职务行为时的侵权行为或过失行为所引起的。这一段不适用于下列情形:(1)诉讼是基于履行或不履行自由裁量权的行为,而不论这种行为是否属于自由裁量的范围。(2)诉讼是由于恶意的起诉、滥用权力、诬蔑、诽谤、虚假代理、欺骗或侵犯合同权利而引起。此外,只有当诉称的侵权行为和损害后果发生在美国时,非商业行为的侵权行为的例外才可以适用。另外参见 Princz v. Federal Repub1ic of Germany,307 U. S. APP. D. C. 102,26 F. 3d 1166(D. C. Cir. 1993)。

② 恐怖主义例外的规定是1996年增加的。See Anti – Terrorism and Effective Death Penalty Act of 1996. 详细的分析与论述,参见 S. Jason Baletsa, The Cost of Closure: A Reexamination of the Theory and Practice of the 1996 Amendments to the Foreign Immunities Act, 148 *University of Pennsylvania Law Review* 1247(2000)。

③ Arriba Limited v. Petroleos Mexicanos 案也再次确认了这一点。See 962 F. 2d 528,533(5th Cir. 1992). 相反,如果没有实质性的联系,则法院就不能主张管辖权。FederalInsurance Co. v. Richard I Rubin & Co. ,12 F. 3d 1270,1291(3d Cir. 1993).

④ Republic of Argentina v. Weltover, Inc. ,504 U. S. 607,617,119 L. Ed. 2d 394,112 S. Ct. 2160(1992).

⑤ Virtual Countries, Inc. v. Republic of South Africa,300 F. 3d 230,237(2d Cir. 2002).

院诉讼中涉及美国重大利益的外交关系问题仍将以“法庭之友”的身份进行干预。① 实践中,美国国务院会出具一个利益声明(Statement of Interest),宣称法院如果行使管辖权,可能会对美国的外交政策、对外关系、国家利益产生影响,要求法院撤销案件。

(二)本案中的管辖豁免

在本案中,美国国务院的态度较为消极,不愿出具政治问题的声明。因此,中国政府就必须加强对管辖权的抗辩。对于中国政府提出的管辖权抗辩,法院援引了罗宾逊诉马来西亚政府案,②认为必须先决定《外国主权豁免法》所规定豁免条款是否适用。为了解决管辖权问题,法院也有必要审查案件的实体和证据。虽然证明被告享有豁免的举证责任在被告,但原告也可以证明根据《外国主权豁免法》的例外,不应该授予被告豁免。③

《外国主权豁免法》规定,下列情形下外国国家不能免受美国法院的管辖:被指称的行为“是该外国国家在美国进行的商业行为,或在美国发生的与该外国国家在别处的商业行为有关的某行为,或者在美国之外发生的与该外国国家在别处的商业行为有关,并且该行为对美国产生了直接影响”。在确定是否适用“商业行为”例外时,法院考察的是外国国家行使权力的性质而不是其效果。如果外国国家行使的“仅仅是那些公民私人也可行使的权利”而不是那些“主权独有的权利”时,则外国国家从事的行为是商业行为;如果主权者不是作为市场的管理者,而是作为市场内的私营者行事,主权者即从事了商业行为。问题在于“外国国家的特定行为(无论其背后的动机如何)是否在类别上属于当事方据以进行贸易、运输或商业行为的行为”。④ 法院经过审理后认为,法院不必查明违约发生在哪里,只要发生在美国领域之外就可以了。⑤ 违反债券的条款与债券发行有关,自然也被认为是《外国主权豁免法》规定的商业行为。⑥

本案所涉行为发生在美国之外,这一点没有争议。争议的问题是该行为是

① 参见龚刃韧著:《国家豁免问题的比较研究》,北京大学出版社2005年版,第1页;黄进著:《国家及其财产豁免问题研究》,中国政法大学出版社1987年版,第1页。

② Robinson v. Gov't of Malaysia, 269 F. 3d 133, 140 (2d Cir. 2001).

③ Cargill Int'l S. A. v. M/T Pavel Dybenko, 991 F. 2d 1012, 1016 (2d Cir. 1993).

④ Mirza Shamim Ahmed Beg v. Islamic Republic of Pakist an et al., No. 03 - 10849, 11th Cir. (December 22, 2003).

⑤ Texas Trading & Milling Corp. v. Federal Republic of Nigeria, 647 F. 2d 300, 311n. 30 (2d Cir. 1981).

⑥ Shapiro v. Republic of Bolivia, 930 F. 2d 1013, 1018 (2d Cir. 1991).

否"在美国产生了直接影响"。[①] 原告援引判例[②]认为,中国政府的行为"在美国产生了直接影响"。那么,事实究竟如何呢?原告2000年在收集市场上以数百美元购买了长期没有付款的债券,因此可以认为原告没有直接财务损失。对于从1939年开始中国政府就停止支付利息的债券,原告予以购买的行为并不构成《外国主权豁免法》上所规定的商业例外所要求的"直接影响"。因为还有,美国证券交易委员会曾经明确禁止旧债券在债券市场的交易,[③]这进一步说明了本案中不构成"直接影响"。另外,在原告声称的"直接影响"发生之前,有介入行为(an intervening act)或者延长的因果关系链而导致的影响就不再是"直接影响"。[④] 虽然本案是由合同引起的,但仍然可以认为在中国政府数十年来都停止支付本息的情形下原告购买债券的行为是介入行为,中断了因果关系。因此,不构成"直接影响"。没有直接影响,所以中国享有主权豁免。

此外,要看这样的"直接影响"是否"在美国"。对此,要满足"与美国的实质性联系"标准。[⑤] 虽然原告主张美国人购买了这些债券,但仅仅有国籍这样一个联系是不够的。[⑥] 中华人民共和国在美国没有指定代理人来管理这些债券,与债券的发行、支付有关的协商和谈判也没有发生在美国;债券的发行与支付也不以美元来计算流通。更重要的是,合同所指定的支付本息的城市全部在美国领域外。考虑所有其他因素都在美国领域外,就不能认为有关行为对美国产生了直接影响,美国法院就不能根据《外国主权豁免法》的商业例外行使管辖权。

(三)原告的请求已经超过时效

即使原告可以证明法院具有标的管辖权,但在本案中,由于时效已经超过,被

---

① 参见杨松:"从仰融案看跨国诉讼中的国家豁免问题",载《政治与法律》2007年第1期。

② Republic of Argentina v. Weltover, Inc., 504 U. S. 607, 611, 112 S. Ct. 2160, 119 L. Ed. 2d 394 (1992).

③ SEC Litigation Release No. 15989 (Dec. 1, 1998); SEC Litigation Release No. 18393 (Oct. 6, 2003).

④ Virtual Countries, Inc. v. Republic of South Af rica, 300 F. 3d 230, 237 (2d Cir. 2002); United World Trade, Inc. v. Mangyshlakneft Oil Prod. Ass'n, 33 F. 3d 1232, 1238 (10th Cir. 1994); Upton v. Empire of Iran, 459 F. Supp. 264, 266 (D. D. C. 1978).

⑤ Verlinden B. V. v. Central Bank of Nigeria, 461 U. S. 480, 490, 103 S. Ct. 1962, 76 L. Ed. 2d 81 (1983).

⑥ Antares Aircraft, L. P. v. Federal Republic of Nigeria, 999 F. 2d 33, 36 (2d Cir. 1993). 在该案中,第二巡回法院认为,如果仅仅因为公司注册地就以为"在美国产生了直接影响",那么将导致与美国没有多少联系的诉讼在美国泛滥。类似的意见,参见 Virtual Countries, Inc. v. Republic of South Africa, 300 F. 3d 230, 240 (2d Cir. 2002); See also Gabay v. Mostazafan Found. of Iran, 151 F. R. D. 250, 255 n. 8 (S. D. N. Y. 1993). 在 Virtual Countries, Inc. v. Republic of South Africa 案中,法院明确表示仅仅具有国籍因素,就不能认为在美国的自然人受到了直接影响,就可以拒绝行使管辖权。

告要求撤销案件的动议应该得到支持。如果原告根据《外国主权豁免法》的规定能够提起诉讼,那么关于时效问题就要适用法院地法。① 在纽约州的联邦法院将适用纽约州的"借用法规"(borrowing statute)来决定适用什么样的时效规定。对于非纽约州居民因在纽约州外产生的诉因而提起的民事诉讼,法院将适用纽约州或行为地时效较短的规定。在本案中,原、被告双方当事人都同意适用纽约州的时效规定,而纽约州对因合同义务或者责任产生的诉讼的时效规定是6年。

原告提出,由于中国1991年才加入《关于向国外送达民事或商事司法文书和司法外文书公约》(以下简称《海牙送达公约》),所以之前一直无法对作为被告的中华人民共和国政府进行送达,这构成了中断时效的"上级权力"。这个理由是站不住脚的。《海牙送达公约》仅仅是方便和简化了对司法文书的域外送达,一国成为其缔约国并不意味着从此之后才可以对该缔约国进行送达。事实上,《外国主权豁免法》本身就规定了送达的途径和方法。② 此外,在1976年《外国主权豁免法》通过之前,联邦法院也有权在适当的情形下对外国政府进行送达。③

最后,原告认为,由于《外国主权豁免法》的存在,原告一直不能提起诉讼,但由于在 Republic of Austria v. Altmann 案④中美国联邦最高法院认为《外国主权豁免法》具有溯及力,使原告提起诉讼成为可能。需要注意的是,在该案中,美国联邦最高法院认为,《外国主权豁免法》具有溯及力的理由是"有证据表明国会意图让《外国主权豁免法》适用于其通过之前的行为",并不是美国联邦最高法院让《外国主权豁免法》具有溯及力。因此,换句话说,《外国主权豁免法》本身事实上就是具有溯及力的。然而,作为债券持有人的原告直到2005年才提起诉讼,这就已经超过了时效的规定。此外,美国联邦最高法院在该案中的意见并不是要重新激活原本已经超过时效的请求。相反,Breyer 法官认为,让《外国主权豁免法》具有溯及力并不会导致诉讼泛滥成灾的原因就在于时效的规定会阻挡诉讼的数量。在该案之前,第二巡回法院已经表明《外国主权豁免法》的通过并不会导致"古代过时的请求的大规模复活"。⑤

很明显,原告早在1952年"泰特公函"发布后就可以对外国政府提起诉讼,

---

① N. Y. C. P. L. R. §202; Dar El - Bina Eng' g & Contract ing Co. v. Republic of Iraq, 79 F. Supp. 2d 374, 388 (S. D. N. Y. 2000).

② 28 U. S. C. §1608 (a), (b).

③ Petrol Shipping Corp. v. Kingdom of Greece, 360 F. 2d 103, 109 - 10 (2d Cir. 1966).

④ Republic of Austria v. Altmann, 541 U. S. 67 (2004).

⑤ Schmidt v. Polish People's Republic, 742 F. 2d 67, 71 (2d Cir. 1984).

然而原告没有这么做。即使按照原告所说的到中美建交、关系正常化以后才可以行使管辖权,那么时效在20世纪80年代也已经消灭了。因此,原告关于时效的主张是没有根据的,其诉讼请求不应得到支持。

三、本案涉及的其他问题

(一)"中华民国"的诉讼地位

在起诉状中,莫里斯以中华人民共和国和"中华民国"为共同被告提起诉讼,这样的行为是十分不当的。1949年10月1日后,中华人民共和国已经完全取代了"中华民国"。1971年10月25日,第26届联大以压倒多数通过了第2758号决议,恢复了中华人民共和国在联合国的合法席位。1979年,美国在中美建交的时候也已经承认中华人民共和国政府是中国的唯一合法政府。因此,原告以"中华民国"为共同被告是没有根据的,法院受理也是不适当的。这直接导致本案人为地复杂化了。2006年11月26日,北京国际法学会2006年年会在北京国际关系学院召开,最高人民法院副院长万鄂湘在报告中指出:本案的复杂之处在于,如果大陆不应诉,"台独"势力领导人陈水扁可能会积极应诉,这就为本案增加了政治上的复杂性。……同时,本案的不确定因素还在于尚不知道台湾当局的态度结论。① 对于这个问题,原来的担心现在看来是多余的了。在案件的审理过程中,我国台湾地区并没有参与诉讼。在最后的判决书中,美国纽约南区联邦地方法院对于"中华民国"的诉讼主体资格也没有涉及,最后以主权豁免和时效为由撤销了案件。因此,笔者可以认为,法院事实上并不承认"中华民国"的主体地位,而中华人民共和国政府才是中国的唯一合法政府。

(二)《中美资产协议》的地位

在本案中,原告提出《中美资产协议》并没有解决旧债券的问题。那么,我们就有必要仔细分析一下《中美资产协议》的规定了。1979年5月11日,中华人民共和国政府财政部部长张劲夫和美国财政部部长克雷普斯代表各自政府签订了《中美资产协议》,该协议规定:"产生于1949年10月1日或其后直到本协议签订之日以前对美国国民的财产实行的国有化、征收、干预和其他占有或特别措施,中国政府向美国政府支付8050万美元,作为对美国及其国民(包括自然人和法人)对中国资产要求的完全和最后的解决。"协议还规定

① "北京国际法学会2006年学术年会简报",载 http://www.cuplfil.com/shownews.php?NewsID=402。

了“本协议签署生效之后,中美两国政府均不再代表自己或他人向对方政府提出本协议范围内的任何资产要求”。

在本案中,原告提出债券所产生的债务不属于“被国有化、征收、干预和其他占有或特别措施的财产”。事实上,《国际求偿解决法》对“财产”一词已经作了广义的界定,认为“财产”包括任何财产、权利、利益……和古巴政府或者中国所欠的债务。① 《中美资产协议》英文文本中的规定与中文文本是一样的,②表明中美两国已经完全解决了相互之间的资产要求。而且,在此之前,已经有债券持有人的请求被驳回的案例。③ 因此,原告的主张是没有根据的。

(三)恶债不予继承

“恶债”不予继承是得到国际社会的认可的。早在1898年召开的巴黎会议上,对于统治古巴的美国军事政府是否应该继承前古巴政府的债务问题,美国就主张西班牙对古巴的贷款并不是为了古巴的利益,而实际上违背了古巴的利益,属于恶债。对此,美国拒绝承认古巴对西班牙的债务。当时美国的行为得到了国际社会的认同。对于北洋政府和国民党政府欠下的恶债,中华人民共和国政府1955年曾经声明不予继承。1982年1月18日,我国财政部和外交部联合发布的《财政部、外交部关于处理我国旧政府发行的公债券问题的通知》④明确指出,关于处理我国旧政府发行的公债券的问题,前政务院1953年2月20日公布的《关于解放前银行业未清偿存款给付办法》第16条规定:“国民党反动政府通过伪行局会发行的‘节约建国储金’、‘节约建国储蓄券、‘特种有奖储蓄券’、‘美金节约建国储蓄券’、‘乡镇公益储蓄券’等,属于公债性质,一律不予清偿”。国务院第五办公室1955年8月26日曾以(55)五办字第61号文批复:同意财政部“关于北洋政府和国民党反动政府所发行的一切公债,人民政府不能偿还”的意见。据此,今后凡外国个人或机构向我国提出这方面的问题,可按此酌情答复,并将情况函告财政部和外交部。上述精神亦适用于持有旧政府发行的公债券的华侨。在湖广铁路债券案的诉讼过程中,中国政府于1983年曾经向美国提交过一份备忘录,指出中国政府不承认旧政府所欠下的任何外债而且也没有义务来偿还。

---

① 22 U. S. C. § 1643a(3).

② The claims settled pursuant to this Agreement are:(a) the claims of the USA and its nationals (including natural and juridical persons) against the PRC arising from any nationalization, expropriation, intervention, and other taking of, or special measures directed against, property of nationals of the USA on or after October 1, 1949 and prior to the date of this Agreement.

③ Carl Marks & Co., Claim No. CN – 0420, Decision No. CN – 0472, slip op. at 2 – 3 (FCSC Mar. 11, 1971).

④ 载 http://www.chinalawedu.com/news/2003_10%5C5%5C1500489913.htm。

然而,在本案中,原告利用翻译的错误故意歪曲中国政府对恶债的态度,认为中国政府只是说"不能"(unable to)偿还,而没有说"不愿意"(unwilling to)偿还。即使1955年国务院的批复和1981年《财政部、外交部关于处理我国旧政府发行的公债券问题的通知》使用了"关于北洋政府和国民党反动政府所发行的一切公债,人民政府不能偿还"的措辞,但中国政府一直拒绝偿还恶债的实践以及1983年提交的备忘录都已经明确地表明了中国的态度,即不承认任何恶债。因此,原告的说法是一相情愿,甚至是强加到中国政府头上的。不过,这倒给我们一个教训:以后在国际交往中一定要时刻谨慎,绝对不能出差错。

四、结　　语

通过以上分析,我们可以得出如下结论:美国《外国主权豁免法》规定的商业例外不但要求原告的诉因与外国的商业行为有实质性的联系,而且要求在美国境外发生的外国的商业行为在美国境内有"直接影响",否则外国就可以享受国家豁免。如果原告根据美国《外国主权豁免法》的规定能够提起诉讼,那么关于时效问题就要适用法院地法。《中美资产协议》已经完全解决了相互间的资产要求。中国政府对1949年前旧政府所欠下的恶债不予继承,也没有义务偿还。

随着美国法院裁决撤销案件,"善后大借款"案暂时告一段落。然而,在本案中出现的一些问题值得我们进一步思考。例如,原告有组织地利用各种经济的、政治的、舆论的以及法律的手段等来促使自己目标的完成,这一点就值得我们反思。随着我国对外开放的进一步深入以及我国国民和企业更多地走出国门,涉及我国的国际纠纷将会增加。[①] 对此,如何预防和化解风险,尽量利用国际法和各国的法律制度来减少损失,保护自己的合法权益将是一个急迫的任务。从目前的实际情况来看,我国政府、企业和国民在利用法律手段来促进国际交往、维护自身利益这一点上做得还远远不够,还有很长的路要走。

(2007年第9期)

① 在本案之前,还有涉及中国地方政府的案件,例如,仰融案和加拿大天宇网络有限公司诉四川省政府和成都市青羊区政府案。前者因为影响较大,讨论比较多,而后者目前尚未见到国内有人评论,其判决书全文可以通过westlaw找到,参见2006 WL 3692663(D. Utah)。

建立国内预警机制：应对“中国特保”的策略分析

李　娟*

一、“中国特保”机制存在的弊端

2001年12月11日，中国正式成为WTO成员方。其他WTO成员方对中国入世所持的态度从某方面而言可谓是喜忧参半。一方面，各成员方急于从中国入世所带来的诸多贸易和投资机会中受益；另一方面，他们又担心中国低劳动力成本所带来的强大竞争力可能会对其国内市场造成巨大冲击。在此种复杂心态的影响和推动下，专门针对中国产品的特殊保障制度成为中国入世谈判的条款之一。WTO成员方坚持建立某种特殊制度以防止中国产品损害它们的国内产业，漫长谈判的最终结果是建立了所谓的“中国特保”机制，即以《中国加入工作组报告》(以下简称《工作组报告》)和《中国入世议定书》(以下简称《入世议定书》)为法律依据创设的，平行于或相对独立于WTO保障措施体制的一种独特的保障措施机制。在一定过渡期内，“中国特保”机制专门针对并适用于原产于中国的纺织品或一定条件下的所有产品，它是WTO框架下现存的唯一的歧视性保障措施机制。

“中国特保”包含两种不同的保障措施制度：第一种专门针对原产于中国的纺织品和服装产品，简称“242段特保”或“纺织品特保”；第二种适用于原产于中国的所有产品，称为“特定产品过渡性保障措施机制”(Transitional Product—Specific Safeguard)，简称“TPS特保”。其中，“TPS特保”又可细分为“市场扰乱特保”和“贸易转移特保”。作为目前唯一有效的歧视性保障措施制度，“中国特保”使其他WTO成员方在中国入世后的12年中①，可以更加容易地针对原产于中国的产品实施保障措施。与WTO《保障措施协议》相比，“中国特保”机制在适用标准、磋商程序、调查期限、实施方式、补偿与报复等诸多方面存在严重缺

---

* 作者单位：华东政法大学。

① “242段特保”虽然将于2008年12月31日到期，但原产于中国的纺织品仍然要受到“TPS特保”制约，直至2013年12月10日，即中国入世后12年。

失，远远未能平衡中国与WTO其他成员方之间的权利与义务。

（一）概念模糊，任意解释

1. 概念模糊

由于第16条和第242段的概念模糊，立案门槛甚低，存在原产于中国的产品频繁受到其他成员方特保调查的威胁。例如，在“TPS特保”中，“市场扰乱”与“贸易转移”为启动调查的关键，但《入世议定书》和《工作组报告》均未定义“贸易转移”一词；至于“市场扰乱”，在国内产业的范围、损害标准、因果关系等诸多方面都不利于中国。首先，对国内产业范围的表述过于简单和笼统，使成员方在调查时，对国内产业的划分和界定拥有过于宽泛的解释权；其次，在进口数量方面，未能定义“快速增加”一词；至于对损害标准的认定，“中国特保”的门槛低于《保障措施协议》中的“严重损害”，且未规定“实质损害或其威胁”的认定标准；在因果关系方面，也未界定何为造成损害的“重要原因”。可见，“中国特保”条款对相关概念和标准的规定过于模糊，如何加以合理解释和运用，是一项十分困难的工作。

2. 任意解释

实践中，在定义不明的情况下，存在成员方任意解释和参照相关协定解释这两种可能的解释方法。若进行任意解释，WTO成员方便享有充分的自由裁量权，这将导致对“中国特保”措施的广泛滥用；若参照解释，则只要“中国特保”条款与WTO《保障措施协议》不相冲突，便可相互适用，从而补充“中国特保”条款在立法上的遗漏和不足，降低被广泛滥用的风险。根据《维也纳条约法公约》的规定，条约应依其用语按其上下文并参照条约的目的和宗旨所具有的通称意义，进行善意解释。[①] “中国特保”条款与《保障措施协议》同为WTO框架下的保障措施制度范畴，两者的性质不但相近，而且都是《WTO协定》的组成部分，[②]因此，两者理应能够相互适用，特别是在“中国特保”条款没有规定或规定不明的情况下，《保障措施协议》应该成为其最合理的补充。但是，尽管参照解释的观点在法理上得到强烈支持，但在实践中，成员方大多采取任意解释的办法，只要“中国特保”条款没有明文禁止，或没有明文规范，成员方即解释适用，拥有广泛的自由裁量空间。欧盟和美国针对中国产品的国内特保立法和相关实践都是任意解释的明显例证。除此之外，任意解释的结果是直接导致WTO成员方依据

---

① 《维也纳条约法公约》第31条第1款。

② 根据《入世议定书》第1条第2款的规定，《入世议定书》与《工作组报告》第342段所指的承诺（其中包括了第242段），同为《WTO协定》的组成部分。

《WTO协定》在国内多元相对立法的歧义现象。① 如欧盟和美国在其国内针对“中国特保”的立法内容和实践操作都有较大差异。总之,由于“中国特保”条款定义模糊、门槛较低,再加上其他成员方在实践中进行宽泛或降低标准的解释,滥用自由裁量权,轻易地针对中国产品启动特保机制,在这样的背景下,中国的出口产品将可能随时面临来自各国特保调查的威胁。

(二)无补偿规定,报复受限

在WTO框架下,保障措施作为一种多边自由贸易体制的必要例外,其实施的结果在客观上构成了对WTO关税减让和数量限制基本原则的违背。因此,《保障措施协议》赋予受影响的出口成员方要求补偿和进行报复的权利,以维护双方权利义务的平衡。② 但在“中国特保”机制下,补偿和报复的权利受到了严重限制。

1. 无补偿权利

在补偿方面,无论是《入世议定书》第16条还是《工作组报告》第242段,都没有任何关于对中国进行补偿的规定,因此,中国无法向采取特保措施的其他成员方要求补偿。

在《保障措施协议》的框架下,磋商与补偿是成员方采取限制措施的必要前置程序。其要求采取措施的进口成员方必须与受影响的其他成员方,就补偿问题进行磋商,议定恰当的补偿方式,否则受影响成员方可通过中止减让或其他义务的方式进行报复。而在“中国特保”的情况下,虽然第16条和第242段都要求WTO成员方在采取磋商前需先与中国进行磋商,但磋商的内容却是中国如何进行“自愿出口限制”,而没有任何关于补偿的规定。也就是说,“中国特保”免除了WTO成员方在《保障措施协议》项下必须补偿的代价。③

2. 报复权受限

在报复权方面,“纺织品特保”和“贸易转移特保”的相关条款都没有作出任何规定。当然,条款本身对报复权问题的省略不一定就等于对中国报复权的剥夺,特别是在其他成员方滥用或不合法地使用相关条款的情况下。但可以想象

---

① 曾雅真:“论中国大陆入世之过渡时期货品特别防卫机制——兼论美国421市场扰乱特别防卫机制”,载《东海大学法学研究》2005年第23期。

② 周汉民、邱一川:“中国入世与保障措施协议的适用”,载《国际商务研究》2001年第1期。

③ 在“中国特保”机制的存续期间内,由于第16条和第242段这一中国入世承诺的客观存在,《保障措施协议》并不能直接适用于中国,从这个意义上而言,原产于中国的产品只有在2013年12月10日后才会被正式纳入GATT1994的正常框架内。在此背景下,中国将很难直接援引《保障措施协议》的条款获得相应的补偿。

的是，在无法律明文授权的情况下，中国要主张报复权是一项十分困难的工作，将会面临很难找到直接法律依据的尴尬局面。而且，对中国而言，主张报复权也存在现实的困难。例如，第242段项下“纺织品特保”措施的期限最长不超过1年。假设中国政府因成员方的滥用行为诉诸WTO争端解决机构主张报复权，根据争端解决机构的程序和以往的经验，其作出裁决往往需要1年半以上的时间。而此时，成员方采取的“纺织品特保”措施也已终止了。

对于“市场扰乱特保”的报复权问题，第16条赋予中国进行报复的权利，但报复的启动时限与《保障措施协议》的规定相比有所区别。在针对数量绝对增长的措施方面，第16条与《保障措施协议》的规定是一致的，但在相对增长的措施方面，两者则不相同。在数量绝对增长的措施方面，第16条和《保障措施协议》都规定报复的启动时限为采取措施的3年后。此即无论是因为数量绝对增长的TPS特保措施还是一般保障措施，受到该措施影响的成员方或中国，都有权在该措施实施的3年后采取报复措施。但是，在针对数量相对增长的措施方面，《保障措施协议》的规定是受影响成员方可立即进行报复①；第16条则将中国进行报复的时间限制在该措施实施的2年之后。② 可见，在“市场扰乱特保”的情况下，中国必须在长达2年的漫长等待后才能开始报复，其严重压缩了中国进行报复的空间。

（三）三种双重防卫体系

在“中国特保”机制下，中国产品将同时受到《入世议定书》第16条、《工作组报告》第242段以及《保障措施协议》等多种法律的调整。成员方很容易利用各种法律相互间的关系和漏洞，对中国进口产品层层设限，构建多重防卫体系，阻止中国产品进入其国内市场。主要体现在以下三个方面。

1. “TPS特保”与“SGA保障”

“TPS特保”与“SGA保障”双重防卫系统的针对对象为原产于中国的所有产品（包括纺织品）。由于“TPS特保”对WTO《保障措施协议》项下一般保障措施（简称“SGA保障”）的实施没有排他性，故中国产品面临包括“TPS特保”和“SGA保障”在内的双重防卫体系。根据《入世议定书》的规定，如果WTO成员方发现原产于中国的产品对其国内产业造成市场扰乱，则该成员方在采取限制措施时可请求与中国进行磋商，其磋商的内容，包括“受影响的成员是否应根据

---

① 受影响成员方采取报复的启动时限为该措施实施后90天，并在货物贸易理事会收到关于报复的书面通知之日起30天期满后。

② 参见《中国入世议定书》第16条第6款和WTO《保障措施协议》第8条第2款。

《保障措施协议》采取措施”。可见,“TPS 特保”并未排除 WTO 成员方依《保障措施协议》采取一般保障措施的可能性。如果 WTO 成员方根据《保障措施协议》针对某项进口产品启动保障措施调查,而中国也恰好为该产品的出口国之一,则中国产品并不会因为已经或正在被实施“TPS 特保”调查或措施,而免除成为一般保障措施的调查对象。[①] 例如,2003 年 7 月 11 日,在西班牙的请求下,欧盟对来自中国的柑橘罐头产品同时启动了特保调查与一般保障措施调查,[②]这便是成员方同时利用“TPS 特保”与“SGA 特保”进行双重防卫的一个典型例证。

2. “TPS 特保”与“纺织品特保”

“TPS 特保”与“纺织品特保”双重防卫系统的研究出发点针对原产于中国的纺织品和服装产品。需要特别指出的是,这里所谓“双重”的含义,并非指中国纺织品将同时受到“TPS 特保”和“纺织品特保”的制约,而是指即使在 2008 年 12 月 31 日“纺织品特保”到期失效后,中国的纺织产品并不因此而纳入 WTO《保障措施协议》项下一般保障措施的调整范畴。正相反,在第 242 段条款已经失效了的 2009 年 1 月 1 日至 2013 年 12 月 10 日期间,中国纺织品将仍然受到“TPS 特保”的规范,继续面临被采取歧视性特保措施的威胁。根据第 242 段“纺织品特保”的规定,对于同一产品,不得同时采取第 242 段和第 16 条项下的保障措施。可见,对于中国的纺织品和服装产品,在 2008 年 12 月 31 日之前,成员方可选择适用第 242 段实施“纺织品特保”,也可以适用第 16 条采取“TPS 特保”,但不得在同一产品上同时采取这两种特保措施。

当然,从理论上说,在 2008 年 12 月 31 日之前,针对原产于中国的纺织品和服装产品,成员方可在“纺织品特保”和“TPS 特保”间自由选择适用,但一般情况下成员方都会选择适用“纺织品特保”,毕竟其所赋予成员方的权利更加容易实现,程序也更为简便。而到了 2008 年 12 月 31 日后,随着第 242 段条款的到期,“纺织品特保”也将失去其法律效力。但遗憾的是,这并不意味着中国纺织品可以不再受到歧视性特保措施的调整。从第 242 段条款失效之日起,即在 2009 年 1 月 1 日至 2013 年 12 月 10 日期间,成员方对中国纺织品仍然可以采取“TPS 特保”措施。总之,只有到 2013 年 12 月 10 日之后,中国纺织品才会被正式纳入 WTO 框架下的多边贸易体系。

3. “市场扰乱特保”与“贸易转移特保”

---

① 曾雅真:“论中国大陆入世之过渡时期货品特别防卫机制——兼论美国 421 市场扰乱特别防卫机制”,载《东海大学法学研究》2005 年第 23 期。

② EC Regulation No 427/2003, EC Council Regulation No 519/94 and No 3285/94 Commission Decision of 9 December 2003, 2003/855/EC.

对于“市场扰乱特保”与“贸易转移特保”这一双重防卫体系，强调的是如果某一中国产品被成员方实施了“市场扰乱特保”措施，则该种中国产品将同时面临被其他成员方采取“贸易转移特保”措施的威胁。根据第16条第8款的规定，如果中国出口到甲国的某产品，被甲国认定为造成“市场扰乱”，并采取限制措施；若该产品转而出口到乙、丙、丁等国并出现增长，只要这些第三国能够证明此产品存在“重大贸易转移”，即可采取“贸易转移特保”措施限制进口。此种成员方双重防卫体系的后果是：在“市场扰乱特保”和“贸易转移特保”的协同作用下，如果某一中国产品在一个成员方遭受限制，该种产品就存在被其他所有成员方拒之门外的极大风险。况且，第16条对“贸易转移特保”的规定极为简单，没有任何关于调查的明确要求，没有公开听证或事先通知的要求，甚至没有包含关于进口国国内产业是否受到任何损害的要求，而只需说明存在“重大贸易转移”甚至只需存在转移的“威胁”即可。此外，中国无权对他国的“贸易转移特保”措施行为进行报复，这就更加为成员方可能的滥用敞开了大门。

除了上述三个主要缺陷外，“中国特保”机制的弊端和负面影响远不止如此。例如，在实施的期限方面，除了第242段对“纺织品特保”有一简单规定外，第16条对其项下“TPS特保”的实施期限仅作了原则性规定，即“成员方只能在防止或补救市场扰乱所必需的时限内采取措施”。从理论上说，如果某成员方能够表明其措施是“防止或补救市场扰乱”所必需的，则该措施可一直适用到2013年12月10日。[①] 换言之，“TPS特保”允许成员方自由裁量其特保措施的实施期限。

在实施方式上，“中国特保”机制甚至允许“灰色区域”措施的使用。即如果经过双方磋商，认定成员方市场扰乱的原因在于中国产品的进口，则中国应采取诸如“自愿出口限制”等“灰色区域”措施，以防止或补救此种市场扰乱。事实上，正因为“灰色区域”措施本身所固有并在历史上造成的极大危害性，已被WTO《保障措施协议》所明确禁止。但“中国特保”机制却重新为“灰色区域”措施注入了生命，这无疑是公然接受了其他成员方的极端歧视。

总之，中国加入WTO虽然带来了很多正面效应，但也同时付出了极大的代价。“中国特保”所体现的全体成员方共同针对中国产品的歧视性做法，很有可能使中国具有竞争力的出口产品面临所有WTO成员方以“特保”为名采取的各种限制措施。可见，由于“中国特保”歧视性条款和严重弊端的客观存在，对成

---

① 对于“贸易转移特保”的实施期限，根据《工作组报告》第249段的规定，为原先的“市场扰乱特保”有效期之外加上不超过30天。

员方提起的特保调查和措施进行有效应对的最佳时机是在立案前，而最佳方式是未雨绸缪、防患于未然。毕竟，一旦中国产品在成员方被提起特保申诉，根据相关特保条款的规定，中国将立即处于十分不利的局面。而要做到防患于未然，关键的一点便是建立国内预警机制，用以防范特保风险，即依据 WTO 规则和相关成员方的外贸法律与实践，通过收集、整理和分析国际贸易及其对产业影响的信息资料，对产品、企业乃至在其他成员方市场遭遇贸易救济的风险进行分析和评判，并发布预警信息。①

在保障措施制度领域的预警工作包括对中国出口产品的预警和中国国内产业损害的预警。前者主要监控的是中国出口产品的品种和数量；后者针对的是进口产品的数量变化及对中国国内产业的损害或威胁。鉴于本文更加关注的是中国产品在国外遭受特保调查的策略问题，故以下探讨的特保预警机制专指对中国出口产品的预警。

二、建立预警机制的必要性分析

（一）出口自律，防患于未然

由于成员方对中国产品启动特保调查的一个重要原因在于存在中国产品的数量激增，为此，中国有必要在国内建立相应的出口预警机制，监测我国产品在特定时期或对某些特定国家的出口状况，在相关警兆指标出现异常变化后，政府、行业协会和企业协调运作，实行自律，规范出口秩序，使出口企业能够事先调整市场策略，控制出口数量。这将十分有助于规避和消除潜在的风险，把针对中国产品的特保调查消灭在萌芽阶段。②

目前我国企业和行业协会的联系还不够紧密，行业自律状况不佳，尤其是在价格方面缺乏必要的协调，甚至出现一些竞相压价、相互挤压的现象，这很容易引发其他国家对大量增加的中国产品启动反倾销或特保调查。为此，应利用预警机制进行监测，避免在同一时期将同类产品向一个国家或同一个市场大幅度

① 余非著：《WTO 保障措施及其例外法律制度研究》，上海人民出版社 2006 年版，第 211 页。

② 建立贸易摩擦的预警机制是国际上的通行做法。例如，美国商务部在 2003 年建立了“监督其他成员不公平竞争对美国的影响办公室”，负责审查和评估进出口贸易、政府政策对产业和企业的影响。而实际上，该办公室的主要任务就在于监控中国产品的出口。此外，欧盟、南非和印度等都有相关对进出口进行监测的预警系统。参见王世春、王琴华、张汉林主编：《名家论坛——反倾销应对之道》，人民出版社 2004 年版，第 43 页。

增加出口，[①]把特保调查发生的风险降到最低。

（二）民间游说，政府交流

预警机制可提前捕捉到中国产品存在被诉风险的早期信息，例如，监测数据显示中国产品短期内对某一国家出口激增，同时该国同类产品销售疲软、价格下降、经营状况恶化、工厂裁员等，甚至该国的商会、行业协会已开始协调国内生产商的立场、准备申诉材料等。一旦捕捉到这些信息，经过综合分析并确认存在被诉风险后，中国出口商一方面可实行自律、调整出口战略，另一方面可通过商会、行业协会等组织两国间的民间交流，充分沟通，取得谅解；政府部门也可通过政府间谈判，协调双方的利益和立场，做出妥善安排，[②]争取提前达成共识，避免特保立案和不利情势的进一步发展。例如，在欧盟对柑橘罐头的保障措施调查中，中欧双方的民间沟通和政府间协调对贸易摩擦起到了明显的缓解作用。在该案中，中国罐头工业协会和罐头企业连续3次赴西班牙、德国等国家进行交流和沟通，中国商务部也5次赴欧交涉协调，[③]进行了广泛联系和磋商，终于使欧盟决定中止对中国的特保调查。[④]

（三）从容应对，积极抗辩

在无法避免成员方对中国产品的特保立案调查时，预警系统可以使企业“不打无准备之仗”，从容应对。一般而言，成员方一旦启动特保调查，其程序的进行是非常迅速的。例如，美国“421特保条款”设置了极为快速的调查程序，从接受申请、国际贸易委员会调查并裁决、贸易代表与中国磋商并向总统提交建议书，到总统的最终决议，整个过程仅需150天的时间。此种快速程序往往令中国出口商措手不及，在来不及充分准备材料、出席听证会并提供相关证据的情况下，美国国际贸易委员会很容易作出存在市场扰乱的肯定性裁决，这对中国而言是十分不利的。对此，良好的预警系统可帮助企业积累历史资料和数据，整理相关材料和证据，了解特保发起国的相关法规和判例，并随时关注调查的程序和进度。这样，可使原本措手不及的应诉工作变为主动，争取更充分的时间准备证据材料，同时对申诉方提出的数据进行有针对性的抗辩，据理力争，使案件尽量朝有利于中国的方向发展。相反，如果应对不力、证据不足，则极有可能以败诉结案。

---

① 沈伟玲：“浅谈特保条款的应对措施”，载《北方经济》2005年第11期。

② 杨荣珍、王绍熙、陈静主编：《反倾销应诉与起诉实务》，人民出版社2004年版，第123页。

③ 罗永立：“中国应对WTO‘特保条款’的六大措施”，载《WTO经济导刊》2004年4月刊。

④ 李幼莲：“黄岩罐头击破欧盟‘特保’壁垒”，载《经贸实践》2004年2月刊。

（四）战略调整，市场多元

预警系统还有助于有效商情网络的建立，随时掌握贸易摩擦信息，了解进口方产业和全球的市场动态，并根据全球经济发展趋势和主要贸易伙伴国的经济态势等情况做出超前预测，为行业协会和出口企业制定中、长期市场战略提供依据。① 在全球进出口贸易中，根据目标市场的容量变化，不断调整出口策略，保持适量的平衡，这对目前频繁遭受反倾销和特保调查的中国而言是比较合适和安全的做法。

此外，为了增强中国产品在国际市场上的风险抵抗力，中国企业应树立长远意识，在进行产业结构调整的同时，坚持市场多元化战略，拓宽销售渠道，增强产品国际竞争力，并避免出口市场过于集中带来的潜在风险。② 而这一切的施行，都必须依托以预警机制为核心的宏观综合数据库的建立和完善。以欧盟的柑橘罐头案为例，在中国被提起特保申诉之前，从 2002 年 1 月至 8 月，浙江出口到德国、美国、日本、荷兰和加拿大这 5 个国家的柑橘罐头数量占全部出口量的 86%，且在欧洲市场的占有率逐年攀升，2002 年柑橘罐头的出口增长率分别为 2000 年的 21% 和 2001 年的 37%，③引起了世界柑橘罐头的另一主要生产国西班牙的不安，进而两次向欧盟申请启动保障措施调查。如果我们建立了预警机制，这一出口增长的趋势就可以被及时掌握，国内的企业或可以提前采取措施，或准备应对。可见，预警机制的建立对中国应对成员方的特保措施具有积极的现实意义。以下将进一步探讨在中国目前的情况下，如何逐步建立完善、有效的特保预警系统。

三、构建预警机制的方式

（一）建立动态信息平台

完善的预警系统应建立在大量信息、模型分析和专家论证的基础上。④ 其

① 杨荣珍、王绍熙、陈静主编：《反倾销应诉与起诉实务》，人民出版社 2004 年版，第 124 页。
② 王绍媛："特保措施的应对策略"，载《国际经贸探索》2004 年第 6 期。
③ 李幼莲："黄岩罐头击破欧盟'特保'壁垒"，载《经贸实践》2004 年 2 月刊。
④ 杨荣珍、王绍熙、陈静主编：《反倾销应诉与起诉实务》，人民出版社 2004 年版，第 126 页。

中，大量信息来源是有效预警系统的基础，这需要依托一个动态的电子信息平台，[①]对各种定量信息和非定量信息进行捕获、记录、统计和分析。电子信息平台收集的数据经过特定的模型分析，并最终经专家的定性和预测，即为完整的预警机制。

动态电子信息平台为整个预警系统的基础，其建设应当从简单到复杂不断地进行调整和完善。特别重要的是依托互联网，建立从政府到行业协会、再到企业的互联互通的预警和反馈的通畅网络。

（二）构架专家智囊体系

通过动态电子信息平台收集和捕获信息，并经预设的特定模型进行分析，认为存在被诉风险后，可由相关贸易救济专家对信息资料作进一步的定性和预测。这就需要一个由多学科专家组成的智囊体系提供专业的技术支持。当然，要建立此种专业队伍十分不易，需循序渐进、逐步完善。例如，在现阶段，可尝试最大限度地利用现有的人力资源，如依托拥有大量专业人才和有实践经验的大学、科研机构、律师事务所和政府相关部门，组建形式灵活多样的专家智囊团。当电子信息平台所收集的数据经预设的计算机模型认为存在被诉风险后，即召集政府、科研机构和律所等各方面的相关专家，以研讨会或其他可行的方式进行专业分析，作出预测，并对政府、行业协会和企业提供综合的对策参考。

建立完善的专业智囊体系难度较大，需要各机构和部门的多学科专家进行长期的通力合作。但是，随着中国经济实力的进一步增强、与他国间贸易摩擦和纠纷的进一步增多，中国政府和企业必然会逐步意识到中、长期市场策略的重要性，此种专业智囊体系的构架将越来越彰显其重要性和价值。

（三）三级联动协调运作

在整个特保调查的应对策略中，政府、行业协会和企业三个层次的协调运作十分关键，缺一不可，在预警机制的构建和运行中也是如此。完善的特保预警机制应分为政府、行业协会和企业三个独立层面，尤为重要的是，三个层面的预警

---

① 此种动态电子信息平台也就是狭义上的预警系统。具体而言，此种信息平台对出口产品的价格、数量、质量标准、市场容量、产业经营状况、市场政策和产业政策导向的变化、产品标准的变化等信息进行收集，经由海关、驻外机构和使领馆的商贸机构、国外市场调研机构、相关行业协会等各种渠道获取上述信息，并结合内部市场研究机构进行分析处理，就我国出口产品遭受国外贸易救济措施调查的可能性进行分析，对出口产品形成一系列不同级别的预警信息，企业根据预警信息采取相关措施。此外，该信息平台同样对进口产品的数量、价格、质量标准等动态进行监测，报告进口产品动态对国内市场同类产品价格的影响。参见杨荣珍、王绍熙、陈静主编：《反倾销应诉与起诉实务》，人民出版社2004年版，第125～126页。

体系应能够互通互联,实现信息共享,确保从上到下信息传达和从下到上信息反馈的高效通畅。

对政府而言,在整个特保预警体系的建立中,其负有规划、帮助和监督的责任。[①] 由于政府所固有的收集和掌握信息的优势,使其成为预警机制得以构建和良好运作的关键。政府拥有通过国内外新闻媒体和政府间渠道获得信息的优势和特权,并可通过海关、驻外机构、使领馆商贸机构等机构和部门直接掌握大量第一手信息,这是行业协会和企业这两个层面所无法比拟的。而这些信息的收集和更新对特保预警体系中动态电子信息平台的建设至关重要。

对行业协会而言,其负有重要的协调作用。行业协会是整个行业利益的代表,对行业的了解程度胜过政府,同时也高于行业内的单个企业。作为政府和企业之间的桥梁,行业协会可利用其优势协助地方政府和企业建立特保预警系统。[②] 而且,在出现被诉风险时,一方面,行业协会可通过内部的协调机制,让企业实行自律,协调本行业出口产品的数量和市场流行等内容;另一方面,可代表企业以民间组织的身份与对方进行沟通和交流,争取达成谅解,将特保调查消灭在萌芽状态。

对企业而言,其是整个预警系统的直接建设者和最终用户,也是特保调查的直接参与者和承受者。作为市场的直接主体,企业对产品的市场形势和趋势变化比政府和行业协会更为敏感,且更加清楚自身的出口数量和市场流行。良好的企业级别预警体系对本企业产品在国际市场的走向分析以及历史资料和数据的积累都十分有利。对于大型的出口企业而言,建立独立的企业内部预警系统是很有必要的,对于中小型企业,则可充分利用行业协会和政府的预警系统。[③]

总之,为了建立完善和运作良好的特保预警机制,需要政府、行业协会和企业三个层面的协同运作,相互间不可替代,缺一不可。

(四)依托反倾销预警系统

特保预警完全可以和反倾销预警系统相结合,以实现资源共享和最大化利用。目前,在反倾销方面,经过多年的努力,已经建立了初步的全国、地方和行业的反倾销预警机制。

在全国方面,商务部已经在我国商品的主要出口市场,如欧盟、美国、澳大利

---

① 杨荣珍、王绍熙、陈静主编:《反倾销应诉与起诉实务》,人民出版社 2004 年版,第 128 页。

② 同上,第 129 页。

③ 同上,第 131 页。

亚和韩国等国家和地区初步建立了反倾销的预警机制；商务部产业损害调查局还专门设立对进口产品监控的“预警处”，并建立了重点产品预警系统，并在2006年启动对机床、热带水果产品预警系统的建设。① 此外，2004年6月，中国第一个全国性的反倾销预警系统“贸易救济措施监控预警系统V1.0版”，在上海WTO事务咨询中心正式启动，在之前试运行的1年多时间内，该系统已成功地预警到美国有可能对我国纺织品采取贸易救济措施。②

在行业和企业方面，2002年10月11日，福耀玻璃工业集团与对外经济贸易大学合作，成立了“福耀反倾销研究中心”③；2003年，化肥、汽车、钢铁三种大宗产品也已初步建立了损害预警机制；随后，造纸、④电子信息产品、化工、纺织等行业也建立了初步的预警系统。

在地方方面，2003年12月建立了“天津市反倾销预警机制联席会议”制度；广东等遭受反倾销调查比较多的省市也纷纷建立了终端联网，形成预警信息平台。

可见，经过10多年的努力，我国已初步建立起从中央到地方的反倾销预警信息平台。特保措施与反倾销、反补贴措施同为其他国家对中国采取的贸易救济措施，在被申诉或被调查的风险方面存在诸多共同点，例如，进口数量、价格、对成员方国内产业的影响，等等。由此，在建立特保预警机制时，完全可以依托目前已初具规模的反倾销预警系统，逐步建立全面的针对贸易救济的“国际贸易预警机制”。

总之，由于“中国特保”歧视性条款及其严重弊端的客观存在，使“防患于未然”成为应对成员方滥用此种机制的最佳策略选择，即对成员方提起的特保调查和措施进行有效应对的最佳时机是在立案前，最佳方式是未雨绸缪，构建完善的国内预警机制。在国内预警机制的具体构建方式和步骤方面，首先应建立强大的动态电子信息平台，收集和捕获相关的大量信息；其次，应逐步构架专家智囊体系，由贸易救济专家对相关信息资料作进一步的定性和预测；最后，若经分析最终确认存在被诉风险，则政府、行业协会和企业这三个层次应立即采取相关

---

① “商务部重点产品预警系统增添新内容”，载 http://www.cacs.gov.cn/Default Web App/show News.jsp? newsId = 201420009854。

② “首个反倾销预警系统上海启动”，载 http://www.why.com.cn/epublish/gb/paper1/1799/class000100017/hwz46866.htm。

③ “UIBE 福耀反倾销研究中心成立，首届国际反倾销论坛新闻发布会举行”，载 http://www.cnedu.cc/dongtai/2002% A3% AD10/161.html。

④ “山东造纸业率先建立反倾销预警系统”，载 http://www.86qiye.com/famen/220/185/2006-03/89610-1.html。

行动，实现三级联动，协调运作。

最后，在目前创建特保预警机制的初级阶段，完全可以和反倾销预警系统相结合，以实现资源共享和利用最大化，并最终构筑包括应对国外反倾销、反补贴和保障措施在内的全方位贸易救济预警机制。

（2007 年第 9 期）

我国涉外送达法律制度的完善

林燕萍*

涉外送达是涉外民商事案件审判中影响程序合法性和审判效率的重要因素。由于涉外案件本身的特点,审判周期一般较长,其中送达难所耗费的时间尤为突出。目前,有关涉外送达的法律依据主要是《民事诉讼法》第247条和相关的司法解释。最新的司法解释是最高人民法院法释〔2006〕5号《涉外民事或商事案件司法文书送达问题若干规定》(以下简称《涉外送达规定》)。该司法解释共16条,其主要目的是"对涉外民事商事案件司法文书送达中带有普遍性,又亟待解决的一些问题作出规定,以进一步规范司法行为,提高司法能力"。① 该司法解释比2002年6月21日发布的《关于向外国公司送达司法文书能否向其驻华代表机构送达并适用留置送达问题的批复》②更为具体,涉及的范围也更广,因此,对缓解目前普遍存在的涉外送达难问题具有一定的作用。但是,笔者认为通过司法解释这种方式来解决涉外送达难问题,只是权宜之计,并不能解决根本问题。本文针对我国涉外送达中的难点,并对《涉外送达规定》中未能解决的问题提出质疑,以期对完善我国的涉外送达制度提供帮助。

一、涉外送达法律依据的先天不足和司法解释的顾此失彼

目前,我国涉外送达的法律依据主要是《民事诉讼法》第247条的规定,采

---

* 作者单位:华东政法大学。

① "解读涉外民商事案件司法文书送达规定",载《法治快报》2006年8月29日。

② 法释〔2002〕15号,2002年6月11日最高人民法院审判委员会第1225次会议通过,自2002年6月22日起施行。

用7种送达方式。① 除此之外,最高人民法院还颁布了大量的司法解释。② 这些司法解释的一个共同特点是,以《民事诉讼法》第247条规定的送达方式为核心,对实务中的具体操作加以进一步的规范和说明,具有针对性。但这种就个案解释个案的方法,增加了司法解释的负担,也导致了各种解释间的顾此失彼,无法真正解决司法实践中经常出现的各种各样的送达难问题。试举二例加以说明。

2002年6月18日发布的《关于向外国公司送达司法文书能否向其驻华代表机构送达并适用留置送达问题的批复》明确指出,人民法院可以根据《民事诉讼法》第247条第5项的规定向受送达人在中华人民共和国领域内设立的代表机构送达诉讼文书,而不必根据海牙送达公约向国外送达。该批复是为了解决当时面临的"奔驰案"的送达问题,③有了这个批复法院就可以向奔驰汽车公司驻北京办事处送达司法文书了。但这也同时引发出另一个问题,即《民事诉讼法》第247条第5项的适用范围问题。第5项规定可以向"受送达人在中华人民共和国领域内设立的代表机构或者有权接受送达的分支机构、业务代办人送达"。这里"有权接受"的限定词使适用范围过于狭窄,如果没有经过接受送达授权,或分支机构和业务代办人以没有授权为由拒绝接受送达就很容易出现送达困难。为此,2006年出台的《涉外送达规定》似乎想解决这一遗留问题,其第5条规定,人民法院向受送达人送达司法文书,可以送达给其在中华人民共和国

① 这7种送达方式是:根据国际条约规定送达;通过外交途径送达;委托使领馆代为送达;向诉讼代理人送达;向代表机构送达;邮寄送达;公告送达等。

② 例如,最高人民法院于1983年12月15日颁布的《关于立案后有关涉外文书及送达问题的批复》;最高人民法院、外交部、司法部于1986年8月14日颁布的《关于我国法院和外国法院通过外交途径相互委托送达法律文书若干问题的通知》;最高人民法院、外交部、司法部于1992年3月4日颁布的《关于执行〈关于向国外送达民事或商事司法文书和司法外文书公约〉的有关程序的通知》;最高人民法院、外交部、司法部于1992年9月19日颁布的《关于执行海牙送达公约的实施办法》;最高人民法院于1995年8月3日颁布的《关于能否向境外当事人的诉讼代理人直接送达法律文书问题的答复》;最高人民法院于2002年6月21日颁布的《关于向外国公司送达司法文书能否向其驻华代表机构送达并适用留置送达问题的批复》,以及最新的《涉外送达规定》等。

③ "奔驰案"的具体情况是:2002年1月30日,珠海市香洲区法院审理的一起中国消费者状告德国奔驰汽车公司产品责任纠纷案件,因"程序存在问题"被再次宣告推迟开庭。缘由是,一中国车主所购奔驰汽车在使用过程突然方向盘失灵,在屡屡交涉未果的情况下,车主于2001年9月5日对制造商戴姆勒-克莱斯勒股份公司提起诉讼。2002年1月30日,被告在开庭前提出送达异议,坚持要求以外交途径送达,致使案件迟迟不能开庭审理。之前,香洲区法院根据《民事诉讼法》第247条第5项的规定,先后使用邮寄送达、委托北京市朝阳区法院送达、留置送达等方式,将起诉状副本送到奔驰公司驻北京办事处,办事处对送达方式都提出异议,并不予签收,主要理由是:中德两国均为《海牙送达公约》的成员国,应该根据《海牙送达公约》规定的程序直接送达德国奔驰汽车公司总部,不承认依照中国《民事诉讼法》送达的效力。参见 http://auto. sohu. com/ 20020207/ file/。

领域内设立的代表机构。受送达人在中华人民共和国领域内有分支机构或者业务代办人的,经该受送达人授权,人民法院可以向其分支机构或者业务代办人送达。这里也强调了"授权",但还是没有明确如何认定"授权",是明示呢还是默示?事实上,《民事诉讼法》第247条第5项的规定本身就存在概念模糊的先天不足,以后的司法解释仍然在这些不明确的概念里绕来绕去,无法解释清楚。

2006年《涉外送达规定》第5条规定,人民法院向受送达人送达司法文书,可以送达给其在中华人民共和国领域内设立的代表机构。受送达人在中华人民共和国领域内有分支机构或者业务代办人的,经该受送达人授权,人民法院可以向其分支机构或者业务代办人送达。这一解释是为了解决向在国内没有住所的受送达人在国内的诉讼代理人、代表机构、分支机构、业务代办人送达时存在的诸多问题,尤其是为了统一各法院在使用这些送达方法时五花八门的做法。但《涉外送达规定》仍然无法界定《民事诉讼法》第247条第5项中使用的"分支机构"、"业务代办人"等概念。"业务代办人"不是严格意义上的法律概念,能够随意解释的空间太大;"分支机构"一词更是概念模糊。根据我国《公司法》的规定,外国公司的分支机构是指外国公司依东道国法律在东道国境内设立的从事生产经营活动的场所或者办事机构,实际上是该外国公司在其本国之外的国家设立的分公司。这类机构通常被称为"甲国某公司在乙国的分公司"。[①] 仅就外国公司为受送达人的涉外民商事案件而言,我们不可能认为这里使用的"分支机构"仅是指外国公司在国内的分公司。

法律的先天不足和频繁过多的司法解释反映了我国现阶段立法存在的问题。在现阶段,我国的立法大都是粗线条的。这种"原则性和灵活性的原则构成了中国法制定的实质概念:法律必须反映国家的一元本质(即国家对法的统一制定),同时满足于地区多样性的需要"。[②] 当纸上的法律付诸实践后,各种形形色色的问题也就随之而来了。法律的滞后加上缺乏可操作性面临困难时,只能求助于司法解释。因为法律的滞后性与模糊性往往会在纠纷诉讼到法院后才能得以体现,所以,最高法院的司法解释也就越来越多。如此,才能暂时缓解法律资源的不足。这种现状,一方面,由于法律规定本身的原则性与不确定性所造成的;另一方面,由于我国立法主导思想的原因致使现行法律更多地依赖司法解释才能适应社会发展的需要。可见,即使最高法院的司法解释过多,甚至有的超越了法律文本的规定,仍然被认为是合法的,因为其符合当下的政策需要和经济

① 赵旭东主编:《公司法学》,高等教育出版社2006年版,第517页。

② Perry Keller, Sources of Order in Chinese Law, 42 *Am. J. Comp. L.* 711, 749 (1994).

发展需要。笔者认为,由于我国社会主义市场经济正处于起步与发展过程中,立法的粗线条和原则性在所难免。但过多地依赖于司法解释将会损害立法的权威性,而立法权的旁落是十分危险的,它将背离民主与法制的基本原则。可见,现行立法的不足不能仅仅依赖于司法解释,更应该重视立法解释的作用,充分发挥宪法与《立法法》赋予全国人大及其常委会解释法律的职能,充分发挥立法解释的功能。①

二、《涉外送达规定》对《民事诉讼法》第247条的补充

我们知道,《涉外送达规定》是为了解决实践中存在的涉外送达难的普遍问题而颁布的。最高人民法院民四庭负责人在解读这一司法解释时强调应关注以下一些问题:关于没有住所的受送达人、司法文书、诉讼文书;关于直接送达、有权接受送达、代表机构;关于公约、协定、外交途径以及邮寄方式送达;关于传真、电子邮件等能够确认收悉的其他适当方式送达,等等。② 这四个方面也是针对《民事诉讼法》第247条的不足所作的补充。

(一)关于没有住所的受送达人、司法文书、诉讼文书

在域内送达的诸多送达方式中,向在国内没有住所的受送达人在国内的诉讼代理人、代表机构、分支机构、业务代办人送达一直是使用频率较高的送达方式。问题是,这些送达方式在具体适用时也会碰到一些问题。比如,如何认定诉讼代理人的"授权"?是明示授权呢还是也包括默示授权?又如,《涉外送达规定》第4条是为了对"有权接受送达的诉讼代理人"进行明确界定,即"除受送达人在授权委托书中明确表明其诉讼代理人无权代为接收有关司法文书外,其委托的诉讼代理人为《民事诉讼法》第247条第4项规定的有权代其接受送达的诉讼代理人,人民法院可以向该诉讼代理人送达"。该表述仍然回到了《民事诉讼法》第247条第4项的规定上,即"向受送达人委托的有权代其接受送达的诉讼代理人送达",没有解决何为"有权"和"授权"的问题。不过《涉外送达规定》还

① 《宪法》第62条规定,全国人民代表大会有权修改宪法,制定和修改刑事、民事、国家机构和其他的基本法律;第67条规定,全国人民代表大会常务委员会有权制定和修改除应当由全国人民代表大会制定的法律以外的其他法律以及解释法律;《立法法》第42条规定,当法律规定需要进一步明确具体含义以及法律制定后出现新的情况,需要明确适用法律依据的,由全国人民代表大会进行解释。可见,我国是通过授权全国人大及其常委会制定与修改法律,人大常委会解释法律来解决法律的滞后性与模糊性的问题。但实践中大量的法律解释都让位于司法解释了。

② "解读涉外民商事案件司法文书送达规定",载《法治快报》2006年8月29日。

是解决了我国长期以来在立法和司法文件中对“司法文书”、“诉讼文书”、“法律文书”这些概念混用的问题，统一使用了“司法文书”一词，使其与我国加入的《海牙送达公约》中的提法一致。

（二）关于直接送达、有权接受送达、代表机构

《涉外送达规定》第3条意在解决在我国领域内没有住所的受送达人在我国领域内出现时可否向其直接送达的问题。即作为受送达人的外国自然人或者企业、其他组织的法定代表人、主要负责人在我国领域内出现时，人民法院可以向其直接送达。《民事诉讼法》第247条对在中国领域内没有住所的当事人送达诉讼文书，规定可以采用7种方式，这次增加了“出现”后的直接送达无疑是采纳了普通法系的做法，有利于提高涉外送达的效率。

对于《涉外送达规定》第5条关于有权接受送达的分支机构或者业务代办人的送达的规定，笔者认为仍然存在很多不确定因素。首先，我们需要一个标准来界定分支机构的范围，将分支机构解释为泛指所有与受送达人有关系的国内经济实体吗？比如，分公司、子公司、合资公司、合资企业、投资公司持股的企业？我们如何来判定某一经济实体是否是接受送达的合格的分支机构呢？其次，《涉外送达规定》要求分支机构有授权才可以向其送达，这本身又是自相矛盾的。因为“分支机构”有授权接受送达，其当然有权接受送达，这就没有必要考虑它是否是分支机构了。退一步说，如果该机构和外国受送达人没有任何关系，唯一的联系就是外国受送达人授权其接受送达，那么我们是否还要严格界定它是否是“分支机构”呢？事实上，有授权的分支机构完全可以归于“业务代办人”的范围，不必再增加一个不确定的概念。可见，所有表述的关键词应是有否“授权”，而不是所谓的“分支机构”或“业务代办人”。

（三）关于公约、协定、外交途径以及邮寄方式送达

《涉外送达规定》第7条意在结合审判实践，对于不能通过公约、协定规定的方式或者外交途径送达的情况作了时间上的限制，即6个月。“如果未能收到送达与否的证明文件，且根据各种情况不足以认定已经送达的，视为不能用该种方式送达”。这一限制解决了司法实践中有些案件因为送达难导致长时间地搁置而处于久拖不决的状态的问题。问题是，不能用该种方式送达后应采用哪一种方式送达，能否公告送达。

我们再来看《民事诉讼法》第247条第7项的规定，不能用上述方式送达的，公告送达，自公告之日起满6个月，即视为送达。这一规定在实践运用中遇到一个重要问题，即公告送达与其他涉外送达方式的关系问题。有学者认为，必须用《民事诉讼法》关于涉外送达所规定的其他6种送达方式无法或难以送达的，方可采用公告送达。理由之一就是公告送达作为一种妥协手段要有一个最低限度,即要穷尽第247条规定的所有送达方式后,方能作出是否使用这种妥协手段的决定,否则就与程序保障相悖。① 如果这样认为,则《涉外送达规定》无疑又增加了采用公告送达的成本。

事实上,要穷尽其他一切方法才能使用公告送达,对司法资源无疑是一种浪费,不利于诉讼效率的提高。公告送达应作为一种可选择的送达方法之一,在运用这一方法时应赋予法官一定的自由裁量权来判断是否需要采取公告送达。我们不妨参照国内送达的规定,只要可以确定受送达人下落不明或其他方式无法送达的,就可以采用公告送达方式,这样也可以提高涉外送达的效率,缩短法院审理案件的周期。

此外,有关公约与国内法的关系仍然没有明确。我们知道,《海牙送达公约》是我国参加的有关涉外送达的重要国际公约。根据《民事诉讼法》和司法解释的规定,我国法院可以依照该公约中规定的方式进行送达。这就涉及公约和我国国内法之间的关系问题,即我国与公约成员国之间关于民商事司法及司法外文书的送达是否只能适用公约规定的形式,而排除我国《民事诉讼法》规定的送达方式。《海牙送达公约》并未明确以什么标准来确定是否存在须向国外送达文书的情形,也没有列明这一情形具体包括哪些情况,这就给成员国在决定是否适用公约进行国外送达方面享有一定的自由裁量权。也就是说,公约本身不具有绝对的排他性,成员国可以在公约允许的范围内适用内国法。② 在这方面国外的一些做法是值得我们借鉴的:例如,荷兰最高法院在Mabanaft案中认定,文书是否需要向国外进行送达必须由法院地法来决定;而美国著名的Volk-swagenerk Aktiengesellschaft v. Schlunk案则直接认可了向外国公司在美国境内的分支机构送达的效力。两案的决定在1989年海牙送达公约特别委员会上得到了详细的讨论,认为应该由法院根据法院地法的规定来决定是否进行涉外送达。③ 我国在司法实践中也遇到过类似的情况:2002年1月30日,珠海市香洲区法院审理的一起中国消费者状告德国奔驰汽车公司产品责任纠纷案件,因"程序存在问题"被再次宣告推迟开庭。不能开庭的重要原因就在于送达程序,香洲区法院根据《民事诉讼法》第247条第5项的规定,先后使用邮寄送达、委托

① 王福华:"民事送达制度正当化原理",载《法商研究》2003年第4期。转引自何其生著:《域外送达制度研究》,北京大学出版社2006年版,第311页。

② 杜焕芳:"试评最高人民法院《关于向外国公司送达司法文书能否向其驻华代表机构送达并适用留置送达问题的批复》",载http://law. chinalawinfo. com。

③ 何其生:"我国域外送达机制的困境与选择",载《法学研究》2005年第2期。

北京市朝阳区法院送达、留置送达等方式，将起诉状副本送到奔驰公司驻北京办事处，办事处对送达方式皆提出异议，并不予签收。他们认为，中德两国均为《海牙送达公约》的成员国，应该根据《海牙送达公约》规定的程序直接将起诉状副本送达德国奔驰汽车公司总部，不承认依照中国《民事诉讼法》送达产生的效力。[①] 可见，明确公约与国内法的关系可以避免实务中出现的由于送达难所导致的程序上的问题。

（四）关于传真、电子邮件等能够确认收悉的其他适当方式送达

《涉外送达规定》第10条规定了一些全新的送达方式。在国外，许多国家的法律已经认可通过传真、电子邮件等方式送达，这样可以提高涉外送达的效率。在我国，《海事诉讼特别程序法》已经规定人民法院可以通过传真、电子邮件等能够确认收悉的其他适当方式向受送达人送达。随着现代互联网技术的高速发展，我国法院也已具备通过国际互联网等方式送达民事诉讼文书的条件。

值得一提的是，《涉外送达规定》第13条规定涵盖了“其他适当方式”的含义，也留下了合理解释的余地。该条第3项属兜底性规定，主要是考虑到司法实践中具体情况比较复杂，司法解释又难以完全概括，人民法院可以根据该项规定，在具体案件中具体把握。除了法律规定的送达方式以外，在审判实践中法官还开拓了其他送达渠道进行有效的送达。如由国内的被告向国外的共同被告送达；由国外当事人在我国境内的亲友送达；请其他当事人的律师送达；对有些国外知名人士，托国内侨务部门通过国外的华侨团体送达；以审判人员个人名义直接向当事人邮寄送达。[②] 海事法院根据其审判工作的特点，在实践中走得更远，如通过国内外保赔协会或国内加保人送达，即向外方当事人在国内的投资公司送达，只要国外当事人积极应诉的，视为送达；通过原告送达，即借鉴普通法系国家原告向被告送达法律文书的做法，对双方均为外国人的案件成功通过原告送达文书，被告方往往委托国内律师积极应诉。[③] 现在，这些方式都可以归入“其他适当方式”而获得法律上的依据。

---

① 杨弘磊：“涉外送达规定的协调与适用———兼评‘奔驰’产品责任案中的法院送达”，载 http：// www. ccmt. org. cn/ hs/explore/exploreDetial . php？ sId ＝167。

② 李旺著：《国际民事诉讼法》，清华大学出版社2003年版，第108页。

③ 刘卫红、许泽民：“尝试新方式　实现高效率　武汉海法切实解决涉外送达难”，载《人民法院报》2006年5月25日。

三、正当程序原则与涉外送达中的自由裁量权

司法文书送达程序是诉讼程序的重要组成部分，送达的有效性直接影响到案件审理的效率。近年来，我国法院受理的涉外民事或商事案件数量逐年增多。因此，此类案件中存在的向当事人送达司法文书难的问题也逐渐显现出来。回顾近年来我国法院在解决送达难问题上的探索，有一个倾向十分明显，就是偏重于以法院为中心考虑问题，将着眼点放在如何减轻法院的送达负担上面，从而采取一些过于简约的送达方式。至于这些送达方式是否符合正当程序，是否有利于保障受送达人的合法权益，是否有利于判决在国外得到承认和执行，则放到次要的位置。① 笔者认为，不妨从法理上探讨这一问题，从正当程序的视角来完善我国涉外送达法律制度。

首先，在观念上要明确送达制度是正当程序不可或缺的组成部分。送达制度是民事诉讼制度的重要组成部分，所以送达制度的立法和司法也应该体现民事诉讼的核心价值——正当程序原则。送达的直接功能就是通知，在法理上，送达制度就是实现当事人根据正当程序原则享有的重要权利——合理告知的程序保障。

从法理上看，送达制度应以程序正义原则为基础。所谓纯粹的程序正义是指，在程序之外不存在衡量结果正义与否的任何独立标准，只存在一种正确的或者公平的程序，一切都取决于程序的要件是否得到满足。也就是说，只要某种事先确定的正确的或者公平的程序本身得到程序参与人的恰当的遵守并因此而产生某种结果，则这种结果就被认为是正当的，而不管这是一种什么样的结果。从民事诉讼程序制度的某个环节或者某个方面看，存在纯粹的程序正义。例如，法律文书的送达，不管送达的是何种法律文书，也不管所送达的法律文书的内容正确与否，只要做到在适当的时间、以适当的方式、将法律文书送达适当的主体就是公正的送达，该送达行为所产生的结果就被认为是正当的。② 可见，正当程序原则下的有效送达包括三个方面：适当的时间、适当的方式、适当的文书接收主体。如果民事诉讼法中的送达制度是具体完善的，那么这三个方面很容易实现，严格依照法律规定的方式和程序完成送达即可。但在具体案件审理过程中，法官有时却不得不在法律明确规定的送达方式外

① 徐宏著：《国际民事司法协助》，武汉大学出版社 2006 年版，第 144 页。

② 李祖军、蔡维力主编：《民事诉讼法学》，重庆大学出版社 2003 年版，第 99 ~ 100 页。

另辟蹊径,以达到送达的目的,而法律上也赋予了法官这种自由裁量的权力。如《涉外送达规定》第10条规定,除本规定上述送达方式外,人民法院可以通过传真、电子邮件等能够确认收悉的其他适当方式向受送达人送达。这样就引申出一个问题,即在法官行使自由裁量权选择法律明文规定之外的送达方式时,正当程序原则如何发挥作用,法官所选的送达方式有没有保证适当的时间、适当的方式、适当的文书接收主体的要求,有没有保证正当程序原则所要求的合理通知的权利。在实务中我们要有这样一种观念,即送达不是简单的通知,它包含着当事人的程序性权利,影响着当事人实体权利的实现。所以,法官拥有自由裁量权还必须受到制约。这个制约的工具就是正当程序的原则,法官在选择送达方式上的自由裁量权以正当程序为限,应该考虑选择的合适的时间、合适的方式、合适的相对人,保证相对人得到合理通知的权利。

其次,在实务中我们要辨析法律规定以外其他送达方式是否符合正当程序原则的要求。正如上文所论述的,尽管有法律规定的几种送达方式,但在审判实践中法官根据具体案情还是开拓了其他送达渠道进行有效的送达。《涉外送达规定》第13条也肯定了"其他适当方式"送达的可能性,这里就为法官的自由裁量权留下了空间。自由裁量的权限有多大,如何判断这种送达是符合正当程序的,我们不妨借鉴一下普通法系的做法。在Mullane一案中,美国联邦最高法院认为,在专门送达不能实现时,其他送达方式也是合法的,如果其符合下列宪法性条件:正当程序对任何诉讼的基本要求是,根据所有情况,经过合理斟酌,使用的送达方法能够通知未决案件的利害关系人并且给他们一个提出抗辩的机会。送达必须具有这样的性质,即合理的传达必要信息并且必须给利益方以合理时间准备出席审判。它仅要求法院尽一切可能的努力进行送达,并没有要求送达要确保收到通知,相反认为在考虑过各案的具体情况后,送达一定是经过合理斟酌能够送达给被告。①可见,这种只要求经过合理考虑之后的送达方式具有通知当事人的最大可能性。作为普通法系的美国,其灵活解释和运用法律的技能值得我们学习。在具体运用上述标准时,特别是如何实现合理分析时,通常在一个案子中允许使用并满足正当程序要求的送达方法在另外一个案件中可能是不能满足正当程序要求的。结果,法院就要平衡比较进行送达的当事人的利益和受

---

① Yvonne A. Tamayo, Catch Me if You Can: Serving United States Process on an Elusive Defendant Abroad, *Harvard Journal of Law & Technology*, Vol. 17 (Fall, 2003), pp. 616 – 618.

送达人的权利。在考察送达方法时,法院通常需要综合考虑案件事实。① 这种综合考虑因素不能离开正当程序原则。

再次,在适用司法协助和公约时也应该考虑正当程序原则的合理选择。我国对双边的司法协助和《海牙送达公约》问题,通过司法解释作了明确的表态。《涉外送达公约》第6条规定,受送达人所在国与中华人民共和国签订有司法协助协定,且为《关于向国外送达民事或商事司法文书和司法外文书公约》成员国的,人民法院依照司法协助协定的规定办理。换言之,只要涉及域外送达,在双方是《海牙送达公约》成员国,又有司法协助协定的情况下,司法协助取得绝对的优先地位。对于这一规定值得商榷。因为司法协助在客观上提供的送达渠道比《海牙送达公约》规定的范围要小得多,那么是否可以推论《海牙送达公约》规定的诸多附条件的送达方式不可以使用呢?对于这类问题的裁量,笔者认为法官可以在正当程序原则下行使自由裁量权。

我们不妨来看一下其他国家的经验,如1975年《美洲国家间关于嘱托书的公约》是关于域外送达的典型的区域性多边条约。但是该公约缔约国对其与《海牙送达公约》的关系问题,所持的立场并不一致。2003年在海牙国际私法会议常设局所作的问卷调查中,就包括了询问当事国如何处理这两个条约关系的问题。美国答复说,《美洲国家间关于嘱托书的公约》不是排他性的,因此那些同时是这两个公约缔约国的国家之间的送达,可以根据任何一个公约进行。但是在那些同时是两个公约缔约国的国家,如墨西哥,出现了无法执行《海牙送达公约》规定的送达程序的困难。尽管是《海牙送达公约》的缔约国,这些国家的法院不承认根据《海牙送达公约》提出的送达请求,相反要求在所有的案件中使用《美洲国家间关于嘱托书的公约》规定的格式。② 而西班牙则在其答复中强调,其与阿根廷、委内瑞拉同为《海牙送达公约》与《美洲国家间关于嘱托书的公约》的成员国,但是在与这两个国家进行域外送达时,选择使用《海牙送达公约》。③ 又如,《海牙送达公约》与欧盟1348号规则在内容上基本是相合的,规定的送达通道基本一致,因此无论从国际法理论上,还是从公约的实行效果上观

---

① Matthew R. Schreck, Preventing You' ve Got Mail from Meaning "You' ve Been Served": How Service of Process by E - mail Does Not Meet Constitutional Procedural Due Process Requirements, *John Marshall Law Review*, Vol. 38 (Summer, 2005), p. 1016.

② Hague Service Convention Response of the United States of America, http:// hcch. e - vision. nl/ upload/ wop/ lse - us. pdf, Access on 16th Sep., 2006.

③ Synopsis of the Replies to the Questionnaire Accompanying the Provisional Version of the New Practical Handbook on the Operation of the Service Convention, http://hcch. e - vision. nl/upload/wop/ lse - pd05. pdf, Access on 16th Sep., 2006.

察,都不会有什么分歧,鉴于欧盟1348号规则立法的先进性,甚至可以说,欧盟国家间适用欧盟1348号规则更加有利。但是对于双边的司法协助以及其他区域性条约,是否要采用绝对性的立场呢?《海牙送达公约》与这些条约规定的送达途径并不是完全重合的,相对而言,《海牙送达公约》提供了更多的选择,无论是送达的目的,还是制约送达的正当程序原则,对送达的本质要求就是,使受送达人能够实际知悉被送达的文书,以便使其有足够的时间为自己辩护。我们应该采取理性、务实的态度,美国在《美洲国家间关于嘱托书的公约》与《海牙送达公约》关系的立场值得我国借鉴。我们不应该绝对地肯定双边司法协助协定的优越地位,而应该规定双边协定与《海牙送达公约》仅在相合的送达通道上具有优越定位,并不排斥《海牙送达公约》规定的其他送达通道,法官可以根据具体案情做出合理的选择。从这些国家的实践来看,如何处理条约间的关系更取决于每个国家对于公约自身性质的理解和实践,也必须考虑正当程序原则。

最后,我们不得不考虑对违反正当程序原则送达的救济问题。涉外送达是民事诉讼中一项重要制度,它必须严格按照法律规定的程序和方式进行。如果民事诉讼法对送达的程序和方式作了较为具体的规定,法院必须依法送达才为有效送达,如果违反法律规定的具体程序和方式,就不发生送达的效力。如果法官使用的并非是法律明确规定的送达方式,被告认为使用不当,其主张也应该能够得到救济。由于送达只是诉讼行为的告知和文书的送交,因此,送达不适用辩论原则。但是在民事诉讼法中,也有对送达不当或者违法送达的权利救济机制,这种规定是为了加强对当事人诉讼权益权利的保护。我国《民事诉讼法》第153条第1款第4项规定,原判决违反法定程序,可能影响案件正确判决的,裁定撤销原判决,发回原审人民法院重审。违反法定程序,当然包括送达不当或者违法送达的情形。值得一提的是,涉外送达中违反正当程序原则的后果比国内送达更大,它会直接影响到判决的承认与执行。在强调正当程序的英美法系国家,有效送达是法院有权管辖的基础,所以如果原告的送达行为是无效的,后果通常很严重,因为一国法院通常不需要考虑案件的实质问题,就可以因违反程序而拒绝司法协助。

(2007年第10期)

海牙国际私法会议对21世纪国际私法新发展的贡献

陈卫佐*

海牙国际私法会议(法文名称:Conference de La Haye de droit international prive;英文名称:Hague Conference on Private International Law)①是世界上专门致力于国际私法规则统一的最重要的普遍性、政府间国际组织。② 自1893年荷兰政府在海牙召集第一次国际私法会议以来,该组织经历了漫长而曲折的发展历程。最初的三次海牙国际私法会议的参加国全部为欧洲大陆国家。直到1904年,当日本作为第一个非欧洲大陆国家参加第四次海牙国际私法会议时,这一状况才有所改变。③ 1951年第7届海牙国际私法会议通过的《海牙国际私法会议章程》(1955年7月15日生效)标志着海牙国际私法会议已成为一个以"国际私法规则的逐渐统一"为宗旨的永久性国际组织。自1951年至今(截至2007年9月18日),海牙国际私法会议已制定了37个公约,④其中26个公约已经生效。刚刚过去的20世纪,是海牙国际私法会议对国际私法的发展产生深远影响的世纪。其不仅在国际私法统一运动方面成果斐然,而且对国际私法的理论学说和各国冲突法(法律适用法)及国际民事诉讼法的立法和司法实践产生了不可低估的影响。可以说,20世纪国际私法的发展被打上了海牙国际私法会议的烙印。那么,在21世纪国际私法的新发展中,海牙国际私法会议又将扮演何种角色,这是本文所要回答的核心问题。

---

* 作者单位:清华大学法学院。

① 参见http://www.hcch.net。

② 李双元主编:《中国与国际私法统一化进程》,武汉大学出版社1993年版,第192页、第194~197页、第202页。

③ 英国在两次世界大战之间的加入使之成为较早参加海牙国际私法会议的普通法国家。美国在1963年的加入则更具象征性意义,因为美国不仅在法系上属于普通法国家,而且在地缘上是重要的美洲国家。

④ 海牙国际私法会议在1951年以前制定的公约多为婚姻、家庭、继承和民事诉讼方面的公约。这些公约大多因原先的当事国废约而不再有效,已不具有多大实际意义。本文一般不涉及这些公约。

一、海牙国际私法会议在制定新的统一国际私法规则方面的贡献

(一)在21世纪制定或生效的海牙国际私法公约的主要内容

自2000年1月1日以来,海牙国际私法会议制定的公约有:2000年1月13日《关于成年人国际保护的公约》(签字国包括荷兰、法国、英国和德国,其中英国是唯一的批准国)、2005年6月30日《关于法院选择协议的公约》(签字国为墨西哥)、2006年7月5日《关于中间人所持有的证券方面的某些权利的准据法的公约》(签字国为美国、瑞士,尚无批准国)。这三个公约均未生效。海牙国际私法会议第19届会议于1996年10月19日通过的《关于父母责任和儿童保护措施方面的管辖权、准据法、承认、执行及合作的公约》虽然是在2000年以前通过的,但其生效日期却在2000年1月1日以后:该公约已于2002年1月1日对摩纳哥、斯洛伐克和捷克共和国生效,后又对其他10个国家相继生效。

《关于成年人国际保护的公约》于1999年10月2日由海牙国际私法会议成员国外交特别委员会通过,2000年1月13日荷兰签字,故其名称被冠以这一日期。公约一旦生效,就将在缔约国之间取代1905年7月17日关于禁治产和类似保护措施的海牙公约。但目前它只有一个批准国,尚未生效。

该公约第1条第1款规定了其适用范围:它适用于国际情形下因个人能力衰退或欠缺而不能自己维护其利益的成年人的保护。公约所称成年人是已满18周岁的人(公约第2条第1款)。

在内容上,公约包含关于成年人国际保护的管辖权、准据法、承认与执行以及合作的条款。有国际管辖权的首先是成年人的惯常居所地缔约国的机关(公约第5条第1款)。但惯常居所地缔约国的机关的管辖权不是专属的,在一定前提下,成年人的国籍所属缔约国有采取保护措施的管辖权(公约第7条第1款);[①]不仅如此,财产所在地缔约国的法院对于采取保护成年人位于该国的财产的措施也有管辖权(公约第9条)。

在准据法确定问题上的一般规则是:有国际管辖权的缔约国的机关原则上适用其自己国家的法律体系(公约第13条第1款、第19条)。但该项原则是有例外的:在成年人人身或财产的保护所需要的范围内,有管辖权的缔约国机关可

---

① 这多少反映了以惯常居所为管辖权基础的缔约国与那些以国籍为管辖权基础的缔约国之间的妥协。

以例外地适用或考虑与本案有密切关系的另一国家的法律(公约第13条第2款)。

除此之外,还包含一些关于承认与执行成年人保护措施以及不同缔约国的机关之间合作的条款,在此不赘述。①

《关于法院选择协议的公约》是一个旨在统一关于管辖权和外国判决的承认与执行的规则的公约。海牙国际私法会议最初的目标是制定一个与1968年9月27日《布鲁塞尔公约》和1988年9月16日《卢加诺公约》平行的关于管辖权和判决的承认与执行的全球性公约,并于1992年开始研究公约的起草问题,1996年成立特别委员会着手起草公约草案,1999年10月提出了一个"关于管辖权和民商事外国判决的承认与执行的公约初步草案",②至2001年6月得出一个"临时文本",但因意见分歧过大而不得不附以诸多修改建议和相关注释。这样的"临时文本"自然无法获得通过。最终,海牙国际私法会议退而求其次,改为制定一个关于法院选择协议的公约,③相继提出了数个草案,④于2005年6月的海牙国际私法会议第20届外交大会上通过了《关于法院选择协议的公约》,甚至连最后一个草案标题"关于排他性法院选择协议的公约草案"中"排他性"的字眼也不得不放弃。这是海牙国际私法会议制定公约的妥协性的一个例子。

其第1条第1款规定,公约适用于在国际性情形下于民事或商事事件中订立的排他性法院选择协议。第3条对"排他性法院选择协议"作了如下定义:它是指在排除任何其他法院的管辖权的情况下,两个或两个以上当事人所订立的、满足该条(c)款的要件,⑤并为了裁判与特定法律关系有关的,业已发生或将要发生的争议而指定一个缔约国的法院(复数)或一个缔约国的一个或一个以上特定法院的协议。第2条第1款和第2款将消费者合同、雇佣合同、自然人的身份与能力、扶养义务及其他亲属法事项、遗嘱和继承、除著作权及相关权利外的

---

① Voir Lagarde, La Convention de La Haye du 13 Janvier 2000 sur la Protection International des Adultes, in: Revue Critique DIP 2000, 159 - 179; Bucher, La Convention de La Haye sur la Protection Internationale des Adultes, in: SZIER 2000, 37 - 59.

② 胡斌、田妮:"十字路口的海牙管辖权公约——海牙《民商事管辖权和外国判决公约》谈判情况介绍",载韩德培等主编:《中国国际私法与比较法年刊》(第5卷),法律出版社2002年版,第541~562页。

③ 孙劲:"迈向关于外国判决承认与执行的新公约——海牙民商事管辖和外国判决公约草案的新发展",载韩德培等主编:《中国国际私法与比较法年刊》(第6卷),法律出版社2003年版,第568~584页。

④ 最后一草案于2004年4月提出,名为《关于排他性法院选择协议的公约草案》(Draft Convention on Exclusive Choice of Court Agreements, Work. Doc. No. 110 Revised)。

⑤ 主要是关于协议必须采用书面形式等方面的要件。

知识产权的有效性、侵权行为、支付不能、旅客和货物运输、反托拉斯(竞争)事项、公共登记簿的有效性等事项排除在公约适用范围之外。

此外,对于国际管辖权的核心规定概括出以下两项原则(各有若干例外):其一,因排他性法院选择协议而被选择的某一缔约国的法院有国际管辖权,且不得拒绝裁判当事人在协议中向它申请的争议(公约第5条第1款);其二,其他缔约国的所有法院均有义务承认被选择的法院的国际管辖权,且有义务拒绝裁判该争议(公约第6条)。

在外国判决的承认与执行方面,公约仅涉及那些基于排他性法院选择协议作出的判决。原则上,如果它们在判决作出地国家是可执行的,则应在所有其他缔约国得到承认与执行(公约第8条)。但这一原则是有例外的:公约第9条a至g项规定了拒绝承认和执行外国判决的理由。

《关于中间人所持有的证券方面的某些权利的准据法的公约》是海牙国际私法会议第19届会议于2002年12月13日通过的一个力求在全球范围内统一关于中间人所持有的证券方面的某些权利的冲突规范的公约。它因在2006年7月5日由美国和瑞士最早签字而获得这一日期。

该公约在确定中间人所持有的证券的某些权利的准据法方面最突出的地方,就是以"相关中间人所在地方法(PRIMA①)"来代替传统国际私法在证券事项准据法问题上所采取的"证券所在地法"原则。根据公约第4条第1款第1句,所适用的法律首先是在账户协议中被明确约定为账户协议准据法的法律所属国家的现行有效的法律;如果账户协议明确规定适用另一法律,则适用该另一法律。这实际上是准许当事人合意选择准据法。但当事人的这一法律选择权能是受限制的,因为该款第2句又规定,依前句规定被指定的国家的法律,仅在相关中间人在达成协议时在该国有营业所的情况下,才予以适用。② 这意味着第4条第1款所指定适用的法律必须同时是相关中间人所在国家的法律。换言之,所使用的连结点是"相关中间人所在地"。这体现了公约所倚重的"相关中间人所在地方法"。

如果账户协议的当事人未做法律选择或法律选择无效,则适用公约第5条的辅助性连结规则所确定的法律,主要是:相关中间人营业所或主营业所所在地国家或领土单位的法律;相关中间人据以成立或以其他方式组织的国家或领土

---

① PRIMA是英文"Place of the Relevant Intermediary Approach"的缩写形式。

② 欧福永译、李双元校:"关于经由中间人持有的证券的某些权利的法律适用的公约",载《国际法与比较法论丛》(第7辑),中国方正出版社2003年版,第619~631页。

单位的法律。

作为海牙国际私法会议自1951年以来制定的第36个公约,《关于中间人所持有的证券方面的某些权利的准据法的公约》在全球范围内统一了关于证券的某些问题的冲突规范,成功地协调了不同法律体系在这一问题上的做法,被誉为“资本市场法领域的一个里程碑”。① 它虽然在适用范围上将公约的冲突规范限定于与中间人所持有的证券的质押或让与有关的物权法事项,却摒弃了传统“证券所在地法”规则,代之以当事人对准据法的有限法律选择以及“相关中间人所在地方法”。这不仅在该领域实现了统一冲突规范的现代化,而且为跨境证券交易提供了相对确定的准据法,是海牙国际私法会议在制定新的统一国际私法规则方面所做贡献的一个例证。

《关于父母责任和儿童保护措施方面的管辖权、准据法、承认、执行及合作的公约》是海牙国际私法会议在未成年人保护领域制定的最新的公约。它包含许多新的国际私法规则。与1961年10月5日《关于未成年人保护方面的机关管辖权和准据法的公约》相比,1996年的公约在以下5个方面有重大改进:第一,它明确规定儿童的惯常居所是关于父母责任和儿童保护措施方面最重要的管辖权基础。第二,它与1980年10月25日《关于儿童国际诱拐的民事方面的公约》有着更好的协调。第三,它明确地将因法律实施而发生的父母责任纳入公约的适用范围,并以儿童惯常居所地法为其准据法。第四,承认与执行儿童保护措施的条件由各当事国自主规定。第五,它设定了公约当事国国家机关之间进行有效国际合作的框架。②

(二)海牙国际私法公约在立法技术上的特点

1.“普遍适用的”公约。在立法技术上,海牙国际私法会议在21世纪制定的公约的一个明显特征是,其冲突规范所指定适用的法律体系不限于公约当事国的法律体系,完全不以当事国之间的互惠为要件。换言之,如果公约的冲突规范指定一个非当事国的法律体系,则审理具体案件的各当事国法院仍应适用之。这就扩大了海牙国际私法公约的适用范围,使之成为“普遍适用的”公约。例如,2006年7月5日《关于中间人所持有的证券方面的某些权利的准据法的公约》第9条就公约的普遍适用性作出了规定:“即使本公约所指定的法律为非缔

① Vgl. Reuschle, Haager ubereinkommen u ber die auf Best immte Rechte in Bezug auf Intermedar - verwahrte Wertpapiere anzuwerr dende Rechtsordnung, in: IPRax 2003, 495 - 505.

② Vgl. dazu Kropholler, Das Haager Kinderschutzu bereinkommen von 1996 - Wesentliche Verbesserung im Minderjihrigenschutz, in: Liber Amicorum Kurt Siehe, T. M. C. A sser Press2000, S. 379 - 390.

约国法律,本公约也予以适用。"有学者将规定在海牙国际私法公约中的这种统一冲突规范称为国际私法上的"统一法"(loi uniforme)。[①]

2. 公共秩序条款。21世纪制定或生效的海牙国际私法公约在包含冲突规范的情况下,一般都有公共秩序条款,且在立法技术上更趋成熟。例如,2002年1月1日生效《关于父母责任和儿童保护措施方面的管辖权、准据法、承认、执行及合作的公约》第22条规定:"本章[②]规定所指定的法律,仅在考虑儿童最佳利益的情况下,于其适用明显地与公共秩序不相容时,始得拒绝适用之。"公共秩序不仅存在于包含冲突规范的海牙公约,而且有时也是包含程序性规范的海牙公约所要考虑的一个因素。根据《关于父母责任和儿童保护措施方面的管辖权、准据法、承认、执行及合作的公约》第23条e项的规定,在考虑儿童最佳利益的情况下,如承认外国的儿童保护措施明显地与被请求国的公共秩序不相容,则可以拒绝承认之。

3. 反致和转致的排除。海牙国际私法公约在反致和转致问题上所采取的一项原则,就是排除反致和转致。它们在排除反致和转致时,一般不是采取明示方式就是采取默示方式。在方法上,第一次世界大战以前的海牙国际私法公约(如1902年和1905年的几个海牙公约)大多默示地排除反致和转致,需要对公约加以解释才能得出公约排除反致和转致的结论。从1955年到1985年,海牙国际私法公约的冲突规范明示地排除反致和转致,但每当公约的具体冲突规范指定一个国家的法律体系时,需要在各具体冲突规范中一次一次地明确限定:所指定的是该国的内国实体法,而不及于该国的冲突规范。如若公约的一条具体冲突规范不明确做出此种限定,则往往是公约制定者的有意安排,旨在准许反致或转致。换言之,在制定公约的冲突规范时,须不厌其烦地作出关于所指定的某国法律体系就是该国实体法的限定,否则就有准许反致或转致的极大可能性。其优点是明确公约的冲突规范所指定的范围,但缺点是在制定公约的冲突规范时显得十分烦琐,且在公约的冲突规范无此种限定时容易引起歧义。

有鉴于此,1985年7月1日《关于信托准据法及其承认的公约》[③]首次在排除反致和转致问题上使用了新的方法,即在公约中规定一条单独的一般性条款,它概括性地明确规定:本公约所指定的法律是指某个国家除冲突规范以外的法律体系。这一新方法也为21世纪制定的海牙国际私法公约所沿袭。例如,《关

---

① Vgl. dazu Volken, Zurcher Kommentar zum IPRG, 2. Auflage, Zurich 2004, Art. 1 N 62 – 67; Reuschle, Grenzuberschreitender Effektengiroverkehr, in: RabelsZ 68 (2004), 744 – 745.

② 指公约第3章。

③ 《关于信托准据法及其承认的公约》第17条。

于中间人所持有的证券方面的某些权利的准据法的公约》第10条规定:“在本公约的意义上,‘法律’这一术语是指在一国现行有效的除法律冲突规则以外的法律。”该新方法的优点是:不仅避免了制定公约的冲突规范的重复劳动,而且使反致和转致的排除获得了一般意义,反映了海牙公约在立法技术上的渐进发展。①

二、21世纪海牙国际私法会议的最新动向:区域性经济一体化组织的成员资格

海牙国际私法会议与欧洲共同体、欧洲理事会、联合国法律委员会、联合国国际贸易法委员会、罗马统一私法国际学社、美洲国家组织、非洲统一组织、亚非法律协商会议、民事身份国际委员会、经济合作与发展组织、常设仲裁法院等国际组织有一定的合作关系。② 但这也意味着海牙国际私法会议与这些国际组织有一定的竞争关系。在21世纪初,海牙国际私法会议最值得注意的新动向莫过于在其章程中加入了“区域性经济一体化组织条款”。

在新的历史条件下,《海牙国际私法会议章程》(旧文本于1955年7月15日生效)第3条被修改,增加了“区域性经济一体化组织条款”,使除国家外,区域性经济一体化组织也可以成为海牙国际私法会议的成员。该项修改已于2007年1月1日生效。

2007年4月3日,欧洲共同体作为一个有国际法律人格且有对外权力的区域性经济一体化组织正式以自己的名义成为海牙国际私法会议的成员。这是一件有意义的事情,但在某种程度上也意味着对海牙国际私法会议所制定公约的挑战。自从海牙国际私法会议问世以来,欧洲国家的代表向来在海牙国际私法公约的准备和谈判中起到了举足轻重的作用。然而《马斯特里赫特条约》第K.1条第6款却使欧洲理事会的权力扩张到民事事项的司法合作领域。欧洲理事会所制定的“规则”(Regulations)可以直接适用于成员国,这本身就是对传统的以国际条约为主要形式的多边体制的否定。鉴于目前欧洲共同体的27个成员国全部是海牙国际私法会议的成员国,如若这些欧洲国家在制定海牙国际私

① 陈卫佐:《国际条约的冲突规范中的反致和转致》,2004年德文版,第64~142页[Vgl. dazu Weizuo Chen, Ruck – und Weiterverwesung (Renvoi) in staat svertraglichen Kollisionsnormen, 2004, S. 64 – 142.]。

② 李双元主编:《中国与国际私法统一化进程》,武汉大学出版社1993年版,第198页、第217~219页。

法公约的有关谈判中必须用一个声音说话，则海牙国际私法公约对欧洲共同体成员国的影响可能会大打折扣，海牙国际私法公约本身的质量也会受到质疑。如何协调海牙国际私法公约与欧洲理事会关于国际私法的“规则”的关系已成为海牙国际私法会议不得不面对的现实问题。前者以在全球范围内逐渐统一国际私法规则为目的，后者则是国际私法规则欧洲化的崭新形式。在这方面，可以举关于非契约债务准据法的欧洲理事会规则（“罗马 II”）为例，因为许多欧洲共同体成员国同时也是 1971 年 5 月 4 日《关于道路交通事故领域的准据法的（海牙）公约》、1973 年 10 月 2 日《关于产品责任准据法的（海牙）公约》的当事国，从而在国际法上也受这两个海牙公约的约束。[①]

三、海牙国际私法公约对晚近若干国家的国际私法改革的影响

海牙国际私法公约是许多国家国际私法的渊源。对于那些业已生效的海牙国际私法公约的批准国来说，海牙国际私法公约的规则直接对它们发生国际法上的约束力，其中的统一冲突规范更是这些国家审理涉外民商事案件的法院必须首先考虑的冲突规范。不仅如此，海牙国际私法公约的某些立法技术对各国国际私法的立法也产生了影响。有些海牙国际私法公约虽然早已生效，但在 21 世纪初才为一些国家所接受并对这些新的加入国生效。

1. 瑞士国际私法

瑞士国际私法曾经深受海牙国际私法公约的影响。在 20 世纪，已有 17 个海牙国际私法公约对瑞士生效（瑞士退出了其中的两个）。[②] 1987 年 12 月 18 日通过、自 1989 年 1 月 1 日起施行的瑞士国际私法法典（《关于国际私法的联邦法律》）第 1 条第 2 款明确规定：“国际条约予以保留。”这就赋予了瑞士所批准的包括海牙国际私法公约在内的国际条约优先于瑞士国际私法法典的效力。进入 21 世纪，1993 年 5 月 29 日《关于国际收养方面的儿童保护及合作的公约》已于 2003 年 1 月 1 日对瑞士生效；[③]一部关于该公约的联邦施行法也自同日起施

① Boele - Woelke, Unification and Harm anization of PIL in Europe, *Liber Amicorum Kurt Siehr*, T. M. C. Asser Press, 2000, pp. 75 - 76.

② Voir Knoepfler, Schweizre, Othenin - Girard, Droit int emational prive suisse, Troisieme edition, 2005, pp. 73 - 75.

③ RS 0. 211. 221. 331.

行。[1] 瑞士还是1996年10月19日《关于父母责任和儿童保护措施方面的管辖权、准据法、承认、执行及合作的公约》的签字国,但未予批准。1985年7月1日《关于信托准据法及其承认的公约》于2007年7月1日对瑞士生效,从而使瑞士在21世纪初成为该公约的第11个缔约国。

2. 比利时国际私法

比利时立法者在21世纪初通过了《2004年7月16日关于国际私法法典的法律》(以下简称《国际私法法典》),自2004年10月1日起施行。这是比利时立法史上的第一部国际私法法典,且被冠以"国际私法法典"的名称,在晚近各国的国际私法改革中实属罕见,较之1987年12月18日的瑞士《关于国际私法的联邦法律》(自1989年1月1日起施行)有过之而无不及。比利时《国际私法法典》共有140个条文,内容包括国际管辖权、法律冲突(准据法的确定)以及外国法院判决和外国公文书的承认与执行等内容。

比利时《国际私法法典》赋予国际条约、欧洲联盟法或特别法律所包含的规定以优先适用的地位。这意味着比利时所批准的、已生效的海牙国际私法的冲突规范和其他相关规范具有优先于该国际私法法典的地位。不仅如此,该国际私法法典还在数个条文里直接援引了海牙国际私法公约。例如,依照法典第99条第2款第3项,就道路交通事故而言,由损害赔偿事件引起的义务,应适用依1971年5月4日订于海牙的《关于道路交通事故领域的准据法的公约》所确定的法律体系。法典第83条第1款规定,遗嘱处分及其撤销的形式,适用依1961年10月5日订于海牙的《关于遗嘱处分形式方面的法律冲突的公约》所确定的法律体系。本条甚至将该海牙公约扩张适用于其他死因处分的形式问题。除此之外,虽然比利时迄今尚未参加海牙信托公约——1985年7月1日《关于信托准据法及其承认的公约》,但《国际私法法典》第7章受到了海牙信托公约的启发。

关于海牙国际私法公约对比利时《国际私法法典》的影响,有学者甚至指出,该法典大量复制了海牙国际私法公约的规定。在这方面,可举1978年3月14日《关于夫妻财产制准据法的公约》、1989年8月1日《关于死者遗产继承准据法的公约》、1973年10月2日《关于扶养义务准据法的公约》以及1985年7月1日《关于信托准据法及其承认的公约》为例。[2] 可以说,比利时立法者所定

---

① RS 211. 221. 31.

② Fiorini, The Codif ication of PIL: the Belgian Experience, in: 54 ICLQ (2005), 509, 510, note 105.

的国际私法法典三大目标——明晰性、现代性和国际开放性均已达到。

3. 日本国际私法

日本立法者于2006年6月15日通过了《关于法律适用的通则法》,内容包括第一章"总则"、第二章"关于法律的通则"、第三章"关于准据法的通则",共43条,自2007年1月1日起施行。这是《法例》[①]自1898年7月16日施行以来日本所进行的最大一次的国际私法改革,代表了21世纪各国国际私法改革的新趋向。毋庸讳言,这次日本国际私法改革也受到了海牙国际私法公约的影响。早在1904年,日本就作为第一个非欧洲大陆国家参加了海牙国际私法会议。这在突破海牙会议的地区限制、使之真正走向世界方面具有象征性意义。然而一个多世纪以来,日本国际私法在立法上的发展是缓慢的甚至是保守的,1989年的日本国际私法改革也只限于婚姻法和亲子关系法领域。在新的历史条件下,日本国际私法甚有进一步改革的必要。2006年的日本国际私法改革及于《法例》除婚姻法和亲子关系法以外的其他领域,尤以国际合同法和国际侵权行为法为重点。[②] 在这方面,海牙国际私法公约为日本国际私法的改革提供了若干范例。例如,1961年10月5日《关于未成年人保护方面的机关管辖权和准据法的公约》、1961年10月5日《关于遗嘱处分形式方面的法律冲突的公约》、1973年10月2日《关于产品责任准据法的公约》、1986年12月22日《关于国际货物买卖合同准据法的公约》均影响了日本《关于法律适用的通则法》。

四、海牙国际私法会议对21世纪的中国国际私法发展的影响

我国于1986年11月、1987年3月分别派观察员参加了海牙国际私法会议的特别会议,并于1987年7月3日向荷兰政府交存了对《海牙国际私法会议章程》的接受书,正式成为海牙国际私法会议的成员国,这是一件具有里程碑意义的事。很难想象,一个人口约占全球人口五分之一的亚洲国家兼联合国安理会常任理事国,在制定海牙国际私法公约的外交会议中没有自己的代表。事实上,随着中国国际地位的日渐提升,海牙国际私法会议越来越重视作为最大的发展

① 《法例》的最新中译本见陈卫佐译:"日本法例",载黄进等主编:《中国国际私法与比较法年刊》(第8卷),法律出版社2006年版,第607~613页。

② Vgl. dazu Sukurada, Nishitani und Schwittek, Die Novellierung des Japanischen IPR, in: ZFRV2006/34, s. 225-236.

中国家的中国的作用。中国代表实际参与制定了自1987年以来的海牙国际私法公约，如1989年8月1日《关于死者遗产继承准据法的公约》[①]、1993年5月29日《关于国际收养方面的儿童保护及合作的公约》、2005年6月30日《关于法院选择协议的公约》，其中《关于法院选择协议的公约》是在21世纪初通过的海牙公约，《关于国际收养方面的儿童保护及合作的公约》是在21世纪初对中国生效的海牙公约。

中国加入了1965年11月15日《关于向国外送达民事或商事司法文书和司法外文书的公约》（1992年1月1日对中国生效）、1970年3月18日《关于在外国调取民事或商事证据的公约》（1998年2月6日对中国生效），并且是1993年5月29日《关于国际收养方面的儿童保护及合作的公约》的签字国（该公约已于2006年1月1日对中国生效）。

在21世纪，一些业已生效的海牙国际私法公约仍继续适用于我国香港特别行政区和澳门特别行政区。它们是：1954年3月1日《关于民事诉讼的公约》（自1999年12月20日起继续适用于澳门特别行政区）、1958年4月15日《关于承认与执行儿童扶养义务方面的判决的公约》（自1999年12月20日起继续适用于澳门特别行政区）、1961年10月5日《关于未成年人保护方面的机关管辖权和准据法的公约》（自1999年12月20日起继续适用于澳门特别行政区）、1961年10月5日《关于遗嘱处分形式方面的法律冲突的公约》（自1997年7月1日起继续适用于香港特别行政区）、1961年10月5日《取消对外国公文书的认证要求的公约》（自1997年7月1日起继续适用于香港特别行政区，自1999年12月20日起继续适用于澳门特别行政区）、1965年11月15日《关于向国外送达民事或商事司法文书和司法外文书的公约》（自1997年7月1日起继续适用于香港特别行政区，自1999年12月20日起继续适用于澳门特别行政区）、1970年3月18日《关于在外国调取民事或商事证据的公约》（自1997年7月1日起继续适用于香港特别行政区，自1999年12月20日起继续适用于澳门特别行政区）、1970年6月1日《关于承认离婚与分居的公约》（自1997年7月1日起继续适用于香港特别行政区）、1980年10月25日《关于儿童国际诱拐的民事方面的公约》（自1997年7月1日起适用于香港特别行政区，自1999年3月1日起适用于澳门特别行政区）、1985年7月1日《关于信托准据法及其承认的公约》（1992年1月1日对英国生效，自1997年7月1日起继续适用于香港特别行

① 韩德培："海牙国际私法会议与中国"，载韩德培著：《韩德培文选》，武汉大学出版社1996年版，第190页；齐湘泉主编：《涉外民事关系法律适用法》，人民出版社2003年版，第24页。

政区)。

随着中国民法典的制定被纳入立法进程,中国国际私法的立法也进入了倒计时阶段。中国未来的国际私法立法不论是否采取国际私法法典的形式,也不论其名称为何,均将从海牙国际私法会议制定的公约中获取养分和受到启发,因为海牙国际私法公约毕竟代表了世界上主要法律体系的国际私法学者和实践家的集体智慧,体现了较高的立法技术和专业水准。中国不仅应继续参与海牙国际私法公约的制定,而且应更加积极地批准海牙国际私法公约,从而使中国的国际私法规则更加国际化、体系化和科学化,以促进各国国际私法体系之间的协调。

五、结　　语

21 世纪初的海牙国际私法会议,已不是成立之初的 1893 年至 1900 年头三次会议时期的那个纯粹由欧洲大陆国家参加的临时性地区会议,而是成为一个拥有 67 个成员国的永久性国际组织,①且本身可以吸收像欧洲共同体这样的区域性经济一体化组织作为成员。一方面,在 21 世纪新的历史条件下,海牙国际私法会议采取了一些适应时代需要的措施。鉴于 21 世纪是一个信息化和电子商务化的世纪,海牙国际私法会议所制定的公约不可能不对此作出回应。商事交易的日益全球化也向海牙国际私法会议提出了前所未有的新问题。② 另一方面,在 21 世纪制定或生效的一些海牙国际私法公约在内容上也有所突破。例如,2002 年 1 月 1 日生效的《关于父母责任和儿童保护措施方面的管辖权、准据法、承认、执行及合作的公约》在内容上已不限于程序性事项和准据法问题,也及于公约当事国之间的合作问题。

正如有光就必有影子一样,海牙国际私法会议问世 114 年来所做的工作既有成功,也有失败。③ 我们不能单单看到它的重要性和成功之处,还应看到它的局限性和不尽如人意的地方。举例来说,许多海牙国际私法公约到目前为止的批准状况仍旧不令人满意。

但无论如何,我们有理由相信,海牙国际私法会议将在国际私法统一运动的

---

① 蒙特内哥罗于 2007 年 3 月 1 日接受了《海牙国际私法会议章程》,成为海牙国际私法会议的第 67 个成员国。

② 田妮:“面向 21 世纪的海牙国际私法会议”,载韩德培等主编:《中国国际私法与比较法年刊》(第 4 卷),法律出版社 2001 年版,第 55 ~69 页,尤其是 57 页。

③ Voir von Overbeck, Recueil des Cours, 233(1992 - II), 92 - 93.

道路上继续向前迈进,使"逐渐统一国际私法规则"的宗旨一步一步实现。在21世纪,海牙国际私法会议还将继续影响各国的国际私法理论学说、立法实践和司法判例。它将作为一个专业水平极高的国际组织和国际私法统一运动方面的"比较法论坛"在21世纪国际私法的新发展中发挥作用并做出前所未有的贡献。①

(2007年第11期)

① Vgl. dazu Schack, Hundert Jahre Haager Konferenz fur IPR, in: RabelsZ 57(1993), 258 -262.

间接持有制中跨国证券交易的冲突规则

萧　凯*

传统上,证券是以直接持有方式进行持有、交易和交割的,我们称其为证券的直接持有制。其特点在于证券的持有人与证券发行人具有直接的关系:投资者要么被登记到证券发行人的股东名册上,要么事实上占有不记名证券的证书。① 在这种传统的证券直接持有制中,证券转让必须实际交付该证券的证明文书或是转让文书,这就使交易本身费时、费力,且成本高昂。不仅如此,还可能存在遗失、误放、盗窃或伪造这些纸质证书的风险。正是由于这些弊端促使了证券间接持有制的应运而生。在证券间接持有制中,投资者与证券发行人之间的直接关系被割断:投资者对证券权利的利益记载于其证券中间人(intermediary)②的账簿上,后者之利益可能又记载于另一个证券中间人账簿上,如此环环相连,直到最终的某证券中间人或者被登记为证券发行人的名册上的登记所有人,或者直接持有证券证书或者其他代表该证券的所有权文书。因此,在这种证券间接持有制中,投资者与发行人之间存在一层或多层的证券中间人,证券权利是以簿记的方式登记于不同层次的账户上。此种证券权利的转让常以非交付的簿记方式进行,或者说不涉及任何交付,拟制交付抑或实际交付均在所不问。

然而,在大多数国家,无论是支配证券交易的实体法还是冲突法均不够充分、完善,无法真正反映市场的现实。以冲突法方面的规则为例,确定直接持有

---

* 作者单位:上海交通大学法学院。

本文是作者主持的司法部课题《跨国证券交易的法律制度研究》(项目编号:04SFB3017)的阶段性研究成果之一。

① 当然在许多情形下,记名证券也会辅之以证券证书,但这仅是所有权之证明。换句话说,记名证券只是一份所有权文件,其交付能够产生对证券物权的移转。

② 证券中间人一词是一个泛称,包括所有不同种类的持有投资者证券权益的金融机构,如证券公司或证券经纪商(brokers)、银行以及其他托管人(custodians)、结算系统(settlement systems)以及存托机构(depositories)。为明确起见,开设记载特定投资者证券权益之账户的证券中间人也常被称为"最近证券中间人"(immediate intermediary)。相关定义可参见下文中所引的海牙国际私法会议2006年的第36号公约中的相关名词界定。在证券市场实务中,托管人(custodian)、分托管人(sub－custodian)、存托机构(depository)以及存托人(depositary)经常相互替代使用。在本文的讨论中,一般以托管人和存托机构作为通称,其在法律上的具体含义并无实质的差异。

制中的证券交易或证券质押的可执行性问题,传统的冲突法规则是物之所在地法,[①]依此规则,证券交易或转让的有效性是由证券所在地的法律来确定。[②] 但是对于跨国证券交易,物之所在地法又如何能够适用于位于不同国家的多层证券中间人的间接持有制呢?抑或在此种情况下是否需要采取更为合适的其他连接因素以创设新的冲突规则?法律的滞后性和相关具体规则的欠缺是显而易见的。因此,本文从间接持有制下的跨国证券交易的特点入手,从国际私法的角度来分析传统冲突规则的困境,同时结合 2006 年 7 月的海牙国际私法新公约[③]来探讨制定我国相关冲突规则的路径。

一、证券间接持有制及其特点

顾名思义,所谓间接(多层)证券持有体制(indirect or multi – tired holding system)是指一种由不同证券持有层次构成的结构,由上至下,每一层证券持有层次参与者交递增多,就如同一个"金字塔"一样。最上层包括各国证券中央存托机构(national central securities depositories, CSD)和国际中心证券存托机构(international central securities depositories, ICSD),统一集中存托不同发行人所发行的证券。世界上绝大多数国家都设立了集中存托机构。[④] 就证书证券而言,代表证券的实物证书托存于 CSD 或其指定存托处的证券保管机构。而 CSD 持有的记名证券则记载于发行人的证券名册中或其指定人的名下。[⑤] 第二层则包括数量有限的金融机构、证券经纪商、证券存托机构以及一些机构投资者,他

---

① Dicey & amp; Morrism Conflict of Laws 915 – 937 (2000).

② 对于无记名证券转让的有效性适用受担保人占有证券证书所在地的法律。而对于记名证券,物之所在地法是证券发行人的属人法或是转让时证券发行人的证券名册或证券名册持有人所在地的法律。

③ 即《有关证券中间人持有证券的某些权利的法律适用公约》(为行文的方便,以下简称《海牙证券公约》)。载 http://www. hcch. net。

④ 最早的中央证券存托机构是 1872 年成立于奥地利的 Wiener Giro – und Cassenverein。纽约证券交易所在第一次世界大战前就曾打算设立一个中央证券存托机构(CSD),但直至 20 世纪 60 年代末的"纸张危机"后才成立了托管信托公司(The Depository Trust Company, DTC)。1999 年 9 月,在 DTC 和全国证券清算公司(NSCC)的基础上,纽约证券交易所新成立了一个证券托管信托及清算公司(DTC Co.)。时至今日,DTC 是世界上最大的中央证券存托机构。国际中心证券存托机构中(ICSD)最为重要的是 Euroclear 和 Clearstream(其前身为 Cedel)。

⑤ 如在美国,其股票公开交易的大公司股东名册往往只显示一个持有机构名称:CEDE& CO. 登记拥有纽约证券交易所上市股票中 83%、NASDAQ 上市交易股票中的 72%,以及纽约证券交易所上市交易公司债券中的 91%。CEDE&CO. 就是 DTC 所使用的指定人名称。See Uniform Commercial Code, Official Text, 2000, Revised Article 8(1994 Revision), Prefatory Note, p. 655.

们与CSD订立证券存托合同,并在CSD开设证券账户,拥有自己账户名下的各项证券利益。[①] 这些证券中间人也被称为CSD的参与者。[②] 这些参与者名下的证券账户中,又往往包括为自己的客户或其他证券中间人所持有的证券,如此依次追索下去,直到最终的投资者,这样就形成了一个完整的证券持有体系。如此一来,最终的投资者与证券托存于或记载于CSD名下的账户之间就存在多层证券持有层次。在此结构中,证券发行人只需与一个单一的机构即CSD打交道,[③] CSD与有限数目的大型证券中间人打交道,大型证券中间人与中小型证券中间人直至终端的个人投资者打交道。

可见,间接持有制中投资者既不占有实物证券证书,其名称也不会出现在证券发行人的证券持有人名册上。CSD的账户只能表示CSD代表其各参与者所持有的证券,每一个参与者的账户同样仅能代表其客户所持有的证券。故在间接(多层)证券持有体系中,账户取代了证券证书,构成了投资者各项证券权利的基础。不仅如此,CSD和证券中间人通常采用替代性证券账户,即同一证券统一簿记,以进一步提高间接持有体系中的证券交易和结算的效率。[④] 在此体系中,证券交易和结算系统的参与者或交易客户不得请求交付特定之证券,而仅具有请求交付其账户上所记载的相同数量和类型之证券的权利。

因此,在间接持有体系中,证券交易和结算仅需在相关账户上进行电子簿记即可完成,从而使证券定着实现完全的无纸化交易。如果证券交易发生在同一个证券中间人均开设账户的两个客户之间,则只需在该证券中间人的账户上进行增减记载即可,实物证券的交付或是证券发行人的证券名册上的登记或变更均为多余。实际所发生的仅仅是该证券中间人账簿中的相关投资者的户头上特定证券数量的簿记而已,上一层证券中间人或是证券发行人的账簿上则无须任何登记。就此而言,所交易证券的事实占有或是所登记的所有权并没有什么变化。因此,在大多数情形中,只有证券交易的当事方才确切知悉该证券的归属。如果两个证券投资者的证券中间人不同,所进行的证券交易过程则略为复杂。一般而言,这要求出售证券一方(卖方)的证券中间人、买进证券一方(买方)的

---

① 有些国家,如瑞典和芬兰,除了证券中间人外也允许投资者直接在CSD上开设账户。而在挪威,本地投资者还必须直接在CSD上开设证券账户。

② 例如,DTC有600多个参与者,Euroclear则大约有来自80多个国家的1900多个参与者。

③ 有时候也可能是两个或几个CSD。

④ 可替代性的概念对于确保证券的流动性至关重要,而且,可替代性也极大地降低了证券托管的管理成本。有些CSD和证券中间人也可为其参与者或客户开设非替代性的证券账户,在加拿大,这也被称为"客户名证券"。

证券中间人具有共同开设有户头的CSD或上一层证券中间人的账簿上进行相应种类的数量的证券划拨。实际上,任何簿记式证券交易都是记载于证券交易双方证券中间人账户所共同登记的最近一层账簿上。同样,更上一层的证券中间人或是证券发行人的账簿上无需任何记载变动,实物证券证书之交付也不必进行。

证券的间接持有降低了证券交易的结算成本并减少了直接持有体系中的证券遗失、被盗和伪造等内生的风险。而且证券利益之转让仅仅通过在一个或几个证券中间人账户上电子簿记便可实现,这使得证券利益之处分,不论是国内还是跨国都更加便捷有效。在间接持有体系中,证券交易的时间也大为缩短,这同样显示出了比传统直接持有体系更高的效率。除此之外,由于间接持有结构中还可以采用轧差,①使证券市场的资金周转速度进一步提高,而且市场参与者还能够控制其信用风险。这主要体现在间接持有体系中,证券的交易常常是现金交收(delivery versus payment,DVP)。② 而对跨国证券交易而言,间接持有制更是不可或缺,它构成了国际证券市场一体化的基础框架,是开放条件下的全球证券交易的必备要件之一。

二、间接持有制中对证券权益法律性质的识别

以法律的视角观之,证券持有制的转变所彰显的突出问题在于其对证券权益的法律性质产生了直接影响。如果说法律是社会现实的理性构建,则我们现行的证券所有权的基本法律规则都是源于传统证券直接持有的实践。对于无记名证券,所有权人直接占有证券证书;而对于记名证券,所有权人的姓名则记载于证券发行人或代表证券发行人的第三人所保管的证券名册上。无论哪种情形,证券持有人的权益应为一种直接的财产性权益。而对间接持有制来说,直接财产权的概念却难以准用。因为依传统的法律原则,混合的可替代性财产不能确定其中部分财产所有人的直接财产权。按照普通法系和民法法系在物权或是财产法上的共同法律原则,财产存托于他人之处并不会改变该财产上的任何财产权利,只要该被存托的财产没有与存托人相同财产相混合。一旦财产混合,则其法律后果将取决于保管合同的具体规定。寄存人可能仅具有合同请求权,要

① 轧差是指一个清算系统中的交易方或参与者之间就相互头寸或债务的协议对冲。

② 现今的证券结算方式,即是同时以电子簿记的方式交换资金和证券。现金交付避免了证券卖方交割了证券却收不到买方资金的风险,同样也免除了买方支付资金而收不到证券的风险。

求返还与先前寄存物相同种类和数量的财产;或者在其寄存财产被混合时,寄存人与其他寄存人共同共有被混合全部财产抑或表现为其他形式的共有物权。

鉴于前文所阐述的效率方面的原因,托存机构对其客户投资者所持有的证券一般都是以混合形式的综合账户来记载的。[①] 此种综合客户账户的后果就是预先排除了证券混合记载前特定证券的单个的持有者对所持有证券的直接财产权的继续存在。取而代之的是,每个投资者要么仅具有要求交付同等证券的契约性请求权,要么是产生针对所混合证券全部共同财产权。虽然这两种不同的法律性质取决于投资者与存托机构间存托协议的具体规定,但毫无疑问,如果因为证券持有体制的变迁而将证券持有人(投资者)原本的财产性权利转变成为其对于所开设账户的证券中间人的债权,将会从根本上损害投资者的权益。换句话说,投资者将完全依赖于其证券中间人的诚信和偿付能力,一旦该证券中间人不当处分证券或是破产,则投资者将只剩下没有优先性的债权甚至毫无价值。[②]

因此在间接持有制中,立法层面上对于证券中间人或存托人所代为持有的证券的权益之性质,落脚点仍应以财产性权益来定性,具体可分为下列三种情形:(1)规定证券持有必须通过非替代性单独账户,从而继续强调投资者所持有的仍是一种直接的财产性权益,并可追及于证券中间人或存托人所持有的证券。事实上,若在上一层次持有中维持每一个下一层次投资者不可替代的特定账户,则在最上层的CSD账簿中就可能会出现数以万计的特定户头,不仅如此,每一个下一层次证券持有层次中的证券交易都必须在上一层次证券持有账簿上有所反映,这不仅徒生诸多烦琐,实施起来也会因每天数以亿计的证券交易而使其逐笔登记成为不可能。对于跨国证券交易而言,非替代性账户很难符合实践要求。(2)证券中间人或存托人以混合账户为其客户持有的证券集合的共同所有权或

---

① 综合账户(omnibus accounts)指的是投资者有关证券之间之利益仅记载于保存投资者账户的最近中间人的账户上。该最近中间人仅在一个单一账户上(即“混合账户”)持有所有投资者的证券利益,亦即在该混合账户上并未包括单个具体投资者的身份和权利,故在这种结构中的投资者账户又被称为替代性账户(fungible accounts)。与之相对应的是溯源性账户(traceableaccounts),指的是投资者利益不仅记载于最近中间人的账户上,而且独立于该账户上中间人自身的证券利益包括该中间人所代理的其他投资者的利益。即特定投资者的身份和利益均以分账户在每一个中间人的账户中予以存留,故喻之为非替代性账户(non – fungible accounts)。

② Randall D. Guynn, Modernizing Securities Ownership, Transfer and Pledging Laws, A Discussion Paper on the Need for International Harmonization, *Capital Markets Forum* , Section on Business Law, International Bar Association 1996, pp. 29 – 30. 故而,需要另行构建一种保障机制使投资者在最近证券中间人破产时仍享有受保护的权利,通常的做法是强制要求证券中间人的风险准备金机制。

是类似的财产权利。例如,德国的《有价证券保管法》将证券的存托保管区分为特别保管和混合保管。[①] 在证券特别保管中,寄托人保留对寄托证券的完全所有权,而对于混合保管证券,法律赋予寄托人对保管人所有的混合同种类证券享有按份共有所有权。[②] 对于可追及具体的可替代证券集合之部分设立质权,则质权人将视为获得该部分证券集合的拟制占有权或是登记所有权,尽管该质权人并没有事实占有或事实登记所有证券集合部分。西班牙的证券法中也承认混合保管证券的共同所有权,依该法第8~10条规定,持有簿记证券的投资者也视为拥有该可替代证券集合的共同财产权。在加拿大,证券经纪人代表其客户以混合方式在加拿大 CSD 所持有的证券,也视作所有投资者共同共有。对该经纪人在 CSD 的户头或是证券发行人的证券持有人名册,各投资者并不具有可追及的证券利益。[③] (3)由立法创设的特别财产权利类别或是对名义证券集合的共同所有权利益。这其中最为明显的例证是美国 1994 年对《统一商法典》第 8 编的修订,明确以间接持有制的市场现实为客观需求,重新阐释了间接持有制中的证券权利,[④]引入了全新的“证券绝对权”(security entitlement)概念。依此概念,投资者不再拥有针对位于某处保管机构中特定证券的可追及的财产性权利,取而代之的是,对于其具有直接合同关系的证券中间人,投资者享有一系列权利和利益,这被形象地称为“权利和利益集合”(a package of rights and interests)。

总的看来,第一种法律性质的界定仍然以传统的证券直接持有制为基础,在实践中难以适应现今证券市场的发展需求,殊非妥当。后两种方式则反映了证券间接持有制的客观变迁,顺应了金融市场的内在要求,有利于保障投资者的权益,应为可取之选。但对于跨国证券交易,各国在间接持有制中证券权益的法律性质界定上的差异,必然会导致在实体法适用上的竞争性。进而言之,定性只是寻求冲突规则的逻辑起点,如何构建冲突规则以期合理地解决证券处分的潜在争议还远非明确,传统的冲突规则能否准用于间接持有制中的跨国证券交易亦存有疑问。

---

① 参见 1998 年德国《有价证券保管法》(Depotgesetz)第 2 条规定。

② 德国《有价证券保管法》第 6 条明确规定了对于混合存量的共同所有权以及在保管人在混合证券当中的管理权。

③ Christophe Bernasconi, The Law Applicable to Dispositions of Securities Held Through Indirect Holding Systems, Hague Conference of Private International Law, Preliminary Document No. 1 of November 2000, p. 25(以下简称 Bernasconi Report).

④ James Steven Rogers, Policy Perspectives on Revised U. C. C. Article 8, 43 *U. C. L. A. L. Rev.* 1431 (1996).

三、传统物之所在地法的困境

既然将间接持有制中的证券权益识别为财产性质,根据国际私法,则财产权益之归属概依物之所在地法予以解决。[①] 事实上,传统的直接持有制中确定证券权益所有权问题的准据法即是如此,各国一般是援用物之所在地法(lex rei sitae)。由于证券权益在传统的直接持有制中通过纸质证书予以表彰,因此其物之所在地通常推定为证券证书的所在地,如不记名证券所在地为有关证券转让或处分时该证券证书所在地。但寻求记名证券的所在地却并非易事,不同的理论建构所产生的法律拟制也不相同。如果记名证券仍具有书面形式,一些国家便继续视证书所在地为决定性因素。[②] 另一种理论则认为,记名证券位于登记证券所有人的证券持有人名册的被保存地。[③] 第三种理论则认为记名证券位于该证券发行人的成立地。[④] 这些理论均随着证券直接持有而渐次展开,尽管存在某种程度上的人为拟制,但基本上为证券直接持有制提供了一个清晰的法律框架。[⑤]

然而,将物之所在地法类推适用于间接持有制中证券处分的法律冲突问题时,如何对证券权益进行场所化便成为难题。最主要的困境在于:间接持有制中,表彰证券权益的纸质证券证书已经由电子簿记所取代,特定证券权益的归属需要采取一种"透视"(look through approach)方法,即透过各层证券中间人才能诉诸证券发行人、证券持有人名册或是实物证券等连接因素,[⑥]但对于在间接持有制中普遍使用的替代性账户,透视理论就显得无能为力了。这是因为投资者对于相关证券的利益仅记载于与之有直接关系的证券中间人(最近证券中间人)的账簿上,其他层次的证券中间人或是证券发行人的证券持有人名册上由于替代性户头的因素都不会记载特定投资者的证券利益。因此,如果投资者(或者是所涉证券的质权人)意欲在上一层证券持有层次寻求执行自己的证券

---

① 黄进主编:《国际私法》,法律出版社 1999 年版,第 355 ~ 367 页;徐冬根、王国华、萧凯:《国际私法》,清华大学出版社 2005 年版,第 77 ~ 86 页。

② 此时,该证券证书也视为代表投资者利益,就像流通票据一样。

③ 这种理论视证券持有人名册的簿记入册而不是占有证券证书赋予证券的法定权利。

④ 此种理论的基础是,公司仍是一种法律拟制,故创设该实体的法律应予以适用以决定有关公司之利益的有效转让。

⑤ Bernasconi Report, op. cit. at 31.

⑥ Ibid. at 32.

利益,则在每一层次因缺乏投资者证券利益的记载而得到否定的答案。① 唯一记载投资者利益的是与该投资者具有直接关系的证券中间人的账簿,即投资者的最近证券中间人。这一困境显示出,任何在可替代性证券托管结构中援用“透视”理论的尝试均与冲突法的一般原则相抵触,即有关动产处分所有权问题基本上应由有关该动产之裁决可予执行的国家作出。②

尤其是目前跨国证券交易的现实,“透视”理论完全无法解决实践中的问题。以跨国证券交易中投资者将在许多不同国家发行的各种证券组合进行质押以融通资金的实践为例,若依“透视”理论,融资的质权人需要满足每一笔担保交易所涉各不同国家的担保成立要件,考虑到各国之间担保法的差异,这实质上已经排除了打包担保的金融实际所需。即使适用“透视”理论,冲突规则的系属如何确定亦有纷争:证券发行人所在地法、证券持有人名册所在地法,抑或是证券所在地法。③ 哪怕是统一的系属得到适用,但由于多层持有制的环节众多、牵涉到众多国家,具体连结点的确定仍有困难。例如,若适用“证券证书所在地法”这一系属,在每一笔跨国证券交易中查寻多层持有制中实际保存该证券证书的CSD所在地依然费时、费力,难以满足资本市场上各参与者对交易确定性的要求。这正是“透视”理论的最大弊端之所在。可以想象,若适用“透视”理论,通过间接持有制进行跨国证券交易对于交易双方将不胜烦琐,任何谨慎的交易方都会仔细考究证券利益转移的各项成立要件,加上国与国之间实体法上的显著差异,跨国证券交易费用将变得极为昂贵,且交易过程极为缓慢。不仅如此,“透视”理论在不同案件中也会因法官的立场不同而生出不确定性,加上跨国证券交易往往标的巨大,便会对整个跨国证券交易体制构成内生性的障碍,进而阻碍国际资本市场健康有效地运行。

由此可见,试图在传统的冲突法框架下套用物之所在地法的冲突规则来解决跨国证券交易中的法律适用问题并不妥当,实践中也不可行。所以笔者认为,只有根据间接持有制的特点,充分考虑和尊重跨国证券交易各方在法律确定性和可预见性上的要求,才能对物之所在地法进行改造并进而提出新的冲突规则。

---

① Fidelity Partners, Inc. v. First Trust Co., 1997 U.S. Dist. Lexis 19287, No. 97 Civ. 5184, 1997, WL 752725 (S.D.N.Y., 1997). 在该案中,一个判决债权人寻求执行判决债务人通过间接持有制所持有债券利益,该债券在纽约可予偿付,但该判决债务人的利益却仅记载于位于菲律宾的某证券中间人的账簿上,法院拒绝了在纽约的债券执行。此种类型的诉争也常被称为“上层附加”诉争。

② Joanna Benjamin, Determining the Situs of Interests in Immobilized Securities, 47 ICLQ 923 – 934 (1998).

③ Macmillan Inc. v. Bishopsgate Investments Trust Plc. (No. 3) (1996) 1 WLR 387.

四、PRIMA 规则的提出及适用:以《海牙证券公约》为例

1. PRIMA 规则的提出

事实上,如果我们考察间接持有制,不论其中的证券中间人有多少个层次,任何一个证券交易的落脚点总是在证券持有者和最近的证券中间人之间的证券账户中。故一种解决间接持有制中跨国证券交易的路径,就是对传统物之所在地进行法律解释,根据不同的拟制所在地予以场所化,如证券账户、有保管该账户的营业机构、证券中间人、证券发行人或者是所涉证券权益本身。但就目前全球性证券市场中的证券中间人的实际运作而言,场所化的努力所面临的突出困境在于:不存在一个在国际证券市场上适用于所有证券中间人的统一客观判断标准,也因此无法达到间接持有制中证券交易确定性和可预见性的目标。这一困境已不是一个内国的冲突规则所能化解的,而必须依赖于一个国际层面上的立法协议,构建一个新的各国共同的冲突规则,才能对间接持有制中的跨国证券交易带来法律适用上的确定性和可预见性。有鉴于此,海牙国际私法会议 2000 年开始了相关国际公约的草拟,在"快速程序"下 2002 年 1 月拟定了《有关证券中间人持有证券的某些权利的法律适用公约》①草案的第一稿。2002 年 12 月底,海牙国际私法会议公布了公约定稿,2006 年 7 月美国和瑞士签署了该公约,使其成为海牙国际私法会议通过的第 36 号公约。

《海牙证券公约》的核心是以条约的形式规定了 PRIMA 作为确定间接持有制中证券交易所有权方面准据法的连接点。② 所谓 PRIMA 规则,是指"相关证券中间人所在地法"规则(place of the relevant intermediary approach,简称 PRIMA 规则),这一规则得到了公约起草小组中各国专家的一致赞同,几乎没有人支持传统的"透视理论"。③ PRIMA 规则反映了证券间接持有制的现实,其理论渊源也是基于传统的物之所在地法原则。④ 也有人认为,表彰证券所有权的证券证书或证券账户实为多层持有制中的 CSD 的保管处或账簿所在地,而非终端投资者的相关证券中间人所在地。然而,这种观点仅仅取"物之所在地法"之

---

① Preliminary Draft Convention on the Law Applicable to Certain Rights in Respect of Securities Heldwith an Intermediary, Prel. Doc. No. 8, February 2002. 这与公约的最终文本的措辞完全一样。

② 《海牙证券公约》第 4 条、第 5 条。

③ Prel. Doc. No. 1, pp. 50 – 52.

④ 黄进主编:《国际私法》,法律出版社 1999 年版,第 355 ~ 364 页;徐冬根、王国华、萧凯著:《国际私法》,清华大学出版社 2005 年版,第 77 ~ 86 页。

表，而忽略了“物之所在地法”的实质。归根结底，之所以依物之所在地法来解决物权关系的法律冲突，其合理性源于物权性质本身决定了物之所在地法方能充分有效地及于物权关系。① 在间接持有制中，证券所有权之变动只能表现在投资者的相关证券中间人所持有的证券账户上。② 对此，《海牙证券公约》起草小组的专家中曾有人认为PRIMA只是相关证券中间人所在地，当相关证券中间人在不同国家设有分支机构或营业处时，不免仍会生出歧义，故不如径直规定“相关证券账户所在地”为好。但公约文本仍以PRIMA表述，主要的考虑是此规则也为业界所约定俗成，指的也就是“相关证券账户所在地”，实践中不会产生含糊的弊端。③ 另外，公约的文本也未对PRIMA限定时间因素，认为这是不言自明的。④

2. PRIMA规则的具体援用

具体适用PRIMA规则，主要是确定相关证券中间人所在地，唯此才能借助该连接因素指引特定国家实体法的援用。相关证券中间人所在地指的就是相关证券账户的被保管地，所以，相关证券中间人的场所化必须与证券所簿记的账户所在地紧密联系。此外，更为重要的是相关证券中间人的所在地可以通过证券交易当事人的选择而事先予以确定，这便是所谓的“事先确定性”（ex ante certainty）的问题。“事先确定性”实际上是将当事人意思自治引入PRIMA规则，这能最大限度地贯彻跨国证券市场各参与者对证券交易可预见性的需求。下面分别述之。

（1）相关证券中间人场所化的两种途径。相关证券中间人场所化最直接的办法就是直接以证券被贷记的证券账户所在地作为判断标准，因为就PRIMA的实质意义而言，正是在该相关证券中间人所持有的投资者证券账户上担保权人或受让方的证券权利得以记载并因此能够得以实施，以此看来，账户论不失为一种既切中肯綮又适当地转化传统物之所在地法原则的可行观点。但持否定意见的学者则认为，证券账户实际上表彰的是一种无形的法律关系，寻求其地理意义上的“所在地”仍不过是拟制的产物，削足适履仍然没有摆脱物之所在地法的窠

① ［英］马丁·沃尔夫著：《国际私法》，李浩培、汤宗舜译，法律出版社1988年版，第724～725页。

② Prel. Doc. No. 1, p. 27, et seq.

③ Prel. Doc. No. 3, Art. 4.

④ 瑞士《国际私法》第100条第1款规定，动产物权的取得和丧失，适用物权取得或丧失所依据的事实发生时动产所在地的法律。公约起草小组则认为限定时间因素没有必要，而且对于优先权的问题，限定时间因素反而会徒增困扰。Prel. Doc. No. 3, Art. 4.

臼。与其硬性地规定证券账户的所在地,不如着眼于进行证券账户保管活动的证券中间人的具体的分支机构或营业场所。因为这些分支机构或营业所本身就具有物理所在,并暗合 PRIMA 的本意;而且证券账户的保管活动也在该场所实施,通过实际的而非拟制的条件即可作出判断。这种观点可称为"分支机构/营业所论"。[①] 以《海牙证券公约》为例,其最终文本融合两种观点,兼采了"证券账户论"和"分支机构/营业所论"。[②]

(2)事先确定性。首先,在跨国证券交易中引入意思自治,由证券交易当事人预先指定交易中所有权问题的准据法能够确保交易双方明确担保权益完善的必要条件,从而促进交易的可预见性和有效性,但对于如何规定当事人的意思自治仍有争议。一种观点认为,只要证券存托协议进行了法律选择或是在该证券存托协议中规定了证券账户的保管地,则该准据法或是特定保管地法应予以肯定。换句话说,证券存托协议中的法律选择应为完全的意思自治,不必与事后的跨国证券交易有任何的联系。[③] 另一种观点则认为,当事人自由选择法律支配证券交易中的所有权问题并对抗第三人,这是无法接受的。事实上,即便是某些大陆法系国家的法律允许当事人意思自治以支配交易,这种法律选择也不得对抗第三人。[④]

对此,《海牙证券公约》在厘定相关条文时,首先对意思自治和公约所要解决的问题之间的关系加以明确。就确定相关证券中间人所在地而言,提及"当事人意思自治"似乎并不恰当,容易造成一种误解,即证券担保交易或买卖的当事人能够进行法律选择以确定该交易的所有权方面的准据法,而事实上公约在

---

① Prel. Doc. No. 3.

② Prel. Doc. No. 6, November 2001 Draft;又可参见《海牙证券公约》第 4 条。

③ 有关意思自治的范围历来存在两种对立的观点:一种主张绝对的、无限制的法律选择;另一种主张则相反,认为当事人的法律选择须与合同有实际联系。英国似乎是绝对意思自治的代表,"仅仅因为案件的其他事实表明合同与所选择的法律之间没有联系,英格兰法院便否定明示选择的效力,似乎还没有这样的案例"。参见[英]莫里斯:《戴西和莫里斯论冲突法》,中国大百科全书出版社 1998 年版,第 1120 页。赖特勋爵在维他食品案中也肯定了这一点。See Vita Food Products Inc. v. Unus Shipping Co. Ltd, (1939) A. C. 277 CP. C. 但应该注意的是,英国同样有大量的判例,承认了防止当事人规避客观上与合同有最密切联系的强制性法律规定的重要性,"如果当事人选择适用的法律是为了规避其强制性的规定,无论该法是英格兰法还是外国法,法院都不会承认该选择的效力"。同前引莫里斯书,第 1121 页。事实上,即使是在维他食品案中,当事人的法律选择至少是法院地法,而且英国的商事法律是很完善的。"从这一点看,不需要合同与选择法之间有真实的联系这一规则,仅仅表明所有法官都根据他们熟悉的法律来作出判决这一自然的、积极的倾向。"同前引莫里斯书,第 1122 页。因此,从英国的所谓绝对意思自治的立场具体分析,我们仍然可以找到当事人"合理预期"对其意思自治的一种潜在限制。

④ Annotated July 2001 Draft, at 18.

此处所要规定的则是投资者和其证券中间人能够协商一致指定证券账户保管地的问题,这与投资者与证券交易的另一方当事人选择法律适用于二者之间的证券交易大相径庭。为了避免使用“当事人意思自治”而可能造成的混淆,公约未使用“party autonomy”的用语,而仅仅规定了投资者与其证券中间人通过证券存托协议或者是证券账户文件“场所化”该证券账户的可能性。[①] 在这一点上,专家起草小组认为公约是采取了“合意论”(consensualapproach)来肯定事先确定性。[②]

其次,公约对投资者和证券中间人的合意也进行了主观论和客观论的折中,因此绝对的不受限制的合意以及完全依赖客观因素来决定证券中间人所在地的观点都作了妥协。一方面,在证券存托协议中投资者与证券中间人可以规定证券账户保管于某地(一般即该证券中间人某一分支机构或营业所);另一方面,这种合意并不必然具有效力,它还受制于某种客观联系的条件,即必须能够反映出证券账户实际被保管地。这种折中的处理既满足了间接持有制中当事人在确定性和可预见性方面的主导,同时又能够排除某些虚假的合意,使之不至与证券账户实际保管地相冲突。[③]

最后,此种合意须为明示,[④]这实际上赋予了法官在没有当事人明示的合意时可以依据一些客观的因素推定其默示合意的自由裁量权。为了细化法院的权衡因素,《海牙证券公约》还专门开列了排除考虑的各种因素,其中包括:(1)证券发行人的成立地或组成地,或者是其法定本座地或其已登记的营业所在地、中央管理地或主营业地。(2)表彰或证明证券的证书所在地。(3)证券发行人或代表证券发行人所保管的任何证券持有人名册的所在地。(4)相关证券中间人以外的任何证券中间人所在地。[⑤] 尽管法官根据个案具体情况会侧重于不同的权衡因素,从而使权衡因素不能保证完全的事先确定性,但是作为当事人预先确定证券账户保管地规则的自然延伸,确有必要在当事人缺乏合意的情况下以一些客观因素代之,以达到尽可能同样的确定性目的。而同时规定不予考虑的消极权衡因素黑名单,其主旨则在于明确表明,所谓的“透视理论”在公约中被彻

---

① 当然,毋庸否认的是,投资者与其证券中间人协商一致,预先达成证券账户所在地的合意,对于投资者与殿后他人之间的证券交易会产生反射效果。因为按照公约中的PRIMA原则,该保管证券账户的证券中间人所在法将支配投资者以后有关该证券账户中的证券交易。

② Annotated July 2001 Draft, at 19.

③ 《海牙证券公约》第4条第1款。

④ 同上。

⑤ 同上,第6条。

底予以否定。

这些具体的权衡因素归根结底还是在判断相关证券中间人或其营业所与特定证券账户之间的最密切联系,以客观标准代替当事人的合意来决定相关证券中间人所在地。原来的《海牙证券公约》草案中还开列了可以考虑的因素,这种立法模式虽逻辑清晰,但失之烦琐,而且每一个积极的权衡因素从立法条文中看均不是决定性的,[①]这样不同的法院地可能会有不同的结果,相反有损于公约建立此领域法律适用的确定性之主旨,因此实务中也受到业界的诟病。从最终文本来看,海牙国际私法会议的起草小组充分尊重了这种实务的取向,目前的公约文本倾向于以一个单一规则来代替所有的权衡因素开列的办法,即诉诸签订证券存托协议的证券中间人的"依法成立地"。[②]

应该强调的是,《海牙证券公约》不涉及各国监管部门对证券的发售、证券中间人的资格和行为要求以及其他一些监管性措施的采取。因此,各国的证券监管机构完全可以依其法定职权禁止证券中间人进行准据法的选择或禁止选择特定一国的法律作为准据法,这构成对事先确定性的重要限制。

因为按照公约中的PRIMA原则,该保管证券账户的证券中间人所在地法将支配投资者以后有关该证券账户中的证券交易。

3. PRIMA规则的准据法支配范围

本文所讨论的PRIMA规则,主要是确定合适的法律以支配证券权益处分中的财产方面,包括:(1)证券权利质押的产生、完善以及执行。(2)所有权转让的完成或者是证券权利完全买卖。(3)各项竞争性的处分中的优先权问题。易言之,此处将仅涉及证券转让或是担保交易的财产方面,证券交易的合同方面则由合同冲突规则予以确定。就间接持有证券的交易而言,合同方面的问题不必诉诸新的规则。

以《海牙证券公约》为例,它只涉及间接持有证券之处分的证券交易的所有权方面,而该交易的合同方面则另受其他冲突规则的支配,这同时也界定了PRIMA所指引的实体法实际所管辖的各项财产权利。当然,准据法的适用范围与公约的实体范围是一致的。[③] 其中应指出的是,公约所关注的间接持有制的证券处分的冲突法问题,仅限于投资者与其相关证券中间人之间的法律关系,而

---

① 该条在March 2001 Draft中的英文用语是"may be considered"。

② 《海牙证券公约》第5条第2款。

③ Preliminary Convention on the Law to Certain Rights in Respect of Securities Held With an Intermediary, Art. 2, Prel. Doc. No. 8, February 2002.

对于整个间接持有制中越层的证券权利处分则不在公约的适用范围之内。[①] 而契约性权利则另受国际私法中有关合同法律适用的冲突法规则的支配。[②] 因此,公约的核心是以 PRIMA 作为连接因素确定准据法,对证券中间人所持有的证券进行处分而导致的各项财产权利。[③]

五、小　结

分析间接持有制中跨国证券交易的特点,其在法律适用上最重要的价值目标是对确定性和可预见性的追求。《海牙证券公约》的缔结统一了当前间接持有制体系下跨国证券交易的冲突法规则,抛弃了单纯对证券账户进行场所化的传统冲突规则,以证券账户持有人与其证券中间人的关系为基点,确立了 PRIMA 原则。PRIMA 原则最大的优点在于其所带来的法律适用上的确定性和可预见性。而这种法律确定性和可预见性正是跨国证券交易的法律框架中最为核心的价值诉求,舍此,则信用风险难以控制,并会产生"蝴蝶效应"进而导致整个金融体系的系统风险。正是在此目标下,新的 PRIMA 规则为支配跨国证券交易的交割、结算、担保交易的准据法提供了确定性,极大地提高了全球证券市场交易效率,降低了间接持有制下跨国证券交易的系统风险,从而更好地促进了资本的跨国流动。

(2007 年第 12 期)

---

① Prel. Doc. No. 1, p. 5 and footnote 113.

② 但是,如果投资者的契约性权利作为担保转让或赋予了第三人,则公约中的 PRIMA 所指引的法律仍然适用于此种处分而致的财产权利。

③ November 2001 Draft, Prel. Doc. No. 6, Brief Explanations.

2008 年

美国诱捕袁宏伟案的法理缺失

王强军*

一、案情回放及问题的提出

2007年9月14日湖南神力实业有限公司(以下简称神力公司)董事长袁宏伟为了参加在英国举行的神力公司和美国爱宝公司就"ABRO"商标权争议协商会,乘坐中国航空公司客机前往英国。神力公司和爱宝公司就"ABRO"商标的争论由来已久。神力公司自1993年起开始使用"ABRO"商标,并于2002年6月4日向中国国家商标局申请在国际分类第16类商品上注册"ABRO"商标。2003年1月11日,美国爱宝公司也向中国国家商标局在同类商品上申请注册"ABRO"商标,但因申请在后而被中国国家商标局驳回。随后,爱宝公司对神力公司的商标申请提出异议,经中国国家商标局、国家商标复审委员会和北京市一中院分别裁定和判决,决定不予核准神力公司注册申请。神力公司于2007年8月向北京市高级人民法院提起上诉,目前案件正在审理当中。在此情况下,双方决定在英国伦敦协商解决这一问题。出乎意料的是,飞机刚刚降落在伦敦希思罗机场,袁宏伟在中国航空器上就被三名英国警察扣留。理由是应美国的申请对袁宏伟实施逮捕。

2007年11月16日,"袁宏伟案"在英国伦敦的一家法庭举行听证,听证会上美方正式提出了引渡请求,12月10日又举行了第二次听证会,由于美方提出补充新证据,法庭宣布延期审理。就在案件进入是否引渡的等待期时,2008年年初,袁宏伟利用英国法院逮捕令中姓名拼写错误的漏洞,自行回国,使案件最终出现了一个"戏剧性的结局"。撇开案件的结果不说,如果袁宏伟最终被顺利地从英国引渡到美国,那么,美、英两国就共同导演了历史上第一起"诱捕"中国公民的案件,这对于和美国有着法律纠纷的中国公民来说将是一个非常可怕的"先例"。针对美国的这一"诱捕"行为,我们应当弄清楚美国为什么会采用此种方式,其行为背后的"正当化理由"或"非常原因"能不能得到国际法上的支持,他们采取的这种"诱捕"行为的性质是什么。只有弄清楚这些问题,我们才可以

* 作者单位:北京师范大学刑事法律科学研究院。

防患于未然，才能找到应对此类事件的措施。

二、美国诱捕袁宏伟的“非常原因”

笔者认为，美国、英国两国之所以不通过正当的引渡程序“引渡”袁宏伟，而采取“诱捕”手段逮捕袁宏伟的原因集中在两点：第一为“条约前置主义”；第二为“本国人不引渡原则”。

（一）条约前置主义及其变通

如果我们考察一个国家的刑法管辖权，就会发现尽管一个国家在行使管辖权方面有属地管辖、属人管辖、保护管辖和普遍管辖等原则，但当罪犯在犯罪后或者在执行完判决前逃往国外时，在没有得到外国同意的情况下，一国是无法进入另一国领土逮捕和审判犯人的。于是，本着“对犯罪人的审判在犯罪发生国进行是最有效、最适当”这一传统认识，有权审判国应当向行为人所在地国提出申请，这样被请求国才有可能准予对该人实施引渡。但对于被请求国来说，其是基于何种理由，或是基于何种义务而允许对在本国境内的人实施引渡呢？在大多数情形下，国家仅以条约上的义务为前提，并严格地坚持相互主义。[①] 这样就出现了引渡理论上著名的“条约前置主义”，即实施引渡必须以请求国与被请求国之间存在引渡条约为前提。“条约前置主义”有利于明确请求国与被请求国的权利和义务关系，保障被请求引渡人的人权。但现实的情况是，任何一个国家要想与所有的其他国家缔结双边引渡条约几乎是不可能的。就笔者掌握的资料来看，中国与25个左右的国家签订有引渡条约；美国也只与100多个国家签订有引渡条约。因此，若严格遵守“条约前置主义”，将不利于防止和打击犯罪的国际协助，这样，在国际引渡实践中对“条约前置主义”的变通就显得尤为重要。在国际实践中针对“条约前置主义”出现的变通措施主要有以下三种形式：（1）明确允许在无双边条约关系的情况下开展引渡合作。（2）允许将多边条约或个案协议作为引渡合作的依据。（3）允许极个别情况下的例外。[②]

但是，美国在“袁宏伟案”上并没有穷尽条约前置主义的变通措施。首先，美国是“条约前置主义”的典型代表，再加上目前中、美尚没有签订双边引渡条约，这两点决定了美国不能走正当的“引渡”程序。其次，美国也没有穷尽“条约前置主义”的变通措施，如其可以通过国际公约、多边引渡条约与中国就“袁宏

---

① ［韩］李万熙著：《引渡与国际法》，马相哲译，法律出版社2002年版，第7页。

② 黄风等著：《国际刑法学》，中国人民大学出版社2007年版，第179～180页。

伟”案开展引渡合作或通过个案达成协议开展引渡合作，但其并没有这样做，而是采取了背离国际法，侵犯我国国家主权、司法主权和袁宏伟个人权利的“诱捕”方式。

（二）本国人不引渡原则及其变通

历史上，被引渡者通常是请求国或第三国的国民，很少是被请求国的国民。这一现象产生的最根本原因在于向外国引渡本国国民，即使并不意味着本国国民的死亡，但会产生把本国国民排除在本国法律保护之外的结果。1834年的《法国比利时引渡条约》就已经规定了本国人不引渡原则。[①] 简单地说，本国人不引渡的理由主要有以下四点：（1）本国人应当接受本国法律和本国法官的审判。（2）国家有义务以其本国法律来保护其本国公民。（3）对外国法院审判的独立性和公正性表示怀疑。（4）应当维护包含司法独立权的国家主权。但随着时间的推移，本国人不引渡原则的正当性受到怀疑，继而出现了主张本国人也可以引渡的观点。理由主要集中在以下四个方面：（1）犯罪地国的法律和法院对罪犯的审理更为适宜。（2）本国人不引渡往往造成被请求国对罪犯不认真审理。（3）即便是遵循“或引渡，或起诉”原则，在诉讼方面也不如在犯罪地国审理方便。（4）若对外国法院审判的独立性和公正性表示怀疑，不应当只拒绝针对本国人的引渡，而应当是针对所有人的引渡。就目前来看，尽管本国人不引渡原则受到了一定的挑战，但在国际引渡实践中，仍然是以“本国人不引渡”为原则，只是有了一些针对此原则的变通措施。

在引渡理论中，对“本国人不引渡原则”起变通或补充的作用的是“或引渡，或起诉”原则。该原则的宗旨是为了防止依据缔约国的政治判断来规避对犯罪人的处罚。“或引渡，或起诉”实际上是为有关国家在不能引渡的情况下设定了开展其他形式的司法合作的义务。而所谓的“不能引渡的情况”，一般是指被请求国的法律不允许向外国引渡本国公民。就本质来说，该原则已成为一种引渡的替代措施，并且在《联合国反腐败公约》中也有体现：“如果被指控罪犯被发现在某一缔约国而该国仅以该人为本国国民为理由不就本条所适用的犯罪将其引渡，则该国有义务在寻求引渡的缔约国提出请求时将该案提交本国主管机关以便起诉，而不得有任何不应有的延误。这些机关应当以与根据本国法律针对性质严重的其他任何犯罪所采用的相同方式作出决定和进行诉讼程序。有关缔约国应当相互合作，特别是在程序和证据方面，以确保这类起诉的效率。”

尽管我国《引渡法》第8条规定了当被请求引渡人具有中国国籍时拒绝引

---

① ［韩］李万熙著：《引渡与国际法》，马相哲译，法律出版社2002年版，第49页。

渡，但美国完全可以依据"或引渡，或起诉"原则，请求中国主管机关对袁宏伟的行为依照中国的法律追究其法律责任。遗憾的是，美国没有采取这种合法的变通措施，而是采用了侵犯我国主权、司法管辖权和袁宏伟人权的"诱捕"手段。

三、美国诱捕袁宏伟的行为性质

美国为了规避"条约前置主义"和"本国人不引渡原则"，采取了"诱捕"的方式逮捕袁宏伟，进而准备将其从英国引渡至美国。那么美、英两国这种行为应当如何定性呢？

1. 该行为属不属于过境引渡

过境引渡是指一国通过第三国的领域向另一国引渡犯罪嫌疑人、被告人或被执行人。[①] 通俗地讲，就是第三国为引渡双方提供了一个"歇脚"的机会和场合。基于只是"短暂的停留"这一点，各国法律和国际条约对过境引渡条件的要求比一般被动引渡条件的要求要少一些。如过境引渡一般都不要求被引渡人所犯之罪必须达到一定的最低处刑标准，而在一般的被动引渡中，这一准则往往构成可引渡犯罪的成立条件。[②] 那么英国和美国的这种做法是否属于过境引渡呢？我们的回答显然是否定的。因为，过境引渡是国际社会所普遍承认的一种引渡方式，并且在各种级别的多边引渡公约、[③]双边条约或国内引渡法律[④]中都有规定。我国《引渡法》用三个条文规定了过境引渡，从中我们可以明白过境引渡的流程：第一，外国之间进行引渡需要经过中华人民共和国领域的，应当按照引渡法规定的提出引渡的有关标准提出过境请求；第二，中华人民共和国外交部负责对外国提出的过境引渡请求，根据引渡法的有关规定进行审查，进而作出准予过境或者拒绝过境的决定，并通过与收到请求相同的途径通知请求国；第三，当作出准予过境的决定后，应当将该决定及时通知公安部，过境的时间、地点和方式等事宜由公安部依照中国的法律决定。

由以上分析可以看出，过境引渡至少涉及三个国家，即引渡请求国、被请求国、第三国。本案中尽管存在美国、英国和中国三个国家，形式上也准备将袁宏

① 黄风等著：《国际刑法学》，中国人民大学出版社 2007 年版，第 210 页。

② 同上，第 211 页。

③ 例如，《联合国引渡示范条约》（1990 年）第 15 条、《美洲国家间引渡公约》（1981 年）第 24 条、《西非国家经济共同体引渡公约》（1994 年）第 27 条等。

④ 例如，《法国引渡法》（1927 年）第 28 条，意大利新《刑事诉讼法典》（1988 年）第 712 条，《联邦德国国际刑事司法协助法》（1982 年）第 43 ~ 47 条等。

伟通过英国的领域而引渡到美国，表面上符合了过境引渡的各项条件，但经过实质的分析却会发现，美国诱捕袁宏伟并不是过境引渡。因为袁宏伟系中华人民共和国公民，美国和中国之间并没有签订双边引渡条约，并且也没有就袁宏伟个案达成依照国际公约、个案协定方式实施引渡的协定，故此，美国和中国之间就本案不存在任何法律上的关系，更不用说是引渡。而且，过境引渡的前提是双方之间正在进行的必须是引渡程序，而美国和中国之间并不存在引渡程序。由于过境引渡前提条件的不存在，美国向英国提出的该种请求也就自然不是过境引渡请求。

2. 该行为属不属于临时逮捕

临时逮捕[①]是指在请求国尚未正式提出引渡请求的情况下，被请求国为了防止被请求引渡人逃亡，根据请求国的请求而对被请求引渡人的人身自由进行限制的制度。临时逮捕对于保障和方便国家之间的引渡有着积极的意义。

那么，英国和美国的这种“诱捕”行为是不是引渡理论中的“临时逮捕”呢？答案也是否定的。作为保障国家之间引渡合作顺利进行的措施之一，临时逮捕在众多的引渡公约、条约[②]和国内引渡法中都有所体现。就本案涉及的国家来看，《美国英国引渡条约》(2003 年)第 12 条就是关于临时逮捕的规定。根据该规定，临时逮捕主要涉及以下几个方面的内容：(1)在紧急情况下，请求国可以为了即将提出的引渡请求而请求临时逮捕。(2)临时逮捕的请求的传达有两种途径，通过外交途径传达或双方的司法机关直接沟通。(3)临时逮捕的申请中应当说明针对该行为人在请求国已经颁发了逮捕令，如果可能的话，应当说明案件的基本事实及行为人的地址。(4)请求引渡的申请应当在行为人被逮捕之日起 60 天内提出，超过期限没有提出，被请求方可以释放被请求引渡人。但被请求引渡人被释放后，不妨碍在以后的日子里，在收到引渡请求及证明文件的前提下，再次逮捕被请求引渡人。在临时逮捕请求中，请求方应当提供的证明文件在条约的第 8 条给予了说明，即请求方应当提供对被请求引渡人的准确描述，以及能够识别其身份和住所的信息；犯罪的基本事实及相关法律对该种犯罪所规定的刑罚，以及请求国已经作出的逮捕令和起诉状的副本。

临时逮捕是为了保证随后提出的引渡请求能够得到切实的贯彻执行而采取

① 关于临时逮捕，也有称为临时羁押、临时拘留的，笔者认为临时逮捕更加合适。

② 例如，《联合国引渡示范条约》(1990 年)第 9 条、《美洲国家间引渡公约》(1981 年)第 14 条、《西非国家经济共同体引渡公约》(1994 年)第 22 条等。只是各个条约中对逮捕的期限规定不同，《联合国引渡示范条约》规定的逮捕期限是 45 天；《美洲国家间引渡公约》规定的逮捕期限是 60 天；《西非国家经济共同体引渡公约》规定的引渡期限是 20 天。

的一种强制措施。就其针对的被请求引渡人来说，我们的理解应当是在提出临时逮捕请求时，被请求引渡人已经处于被请求国境内。因为只有行为人处于被请求国境内，行为人才有逃亡的可能性，也才有实施临时逮捕的必要性和紧迫性，这才是本质意义上的临时逮捕。如果临时逮捕的请求是在被请求引渡人到达被请求国之前作出的，这时临时逮捕的"必要性和紧迫性"并不具备，因为行为人不是要离开被请求国，而是要前往被请求国，自然就不存在逃亡的可能性。本案中，袁宏伟前往英国是为了参加神力公司和爱宝公司就"ABRO"商标的争议协商会，并不是要逃离英国，而是非常友好地前往英国，故此，袁宏伟不具备实施临时逮捕的"必要性和紧迫性"，所以美、英两国针对其的"诱捕"不是引渡中的临时逮捕。

3. 该行为是一种非法的"引渡替代措施"

美国、英国两国"诱捕"袁宏伟的行为既不属于"过境引渡"，也不属于"临时逮捕"，那么该行为的性质究竟是什么呢？笔者认为其应当属于"非法的引渡替代措施"。

"引渡替代措施"是指非依双边或多边引渡条约为基础而引渡，而是以引渡以外的所有合法与非法方法实现罪犯的相互遣返。其目的是规避烦琐的引渡程序，从而实现对罪犯的追逃和遣返。引渡原本是国家之间相互移交罪犯的最正当的方式，但在条约前置主义和互惠原则、双重犯罪原则、特定性原则、政治犯不引渡原则、一事不再理原则、本国公民不引渡原则等原则和死刑、酷刑、人权、举证等因素的影响下，国家之间的引渡变得极其困难，引渡成功的案例少之又少。以我国为例，近几年，真正依据双边引渡条约或者互惠原则采用引渡程序遣返的逃犯，应该说在数量上还是相当有限的。[①] 一时间国际引渡实践仿佛走进了"死胡同"，在此情势下，引渡的替代措施应运而生。引渡的替代措施可以分为合法方式和非法方式。合法方式通常是指国家通过其移民法，对准备入境的罪犯拒绝入境，对已经入境的罪犯驱逐出境，从而实现相互之间对罪犯的遣返。合法的引渡替代措施往往是在外交关系比较好的国家间实施；非法方式是以诱骗、绑架等行为将行为人置于本国的司法管辖权之下。这种情况往往发生在外交关系不是很好的国家之间。

作为引渡的一种替代措施，诱捕是指国家主管机关采用虚构事实、隐瞒真相的方法将行为人引诱至本国国内，而后对行为人实现司法控制。从法律的角度讲，诱捕剥夺了行为人在引渡程序中本应享有的权利和法律保障。因此，一些国

① 黄风著：《引渡问题研究》，中国政法大学出版社2006年版，第84页。

家的法律明确规定,这种非法引渡方式是无效的。[①] 况且这种行为还违背了《公民权利与政治权利国际公约》第9条第1项的规定,即"人人有权享有身体自由及人身安全。任何人不得无理予以逮捕或拘禁。非依法定理由及程序,不得剥夺任何人之自由"。而诱捕将造成行为人的人身自由受到侵害是肯定的,故在国际实践上,诱捕只适用于严重的国际罪行。例如,历史上著名的Slavko Dokmanovic诱捕案:[②]Dok manovic原本为东斯拉沃尼亚首都市长,涉嫌在1991年间在前南斯拉夫境内一个农场内对300多人实施屠杀,由于前南斯拉夫不愿将其交出,于是联合国东斯拉沃尼亚、巴拉尼亚和西锡米姆地区过渡行政当局就采取了诱捕的方式逮捕了Dokmanovic。大致的步骤是首先告知Dokm anovic需要其协助调查某些犯罪,当Dokmanovic进入东斯拉沃尼亚即遭逮捕,并于1998年1月开始审理。

就本案来说,如果美国将这次协商会的地点定在美国,从而利用这次协商会的机会将袁宏伟诱骗至美国,继而在美国将袁宏伟逮捕,这才是真正的引渡替代措施意义上的诱捕。但现实是,针对"袁宏伟案"美国预设了两道程序:第一个程序是将袁宏伟诱骗至英国,在那里将袁宏伟逮捕;第二个程序是从英国将袁宏伟引渡至美国。笔者认为,美国采取诱捕程序和引渡程序结合的目的就是想以表面合法的引渡手段来欺骗国际社会,这不仅违反了国际法,而且也是对引渡替代措施的滥用。

(2008年第1期)

① 黄风等著:《国际刑法学》,中国人民大学出版社2007年版,第216页。

② 载http://www.wcl.american.edu/hrbrief/v5i2/html/tri.htm。

美国对华反补贴调查的法律障碍解析

徐　泉*

从2006年10月31日到2007年7月31日，美国商务部在不到1年的时间内对中国铜版纸、标准钢管、薄壁矩形钢管、复合编织袋和非公路用轮胎相继发起了“二反合并”调查；[①]2007年3月30日，更是对原产于中国的铜版纸作出反补贴初裁，[②]这标志着美国开始对中国出口产品实施反补贴措施。美国商务部是否可以对中国出口产品实施反补贴措施在国内外学者间引起了广泛争议。本文尝试从美国对外贸易政策与贸易法律的制定、执行与审查方面之关系及美国执行国际贸易条约（协定）与国内贸易法之关系两个角度，来探究美国商务部对中国适用反补贴法之应然依据与实然做法，揭示两者相背离的原因与实质，以期为中国政府在WTO争端解决机制下挑战美国商务部对华铜版纸反补贴调查及后续行为提供理论上的支撑。笔者认为，在WTO《补贴与反补贴措施协定》（SCMA）、1994年美国《乌拉圭回合协定法》及美国《1930年关税法》等法律中均未明确授权美国商务部可以对“非市场经济”（NME）国家适用反补贴法的前提之下，美国商务部对中国出口产品发起的“二反合并”调查，有违反美国政府在WTO协定下的国际法义务之嫌。

一、美国国内对中国适用反补贴措施的争议

至今为止，即使是在美国，学界对反补贴法是否可以适用于中国仍存在较大的争议：[③]（1）一般的观点认为，美国商务部应当受联邦巡回上诉法院（CAFC）在1984年对“乔治城钢铁案”作出的裁决的约束，即对NME国家不适用反补贴

---

* 作者单位：西南政法大学经济贸易法学院。

① 尚岩文：“维护公平原则，坚持互利共赢——谈当前的中美经贸关系”，载《国际商报》2007年9月5日。

② 龚柏华、陈云晓：“美国对源自中国的铜版纸适用反补贴税案评析”，载《国际商务研究》2007年第3期。

③ Eugenia Iankova Ross, Application of the Countervailing Duty Law to Imports from the Peoples Republic of China: Request for Comment, the Society of the Plastics Industry, Public Document, January 16, 2007, p. 5.

法的拘束,不应对中国出口产品适用反补贴法。而且,1994年美国政府在国会通过《乌拉圭回合协定法》时发表的政府"行政措施声明"也坚持CAFC的立场,因此,不对NME国家适用反补贴法应当成为美国联邦政府中行政机关履行WTO协定下美国所应承担的国际法义务。[①] (2)还有部分观点认为,美国商务部可以通过两种方法,为将反补贴法适用于中国提供法律依据:其一是承认中国完全市场经济地位或作为"市场导向"的个别产业之市场经济地位;其二是推翻在"乔治城钢铁案"中的立场,直接对中国适用反补贴法。[②] 以美国商务部为代表的贸易行政机关与代表国内进口竞争性产业的企业或行业协会倾向于此观点,认为商务部可以使用这两种方法,以使其对中国出口产品进行的反补贴调查具有合法性。(3)还有一派观点认为,既然SCMA、美国1994年《乌拉圭回合协定法》及《中国入世议定书》第15条均未禁止成员方对NME国家适用反补贴法,那么国会就有权通过相应的贸易法律,修改其《1930年关税法》中的补贴与反补贴税法条款,转化美国在SCMA下的未经界定的"贸易权利"或《中国入世议定书》第15条下的界定模糊的反补贴救济权利。国会参、众两院部分议员坚持这一观点,并且从第100届国会开始就不断地提出要求修改美国补贴与反补贴税法,以便将其适用于包括中国在内的NME国家的议案。笔者认为,第一种观点等于直接否定了美国商务部对NME国家适用反补贴措施的合法性;第二种和第三种观点实际上是在为美国商务部如何能够对中国出口产品实施反补贴措施寻找法律上的支撑。下文笔者将从应然和实然两个层面对这两种观点作一辨析。

二、美国商务部对华出口产品适用反补贴措施宪法性依据的缺失

美国联邦宪法第1条第8款第3项明确授予国会对外贸易管制权。据此,国会具有对外贸易政策与法律的制定权。按照美国联邦宪法所确立的三权分立与制衡的要求,以总统为核心的行政机构主要行使对外贸易政策与法律的执行权,而美国联邦最高法院与相关法院拥有相应的司法审查权。美国贸易法从法律渊源角度讲主要由两大部分组成:一部分是国会历年通过的综合性与专门性

① 孙南申、彭岳:"中国反补贴规则与SCM规则的差异分析与冲突解决",载《人大复印资料·国际法学》2007年第9期。

② U. S. – China Trade: Commerce Faces Practical and Legal Challenges in Apply ing Countervailing Duties, GAO – 05 – 474 at 44 (June 2005), http://www.gao.gov/cgi-bin/getrpt?

的贸易立法;另一部分是在联邦宪法赋予的国会参议院与总统共享自由贸易条约缔结权、总统贸易行政协定权及国会对外贸易政策与法律的制定权三方面共同作用之下产生的美国自由贸易条约与协定。这两个部分的内容是有机统一的:第一部分的贸易立法权由国会独享;第二部分的缔结自由贸易条约与协定权则主要由国会与以总统为核心的贸易行政机构共享。所以,就美国对中国适用反补贴法的法律依据而言,美国商务部与国会均有宪法性对外贸易政策与贸易法律权力,但归根结底,国会的对外贸易管制权占主导地位。

首先,国会通过修改美国补贴与反补贴税法的法案为商务部提供法律依据是最恰当的方法。自2004年4月加拿大修改《特别进口措施法》第20节有关规定,允许对像中国这样的NME国家适用反补贴法之后,美国国会众议院于2005年7月27日通过了《美国贸易权利执行法案》,①试图为商务部的反补贴调查提供法律依据,但此法没有生效。可以断定,在中美贸易顺差日趋攀升以及人民币被低估而引发讨论的白热化背景之下,美参、众两院推动的将美国补贴与反补贴税法适用于中国出口产品的努力仍会在国会继续下去。其次,美国商务部与代表国内进口竞争性产业的企业或行业协会坚持认为,商务部有权力通过承认中国完全市场经济地位或作为"市场导向"的个别产业之市场经济地位的方式而对中国适用反补贴法。根据《1974年贸易法》(又称《杰克逊-瓦尼克修正案》)第402条的规定,这一主张应当是具有合法性的,因为该修正案授权商务部行使自由裁量权,改变中国的NME地位或作为"市场导向"的个别产业之市场经济地位。② 但是,美国商务部这一权力的本源仍是联邦宪法赋予国会的对外贸易管制权,所以,上述两种方法都是国会贸易立法授权的结果。美国商务部作为贸易政策与法律的执行部门必须依法行政,至于美国商务部自称具有某些"法定权力",可以推翻在"乔治城钢铁案"中的立场,直接对中国适用反补贴法的观点显然是值得怀疑的。

三、美国商务部对华出口产品适用反补贴措施条约依据的缺失

自2001年中国加入WTO之后,中国与美国均受WTO协定的约束,但两国

---

① 武长海:"评美国反补贴法修改及对我国的影响和对策",载《经济研究参考》2005年第80期。

② Vladimir N. Pregelj, The Jackson - Vanik Amendment: A Survey, CRS Report for Congress Received Through the CRS, http://www.loc.gov, Order Code 98-545.

在该协定,特别是在《中国入世议定书》下享有不同的贸易救济权利与义务。在SCMA之下,中国除了享有美国所享有的一般贸易救济权利之外,在补贴与反补贴税法领域还享有作为发展中国家应该拥有的某些特殊权利,但是《中国入世议定书》第15条赋予其他WTO成员方对中国反倾销与反补贴贸易救济之特殊权利。根据国会与以总统为核心的贸易行政机构之对外贸易政策与贸易法律权力的宪法性配置要求,以及美国通过制定《乌拉圭回合协定法》转化适用或执行WTO协定的理论与实践,美国国会可以通过两种立法策略,将SCMA与《中国入世议定书》第15条创设的反补贴救济权利转化为国内贸易法上的救济权利,使美国商务部对中国适用反补贴法"有法可依"。从表面观之,两者均赋予了美国补贴与反补贴的救济权利,但它们却有着较大的不同且共同面临着条约法的解释难题。

第一,国会通过修改《1930年关税法》将美国在SCMA下的补贴与反补贴救济权利转化为国内贸易法上的救济权利的做法,不仅符合国会与商务部贸易政策与贸易法律权力分配与运作的宪法性要求,而且也与美国处理WTO协定与国内贸易法关系之一贯做法相吻合。但是,这种立法策略面临着这样一个困难,即尽管SCMA并未禁止成员方将国内或域内反补贴法适用于NME国家,但并没有明确赋予成员方可以对NME国家出口产品提起反补贴调查的救济权利,这就涉及SCMA中"任何国家"在条约法上的解释问题。至今为止,GATT/WTO专家组尚未对此问题发表专门意见,因此,美国在SCMA下是否拥有条约法上对NME国家的补贴与反补贴救济权利仍是一个悬而未决的问题,至少在法理上是存在疑惑的。

第二,国会部分议员提出议案,[①]希望国会制定类似于2005年7月27日由众议院通过的《美国贸易权利执行法案》的贸易法律,转化美国在《中国入世议定书》第15条(b)款下界定模糊的反补贴救济权利。这种立法策略与上述方法在法理逻辑上是一致的,但两者存在共性的同时更具有不同之处。《中国入世议定书》第15条全称为"确定补贴和倾销时的价格可比性",国内许多学者将其称为"非市场经济地位"条款或"非市场经济国家"条款。[②] 综观第15条共4款内容可以发现,该条(a)款授权成员国在确定倾销之正常价值时可以使用不依据与中国国内价格或成本进行严格比较的方法,该款才是真正意义上的"非市

① [美]约翰·H. 杰克逊著:《世界贸易体制——国际经济关系的法律与政策》,张乃根译,复旦大学出版社2001年版,第367页。

② 王胜伟等:"《中国入世议定书》第15条研究",载《法制与经济》2006年第4期。

场经济条款”。基于(a)款与(d)款的授权,美国依据国内贸易法对中国进行反倾销调查时使用“第三国信息”,即依据“替代国”(又称类比国)的价格或成本而非中国的国内价格或成本来确定正常价值。在对华反倾销实践中,美国在反倾销税率的确定上采用歧视性的“单独税率测试”。①

但是,从条约法角度上审视该条存在以下三方面的问题:首先,该条文字表述并未明确授权包括美国在内的各成员方可以对中国适用反补贴法。其次,该条(b)款也没有明确授予美国在(a)款与(d)款下相同的权利,也就是在对中国反补贴调查中采用“第三国信息”规则的权利。最后,如果一定要坚持有的话,那么在很大程度上是从(b)款条文中推断出来的,②而且(b)款对“第三国信息”权利行使设定了程序性限制,即如果在适用 SCMA 时遇有特殊困难,则该 WTO 进口成员可使用考虑到中国国内现有情况和条件并非总能用作适当基准这一可能性的确定和衡量补贴利益的方法。在适用此类方法时,只要可行,该 WTO 进口成员在考虑使用中国以外的情况和条件之前,应对此类现有情况和条件进行调整。由此可见,“遇有特殊困难”是考虑使用“第三国信息”规则的前提,而且有对此类现有情况和条件进行调整之必要,但是,对什么是“遇有特殊困难”却没有明确界定,这必将为其他 WTO 成员方对中国出口产品进行反补贴调查过程中行使自由裁量权留下了广阔的空间。由此可见,上述三个方面的问题是三个相对独立的命题,不能将它们一概而论。

综上所述,笔者认为国会通过贸易立法转化 SCMA 或《中国入世议定书》第 15 条下的美国对中国反补贴救济权利,都可以为美国商务部对中国出口产品提起反补贴调查提供法律依据,但两者均有不足。两种立法策略的共同之处在于它们均遵循这样一个法理逻辑:国际贸易条约为美国创设对 NME 国家适用反补贴法的贸易救济权利,然后国会行使对外贸易政策与法律制定权将该项救济权利转化国内贸易法上的权利,从而为美国商务部对中国出口产品适用反补贴法提供法律依据。两种立法策略之间的差异在于《中国入世议定书》第 15 条(b)款相对于 SCMA 而言,是美国对中国使用反补贴救济之特殊法,并且前者作出了比较明确的规定。

---

① 张亮:“美国对华反倾销中的‘单独税率测试’探析”,载《世界贸易组织动态与研究》2007 年第 3 期。

② 赵维田编著:《〈中国入世议定书〉条款解读》,湖南科技出版社 2004 年版,第 96 页。

四、美国商务部对华出口产品适用反补贴调查实践的审视

2007年3月30日，美国商务部对原产于中国的铜版纸作出反补贴初裁，从美国商务部对铜版纸反补贴调查的实践来看，美国商务部既没有采用承认中国完全市场经济地位或作为“市场导向”的个别产业之市场经济地位的方法，也没有通过国会贸易立法，转化SCMA或《中国入世议定书》第15条下对中国反补贴救济权利，而是走了“第三条道路”，即推翻在“乔治城钢铁案”中的立场，直接对中国适用反补贴法。从理论上讲，这种做法是非常具有风险性的，因为它并没有为自己解决对中国适用反补贴法的法律依据，所以日内瓦时间2007年9月14日上午，中国政府正式向美国提起WTO争端解决项下的磋商请求。美国商务部在没有得到国会明确授权，贸然对中国出口产品适用反补贴法的做法，为中美各界留下了许多值得深思的问题。

第一，美国商务部的这种做法违背了美国联邦政府中以总统为核心的贸易行政机关在国会通过《乌拉圭回合协定》时附随作出的行政承诺，从而使美国联邦政府有违反《乌拉圭回合协定》下美国的国际法义务之嫌。因为从美国对国际条约法与国内法关系之理论与实践角度来看，美国在转化执行GATT/WTO协定时，联邦政府之立法、行政与司法三大机构均应当履行美国在该协定下的国际法义务，不管是哪一个机构违反了相应的义务或承诺均应被视为美国违反了国际法义务。

第二，美国商务部的这种做法很有可能受到司法审查，从而具有很大的不确定性。从美国商务部对NME国家适用反补贴的实践来看，美国国际贸易法院在对美国商务部的贸易调查行为进行司法审查时是倾向于支持对NME国家出口产品提起反补贴调查的，至少在“乔治城钢铁案”中是明确赞成的，但是，1986年CAFC却推翻了美国国际贸易法院的判决，坚持对NME国家不适用反补贴法的立场。[①] 据此，美国商务部对中国出口产品提起一系列反补贴调查的做法不仅有违反美国的国际法义务之嫌，而且还会面临再次受CAFC司法审查的风险。

---

① Vivian C. Jones, Trade Remedy Legislation: Applying Countervailing Actio n to Nonmarket Economy Countries, CRS Report for Congress Received Through the CRS, http://www. loc. gov, Order Code RL33550.

第三，从美国商务部对原产于中国的铜版纸作出反补贴初裁之实践来看，美国商务部在没有国会贸易立法授权之前提下，在裁定对中国的银行贷款利率构成补贴时，即银行向中国金东纸业（江苏）有限公司和山东晨鸣纸业控股公司两家生产商提供的贷款利率是否低于市场利率这个问题上，贸然采用第三方数据。美国商务部初裁使用来自37个国家的数据来评估市场导向的贷款利率之做法，不仅无视中国政府出示的用以证明美国商务部可以使用中国银行贷款数据来确定恰当利率的证据，而且也缺乏明确的国会授权。

综上分析，笔者认为美国商务部对中国铜版纸作出的反补贴初裁，向中国和美国同时发出了一个危险的信号：从美国的角度来看，缺乏明确国会贸易立法授权的反补贴调查行为，将可能同时在美国国内法院与WTO争端解决机制下面临司法审查，从而导致美国商务部之后续反补贴调查行为处于被动局面；从中国的角度来看，在当前及今后中美经贸争端日渐增加的背景之下，充分运用WTO赋予各成员方的"双轨制反补贴诉讼机制"，即DSB诉讼机制与国内诉讼机制，[①]已经成为中国法律应对美国频繁对华出口产品提起反补贴调查的当务之急。

基于美国商务部对中国出口产品适用反补贴法，特别是针对出口铜版纸反补贴初裁缺乏明确法律依据这一客观事实，我们可以通过法律途径与美国在国内和国际两个层面进行抗争：第一，在美国国际贸易法院或相应的联邦上诉法院对美国商务部的反补贴调查行为与初裁做法提出抗辩，要求法院审查美国商务部之法律依据，可以肯定，这会对美国商务部之反补贴救济行为产生较大的负面影响或不利后果；第二，积极行使中国在WTO争端解决机制下的贸易权利，要求与美国进行磋商甚至走专家组程序，对美国诉称在SCMA或《中国入世议定书》第15条下的反补贴救济权利及对华出口铜版纸初裁中使用"第三国信息"规则等事项提出有力的抗辩，防止其他WTO成员方步美加的后尘，对中国适用反补贴法。美国总统于1994年向国会提交的"行政措施声明"中承诺不对NME国家适用反补贴法，及事后又违背该承诺所导致的法律后果，应当是中国政府在与美国政府磋商，及将来可能启动的专家组审理中就美国商务部对中国适用反补贴法的主要抗辩事理。

（2008年第1期）

---

① 秦国荣："论WTO反补贴诉讼机制——兼论我国应对国际反补贴诉讼之对策"，载《法商研究》2006年第2期。

巴厘岛路线图:共同但有区别责任的演进

谷德近*

根据《京都议定书》的规定,发达国家减少温室气体排放的期限在2012年结束,全球应对气候变化的进程将进入"后京都时代"。为了不中断这一进程,在接下来的4年时间里,包含各国具体减排指标的议定书必须生效。在此期间,各国政府必须完成谈判、签署相关法律文件,并由各国立法机关批准。为了保障如期完成艰巨的谈判和复杂的法律程序,2007年12月15日,联合国气候变化大会①经过两个星期的艰苦谈判后终于通过了"巴厘行动计划"(Bali Action Plan),决定在2009年前就应对新的气候变化问题举行谈判,并形成了应对气候变化的"巴厘岛路线图"。遗憾的是,该计划删除了发达国家减排的总体目标,并为发展中国家设定了新义务,这些措施反映了共同但有区别责任原则的全新发展趋向。

一、共同但有区别责任原则是应对气候变化问题的基石

1992年的《气候变化框架公约》以共同但有区别责任原则为指导,为各国规定了不同的权利、义务。鉴于全球气候系统的整体性,各国都有义务采取实际行动应对气候变化,这是共同责任,但发达国家应承担区别责任,率先采取实质行动。② 根据共同但有区别责任原则,《气候变化框架公约》将缔约方分为三类:附件一国家、附件二国家和发展中国家,这三类国家的权利和义务各不相同。附件一国家是指工业化国家和经济转型国家,③这些国家应当个别或共同采取行动,

---

* 作者单位:中山大学法学院。

本文系中山大学与美国佛蒙特法学院《中国环境法与能源法合作研究项目》的部分成果。

① 2007年12月2~15日,《气候变化框架公约》第13次缔约方大会(暨《京都议定书》第3次缔约方会议)在印度尼西亚巴厘岛召开。

② 参见《气候变化框架公约》第3条第1款。

③ 工业化国家包括美国、加拿大、日本、澳大利亚、新西兰和西欧诸国,共24国,经济转型国家指俄罗斯、乌克兰等苏联和东欧诸国,共11国。另外,欧洲共同体也是附件一缔约方,但没有独立于欧洲共同体成员国的表决权(参见《气候变化框架公约》附件一)。另外,2001年公约缔约方大会决定将土耳其从附件一中删除。(参见缔约方大会第26/CP.7号决定)。目前,附件一国家共有34个国家。

使全球温室气体的排放量恢复到1990年的水平。[①] 由于公约没有要求发展中国家减排,加上这些国家温室气体排放量逐年上升,为了能实现公约规定的目标,1997年的《京都议定书》中规定,在2008~2012年间,附件一国家[②]同时,相对于附件一国家、附件B国家增加了克罗地亚、列支敦士登、摩纳哥、斯洛文尼亚。捷克斯洛伐克是公约附件一国家,由于议定书签订时,该国已经分裂,捷克和斯洛伐克成为议定书附件B中的两个缔约方。(参见《京都议定书》附件B)。目前,议定书附件B国家共37个,此外欧洲共同体也是议定书附件B的缔约方。附件B国家应将其温室气体排放量较1990年的排放水平减少5%,[③]并为这些国家分别规定了具体减排指标;[④]附件二国家是附件一中的工业化国家,[⑤]这些缔约方除了承担减排义务外,还要为发展中国家提供新的额外资金(即官方发展援助以外的资金),用于补偿发展中国家履行公约所需的全部增加成本,并向这些国家转移用于缓解和适应气候变化的先进技术。[⑥] 发展中国家仅仅承担研究、监测、报告、宣传、培训教育等一般义务,[⑦]当然也可以自愿减排。

共同但有区别责任原则是对传统国际法上对等原则的重大突破,该原则的实质国际法渊源包括三个方面:第一,历史责任。发达国家长期的高消耗生产方式和高消费生活方式给全球环境造成了较大压力。自工业化以来,对于全球大气中二氧化碳浓度的增加,附件一国家和非附件一国家的贡献率分别是78%和22%,由此引起的"温室效应",前者的"贡献"是后者的8倍(贡献率分别为89%和11%)。作为议定书基准年的1990年,中国人均二氧化碳排放量为世界水平的一半,不到美国的1/10。[⑧] 第二,现实能力。发达国家掌握了大量可用于环境保护的资金和技术,并且其经济和技术优势是以从发展中国家大量、廉价获取自然资源为基础的。[⑨] 第三,具体需要。发展中国家的优先事项是经济、社会发

---

① 《气候变化框架公约》第4条第2款。

② 《气候变化框架公约》附件一国家在《京都议定书》中体现为附件B国家,二者基本重合,但后者不包括白俄罗斯和土耳其。2006年,白俄罗斯成为附件B国家。参见《京都议定书》缔约方会议第10/CMP.2号决定。

③ 参见《京都议定书》第3条第1款。

④ 参见《京都议定书》附件B。

⑤ 附件二国家包括美国等24个工业化发达国,以及欧洲共同体。参见《气候变化框架公约》附件二。

⑥ 参见《气候变化框架公约》第4条第3~5款。

⑦ 同上,第4条第1款。

⑧ 何建坤、张阿玲、刘滨:"全球气候变化问题与我国能源战略",《清华大学学报》(哲学社会科学版)2000年第4期。

⑨ 《联合国环境与发展宣言》原则七。

展，并且贫困也是环境污染的根源，[①]因此，发展中国家不应承担与其优先事项相悖的额外的国际义务。

可是，发达国家始终坚持认为，区别责任只是道德原则或国际政策，并非法律原则。[②] 例如，美国理解并接受发达国家的率先作用，但并不表明发达国家对任何国际责任或义务都予以承认或接受，或暗示发展中国家的责任可以减少。[③] 两大集团对区别责任法律性质的巨大分歧，最终体现在"巴厘岛路线图"的谈判中。

二、"巴厘岛路线图"对共同但有区别责任原则的影响

随着2012年的届至，《京都议定书》规定的实质减排义务也将终结，为了延续减排行动，各国可资利用的时间只有4年了。如果不能达成指导未来谈判的"路线图"，各国将对公约失去耐心和信心。在后京都时代，《气候变化框架公约》何去何从，取决于此次巴厘岛会议。因此，不仅国际社会对"巴厘岛路线图"寄予厚望，而且联合国秘书长和印尼总统始终高调介入，推动会议达成一致。[④]

2007年12月12日，部长级会议就"巴厘岛路线图"展开谈判。在此前一天，欧盟提出了一份草案，包括路线图的目标、谈判时间表和承担减排义务的国家范围。其基本内容是：在2020年之前，附件一国家在1990年排放量的水平上减排25%～40%，不为发展中国家设定新的义务。为了给各国预留批准相关法律文件的时间，谈判应在2009年年底完成。围绕草案，各国迅速分化为几个集团，彼此尖锐对立。

---

① 《联合国环境与发展宣言》原则三、四、五。

② Mark A. Drumbl, Northern Economic Obligation, Southern Moral Entitlem ent and International Environmental Governance, 27 *Colum. J. Envtl. L.* 363, 2002.

③ Yoshiro Matsui, Some Aspects of the Principle of "Common but Differ entiated Responsibilities", *International Environmental Agreements: Politics, Law and Economics* 2:155, 2002.

④ 联合国秘书长潘基文履新以后，就将推动应对气候变化进程作为工作重点。2007年5月1日，潘基文任命了三名阵容豪华的气候变化外交特使：挪威前首相、联合国环境与发展委员会前主席布伦特兰夫人（Gro Harlem Brundtland）；韩国前外交部长、第56届联合国大会主席韩升洙（Han Seung－soo）；智利前总统拉戈斯（Ricardo Lagos Escobar）。在巴厘岛会议召开的当天，潘基文就专门撰文，呼吁各国提高应对气候变化的政治意愿。（See A Ne w Green Economics: The Test for the World In Bali and Beyond, Ban Ki－moon, Washi ngton Post, Monday, December 3, 2007.）在部长级会议召开之际，潘基文专门同温家宝总理进行了电话沟通，会见中国代表团团长解振华，并和印度尼西亚总统苏西洛共同到会致辞。15日，会议延期后，潘基文和苏西洛又重返会场，共同呼吁各国精诚合作。潘基文承认，对再次返回大会现场，他感到很勉强和失望，并用近乎恳求的语气，要求各国"珍惜这一刻……不要浪费已经取得的成果……地球的现实需要更加努力。"联合国秘书长和东道国国家元首共同两次参加同一国际会议，在外交史上是很罕见的。

1. 美国。同拒绝批准《京都议定书》一样，美国老调重弹，反对草案的全部内容，认为承担减排义务将损害美国经济，不能因果倒置，预先设定谈判目标，更不能设定达成一致的强制性时间表。由于中国和印度等发展中大国的排放总量日益增加，因此，希望召开包括中国和印度在内的主要经济体会议，专门谈判，仅由发达国家承担减排义务，既不公平，也不能有效缓解全球气候变化。

2. 伞形国家集团。[①] 巴厘岛会议召开之初，日本就鲜明地反对设定总体目标。澳大利亚、新西兰和加拿大则一直处于摇摆状态，拒绝表明立场。随着美国顽固态度的不断持续，这些国家也开始倒向美国。不过，这些国家只是在总体目标和谈判时间表上支持美国，并没有明确要求发展中国家承担减排义务。俄罗斯是一个特殊的伞形国家，该国经济在苏联解体后持续衰退，在 1990 ~ 2005 年间，俄罗斯温室气体的排放量减少了 28.7%，[②]而《京都议定书》只要求俄罗斯 2012 年的排放量与 1990 年持平，[③]因此，谈判时间表和总体目标对其无利害关系。但是为了谋求应对气候变化进程中的领导地位，俄罗斯一直推动发展中国家自愿承诺减排。因此，俄罗斯的立场基本与美国一致。

3. 欧盟。由于欧盟掌握了先进的低碳技术，其能源利用效果居于世界领先水平，所以一直都是公约和议定书的强有力推动者。因此，针对美国的态度，欧盟软硬兼施：如果美国同意其提出的“巴厘岛路线图”，欧盟将直接承诺减排 30%，否则将抵制美国倡议的主要经济体会议。值得注意的是，欧盟的主要意图是要求美国承担减排义务，以便取得国际战略的相对优势。对于发展中国家，既不强制其承担义务，也不反对美国要求发展中国家减排。

4. 77 国集团和中国。除了一致要求美国承担义务之外，由于成员众多，这一集团内部也矛盾重重，缺乏共同利益。其中，小岛国联盟（AOSIS）[④]对于缓解气候变化的要求最强烈，一直坚持最激进的谈判立场。由于最不发达国家（LDCs）[⑤]的基础设施很不完善，它们适应气候变化的能力最弱，例如，由于干旱

---

① 伞形国家集团（Umbrella Group）是由欧盟以外发达国家组成的松散联合体。在《京都议定书》的谈判过程中，日本、美国、瑞士、加拿大、澳大利亚、挪威和新西兰保持立场一致，取其国家英文名称的首个字母，被称为 JUSSCANNZ 集团。议定书通过之后，俄罗斯和乌克兰加入该集团，形成伞形国家集团。

② UNF CCC' s GHG data report 2007，FCCC/SBI/2007/30.

③ 《京都议定书》附件 B。

④ 小岛国联盟（AOSIS）包括 43 个低地国家和小岛屿国家，它们大多数是 77 国集团的成员。

⑤ 确认最不发达国家有三项标准：低收入，人均国内生产总值低于 750 美元；人力资源薄弱；经济多样化程度低。联合国经济及社会理事会每隔三年对名单审查一次，2005 年，50 个国家被确定为最不发达国家（LDCs），其中非洲 34 个、亚洲 10 个、大洋洲 5 个、美洲 1 个。由于存在共同的利益要求，这些国家在国际事务中通常共同工作、协调立场。

将持续加剧，非洲将面临饥荒的严重威胁。因此，这两大集团也希望中国等大国减排。即使这些国家自身也承担减排义务，其收益仍然胜过代价。另外，虽然印度同中国处于相同的谈判地位，但却没有同中国保持一致。印度认为，它有四亿贫困人口，中国则没有如此庞大的能源赤贫人群，因此，中国应当减排，而自己不应承担强制义务。尽管印度的理由并不充分，但却制造了发展中大国之间的分裂。

由于分歧巨大，各国无法达成共识，会议一度陷入僵局。2007年12月15日下午，经过小范围的闭门磋商之后，会议进程发生了戏剧性变化，各国在最后一刻相互进行了妥协，最终通过了“巴厘岛路线图”。“巴厘岛路线图”共13条和1个附录，除了第1条外，其余都是程序事项。路线图的实质内容包括原则、缓解、适应、资金、技术五项，[①]但真正取得进展的只有谈判时间表和发展中国家的责任。

1. 时间表。“巴厘岛路线图”要求各国应在2009年12月的第15次缔约方大会上，通过一项旨在2012年之后继续实施公约的法律文书。为此目的，各国应立刻启动全面的谈判进程，议题是充分、有效、持续实施公约的长期合作行动。[②] 这是美国的唯一让步，也是“巴厘岛路线图”最重要的内容，从而恢复了国际社会对公约的信心，在一定程度上挽救了公约和应对气候变化的国际进程。然而，作为交易，“巴厘岛路线图”为发展中国家规定了实质义务。美国搭乘应对气候变化的列车，发展中国家却不得不为此购票。

2. 缓解。缓解与适应是公约规定的两大应对气候变化的措施。缓解包括减排、吸收和贮存温室气体。“巴厘岛路线图”规定各国都应采取可测量、可报告和可核实的缓解活动。不同之处在于，发达国家的缓解活动包括可量化的减排义务，而未规定发展中国家承担此义务。发展中国家的其他缓解行动辅以发达国家提供资金和转移技术，[③]这意味着发展中国家可能承担三种义务：一是限制排放的增加，指为发展中国家排放量的增长设定上限。二是吸收温室气体，主要依靠森林的光合作用。“巴厘岛路线图”明确规定发展中国家应防止森林采伐和退化造成的排放，管理并提高森林吸收二氧化碳的能力。[④] 这是发展中国家一直警惕的，因为这可能限制对森林资源的合理开发。三是贮存温室气体，指利用“碳捕捉和储存技术”将温室气体固定在地下或洋底。由于吸收、贮存与减排缓解效果相同，这意味着，在采取行动方面，强化了发展中国家的共同责任，相

① 《巴厘行动计划》，《气候变化框架公约》缔约方大会第1/CP. 13号决定。
② 《巴厘行动计划》第1条。
③ 同上，第1条第b款第i项、ii项。
④ 同上，第1条第b款第iii项。

对而言,弱化了发达国家的区别责任。

3. 总体目标。以美国为代表的伞形国家集团拒绝"巴厘岛路线图"规定减排的总体目标,这实际上表明,他们不会承担超过减排25%的义务。可是,根据政府间气候变化专家小组(IPCC)的权威研究结论,这不能将温室气体的浓度维持在防止气候灾难发生的水平之下。可见,在以后的谈判中,如果这些国家的态度不发生根本转变,公约的目标就危在旦夕了。发达国家对《京都议定书》的履行情况也表明,发达国家正在逃避区别责任。目前,美国仍然没有批准议定书。尽管巴厘岛会议召开的当天,澳大利亚批准了议定书,但其却游离于议定书之外长达10年之久。在1990~2005年间,附件一国家的整体减排量只有2.8%,但这是以经济转型国家由于经济衰退减排35.2%为前提的,工业化国家的排放量却增长了11.0%。从2000年开始,随着经济转型国家经济的复苏,在2000~2005年间,附件一国家、经济转型国家和工业化国家的排放都呈现增长趋势,增长率分别是2.6%、5.8%、1.9%。[①] 由此可见,无论是附件一国家,还是工业化国家,在2012年之前,都不可能满足议定书的减排要求。在京都时代,发达国家根本没有履行公约和议定书规定的区别责任,再加上在"巴厘岛路线图"中规定了发展中国家的实质义务,这意味着区别责任已经名存实亡,应对气候变化的责任分担完全退向共同责任。这完全背离了公约的原则,使国际社会应对气候变化的进程倒退到了1992年之前。

4. 资金和技术。工业化国家向发展中国家提供履约所需的资金和技术是区别责任的第二类内容,"巴厘岛路线图"对此也有提及。[②] 可只是笼统、含糊的规定发展中国家履行义务辅以发达国家的资金和技术支持。而公约则规定,发展中国家的履约程度取决于发达国家履行资金和技术义务的程度。[③] 可见,15年过去了,在资金和技术问题上,发达国家不但一直裹足不前,甚至出现倒退的迹象。

根据公约秘书处2007年的研究,在2006~2030年间,全球应对气候变化每年所需资金为全球GDP的0.3%~0.5%,或全球投资的1.1%~1.7%。如果到2030年,将大气中的温室气体稳定在2006年的水平,全球每年需要资金2000亿~2100亿美元,其中,发展中国家每年需要资金650亿美元。[④] 最保守的估计

---

① UNF CCC' s GHG data report 2007, FCCC/SBI/2007/30.

② 《巴厘行动计划》第1条第d款、e款。

③ 《气候变化框架公约》第4条第7款。

④ 29UNFCCC Secretariat, Review of the Experience of International Funds, Multilat eral Financial Institutions and Other Sources of Funding Relevant to the Current and Future Investment and Financial Needs of Developing Countries, Nov. 21, 20 07, para. 8, para. 11.

为每年400亿美元,最高的估算将超过千亿美元,其中发展中国家为每年280亿～670亿美元。目前,全球环境基金(GEF)承担向发展中国家提供资金的职能,在1991～2005年间,全球环境基金共提供了33亿美元。可见,相对于巨额的资金需求,发达国家的供资只是沧海一粟。根据公约,发达国家的出资额是发展中国家履约的全部议定增加成本,①因此,发展中国家的全部履约活动都应当得到资金支持。可是,并非发展中国家申请的项目都得了批准,恰恰相反,被批准的项目只是少数。可见,“全部议定增加成本”的概念由“国家层次的”被置换成“项目层次的”,发达国家从量上极大地规避了提供资金的义务。

相对于提供资金,转移技术更是举步维艰。一方面,发达国家政府声称先进的低碳技术由私营部门掌握,其知识产权应当受到保护,不能强制企业廉价出售相关技术;同时还通过国内政策限制民用高科技向发展中国家出口。另一方面,私营部门关注的是投资机会,而不愿意出售技术。这些因素完全限制了发展中国家获得先进技术,发达国家也完全未履行相关义务。

三、“巴厘岛路线图”的法律性质和前景

“巴厘岛路线图”是公约缔约方大会的决定,是否具有法律约束力,还需要考察两个问题。

首先,缔约方大会的议事规则。公约要求缔约方在第一次会议上以协商一致的方式通过议事规则,②可是,至今各国仍未达成一致,一直适用1996年制定的“议事规则草案”,这在国际法历史上是少有的特例。各国的主要分歧体现在表决规则上,对于通过诸如“巴厘岛路线图”这样的实质事项,目前有两种案文:一是以协商一致的方式作出;二是尽一切可能以协商一致的方式作出,如果所有努力都已经用尽,仍无法达成协议,则以出席并参加表决的2/3多数作出。③ 在缺乏有效议事规则的情形下,只有以协商一致的方式通过“巴厘岛路线图”才是合法的。实际上,中国和印度等发展中国家是反对为其规定实质义务的,所以“巴厘岛路线图”是强行通过的。

其次,缔约方大会决定的法律效力。一般认为,国际组织的决议只是软法,不具有强制约束力。缔约方大会还不是国际组织,其决定的法律效力就更微弱

---

① 《气候变化框架公约》第4条第3款。

② 同上,第7条第2款第k项。

③ 1996年7月8～19日,第二次缔约方大会临时议程项目4(b):《组织事项》,附件第42条。

了。尽管“巴厘岛路线图”不具有法律强制效力，但是，从“柏林授权”到“马拉喀什协定”，公约进展的每一步都是以缔约方大会决定的形式完成的，因此，“巴厘岛路线图”具有政治、舆论上的事实约束力；否则，它将失去对谈判的指导意义。

在未来的谈判中，两大集团具体如何分担应对气候变化的义务，尚无法断定。但毋庸置疑的是，发展中国家将面对巨大压力。为了减轻对经济、社会发展的影响，发展中国家可以援用的谈判工具主要有五个：(1)适应排放。由于适应也是公约规定的义务和权利，基础设施建设等适应活动也产生温室气体，此类排放应视为合理、正当排放。(2)转移排放。由于发展中国家一直向发达国家出口原料和高能耗产品，相应排放应当计为进口国的排放量。例如，中国温室气体排放中的两成多属于转移排放。(3)人均排放。由于发展中国家人均排放量远远低于发达国家的水平，应当根据人均排放量确定各国的义务。关于保护臭氧层的《蒙特利尔议定书》就采用了这一模式。(4)排放强度。这是指单位 GDP 的排放量，如果按照此标准减排，发展中国家既履行了公约义务，又兼顾了经济发展的优先性。(5)资金和技术决定履约程度。在“巴厘岛路线图”中，发达国家表现出退缩姿态，但发展中国家应当坚持公约的规定，要求发达国家支付本国履约的全部增加成本。相对于实质减排，这是发达国家可能的妥协事项。

对“巴厘岛路线图”的具体图景目前还很难预测，但有两点可以确信：合作实施公约的长期努力和谈判仍将持续；在排放大国未找到共同利益之前，“巴厘岛路线图”不可能使各国承诺大幅度减排。

（2008 年第 2 期）

GATT 环境保护例外条款判例法的发展

左海聪*

GATT 第 20 条是一个"一般例外条款",规定了 GATT/WTO 成员可以采取贸易限制措施从而偏离其在多边贸易体制中所承诺的自由化义务的 10 项特定事由。这 10 项特定事由规定在第 20 条(a)项到(j)项中,其中(b)项和(g)项因为与环境保护相关而被称为 GATT 的环境保护例外条款。经过若干年渐进的发展,GATT 环境保护例外条款的判例法已经基本实现了保护环境和自由贸易之间的微妙平衡,在赋予环境保护价值优先于贸易自由价值的同时,对环境贸易措施施加了严格的限制。基于此,本文主要探讨 GATT 环境保护例外条款的判例法的发展及其中的重点法律问题,进而提出相关的对策建议。

一、GATT 环境保护例外条款及相关判例

GATT 第 20 条(b)项规定,GATT/WTO 成员可以采取为保护人类、动物或植物的生命或健康所必需的措施。援引(b)项而采取措施,成员必须满足两个条件:(1)该措施是为了保护人类、动物或植物的生命或健康而设计的。(2)该措施是实现保护人类、动物或植物的生命或健康这一政策目标所"必需的"。第 20 条(g)项规定,GATT/WTO 成员可以采取为保护可用竭的自然资源有关的措施,此类措施与限制国内生产或消费一同实施。成员要援引(g)项,必须要证明三点:(1)其限制措施指向"可用竭的自然资源"。(2)其措施与保护"可用竭的自然资源"相关。(3)此类措施与限制国内生产或消费一同实施。但无论是援引(b)项还是(g)项,成员还需要符合第 20 条序言的规定,即"此类措施的实施必须以不在情形相同的国家之间构成武断或不合理歧视的手段或构成对国际贸易的变相限制的方式进行"。

从 1947 年 GATT 成立到现在,成员国援引 GATT 第 20 条(b)项和(g)项采取贸易限制措施引发争端并诉诸专家组的案件主要有以下六件。

---

* 作者单位:南开大学法学院。

本文是教育部新世纪优秀人才支持计划项目《国际贸易法若干重大问题研究》(NCET-05-0629)的阶段性成果之一。

1. 加拿大影响未加工的鲑鱼和鲱鱼案（以下简称加拿大鲑鱼和鲱鱼案）。①该案的起因是加拿大依据《1970年加拿大渔业法案》发布禁令，禁止未加工的鲱鱼和鲑鱼出口，以保护国内水产加工业。美国诉至GATT称加拿大的禁令违反了GATT第11条，而加拿大认为其出口禁令是旨在保护鱼类储量的渔业资源管理体制的一部分，依据GATT第20条（g）项是正当的。专家组裁定加拿大败诉。

2. 泰国限制香烟进口和香烟国内税案（以下简称泰国香烟案）。② 泰国依据其1966年《烟草法案》禁止进口香烟，但却授权国内香烟的销售。美国诉称香烟进口限制违反了GATT第11条，并不能根据GATT第20条（b）项获得正当性。泰国则主张其进口限制因GATT第20条（b）项而具有正当性。在1990年11月7日通过的专家组报告中，专家组裁定香烟进口限制违反了GATT第11条，并不属于GATT第20条（b）项的例外，泰国败诉。

3. 美国限制金枪鱼进口案（以下简称美国金枪鱼案）。③ 在太平洋的东部赤道地域，成群的金枪鱼经常游弋在成群的海豚下边。用渔网捕捞金枪鱼时，时常造成海豚的意外伤亡。美国《海洋哺乳动物保护法案》为美国国内渔船以及其他国家的渔船制定了海豚保护标准。如果某个向美国出口金枪鱼的国家不能向美国权威机构证明其符合法案所规定的标准，美国必须停止所有来自该国的金枪鱼进口。美国的一个地区法院应环保组织的请求发布禁令，禁止从墨西哥进口金枪鱼，同时也禁止从对墨西哥金枪鱼进行中间处理的“中间国”进口金枪鱼至美国。1991年墨西哥向GATT提起申诉，请求裁决上述进口禁令违反了GATT第11条、第13条和第3条。专家组认为，被诉的直接禁令和“中间国”禁令，并不构成GATT第3条意义上的国内法规，其违反了GATT第11条，并且不能依据GATT第20条（d）项、（g）项获得正当性。环保组对该专家组报告发出了“GATT谋杀海豚”的呐喊，该报告于1991年9月3日公布但最后没有通过。美国与墨西哥随后进行了双边谈判。

4. 美国精炼汽油和传统汽油标准案（以下简称美国汽油标准案）。④ 根据美国1963年《空气清洁法》的1990年修正案，美国环境保护署在1993年颁布了关于汽油成分与排放物的新汽油规则。自1995年1月1日起，汽油规则只允许在美国严重污染地区销售精炼汽油，在其他地区，只能销售不比在基准年1990

---

① Canada – Measures Affecting Export of Unprocessed Herring and Salmon, BI SD35S/98.

② Thailand – Restrictions on Importation of Cigarettes and Internal Taxes on Cigarettes, BISD37S/200.

③ United States – Restricti ons on Imports of Tuna.

④ United States – Standards for Reformulated and Conventional Gasoline, DS /2.

年所售汽油清洁度低的汽油(即传统汽油)。汽油规则适用于全美的汽油炼油厂、合成厂和进口商。根据汽油规则,任何在1990年营业6个月以上的美国炼油厂,必须确立代表其1990年所产汽油质量的单独基准;同时,美国环保署确立了代表1990年美国汽油平均质量的法定基准,适用于任何在1990年营业不足6个月的美国炼油厂以及所有的合成厂和进口商。这样,国内汽油生产企业以其各自1990年的生产质量标准为基线,进口汽油则必须符合美国环保署制定的固定标准。巴西和委内瑞拉所产的汽油大量出口到美国,但因无法达到严格的新标准,使出口受到严重打击。经磋商未果后,巴西和委内瑞拉诉至WTO,指控美国汽油规则违反了GATT第3条第1款、4款以及《技术性贸易壁垒协议》(以下简称TBT)第2条的规定。专家组裁定美国的汽油规则与GATT第3条第4款不一致,并且不能依据GATT第20条获得正当性。美国提起上诉。上诉机构认为,美国的措施符合GATT第20条(g)项但未能满足第20条序言的要求。争端解决机构于1996年5月20日通过了报告。

5. 美国对海虾及虾产品的进口限制案(以下简称美国海虾案)。[①] 1987年,美国政府根据《1973年濒危物种法》发布规章,要求所有美国的拖网虾船在对海龟有重大伤害的规定地域捕虾时使用批准的海龟驱逐装备,以避免附带杀死海龟。1989年11月美国制定了"第609节"国内法。根据该法,没有安装海龟驱逐装备的拖网捕虾渔船所捕获的海虾及其产品禁止进入美国市场。印度、马来西亚、巴基斯坦和泰国诉至WTO,请求裁定美国的措施违反了GATT第1条、第11条和第13条。专家组裁定美国对海虾及虾产品的禁止进口违反了GATT第11条第1款,且不能根据GATT第20条获得正当性。美国提出上诉,上诉机构认为美国措施虽然符合GA TT第20条(g)项的临时正当性,但没有满足GATT第20条序言的要求。报告于1998年11月6日由争端解决机构通过。该案之后,马来西亚请求设立专家组并请求裁定美国的执行措施仍然不符合GATT第20条序言。专家组和上诉机构均裁定,美国的措施符合GATT第20条序言的要求。

6. 欧共体影响石棉和含石棉产品案(以下简称欧共体石棉案)。[②] 1996年12月24日法国发布禁止石棉的《第96-1133号法令》,禁止各种石棉纤维和含石纤维产品以任何名目生产、加工、销售、进口、投放于国内市场和运输;同时还规定有临时性的例外,在严格限定的条件下,允许温石棉纤维和含温石棉产品不

---

① United States – Import Prohibition of Certain Shrimp and Shrimp Products, DS/58.

② European Communities – Measures Affecting Asbestos and Asbestos – Containi ng Products, DS/135.

适用有关禁令。事实上，从1988年以来，法国所进口的石棉产品全部都是温石棉类的。在法令生效之前，法国每年从加拿大进口温石棉及含温石棉产品2万至4万吨，占法国总进口量的2/3。在禁令生效后，类似的进口全年仅有18吨，在案件提起之时，有关产品已经被完全排除在法国市场之外。加拿大认为，尽管石棉对健康危害极大，但在适当条件下，尤其是通过"控制性使用"，温石棉并不具有类似的危险。经磋商未果后，加拿大诉至WTO，请求裁定法令违反了GATT第3条第4款和第11条，以及TBT第2条。专家组裁定法令虽违反了GATT第3条第4款，但依据GATT第20条(b)项具有正当性。加拿大上诉。上诉机构推翻了专家组关于法令违反GATT第3条第4款的裁定，但支持专家组关于争议措施可依据GATT第20条(b)项获得正当性的裁定。争端解决机构于2001年4月5日通过了报告。

从以上判例可以看出，在GATT时期，援引GATT环境保护例外条款的案件都没有成功，被诉方泰国和加拿大都被判败诉，而美国金枪鱼案引起了环保组织的强烈反对。到了WTO时期，情况发生了很大的变化，在美国汽油案和美国海虾案中，尽管美国的措施没有通过GATT第20条序言的检测，但都已经满足了GATT第20条(g)项的要求，可以说在主要问题上已经获得胜诉；在欧共体石棉案中，被诉措施不仅满足了GATT第20条(b)项的要求，而且也符合第20条序言的要求，取得了全胜。

二、判例对GATT环境保护例外条款的主要发展

案件审理结果的重大变化，源于专家组和上诉机构对环境保护例外条款在解释和适用上的发展。

(一)对GATT第20条(b)项的发展审查争议措施是否是GATT第20条(b)项所"必需的"，是专家组工作中的一个关键步骤。在GATT/WTO判例中，对"必需的"这一关键词的解释经历了微妙的变化。

1. GATT时期的判例确立起了"最低贸易限制"要求。"必需"这一术语最早是专家组在美国第337节案①对(d)项的分析中界定的，②在泰国香烟案中专

① "(欧共体诉)美国1930年关税法第337节案"，简称"美国第337节案"。US - Section 337 of the Tariff Act of 1930, Panel Report Adopted on 7 November 1989, Case Brought by EC, 36S/345.

② 本案及后面的"韩国牛肉案"涉及的都是对GATT第20条(d)项中"必需"术语的解释，但是，由于第20条(b)项和(d)项中"必需的"一语的含义相同，因此本案关于第20条(d)项中的"必需"的解释也适用于第20条(b)项。

家组也遵循了相同的解释，这两起案件确立起了“最低贸易限制”要求。在美国第337节案中，专家组认为，在诸多可合理采用的措施中，如果存在与GATT其他条款不相抵触的措施，就必须选用这样的措施；即使不存在上述措施，如果可能，也必须选择比争议措施“更少不一致”的替代措施。这一标准被称为“最低贸易限制”要求。专家组在泰国香烟案中借鉴了美国第337节案专家组报告中的“最低贸易限制”要求。专家组认为可供泰国采用的，既符合总协定规定又符合保障人民的生命或健康这一目的的替代措施是很多的，如采取严格标记和充分披露香烟成分的方法可以控制香烟的质量，禁止香烟广告、维持烟草专卖或提高香烟的价格可以控制香烟的销售量等。因此，泰国对进口香烟的数量限制不是依GATT第20条(b)项所“必需的”，因此不能取得正当性。

2. WTO时期的美国汽油标准案维持了“最低贸易限制”的要求。在该案中，专家组采取了同样的评估标准。认为有效阻止进口产品享有国内产品的优惠销售条件的方式，对实现汽油规则的既定目的是不必要的——基准确立方法可以以给予进口汽油的待遇与GATT一致或较少不一致的方法适用于经营进口汽油的实体。

3. 在韩国牛肉案[①]中引入了“相称性考虑”的方法。上诉机构在该案的报告中涉及了对GATT第20条(d)项中“必需的”一词的解释。上诉机构指出，确定一个并非“唯一可获得”的措施是否仍是第20条(d)项所预期的“必需”时，在每个案件中都涉及一个对一系列因素进行权衡的过程，这一系列因素主要包括法律或规章所保护的共同利益或价值的相对重要性，被诉措施促进追求目标实现的贡献程度，以及遵循该措施对国际贸易产生的限制性效果的程度。可以说，这是对GATT第20条(b)项和(d)项中“必需”术语解释的一次改进。因为在本案中上诉机构增加了对贸易限制程度因素之外的“一系列因素”的相称性考虑(proportionality test)。

4. 欧共体石棉案应用了“相称性考虑”的方法。上诉机构在回顾韩国牛肉案中的结论后指出，替代措施“为实现追求目标作出的贡献”的程度应被纳入考虑。同时又指出，所追求的“共同利益或价值越关键或越重要”，旨在作为其实现工具的措施就越容易被接受为“必需的”。[②] 这似乎是在暗示，鉴于争议措施所服务的“利益或价值”的重要性，必需性检测的分析将适用不同的审查标准。

---

① Korea – Various Measures on Beef, DS161, DS/169.

② Appellate Body Report on EC – Asbestos, para. 172, Referring to Appel late Body Report on Korea – Various Measures on Beef, paras. 162 – 163.

上诉机构指出,在该案中争议措施旨在追求的目标是人类生命或健康的保护,其价值既“关键”又是“至关重要的”。因此,通过对一系列因素的相称性检测,上诉机构支持专家组的意见,裁定申诉方加拿大所提议的替代措施的功效在某些情况下是特别令人怀疑的,它不能使法国(被诉方)实现其所追求的“零风险”健康保护水平。[①] 法国政府所颁布的禁止石棉和石棉制品的法令依 GATT 第 20 条(b)项是所“必需的”,具有正当性。

从“最低贸易限制”到“相称性考虑”,尽管对贸易的最低限制要求一直为专家组和上诉机构所坚持,但是,由于在一系列因素的考察中,要进行相称性考虑,即要考虑所采取的贸易限制措施与所追求的环境保护目标是否相称,环境因素——尤其是涉及人的身体健康问题时——就极可能给予优先的考虑,而贸易自由目标的实现则可能退居其次,这就是为什么法国会在石棉案中通过必需性检测。当然,石棉案中法国的贸易限制措施通过必需性检测,并不意味着以后所有的环境贸易措施都会通过检测。因为相称性考虑要求对贸易限制影响和环境影响进行个案的考虑。可以设想,以现在的相称性考虑标准来审理泰国香烟案,WTO 专家组或上诉机构仍然会认为禁止进口香烟不能满足必需性标准,因为吸烟对人体的损害是有限的,而泰国并没有限制本国香烟的销售。

无论如何,这种对“必需的”一词更灵活的、更多考虑环境保护因素的解释,使未来 WTO 成员的环境例外措施更容易在 WTO 司法体制内获得正当性。

(二)对 GATT 第 20 条(g)项的发展

1. 与“可用竭的自然资源”有关的案件

(1)清洁空气是可用竭的资源。在美国汽油标准案中,美国主张清洁空气是一种可用竭的自然资源,因为它可能会被诸如使用汽油过程中所释放出的污染物质所耗尽。委内瑞拉不同意这种说法,认为清洁空气是空气的一种“状态”,是可以再生的,并非一种会被耗竭的资源。专家组支持了美国的主张并指出,清洁的空气是一种资源(它具有价值),是自然资源,它是可能被用竭的。对专家组而言,根据性质来界定耗竭的资源并不是绝对的。同样,一项资源是可再生的事实也并不能作为反对的理由。过去的专家组曾裁定可再生的鲑鱼存量构成一种可用竭自然资源。专家组因而认为,降低清洁空气损耗的政策是一项第 20 条(g)项意义上的保护自然资源的政策。[②]

---

① Appellate Body Report on EC – Asbestos, para. 172, Referring to Appel late Body Report on Korea – Various Measures on Beef, paras. 172, 174.

② Panel Report on US – Gasoline, para. 6. 37 .

(2)动物也可能是可用竭的自然资源。在美国海虾案中,申诉方认为对"可用竭"一词的"合理解释"应该是"诸如矿产品等有限资源,而不是生物或可再生的资源"。在他们看来,这类有限资源"因为供给有限,可以一点点消费耗尽",所以是可用竭的。如果把所有的自然资源当做可用竭的,"可用竭"一词即成多余。同时,申诉方还提到 GATT 第 20 条(g)项的制定历史,尤其提到矿产品(如锰等),并补充提出,海龟是一种活的动物,只能考虑引用 GATT 第 20 条(b)项,因为(g)项指的"不是活的可用竭自然资源"。① 上诉机构并未接受申诉方的主张,其指出,第 20 条(g)项并不限于保护"矿产"或"非生命"的自然资源。"可用竭"的自然资源和"可再生"的自然资源并不相互排斥。现代生物科学的经验教训表明,原则上可以"再生"的有生命物种"往往由于人类的活动,在某些情况下确实可以耗尽、用竭和灭绝"。活的资源和石油、铁矿石及其他非生命资源一样,也是"有限的"。② 上诉机构进一步指出,由于 WTO 的序言明确承认"可持续发展原则","第 20 条(g)项中的'可用竭自然资源'一词,必须参照国际社会当代对环境保护的关心来解读。现代国际公约和宣言经常把自然资源看做兼指有生命和无生命的资源。③ 此前通过的 GATT1947 两个专家组报告④也裁定鱼类是第 20 条(g)项意义上的'可用竭自然资源'。根据条约解释的有效性原则,保护可用竭自然资源的措施,不论是有生命的还是无生命的自然资源,都属于第 20 条(g)项范围。"⑤上诉机构裁定,争议涉及的五种海龟构成了 GATT1994 第 20 条(g)项意义上的"可用竭自然资源"。

2. 与保护"可用竭的天然资源"有关的案件

(1)"有关"即"主要旨在"。专家组在加拿大鲑鱼和鲱鱼案中裁定,"一项贸易措施不必非是保护可用竭自然资源所必需或必须的,但它必须主要旨在保护可用竭自然资源才能被视为是第 20 条(g)项意义上的与保护'有关'"。⑥ 自

---

① Appellate Body Report on US – Shrimp, para. 127.

② Ibid., para. 128.

③ 例如,1982 年《联合国海洋法公约》(UNCLOS)在定义沿海国在专属经济区的管辖权时,在第 36 条规定了"在专属经济区沿海国为探求、开采、养护与管理自然资源(不论有生命或无生命)的目的,对……上述水域有主权权利……"公约还在第 61 条和第 62 条中反复提到"活的资源",规定了各国在其专属经济区的权利与责任;《生物多样性公约》使用了"生物资源"的概念;《21 世纪议程》中的"自然资源"的含义最宽,详细说明了"海洋活的资源"。除此之外,与《养护野生动物的游动种群的公约》一道通过的"援助发展中国家决议"说,意识到发展的重要内容在于养护和管理活的天然资源,而游动种群是这类资源的重要组成部分。

④ 美国金枪鱼案和加拿大鲑鱼和鲱鱼案的专家组报告。

⑤ Supra note(13, para. 131.)

⑥ Panel Report on Canada – Salmon and Herring, para. 4.6.

该案后,专家组引入了这样的解释,即争议措施应是“主要旨在”而非“必需或必须的”。专家组和上诉机构报告在此后数案中参照了这一解释。

(2)“实质联系”即是“有关”。上诉机构在美国汽油标准案中认为,一项措施如果显示其与保护可用竭自然资源之间存在“实质联系”,而不是仅仅“顺带地或无意中地”保护可用竭自然资源,那么该措施将获得“与保护可用竭自然资源有关”的资格。上诉机构裁定,基准确立规则与保护美国清洁空气之间的“实质联系”是一种“手段与目的之间密切而真实的关系”,是“主要旨在”保护可用竭自然资源的措施。值得一提的是,在该案中上诉机构明确指出:“‘主要旨在’一词本身并不是条约用语,它也并未被设计成检测争议措施是被包括还是排斥在第20条(g)项之外的一种简单的石蕊试纸。”①尽管上诉机构并未对这一问题进行更深入的探讨,但在其报告的字里行间已显示出限制解释的倾向。

通过对环境措施的相关性进行限制解释,将其限定为“实质联系”,通过将对“可用竭的自然资源”进行扩充解释,将其理解为包括空气、某些生物,增强了第20条(g)项的环保关联性,从而使WTO成员可以更多地和相对容易地援引该项规定来保护自然资源了。

(三)对第20条序言的澄清和发展

1. 序言的审查对象

按照适用第20条的顺序,在确定争议措施符合第20条具体例外的范围而获得临时正当性后,专家组应进一步依据该条序言对其进行审查以确定争议措施是否具有最终的正当性。在美国汽油标准案中上诉机构指出,GATT第20条序言通过明确的用语表明其调整的是措施的实施方式,而不是措施的具体内容。②

2. 序言对限制措施在实施方式上的三个要求

GATT第20条序言部分包括了三个实施标准:第一,例外措施不得构成条件相同国家间的武断的歧视;第二,例外措施不得构成条件相同国家间的不合理的歧视;第三,例外措施不得构成对国际贸易变相的限制。主要表现在:(1)不合理的歧视与武断的歧视。上述第一个和第二个要求联系密切,都以存在歧视为前提。上诉机构在美国海虾案中指出,措施构成“条件相同国家间的武断或不合理的歧视”,必须具备三个要素,一是措施的实施必须导致歧视,二是该歧视在性质上必须是武断的或不合理的,三是该歧视必须发生在条件相同的国家

---

① Panel Report on Canada – Salmon and Herring, para, 17.

② Appellate Body Report on US – Gasoline, p. 22.

间。[①] 因此,如果在条件相同国家间不存在歧视,也就不需要考察是否是不合理或武断的了。上诉机构在美国海虾案中认为,构成不合理歧视的情形包括:执行标准严格而僵化,缺乏灵活性;未与受限制国进行严肃且全面的协商;给予不同的受限制国不同的过渡期。[②] 同样是在美国海虾案中,上诉机构对构成武断歧视的问题也作了分析,认为下列情形构成武断的歧视:执行标准严格而僵化,缺乏灵活性;缺乏透明公正的正当程序。[③] (2)对国际贸易变相的限制。专家组在欧共体石棉案中认为,"变相"一词,包含了"隐藏在欺骗性的外观之下","改变以进行欺骗"的含义。[④] 关于如何揭示一项贸易措施的贸易保护性质,上诉机构在美国海虾案和专家组在欧共体石棉案中都认为,应该按照上诉机构在日本酒精饮料案中的办法,即从一项措施的"设计、内部构造和外表结构"来辨别是否具有贸易保护性质。在上述两个案件中,专家组和上诉机构认为美国对海虾的限制以及欧共体对石棉的限制都不构成变相的限制。通过以上判例,专家组和上诉机构明确了"不合理歧视"和"武断歧视"的一些具体情形,强调执行的灵活性和正当程序在判明"不合理"或"武断"问题上的核心意义。对"变相"一词也作了具体阐释,给出了具体的方法,这些都有助于对今后案件的审理。但这些判例中对具体情形的列举能否为今后的案例所接受,还有待实践的检验。

三、GATT 环境保护例外条款的判例法对我国的启示

(一)GATT 环境保护例外条款的判例法已经基本实现保护环境和自由贸易之间的微妙平衡 GATT 第 20 条的规定范围广泛,语义模糊,也没有补偿或批准方面的要求,实践中主要由其他成员对援引该条的国家提起争端解决程序来确定援引国的措施是否符合第 20 条的种种要求。由于 GATT 时期的专家组在解释第 20 条时严格维护贸易自由化的宗旨,因此,事实上援引国基本上少有成功的实例。在 WTO 的判例法中,一个重要的新发展就是通过赋予 GATT 第 20 条(b)项和(g)项新的含义,使其能够适应环境保护的需要,从而在自由贸易和环境保护之间建立了一种适当的平衡。

1. 现行判例法赋予了环境保护优先于贸易自由的地位

---

① Supra note (13, para. 150.)

② Ibid. , paras. 161 – 172.

③ Ibid. , paras. 177 – 183.

④ Panel Report on EC – Asbestos, para. 8. 236.

作为贸易自由化的例外条款，GATT 第 20 条所列的各种情形是否都包含了优先于贸易自由化的公共政策目标，学者间有不同的认识。有学者认为，自由贸易目标与 GATT 第 20 条所规定的特定政策目标之间没有等级划分，没有孰先孰后的问题。[①] 也有学者认为，GATT 第 20 条的特定政策目标，包括环境保护目标，与自由贸易目标存在等级划分；经过专家组和上诉机构的判例法发展，GATT 第 20 条的特定政策目标是优先于自由贸易目标的。[②] 笔者同意后一观点。从法理的角度看，立法中是存在大量针对一般原则的例外条款的，通常例外条款都包含了比一般原则更重要的价值追求，使立法者确定义务人可以不受一般原则的约束从而免除义务或获得特殊权利。GATT 第 20 条作为一个典型的例外条款，其所规定的特定目标应该优先于 GATT 的一般目标：贸易自由化。

通过判例，WTO 的司法机构已经明确，成员具有采取环境保护措施的法定权利，尽管这种措施会限制贸易；成员还可以确定环境保护措施对人或动物生命健康的保护程度，比如，零风险；在审查一项措施是否是“为保护人或动物的生命健康所必需”时需要进行相称性考虑；应以发展的眼光解释“可用竭的自然资源”，一些可再生的资源也可能是可用竭的自然资源；对于与环境保护“有关”是指两者之间有着实质的联系。这些灵活和合理的解释去除了以往 GATT 判例的僵硬和平面追求贸易自由价值的倾向，正确完成了向例外条款原本意义的复归。当然，在自由贸易和环境保护发生冲突时坚持环境保护优先并不意味着一般意义上两者是冲突的。事实上，一般而言，两者是相互支持的。自由贸易促进经济发展，从而增进人类福利和人类改进环境的能力，环境保护的目的也是维护和增进人类的福利，只有保护好环境和资源才可能实现可持续发展。但是一旦在特定情形下自由贸易与环境保护目标发生冲突，应优先考虑和实现环境保护目标。

2. 对环境贸易措施的采取施加了严格的限制。如同任何其他例外条款的适用一样，GATT 环境保护例外条款的适用必须受到严格的限制，否则就可能引发例外的滥用，这也将违反善意原则和立法的宗旨。GATT 第 20 条和现行判例法对援引环境保护例外条款施加了一个实质限制，即必须对环境保护目标和贸易限制效果进行相称性分析；一国实施贸易限制措施必须不得造成歧视；贸易限制措施的实施必须符合正当程序的要求，应具有灵活性；贸易限制措施不得是变

---

① 陈卫东著：《WTO 例外条款解读》，对外经济贸易大学出版社 2002 年版，第 7 页。

② M. Trebilcock and R. Howse, *The Regulation of International Trade* (3rd ed.), Routledge, 2005, p. 544.

相的贸易保护。这些规则有力地保障了环境保护例外条款不被滥用。

（二）援引环境保护例外条款的策略

1. 对GATT第20条(b)项的援引。如果涉及保护人的生命或健康,在第20条的范围内只能援引(b)项。援引该项要求满足“必需性检测”。欧共体石棉案给我们的启示是,“必需性检测”并非不能逾越,将对人的健康保护水平提升到零风险从而主张没有任何其他的替代措施就是有效的方法。

2. 对GATT第20条(g)项的援引。如果涉及保护动物的生命或健康,或者涉及可用竭的自然资源,援引GATT第20条(g)项比援引(b)项条件要宽松,也更容易成功一些。因为该项只要求所实施的措施与环境保护有关,而不需要通过“必需性检测”。在美国汽油标准案和美国海虾案中,美国都被裁定认为满足了(g)项的规定从而获得了初步正当性,就是一个明证。

3. 关于GATT第20条序言。无论是援引GATT第20条(b)项还是(g)项,满足(b)项或(g)项的规定,都只是获得了实施环境保护措施的临时正当性,成员国据此可以采取贸易保护措施。但是要获得最终的正当性,还必须符合第20条序言的要求,即实施贸易保护措施的方式必须做到合理、非歧视和不武断。如果实施的措施针对的是产品,其要满足第20条序言的要求的关键就是保证对外国进口产品和本国产品同等对待,即非歧视的实施。在欧共体石棉案中,专家组认为,既然没有歧视,也就不需要考察是否武断或不合理了,而即便禁止石棉产品进口会有助于法国替代产业的生产,也不能认为是对国际贸易的变相限制。如果实施措施是针对运用不同生产方法的产品,由于对产品本身的歧视已然存在,则需要考察是否是武断的或不合理的了,这是美国海虾案给我们的启示。

（2008年第3期）

WTO框架下数字产品在线跨境交易的法律性质

陈儒丹*

一、问题的提出:数字产品在线跨境交易是货物贸易还是服务贸易

信息技术的发展使得数字产品国际贸易发展迅猛,数字产品交易已在取代或将要取代现实生活中的很多货物或服务贸易。与数字产品相关的国际贸易模式有以下两种:第一种是数字产品(如软件或者音乐)储存在载体(如CD或者磁带)中,通过载体的国际贸易完成数字产品的国际贸易。这种模式下进行国际贸易的标的物有其载体(如CD或者磁带),只是储存的内容是无形的数字信息(如软件或者音乐),由于载体本身是有形的,因此对海关估价而言,显然对载体价值较容易估价,而对载体储存的内容则较难估价。根据GATT1947,海关估价委员会作出了《关于软件海关估价的决定》,对进口计算机软件允许成员国基于如下两个因素之一征税:载体本身的价格或价值(如光盘),通常这个价格或价值几乎可以忽略不计,或者载体和软件的交易价格(已支付的或者需要支付的价格),这通常高一些。① 1995年5月,海关估价委员会再次重申了上述决定。② 虽然《关于软件海关估价的决定》中提到了征收关税的两个考虑因素,但是,考虑到数据库和计算机程序价值的性质与载体价值的性质的截然不同,成员国在决定储存了数据库或计算机程序的进口载体的海关价值时,在最惠国待遇基础上通常只考虑载体本身的价值,而不考虑数据库或计算机程序的价值。也就是说,成员国通常采用第一种方法征关税,即只对载体征税,对数据库或计算机程序征收零关税。另外,值得注意的是上述决定中的载体并不包括集成电路

* 作者单位:北京大学法学院。

① GATT Council, Committee on Customs Valuation, Decisions Adopted by the Tokyo Round Committee on Customs Valuation, G/VAL/W/1, Apr. 28, 1995.

② GATT Council, Committee on Customs Valuation, Decisions Concerning the Interpretation and Administration of the Agreement on Implementation of Article VII of the GATT 1994 (Customs Valuation), G/VAL/5, Oct. 13, 1995.

板、半导体或者其他含有电路或者设计的类似装置或者货物，而且载体的储存物即数据库或程序也不包括声音、电影或者其他可视记录。[①] 决定中的这些除外范围都可以根据《海关估价协议》得到解决，因此并不存在因性质不清而导致的法律适用上的问题。

第二种是数字信息或者说数字产品通过互联网在线跨境交付形式完成国际贸易。[②] 这种模式虽然与第一种模式交易的标的物都是无形的数字产品，但是由于交易是直接通过电子传输完成的，因此又不同于第一种模式。在这种模式下海关根本无法对其进行有效的监管，也很难对其进行征税。虽然这是个技术上的问题，但是，这里显然存在一个作为前提的法律问题，即海关是否有权对其征税？随之而来的另一个法律问题是，在进口国国内数字产品享受怎样的法律待遇？从 WTO 法律适用的角度上看，对这种贸易模式下的数字产品如何定性还将直接影响到数字产品跨境交易的国际法律适用和所享受的国际法律待遇。因为，把数字产品识别为货物还是服务，其相关的在线跨境交易属于货物贸易还是服务贸易，在 WTO 体系内的待遇是不同的。如果数字产品属于货物，其贸易将适用 GATT；若属于服务，则其贸易适用 GATS。在不同的协议的规范下，数字产品的自由化程度有明显的差异。[③] 正因为存在下表中的这些差异，[④]所以有必要对第二种贸易模式——数字产品在线跨境交易的法律性质作一分析。

二、数字产品在线跨境交易的法律性质应属于服务贸易

（一）WTO 体系内不能解决数字产品的归类问题

区分数字产品属于货物还是服务的前提就是要明确货物和服务的定义或者说划分标准，以及两者的区别。首先，从货物和服务的区别标准入手来看，一般认为，服务和货物的不同点在于，服务是无形的、不可贮存的，生产和消费具有时

---

① GATT Council, Committee on Customs Valuation, Decisions Adopted by the Tokyo Round Committee on Customs Valuation, G/VAL/W/1, Apr. 28, 1995.

② Work Program on Electronic Commerce, G/C/W/158, July 26, 1999, para. 2. 2 .

③ Hauser & Wunsch - Vincent, WTO, E - commerce, and Information Technologies, Table 37, A Report for the UN ICT Task Force, p. 18.

④ Wunsch - Vincent, Sacha, WTO, E - commerce, and Info rmation Technologies: From the Uruguay Round Through the Doha Development Agenda, A Report for the UNICT Task Force, p. 148.

间和空间上的同步性，同类服务的质量具有明显的差异性；而货物是有形的，可以贮存的，生产和消费在时间和空间不同步，同类货物的质量无明显差异。用这个标准去衡量数字产品的话，就会发现：数字产品或者说数字信息既有服务所具有的无形性和同类数字产品质量的明显差异性，又有货物所具有的可贮存性和生产消费的不同步性。显然，无法用一般的服务和货物的分类标准将数字产品进行归类。其次，从 GATT 和 GATS 对货物和服务的分类表入手来看，GATT 对货物的分类表是 HS（Harmonized System），GATS 对服务的分类表是《服务部门分类表》，但这两个分类表都没有直接提到数字产品，数字产品在两个表中没有直接的对应类。例如，WTO 对计算机软件的规定：因为软件没有物理特性，在 GATT 的 HS 下没有软件的类别，只列举了储存软件的载体（如光盘或磁带）。[①] 相应地，《信息技术协定》（ITA）只通过对载体征收零关税间接地适用于软件。[②] 软件在 GATS 中的分类也很不明确。《服务部门分类表》只是在关于软件的发展和制作的咨询服务中提到计算机服务，但并没有提到软件本身。[③] 再如，数字电影也可以证明无论是 GATT 还是 GATS 都没有明确地对数字产品进行分类。GATT 的 HS 只是列举了储存了电影的物理载体，而不是电影本身（如录像带、磁带和其他储存了声音和类似可记录现象的载体），[④]而 GATS 的《服务部门分类表》只涵盖了"动画和录像制作、提供和分销服务"或者"广播电视服务"，并没有明确地列举电影内容本身（如 CPC9611 动画和录像的生产和分销服务，CPC9612 电影提供服务等）。[⑤] 除此之外，还有观点认为现有的数字产品都可以找到服务或者货物的对应物，并且认为有相应的例子可以佐证。比如，赌博服务可以通过相应的在线赌博形式进行；再如，如果网上有电子书在线销售的话，消费者也不一定要到书店买书，可以在网上买。可见，所有的数字产品都可以因此还原为服务或者货物。但笔者认为，这种观点看似正确，其实并不完全正确。服务数字化后还是服务没问题（当然这个观点是需要论证的，后面会进行详细的论证），但是所谓的货物数字化后还是货物则是完全错误的。就以上述的电子

---

① GATT Council, Background Note by the Secretariat, Work Program on Elec tronic Commerce, G/C/W/128, Nov. 5, 1998.

② Information Technology Agreement, http://www. wto. org/english/trat op_e/inftec_e/itadec_e. htm, last visited on March 27, 2008.

③ GATS Council, Background Note by the Secretariat, Computer and Related Services, S/C/W/45, July 14, 1998, pp. 3 - 4 and Chadha (1999, 2000).

④ Teltscher (2002) for the HS Class ifications.

⑤ Wunsch - Vincent, Sacha, WTO, E - commerce, and Information Technologies: From the Uruguay Round Through the Doha Development Agenda, A Report for the UNICT Task Force, p. 146.

书为例,电子书并不是实物书的数字化,而是以实物书籍为载体的作品的数字化,所谓的电子书其实是数字作品,而不是数字书籍。除了立体作品外,由知识产权保护的所有储存在有形载体里面的作品都可以数字化,都可以成为数字作品。所以,那些所谓的与货物相对应的数字产品实质上是数字作品,反过来可以更清晰地看到,这些数字作品对应的并不是货物,而是储存在货物这种有形载体里的无形的作品。显然,作品是著作权的客体,既不是货物,也不是服务。GATT中没有"产品"或"货物"的定义。GATS也未给"服务"下过任何定义,只是笼统地规定"'服务'包括任何部门的任何服务,但在行使政府职权时提供的服务除外"。1991年10月发布的《GATS草案中的定义》在谈及GATS中"服务"概念的缺席时指出,这是缺乏普遍接受的关于"服务"的经济学定义的反映。因为技术不断进步的原因,可供交易的"服务"种类、内容及特征总是在不断变化的,现实生活中服务部门非常广,试图对"服务"作出准确界定是不现实的。就GATS所要达到的目的而言,只要对"服务贸易"作出定义即可。① 可见,在WTO体系内区分数字产品是货物还是服务并不能得出直接的结论,而且根据现行WTO协议关于货物和服务的相关规定也可以看出根本无需也不可能对数字产品作出界分,所以WTO体系适用于数字产品交易,尤其是适用于数字产品的国际贸易要真正解决的不是数字产品是货物还是服务的问题,而应是"数字产品在线跨境交易"的"贸易性质"问题,即此种贸易是属于"货物贸易"还是属于"服务贸易"这个问题。解决了数字产品在线跨境交易的性质问题,数字产品在线跨境交易这种国际贸易形式到底是适用GATT还是适用GATS的问题也就迎刃而解了。

(二)数字产品在线跨境交易属于服务贸易:基于"美国影响赌博服务跨境提供措施案"的分析

数字产品在线跨境贸易可以归类到跨境贸易。跨境贸易有两种,即货物的跨境贸易和服务的跨境提供。由于数字产品的国际贸易几乎都可以在传统的服务贸易和货物贸易中找到它的影子,所以先来解决类似于传统服务贸易的那部分跨境数字产品贸易的性质应该更容易,因为它有现成的案例可供参考,即"美国影响赌博服务跨境提供措施案"。② 之所以可以参考此案来解决这个问题,是由专家组报告的法律效力决定的。早在"日本酒类税案"中,上诉机构就对专家

① Definitions in the Draft General Agreement on Trade in Services: Not e by the Secretariat, Oct. 15, 1991, MTN. GNS/W/139, para. 8.

② 关于此案的分析还可以参考荀大凯:"GATS减让表具体承诺修改权的最新发展——兼评安提瓜诉美国限制网上赌博服务案",载《法学》2008年第2期。

组报告的法律效力作了比较权威的解释:“经通过的专家组报告是 GATT 渊源的重要组成部分,以后的专家组会经常考虑这些报告。它们在 WTO 成员间形成了合法的期待,因此,在与任何争端相关时,都要予以考虑。”①杰克逊教授则认为,已通过的专家组报告的法律价值是:一方面,它为特定争端当事方设定了遵守判决的国际义务;另一方面,还可能构成《维也纳条约法公约》第 31 条第 3 款所指的“嗣后在条约适用方面确定各当事国对条约解释之协定之任何惯例”,是解释 GATT 条文时必须加以考虑的因素。而 WTO 协定第 16 条第 1 款又为 GATT 下形成的专家组报告这种惯例在解释 GATS 规范时发挥作用提供了法律依据。其第 16 条第 1 款规定,除本协定和多边贸易协定项下另有规定外,WTO 应以 GATT1947 缔约方全体和在 GATT1947 框架内设立的机构所遵循的决定、程序和惯例为指导。② 可见,“美国影响赌博服务跨境提供措施案”专家组报告同样地具有在 GATS 条约适用方面确定各当事国对 GATS 条约解释之惯例的效力。

在此案中,专家组确认当一国成员在其具体承诺表中,某个承诺的具体服务部门中的一种或几种服务贸易模式的市场准入栏里写入“没有限制”,该成员必须维持 GATS 项下的完全市场准入。以跨境提供服务贸易模式为例,GATS 跨境提供是指“服务者自一个成员领土内向任何其他成员领土内的消费者提供服务”。根据 WTO 中普遍适用的“技术中立”原则,GATS 所涉及的跨境提供模式应包含自一国成员领土内向任何其他成员领土提供服务的任何可能的方式。也就是说,在跨境提供的市场准入栏中写入“没有限制”的含义意味着其他成员的服务提供者可以通过任何交付方式提供服务,包括通过书面或电子邮件、电话、传真、互联网在线形式、其他任何一种方式或者几种方式的组合方式。如果一国成员意图排除在跨境提供方式中的一种或几种交付方式的市场准入,该成员应该在具体承诺表中明确写明。否则,对跨境提供服务贸易方式中包括的一种、几种或者所有交付方式的禁止,即构成对跨境提供方式的市场准入的限制,③是一项属于 GATS 第 16 条第 2 款意义上的,“以数量配额的形式”对服务或服务提供

① Report of the Appellate Body, Japan – Taxes on Alcoholic Beverages, WT /DS8/AB/R, WT/DS10/AB/R, WT/DS11/AB/R, Oct. 4, 1996, pp. 14 – 15.

② WTO, Article XVI, Miscellaneous Provisions, Except as otherwise provided under this Agreement or the Multilateral Trade Agreements, the WTO shall be guided by the decisions, procedures and customary practices followed by the Contracting Parties to GATT 1947 and the bodies established in the framework of GATT 1947.

③ Report of the Panel, United States – Measures Affecting the Cross – Border Supply of Gambling and Betting Services, WT/DS285/R, paras. 6. 280 – 6. 287.

者的数量的限制。[①] 因为对一种、几种或者所有跨境提供交付方式的禁止完全阻止了服务提供者使用跨境提供中的一种、几种或全部交付方式进行跨境服务,[②]使得通过该种交付方式进行跨境服务的服务提供者的数量和服务总量被“限制为零”,从而导致“零配额”,[③]即“完全禁止”的形式。

因此,如果在跨境提供的市场准入栏中写入“没有限制”,即意味着其他成员的服务提供者可以通过任何交付方式提供服务,包括通过跨国在线服务的方式完成服务的跨境提供。所以,现在可以得出这样三个结论:第一,可以在传统服务贸易中找到影子的那部分“数字产品在线跨境交付”属于“服务贸易”;第二,由于其属于服务贸易,所以 GATS 适用于这部分“数字产品跨境在线服务”;第三,GATS 涵盖了多少个服务部门,也就有多少个服务部门的“数字产品跨境在线服务”适用 GATS 协议。

那么,GATS 到底涵盖了多少个服务部门呢?到底有多少个服务部门的“跨境在线服务”适用 GATS 协议呢?在解释这两个问题时,可以引用“GATS 适用范围”之“解释之补充材料”,即《1993 年列表指导方针》[④]和《服务部门分类

---

① GATS, Article XVI, In sectors where market – access commitments are undertaken, the measures which a Member shall not maintain or adopt either on the basis of a regional subdivision or on the basis of its entire territory, unless otherwise specified in its Schedule, are defined as: (a) limitations on the number of service suppliers whether in the form of numerical quotas, monopolies, exclusive service suppliers or the requirements of an economic needs test. (b) limitations on the total value of service transactions or assets in the form of numerical quota s or the requirement of an economic needs test. (c) limitations on the total number of service operations or on the total quantity of service output expressed in terms of designated numerical units in the form of quotas or the requirement of an economic needs test. (d) limitations on the total number of natural persons that may be employed in a particular service sector or that a service supplier may employ and who are necessary for, and directly related to, the supply of a specific service in the form of numerical quotas or the requirement of an economic needs test.

② Report of the Panel, United States – Measures Affecting the Cross – Border Supply of Gambling and Betting Services, WT/DS285/R, para. 6. 338.

③ Report of the Panel, United States – Measures Affecting the Cross – Border Supply of Gambling and Betting Services, WT/DS285/R, paras. 6. 338, 6. 355.

④ 由于承诺表的通用格式以及承诺表用语的标准化在确保承诺的可比较性和明确性方面是必要的,《1993 年列表指导方针》(即《服务贸易初步承诺表说明》)从“哪些项目应被列入表中”以及“如何将这些项目列表”两方面入手,对成员如何制定具体承诺表作了较详细的说明和引导。Scheduling of Initial Commitments in Trade in Services: Explanatory Note, MTN. GNS/W/164, September 3, 1993.

表》[1]这两份文件。因为,《1993 年列表指导方针》和《服务部门分类表》这两份文件都因缔结 GATS 所订,都与条约的实质内容有关,而且澄清了条约具体概念或限制其适用范围。在"欧共体香蕉措施案"中,专家组在解释欧共体具体承诺表中"批发贸易服务"的范围和"服务提供方式"时,引用了《1993 年列表指导方针》;[2]在"墨西哥电信案"中,专家组为了说明"跨境提供"的含义,也引用了《1993 年列表指导方针》,并探讨了该文件的法律地位,认为从《1993 年列表指导方针》的渊源、内容和使用情况看,它属于《维也纳条约法公约》第 32 条所指的缔结 GATS 的"缔约之情况",从而构成对 GATS"解释之补充材料";[3]在"美国影响赌博服务跨境提供措施案"中,上诉机构采取了和"墨西哥电信案"专家组相同的观点,认为由 GATT 秘书处起草制定的《1993 年列表指导方针》和《服务部门分类表》这两份文件构成条约的"准备工作",是《维也纳条约法公约》第 32 条所指的缔结 GATS 的"缔约之情况",从而可以视为"解释之补充资料"。[4]由于《服务部门分类表》共分 11 个服务部门,每一部门又分为若干个分部门,总共有 155 个服务部门,因此,155 个相对具体的服务部门的"跨境在线服务"适用 GATS,只要具体承诺表对该分部门作出了承诺并且写入"没有限制"。除上述 11 个服务部门外,《服务部门分类表》还用"其他"来涵盖不能被上述 11 个服务部门涵盖的服务部门。所以,对于"任何部门的任何服务,除了行使政府职权时提供的服务外",只要一成员国在具体承诺表中对相关服务部门作了承诺,并且在跨境提供中写入"没有限制",就意味着在这个服务部门中,其他成员的服务提供者可以通过任何交付方式提供服务,包括通过跨国在线服务的方式完成服务的跨境提供,因此,此时的所谓的数字产品在线跨境交易时就是数字服务跨境提供。

---

① 在乌拉圭回合谈判中,为了给各参加国具体承诺表的部门划分提供必要的帮助,GATT 秘书处于 1991 年 7 月 10 日发布了《服务部门分类表》。分类表基本上由两栏构成:左边一栏名为"部门和分部门",共 11 个服务部门,每一部门又分为若干个分部门,总共有 155 个;右边一栏是"对应的 CPC"(即《联合国中心产品分类表》),基本上左边的每个部门和分部门都在右边一栏有对应的 CPC 代码。See Services Sector Classification List: Note by the Secretariat, MTN. GNS/W/120, July 10, 1991.

② Report of the Panel, European Communities – Regime for the Importation, Sale and Distribution of Bananas, WT/DS27/R/ECU, WT/DS27/R/GTM, WT/DS27/R/HND, WT /DS27/R/MEX, WT/DS27/R/USA, May 22, 1997, paras. 7. 288, 7. 297, notes 786, 790.

③ Report of the Panel, Mexico – Measures Affecting Telecommunications Services, WT/DS204/R, April 2, 2004, para. 7. 44.

④ Report of the Appellate Body, United States – Measures Affecting the Cross – Border Supply of Gambling and Betting Services, WT/DS285/AB/R, April 7, 200 5, note 244.

在解决了类似于传统服务贸易的那一部分在在线跨境数字产品交易的贸易性质之后,可以开始解决看似类似于传统货物贸易的那一部分在线跨境数字产品交易的贸易性质了。

通过网络在线跨境提供分销服务的客体完全可以是数字产品(数字作品)。因为,在现有的信息技术条件下,几乎所有储存在书籍、光盘、磁带等有形载体里面的作品都可以数字化,都可以通过在线交付的形式进行销售。因此,如果网上电子版的数字图书销售的话,消费者就可以不用去书店购买;可以在线看电影的话,很多消费者也不愿意去影院看,尤其在消费者时间不能自由支配的情况下,更是宁愿选择通过网络下载电影看;因为可以在线听音乐的原因,录音带的销售量直线下降。本质上看似对应于货物贸易的那部分数字产品在线跨境交易中,由于通过在线跨境交付的那些数字产品本质上是数字作品(如数字电影、数字书),对应的不是货物贸易中的货物(如光盘、书籍),而是以有形货物作为载体的作品(如电影、作品)。只要一个国家的信息产业发展水平允许,销售无载体的数字作品与销售储存了作品(数字或非数字形式)的有形载体这两种服务方式,在服务的最终用途和消费者偏好方面是可以互相替代的,因为两种服务的相同点或者说服务内容都是作品销售,服务的客体都是作品,都满足了消费者学习或者娱乐的目的。因此,鉴于WTO体系体现的技术中立精神和节省资源的宗旨,在相同的服务部门、相同的服务方式下,不同技术方式的服务应该得到相同的待遇,故不能因为作为服务客体的作品的数字化而限制该种服务方式。

由于专家组的报告对GATS条约的解释效力,所以在“美国影响赌博服务跨境提供措施案”中专家组的结论是:跨境提供中写入“没有限制”,意味着其他成员的服务提供者可以通过任何交付方式提供服务,包括通过跨国在线服务的方式完成服务的跨境提供,该规定是普遍适用于GATS规范下的任何一个服务部门的。分销服务是《服务部门分类表》(作为识别GATS规范的服务部门范围的根据)明确涉及的一个重要的服务部门,一般涵盖在CPC61、62、63和CPC8929下。根据在“美国影响赌博服务跨境提供措施案”中专家组和上诉机构的结论,如果一国成员在具体承诺表中对分销作了承诺,同时又在分销服务贸易模式跨境提供中写入“没有限制”,就意味着可以通过跨国在线服务的方式完成服务的跨境提供。这在各国的具体承诺表中均有体现。例如,《中华人民共和国服务贸易具体承诺减让表第2条最惠国豁免清单》“D. 视听服务 · 录像的分销服务,包括娱乐软件及(CPC83202)”具体承诺栏中写明了“娱乐软件”这种典型的数字作品，并且在其承诺的这个服务部门里即跨境提供中写入“没有限制”，①这就意味着，中国允许其他成员的服务提供者向中国境内的消费者跨境在线分销娱乐软件。

所以，看似对应于货物贸易的那部分数字作品在线跨境交易的法律性质应该由服务本身的性质决定，而不是由服务的客体决定，结合分销服务的特征，可以得知这部分交易本质上属于跨境提供模式下的分销服务。

三、结　　论

通过上述的法律推理和实例分析，可以发现数字产品的在线跨境交易这样一种国际贸易方式应属于服务贸易，因此 GATS 可以适用。但是，这个结果是否合理有效，能否尽可能地满足各种不同利益方及在国际范围内发展这种新产业的需求，还需要对 GATS 适用后的影响进行分析。对影响的分析可以从两个角度入手，即看 GATS 逐步自由化的思路是否最适合各方的需求，是否最适合数字产品的在线跨境提供这样一种国际贸易方式的发展。具体分析如下：

第一，各成员方目前达成的对数字产品征收零关税的临时协定是基于数字产品属于服务的这个前提制定的。假如数字产品是货物，对数字产品征收零关税，就等于成员方承诺对互联网上的数字产品交易实行完全的自由贸易。因为最惠国待遇和国民待遇是 GATT 成员方的基本义务，根据国民待遇原则，就国内关税而言，成员方将不能对来自互联网的进口征收歧视性国内税。但另一方面，通过互联网贸易的数字产品的进口关税又是零，相对于境内在线交付的数字产品，这就变相地将在线跨境交付的数字产品置于超国民待遇的位置，变相地歧视了前者。这对于发展中国家乃至如欧盟中一些发达国家而言是不可思议也不可接受的。

第二，将“数字产品的在线跨境交易”界定为服务贸易适用 GATS，可以使具体承诺表已经作出承诺的那些服务部门的跨境提供这种方式下的既得利益得到扩展。只要在承诺的服务部门的跨境提供中写入“没有限制”，那么服务提供者所在的成员国无需就数字产品的在线跨境提供问题同已经作出减让的成员再行谈判。另外，鉴于 GATS 的宗旨是逐步自由化，也可以有效地维护作出服务减让的成员在具体承诺表中的既得利益。如果在承诺的服务部门的跨

① 《中华人民共和国服务贸易具体承诺减让表第 2 条最惠国豁免清单》，载 http://law.chinalawinfo.com/other/WTO/Legal1/025.doc。

境提供中写入"不受约束"或者"禁止通过网络服务"或者"禁止通过网络交付数字产品",就表明这些服务部门下的数字产品的在线跨境提供的待遇必须是另经谈判的,不会因为对其所征关税是零或临时允许其实施就自动获得国民待遇。这显然对于维护作出承诺的成员方的国家经济安全和产业经济发展都是相当重要的。

第三,由于产业链的原因,产业发展是互相带动的。比如,A 和 B 两个横向或纵向相关服务产业部门,A 是开放部门(跨境提供模式不作限制),B 是未开放部门。适用 GATS,可以在保证上述提到的服务提供者成员方和作出具体承诺的成员方的既得利益得到维护的同时,A 部门的数字产品的在线交易可以有效地带动 A 部门的发展,而 A 部门的发展又会带动 B 部门的发展,B 部门发展到一定程度,自然会扩大部门的对外开放,最终带来 B 部门的数字产品的在线交易的实现,使得 B 部门发展得更好,从而带动与 B 部门的其他相关部门,如 C 部门的发展。可见,适用 GATS,可以有效地、安全地推进逐步自由化这个目标。

第四,根据上述分析及服务贸易未来发展的广阔前景,基本上可以发现未来绝大部分的数字产品在线跨境交易将是传统服务的信息化、数字化的结果,只有一小部分是将那些通过有形载体储存并通过有形载体的国际贸易进行交易的作品的信息化、数字化。此外,数字服务的过程中还经常会随着数字作品的分销。正如酒店服务会包括罐装饮料的提供、杂志的销售一样,在一项跨境远程教育服务中也许会随着数字教程的分销;在一项跨境远程赌博服务中也许会随着数字赌博秘籍的分销。因此,将所有的"数字产品的在线跨境交易"定性为服务贸易还可将可能发生的争议降低到最低程度。因为,如果将绝大部分"数字产品的在线跨境提供"归为服务贸易,而将剩下的一小部分归为货物贸易,在涉及该种贸易的纠纷中,专家组为了决定适用 GATT 还是适用 GATS 规则,首先必须决定争议对象是货物贸易还是服务贸易,这将会使争议大大地复杂化。

可见,将数字产品的在线跨境交易这样一种国际贸易方式统一划归为服务贸易,一律适用于 GATS,不仅是一系列法律推理的结果,也是安全有效地逐步推进自由化的国际贸易内在需求的反映。

(2008 年第 7 期)

SCM 协议中补贴的专向性要件

吕晓杰*

一、问题的提出

《补贴与反补贴协议》(以下简称 SCM 协议)针对 WTO 成员的补贴与反补贴行动进行了多边纪律的规范。与东京回合补贴守则相比,SCM 协议第一次就补贴给出了明确的定义,即补贴是由一国政府或任何公共机构提供,使接受者受益的财政资助。① 但是,上述补贴要成为 SCM 协议的规范对象还必须满足专向性(specificity)要求,即该补贴是成员方政府向其管辖下的某个或某些企业或产业特别提供的。② 也就是说,SCM 协议只适用于那些满足专向性要件的补贴项目。不具有专向性的补贴,即便符合 SCM 协议第 2 条的定义,也不在 SCM 协议的规范之列,WTO 成员不能对之征收反补贴税。由此可见,专向性要件是决定补贴项目是否受制于反补贴税的重要条件。

专向性要件的引入可以限制反补贴行动的范围,将政府合理的宏观经济政策同严重扭曲贸易的经济政策区分开来。③ 从此意义上讲,对专向性要件的解读决定了 WTO 成员在国内政策制定上到底具有多大空间的自主权:缩小性解读不利于针对严重扭曲贸易的补贴行为采取行动,而扩大性解读则会剥夺 WTO 成员拥有的国内政策制定权空间,造成单边行动或多边行动对国家政策自主权的不合理侵犯。SCM 协议不可能给出一个精准的画线标准,WTO 争端解决机制的专家组和上诉机构也未能就"专向性"要件的解释提供实际的指南,这就为 WTO 成员在反补贴实践中对专向性要件进行扩大性解读提供了可能。这种现状给 WTO 成员实施反补贴行动留下了恣意裁量的可能,易使反补贴行动沦为贸易自由化的幌子、贸易保护的工具。以中美铜版纸贸易争端为例,美国商务部

---

* 作者单位:清华大学法学院。

① 详见 SCM 协议第 1 条。可参见(原)对外经贸部编:《世界贸易组织乌拉圭回合多边贸易谈判结果法律文本》,法律出版社 2000 年版,第 231 ~274 页。

② 详见 SCM 协议,第 2 条。同上。

③ John H. Jackson, William J. Davey and Alan O. Sykes, Jr., *Legal Problems of International Economic Relations* 831(1995).

在针对中国铜版纸进口实施反补贴调查中认为,中国“两免三减半”的税收优惠政策将免税或减税资格的获得仅限于生产性外商投资企业的规定,足以符合补贴在法律上的专向性要件。[①] 在美国商务部看来,接受补贴的“企业”和“产业”只要具有外资成分这一共同特征即可满足专向性要件,而无需考察这种共同特征与货物贸易之间的联系。令人担忧的是,美国商务部这种对专向性要件的解读是否会损害 WTO 成员在投资领域制定国内政策的自主权。虽然对于专向性要件的正确解读同 WTO 成员政策制定的自主权空间相联系,但是我国对这个问题的研究却远不能为补贴实践提供理论上的准备。[②] 本文在对 SCM 协议中的专向性要件进行历史性考察并对其美国法渊源进行分析之后,集中研究铜版纸一案中美国商务部对“两免三减半”税收政策的专向性解读,并以投资优惠政策为例,探讨专向性概念与 WTO 成员国内政策自主权之间的必然联系。

二、SCM 协议第一次提出了专向性的概念

补贴是政府行为,涉及政府对宏观经济的控制。一般来看,政府可能采取影响宏观经济的政策工具主要有三种:[③]一是对收入、商品和服务征税。这些税收减少了私人收入,从而减少了私人的支出,同时为公共支出提供了来源。税收制度还可以通过征高税来抑制某些经济活动(如吸烟),或者征低税以鼓励某些部门的发展;二是提供在某些商品或服务(如国防、教育、交通或治安)领域中的开销,以及为个人提供资源的转移支付(如医疗保险、养老保险等);三是管制或控制措施,用来指导人们从事或减少某些经济活动,比如,对企业污染的限制,或强制检验新药安全性的措施。

根据 SCM 协议第 1 条关于补贴的定义,政府或任何公共机构提供财政资助并因此而授予一项利益,上述三种政策工具中的第 1 种和第 2 种可能成为 SCM

---

① Preliminary Affirmative Countervailing Duty Determination: Coated Free Sheet Paper from the People' s Republic of China, 72 FR 17484, April 9, 2007. Final Determination in the Countervailing Duty Investigation of Coated Free Sheet from the People' s Republic of China, 72 FR 60645, Octobe r 17, 2007, p. 85.

② 国内学者在“专向性”问题上曾经进行过尝试性的探讨,并对中国的应对提出了建言。参见王永杰:“论补贴的专向性与我国的补贴政策调整”,载《江苏商论》2007 年第 6 期;杨旭:“论补贴与反补贴中的专向性标准”,载《学术探讨》2005 年第 4 期。其他有关专向性问题的研究散见于对 SCM 协议的总体研究之中,在这个问题上缺乏专门和深入的研究。

③ [美]保罗·萨缪尔森、威廉·诺德豪斯著:《经济学》(第 16 版),萧琛等译,华夏出版社 1999 年版,第 228 ~ 229 页。

协议所指的补贴。需要注意的是,虽然第1种和第2种可能成为SCM协议所指的补贴,但这些补贴作为政府的宏观经济政策工具在很多情况下是合理的、必需的。可以说,提供补贴是政府的重要职能。既然提供补贴是政府的重要职能,那WTO为什么将补贴作为一种贸易壁垒,并制定规则限制其使用呢?人们普遍对补贴的"双刃剑"作用存在共识:补贴一方面作为国内政策的重要工具而被国际社会承认,另一方面由于其补贴人为地干预资源的有效分配,都会对贸易产生一定的扭曲作用。因此,补贴与反补贴的规则,早在GATT1947中就有规定。根据GATT1947的第6条和第16条的规定,一国政府所采取的部分补贴会对其他国家利益造成损害或损害威胁,因此,GATT1947允许缔约方针对这些补贴行为实施反补贴税,并规定缔约方大会可以讨论限制这些补贴的可能性。但GATT1947并没有为"好补贴"和"坏补贴"之间确定一个划分标准。GATT在1955年的修改中为"好补贴"和"坏补贴"的划分做了尝试,该修改最后成为GATT1947第16条的B节。B节针对出口补贴作了特别规定,认定一缔约方对任何产品的出口所给予的补贴,可能对其他进口和出口缔约方造成有害影响,可能对它们的正常商业利益造成不适当的干扰,并可阻碍本协定目标的实现。根据B节的规定,所有缔约方应寻求对初级产品的出口使用补贴,在1958年1月1日之前,缔约方应停止对非初级产品的出口提供补贴。① 1960年的修改又为B节增加了关于出口补贴的列示清单。②

虽然GATT对于反补贴措施进行了上述规制,要求缔约方在实施反补贴税时必须能够证明目标补贴对本国产业造成实质损害或实质损害威胁,但由于"祖父条款"的存在,一些国家(主要是美国)在实施反补贴税的时候仍然可以不进行损害是否存在的调查。③

对于大多数国家来说,除了出口补贴之外的国内补贴多是国内福利或发展政策的体现。因此在东京回合的谈判中,GATT缔约方将议题集中于如何对反补贴税的实施进行约束,而美国则认为,约束补贴行为应和约束反补贴行为同时进行,④最后,东京回合补贴与反补贴守则采取了"双轨制":单边制和多边制。根据单边制,缔约方可以单方面采取反补贴行动,但其行动要符合守则所规定的

---

① John H. Jackson, William J. Davey and Alan O. Sykes, Jr., *Legal Problems of International Economic Relations* 773 (2002).

② GATT, 9th Supp. BIS D 185 (1961).

③ G. Winham, *International Trade and the Tokyo Round Negotiations* 116 (1986). 转引自 M. J. Trebilcock & R. Howse, The Regulation of International Trade 254, note 22 (2005)。

④ Ibid.

要件和程序,至于何种补贴是“可以采取行动的补贴”,守则并没有给出定义;双轨制中的多边制为解决补贴问题提供了多边路径,主要目的在于减少具有贸易扭曲作用的补贴,即出口补贴。由于东京回合补贴与反补贴守则并不要求所有缔约方接受,事实上仅有 OECD 国家和少数新兴发展中国家接受,因此该守则的作用有限。[①] SCM 协议相对于东京回合守则最为重要的发展,就是对补贴定义的确定。只有符合 SCM 协议所定义的补贴,才可以接受 SCM 协议所规定的单边制和多边制的规制。作为补贴定义的一个最重要要件——专向性要件第一次进入了 WTO 法律制度当中,成为划分“好补贴”和“坏补贴”的重要标准。

SCM 协议第 2 条规定了三种专向性补贴:第一种是禁止性补贴,包括出口补贴和进口替代补贴,这类补贴因为符合 SCM 协议第 3 条的规定就可以视为专向性补贴(第 2.3 条);第二种是产业专向性补贴,是指对授予机关管辖范围内的一个企业或产业,或者一组企业或产业(SCM 协定称为“某些企业”)提供的补贴(第 2.1 条);第三种补贴是地域专向性补贴,指对授予机关管辖范围内指定地理区域的某些企业提供的补贴(第 2.2 条)。WTO 争端解决实践中关于专向性问题的争议主要集中在第二种产业专向性补贴上,本文对专向性的研究也集中于产业专向性补贴问题上。对于该种补贴的判断,SCM 协议第 2.1 条规定了两个原则,即法律上的专向性(de jure)和事实上的专向性(de facto)。

法律上的专向性是指法律明确规定补贴的获取限定于某些企业。[②] 例如,某法规明确规定钢铁企业将获得所得税减税,该法规的规定符合法律上的专向性。而对于依据某法规规定,雇用残障人士人数比例达到总雇工人数 2% 以上的企业将获得政府提供的低息贷款,受益的企业仅限定于符合条件的企业的情况,这是否构成前述所称的专向性呢?根据 SCM 协议第 2.1 条(b)项,这一规定可能属于法律上的专向性的例外,除此之外,在实践中还可能会出现如下的问题:如一国家控股的煤炭化工企业以低价(明显低于国际价格)向国内所有企业提供焦煤和烟煤,有证据证明该企业的这一行为得到了来自政府的指示,使获得低价焦炭的企业因此受益。这种通过实际上是政府所有或由政府控制的私人企业向特定的公司或产业提供低价物品或金融资助的情况大量存在,而这些资助在相同的条件下并不会提供给其他公司或产业,这类补贴项目的专向性并非一见而知,具有很高的隐蔽性,非法律上的专向性要件能够判断。因此,SCM 协议

① G. Winham, *International Trade and the Tokyo Round Negotiations* 116 (1986). 转引自 M. J. Trebilcock & R. Howse, The Regulation of International Trade 254 – 255。

② SCM 协议第 2.1 条(a)项。

又对事实上的专向性进行了界定,即尽管某补贴项目表面上并非针对某一企业、产业或某一组企业、产业,但综合各种因素有理由相信补贴实际上是针对少数企业或产业的,该补贴项目认可被认为具有专向性。可以考虑的因素包括:(1)有限数量的某些企业使用补贴计划。(2)某些企业主要使用补贴。(3)给予某些企业不成比例的大量补贴。(4)授予机关在作出给予补贴的决定时行使决定权的方式。(5)授予机关管辖范围内经济活动的多样性程度。(6)已经实施补贴计划的持续时间。①

SCM 协议上述内容部分参考了 GATT 东京回合补贴守则,但较之东京回合补贴守则,SCM 协议第一次对补贴进行了定义,并且第一次引入了专向性概念。为什么 SCM 协议会引入专向性概念?专向性概念又从何而来呢?在此有必要作一探究。

三、专向性概念的来源:基于对美国法中关于专向性问题的考察

美国的反补贴立法可以追溯到 1897 年,并分别在 1930 年、1974 年和 1979 年数次修订,②但直到《1979 年贸易协定法》制定,用以区分"好补贴"和"坏补贴"的标准——专向性要件才被引入到反补贴立法中去。③ 根据该法的相关规定,如果外国政府向一个特定的企业或产业,或者向一组企业或产业提供国内补贴,那么美国主管机关就可以针对受益于这类补贴的产品采取反补贴行动进而征收反补贴税。④ 相反,如果美国主管机构认为外国补贴不具有上述专向性,即使该补贴满足了《美国贸易法》或《美国关税法》的相关其他规定,也不认为是违法的,不能对之采取反补贴行动。普遍认为,SCM 协议中专向性概念源于美国

---

① SCM 协议第 2.1 条(c)项。

② John H. Jackson, William J. Davey and Alan O. Sykes, Jr., *Legal Pr oblems of International Economic Relations* 828 (2002).

③ 1947 年《美国贸易法》的相关修改是根据 GATT 东京回合相关协定进行的,而东京回合的相关协定(SCM)缔约方不涵盖所有 GATT 缔约方,事实上只包括了较少的缔约方,美国法律因而规定补贴专向性的要求只对上述相关缔约方有效,而对于其他国家和地区,在认定补贴时,依然只适用《美国关税法》,而不做专向性的要求。John H. Jackson, William J. Davey and Alan O. Sykes, Jr., *Legal Problems of International Economic Relations* 830 (2002).

④ 转引自罗昌发著:《美国贸易救济制度:国际经贸法研究》(一),中国政法大学出版社 2003 年版,第 99 页。

《1979 年贸易协定法》中的上述规定。[①]

尽管《1979 年贸易协定法》引入了专向性概念,但是法律规定却相当简要,并没有在确定国内补贴时就“产业”进行定义,也没有就何种情况下构成“特定的”企业或产业给出相应的指南。《1979 年贸易协定法》将画线的裁量权完全交给了行政主管机关,并由法院进行司法审查。在美国的行政和司法实践中,商务部以及法院对于专向性的认定和审查经历了从对法律上形式要件的关注到对事实上效果要件的关注这一演变过程。

1. 普遍可适用标准:对法律上专向性的关注始于专向性的要求刚刚施行之初,当时的美国商务部国际贸易署(ITA)对于专向性的认定实行的是普遍可适用的标准,即只要一个经济体中的所有或大部分企业或产业都有机会获得补贴利益,就被认为不属于专向性,而不考虑补贴的实际效果。在墨西哥炭黑案中,[②]墨西哥一家国家控股的原油公司低价出售炭黑原料油,已知原料油占炭黑成本的 70%。ITA 拒绝针对低价出售的原料油征收反补贴税。尽管事实上购买低价炭黑的两家公司皆为炭黑生产厂,ITA 仍然认为这一项目不具有专向性,因为所有炭黑原料油的使用者都可以同样价格购买到该产品。美国商务部在墨西哥炭黑案中的意见还在 1983 年的加拿大软木案中得以体现。在加拿大软木案中,[③]加拿大绝大多数软木来自土地归政府所有的林场,加拿大联邦政府和省政府对于采伐软木的任何公司仅收取很少的砍伐费。美国木材生产商认为加拿大的木材加工业因此而获得了一项补贴,要求针对加拿大进口的木材征收反补贴税。美国商务部经过调查,认定加拿大的林木砍伐管理系统并未给某一特定行业特殊的补偿,因为所有对软木感兴趣的企业或产业都可以受益并且拒绝对加拿大的软木进口课征反补贴税。

从这两个案例中可以看出,美国商务部早期并没有考虑到事实上具有专向性的补贴情形。这种标准对于外国企业而言比较有利,所以招致了美国国内产业的极度不满。为回应美国国内产业的不满,美国国会议员曾经酝酿通过法律将专向性要件从自然资源补贴的认定中除去,使美国行政机关无须经过专向性要件审查针对普遍可适用的自然资源补贴直接采取反补贴税。但由于担心会遭

① 罗昌发著:《美国贸易救济制度:国际经贸法研究》(一),中国政法大学出版社 2003 年版,第 118 页。

② Carbon Black from Mexico (Carbon Black I), 48 Fed. Reg. 29,564 (IT A 1983) (Final Determination).

③ Certain Softwood Lumber Products from Canada (Softwood I), 48 Fed. Re g. 24,159 (ITA 1983) (Final Determination).

到贸易伙伴在立法上的效仿而对美国不利,甚至被裁决违反 GATT 补贴守则,这些法案最终未能得以通过。[1]

2. 对事实上专向性的关注与考察:反补贴请求被驳回的美国公司 Cabot 将美国商务部对墨西哥炭黑案中的决定诉至美国国际贸易法院(CIT),[2]CIT 在判决中否定了 ITA 使用的标准,确立了对专向性问题的事实性审查要求。Cabot 在该案中主张,由于实际上只有两个炭黑生产企业购买低价原料油,应该认为这一项目是具有专向性的,而不应仅从项目表面上来看所有使用者都可以相同价格购买到原料油而忽视其实际的执行效果。Cabot 的这一主张被 CIT 所认可。CIT 指出,对于补贴项目是否具有专向性问题的考察不能仅仅停留于补贴本身所显示的"目的和意图",还要考察补贴项目实施的"实际的结果和影响"。CIT 认为,以"名义上的"普遍可适用性来检验所有或者大部分企业或者产业是否能够享受一项补贴的利益是远远不够的,这种做法使那些表面上不具有专向性但实质上具有专向性的补贴得以"逃逸",从而导致本国产业受损。不考虑补贴项目实施效果上的专向性而仅凭表面上的规定对专向性问题下结论,还会促使外国政府通过法律方式确定补贴的普遍可适用性以掩盖其事实上的专向性,这一后果将是很荒谬的。[3] 因此,CIT 认为,商务部在调查中必须实际考察补贴的授予是否使得特定的企业获得了特殊利益或竞争优势,并在补贴的实际效果问题上进行逐案考察。[4]

根据上述分析,CIT 认定 ITA 在认定专向性问题上的方法是错误的,该案被发回重审。ITA 在重审过程中采取了 CIT 的事实性审查标准,最后认定涉案补贴项目满足专向性要求。[5] CIT 在墨西哥炭黑案中的判决还促使 ITA 改变了其在加拿大软木案中的决定,最终确定该案所涉及的软木砍伐权项目具有专向性。[6] 至此,美国行政和司法实践中对专向性问题的考察从法律上的考察扩展至事实上的考察。对于事实上专向性的考察,在 1988 年的综合贸易及竞争力法第 1312 节中得

---

① James D. Southwick, The Lingering Problem with the Specificity Test in United States Countervailing Duty Law, *72 Minnesota Law Review*(1988), p. 1163.

② Cabot Corp. v. United States, 620 F. Supp. 722 (Ct. Int'l Trade 1985).

③ Cabot Corp. v. United States, 620 F. Supp. 731 – 732(Ct. Int'l Trade 1985)., 第 731 ~ 732 页。

④ Ibid.

⑤ Carbon Black from Mexico (Carbon Black II), 51 Fed. Reg. 13, 269(ITA 1986)(preliminary review).

⑥ Certain Softwood Lumber Products from Canada (Softwood II), 51 Fed. R eg. 37, 457 (ITA 1986)(Preliminary Determination).

到立法上的确认。①

3. 对事实上的专向性考察的进一步澄清:CIT在墨西哥炭黑案中所确立的事实上专向性的考察要求实际上扩展了美国针对进口产品采取反补贴行动的适用范围,这一改变得到了联邦巡回上诉法院在后续案件中的肯定,在事实上的专向性考察中需要考虑的因素在后续案件中也得以细化。

联邦巡回上诉法院在PPG案中②将ITA的专向性审查总结为法律和事实的双重审查。如果在法律上的专向性审查中可以认定涉案国内补贴在法律规定上就是授予特定企业或产业,或者一组企业或产业,那就没有必要进行下一步的事实上的专向性审查。但是如果国内补贴因为普遍适用于所有产业而不具有法律上的专向性,ITA必须继续进行事实上的专向性审查,考察在补贴的实际适用效果上是否仅向一个特定企业或产业,或者一组特定企业或产业提供了补贴利益。③

在事实上的专向性审查中,联邦巡回上诉法院反对进行机械化、数理性分析,主张应该对具体案件中的诸多因素进行判断和平衡。在联邦巡回上诉法院看来,这些因素包括但不限于:(1)外国政府的行为在多大程度上可以限制补贴的获得。(2)实际获得补贴的企业和产业有多少,或者有多少组。(3)政府在多大程度上可以实施裁量权以控制补贴的获得。ITA在进行事实上的专向性考察中,必须在证据基础上对包括上述在内的所有因素加以考虑。④

从专向性问题的美国起源来看,专向性概念的引入被认为具有两方面的合理性:首先,每一项出口都受惠于政府的政策性援助(如公共交通、教育等),这

---

① Section 1312 of the Omnibus Trade and Competitiveness Act of 1988.

② PPG Indus. ,Inc. v. United States,928 F. 2d 1568 (Fed. Cir. 1991). 在PPG案中,墨西哥政府在天然气提供上采取政府垄断的方式,其提供的工业用天然气价格明显低于出口价格和国际市场价格,ITA认定这一补贴行为不具有专向性,不应受到反补贴措施的追诉。美国PPG公司将案件诉至CIT,并证明墨西哥政府的补贴为其浮法玻璃行业降低了18% ~27%的成本,为其氨水制造企业降低了72%的成本,这些都大大打击了美国浮法玻璃行业和氨水制造行业的生产商。PPG公司主张,一项普遍适用的政府资助如果在效果上降低了生产成本,那么相关产品的进口就应被征收反补贴税。CIT支持了ITA的做法,PPG上诉至联邦巡回上诉法院。相关评论详见James D. Southwick, The Lingering Problem with the Specificity Test in United States Countervailing Duty Law,*72 Minnesota Law Review* 1988,p. 1159. ;Alexander Manganiello,*The Roles of the International Trade Administration and the International Trade Commission in Countervailing Duty Determinations*,16 Suffolk Transnat'l L. Rev. 571,1993.

③ Section 1312 of the Omnibus Trade and Competitiveness Act of 1988.

④ 需要注意的是,该案Michael法官的反对意见,Michael法官指出多数法官虽然对专向性考察进行了澄清,但是在本案的具体适用中再次采用了已被淘汰的"普遍可适用"标准。参见该案报告第1580 ~1581页。

种政策性援助对贸易的影响是必然的。如果不在反补贴行动中引入专向性概念,每一项出口都会受制于反补贴税。其次,虽然政府宏观经济政策对贸易都会产生影响,但具有专向性的补贴项目对自由贸易所造成的扭曲作用更为严重。① 由于专向性概念已经在美国立法和司法实践中得到确定和长期发展,因此,美国在乌拉圭回合谈判中坚持将这一概念引入 SCM 协议中。因为其担心如果在多边贸易规则中缺乏这一概念对其他国家的反补贴行动加以限制的话,美国单方面使用将会"自缚手脚",对保护美国的对外贸易不利。最后,专向性概念在 SCM 协议中得以全面体现,②美国也因此对其反补贴法进行了相应的修改。目前美国法在专向性的规定上,虽然措辞上与 SCM 协议上的规定不尽一致,但是其本质是一样的。③

四、WTO 争端解决实践中关于专向性的解释与适用

尽管专向性要件是能否采取反补贴行动的先决条件,但在 WTO 争端解决实践中对专向性要件进行解释的案件并不多,美国针对加拿大软木实施反补贴税案和美国高地棉补贴案是有限的两个案件。加拿大和美国之间的软木争端由来已久。该案始于 1982 年,当时美国的软木生产企业向美国商务部提出诉求,要求对加拿大的软木进口课征反补贴税。最后,美国商务部经过调查,认定加拿大的林木砍伐管理系统并未给某一特定行业特殊的补偿,并且拒绝对加拿大的软木进口课征反补贴税。④ 1986 年,美国企业又向商务部提出诉求。这一次,美国商务部发现加拿大的林业规划中确实存在对生产企业的补贴,并设立了 15% 的基本补助金。在即将对这部分补助金征收反补贴税前,加拿大和美国达成了谅解备忘录,仅对补贴课征定向关税。1991 年,当加拿大通知美国将撤销 1986 年的谅解备忘录,美国商务部随即自己展开了补贴税调查,同时开征反补贴税。1986 年,加拿大和美国达成一项 5 年期的《软木协议》(Softwood L umber

---

① James D. Southwick, The Lingering Problem with the Specificity Test in United States Countervailing Duty Law, 72, *Minnesota Law Review*, 1988, p. 1159. 从双边贸易实践上来看,美国在反补贴立法中引入专向性概念还可以在很大程度上缓和美国与其贸易伙伴之间的关系。Laurie A. Gameron and Gerald C. Berg, The U. S. Countervailing Duty Law and the Principle of General Availability, 19 *Journal of World Trade Law* 5, 1985, pp. 502 – 503,转引自罗昌发著:《美国贸易救济制度:国际经贸法研究》(一),中国政法大学出版社 2003 年版,第 120 页。

② John Jackson, *The World Trading System*, 1995, p. 267.

③ 19 U. S. C. § 1677 (5A)的规定。

④ 本文前面相关部分的介绍。

Agreement),从而暂时搁置了软木关税争端。但是根据这个协议,加拿大对美国的软木出口被限制在每年 147 亿板尺,实际上给加拿大的软木生产开出了进口配额。[①] 2001 年该协议即将结束时,美国的软木生产企业再次向美国商务部提出征收反补贴税的诉求,与此同时还第一次提出了反倾销外加价格歧视调查。美国软木生产商指责加拿大地方政府通过收取过低的砍伐费而向其软木生产商提供了政府补贴,这也是美国针对加拿大进口的松木产品征收反补贴税的动因。2002 年 4 月,美国商务部宣布,将向加拿大进口的软木征收 18.7% 的反补贴税和平均 8.43% 的倾销税,两个税种累计高达 27.22%。至此两国之间的软木争端达到高潮。[②] 加拿大就美国实施反补贴税的终裁决定提起 WTO 争端解决程序,双方的争点之一就是加拿大行为是否具有专向性。加拿大指出,加拿大拥有采伐权的公司所生产的产品多达 200 多种,分布于 23 个不同的产业。据此,加拿大提请专家组注意,应在多大程度上讨论工业和产品水平上的"专向性"。专家组在裁决中指出,SCM 协议第 2 条所讨论的"专向性"是决定于企业或产业水平之上的,并非决定于最终产品水平。不管以软木为原料的最终产品有多少种,以软木为原料的产业只是有限的工业集团,即美国所主张的纸浆、造纸、采伐及木材加工业。加拿大的观点只能使补贴局限于那些生产相似产品的工业上。因此,具有专向性的补贴不仅限于那些可使特定产品受益的补贴,使不确定多数产品受益的计划也可能构成补贴,只要补贴的使用限于特定的企业或产业(集团)。[③]

在美国高地棉补贴案中,巴西认为美国《2002 年农业保障和农村投资法》中的"用户销售补贴"和"销售贷款项目补贴",以及"直接支付补贴"和"反周期支付补贴"、"农产品保险"等项目违反了 GATT1994、《农业协议》以及 SCM 协议的规定。在专向性问题上,巴西主张这些项目不仅明显限于对美国一部分农产品的适用,而且是专属于高地棉这种特定的农产品,所以这些项目构成专向性补贴。[④] 美国主张,补贴具有专向性就意味着有限数量的极小比例的商品获得了补贴。而涉案的农作物保险补贴是适用于整个美国农业部门的,它的范围大大超出了"一个企业或产业或一组企业或产业",该补贴不具有

---

① "加拿大美国软木问题的来龙去脉",载 http://www.chinadian.ca/html/200605/8837.html。

② Panel Report, United States – Final Countervailing Duty Determination with Respect to Certain Softwood Lumber from Canada, WT/DS257/R, August 29, 2003.

③ Supra note(35), para. 7.121, para. 7.116.

④ Panel Report, United States – Subsidies on Upland Cotton, WT/DS267/R, September 8, 2004, para. 7.1122.

《反补贴协议》第2条所指的专向性。

该案专家组承认SCM协议并没有就"专向性"判断给出更具指导意义的定义,根据专向性概念对"产业"的范围进行划分依赖于给定案件中的很多因素。由于SCM协议第2.1条的规定不甚明确,专向性概念并非一个刚性标准,在具体个案中的适用中可以具有一定的弹性。专家组同时认为,一个产业和一组产业的划分可以同其生产的产品相联系,产业的概念与特定产品的生产者也是相关联的。在综合考察了被诉措施之后,专家组认为这些补贴措施的实施实际上主要限于高地棉农,并非生产各种产品的一般农民,因而具有专向性。①

到目前为止,WTO争端解决实践在"专向性"概念的澄清上主要集中于一个问题,即对"一组企业"或"一组产业"如何理解。但遗憾的是,两案的专家组对于专向性解释仍显含糊:加拿大软木案专家组认为,产业或一组产业不一定按其生产产品类型的不同而划分,但美国高地棉补贴等专家组又肯定了产业的划分同其生产的产品是相关联的。虽然美国高地棉补贴案的专家组尝试对"专向性"进行文义解释,但最后该案专家组也承认在专向性分析问题上缺乏指导性的方针。在上诉机构没有机会就"专向性"进行指导性解释的情况下,专向性要件在实践中的具体适用仍是一个未知数。

五、对美铜版纸案中"两免三减半"政策的专向性分析

2006年11月20日,美国商务部针对从中国进口的铜版纸启动反补贴调查,②这是自1991年以来,美国针对中国进口产品实施反补贴调查的第一案。在此之前,美国一直奉行不对包括中国在内的非市场经济国家进行反补贴调查的政策。③ 经过将近一年的调查,美国商务部于2007年10月17日作出最终裁

① Panel Report, United States – Subsidies on Upland Cotton, WT/DS 267/ R, September 8, 2004, para. 7. 1124, para. 7. 1126, para. 7. 1140, para. 1141, para. 7. 1149 – 7. 1151, para. 7. 1154.

② Preliminary Affirmative Countervailing Duty Determination: Coated Free Sheet Paper from the People's Republic of China, 72 FR 17484, April 9, 2007. Final Determination in the Countervailing Duty Investigation of Coated Free Sheet from the People's Republic of China, 72 FR 60645, Octobe r 17, 2007, p. 85.

③ GAO, US – China Trade: Commerce Faces Practical and Legal Challeng es in Applying Countervailing Duties, GAO – 050474, Report to Congressional Committees, Washington, D. C., June, 2005.

定，认定中国政府为铜版纸生产者和出口商提供了补贴，这些补贴都是可诉补贴。[①] 虽然美国国际贸易法委员会最终裁定这些补贴没有对美国国内产业造成损害因而没有采取反补贴税，但是美国商务部对于可诉补贴的肯定性认定仍然会对此后可能实施的反补贴调查产生影响。

1. 美国商务部的认定："两免三减半"政策具有专向性

在此案中，被调查的补贴包括：政府政策性贷款项目、所得税减免项目和增值税关税免除项目。其中，在所得税减免项目的专向性问题上，中美双方意见分歧主要集中在中国政府给予外商投资企业的"两免三减半"税收政策上。

"两免三减半"税收政策是中国吸引外资最为重要和常见的优惠政策，最早规定在1991年施行的原《外商投资企业与外国企业所得税法》之中。根据该法第8条的规定，在中国从事生产10年或10年以上的外商投资企业，将享受两年的免税期[②]和随后3年的减半征收企业所得税。能够享受"两免三减半"税收优惠政策的外商投资企业涵盖的行业非常广泛，根据《外商投资企业与外国企业所得税法实施细则》第72条以及国家税务总局陆续发布的部门规章，[③]该政策所适用的外商投资企业几乎遍布所有允许投资的行业。

虽然"两免三减半"税收优惠政策因新《企业所得税法》的出台而废止，但是由于过渡期的存在，原享受企业所得税"两免三减半"税收优惠政策的企业继续享受至期满为止，因未获利而尚未享受税收优惠的，其优惠期限从2008年度起计算。[④] 因此，在新《企业所得税法》存在的情况下，"两免三减半"税收优惠政策最长将过渡至2012年。

美国商务部在此案的初裁报告中就认定"两免三减半"政策具有法律上的专向性，理由在于该税收优惠政策只能由外商投资企业享受。中国政府在抗辩时指出，外商投资企业是税法中的一个特定企业形式。而且，遍布国民经济大多数行业的外商投资企业中80%都是生产性外商投资企业，可以享受"两免三减

① Supranote, Final Determination in the Countervailing Duty Investigation of Coated Free Sheet from the People's Republic of China.

② 免税期从企业开始生产或经营和早期亏损转结和抵消后的第一个获利年度开始。参见1991年6月30国务院发布的《外商投资企业和外国企业所得税法实施细则》第76条。

③ 《关于其他行业生产性外商投资企业解释认定的通知》(国税发〔1992〕109号)、《关于从事交通运输的外商投资企业界定问题的批复》(国税函发〔1994〕383号)、《关于从事为开发土地、建筑房屋而进行平整土地业务的企业认定为建筑业企业问题的批复》(国税函发〔1994〕388号)、《关于〈外商投资企业和外国企业所得税法实施细则〉第72条有关项目解释的通知》(〔94〕财税字051号)。

④ 国务院《关于实施企业所得税过渡优惠政策的通知》(国发〔2007〕39号)。

半”的税收优惠政策。①

针对中国的抗辩，美国商务部认为，公司形式本身在专向性认定上并不起决定性作用，能够享受“两免三减半”税收优惠政策的企业都具有外国资本的这一事实足以使该政策具有法律上的专向性。根据美国关税法第771节(5A)(D)项的规定认定“两免三减半”政策具有法律上的专向性之后，美国商务部认为没有必要就该政策是否适用了“客观的标准和条件”以及该政策在执行过程中是否具有“事实上的专向性”做进一步的考察。②

美国商务部在专向性问题上的简单处理与SCM协议中的专向性规定并不相符合。无论是根据美国关税法第771节(5A)(D)项的规定还是根据SCM协议第2.1条(b)项的规定，如果补贴本身规定了享受补贴的“客观标准或条件”，主管机关不能径直作出具有法律上专向性的结论，主管机关有义务就该“客观标准或条件”进行考察。如果该“客观标准或条件”是自动的并在执行中得到严格遵守，且在法律、法规或其他官方文件中明确说明以便能够进行核实，③那么主管机关应该认定该补贴不具有法律上的专向性，而继续就是否具有事实上的专向性作进一步考察。只有当主管机关经过调查认定享受补贴的“客观标准或条件”不符合上述要求，主管机关才能认定该补贴项目具有法律上的专向性。

中国政府曾经抗辩，“生产性外商投资企业”的认定标准是明确且透明的。④事实上，“生产性外商投资企业”并非某个或某些具体企业，而是以“生产性”和“外商投资”两个标准所确定的企业类别。只有适用“生产性”和“外商投资”这两个条件，才能确定哪些企业能够享受“两免三减半”税收优惠政策。但是，美国商务部在没有就“外商投资企业”是否属于“客观标准或条件”进行调查的情况下就直接做出“两免三减半”政策符合法律上专向性的结论，这在程序上很难符合SCM协议第2.1条(b)项的规定。

在“两免三减半”政策是否具有专向性问题上，美国商务部的分析也暴露了其SCM协议中专向性要件的误读。SCM协议所规定的“专向性”到底指的是什么，根据企业的所有权属性质确定可以享受补贴的企业范围是否能被SCM协议

---

① GAO, US - China Trade: Commerce Faces Practical and Legal Challeng es in Applying Countervailing Duties, GAO - 050474, Report to Congressional Commit tees, Washington, D. C. , June, 2005.

② Ibid.

③ SCM协议第2.1条(b)项。

④ GAO, US - China Trade: Commerce Faces Practical and Legal Challeng es in Applying Countervailing Duties, GAO - 050474, Report to Congressional Commit tees, Washington, D. C. , June, 2005.

专向性要件所规范,这些实体问题同样值得深入探究。

2. 所有权属专向性(ownership – specific)补贴是否具有专向性

根据SCM协议第2条的规定,如果补贴项目"授予机关管辖范围内的企业或产业,或一组企业或产业(本协定中称'某些企业')",那么该补贴项目就具有专向性。虽然第2条中还就法律上的专向性和事实上的专向性作了具体的规定,但就专向性要件本身而言,在很多问题上SCM协议并没有给出详尽的规定。例如,"产业"指的是什么,"一组"的范围到底有多大,以所有权属性质为适用条件的补贴是否具有专向性这一问题更无法从SCM协议第2条"专向性"用语的通常含义中找到答案。

考虑到专家组和上诉机构在条约解释上所适用的一贯原则,①对于专向性概念的解释不能停留于文义解释,而应该根据其所处的上下文语境并参照SCM协议的宗旨和目的进行全方位的考察。然而与其他多边货物贸易协定不同的是,SCM协议以补贴的定义为开篇,SCM协议制定的宗旨和目的在文本中并没有具体的体现,这就为专向性概念的解释提出了技术上的难题。

尽管SCM协议对"专向性"要件所指语焉不详,但是SCM协议缔结历史仍能为我们提供很多有价值的参考。补贴与反补贴措施磋商小组的讨论文件显示出缔约方对"专向性"要件的关注。经历过东京回合的GATT缔约方承认"现有的国际贸易规则并不能有效地应对产业导向项目所造成的贸易损害"。② GATT缔约方普遍认为,由于普遍可获得补贴并非是政府对特定部门进行干预的结果,也不会使特定产业受益,因此不应该受制于反补贴税。③ 专向性要件引入的这一缔约背景反映了GATT缔约方的一个基本共识,即SCM协议所指的"专向性"是与产业专向性密切相关的。将所有权属专向性认定为SCM协议所指的"专向性",很难从SCM协议的缔结历史中找到根据。

不仅如此,从GATT和WTO对待外商投资政策的一贯实践也可以看出,所有权属专向性补贴,尤其是以外商投资为适用条件的补贴,并不是GATT和WTO能够调整的对象。早在GATT缔结期间,GATT缔约方就将投资政策剥离于多边贸易规则之外。对于当时的GATT缔约方来说,双边投资协定是更为合

---

① United States – Standards for Reformulated and Conventional Gasolin e, WT/DS2/AB/R, adopted 29 April 1996, p. 23.

② GATT, Checklist for Issues for Negotiations, MTN. GNG/NG10/W/9/Rev. 1, 22 October 1987, p. 7.

③ Ibid.

理的安排。[1] OECD 曾经在 20 世纪 90 年代致力于多边投资协定(MAI)的缔结,但这一努力由于人权、环境和消费者群体的压力而归于失败。[2]

由于缺乏一个全面的国际投资协定,建立国际投资规则的诉求在乌拉圭回合磋商中得以体现。尽管如此,WTO 协定所调整的国际投资政策范围相当有限而且缺乏系统性,不同的协定调整不同部门的投资政策:TRIMS 协定仅调整针对制造部门的投资,只有以出口实绩为条件和以本地成分为条件的歧视性投资措施才受到该协定的规范;GAAT 只规范针对具体服务部门投资而设置市场准入和待遇标准的那些投资措施;TRIPS 间接地就公司的无形资产投资进行了调整;SCM 协议中禁止 WTO 成员采取以出口实绩为条件和以进口替代为条件的投资优惠措施。WTO 协定中这些分散的、缺乏完整性和系统性的投资规则的存在反映了乌拉圭回合所要调整的对象并非是对于投资措施的规范,乌拉圭回合在投资措施的规范上仅限于如何"正确地澄清规则以避免对贸易产生不利的影响"。[3]

因此,从 WTO 条约整体来看,对于投资措施的规范仅限于那些对于贸易产生直接影响的投资措施。这一现实进一步揭示 WTO 体系所调整的并不是"商人资本的所有权属性质",而是"商人赖以运营的市场结构"。[4] 将以所有权属性质为适用条件的投资优惠措施认定为专向性补贴背离了 WTO 条约整体对待投资措施的一贯做法,不合理地增加了 WTO 成员在投资措施方面应该承担的义务,从而限制了发展中国家在投资政策制定上的自主权空间。

3. 所有权属专向性认定对中国等发展中国家的政策性影响

针对外资的优惠政策可以极大地刺激整体外商直接投资,促进国家的经济增长。以中国为例,早在投资优惠政策刚刚出台的 20 世纪 90 年代中期,中国就成为吸引外商直接投资最多的发展中国家。到 2004 年年底,针对中国的累计投

---

① UNDP, Making Global Trade Work for the Poor, United Nations, New York, 2002, p. 237.

② Report of the High Commissioner for Human Rights, Human Rights, Trade and Investment, UN, E/CN. 4/Sub. 2/2003/9.

③ The Puntadel Este Ministerial Declaration which launched the Urugua y Round included the subject of trade – related investment measures as a subject for the new round through a carefully drafted compromise: "Following an examination of the operation of GATT Articles related to the trade – restrictive and trade – distorting effects of investment measures, negotiations should elaborate, as appropriate, further provisions that may be necessary to avoid such adverse effects on trad e."

④ Aaditya Mattoo, Dealing with Monopolies and State Enterprises: WTO Rules for Goods and Services, in Cottier and Mavroidis (eds), *State Trading in the Twenty – First Century*, The University of Michigan Press, 1998.

资额达到5621亿美元。①

外商直接投资所带来的投资资本、转移技术、先进营销手段和管理方式促进了经济的增长，丰富的外国资本和廉价劳动力的结合更带来了中国出口的巨大成功。据统计，中国现在的贸易额已经是1980年的30倍，其中超过一半的贸易额是由外商投资企业创造的，②可以说外商直接投资在将中国经济融入世界经济方面起了重大的作用。不仅如此，外商直接投资还创造了大量的就业机会。2003年，外商投资企业的工业部门在中国雇用了1.26亿个员工，占工业部门就业总数的21.9%。③ 外商投资企业还通过吸收国有企业的下岗职工以及农村剩余劳动力，缓解了中国向市场经济转变过程对经济的冲击。从来自中国的数字可以看出，投资优惠政策所带来的外商直接投资支持了中国经济在1980年到2004年期间9.5%的高增长。

虽然部分经济学学者认为税收优惠政策对于投资的刺激有限，但是对发展中国家来说，向外国投资者提供更为优惠的税收政策可以弥补自己在投资环境上的不足。尤其在吸引外商直接投资的最初阶段，发展中国家并不具备足以和发达国家相媲美的可靠的基础设施、先进的金融服务、透明和可靠的法律体系等完善的投资环境。如果没有充足的资本拉动国内的经济增长，投资环境的完善也只限于"纸上谈兵"。因此，采取差别税率让外国投资者享受较低的企业所得税率是发展中国家吸引外资最为重要的政策手段。④以亚洲国家为例，中国、印度、越南和老挝等国家都针对外商投资企业设置了相对较低的企业所得税率。⑤

事实上，WTO成员在投资优惠措施的采取方面已经在一定程度上受制于相关协议的规定。在WTO协议规定的范围内不能采取对贸易可以产生严重扭曲作用的投资优惠措施，这是WTO成员应该承担的条约义务。但是WTO协议对成员在投资措施问题上的限制不能恣意扩大，将针对外商投资企业的所得税优惠认定为可诉补贴不仅超出了WTO的义务范围，而且在政策制定上也会对发展中国家产生消极的影响，从而限制了发展中国家的经济发展空间，这同WTO的基本目标之一——保证发展中国家在国际贸易增长中获得与其经济发展需要

---

① 世界银行报告《中国利用外资的前景和战略研究》，第27页。

② 载http://ceicdata.securities.com。

③ 世界银行报告《中国利用外资的前景和战略研究》，第27页。

④ WTO Working Group on the Relationship Between Trade and Investment C ommunication from ASEAN, WT/WGTI/W/41, July 3, 1998.

⑤ 世界银行报告《中国利用外资的前景和战略研究》，第49页。

相当的份额相背离。①

六、结　　论

SCM 协议中的专向性要件一方面体现了 WTO 成员在对外贸易具有严重扭曲作用的补贴项目上进行限制的共识，另一方面强调对发挥政策功能的补贴给予一定程度的尊重，给 WTO 成员保留政策制定上的一定空间。在对专向性概念进行解释时，反补贴调查机关也必须区分补贴对货物贸易的两种影响：一般影响和严重扭曲影响。如果对专向性概念进行机械化理解，不考虑专向性要件补贴项目的目标及其对货物贸易的影响程度，就有恣意侵犯 WTO 成员国内政策自主权的可能。

以美国针对中国进口铜版纸实施反补贴调查案为例，在美国商务部看来，对专向性中如何构成一组“企业”和“产业”的判断只要看这些“企业”和“产业”是否具有某种共同特征即可，而无需考察这种共同特征同货物贸易之间的联系。如果这种简单的分析能够成立的话，其下一步的结论必然是一项可能影响资本流动的措施必然对货物贸易产生严重的影响，使得专向性概念的作用扩展至一项尚未完全被 WTO 义务所规范的投资领域。这一结论并不符合 WTO 成员在乌拉圭回合协议中对贸易和投资关系处理上的共识，发展中国家在吸引外资方面的政策制定权也会受到极大的影响和限制。

美国商务部在铜版纸一案中在专向性认定上的偏差，只揭开了补贴问题“冰山上的一角”。考虑到补贴所承载的重要政策职能，WTO 在解决专向性问题上必须谨慎，应该“在多边贸易体制的贸易目标和成员方合理的政策主张之间形成一种可被接受的平衡”。②

（2008 年第 9 期）

① 《马拉喀什建立世界贸易组织协定》前言。

② 笔者认为 Hudec 教授对于 GATT 第 3 条中“相似产品”的解释问题上的分析路径有助于理解 SCM 协议中专向性概念背后的体制性因素。Robert Hudec, *GATT/WTO Constraints on National Regulation: Requiem for an "Aim and Effects" Test, 32 Int'l Law* 619, (1998), http://www.worldtradelaw.net/articles/hudecrequiem.pdf, last visited on July 2, 2008.

IMF《对成员国汇率政策监督的决定》对中国汇率主权的影响

贺小勇*

自2007年下半年以来,国际社会对人民币汇率问题的关注再次升温,要求人民币快速升值的国际压力明显加大。① 在美国的强力推动下,2007年6月15日国际货币基金组织(IMF)执行董事会通过了《对成员国汇率政策监督的决定》(Decision on Bilateral Surveillance over Members' Policies,以下简称"新决定"),标志着人民币汇率争端由双边谈判转入到以IMF为代表的国际货币体系法律框架之下。与《1977年汇率政策监督的决定》(以下简称"旧决定")相比,"新决定"在约束成员国汇率主权方面有两项新突破:一是澄清了"操纵汇率"的法律标准;二是引入了"外部稳定"法律概念作为一项新的监督原则。这两项新突破将对我国人民币汇率主权产生重大影响。如何正确认识当前国际货币体系的法律属性,如何从法律层面评估"新决定"对中国汇率主权的影响,以及如何提出合理的法律抗辩,是本文所要讨论的问题。

一、国际法框架下国家汇率主权变迁的法律性质问题

汇率主权是指国家独立自主确定和调整本国货币与他国货币比价或兑换比率的主权行为。国家汇率主权是否受到限制或受到何种程度限制,近现代以来经历了四种形态的演变过程,即金本位制、布雷顿森林体系、牙买加体系和强化汇率监督阶段,考察汇率主权的历史演变有助于对当前国际货币体系法律属性的理解和认识。

---

* 作者单位:华东政法大学。

本文系"教育部人文社会科学研究基金规划项目"和"上海市教委人文社科项目"的中期成果。

① 2007年6月1日,美国财政部发布新的汇率政策报告,首次明确提出人民币汇率低估;7月26日和8月1日,美国参议院财委会和银行委员会分别以高票通过了《2007年汇率监督改革法》和《2007年货币改革与金融市场准入法》,明显针对我国货币汇率政策。随着我国对欧盟贸易顺差的较快增长,欧盟对人民币升值态度也发生了根本性转变。在2007年10月召开的G7会议上,人民币升值问题被推到前台,会议公报敦促中国政府允许人民币加速升值。

（一）国家汇率主权的让渡：从金本位制到布雷顿森林体系

第一次世界大战之前，主要西方国家如英、法、德、美等国将其货币与黄金维持固定比值；其他国家货币与这些主要国家货币维持固定汇率，形成了世界性的固定汇率制度，即金本位制。金本位制并非国际协定的结果，其事实上只是各主权国家国内法的体现。由于各国并无国际义务维持金本位制，金本位制于第一次世界大战爆发之际顷刻崩溃。[①]在20世纪30年代的经济大萧条时代，各国以绝对国家汇率主权为据，采取“以邻为壑”的汇率政策，即竞争性的货币贬值以扩大本国货物出口与限制国外货物进口。竞争性的货币贬值政策与各种贸易限制措施加剧了世界经济的萧条，最终成为第二次世界大战爆发的经济原因。[②]1944年，在美国布雷顿森林召开了由44国代表参加的国际货币金融会议，通过了《国际货币基金协定》（以下简称IMF协定），建立了以美元为中心的固定汇率体系——布雷顿森林体系。该体系从国际法的角度规范了国家汇率义务：美元直接与黄金挂钩，每盎司黄金兑换35美元，其他国家货币与美元保持固定汇率，汇率上下浮动不得超过1%，否则，各国有义务进行汇率干预。随着布雷顿森林体系的建立，汇率主权被纳入国际法的调整范畴，形成了汇率的成文国际法律制度。

（二）国家汇率主权的回归：从布雷顿森林体系到牙买加体系

1971年美国单方面宣布停止美元兑换黄金，其他国家放弃了本国货币与美元的固定汇率义务，这实际上等于宣告了布雷顿森林体系固定汇率制度的崩溃。布雷顿森林体系崩溃后，几经周折，国际社会于1978年通过对IMF协定的修订而形成了新的国际货币制度——牙买加体系，其核心是各成员国可自行选择任何汇率制度。

牙买加体系实际上反映了当时美国的观点，即外汇汇率的稳定与否取决于各成员国国内经济的发展，而不取决于各国的国际承诺。它完全打破了布雷顿森林体系的理论基础，布雷顿森林体系基于如下理论：只有制定并维持固定汇率的国际法律制度，才能有效约束各国政府的汇率主权行为，保证国际贸易的有效进行。美国之所以一改布雷顿森林体系的原则，主要是因为其国内经济，特别是

---

① Kenneth W. Dam, The Rules of the Game Reform and Evaluation in the International Monetary System, 1982, p. 15.

② Richard Myrus, From Bretton Woods to Brussels: A Legal Analysis of the Exchange - Rate Arrangements of the International Monentary Fund and the Europ ean Community, *Fordham Law Review*, Vol. 66, 1994, p. 2099.

其黄金储备的急剧下降迫使其采取浮动汇率制度。① 牙买加体系实际上承认了各主权国家选择汇率制度的自主权,浮动汇率制度“合法化”,尽管也规定了IMF对各国汇率政策实施监督,但这种监督机制由于规定过于原则,对发达国家基本没有约束等原因,实践中发挥的作用不大。IMF前首席法律顾问约瑟夫·戈尔德(Joseph Gold)将这种监督机制称为“软法”,国际货币体系实际上进入到一个“无体系时代”。②

(三)汇率主权的再限制:从牙买加体系到IMF加强汇率监督

进入新世纪以来,美国经常项目赤字规模不断扩大,在经济层面上增加了美国经济运行的风险和脆弱性。对美国贸易盈余的国家和地区用贸易盈余积累的大量外汇储备购买美国国债,③从战略角度看使美国过度依赖于与其存在潜在地源冲突和竞争对手的国家提供的资本,在一定程度上受制于他国。因此,美国通过各种措施促使其他经济体特别是新兴市场国家和地区货币升值,来解决美国经济在全球经济体系中的失衡问题。④ 在美国的强力推动下,2007年6月15日IMF执行董事会通过了“新决定”。在汇率监督原则方面,“新决定”在“旧决定”三项汇率监督原则⑤的基础上,增加了“成员国应避免采取导致外部不稳定的汇率政策”;此外,“新决定”澄清了为获得对其他成员国不公平的竞争优势而实施的“操纵汇率”的认定标准。从法律角度看,尽管“新决定”并没有改变牙买加体系所确立的汇率政策是国家主权的重要组成部分的基本法律框架,成员国对于汇率制度具有选择的自由;但是,其新增加的监督原则与监督指标将会使IMF对成员国汇率政策监督的范围扩大,增强了汇率政策监督的可操作性,各成员国汇率主权受到明显的多边约束。

在国际法框架下,汇率主权经历了让渡—回归—再约束的演绎,美国根据其国家金融战略不断主导国际货币金融体制框架的变迁。当其黄金储备居世界之首时,设计出布雷顿森林体系确立了美元与黄金挂钩、其他国家货币与美元挂钩

---

① 王贵国著:《国际货币金融法》,法律出版社2007年版,第144页。

② Joseph Gold, *Legal and Institutional Aspects of the International Monetary System: Selected Essays*, U. S. WD: IMF, part 7, p. 1984.

③ 比如,中国持有的美国国债就超过5000亿美元。

④ 石亮:“加强多边合作,推动IMF改革——评2006年IMF和世界银行新加坡年会”,载《国际金融》2006年第10期。

⑤ 三项汇率监督原则分别是:(1)成员国应避免为阻止有效的国际收支调整或取得对其他成员国不公平竞争优势而操纵汇率或国际货币体系。(2)成员国在必要时应干预外汇市场,对付失序状况,如对付本币汇率破坏性的短期变动等。(3)成员国在采取干预汇率政策时应考虑其他成员国的利益,其中应顾及货币被干预的国家的利益。

的固定汇率机制,从而确立美元在世界货币体系中的霸权地位。当其黄金储备下降后,美国则单方面放弃承担美元兑换黄金的国际法义务,积极推动浮动汇率制度的牙买加体系;与此同时,美国与沙特达成协议,沙特出口石油以美元结算。这一安排使得与黄金脱钩后的美元依然能成为世界各国不得不持有的国际结算货币,从而使美元成为事实上的国际货币。在牙买加体系下,美国根本不需要任何黄金作为储备就可发行美元,购买世界上它所需要的资源和产品,使得其坐拥世界财富。当美元泛滥、贸易赤字不断膨胀,美国依靠单边力量无法主导国际货币金融秩序时,其又通过加强 IMF 多边机制,制定出新的监督原则和标准更为具体的"新决定",对贸易顺差国特别是中国等新兴市场经济国家的汇率主权施加国际法约束,试图将这些国家的金融汇率政策纳入美国的全球金融战略轨道。

简言之,当前国际货币体系的法律属性就是"美元本位制"。[①] 美国通过对 IMF 的控制获得了很强的金融话语权和规则制定权,然后将体现美国国家金融战略的规则披上国际惯例或多边规则的外衣,以"中国责任论"为契机,要求中国遵守这些国际金融规则。对此,我们要保持足够的警惕,不应盲从国际金融规则。美国政治学会会长、哈佛大学战略研究所所长亨庭顿在其《文明冲突与重建世界秩序》一书中,在讨论后冷战时代的全球战略时,列举了西方文明控制世界的 14 个战略要点,其中第 1 条是"控制国际银行体系";第 2 条是"控制全部硬通货";第 5 条是"掌握国际资本市场"。这段话非常深刻地揭示了西方发达国家在国际经济金融竞争和国际货币金融体制中的重大战略步骤。[②] 美国前国务卿亨利·基辛格曾一针见血地指出:"如果你控制了石油,你就控制住了所有国家;如果你控制了粮食,你就控制住了所有的人;如果你控制了货币,你就控制住了整个世界。"[③]

二、关于"操纵汇率"认定的法律问题

(一)"操纵汇率"认定标准的澄清问题

尽管在牙买加体系下,IMF 承认各成员国有汇率安排的主权自由,但在 IMF 协定第 4 条第 1 款中却规定成员国有义务建立相互间有秩序的外汇关系,在汇

① Mckinnon Ronald I. , The International Dollar Standard and the Sustainability of the U. S. Current Deficit, *Brookings Paper on Economic Activity*, No. 1, 2001, p. 228.

② 转引自曹建明:"金融安全与法制建设",载《人民日报》(理论版)1998 年 6 月 5 日。

③ Henry Kissinger, Diplomacy, Simon & Schuster, Reprint edition, 1995, p. 203.

率安排方面应遵守如下义务:(1)在考虑本国国情的基础上,努力以经济与金融政策促进价格相对稳定的经济增长目标。(2)寻求通过有序的经济金融条件和不会产生异常混乱的货币制度促进稳定。(3)避免为阻止国际收支的有效调整或获得对其他会员国不公平的竞争优势而操纵汇率。(4)奉行同本款各项承诺相一致的汇兑政策。第(1)项和第(2)项义务显然属于"软法"性质,因为用的是"努力"(shall endeavor)和"寻求"(shall seek)等并非具有严格约束性质的措辞,而第(3)项义务则很具体,即"应避免(shall avoid)操纵汇率",该种措辞的使用没有为IMF成员国偏离这些义务留下任何余地。[①] 但是,对于何谓"操纵汇率",IMF一直没有明确的法律解释或认定标准,导致实践中IMF很难明确认定哪个成员国操纵汇率,"瑞典货币贬值争端"就是明证:20世纪80年代初,瑞典将其货币与以德国马克为主的"一揽子"货币实行钉住汇率。1982年10月8日,当选首相奥利弗·帕姆主政第一天就宣布瑞典克朗贬值16%,贬值理由是恢复瑞典克朗信心和提高瑞典工业竞争力。其他北欧国家向IMF投诉瑞典,认为其贬值是为了谋求不正当的竞争优势。IMF执行董事会一周之内召开会议考虑瑞典的汇率政策问题,随后执行董事会根据"补充监督程序"与瑞典举行特别磋商。但最后IMF并没有明确作出瑞典是否构成操纵汇率的决定,尽管在IMF内部广泛认为瑞典货币贬值行为有违反IMF协定第4条第1款第(3)项"不得操纵汇率"之嫌疑。[②] 2007年IMF"新决定"从主客观要件方面澄清了"操纵汇率"的认定标准。从客观要件看,所谓"操纵汇率"系指那些事实上已经影响到汇率变动的政策措施,这些政策措施既包括促使汇率变动也包括阻碍汇率发生应有变动的措施。[③] 从主观要件看,"操纵汇率"包括两层意思:一是成员国采取的政策措施旨在影响汇率变动;二是成员国有通过低估汇率造成"根本性汇率失衡"的故意,并且成员方造成根本性汇率失衡的目的在于获得增加净出口。[④] 根据"新决定",判断IMF成员国汇率政策是否构成"操纵汇率",不在于成员国是否对外汇市场进行干预,而主要取决于成员国外汇政策或措施的动机和目的。例如,尽管实行的是浮动汇率制度,各国政府仍会干预和管理外汇市场,各国财政部门和中央银行仍将继续在国际金融市场起重要作用(影响汇率变动),只要

① 韩龙:"一国汇率义务与IMF职能——国际货币法视角下的人民币汇率问题",载《现代法学》2006年第1期。

② IMF Annual Report 1983, p. 65.

③ International Monetary Fund, Bilateral Surveillance Over Members' Policies, Executive Board Decision – June 15, 2007, Annex, para. 2(a).

④ Ibid., para. 2(b).

相关行为的目的不在于为获得不公平的出口竞争优势，就不构成IMF所规定的“操纵汇率”。再如，各国金融机构关于票据市场、存贷款利息、税收以及政府开支等方面的政策和所采取的措施均会直接影响汇率变动，但如果这些政策行为并非旨在影响汇率变动，也不应被视为“操纵汇率”的行为。

（二）中国抗辩“操纵汇率”指控的法律理由

中国现行人民币汇率制度的基本框架形成于1994年到1996年。根据《外汇管理条例》的规定，中国实行的是单一的、以市场供求为基础的、有管理的浮动汇率制度。这一制度安排的目的是，在当局有能力控制汇率波动（在设计之初，主要是防止人民币大幅度贬值，外汇外逃）的前提下，逐步增大人民币汇率制度的灵活性。为了保证中央银行对汇率波动的有效控制，国家通过一系列制度安排形成“三位一体”的人民币汇率机制：其一，通过银行结售汇制度、外汇指定银行的头寸上限管理制度以及资本账户的严格管制，有效地控制外汇的供给和需求，从而在根本上限制了人民币汇率的浮动幅度；其二，在银行间外汇市场上，通过向外汇指定银行提供基准汇率并要求其遵守浮动区间的限制，中央银行从操作层面进一步控制了人民币汇率过度浮动的可能性。具体而言，中央银行根据前一日银行间外汇市场的加权平均价，公布当日人民币基准汇率（中间价），而各外汇指定银行以此为依据，在规定的浮动范围内自行挂牌确定对客户买卖外汇的汇率；其三，中央银行有义务对外汇市场进行必要的干预，以便将人民币汇率维持在期望的水平之上。在这种法律机制的安排下，人民币兑美元汇率长期保持在1∶8.27至1∶8.28之间。自2002年开始，人民币汇率制度开始招致日本、美国、欧盟等贸易伙伴的指责，认为中国人民币汇率机制构成“操纵汇率”。2005年7月21日，经国务院批准，我国开始实行以市场供求为基础、参考“一揽子”货币进行调节、有管理的浮动汇率制度。随后为进一步推进我国银行间外汇市场的发展，又相继出台了扩大即期外汇市场交易主体范围、引入询价方式、废除强制性结汇制度、允许掉期交易等一系列改革措施。人民币汇率不断单边升值，截至2008年8月26日，人民币兑美元汇率升至1∶6.84，上升幅度约为17%。

“新决定”对“操纵汇率”认定标准的澄清以及中国汇率制度的改革为抗辩美国等国家指责中国“操纵人民币汇率”提供了法律依据。

首先，在亚洲金融危机爆发的1997年至1998年，人民币兑美元的汇率一度处于贬值的巨大压力之下。危机中，在东南亚和部分东亚国家及地区的货币纷纷贬值的情况下，作为亚洲大国的中国政府对此作出了对本国、对整个亚洲经济发展负责任的决策：人民币不贬值。从根本上来说，人民币不贬值对亚洲经济稳定和中国国民经济发展有着重大意义，这是因为，如果人民币贬值，它将导致亚洲国家又一轮竞争性贬值，进而影响早已脆弱的亚洲金融市场的恢复和稳定，甚至影响世界经济的增长。从这个意义上而言，我们不难理解为什么中国在亚洲金融危机中保持人民币汇率稳定，体现了中国政府高度负责的态度。[①] 基于上述国际国内责任的考虑，在强化外汇管理措施的同时，中央银行加强了对外汇市场的干预，中国顶住了人民币贬值的压力，为防止亚洲金融危机恶化做出了应有的贡献，当时的中国汇率制度得到了国际社会的广泛赞扬。同样的汇率体制和措施，为什么在1998年受到IMF和欧美的赞誉，而到了2002年后却不断被指责为"操纵汇率"呢？很显然，判断标准不是汇率制度本身，而是欧美等国家和地区以中国汇率制度是否符合其战略利益为标准。在符合欧美全球金融战略利益时，如亚洲金融危机时固定汇率政策是好政策；不符合欧美全球金融利益时，如中国对欧美国际收支顺差加大时固定汇率政策就变成了违反IMF的"操纵汇率"的坏政策。

其次，目前我国对外贸易政策正在进行战略转型，从"千方百计扩大出口"政策转向"综合运用宏观经济政策促进进口增长"。近年来，贸易顺差的持续、高速增长给我国对外贸易和宏观经济造成了一系列影响：一是成为引发国际贸易摩擦的重要诱因，不仅发达国家与我国发生贸易摩擦，而且许多发展中国家亦对我国快速增大的贸易顺差表示不满，从而影响了和谐的外贸环境；二是致使我国金融和货币政策面临较大压力，外贸顺差导致外汇储备进一步扩大，加剧了货币流动性过剩，亦增加了人民币升值的压力，给中央银行货币政策的独立性带来影响；三是长期货物贸易顺差使得我国自然资源消耗过大、环境污染加剧，难以保持持续、健康的发展势头。基于此，2006年年底中央经济工作会议制定了"压顺差、调投资、促消费"的宏观调控政策。由此可见，现阶段，中国根本不以谋求出口优势为汇率政策目标，不具有IMF"操纵汇率"的主观要素。最后，尽管一段时期以来，中国实施的是事实钉住美元汇率制度，但是在IMF每年度对中国是否遵守IMF协定第4条关于汇率制度方面的义务进行评估时从未认定人民币汇率存在被人为操纵的情形。此外，根据美国1988年的《综合贸易及竞争法》，美国财政部每年都需向国会作两次关于操纵汇率国家的报告，若财政部正式认定某个国家操纵其货币汇率，将触发双边谈判，以迫使相关国家停止操纵汇率行为。然而，尽管面临国会以及院外集团的强大压力，美国财政部在过去所有的报告中却从未认定过中国存在操纵汇率的行为。例如，在2006年5月10日

---

① 转引自曹建明："金融安全与法制建设"，载《人民日报》（理论版）1998年6月5日。

的报告中,美国财政部称:"无法认定2005年下半年中国外汇体系的运转是以妨碍国际收支平衡调整或使中国在国际贸易中获得不公平竞争优势为目的。"①由此可看出,国家对外汇市场干预以及实行固定汇率制度本身并不是构成"操纵汇率",关键要看对外汇市场干预以及实行固定汇率制度是否是出于获取不公平竞争优势的目的。

三、关于"外部稳定"标准认定的法律问题

"新决定"不仅澄清了"操纵汇率"概念,而且还引入了汇率监督的新原则,即"成员国应避免采取导致外部不稳定的汇率政策"。所谓"外部稳定"是指没有且不太可能导致破坏性汇率变动的国际收支状况。与"外部稳定"相一致的国际收支状态应当具备这样两个特征:(1)经常项目处于与其经济的基本面保持一致的均衡状态。(2)资本与金融项目不会引起突发性资本逆转的风险。经常项目失衡是指"持续存在大量的经常项目逆差或顺差",而一旦成员国出现经常项目失衡,则可判断出该成员国汇率根本性错位(fundamentally misaligned),而汇率根本性错位则是导致"外部不稳定"的一个重要考察指标。与"操纵汇率"判断标准不同的是,"外部稳定"不需要考察成员国政策的主观目的与动机。② 如果以"新决定"关于"外部稳定"概念及其判断标准来衡量中国的人民币汇率,就很有可能得出人民币汇率政策导致"外部不稳定"的结论。因为从中国国际收支平衡表中经常项目账户看,中国经常项目持续多年存在数额巨大的贸易顺差,2001年外贸顺差为174亿美元,2002年顺差为354亿美元,2003年顺差为458亿美元,2004年顺差为685亿美元,2005年顺差为16 08亿美元,2006年顺差为2352亿美元,2007年顺差为3718亿美元;③外汇储备超过2万亿美元,自2003起,以千亿美元的速度增加。一旦IMF作出任何不利于我国的结论,就很可能被有关国家的贸易保护主义势力所利用。④ 因此,我们要高度重视

---

① 载 http://www.treasury.gov/offices/international – affairs/economic – exchange – rates/pdf/international_econ_exchange_rate.pdf。

② International Monetary Fund, Bilateral Surveillance Over Members' Policies, Executive Board Decision – June 15, 2007.

③ 根据国家外汇管理局历年国际收支平衡表数据所得。

④ Mike Mussa, IMF Surveillance over China's Exchange Rate Policy, Paper Presented at the Conference on China's Exchange Rate Policy, Peterson Institute for International Economic. October 19, 2007.

对“外部稳定”概念及其判断标准的研究，提出有说服力的法律见解，加强与IMF及其他国际金融组织的沟通，特别是争取IMF执行董事会上更多董事的支持，尽可能避免IMF援引“新决定”中的有关影响“外部稳定”的概念作出我国汇率政策不利的判断和评论。笔者认为，“外部稳定”判断标准至少在以下几个方面存在法律缺陷。

首先，“外部稳定”识别的核心标准缺乏法律上的确定性。根据“外部稳定”概念，经常项目应处于均衡状态。然而值得指出的是，对于经常项目失衡的判断并不容易，在很大程度上取决于研究方法。但是IMF汇率咨询小组认可的方法就有三种，①其计算结果也并不总是一致。此外，经常项目失衡是否一定会导致引起汇率根本性错位也很难说，例如，超过临界值的经常项目逆差很可能会导致大量资本外逃和货币贬值，而超过临界值的经常项目顺差则未必发生货币汇率动荡。再者，“持续存在大量的经常项目逆差或顺差”判断标准中“持续”到底是多长时间，何谓“大量”，这些核心词语都语焉不详，使IMF执行董事会拥有较大的自由裁量权。从IMF表决机制看，执行董事会拥有较大自由裁量权并不利于中国等发展中国家。由于IMF采用的是加强投票决策机制，美、欧、日、加等国家共有63%的投票权，而占全球GDP 25%的亚洲地区IMF的投票权份额只有10%，中国只占3.75%的投票权，而美国投票权高达17%以上。由此可见，发达国家特别是美国在IMF决策中占有主导优势。实际上，在IMF执行董事会通过“新决定”后不久，中国财政部就曾对此提出强烈批评并指出：IMF执行董事会在成员国没有全票通过情况下通过的“新决定”，是一件令人遗憾的事情，“IMF应尊重成员国选择本国汇率机制的自主权。IMF应加强对主要外汇储备币种发行国的监督，以此有效促进金融稳定及经济繁荣”。②

其次，美国巨额贸易逆差是当前国际金融货币体系安排的必然结果。现行国际货币体系从本质上说是一种美元本位制，在这一体系下，美元具有主权货币和国际货币双重身份，其国际供给直接决定于美国的国际收支状况。换言之，由于美元在全球经济中处于关键货币地位，因而不断增长的全球贸易，以及世界其他国家不断增长的对国际储备资产的需求，客观上都需要美元的供应不断增加；而美元供应的增加，只能依赖于美国不断出现贸易赤字才能实现。从这个意义上讲，美国持续地产生贸易逆差，成为全球经济正常发展的必要条件之一。这就

① 这三种方法是指：“宏观经济平衡法”（macroeconomic balance approach）、“均衡实际汇率法”（equilibrium real exchange rate approach）和“外部可持续性分析法”（external sustainability approach）。

② 转引自梁艳芬：“评国际货币基金组织汇率监督《新决定》”，载《国际贸易》2008年第7期。

是已经延续几十年的国际经济和国际金融秩序。① 这也就不难理解,从20世纪70年代开始,美国除少数年份以外,经常项目基本上都处于逆差状态,进入20世纪90年代以来,其逆差速度逐步扩大,目前逆差规模超过7000亿美元,逆差额约占美国GDP的6.5%。② 美国经常项目长期逆差,必定有相关国家的经常项目出现顺差,按照"新决定",这种经常项目长期逆差或顺差即为引起"外部不稳定"的判断指标,在当前国际货币金融体制没有根本改变的情况下,"外部稳定"指标无异于缘木求鱼。

再次,"外部稳定"概念引入标志着IMF汇率政策监督的重点发生变化,而这种变化容易将引起"外部不稳定"的责任由逆差国转至顺差国,简单将"外部不稳定"与"经常项目顺差"等同,导致IMF更加倾向于通过汇率调整单一政策来解决全球经济失衡的复杂问题。IMF自成立以来,一个重要宗旨就是防止成员国发生国际收支逆差和货币危机,因此,其对成员国汇率政策的监督重点一直是经常项目逆差的可维持性以及相应货币汇率的高估问题。在发生货币金融危机的成员国申请救援贷款时,IMF也常常将控制政府支出和实施货币贬值作为救援条件的重要内容。而"新决定"则强调顺差国的汇率政策有可能引起相关国家的外部不稳定,这样会使得国际压力由逆差国转向顺差国。以中美两国为例加以说明,中美贸易逆差根源在于两国处于不同的发展阶段,实施不同的经济政策,并非是一个简单的汇率制度改革问题。在美国方面,低利率政策、高消费政策导致了美国较低的国民储蓄率,使美国具有较强的进口能力,而较高的劳工标准则使得美国产品的国际竞争力低下;此外,美国对中国所需要的高新技术产品出口实行严格的法律限制导致美国对中国的出口减少。在中国方面,由于医疗、养老、住房等社会性保障机制的不完善,内需一直没能有效扩大而抑制了有效进口,且较低的工资制度使中国产品拥有顽强的竞争优势。美国统计数据表明,截止到2007年年底,虽人民币兑美元汇率已升值11.7%,但2007年美国对华贸易逆差2563亿美元,比2005年对华贸易逆差的2016亿美元增长了27.1%。也就是说,单纯的人民币升值措施对减少对华贸易逆差作用甚微。无独有偶,当年美国压迫日元升值以减少美日贸易逆差,而日元升值对其贸易顺差的影响并不明显。实际上,美国对此心知肚明,只不过以人民快速升值为敲门

① Mckinnon Ronald I., The International Dollar Standard and the Sustai nability of the U.S. Current Deficit, *Brookings Paper on Economic Activity*, No. 1, 2001, p. 228.

② Corsetti, G., Twin Deficit: Squaring Theory, Evidence and Common Sense, *European University Institute Working Papers*, 2006, p. 26.

砖,迫使中国在金融领域和服务贸易领域加大开放力度。①

最后,"新决定"更多体现了发达国家的战略利益,汇率监督机制表面上的公平掩盖了实质上的不公平。从表面上看,"新决定"对实施汇率监督所采取的观测指标进行说明时,无一例外地逐一同时列举了顺差国和逆差国所面对的各种失衡现象,以印证全球经济失衡,逆差国与顺差国肩负共同责任。但客观事实是,发达国家与发展中国家、国际储备发行国与非国际储备发行国在纠正全球经济失衡方面责任和能力不尽相同。IMF 汇率监督重点应当是作为国际货币储备的美元、欧元和日元。当前这些主要国际货币之间汇率水平波动巨大且缺乏稳定性,是成为国际金融动荡不定的主要因素,这也是发展中国家和地区货币金融动荡的重要外在因素。因此,对中国而言,在国际金融货币体系中,倡导"共同但有区别"责任原则,建议"共同但有区别"汇率政策监督指标体系当是我们应当深入研究的课题。

四、结　　论

综上所述,"新决定"尽管表面上没有指明针对中国,但从其新增加的"外部稳定"概念来看,其针对性不言而喻。当前随着中国融入经济金融全球化进程的不断加速,中国已经卷入大国金融的国际博弈之中,这是无法回避的客观事实。国际金融制度的安排比国际贸易制度的安排具有更大的灵活性和隐蔽性,对一国的经济安全和金融安全影响尤其关键。20 世纪 80 年代日元在"广场协议"框架下的升值给日本带来 10 年的经济衰退,亚洲国家汇率安排失策导致亚洲金融危机就是明证。

在汇率制度安排上,中国一方面要毫不犹豫地坚持国家汇率主权的法律原则,牢牢把握人民币汇率改革的主权,不受制于任何其他国家或国际组织;另一方面要稳步推进人民币汇率形成机制的改革,缓解国际社会对人民币升值的压力。在推进人民币汇率形成机制改革的进程中,要避免目前人民币单向升值的趋势,增强人民币汇率机制的灵活性,防止投机资金借机涌入中国,反过来又增加人民币汇率升值的压力。与此同时,在国际货币金融体制改革方面,要深入研究如何建立 2008 年 7 月胡锦涛主席在八国峰会上代表中国提出的"建立包容有序的国际金融体系";要研究如何促使各国共同推动增加发展中国家在国际金

① 周世俭:"中美贸易的回顾与展望",载《国际贸易》2008 年第 3 期。

融机构中的发言权和代表性,增强国际金融体系的有效性;要研究如何促使 IMF 加大对国际金融市场特别是短期资本流动和金融创新风险的监督和预警,在维护国际金融稳定方面发挥更大作用。

(2008 年第 10 期)

2009 年

WTO公力救济权之重构

胡加祥*

一、问题的提出:WTO公力救济权的"救济"

WTO贸易救济权是世贸组织成员依法或依授权维护自身贸易利益的权利。根据救济权的行使方式划分,贸易救济包括私力救济和公力救济两个方面。① 私力救济是指WTO成员在遭遇其他成员不公平贸易,导致其境内相关产业严重受损,或损害威胁,或严重阻碍相关产业的建立,或其他成员虽然没有不公平贸易行为,但是有关成员由于履行承诺降低关税,出现了"意想不到"的进口增加后,根据多边贸易协议的规定采取反倾销、反补贴或者保障措施制裁或暂时限制进口。② 公力救济是指WTO成员因其他成员滥用私力救济权导致自己的贸易权利被剥夺或受到损害后,向争端解决机构寻求救济的权利。私力救济与公力救济是一种对立、统一关系。私力救济是WTO成员依法主动行使的,而公力救济则由WTO授权后行使。

《争端解决规则和程序的谅解协议》(以下简称DSU)第3条第2款规定:"世贸组织争端解决制度对于多边贸易体制的安全和可预见性是一个核心因素。各成员认识到该制度的职能是维持各成员在多边贸易协议下的权利与义

* 作者单位:上海交通大学法学院。

本文是上海交通大学文科特色创新项目的部分研究成果(项目编号:08TS7)。

① 私力救济和公力救济原是民法学上的概念,前者是指纠纷主体在没有中立第三者介入的情形下,在法律许可的范围内,依靠自身或其他私人力量解决纠纷,实现权利。其基本特征是纠纷解决过程表现为非程序性,解决途径是依靠武力、制裁、说服等私人力量;后者是指国家机关依权利人请求运用公权力对被侵害之权利实施救济,包括行政救济和司法救济(参见江平主编:《民法学》,中国政法大学出版社2000年版,第87~89页)。上述观点主要受欧洲大陆,以及日本和我国台湾地区学者的影响。参见[日]高桥一修:"自力救济",载《基本法学》第8卷《纷争》,东京岩波书店1982年版,第63~90页;[日]明石三郎著:《自立救济的研究》(增补版),东京有斐阁1978年版;[日]我妻荣编:《新法律学辞典》,中国政法大学出版社1991年版,第517页;史尚宽著:《民法总论》,中国政法大学出版社2000年版,第713页;王泽鉴著:《民法丛书》,台湾三民书局股份有限公司2000年版,第604页。

② GATT第6条、19条、23条。

务，并且根据解释国际公法的习惯规则澄清多边贸易协议的条款。争端解决机构的结论不能增加或减少多边贸易协议规定的权利和义务。”DSU 第 3 条第 3 款明确了世贸组织争端解决机制设立的目的是维持多边贸易体制参与者各方利益的平衡。但是，这种平衡只是形式上的平衡，而非实质平衡，即争端解决机构作出的裁决不能改变各成员在加入 WTO 时承诺的市场准入条件。

在 DSU 第 3 条第 3 款的原则规定下，DSU 第 3 条第 7 款规定：“争端双方都愿意接受的，并且是符合多边贸易协议规定的解决方案应该优先考虑。如果没有双方都愿意接受的解决方案，争端解决的首选目标通常是确保（被诉方）撤回被裁定不符合多边贸易协议的措施。补偿只是在（被诉方）无法立即撤回（被裁定不符合多边贸易协议的）措施或者（申诉方）在等待（被诉方）撤回这些措施期间行使的一种临时措施。① 本协议向启动争端解决程序成员提供的最后（救济）方式是在歧视的基础上中止对被诉方所作的减让关税或其他义务的承诺，这种措施的实施取决于争端解决机构的授权。”②需要强调的是上述解决办法不是一种选择关系，而是递进关系。当被诉方援引私力救济超出合理范围，导致申诉方的利益受损时，申诉方首先能够获得的救济只能是期待对方改弦更张，恢复原来所作的承诺和履行原定的义务。这种公力救济方式产生的法律后果是被诉方撤回被裁定不符合多边贸易协议规定的措施，争端解决机构对其以前的行为既往不咎。被诉方如果无法撤回被裁定不符合多边贸易协议的措施，需要向申诉方提供补偿，但是这种补偿不是民法意义上的等价赔偿，更不是金钱补偿，而是一种贸易机会的补偿，即被诉方用扩大其他产品市场准入的机会作为给申诉方贸易机会丧失的一种补偿。至于选择开放什么市场，这些新的市场准入机会是否对申诉方有利，这里有很多变数。从 DSU 第 3 条第 7 款的规定来看，这种补偿是暂时的，补偿的期限是自争端解决机构裁决作出到被诉方撤回被裁定不符合多边贸易协议规定的措施时为止，补偿对象是申诉方在此时间内遭受的损失。这种新的市场准入机会是建立在最惠国待遇基础之上的，所有 WTO 成员都有权享受，因此，它对申诉方的实际补偿是有限的。如果申诉方没有其他可供出口的产品，那么被诉方新提供的市场准入机会对于申诉方就毫无意义了。

---

① DSU 第 3 条第 7 款的原文用了“compensation”一词。“compensation”包含“赔偿”和“补偿”两种意思，赔偿不仅是一般的民事法律行为导致的法律后果，而且也可能是刑事违法行为导致的法律后果，而补偿仅仅是一般的民事法律行为导致的后果。从 DSU 第 3 条第 7 款的适用情况来看，“compensation”是一种补偿，而非赔偿。See Oxford Dictionary of Law, fourth edition, Oxford University Press（1997）, p. 90.

② 括号部分为笔者所加。

DSU 第 3 条第 7 款提到的最后一种公力救济方法是争端解决机构授权申诉方在歧视的基础上，向被诉方中止原先作出的关税减让或其他义务的承诺，包括采取"交叉报复"的形式中止承诺。[①] 这种做法的积极效果也令人怀疑。在"美国等世贸组织成员诉欧共体进口、销售和配送香蕉案"中，当厄瓜多尔与欧共体无法达成补偿协议时，争端解决机构授权厄瓜多尔可以选择在别的贸易领域撤销对欧共体所作的承诺。由于除了香蕉，厄瓜多尔几乎没有别的产品可供出口，服务贸易在这个国家也不发达，它最终选择在知识产权领域撤销原先对欧共体作出的保护承诺。[②] 这是一种损人不利己的做法，厄瓜多尔虽然会因此少支出一些保护知识产权的费用，但是却丧失了一个良好的投资环境，因为没有多少投资者愿意将资金投到一个盗版猖獗、不尊重知识产权的国家，何况欧共体在厄瓜多尔涉及知识产权方面的利益也是微不足道的。DSU 第 19 条第 1 款规定，当评审团或上诉机构裁定被诉方的措施不符合多边贸易协议时，[③]它将向争端解决机构推荐要求被诉方将被指控的措施调整到与多边贸易协议规定相一致的程度。此外，评审团或上诉机构还可以通过争端解决机构向被诉方建议执行上述推荐的具体做法。从 DSU 第 19 条的法律语境来看，"推荐"侧重于事实的陈述，即评审团或上诉机构仅仅要求有关成员将其限制贸易的措施调整至与多边贸易协议规定相一致的程度，而"建议"才是评审团或上诉机构提出自己的看法。争端解决机构如何向 WTO 成员提供救济，关键是看它建议的内容是什么。但是，无论是 DSU 条文本身，还是 WTO 争端解决机构的实践，都没有解决这一重要问题。换言之，当 WTO 成员在遭遇别的成员滥用私力救济措施时，其公力救济权的行使本身就可能成为救济的对象，由此产生公力救济权的"救济"问题。

二、公力救济在国际法中的实践

国际法包括条约法和习惯法。有关公力救济的内容，国际条约对此的规定不一。《关于解决各国与其他国家国民之间投资争端的公约》第 64 条规定："缔

---

① "交叉报复"是指申诉方如果找不到相同或相似产品对被诉方撤回关税承诺或其他义务时，可以对同一领域的不同产品撤回关税承诺或其他义务；如果没有相同或相似的生产领域，申诉方可以在不同领域寻找对被诉方撤回关税承诺或其他义务的产品。参见 DSU 第 22 条第 3 款。

② European Communities—Regime for the Importation, Sale and Distri bution of Bananas, Report of the Appellate Body, WT/DS27/AB/R.

③ 有关"panel"一词的解释，参见胡加祥："从'专家组'一词误译说起"，载《浙江大学学报》2003 年第 3 期。

约国之间发生的不能通过谈判解决的有关本公约的解释或适用的任何争端，经争端任何一方的申请，得提交国际法院解决，除非有关国家同意采取另一种解决办法。"《联合国海洋法公约》第 295 条规定："缔约国之间有关本公约的解释或适用的任何争端，仅在依照国际法的要求用尽当地补救办法后，才可提交本节规定的程序。"第 230 条第 1 款规定："对外国船只在领海以外所犯违反关于防止、减少和控制海洋环境污染的国内法律和规章或可适用的国际规则和标准的行为，仅可处以罚款。"但是，国际条约除了缔约国之外，未经第三国同意，并不给其创设权利和义务，除非有关条款已经构成习惯法的一部分。① 鉴于 DSU 缺少具体规定，在探讨 WTO 公力救济权的时候，我们有必要先了解国际习惯法的有关做法。

联合国国际法委员会编撰的《国家责任条款(草案)》(以下简称草案)是我们以国际习惯法为视角研究 WTO 公力救济权的切入点。草案是国际习惯法的集大成者，其中第 34 条(补救方式)规定，具有不法行为的国家须承担下列义务：(1)终止不法行为，恢复原状。② (2)向受害方提供赔偿。(3)赔礼道歉。③ 根据草案第三稿撰稿人詹姆斯·克劳福德(James Crawford)教授的解释，因国际不法行为而受害的国家有权选择救济的方式，而不是仅仅限于恢复原状。④ 恢复原状是指恢复到不法行为侵害之前的状态。⑤ 如果恢复原状无法实现，争端解决机构在估算了损害程度之后，可以责令责任方提供赔偿。赔偿范围可以既包括实际损失，也包括期得利益(如利润)的损失。⑥ 草案第 35 条确定了一条赔偿的基本原则，即赔偿请求只能在恢复原状无法实现的情况下提出。⑦ 赔礼道歉包括承认违法行为的存在、表示歉意和正式道歉等形式。⑧ 虽然草案第 37

---

① 《维也纳条约法公约》第 34 条和第 38 条。

② 草案第 2 条将国际不法行为分为"不法行为"(delicts)和"犯罪"(crimes)两种。本文讨论的国家责任仅限于不法行为，不涉及犯罪行为。

③ The ILC Draft Articles on State Responsibility, GA Resolution, 56/83 of 12 December, 2001, p. 34.

④ Third Report on State Responsibility by James Crawford, Special Rapporteur, UN GA Doc. A/CN. 4/507 of 15 March, 2000, p. 15.

⑤ 草案第 35 条。

⑥ 草案第 36 条。

⑦ 在此问题上，国际常设法院在"霍茹夫工厂案"中早已有了类似的裁定："补偿必须尽可能地消除不法行为的后果，并尽一切可能恢复到不法行为行使前的状态。恢复原状，或者恢复原状不可行，等额赔偿，或者在恢复原状和等额赔偿还不足以补偿，而现实又有必要的情况下，裁定差额部分的赔偿，这是决定国际不法行为导致的赔偿数量的原则。" See Case Concerning the Factory at Chorzow, Judgment No. 8, p. 21.

⑧ 草案第 37 条。

条第1款规定赔礼道歉应该在前两种补救方式不存在的情况才被援引,但是在国际法的实践中,救济方式往往是合并使用的。例如,在“美国驻德黑兰外交和领事人员案”中,国际法院除了要求伊朗立即停止扣押美国驻伊朗的外交人员外,同时指出伊朗政府有义务向美国政府赔偿因此所造成的损失。① 在“尼加拉瓜境内从事反对尼加拉瓜的军事和准军事活动案”中,国际法院裁定美国有义务立即停止容易被认定为违反国际法的行为,同时美国政府有义务向尼加拉瓜赔偿由此造成的损失。② 救济问题在草案的起草过程中曾引起过不小的争议,焦点主要集中在两个方面:第一,补救到什么程度可算是恢复原状;第二,补救到什么程度可以防范类似行为的再次发生。核心问题就是赔偿的数额。有人建议采用部分国内法中“惩罚性赔偿”的做法,即赔偿数额超过实际损失。③ 国际法的实践也有类似先例,在“彩虹勇士号仲裁案”中,仲裁员最终裁定法国政府赔偿700万美元,而不是根据有关组织和人员的实际损害来确定赔偿数额。④

惩罚性赔偿与一般赔偿相比,除了具有救济功能之外,还有预防功能,它对有不法行为企图的政府有一定的威慑作用。但是,对惩罚性赔偿持反对态度的人认为,赔偿不是法律追求的唯一目的,正如刑法中惩罚性赔偿有时未必能起到改造罪犯的效果,通过惩罚性赔偿来维持国际关系的办法也是不可取的。⑤ 联合国国际法委员会最终放弃了惩罚性赔偿的规定。草案第38条指出,受害方有权要求的赔偿并不局限于实际利益的损失,还可以包括期得利益的损失,只要这种期得利益不超过合理的范围。草案第38条具有两点法律意义:第一,明确赔偿范围不仅包括受害者的实际损失,还可以包括期得利益的损失;第二,期得利益应该规定在合理范围内,它不具有惩罚性质。

草案解决了国际习惯法中赔偿的范围问题。至于受害者对责任方可以采取哪些应对措施,草案第49条原则规定,在遵守第52条的前提下,⑥受害者对此有

---

① Case Concerning United States Diplomatic and Consular Staff in Tehr an (United States v. Iran), Judgment, ICJ Reports 3(1980), pp. 44 – 45.

② Case Concerning Military and Paramilitary Activiti es In and Against Nicaragua (Nicaragua v. United States), Judgment, ICJ Reports 14(1986), p. 149.

③ 例如,美国《反托拉斯法》中的3倍于实际损害的补偿标准。See M. Handler, R. Pitofsky, H. J. Goldschmid and D. Wood, Trade Regulation, Cases and Material s(1997), p. 135 et seq.

④ Decaux, La responsabilite dans le systeme international, in Colloquedu Mans: Reponsabilite et reparation(1991), S. 149.

⑤ See Petros C. Mavroidis, Remedies in the WTO Legal System: Between a Rock and a Hard Place, *European Journal of International Law*, Vol. 11, No. 4, 2000, pp. 770 – 771.

⑥ 草案第52条规定,在涉及本草案的解释和适用问题的争议时,争议中的任何一方应对方的要求,首先应该与对方进行友好协商。

选择权。但是,第51条紧接着规定,受害者采取的应对措施不应该超出制裁不法行为性质的严重程度和由此消除不法行为给受害者带来伤害的必要程度。何谓"必要程度",这涉及法理学中的"公平"与"相称"等问题。"公平"和"相称"是法学家们津津乐道,但至今仍未解决的一个抽象问题。①

如果仔细解读草案第51条的规定,我们不难发现,即使争端解决机构恪守第51条确立的原则,裁决的结果也可能会大相径庭。例如,因疏忽大意导致的环境污染,如果裁决仅仅从行为的不法性考虑,那么这起国际不法行为的性质并不是那么严重,但是受害者实际遭受的损失可能远远大于别的性质更为恶劣的国际不法行为导致的损失。因此,草案第51条所说的"行为性质的严重程度"本身是一个不确定的概念,由此还会引发下列相关问题:"性质的严重程度"是否需要与草案第2条规定的"不法行为"和"犯罪行为"一起考虑,即使仅仅就"不法行为"而言,草案第49条也给争端解决机构留下了较大的裁量余地。

相比之下,这种自由裁量的空间在世贸组织的争端解决中并不多,因为根据DSU第3条第7款的规定,被诉方一旦撤回被裁定不符合多边贸易协议的措施,或向申诉方提供临时补偿,申诉方就丧失了报复对方的权利。因此,国际习惯法的做法对研究WTO公力救济权具有一定的启示,但是具体的研究还必须结合WTO现有的争端解决机制一起考虑。

三、WTO公力救济权的缺失及其成因

目前,WTO受理各成员之间的争端有三种类型:违约之诉、非违约之诉和特殊情况之诉。

1. 违约之诉中的公力救济。违约之诉提起的理由是WTO成员有违背多边贸易协议规定和所作承诺的行为,它不需要申诉方进一步证明自己已经遭受了多少损害。DSU第3条第8款规定,一成员违背多边贸易协议规定或所作承诺的行为可以被初步认定构成了别的成员利益被剥夺或受到损害。多边贸易体制是一个利益平衡的结果,一方对另一方行使限制贸易措施,即援引私力救济权,要么基于对方的倾销、补贴等不公平贸易行为,要么基于短期内进口大量增加或自身财政收支不平衡等意想不到的情形,限制贸易的目的是维护各成员之间的利益平衡。但是,WTO成员如果滥用了上述救济措施,其结果则是造成各成员

① 有关国际法中的"公平性"和"均衡性"问题,See Rosalyn Higgins, *Problems and Process in Public International Law*, Chapter 13, Clarendon Press: Oxford, 1995。

之间新的利益不平衡。因此,各成员在进行私力救济时,世贸组织给它们增加了举证义务,即这些救济措施是必要和恰当的。因此,在违约之诉中,被诉一方承担的举证责任更重,败诉的可能性也更大。

然而,败诉并不意味失败。当评审团或上诉机构依据 DSU 第 19 条作出裁决后,被诉方是否完全履行裁决规定的义务则是一个容易引起争议的问题。根据 DSU 第 21 条第 5 款规定,当这种争议出现时,双方应通过争端解决程序解决,包括召回原来的评审团。DSU 第 21 条第 5 款没有限定这种评审团审理是一种特别程序,换言之,在这个问题上,被诉方如果对评审团的结论不服,还可以提请上诉机构审理。如果被诉方想利用这种机制上的缺陷,每次履行裁决时,对原先的措施稍作修改,那么,申诉方就可能被卷入无休止的"诉讼链"之中,[①]其公力救济权的实现就会变得遥遥无期。[②] DSU 第 19 条虽然给违反世贸组织协议规定和自己承诺的成员规定了履行争端解决机构裁决的义务,但是对受害方如何行使公力救济权却语焉不详,争端解决机构在这个问题上的认识也不一致。在"墨西哥诉危地马拉对进口水泥进行反倾销调查案"中,评审团驳回了墨西哥要求危地马拉在撤销有关措施的同时偿还因此多征收的进口关税的请求。评审团认为,撤销被裁定不符合多边贸易协议的措施是履行评审团裁决唯一合适的方式。[③] 但是,在"美国诉澳大利亚对汽车皮带生产商和出口商补贴案"中,评审团却作出了截然不同的裁决。评审团不认为 DSU 第 19 条第 1 款(甚至第 3 条第 7 款)已经规定公力救济权的行使只能从裁决作出时开始。[④] 事实上,就违约之诉而言,DSU 第 19 条不仅没有规定被诉方在撤回有关措施时,申诉方还有公力救济权,甚至连被诉方履行裁决的起始时间也是规定不明的。

2. 非违约之诉中的公力救济。在现代国际法中,国家(政府)责任包括致害国(政府)消除不法行为的义务和受害国(政府)为消除不法行为的后果所享有的权利。[⑤] 根据草案确立的原则,承担国家(政府)责任的前提是有国际不法行

---

① 这里所谓的"诉讼"只是一个比喻,因为 WTO 争端解决机构并不是一个严格意义上的司法机构。

② 事实上,即使双方对被诉方的履行情况没有争议,申诉方由此受到的间接损害也是永远无法弥补的,因为,申诉方为转移制裁而另辟市场或因转产而增加的成本是无法被解释为 GATT 第 23 条所指的"利益被剥夺或受到损害"。

③ Guatemala—Antidumping Investigation Regarding Portland Cement from Mexico, Panel Report, WT/DS60/R, 19 June, 1998, para. 8. 1.

④ Australia—Subsidies Provided to Producers and Exporters of Automot ive Leather, Panel Report, WT/DS126/R, para. 6. 38.

⑤ 草案第 1 条和第 3 条。

为，这一点在附带赔偿之诉中体现得尤为明显。非违约之诉最初来自 GATT 第 23 条第 1 款第 2 项的规定，即“申诉方的利益被剥夺或受到损害是由于另一方适用的限制措施，而这种措施是否与本协议规定相符姑且不论。”GATT 这样规定是因为当时计划成立的国际贸易组织调整的不仅仅是贸易问题，①它还涉及劳工标准等问题。② 作为争端解决条款，GATT 第 23 适用的对象不完全是贸易纠纷。因此，GATT 的起草者将第 23 条第 1 款第 2 项作为补充条款，用于解决那些与贸易有关，但并非纯属贸易性质的纠纷。由于成立国际贸易组织的计划胎死腹中，GATT 便成了 WTO 成立前规范各缔约方贸易政策的主要国际条约，其中第 23 条第 1 款第 2 项也就被用于解决那些形式上并没有违反 GATT 规定，但结果仍然导致别的缔约方利益受损的贸易措施纠纷。③ 在 GATT 期间，非违约之诉的数量并不多，其中较有影响的是“尼加拉瓜诉美国贸易禁运案”（以下简称尼加拉瓜案）。尼加拉瓜认为，无论美国的贸易禁运措施是否有合法依据，此举已经损害了尼加拉瓜的利益。评审团审查后也接受了尼加拉瓜的诉求。在这种情况下，争端解决机构通常有两种解决办法：（1）要求美国撤销其禁运措施（或采用补偿方式代替）。（2）授权尼加拉瓜撤回向美国作出的关税减让和其他义务的承诺。但是到了最终裁决时，评审团却陷入了困境，因为争议双方对美国贸易禁运措施的合法性没有异议，被诉方（美国）没有义务撤回这些措施，因而也就不存在补偿的理由。而在两国贸易全面停止的情况下，授权尼加拉瓜中止对美国作出的关税减让和其他义务的承诺也就显得毫无意义。最后，评审团不得不作出这样的结论：即使美国的贸易禁运措施被认为剥夺或损害了尼加拉瓜的利益，缔约方大会也无法根据 GATT 第 23 条第 2 款的规定，要求美国恢复尼加拉瓜享有的贸易利益。鉴于此，评审团决定对美国基于 GATT 第 23 条的行为是否导致别的缔约方利益被剥夺或损害的事实不作裁决。④ 尼加拉瓜案表明，非违约之诉中不存在“国际不法行为”，因而也就不存在受害一方寻求公力救济的前提。虽然 DSU 第 26 条

---

① John H. Jackson, The World Trade Organization—Constitution and Jurisprudence, *The Royal Institute of International Affairs*, 1998, Chapter Two.

② 国际贸易组织的宪章性文件是“哈瓦那宪章”（Havana Charter），关贸总协定（GATT）只是其中专门调整贸易部分的条款。

③ Robert E. Hudec, *The GATT Legal System and World Trade Diplomacy* (second edition), Salem, New Hampshire: Butterworth Legal Publishers, 1990; *Enforcing International Trade Law: The Evolution of the Modern GATT Legal System*, Salem, New Hampshire: Butterworth Legal Publishers 1993; Hu Jiaxiang, *WTO and Its Disp ute Settlement Mechanism—From a Developing Country Perspective*, Zhejiang University Press, 2005, Chapter One.

④ United States—Trade Measures Affecting Nicaragua, GATT Document, L/6053(1986).

从程序上完善了 GATT 第 23 条第 1 款第 2 项的内容,但在非违约之诉中,被诉行为“合法性”这一根本性质并没有改变,受此影响的世贸组织成员唯一能够期望的是与被诉方友好协商补偿的办法,[①]而这需要建立在被诉方的良好愿望基础之上。[②]

3. 特殊情况之诉中的公力救济。与违约之诉和非违约之诉相比,GATT 第 23 条第 1 款第 3 项设定的情形目前仍停留在文字规定上,因为特殊情况之诉与非违约之诉的界限本来就不是很清楚。虽然欧共体曾经想以此指控日本人的生活方式限制了贸易进口,但此事最后还是不了了之,[③]特殊情况之诉的实践仍付之阙如。因此,WTO 公力救济权的研究主要针对的是违约之诉。

四、WTO 公力救济权完善方案比较

鉴于 WTO 公力救济权存在的制度性缺陷,国际社会提出了种种改进方案。1995 年的马拉喀什部长级会议决定 WTO 成立 4 年后全面审查 DSU,以决定是否继续、修改或终止某些规则和程序。由于 1999 年的西雅图部长级会议未能就 DSU 的修改程序取得实质进展,2001 年 11 月召开的多哈部长级会议决定由争端解决机构特别会议负责此项工作,并确定于 2003 年 5 月之前结束谈判。然而截至 2003 年 7 月 4 日,由于各方的分歧较大,世贸组织仅完成了一份主席文本。[④] 为此,世贸组织总理事会将谈判结束的时间延期至 2004 年 5 月 31 日。就目前的情况来看,各方还没有在此问题上达成实质性共识。

在多哈发展议程磋商中,世贸组织各成员就公力救济权中的补偿制度提出了各种修改意见。加拿大建议改进 DSU 第 22 条第 2 款和第 6 款有关争端方援引补

① DSU 第 22 条(补偿和中止承诺条款)只适用于违约之诉,因为该条第 1 款规定,补偿应该与协议规定相符。也正因为如此,DSU 第 26 条第 1 款第 2 项规定,在解决非违约之诉时,评审团或上诉机构应该建议有关成员达成双方满意的结果。

② 对于这一点,审理“美国诉日本富士胶卷案”的评审团已经说得很清楚了:“关贸总协定的缔约方和世贸组织成员对于(非违约之诉中的)救济持谨慎态度。事实上,他们一直将此作为争端解决的例外情况。持这种态度的原因显而易见:贸易规则是各成员协商达成的,对于符合贸易规则的行为只有在极个别的情况下才会对此构成挑战。”See Japan—Measures Affecting Consumer Photographic Film and Paper, Panel Report, WT/DS44 /R, para. 10. 36.

③ Hoekman and Maroidis, Competition, Competition Policy and the GATT, *World Economy*, Vol. 17, 1994, p. 137.

④ 该文本是在成员方提交的草案基础上进行修改的成果,涉及 DSU27 个条款中的 24 个条款以及 4 个附件中的 2 个条款,同时也包含了成员方提出的新增条款。具体内容大致有:时间框架、第三方权益、透明度、程序完善、机构设置、裁定执行、发展中国家成员的特殊和差别待遇等。

偿和报复措施的时间安排，明确有关补偿问题的磋商请求期限由原来不确定的“合理时间”明确定为10天，同时争端解决机构授权申诉方中止承诺或其他义务也不受DSU第22条第6款规定的30天期限的限制；日本、欧共体对第22条第2、6、8款分别提出了自己的修改意见。古巴、巴基斯坦、印度、洪都拉斯、津巴布韦等成员提出对DSU第22条第3款增加一个补充条款，规定当案件的申诉方为发展中国家成员，被诉方是发达国家成员时，允许发展中国家成员在同一个多边贸易协议或不同的多边贸易之间选择中止减让关税承诺，即选择报复措施可以不受“交叉报复”的顺序限制。除了上述修改程序性规定的建议外，墨西哥等一些发展中国家成员对争端解决机构提供的公力救济方式提出了一项实质性的修改意见，即在DSU第22条第1款最后加上“对于发展中国家成员的补偿将通过金钱方式实现，除非双方同意用其他方式解决”这样一段文字。他们认为，当补偿涉及发展中国家成员（作为申诉方）时，如果作为补偿措施的关税减让不带有歧视性，而金钱补偿又是可能的，被诉方（发达国家成员）应该采用金钱补偿的方式。补偿的数额应足以弥补申诉方的损失，包括实际损失和可预见的损失。损失应该从违约行为发生时起算，即具有可追溯性，而不是从裁决作出时算起。[①] 就在各成员对补偿问题进行热烈讨论的同时，许多学者也对此提出了自己的建议。有学者提出“集体报复权”和“可交换报复权”这两种报复手段，[②]前者是指当发展中国家成员作为受害方出现时，允许其他发展中国家成员联合起来对违约的发达国家成员施加国际压力，这样可以避免经济弱小的成员无力诉诸世贸组织以及即使进入争端解决程序也不能在实质上获得补偿的不公平现象；后者是指在具体个案中，当发展中国家成员获准对发达国家成员实施报复时，允许其将报复的权利出售给别的发达国家成员。[③] 但是，这两种方案的可行性受到了普遍质疑。集体报复权意味着利益没有被剥夺或受到损害的成员也有对有关成员中止关税减让或其他承诺的义务，这在制度上行不通，因为中止关税减让或其他承诺义务这种公力救

---

① 这份修改意见的注解2同时规定，如果发达国家成员作为申诉方，在争议双方都同意的情况下，也可以采用金钱补偿方式。参见乔治敦大学国际经济法研究所网站2009年3月公布的DSU Review（TN/DS/W/92），载 http://www.law.georgetown.edu/iiel/research/projects/dsur eview/synopsis.html#art22。

② Joost Pauwelyn, Enforcement and Countermeasures in the WTO: Rules Are Rules – Toward a More Collective Approach, Vol. 97, No. 4, *American Journal of International Law*, 2001, pp. 335 – 447; Hoekman and Maroidis, Competition, Competition Policy and the GATT, World Econoing, Vol. 17, 1994, pp. 763 – 814; S. Charnovitz, Rethinking WTO Trade Sanctions, *American Journal of International Law*, 2001, pp. 792 – 832.

③ DSU Review, [EB/OL], http://www.law.gorgetown.edu/iiel/research/projects/dsureview/synopsis.html, last visit on June 12, 2009.

济措施的运用首先需要得到争端解决机构的授权,如果争端解决机构授权那些没有加入争端解决程序的成员中止承诺的权利,这违背DSU第3条第2款的规定,同时也将颠覆整个多边贸易体制。所谓的交换报复权亦于法无据,因为报复措施是在特定成员之间以歧视性的方式实施的,如果报复权利转让了,这种“歧视性”的法律基础何在?

也有学者建议引入强制性补偿制度。① 如前所述,WTO目前赋予其成员的公力救济权还存在许多制度上的缺陷:撤回被裁定违反多边贸易协议规定或承诺的措施虽然结束了被诉方的违法行为,却无法弥补申诉方已经遭受的损失;临时补偿取决于被诉方的态度,而且局限于申诉方在等待被诉方撤回有关措施这段期间所受的损失。被诉方提供的补偿是在最惠国待遇的情况下实现的,申诉方未必能够从中得到任何补偿。报复措施必须与申诉方被剥夺或损害的利益相对等,不包括申诉方的间接损失。② 强制性补偿制度的拥护者提出对违约的WTO成员设置一种强制性补偿义务,以此保证受害成员在WTO框架下的利益得以重新平衡。前欧共体首席法律顾问艾伦·罗沙斯就主张通过仲裁来确定被诉方的补偿义务,具体而言,就是在仲裁员确定申诉方利益被剥夺或受到损害的程度之后,由被诉方根据仲裁决定提供相应的补偿,从而使争议双方的权利义务重新达到平衡。③ 与报复措施相比,强制性补偿对于申诉方具有更加直接、有效的补偿效果,但一些持反对意见的人认为,是否给予补偿应该由各成员自主决定,这也是DSU第22条第1款明确规定的,如果采用强制性补偿制度,那就需要先修改DSU的相关规定,④况且,强制性补偿方案仍然限于关税减让等传统的补偿方式,它能否给申诉方境内受损企业及时和充分的救济,这也是人们关注的一个问题。

还有学者设想利用世贸组织其他机制来完善WTO公力救济权,以此将解决的方式延伸到争端解决机制之外的领域。例如,中止被诉方在WTO享有的投票权、中止被诉方把争端诉诸WTO的权利。⑤ 虽然上述建议看似很有吸引力,因为它们不会对各成员之间的市场准入条件构成威胁,但在现实中很难操

① Marco Broncker & Nabothvanden Broek, Financial Compensation in the WTO Improving the Remedies of WTO Dispute, *Journal of International Economic Law*, No. 1, 2005, pp. 101 – 126.

② DSU第22条第4款。

③ Allan Rosas, Implementation and Enforcement of WTO Dispute Settlement Finding: An EU Perspective, *Journal of International Economic Law*, No. 1, 2001, p. 140.

④ Ibid.

⑤ Marco Broncker & Naboth van den Broek, Financial Compensation in the WTO Improving the Remedies of WTO Dispute, *Journal of International Economic Law*, No. 1, 2005, pp. 101 – 126.

作。中止被诉方的投票权,这不仅涉及修改世贸组织现行的投票机制和决策机制,[①]还容易导致被诉方在多边贸易体制中被边缘化,[②]这与世贸组织倡导的最大范围内促进全球贸易自由化的精神相违背。

通过对比各种方案后,我们不难发现上述改革意见都把注意力集中在被诉一方,即如何对被诉方施加必要的外在压力,使其重新遵守 WTO 的有关规则,而对于最需要关注的,即在贸易中遭受损害的申诉方,却没有给予应有的重视。导致这种倾向的主要原因是世贸组织争端解决的目的在于确保该组织的正常运作和维持各成员之间权利义务的平衡。然而对于广大发展中国家成员而言,由于其经济和政治等方面的原因,诉诸争端解决机制的成本已经很高,如果 WTO 公力救济权不能够帮助它们弥补实际损失,这些成员将贸易争端诉诸世贸组织的热情还能够持续多久就令人怀疑了,而一旦失去广大发展中国家成员的支持,多边贸易体制也将变得名存实亡。

五、WTO 公力救济权的重构路径选择

争端解决机制是 WTO 多边贸易体制的一个组成部分,任何对 WTO 公力救济权的完善方案都需要放在 DSU 乃至整个多边贸易体制下考虑。WTO 协议第 10 条第 8 款规定,修改 DSU 的方案需要得到 WTO 各成员的协商一致才能生效。因此,在各成员仍有较大分歧的情况下,实质性修改 DSU 的条款并不是一条可行的路径。在现行的多边贸易体制下,以下两种方案是完善 WTO 公力救济权的可行做法。

一是充实评审团的建议内容。如本文第 1 部分最后一段所述,DSU 第 19 条第 1 款规定评审团可以向被诉方建议履行争端解决机构裁决的方式。但是,DSU 对建议的内容并没有明确规定,而这正是评审团在完善 WTO 公力救济权方面可以有所作为的地方。具体而言,当争议发生在发展中国家成员(申诉方)和发达国家成员(被诉方)之间时,评审团在裁定被诉方撤回不符合多边贸易协

① 世贸组织协议第 10 条第 3 款规定,世贸组织可以通过全体成员 3/4 以上表决决定某一成员在不接受修改协议的情况下,是否还要继续留在世贸组织,但是协议并没有中止成员投票权的有关规定。

② Enhancing the WTO's Dispute Settlement Understanding, [EB/OL], http://www.biicl.org/files/2572_fed_trust.pdf, last visit on June 27, 2009.

议规定或承诺措施的同时，建议被诉方向申诉方提供金钱补偿。① 设立金钱补偿制度具有以下两点意义：第一，通过评审团的建议，明确DSU第22条规定的赔偿形式。金钱补偿的做法不违背DSU第22条现有的规定，还可以为今后该条款的修订积累实践经验。② 第二，金钱补偿的范围包括申诉方已经遭受的损失，即评审团的裁决具有溯及效力。这种做法也不违背DSU第3条第2款的规定，因为被诉方向申诉方提供补偿并不是增加义务，而是补偿申诉方应得的利益，这在根本上维护了各成员利益的平衡。通过评审团建议的形式实现金钱补偿的最大好处是不触及多边贸易体制，它不像减让其他领域的关税或放宽市场准入条件必须按照最惠国待遇原则实施，而且，金钱补偿对于弥补申诉方的损失更加直接、有效。金钱补偿在世贸组织争端解决的历史上并不是没有先例。2000年，世贸组织争端解决机构裁定美国新修订的版权法部分内容违背TRIPs的规定。美国与欧共体对这一裁决的内容没有异议，但是对执行裁决的期限看法不一，于是双方又将这一争端通过世贸组织仲裁解决。美国由于其国内立法机构审批程序的规定，认为无法在规定的期限内（15个月）执行争端解决机构的裁决，经过双方协商，美国同意在修改《版权法》之前，每年向欧共体补偿121.99万欧元。然而，上述补偿适用的期间是裁决作出后、被诉方撤销有关措施之前，即补偿决定不具有溯及力。

设立金钱补偿制度是完善WTO公力救济权的一条较为可行的路径。通过评审团的建议，补偿制度的适用范围扩大了，申诉方选择公力救济的余地也扩大了。虽然这项制度目前仍然受制于DSU第22条第1款的规定，即补偿是在自愿基础上实现的，但被诉方在补偿问题上也不是处于绝对主导地位。如果被诉方不愿意提供补偿，这就意味着争端解决无法进行下去，因为选择金钱补偿的主要原因是交叉报复无法满足作为申诉方的发展中国家成员的诉求，而一旦成为阻挠争端解决的"罪魁祸首"，作为被诉方的发达国家成员会面临巨大的外交压力，相比数目不是特别巨大的补偿额度，一般发达国家成员还是愿意接受这种争端解决方式的。金钱补偿制度对于DSU第22条第1款的规定有了一定的突破，但是这种做法并没有从根本上违背WTO的基本原则。WTO协议序言强调

---

① 笔者之所以建议这一制度放在评审团审理期间适用，是因为上诉机构的审理范围仅限于评审团报告中的所列事项以及与此相关的法律解释。参见DSU第17条第6款。

② 这份修改意见的注解2同时规定，如果发达国家成员作为申诉方，在争议双方都同意的情况下，也可以采用金钱补偿方式。参见乔治敦大学国际经济法研究所网站2009年3月公布的DSU Review（TN/DS/W/92），载 http://www.law.georgetown.edu/iiel/research/projects/dsur eview/synopsis.html#art22。

世贸组织认识到国际社会需要为确保发展中国家,尤其是最不发达国家在国际贸易的增长中获得与它们的经济发展需求相匹配的份额做出努力。金钱补偿制度的设立正是实现上述目标的一个切实可行的方法。

二是申诉方修改承诺。GATT 第 28 条和 GATS 第 21 条都是修改承诺条款,基本内容包括以下几点:(1) WTO 成员可以在承诺生效的若干时间后,①根据实际情况修改自己做出的承诺。(2) 受此影响的成员可以要求与其协商,在总体承诺水平不下降的前提下,寻求双方都能接受的解决方案。(3) 如果双方无法达成补偿办法,受影响的成员可以将争议提请争端解决机构仲裁。(4) 如果修改承诺的成员不执行仲裁裁决,受影响的成员也可以做出大体相当的修改幅度。

GATT 第 2 条第 7 款规定,关贸总协定附件内包括的承诺表是总协定的一个组成部分。因此,在多边贸易体制下,任何单方面修改自己承诺的行为都应该受到严格限制。但是,自从国际法领域引入"情势变更理论"之后,②允许国际条约的缔约方有条件地修改自己原先作出的承诺已经为越来越多国家所接受。世贸组织沿袭了关贸总协定的做法,允许其成员按照规定的程序修改向别的成员已经作出的关税减让和其他义务的承诺。通过修改承诺来完善 WTO 公力救济权,这是对多边贸易体制触动较小的做法,因为申请修改自己承诺的成员大多是因为别的成员没有很好履行各自的义务而遭受了利益被剥夺或被损害,即别的成员已经违背了自己的承诺,因而修改承诺具有一定的社会基础。③

将修改承诺的做法引入 WTO 公力救济权具有以下几点意义:第一,协商解决是 WTO 解决任何问题的基本方法。多边贸易体制的维护需要所有成员的共同努力,如何在解决各成员利益冲突时不伤彼此的和气,是 WTO 始终关注的一

---

① 例如,GATS 第 21 条规定,世贸组织成员在服务贸易领域承诺作出 3 年后可以申请修改自己的承诺;GATT 也有类似的规定。

② 国际法有关情势变更的理论与国内法中情势变更原则规定不同。国际法的情势变更理论是从政治的角度来考虑,即政治应对法律处于优越的地位,法律应从属于国家的重要利益。因此,条约缔结后如果发生情势变更,使条约有损于国家的重要利益时,条约即应失效。经历了 20 世纪两次世界大战、资本主义经济危机以及国际经济格局的重大调整之后,无论是大陆法系还是英美法系国家都因"法律不足",难以处理大量合同和条约的履行。对此,《维也纳条约法公约》第 62 条第 1 款规定:"条约缔结时存在之情势发生根本改变,而且并非当事国所预料者,这种情势变更不得被援引为终止或退出条约之理由,除非:(甲)此等情势之存在构成当事国同意承受条约拘束之必要根据;及(乙)该项改变之影响将根本改变依条约尚待履行之义务之范围。"参见彭凤至著:《情势变更原则之研究》,台湾五南图书出版公司 1986 年版,第 20 页。

③ 如果仅仅是自身原因,这些成员完全可以通过实施贸易救济措施来解决这些困难,因为贸易救济措施可以由世贸组织成员单方面行使,不需要与别的成员协商。

个重要问题。事实上,当初乌拉圭回合谈判没有将争端解决机构设置成一个国际贸易司法机构,也是基于这样的考虑。[①] 因此,通过协商修改各成员的承诺,这符合 GATT 和 WTO 的习惯做法。第二,有关成员容易就此问题达成一致意见。由于各成员对修改承诺已经有了一定的心理准备,对是否需要修改承诺这一问题不会产生分歧,最多只是在承诺重新调整后各自的权利义务是否仍然对等问题上出现不同意见。第三,救济权行使比较方便。从救济的性质上讲,修改关税减让或其他义务承诺使公力救济权从"司法救济"[②]转变为"行政救济"。[③] 虽然修改承诺的申请需要得到世贸组织相关理事会的批准,但是世贸组织只是履行程序上的手续,特别是在别的成员对承诺修改没有异议的情况下,世贸组织一般不会阻挠有关成员的申请。

私力救济与公力救济在 WTO 贸易救济权中是一对制约平衡关系。选择私力救济方式,实施贸易救济措施是 WTO 成员维护自身利益的权利;通过公力救济途径,援引贸易救济权也是 WTO 成员保护自身利益不受侵害的权利。权利的制衡需要建立在权利对等的基础之上。因此,人们在重视研究 WTO 私力救济的同时,不能忽略与之相对应的公力救济研究。只有在这两者的关系得到相互制约与平衡的时候,WTO 贸易救济权才能真正发挥维护多边贸易体制健康发展的作用。

(2009 年第 7 期)

---

① Petros C. Mavroidis, Remedies in the WTO Legal System: Between a Rock and a Hard Place, *European Journal of International Law*, Vol. 11, No. 4, 2000, p. 780.

② 这里所谓的"司法"只是一个比喻。参见胡加祥:"从'专家组'一词误译说起",载《浙江大学学报》2003 年第 3 期。

③ GATS 第 21 条第 3 款第 a 项规定,如果双方达不成协议,可将此事提交争端解决机构仲裁,但是仲裁只涉及修改承诺的成员提供的补偿是否令人满意,不涉及多边贸易协议下的实质性规定。

2010 年

中国诉美国轮胎特保措施案的法律分析

——以《入世议定书》第16条为重点

陈卫东*

2009年9月11日,美国总统奥巴马决定对中国轮胎产品实施特殊保障措施(以下简称轮胎特保措施),①9月14日,中国在WTO争端解决机制对美国轮胎特保措施提出磋商请求(以下简称磋商请求),②这是中国首次在WTO争端解决机制针对其他成员实施的特保措施起诉。随着磋商程序的结束,进入的专家组阶段将是《中国入世议定书》(以下简称《入世议定书》)第16条首次由专家组和上诉机构进行澄清和解释。正如中国代表在加入WTO谈判中所说:"WTO成员在实施议定书第16条的规定时缺乏丰富的经验。"③在本案中,无论是对中国,还是对WTO专家组和上诉机构而言,都将面临着如何解释《入世议定书》第16条中的关键概念和规定等诸多法律问题。基于此,本文根据包括《入世议定书》在内的WTO协议,围绕着"进口迅速增加"、"实质损害"和"一个重要原因"三要件,④并结合美国国际贸易委员会(以下简称ITC)的裁定,对轮胎特保措施的合法性作一分析,同时提出相关的法律建议。

---

* 作者单位:对外经济贸易大学法学院。

本文是对外经济贸易大学"211工程"三期重点学科建设项目的研究成果之一。

① The Federal Register on September 16,2009,74 Fed. Reg. 47433.

② 本案件全称为"影响来自中国的特定乘用车及轻卡车轮胎进口的措施案",案号WT/DS399。在磋商请求中,我国主张美国轮胎特保措施违反GATT第1条第1款(最惠国待遇)、GATT第19条和《保障措施协议》以及《入世议定书》第16条。而且,我国实体性诉求以《入世议定书》第16条为主要依据。《中国入世工作组报告书》(以下简称《工作组报告书》)第245~247段就"过渡性保障机制"作出了说明,但并未在《工作组报告书》第342段中列明,因此并不是WTO协议的组成部分,其本身不具有法律约束力。基于此原因,中方在WTO争端解决机制中起诉轮胎特保措施,无法直接以《工作组报告书》为法律依据。

③ 《中国加入世界贸易组织法律文件(中英文对照)》,原外经贸部世界贸易组织司译,法律出版社2002年版,第816页。

④ 根据《入世议定书》第16条,WTO成员因"市场扰乱"对来自中国的特定产品采取特保措施,需要具备三个实质性条件:一是来自中国的产品迅速增加,无论是绝对增加还是相对增加。二是作为进口方的WTO成员的国内产业受到实质损害或实质损害的威胁。三是迅速增加的进口是实质损害或实质损害威胁的一个重要原因。

一、如何认定“进口迅速增加”

根据《入世议定书》第16条第1款和第4款,确定是否存在市场扰乱的第一个标准涉及来自中国的被调查产品的“数量”是否“迅速增加,无论是绝对增加还是相对增加”。

(一)ITC关于“进口迅速增加”的认定标准

美国针对中国产品采取特保措施所依据的《1974年贸易法》第421节(以下简称“421条款”)的条文与《入世议定书》第16条基本相同。① 但是,自2002年以来,ITC通过针对中国产品的6次特保措施调查,②形成了若干个对中国更加不利的具体标准。在轮胎特保措施调查和裁定中,ITC沿用了以前所形成的标准,并进行了更加任意的解释,最终认定中国轮胎产品构成市场扰乱。③

对于构成市场扰乱的第一个实质性要件,“421条款”关于“进口迅速增加”的规定与《入世议定书》第16条第4款相同,均概括地表述为“进口迅速增加,无论是绝对增加还是相对增加”。ITC在多年调查实践中形成了“迅速增加”的具体标准:(1)增加必须是“迅速”发生的,无论是绝对增加还是相对增加。(2)迅速增加应该是近期发生的或持续发生的,而不是在遥远的过去发生的。在本案之前的几起特保调查中,ITC对认定中国产品的“迅速增加”形成了特殊的标准,即对于进口迅速的程度,可以用下列三种方式中的任何一种进行判断:当进口集中于一年时相对急剧的增加;在两至三年较长时间内稳定的增加;在进

① 美国保障措施制度因适用对象的不同可大致分为三种:第一种是在非歧视基础上实施的全球性保障措施,其主要根据是《1974年贸易法》第201~204节(通称“201条款”);第二种是针对非市场经济国家的保障措施,其主要根据是《1974年贸易法》第406节(通称“406条款”);第三种是针对中国产品的特殊保障措施,其主要依据是《1974年贸易法》第421~423节(通称“421条款”)。参见陈卫东:《美国对华保障措施及特保措施案例解析》,对外经济贸易大学出版社2005年版,第1页。

② 它们分别是2002年制动器案、2002年衣架案、2003年刹车鼓和刹车盘案、2003年水管接头案、2004年内装弹簧案、2005年钢管案。

③ 2009年4月,美国国内产业(·the United Steel, Paper and Forestry, Rubber, Manufac turing, Energy, Allied Industrial and Service Workers International Union, USW)向ITC提出申请,要求按照《1974年贸易法》第421节对来自我国的乘用车及轻卡车轮胎发起特保措施调查。2009年6月18日,ITC以4∶2裁定我国涉案产品构成“市场扰乱”。2009年7月,ITC向总统和USTR提交了其关于救济措施的建议。ITC报告随即公布,标题为“来自中国的乘用车及轻卡车轮胎:第TA-421-7号调查”,文件号为2009年7月ITC第4085号出版物(以下简称ITC轮胎案裁定)。中国诉美国“影响来自中国的特定乘用车及轻卡车轮胎进口的措施案”中,专家组将主要以ITC轮胎案裁定为审查对象,来判定美国轮胎特保措施这一“具体措施”在WTO协议下的合法性。

口曾经上下波动之后迅速地增加。[1]

在本案中,ITC"迅速增加"的适用标准仅为"迅速增加应该是近期发生的或持续发生的,而不是在遥远的过去发生的。"[2]通过对比可以发现,本案中 ITC 关于进口增加的审查标准发生了变化,省略了以往的标准(1),放松了对"迅速"的认定要求。当然,这不是无意或偶然的,简化标准使 ITC 更容易认定中国轮胎进口构成迅速增加。

(二)ITC 的裁定和中方磋商请求主张

在轮胎特保调查中,ITC 裁定,通过调查进口产品的增加数量和增长率,同时基于近期发生的增长:在 2004～2008 年的调查期间,来自中国的轮胎产品既构成绝对的迅速增加,也构成相对的迅速增加。就绝对增加而言,在整个调查期内,来自中国的轮胎进口一直在增加,并在调查期结束时中国产品进口数量和价值达到最大。[3] 就相对增加而言,在整个调查期内,来自中国的轮胎进口相对于美国国内生产和消费的比率一直在增加,并在 2008 年达到最高。[4]

对于 ITC 关于中国轮胎产品构成"进口迅速增加"的裁定,笔者认为,存在以下争议问题:首先,就事实问题而言,中国轮胎产品的进口是"逐步增加"还是"迅速增加"? 在 ITC 调查阶段,就有应诉企业提出,中国轮胎产品的进口属于"逐步增加"或"较小的增加",并在调查期间末期进口增加趋势减弱,因此不构成"迅速增加"。[5] 其次,就法律问题而言,如何理解"迅速"的含义? 在认定中国轮胎产品的进口是否迅速增加时,应采用什么样的分析比较方法? 值得注意

---

① 陈卫东:"评美国 ITC 对中国产品'市场扰乱'的认定标准",载《法学评论》2004 年第 4 期。

② ITC 轮胎案裁定第 10 页。

③ 就进口数量而言,来自中国的轮胎产品 2004 年为 1460 万条,2005 年为 2080 万条,2006 年为 2700 万条,2007 年为 4150 万条,2008 年为 4600 万条。从 2004 年到 2008 年间,增加 215.5%,2006 年到 2007 年间,增加 53.7%,2007 年到 2008 年间,增加 10.8%。就进口价值而言,来自中国的轮胎产品 2004 年为 4.533 亿美元,2005 年为 6.919 亿美元,2006 年为 9.317 亿美元,2007 年为 14.93 亿美元,2008 年为 17.88 亿美元。从 2004 年到 2008 年间,增加 294.5%,2006 年到 2007 年间,增加 60.2%,2007 年到 2008 年间,增加 19.8%。参见 ITC 轮胎案裁定第 12 页。

④ 来自中国的进口轮胎产品相对于美国国内生产的比率 2004 年为 6.7%,2005 年为 10%,2006 年为 14.6%,2007 年为 23%,2008 年为 28.7%。2004 年到 2008 年,来自中国的进口轮胎产品相对于美国国内生产的比率增加了 22%,在调查期结束时的 2007 年到 2008 年,形成了两次最大的逐年增加。来自中国的进口轮胎产品相对于美国国内消费的比率 2004 年为 4.7%,2005 年为 6.8%,2006 年为 9.3%,2007 年为 14%,2008 年为 16.7%。在调查期内,来自中国的进口轮胎产品相对于美国国内消费的比率增加了 12%,在调查期结束时的 2007 年到 2008 年,也形成了两次最大的逐年增加。参见 ITC 轮胎案裁定第 12 页。

⑤ 例如,有企业提出,中国轮胎产品从 2007 年到 2008 年只增加了 11%,而 2009 年第一季度中国轮胎产品相对于 2008 年第一季度进口减少了 14.7%。参见 ITC 轮胎案裁定第 11 页。

的是，在本案之前的几起特保调查中，ITC 对认定中国产品的“迅速增加”形成了特殊的标准，而在本案中，ITC 进一步放松了认定“迅速”的标准。

对此，中国在磋商请求中主张，中国轮胎产品不构成“迅速增加”。因为，美国轮胎特保措施违反《入世议定书》第 16 条第 1 款和第 4 款的规定。

（三）侧面出击：论证并非“迅速增加”

笔者认为，根据《入世议定书》第 16 条第 1 款和第 4 款，首先，进口增加应该是指中国产品的“数量”而不是“价值”增加。其次，“either…or”这个措辞表明，无论是绝对增加还是相对增加，都满足这一条件。再次，增加应该是“迅速地”，而不是缓慢地，也不是仅仅增加即可。最后，“正在增加”这一措辞表明，迅速增加应该是近期发生的或持续发生的，而不是在遥远的过去发生的。

《关于争端解决规则与程序的谅解》（DSU）第 11 条要求专家组对案件的事实和法律问题进行“客观评估”。表面上看，ITC 裁定已经考察了中国轮胎产品的进口数量绝对增加和相对增加的数据，所以，一旦本案进入专家组阶段，除非中方提供充分的证据，否则专家组就中国轮胎产品“数量增加”这一事实问题进行“重新评估”的可能性较小，更可能的是接受 ITC 的统计数据和结论。而根据 ITC 裁定中的统计数据，专家组接受 ITC 关于进口绝对增加和相对增加结论的可能性较大。

不过，《入世议定书》第 16 条规定了“迅速增加”。① 虽然第 16 条没有进一步界定什么是“迅速增加”，也没有界定增加的时间或情形，但“正在迅速增加”这一措辞表明，不能仅仅通过两个时间点的进口数量的对比，就得出“迅速增加”的结论。否则，会导致“迅速”这一关键措辞的多余或无效。按照《入世议定书》第 16 条第 4 款的规定，正确的理解应该是：在调查和裁定中，ITC 应该对中国产品在调查期间内“是否”和“如何”迅速增加进行论证并作出结论。值得注意的是，ITC 在实践中对中国产品“迅速增加”有一套特殊的判断标准，而 ITC 对本案又采用了更宽松的标准。专家组在对这套特殊标准进行“客观评估”时，有两种可能：一是采取“重新评估”的立场；二是采取“完全尊重”ITC 的自由裁量权的立场。很明显，专家组采用前一种立场对中国较为有利。为此，中方可通过论证 ITC 在本案中关于“迅速增加”认定标准的不合理性，并结合本案所涉及的统计数据，来阐明中国轮胎产品的数量增加的“速度”并未达到“迅速”的程度。

---

① 在 GATT 第 19 条和《保障措施协议》的条文中，均没有专门规定增加应是“迅速地”这一要素。

简言之，对于“进口迅速增加”的问题，专家组可能在中国产品进口构成“数量增加”和“绝对或相对增加”等方面接受 ITC 裁定的结论。我国应在举证和陈述中，重点论证中国产品不构成“迅速增加”。

二、如何确定“实质损害的存在”

根据《入世议定书》第16条第4款，确定是否存在市场扰乱的第二个实质性要件涉及进口国国内产业是否受到实质损害或实质损害威胁。

（一）ITC 关于“实质损害”的认定标准

对于第二个实质性要件，“421 条款”及其立法历史记录既没有界定“实质损害”或“实质损害威胁”，也没有列明 ITC 应当考虑的经济要素或者参考概念、因素和 ITC 在其他法律框架下的惯例。然而，“406 条款”和《1930 年关税法》第7编有关反倾销的规定中均有“实质损害”这个概念。《1930 年关税法》第7编将“实质损害”定义为“并非无意义、非实质或不重要的损害”。“406 条款”没有界定实质损害，但其立法历史记录将其与“201 条款”中的“严重损害”进行了比较：市场扰乱的标准倾向于比“201 条款”中的“严重损害”标准更容易满足；“406 条款”的“实质损害”意在表明比“201 条款”中的“严重损害”程度更低的损害。在之前的针对中国产品的特保措施调查中，ITC 确认在“421 条款”中的“实质损害”比“201 条款”中的“严重损害”的损害程度低。①

（二）ITC 裁定和中方的磋商请求主张

在本案中，ITC 沿用“421 条款”中的“实质损害”比“严重损害”的损害程度低这一标准，并通过考察产业状况的相关因素，认定美国国内产业受到实质损害。② 中方在磋商请求中就主张，美国轮胎产品生产商没有遭受“市场扰乱”或“实质损害”，并且实际上还反对特保调查和措施。因此，美国轮胎特保措施违反《入世议定书》第16条第1款和第4款。

（三）“实质损害”之争

《入世议定书》第16条本身并没有界定“实质损害”的含义。参考 GATT 第19条和《保障措施协议》，其中关于国内产业损害的要求是“严重损害或严重损害的威胁”，显然，两者在措辞上有明显的差异。《反倾销协议》和《补贴与反补贴措施协议》中关于国内产业损害的要求是“实质损害或实质损害的威胁”，其

---

① 陈卫东：“评美国 ITC 对中国产品‘市场扰乱’的认定标准”，载《法学评论》2004 年第4期。

② ITC 轮胎案裁定第13～18页。

措辞与《入世议定书》第16条相同。

WTO上诉机构相关案例已经确认上述现有协议中的“实质损害”和“严重损害”存在差异。例如,“阿根廷保障措施案”的上诉机构认为,保障措施的适用不是基于“不公平贸易行为”,它实施的严重损害标准应比反倾销和反补贴措施的实质损害标准高,这也符合《保障措施协议》的宗旨和目的。① “麦麸保障措施案”和“羊肉保障措施案”的上诉机构均认为,与《反倾销协议》、《补贴与反补贴措施协议》及GATT1994第6条中规定的“实质损害”的标准相比,“严重损害”这一措辞所包含的损害标准要高得多。② 美国很可能在抗辩中主张,以上诉机构的上述结论为基础可以推定,《入世议定书》第16条中“实质损害”的损害标准要比《保障措施协议》下的“严重损害”的标准低得多。除非中方进行充分的论证反驳美国的这一推定,否则专家组将接受美国的立场。

对此,笔者认为,中方不妨主张,《入世议定书》第16条绝不意味着“只要存在”损害就可以构成“实质损害”,否则,将导致“实质”这一关键措辞的多余或无效。尽管如此,针对“实质损害”的解释,仍然存在下列对中方不利的情况。

首先,从整体上,《入世议定书》第16条要求的“实质损害”应该比《保障措施协议》所要求的“严重损害”的损害程度低,但低到什么程度没有法定的标准,这就给ITC认定实质损害留下了较大的自由裁量的空间。

其次,尽管《反倾销协议》等相关协议规定了“实质损害”的措辞,但同样没有专门界定“实质损害”的含义。具体来说,在WTO现有协议中,既没有也不可能明确界定实质损害的“实体性门槛标准”,有关规定仅限于调查机构在认定损害时应考虑哪些要素等“程序性标准”。在GATT时期和WTO时期的争端解决案例中,似乎也从未形成用于判断是否构成“实质损害”的相关实体性门槛标准。③

再次,《保障措施协议》第4条第2款(a)项详细列举了进口国主管机构在认定严重损害时应考虑的诸多因素,《反倾销协议》第3条和《补贴与反补贴措施协议》第15条分别详细列举了认定实质损害时应考虑的诸多因素。与之相对

① “阿根廷保障措施案”(案号WT/DS121)上诉机构报告第94段。

② “麦麸保障措施案”(案号WT/DS166)上诉机构报告第149段和“羊肉保障措施案”(案号WT/DS177-178)上诉机构报告第124段。

③ 尽管WTO上诉机构认为,《反倾销协议》第3条下的义务是“实质性义务”(参见波兰诉泰国“对来自波兰的铁或非合金钢铁角、型和部件及H钢梁的反倾销税案”上诉机构报告第106段,案号WT/DS122),但笔者曾使用WTO官方网站的“GATT Analytical Index”和“WTO A nalytical Index—Guide to WTO Law and Practice”数据库查询,均未获得明显的证据表明存在“实质损害”的相关实体性门槛标准。

照,《入世议定书》第16条第4款并未规定进口国主管机构认定“实质损害”时应考虑的因素。所以,美方可能会在抗辩中主张这一问题应属于进口国主管机构自由裁量权的范围,专家组不应过多干预。

最后,除非中方提供充分证据,否则专家组一般不会审查ITC裁定中的统计数据,而会着重审查ITC关于实质损害的论证和结论。而ITC的裁定至少在程序上较为全面地考察了其国内产业相关数据。[①] 专家组重新审查和推翻ITC关于实质损害的结论的可能性不大。

三、“一个重要原因”的认定标准

根据《入世议定书》第16条第4款,确定是否存在市场扰乱的第三个标准涉及来自中国的迅速增加的进口是否是国内产业的实质损害的一个重要原因。

(一)ITC关于“一个重要原因”的认定标准

《入世议定书》第16条对什么是“重要原因”没有定义。在保障措施法律制度中,因果关系的认定标准也并不统一。就WTO《保障措施协议》和美国国内法中规定的标准而言,可以分为下列三类:第一类是《保障措施协议》第4条第2款所要求的“真正的、实质性的因果关系”。[②] 在考察“真正的、实质性的因果关系”时,又要着眼于考察下列事项:(1)进口增加和损害是否同时发生(coincidence),即“同时发生分析”。(2)进口增加之外的因素所致损害不得归因于进口增加,即“非归因于分析”。其目的均在于确保进口增加与严重损害或严重损害威胁之间的因果关系的真实性。而且,WTO成员的调查机构应对上述事项进行“合乎逻辑的和充分的解释”。第二类是美国“201条款”中认定因果关系时,要求进口增加应构成国内产业严重损害或严重损害威胁的“实质原因”,即“进口增加是严重损害威胁的一个重要原因,且是其重要性不亚于其他任何原因的原因”。[③] 按照这一标准,进口增加不必是严重损害或严重损害威胁

---

① 包括美国轮胎产业的生产能力、生产能力利用率、生产和交货、库存、就业、营业收入、资本支出和研发支出等因素。参见ITC轮胎案裁定第15~18页。

② 在WTO规则中,《保障措施协议》第4条第2款第2项专门规定:“除非在客观证据的基础上,该项保障调查显示有关产品的进口增加与严重损害或严重损害威胁之间存在因果关系,否则不得作出第1项所述的确定。如进口增加之外的因素正在同时对国内产业造成损害,则此类损害不得归因于进口增加。”WTO上诉机构将因果关系界定为“真正的、实质性的原因与结果的关系”(参见“麦麸保障措施案”上诉机构报告第70段和“羊肉保障措施案”上诉机构报告第177段)。

③ 美国《1974年贸易法》第202节(b)(1)(B)。

的唯一原因或主要原因,但是必须在重要性上等于或大于其他原因。第三类是在特保措施调查认定因果关系时,要求进口增加应构成实质损害或实质损害威胁的"重要原因",而"重要原因"是指"重要地造成国内产业实质性损害的一个原因,但其重要性无须等于或大于其他原因"。① 可以看出,在美国国内法中,"重要原因"的标准最为宽松。不仅在因果关系的联系程度上,低于"实质原因"要求,而且也缺乏"进口增加与损害同时发生","不将进口之外的其他因素造成的损害归因于进口增加"等要求。这就导致 ITC 在认定因果关系时,无法确保进口增加与产业损害之间的因果关系的真实性,从而产生将"彼因"与"此果"相联系的不合逻辑的认定结果。

(二)ITC 裁定和中方主张

在本案中,ITC 就因果关系考察了一系列因素后,最终认定中国轮胎进口增加是构成国内产业实质损害的一个重要原因。② 在本案的调查期间内,美国国内轮胎产业的确出现了关停部分工厂和生产设备等产业损害的表观现象,但是,出现这些现象的原因源于美国轮胎产业着力高端市场、逐步退出低端市场而主动进行的产业结构调整等客观情况,与中国产品的进口并无直接关系。③ ITC 的裁定也明确记录了没有一家美国国内生产商和进口商认为"中国产品进口是国内产业实质损害的一个原因"。④

即便如此,ITC 仍不顾这一客观情况,在一番并不令人信服的论证后,⑤牵强地认定中国的迅速增加的进口是国内产业的实质损害的一个重要原因。对此,中方在磋商请求中主张,中国轮胎产品不是实质损害的"一个重要原因",美国轮胎特保措施违反《入世议定书》第 16 条第 1 款和第 4 款。中方还主张,因为

---

① 美国《1974 年贸易法》第 421 节(c)(2)。

② 包括调查期内中国轮胎的进口量,进口对美国国内轮胎价格的影响,进口对美国轮胎企业盈利状况、市场份额、产能、产量、就业的影响,进口与消费量,进口与美国国内轮胎的竞争关系及可能引起损害的其他原因等因素。参见 ITC 轮胎案裁定第 20~29 页。

③ 中国产品进口增加与美国国内产业的损害状况"同时发生"也正是因为美国轮胎产业的结构调整,退出低端产品市场而形成"市场真空",物美价廉的中国轮胎向美国出口才会大量增加。

④ 对于"中国产品进口是否是国内产业实质损害的一个原因"的问题,作为美国轮胎产业"国内产业"的 10 个生产商中,有 4 个明确回答"不是",有 4 个答复"不能回答",1 个未作表态,1 个未作答复。在提交调查答卷的 34 个进口商中,27 个进口商明确回答"不是",6 个答复"不能回答",1 个未作表态。参见 ITC 轮胎案裁定第 65 页第 125 号脚注和裁定附件第Ⅲ10~Ⅲ11 页。

⑤ 值得注意的是,ITC 以 4∶2 作出裁定,其中有两位委员对轮胎特保措施持否定意见。尽管这两位委员在"进口增加"、"实质损害"两个要件上与多数意见的认定相同,但是在"重要原因"要件上,他们反对多数意见,认为中国轮胎产品进口并不是美国国内产业实质损害的"重要原因"。参见 ITC 轮胎案裁定第 59~65 页。

美国"421 条款"对"重要原因"的界定不符合《入世议定书》第 16 条第 4 款中的"重要原因"的通常含义,因此上述美国法律与《入世议定书》第 16 条不一致。

(三)"一个重要原因"的应有之义

对进口增加和实质损害之间的因果关系,《入世议定书》第 16 条第 4 款首先说明了因果关系的"程度",即中国产品进口迅速增加是实质损害的"一个重要原因";其次则列举了评估是否满足因果关系要件时所运用的主要(但不是全部)标准:(1)被调查产品的进口量。(2)该产品进口对国内同类或直接竞争产品价格的影响。(3)该产品进口对国内产业的影响。

笔者认为,既然《入世议定书》是 WTO 协议的一部分,在解释《入世议定书》条款时,就不能以某个成员的国内法或国内标准为依据。因此,"一个重要原因"不能当然地理解为"造成国内产业实质损害的一个原因,且其重要性无须等于或大于其他原因"。

对于因果关系的问题,笔者认为,中方可着重举证和陈述下列事项。

第一,虽然《入世议定书》使用了构成"一个重要原因"的措辞,而没有明确使用"进口增加和实质损害之间存在因果关系"的措辞,[①]但"原因"这一措辞隐含地表明,进口增加和实质损害之间应该存在某种程度的因果关系。关于这种因果关系的紧密程度,笔者认为,一方面,中国产品进口迅速增加无须成为实质损害的"唯一原因"、"主要原因"或"唯一的重要原因";另一方面,在第 16 条第 4 款中,专门用形容词"重要"来修饰"原因"。这表明,需要在中国产品进口迅速增加和国内产业实质损害之间建立一定程度的因果关系。由于"重要"这一条件的限定,因此该因果关系显然不是最低程度的因果关系,也就是说,不能理解为"造成国内产业实质损害的一个原因,且其重要性无关紧要"。

第二,不能将"一个重要原因"理解为认定市场扰乱所要求的因果关系比《保障措施协议》、《反倾销协议》和《补贴与反补贴措施协议》下所要求的因果关系程度低。理由是:既然《入世议定书》第 16 条使用的"一个重要原因"措辞与上述三个协议所使用的"因果关系"的措辞不同,那么,就不能要求专家组明确认定,在进口产品和损害的因果关系的紧密程度上,《入世议定书》第 16 条与上述三个协议下的标准相比孰高孰低。简言之,措辞上的不同,使两者不具有可

---

① 与之相对照,在 WTO 现有协议中,特别是涉及贸易救济措施的《保障措施协议》、《反倾销协议》和《补贴与反补贴措施协议》中,均未规定"一个重要原因"的措辞,而是使用了"因果关系"的措辞。而且,在上述三个协议中,均明确规定了"不得将进口之外的其他因素造成的损害归因于进口增加/倾销产品/补贴产品"的"非归因于条款"。参见《保障措施协议》第 4 条第 2 款(b)项、《反倾销协议》第 3 条第 5 款、《补贴与反补贴措施协议》第 15 条第 5 款。

比性。如果一定要有所比较的话,特保措施与保障措施、反倾销措施和反补贴措施同为贸易救济措施,且特保措施针对的是中国产品的公平贸易行为,而不是倾销或补贴等不公平贸易行为,既然在反倾销和反补贴调查的因果关系认定中,都应遵循较为严格的标准,那么特保措施调查的因果关系认定,也应遵循严格的标准,即使这一标准不一定比反倾销和反补贴调查的因果关系标准高,但中国产品进口迅速增加与实质损害之间的因果联系至少应该是"清楚的"和"明显的"。

第三,《入世议定书》第16条第4款要求在评估市场扰乱包括因果关系时考虑相关因素,如"进口量"、"进口产品对同类产品价格的影响"以及"进口产品对国内产业的影响"等。虽然ITC裁定中依次考察了上述三个方面,但其论证方法和结论并不合理。例如,在考察价格影响时,ITC仅仅考察和认定中国轮胎产品的价格比美国产品的价格低这一客观情况,并认定这种"低价"加强了中国产品取代美国产品的市场占有率的能力。① 根据《入世议定书》第16条第4款的规定,要求考察的事项是进口的中国产品对美国同类产品的价格的影响。"影响"这一措辞的通常含义是指,由于中国产品的进口,使美国产品的价格发生了某种变化。在贸易救济调查中,这种变化主要表现为大幅削低价格、大幅压低价格,或者抑制本来应该上扬的价格。② 中国轮胎产品比美国产品价格低廉,是使美国产品价格发生变化的潜在"原因",而不是美国产品价格变化的"结果"。实际上,ITC裁定公布的统计数据表明,在调查期间内,美国轮胎的价格和中国进口轮胎的价格都在上涨,美国轮胎产品并未因中国产品的进口而出现大幅削低价格、压低价格,或者抑制价格的情况。在ITC裁定中,存在多处如此"混淆概念"的做法,其论证和结论的合理性值得质疑。

第四,《入世议定书》第16条第4款使用了"一个"来限定"重要原因",这不能被肤浅地理解为放宽了特保措施调查中的因果关系的要求。"一个"这一措辞,一方面表明中国产品进口迅速增加无须成为实质损害的"唯一原因"、"主要原因"或唯一的"重要原因";另一方面也隐含地表明,在中国产品进口迅速增加之外,存在其他的同时造成国内产业实质损害的要素。例如,来自除中国之外的其他成员的进口、国内产业自身的产业调整、经济危机、供求关系或消费者偏好发生变化等情况,都可能造成国内产业相关经济指数的恶化从而呈现"损害"的诸多表观特征。与此同时,《入世议定书》第16条第4款要求援用特保措施的

---

① ITC轮胎案裁定第23页。

② 例如,《反倾销协议》第3条第2款规定,关于倾销产品进口对价格的影响,调查主管机构应考虑与进口成员同类产品的价格相比,倾销进口产品是否大幅削低(undercutting)价格,或此类进口产品的影响是否是大幅压低价格,或是否是在很大程度上抑制在其他情况下本应发生的价格增加。

WTO成员在认定是否存在市场扰乱,特别是考虑因果关系时,应考虑“客观因素”。虽然第16条第4款只列举了进口量、价格影响和产业影响三个要素,但是“包括”这一措辞表明,上述三个要素并不是穷尽性的列举,援用特保措施的WTO成员还应适当考虑除上述三个要素之外的其他要素。

值得注意的是,第16条并未规定“不得将进口增加之外的其他因素造成的损害归因于进口增加”的“非归因于条款”,因此ITC没有法定义务在其裁定中主动指明对国内产业造成实质损害的其他因素并一一列明,也没有法定义务将这些因素造成的损害与中国产品进口增加造成的损害加以区别,且详细阐明未将这些因素造成的损害归因于中国产品。然而,就本案的具体情况来说,如果ITC明知存在可能对美国国内产业造成实质损害的“其他因素”,①就应该将这些因素作为第16条第4款项下的“客观因素”加以考虑。然而,纵观ITC裁定中的分析论证和结论,除了少量事实性的提及外,ITC并未论证国内产业自身的产业调整、经济危机、中国之外的其他成员的进口等本应被考虑的“客观因素”对其产业损害的可能影响。如前所述,没有一家美国国内生产商和进口商认为“中国产品进口是国内产业实质损害的一个原因”。同时,ITC有两位委员甚至明确承认不是因为中国产品进口增加,而是由于其他因素才造成了美国产业的实质损害。而且,经过中国产品多年的“迅速增加”,中国轮胎产品在美国市场的占有份额仍远低于来自第三国的产品。② 考虑到上述事实,ITC的“疏忽”和“不作为”就不应再被视为其自由裁量权范围内的事项,而是应该受到专家组的重新审查和认定。

WTO上诉机构曾在相关案例中确认,针对国家违反其国际义务行为的报复措施应该与受到的损害相称,这是一项“关于国家责任的一般国际法”,基于这项规则,不能将所有的损害归因于来自一个成员的进口。上诉机构专门指出,由于保障措施是针对公平贸易行为的贸易救济措施,“如果违反国际义务的行为应该受到相称的报复措施制裁,而一个WTO成员在没有违反国际义务的情况下,却遭受将不完全由其出口造成的损害不成比例地从而是‘惩罚性’地归因于

① 在本案中,应诉方已经明确指出对美国国内产业造成实质损害的其他因素,如美国轮胎产业自身的产业调整、来自其他国家的进口以及全球经济危机。在ITC的六位委员中,有两位委员甚至明确承认其他因素而不是中国产品进口增加才是美国产业实质损害的原因。所以,ITC委员们对上述其他因素“心知肚明”。

② 就轮胎产品数量而言,到2008年,美国国内产品占有的市场份额为49.6%,来自加拿大、日本等成员的产品占有率为33.7%,中国产品的占有率为16.7%;就轮胎产品的价值而言,到2008年美国国内产品占有的市场份额为57.9%,来自加拿大、日本等成员的产品占有率为31.2%,中国产品的占有率为10.9%。参见ITC轮胎案裁定附件第V1页。

该成员,这将是荒谬的”。[1] 基于上诉机构的这一观点,笔者认为,即使《入世议定书》第16条并未明确规定“非归因于条款”,也不能将其理解为ITC当然有权将其他“客观因素”对美国国内轮胎产业造成的实质损害全部归因于中国产品,而且,“一个重要原因”的通常含义也不能被解释为ITC可以这样做。同时,考察《入世议定书》的谈判历史记录,没有相关记录表明第16条允许WTO成员可以将国内产业的损害不成比例地全部归因于中国产品。《入世议定书》第16条的特保措施是专门针对中国产品的贸易限制措施,与按照非歧视原则实施的全球性保障措施相比,特保措施的实施对象仅限于从事公平贸易的中国产品,正因为如此,特保措施的调查机构应该更审慎地考虑中国产品进口增加和实质损害之间的因果关系,尤其是应该避免将不是由中国产品造成的损害不成比例地甚至是“惩罚性”地归因于中国产品。就本案而言,在ITC明知其他客观因素可能成为其国内产业实质损害的一个重要原因的情况下,ITC应该对即使存在其他客观因素,中国产品的进口迅速增加仍然构成轮胎产业的实质损害的一个重要原因进行详细的论证。显然,ITC并没有这样做。中方可考虑以ITC的这一漏洞作为本次起诉美国轮胎特保措施的“重点攻击目标”。

四、结　　语

中国在WTO争端解决机制对美国轮胎特保措施提出起诉,是我国政府努力抑制特保措施不利影响的重要尝试。本次起诉客观上具有下列潜在效果:首先,表明中国政府坚决反对滥用特保措施和其他形式的贸易保护措施的立场,对美国和其他成员的国内贸易保护主义势力有一定的威慑作用。其次,利用WTO争端解决机制来发现美方的不合理做法,澄清《入世议定书》第16条中的诸多含混的概念和条款,揭开“不利条款”的神秘面纱,指明该条款下中国应有的合法权益。最后,若美国和其他成员在今后对中国的其他产品也实施特保措施的话,若我们对未来的特保措施亦考虑在WTO争端解决机制提出起诉的话,那么本案专家组和上诉机构的意见可以作为其他起诉的坚实基础。

通过解读《入世议定书》第16条的条文、上下文和谈判历史,对轮胎特保措施是否能适用《保障措施协议》,存在很大的不确定性。所以,中方将不得不主

---

[1] 巴基斯坦诉美国“对来自巴基斯坦的精梳棉纱线的过渡性保障措施案”(案号WT/DS192)上诉机构报告第120段以及脚注90。该案涉及对《纺织品与服装协议》第6条(过渡性保障措施)第4款的解释。

要倚重《入世议定书》第16条本身来挑战美国轮胎特保措施的合法性。众所周知,第16条是针对中国的特殊“不利条款”,包含了诸多减损中国权利的规定,且其关于“进口迅速增加”、“实质损害”的规定给美方留下了较大的自由裁量的空间。因此,专家组推翻ITC裁定关于“进口迅速增加”、“实质损害”的结论的可能性较小。基于此,中方应倾全力举证和论述中国轮胎产品不是实质损害的“一个重要原因”。中方能否说服专家组对“一个重要原因”措辞所隐含的因果关系采取严格的标准,对本案结果至关重要。

(2010年第3期)

SCM 协议中“某些企业”的法律界定与解释

——兼评美国对华反补贴调查中专向性认定方面的若干争议点

毛　杰　邹日强*

专向性(specificity)标准是 WTO《补贴与反补贴措施协议》(以下简称 SCM 协议)中的重要法律概念,①其中,“某些企业”又是专向性标准的核心范畴,它揭示了专向性补贴的利益实质授予部分而非全部市场主体,同时也是 SCM 协议中各专向性子标准的法律基础,因此,准确解释其法律含义对整个专向性标准具有决定性意义。但是,SCM 协议没有进一步规定“某些企业”的含义;美欧反补贴实践对“某些企业”的解释也缺乏一致、连贯的标准,特别是在近年美国对华反补贴调查中,各方对美国商务部在“某些企业”上的解释和认定争议颇大;WTO 争端解决机构虽在仅有的几个涉及专向性的案件中对“某些企业”的含义进行了解释,但整体上仍是初步的论证,缺乏清晰性,有些甚至自相矛盾。考虑到其在专项性标准中的重要性,②本文对此展开专门讨论。

一、“某些企业”范畴的理论基础和在多边贸易体制立法上的演进

专向性标准是随着 GATT/WTO 多边贸易体制规范对象从出口补贴逐步深

---

* 作者单位:武汉大学法学院国际法研究所、宁波大学法学院。

本文系教育部人文社科重点研究基地重大项目《WTO 协议在我国实施中的重大法律问题》(01JAZJD820003)的阶段性成果之一。

① SCM 协议第2条。

② 目前国内理论对专项性的研究主要集中于专向性标准以及各项具体子标准,而忽略了对“某些企业”这一基础范畴的探讨。具体可参见吕晓杰:“SCM 协议中补贴的专向性要件”,载《法学》2008 年第9期;陈利强:“补贴与反补贴措施协定之专向性问题初探”,载《西北大学学报》(哲学社会科学版)2008 年第3期;杨旭:“论补贴与反补贴中的专向性标准”,载《学术探索》2005 年第4期。这些论文主要集中于法律专向性和事实专向性标准方面的研究,而对于“某些企业”一般只有概念复述。如吕晓杰指出了专向性标准中“某些企业”的解释存在内在矛盾,并认为 WTO 争端解决机制也没有提供任何法律指引,但没有进一步探讨或建议。See Xiaojie Lv, Applying the“Specificity” Test in the Context of Foreign Investment Policies of China, *Working Paper for Society of International Economic Law*(SIEL) Inaugural Conference 2008, p. 38.

入到国内补贴领域而孕育和发展起来的。① 国内补贴具有"双刃剑"效应:一方面,其作为政府对市场机制干预的方式,扭曲了资源的配置,进而可能对他国利益乃至国际贸易造成负面影响;另一方面,它在不少情况下又是校正市场机制失灵的良方,是政府实现国内经济社会目标的重要政策工具。② GATT/WTO 体制必须平衡"维护成员方实施国内补贴的必要政策空间与适当限制国家经济主权,有效遏制不公平贸易行为"这两种竞争性的利益诉求,③确保政府在实施国内补贴实现政策目标的同时,不会对其他成员方的正当利益和国际贸易造成损害。

专向性标准正是一种对国内补贴进行平衡性规范的重要法律机制,它从补贴接受者角度对补贴利益的分布状况进行评估,衡量补贴对于国际贸易的扭曲程度,从而区分合法政府措施与扭曲贸易的补贴,或者说"好"的补贴与"坏"的补贴。④ 该标准的核心理念在于,那些"普遍可获得(generally available)"的补贴非歧视地惠及所有市场主体,不会人为地改变市场竞争格局,而目标定向于某些特定市场主体的补贴改变了市场相对价格,补贴受益者获得较之于国外竞争者的人为优势,扭曲国际贸易。⑤ 由此,"某些企业"作为与"所有企业"相对应的概念,集中体现了专向性标准的经济理论基础——国际贸易扭曲理论的精髓。

1979 年东京回合达成的补贴守则首次规定了国内补贴条款,专向性标准相应地初见雏形。该守则第 11.3 条规定:"缔约方承认,第一段的目标可以通过旨在给予某些企业竞争优势的补贴方式来实现……缔约方注意到,这些补贴往往

① 从严格意义上说,专向性标准一般仅用来审查国内补贴的贸易扭曲效应。SCM 协议第 2.3 条把禁止性补贴规定为本身(perse)专向性并不符合专向性的理论基础。Petros C. Mavroid is, Patrick A. Messerlin and Jasper M. Waulters, *The Law and Economics of Contingent Protection in the WTO*, Edward Elgar Publishing Limited, 2008, p. 351.

② [英]伯纳德·霍克曼等著:《世界贸易体制的政治经济学:从关贸总协定到世界贸易组织》,刘平等译,法律出版社 2000 年版,第 99 ~ 101 页。

③ Steven McGuire, Between Pragmatism and Principle: Legalization, Political Economy, and the WTO's Subsidy Agreement, *International Trade Journal*, Vol. 16, 2002, pp. 326 – 327.

④ WTO: World Trade Report: Exploring the Links Between Subsidies, Trade and WTO, 2006, p. 193.

⑤ Robert E. Hudec, Mirror, Mirror on the Wall: The Concept of Fairness in U.S. Foreign Trade Policy, in Robert. E. Hudec(ed.), *Essays on the Nature of Internation al Trade Law*, Cameron May 2000, p. 236. 专向性标准要求政府措施不能对相同或者类似的市场主体给予厚此薄彼的歧视待遇,从这个意义上说,该标准是与作为 GATT/WTO 体制基石的非歧视原则一脉相承的。需要指出的是,SCM 协议专向性标准主要体现了乌拉圭回合谈判中美国提出的"经济扭曲理论",对该理论不乏异议和批评。此处笔者无意也无法彻底解决专向性标准存在的根本问题,本文的目的是对该标准现有规定进行探讨并力图有所改进。

是地区性的或者是部门性的。”①尽管从现在的眼光看，该专向性标准条款规定得较为粗略，可以说仅具有理念意义而不具有实际规范作用，但“某些企业”这一重要概念的确立无疑为SCM协议中专向性标准条款的最终形成奠定了坚实的法律基础。

在乌拉圭回合谈判中，代表们既对不断增多的“产业定向计划带来的贸易损害”表示担忧，也对少数国家滥用反补贴措施诟病甚多，人们的共识是“普遍可以获得的补贴并不具有可抗性，因为它们不是政府对经济部门专向干预的结果，不会授益于特定的产业。”②由此可以通过专向性标准将只适用于“某些经济部门”或“某些地区”等非普遍可获得的补贴加以多边或者单边约束，实现平衡地“改进对影响国际贸易补贴和反补贴措施的GATT规则”这一谈判总目标。③乌拉圭回合谈判达成的SCM协议所包含的专向性标准，内容更加具体，而“某些企业”这个核心范畴又如一条红线贯穿整个条款，这表现在SCM协议第2条前言开宗明义地指出，专向性补贴是“授予机关管辖范围内的一个企业或产业、或一组企业或产业的补贴”；体现在具体专向性子标准上：第2.1(a)条法律专向性(de jure specificity)、第2.1(b)条法律非专向性(de jure non－specificity)、第2.1(c)条事实专向性(de facto specificity)、第2.2条地区专向性(regional specificity)，这些子标准是评估具体经济社会环境下不同形式补贴其利益分布情况和对国际贸易扭曲程度的工具，是建立在“某些企业”基础上的具体法律标准。

二、“某些企业”法律含义的解释与实践

SCM协议专向性标准条款中的“某些企业”是指“一个企业或一个产业、或一组企业或产业”。“一个企业”相对容易理解，一般是指单个市场主体，如，在加拿大民用飞机补贴案中的Bombardier公司，澳大利亚汽车皮革补贴案中的Howe公司；“一组企业”尽管没有精确的定义，但实践中少数几家企业作为补贴利益接受者的情形较容易认定，限于篇幅也不再赘述。由此，对“某些企业”理

① Agreement on Interpretation and Application of Articles VI, XVI and XX III of the General Agreement on Tariffs and Trade(“Subsidies Code”) Article 11: Subsi dies Other than Export Subsidies.

② GATT, Checklist for Issues for Negotiations, MTN. GNG/NG10/W/9/Rev. 1, 22 October, 1987, pp. 7－8.

③ GATT Ministerial Declaration on the Uruguay Round of Multilateral Trade Negotiations, Doc. No. MIN. DEC., 20 September, 1986.

解的难点就主要集中在“一个产业”和“一组产业”上，根据逻辑语义同一律的要求，“一个产业”是解释“一组产业”的基础，故先对“一个产业”加以分析，然后再来探讨“一组产业”。

另外，考虑到美国国内反补贴法最先采用专向性标准，并对 SCM 协议专向性标准的形成产生过巨大影响；欧盟近年来开始积极使用反补贴措施，其中也有一些案例值得参考；WTO 争端解决机制虽然包含专向性标准争议并做出实体裁决的案件数量较少，①且没有上诉机构的报告，但在这些案件中，美加软木补贴案和美国高地棉案的专家组对于“某些企业”进行了专门的探讨。故我们将从美欧反补贴法适用的实践和 WTO 争端解决机构通过的报告这两条路径来探讨“一个产业”和“一组产业”的法律解释问题。

(一)关于“一个产业”的解释

按照经济学的通常含义，“一个产业”是指“经济体中的一个部门，部门内的企业一般使用类似的生产要素生产一组相关联的产品”。② 但专向性标准意义上的“一个产业”是否能作同样的解释，SCM 协议第 2.2 条没有明确答案，美欧的实践则存在不同的理解。

美国是在 1979 年对 1930 年关税法进行修订后加入专向性标准的，但国会立法并没有包含“某些企业”的定义，③美国商务部一直回避对“某些企业”作明确界定，而更倾向于依据个案作出判断。④ 就“一个产业”的理解而言，美国商务部认为，用 1930 年关税法第 771(4)(A)节关于“一个产业”是“国内同类产品生

① 截至 2008 年年底，WTO 争端解决机制所处理的包含 SCM 协议专向性条款方面的争议，而且专家小组做出实体认定的案件共有三起，它们分别是：Report of the Panel：United States—Final Countervailing Duty Determination with Respect to Certain Softwood Lumber from Canada，WT/DS257/R，简称 US—Lumber Ⅳ；Report of the Panel：European Communities—Countervailing Measures on Dynamic Random Access Memory Chips from Korea，WT/DS299/R，简称 EC—DRAMs；Report of the Panel：United States—Subsidies on Upland Cotton，WT/DS267/R，简称 US—Cotton。这里不包括禁止性补贴认定后推定本身专向性，以及虽然有专向性的争点，但争端解决机构因故没有对此做出实体认定的案件(Panel Report，WT/DS217，234/R；Appellate Body Report WT/DS217，234/AB/R)。另外，US—Cotton 案适用农业协定，但其中的补贴规则与 SCM 协议具有紧密的法律联系，在专向性问题上，也是作为参考案例。关于两者的紧密关系可参见彭越：《贸易补贴的法律规制》，法律出版社 2007 年版，第 12 ~ 14 页。

② *New Shorter Oxford English Dictionary*，Oxford：Clarendon Press，1993，p. 1356.

③ 该修订主要是为在美国国内执行东京回合补贴守则而进行的。1930 年关税法第 771(5)(B)节规定“国内补贴，如果政府行为提供或者要求提供给一个特定企业或者产业，一组企业或者产业，无论这些接受者是公共所有或者私有，无论是对于任何种类商品的制造、生产或者出口时直接或者间接授予的……”19 U. S. C. § 1677(5).

④ Lay，Redefining the Actionable “Subsidies” Under the US Countervailing Duty Law，*Columbia Law Review*，Vol. 91，1991，p. 1500.

产者的集合或者产品产出占该产品国内总产出主要部分的生产者集合”的规定来解释专向性条款中的“一个产业”是不合适的,①原因在于前者属于反补贴法律中“损害”认定部分,而后者属于“补贴”规则。② 在实践中,美国商务部一般会考虑相同的产品、政府的分类标准、所使用的原料、是否归于同个商会联盟等因素,但又认为任何一个因素都不是决定性的,其更习惯于按照实践经验根据个案具体情况对“一个产业”进行比较宽泛的解释,如将其理解为“生产性或者追求利润的企业组成的一个确定的集群”等,从而具有了较大的自由裁量权,③结果造成反补贴执法认定上的模糊性和不确定性。在 1986 年加拿大软木案Ⅱ的初裁中,美国商务部基于两个理由推翻了其在 1983 年加拿大软木案Ⅰ中做出的“加拿大采伐权补贴惠及广泛数量的产业,故不具有专向性”的认定,一是有新证据表明补贴授予缺乏中性标准,补贴授予当局自由裁量权过大,事实上造成木制品产业比纸及纸浆产业获得多得多的利益;二是认为木制品产业与纸及纸浆产业已经水平联合为一个产业。④ 分析来看,第一个理由所隐含的前提是木制品产业与纸及纸浆产业为两个独立产业,而第二个理由却认为两者属于同一行业,同一份裁决中两点理由存在明显的矛盾。更令人质疑的是,从 1983 年加拿大软木案Ⅰ裁决到 1986 年的软木案Ⅱ期间,加拿大采伐权补贴的性质、受益的产业状况都没有发生变化,美国商务部专向性认定却截然相反,原因显然并非限于法律层面。当时,美国国内对于墨西哥、加拿大等国政府采取的自然资源低价政策造成输美产品所谓“不公平”价格优势(即所谓的上游补贴或者自然资源补贴)问题上的保护主义呼声非常强烈,美国商务部在专向性认定上面临着巨大的压力。这个案件充分说明,如果对“一个产业”缺乏明确的认定标准,专向性认定就容易受到利益集团观点和压力的影响,从而产生主观武断的结果,甚至使

---

① 19 U. S. C. § 1677(4)(A).

② 当时各方对东京回合补贴守则中专向性标准的法律地位认识存在分歧,美国国内主流观点认为,补贴守则第 11. 3 条规定的专向性标准严格意义上与反补贴措施无关,因为该条款属于守则的第二部分,用来解释 GATT1947 第 16 条和第 23 条,从而只与补贴的多边规范有关。美国商务部也认为,补贴守则第 11 条承认部门或者地区性补贴的合法性,并不妨碍任何缔约方对于这些专向性补贴采取反补贴措施。Pieter Matthijs Alexander, The Specificity Test Under U. S. Countervailing Duty Law, *Michigan Journal of International Law*, Vo l. 10, 1989, p. 838.

③ 美国商务部认为,国会既然没有在成文法中对专向性进行定义,就相当于授权执法机构来决定一个群体是否构成一项补贴的专向接受者。John A. Ragosta & Howard M. Shanker, Specifi city of Subsidy Benefits in U. S Department of Commerce Countervailing Duty Deter minations, *Law and Policy in International Business*, Vol. 25, 1994, p. 650.

④ Preliminary Affirmative Countervailing Duty Determination: Certain Softwood Lu mber Products from Canada, 51 FR. 37456(1986). 该案后以和解撤诉告终,没有终裁决定。

反补贴措施沦为贸易保护的工具。

欧盟在乌拉圭回合谈判后开始重视运用反补贴措施，并在 2026/97 规则第 3.1 条中规定了专向性补贴是授予"一个企业或一个产业、或一组企业或产业，即特定企业"补贴，[①]但其中"一个产业"的含义也不明确。韩国税收抵免案是解读欧盟关于"一个产业"解释的典型案例，该案涉及的补贴是韩国一系列的税收优惠措施，这些措施适用的企业相当广泛，几乎涵盖了整个制造行业，但欧盟委员会仍在初裁中认定这些企业共同构成专向性意义上的"一个特定产业"。按此逻辑，农业也可被认为是一个特定行业，而美欧的共识是农业虽然是一个产业，但从所涵盖子产业、就业人口比例和经济总量比例来看，农业都远远超过了专向性意义上"一个产业"的要求。[②] 虽然欧盟委员会事后意识到这种认定存在的法律风险，并在终裁中修改了专向性认定的理由，[③]但由此也可以看出，欧盟反补贴法中对"一个产业"的范畴同样缺乏客观标准，造成专向性认定上严重的模糊性。

WTO 争端解决机构在 2003 年受理美加软木补贴案后，才开始有机会对专向性意义上的"一个产业"加以解释。该案中，美国认为加拿大采伐权补贴具有专向性，因为它仅授予由生产软木的纸浆及纸生产商、锯木厂商及软木再加工厂商组成的软木制品产业；除内在特性的辩解外，加拿大还特别提出应把 SCM 协议第 16 条"国内产业"的规定作为专向性标准"一个产业"解释的上下文，即"一个产业"可解释为"生产同类产品(like product)的厂商群体"。[④] 按此解释，采伐权补贴惠及 23 个产业以及 200 多种产品，远远超过了"某些企业"的界限，故不

---

① 欧盟的反补贴法律在乌拉圭回合谈判后进行了重大修改，现行的法律为 2026/97 规则，即 Council Regulation(EC) No. 2026/97 of 6 October 1997 on Protection Against Subsidiz ed Imports from Countries Not Members of the European Community, OJ[1997]L288/ 1，又称基本规则。专向性标准规定在该规则的第 3 条，内容和顺序与 SCM 协议第 2 条一致。

② 当时各方对东京回合补贴守则中专向性标准的法律地位认识存在分歧，美国国内主流观点认为，补贴守则第 11.3 条规定的专向性标准严格意义上与反补贴措施无关，因为该条款属于守则的第二部分，用来解释 GATT1947 第 16 条和第 23 条，从而只与补贴的多边规范有关。美国商务部也认为，补贴守则第 11 条承认部门或者地区性补贴的合法性，并不妨碍任何缔约方对于这些专向性补贴采取反补贴措施。Pieter Matthijs Alexander, The Specificity Test Under U. S. Countervailing Duty Law, *Michigan Journal of International Law*, Vo l. 10, 1989, 第 828 ~ 829 页；See 19 Code o f Federal Regulations 351. 502(d)。

③ Edwin Vermulst, EC Countervailing Duty Practice After the Uruguay Round Revisited: "Leges bonae ex malis moribus procreantur", *Legal Issues of Economic Inte gration*, Vol. 27, 2000, p. 228.

④ 第 16 条把"国内产业"解释为"生产同类产品的厂商群体"，属于协议第 V 部分"反补贴措施"的规定。

具有专向性。[1] 专家组不同意加拿大的观点：首先，SCM 协议第 16 条“国内产业”的定义具有不同和特定的目的，并不能成为解释第 2 条“一个产业”的上下文。[2] 其次，专家组认为，不应当采用特定或者具体确定的产品来定义“一个产业”，“SCM 协议第 2 条的‘产业’一词并不是用来指生产特定货物或者最终产品的企业，单个产业可以是生产广泛的最终产品但仍然保持 SCM 协议第 2 条意义上的一个‘产业’……产品的争论对于‘产业’的界定没有直接的影响”。[3] 专家组强调，生产许多不同的最终产品并不是认定 SCM 协议第 2 条“产业”的决定因素，后者取决于企业或者产业层面，而非产品层面。[4]

而在 1 年之后的美国高地棉案中，专家组认为美国农业保险补贴惠及有限数量农产品，而非整个农业产业，故构成专向性补贴。其中最瞩目的是该报告一反美加软木补贴案专家组报告的结论，明确指出，“专向性标准中‘产业或者一组产业’一般可以根据生产的产品来界定，‘产业’与特定产品的生产者相关。”[5]WTO 争端解决机构通过的这两份报告对“产业”的解释几乎相互矛盾，难怪人们认为在此问题上没有权威性法律指引。[6]

笔者认为，采用“同类产品”标准来界定“一个产业”是合适的，因为无论是在经济学还是法学上，采用“同类产品”来解释“一个产业”都是最基本和最通常的做法。美加软木补贴案专家组拒绝采用这种解释必然会在报告中留下自相矛盾之处，如认为，“一个产业”不能以生产同类产品来定义，因为某些企业尽管生产很多不同的最终产品，但也能归为同一个产业；但专家组又认为，“生产木制品的那些产业生产的是十分相似的产品，因此可以被认为是 SCM 协议第 2 条意义上的一个产业”。[7] 而且报告的字里行间表明，专家组潜意识中还是采用了“同类产品”作为“一个产业”的解释基础，比如，之所以认为授予单一大产业（钢铁、纺织行业）的补贴也可以被认定具有专向性，是因为这些产业除生产众多异质产品外还产出类似和相关产品；产品广泛和多样的企业或产业之所以构成一

---

① US—Lumber Ⅳ, paras. 4.50, 7.106 – 7.115.

② US—Lumb er Ⅳ, footnote 184.

③ US—Lumber Ⅳ, para. 7.120.

④ US—Lumber Ⅳ, para. 7.121.

⑤ US—Cotton, para. 7.1142.

⑥ Xiaojie Lv, Applying the “Specificity” Test in the Context of Foreign Investment Policies of China, *Working Paper for Society of International Economic Law* (SIEL) Inaugural Conference 2008, p. 38.

⑦ US—Lumber Ⅳ, footnote 188.

组企业或产业,也是因为它们具有共同的接受反补贴调查的产品。①

美加软木补贴案专家组在“同类产品”解释“一个产业”的问题上“犹抱琵琶半遮面”,有两个层面的原因:一是为驳斥加拿大提出的“接受采伐权补贴的企业生产众多不同产品,不宜认定为一个产业”的辩解,专家组特别强调专向性的认定是建立在企业或产业层面,与补贴接受者的产品并没有直接的联系。从这个意义上说,此案的特定情况是形成专家组立场的直接原因;二是从更深层次来看,“产品”本身也是一个伸缩性强、在某种意义上可以无限细分的范畴,专家组可能考虑到以“产品”为“产业”的解释基础,仍然无法实现准确界定“产业”的目的。应当说,第二层面的原因对于专向性标准的解释和发展更具一般意义。美国高地棉案专家组肯定了以产品作为产业界定的基础,但倾向于根据个案的特定情况,确定该案中的“产品”进而“产业”的外延。② 这种观点虽然能够较好地顾及具体案情,但不同的个案环境容易导致“产品”概念弹性过大,对“一个产业”、“一组产业”的认定仍将存在很大的不确定性。

作为 SCM 协议的重要概念,专向性标准是以法律为导向的 WTO 权利义务体系的组成部分,其关键用语的准确界定有助于为成员方在制定或调整补贴政策方面提供充分、清晰的法律指引,有利于被调查企业以及所属成员方在反补贴调查中充分准备应诉和有效辩护,遏制模糊规则可能产生的任意、武断认定的问题,也能够为 WTO 争端解决机构进行案件裁决提供充分的法律依据。据此,笔者吸收并改进美国高地棉案专家组的建议,提出尽管每个补贴与反补贴案件所涉及的产品和产业不尽相同,但采用诸如联合国《全部经济活动的国际标准产业分类》(ISIC)或世界海关组织《商品名称及编码协调制度》(HS)等实施历史长、国际接受程度高而且广泛公认的客观标准作为“产业”解释的客观依据,就可能为“一个产业”和“一组产业”乃至整个专向性标准的认定奠定扎实合理的法律基础。

(二)关于“一组产业”的解释

“一组产业”是以“产业”为基础的范畴,如上文所述,“产品”的无限细分导致“产业”这个范畴具有很强的伸缩性,也会影响到“一组产业”的解释。以农业为例,如果产品的界定停留在“农产品”层面,那么农业就是一个产业;如果把“农产品”继续细分,那么农业就不再是一个产业,而是一组产业(包括种植业、林业、牧业和渔业),当然还可以细分。正是由于这种弹性的存在,在美欧反补

---

① US—Lumber Ⅳ, para. 7. 120.

② US—Cotton, para. 7. 1142.

贴实践和 WTO 争端解决机构通过的报告中,有时将补贴专向性概括为授予"产业或者一组产业"的补贴,而不再区分是"产业"还是"一组产业";美国高地棉案专家组报告中"产业的界定依赖于特定案件的诸多事实因素……而且可能需要根据特定案件的特定情况而有所调整"的论断也由此而起。

而当采用 ISIC 或者 HS 编码等客观标准确定"一个产业"之后,"一组产业"的界定就转移到"一组"的解释上。在专向性意义上,"一组"可以被理解为"有限数量",申言之,补贴只有当其利益经济体内广泛分布而不只是惠及"有限数量"的产业群体时才被认为不具有或者具有较低的贸易扭曲性,从而不具有专向性。[①] 这就涉及两个相关联的法律问题:一是构成"一组产业"的产业群是否存在共同因素从而具有内在联系,尤其是否具有"同类产品"因素;二是如果不具有共同因素,那么"一组"是否能表现为具体的数量要求。

就第一个问题而言,美国反补贴法的回答是否定的,在确定补贴接受者是否构成专向性意义上的"一组产业"时,美国商务部不需要确定这些产业具有共同的特性。[②] SCM 协议在这方面没有具体规定,[③]美加软木补贴案专家组报告似乎倾向于肯定回答:"我们看来,美国商务部合理地得出加拿大补贴只限于一个产业或者一组产业的结论,'木制品产业'最多只包含有限数量的产业——纸浆产业、造纸产业、木材产业和木材再加工产业……"[④]"我们看来,那些木制品产业生产十分相似的产品,因此可以被认为是 SCM 协议第 2 条意义上的'一组产业'"。[⑤] 可以说,专向性意义上的"一组产业"尽管不是以这些产业的最终具体产品(如木厨具、木门窗)为基础的,但是以这些产业类似产品的总类型(木制品)为基础的。[⑥] 而美国高地棉案专家组的观点并不明确,虽然报告同意"产业或者一组产业一般可以根据生产的产品来界定",[⑦]但并没有明确必须是"同类产品"。

笔者赞同否定观点,即除接受补贴这一因素外,构成"一组产业"的诸产业不需要以同类产品或者其他共同因素相关联,否则极易激励补贴提供国将

---

① US—Lumber Ⅳ, para. 7.116; US—Cotton, para. 7.1142.

② 19 Code of Federal Regulations 351.502(b).

③ SCM 协议没有对产业进行定义,也不存在关于若干产业是否必须生产类似产品才能被认为是"一组"产业的任何规则。See US—Lumber Ⅳ, para. 7.119.

④ US—Lumber Ⅳ, para. 7.120 - 7.121.

⑤ US—Lumber Ⅳ, footnote 188.

⑥ Rudiger Wolfrum Peter - Tobias Stoll & Michael Koebele, *WTO—Trade Remedies*, Martinus Nijhoff Publishers, 2008, p. 459.

⑦ US—Cotton, para. 7.1142.

原本分开授予不同产业(如化工、钢铁和奶制品等不具有共同产品的多个产业)的多个专向性补贴组合在一起,形成了一个覆盖范围远远超过单个补贴的大补贴计划,从而规避专向性标准。而在 SCM 协议的解释和适用上,WTO 争端解决机构通过的报告已明显表现出一个特点,即更重视采用目的和宗旨解释方法,防止解释方法上的局限性而给成员方留出有意规避协议的空间。[①]当然,当政府以货物或者服务为载体提供补贴时,载体的内在特性决定了接受补贴的产业可能生产同类产品,这对于判断是否构成"一组产业"是具有参考价值的,[②]但考虑到补贴的"财政资助"方式还包括直接赠款、贷款、贷款担保、税式支出等,[③]接受补贴的产业也可能不具有"同类产品",但不能由此否定构成专向性意义上"一组产业"的可能性。美加软木补贴案专家组报告的结论也只是基于个案的特定情况,而不具有一般性。

由此就产生了第二个问题,如果不要求具有共同因素,那么"一组"是否能表现为具体的数量要求。从美国反补贴实践看,并不存在这类量化标准,美国商务部更多的是依据个案具体情况,审查补贴所惠及产业的数量和广泛程度,包括这些产业占整个经济体产业总数的比重等因素后综合认定。比如,在加拿大生猪案中,美国认为整个农业包含 100 多个产业,而受惠于补贴的仅是其中的 9 个产业,因此构成"一组产业"。[④] 但对于一些补贴惠及面相对较广的案件是否构成"一组产业",往往存在争议。比如,在比利时钢铁案中,美国商务部认为,惠及包括钢铁、食品加工、造纸、化工及化肥、采矿、电子机械、焰火火药、水泥及陶瓷 8 大行业的优惠政策具有专向性,因为行业覆盖面仍不够广泛。[⑤]

美加软木补贴案专家组的报告肯定了美国的认定,"无论'有限'一词是如何定义,'木制品产业'最多只包含了有限数量的产业——纸浆产业、造纸产业、木材产业和木材再加工产业",[⑥]但采伐权补贴属于政府提供货物这种财政资

① Asif H. Qureshi, *Interpreting WTO Agreements: Problems and Perspectives*, Cambridge University Press, 2006, pp. 183 - 185.

② 美国商务部认为,国会既然没有在成文法中对专向性进行定义,就相当于授权执法机构来决定一个群体是否构成一项补贴的专向接受者。John A. Ragosta & Howard M. Shanker, Specificity of Subsidy Benefits in U. S Department of Commerce Countervailing Duty Determinations, *Law and Policy in International Business*, Vol. 25, 1994, pp. 652 - 653.

③ SCM 协议第 1.1(a)(1)条第(i)、(ii)项。

④ Final Affirmative Countervailing Duty Determinations: Live Swine and Fresh, Chilled, and Frozen Pork Products from Canada, 56 Fed. Reg. 25531, 28534(1989).

⑤ Final Affirmative Countervailing Duty Determinations: Certain Steel Products from Belgium, 58 FR 37273, 37276(1993).

⑥ US—Lumber Ⅳ, para. 7.121.

助，具有特殊性，这个认定并不具有一般意义；而专家组也回避了"有限数量"一词的解释，报告无法提供更多的启示。美国高地棉案专家组报告的回答更为直接，"专向性是一个一般性概念，其宽狭与否并不能局限于僵化的数量定义"。[①]美国的反补贴实践和WTO争端解决机构通过的报告都没有对"一组产业"给出具体数量要求，根本原因在于专向性标准所依赖的贸易扭曲理论具有相对性：补贴惠及经济体内的产业数量越多，面越广，对于国际贸易的扭曲效应就越小，反之亦然。专向性可以被理解为与"普遍或者广泛获得"相反的范畴，而"一组产业"则是与"所有企业"相对的程度性概念，把抽象的程度性概念运用到复杂多样的现实案件中，显然很难有一个先决的、简单划一的数量标准，因此反补贴调查当局在专向性认定上具有一定的自由裁量权也就不可避免。[②] 尽管如此，行政权力所具有的天然的无限扩张性值得警惕，"一组产业"缺乏具体规定，可能助长反补贴调查当局在专向性认定上滥用自由裁量权，并造成武断、不公正的认定后果。就在欧盟委员会初裁认定韩国税收减免法案所提供的补贴利益只限于制造行业，具有专向性之际，美国商务部也启动对该法案的反补贴调查，但却认定韩国制造业所包含大量企业和产业群，在整个国民经济中占据重要比重，故该法案涉及的税收优惠不存在专向性。[③] 同一补贴措施因调查当局的不同而受到截然相反的专向性认定，昭示了SCM协议明确"一组产业"概念，提高规则可预见性的必要性。因此，一方面，"一组产业"要求补贴受益行业具有广泛性，但并不要求涵盖经济体的所有领域，此处应有"度"的把握；另一方面，在这个"度"的具体规定尚付阙如的情况下，可以考虑在引入客观标准来确定产业范畴的基础上，规定在认定"一组产业"时反补贴调查当局必须审查的因素，如接受补贴产业的绝对数量、占出口成员方产业总数的比例、受补贴产业产值和占出口成员方国民经济的相对比重等。由于贸易扭曲理论的相对性和具体案件的多样性，这方面不可能绝对排除反补贴调查当局的自由裁量权，而应通过谋求实体和程序的具体规则来约束这种自由裁量权。

---

① US—Cotton, para. 7. 1142.

② Kathy Baylis, *Countervailing Duty*: *Economic Theory and Legal Practice*, University of British Columbia Working Paper, August 2005, p. 27.

③ Kap – You Kim, Issues and Arguments in Trade Dispute Cases Against Korean Indus tries on Countervailing Measures, *Journal of Korean Law*, Vol. 3, 2000, p. 61.

三、美国对华反补贴调查中在“某些企业”问题上的若干争议点

近年来,美国等西方国家改变了长期奉行的对非市场经济体不适用反补贴法的立场,对我国出口产品发起了一系列的反补贴调查,①这些反补贴调查涉及奖励赠款、银行信贷、土地划拨、税收等诸多国家政策,②其中在“若干税收优惠政策”和“国有企业提供投入物”这两大类政策措施上,各方对于“某些企业”的解释与认定存有较大争议,这里举例加以简要评述。

(一)税收优惠政策

长期以来税收优惠政策是我国政府重要的政策工具,美国对华反补贴调查涉及不少税收优惠政策,其中关于政策惠及的众多受益群体是否构成专向性意义上“某些企业”的问题,引起颇多关注和争议。

1.“两免三减半”税收优惠。在铜版纸(CFS)、低刻度热敏纸(LTP)和原生弹性磁铁(RFM)等案件中,美国认为享受“两免三减半”税收优惠的生产型外商投资企业(FIEs)③尽管归属于不少产业,但仍构成专向性标准中的“一组产业”。起诉方认为,中国生产型外商投资企业虽然绝对数量众多,但仍不到所有企业的2%,因此优惠面不具有广泛性;而我方提出生产性外商投资企业覆盖了几乎所有制造业领域内的产业,获得优惠的绝对数额亦有20多万家,如果认为对于生产型外商投资企业的税收优惠具有专向性,就违反了美国国内法上避免认定惠

① 截至2009年11月底,已经做出终裁的反补贴案件共有12起,详情可登录美国商务部网站查询:http://www.ia.ita.doc.gov/frn.index.html。

② 这些政策在多起案件中出现,原因在于相比于倾销作为企业的个体行为,政府补贴政策的影响面往往十分广泛,一旦某项政策在某一案件中被认定为可抗性补贴,那么在其他案件中也可能受到相同的认定。

③ 原《中华人民共和国外商投资企业和外国企业所得税法》(1991年4月9日)第8条、原《中华人民共和国外商投资企业和外国企业所得税法实施细则》(1991年6月3日)第72条和《国家税务局关于其他行业生产性外商投资企业解释认定的通知》(国税发〔1992〕109号)均规定了生产性外商投资企业的行业范围。其包括机械制造、电子工业;能源工业(不含开采石油、天然气);冶金、化学、建材工业;轻工、纺织、包装工业;医疗器械、制药工业;农业、林业、畜牧业、渔业和水利业;建筑业;交通运输业(不含客运);直接为生产服务的科技开发、地质普查、产业信息咨询和生产设备、精密仪器维修服务业,等等。

及整个经济体补贴为可抗性补贴的规定。①

笔者认为,中国方面的观点是比较有力的。首先,从产业和一组产业的分析来看,"某些企业"为基础的专向性标准目的在于避免把在整个经济体内惠及面十分广泛的补贴认定为可抗性补贴,美国商务部的以往实践同样强调在企业或者产业层面来认定专向性:受益企业数量是一个重要指标,但如果绝对数量大的企业归属于少数产业,则仍属"某些企业",而只有这些企业归属于众多和不同的行业,补贴才不具有专向性。② 我国生产性外商投资企业绝对数量巨大,尽管生产性外商投资企业占我国企业总数量的相对比例较低,但应当看到,调查当年(2006 年)这类企业的产值占我国工业产值总值的 31.6%、占全国进出口额的 58.8%,表明生产型外商投资企业已经成为我国国民经济的主要组成部分之一,③更为重要的是,这些企业归属于十分广泛的不同产业,几乎覆盖了整个制造业(工业)领域,在整个经济体中的分布大大超越了"某些企业"的要求。其次,现实中的绝大多数补贴对受益者都有资格要求,对此,SCM 协议第 2.1 条(b)项排除设定"客观标准或条件"的补贴的法律专向性,④表明这类补贴虽然限制受益者数量,但"客观"、"中性"和"水平适用"的资格要求重在不限制补贴在经济体内的惠及面,补贴的贸易扭曲程度就低,这与"某些企业"的立法理念是一脉相承的。美国联邦法院在 PPG Ⅱ 这个著名的反补贴案件中对补贴的资格要求进行了精辟的论述,"资格要求往往构成参加补贴项目的限制,但这种限制可能是非歧视性的,因此需要更多其他证据来证明补贴利益是授予一个特定企业、产业或者一组特定企业或者产业的……相应地,应当评估符合资格企业群体的实际构成,决定这些企业是否构成一组特定企业或者产业"。⑤ 该案中,法院

---

① Issues and Decision Memorandum for the Final Determination in the Countervailing Duty Investigation of Coated Free Sheet from the People's Republic of China, 72 FR 60645, 25 October, 2007, IDM for CFS, pp. 84 – 85; Issues and Decision Memorandum for the Final Determination in the Countervailing Duty Investigation of Lightweight Thermal Paper from the People's Republic of China, 73 FR 57323, 2 October, 2008, IDM for LTP, pp. 15 – 16; Issues and Decision Memorandum for the Final Determination in the Countervailing Duty Investigation of Raw Flexible Magnets from the People's Republic of China, 73 FR 39667, 2 July, 2008, IDM for RFW, pp. 19 – 21.

② Countervailing Duty: Final Rules, 63 FR 65357, November 25, 1998.

③ 数据来源于中国统计年鉴 2007 年,中国统计出版社 2007 年版。我国政府和企业没有提出这方面的数据对起诉方所谓企业数量相对比例低的论断以有力的回击,在本案应诉中留下了稍许的遗憾。

④ "客观标准或条件"指"中性(neutral)的标准或条件,不仅仅优惠于某些企业,且属经济性质、水平适用,如雇员的数量或企业的大小"。

⑤ PPG Indus. v. United States, 928 F. 2d 1239, 1240 – 1241, 1568 (Fed. Cir 1991).

支持了美国商务部关于对在特定日期之前所有持有长期外债的企业提供补贴不具有专向性的认定。就本项税收优惠而言,生产型外商投资企业包含两个资格要求,即股权标准(外资比例)和行业特点(生产型),通过比较不难发现,股权标准与PPGⅡ案中的外债要求同属于“水平适用”的客观经济标准;生产型这个条件实质是指区别于零售、批发的制造业(或工业),而前述韩国税收减免法案表明美国商务部实践认为,以制造业主体部分为授予对象的补贴不具有专向性。享受税率优惠的基础是外商投资企业这种商业组织形式,而美国税法上也有根据不同的组织形式,如个人、合伙、公司等(种类可更加细分)给予不同税率的规定。更为重要的是,对于存在两个或两个以上“客观标准或者条件”确定受益群体的补贴,美国商务部以往一般也不认为具有专向性,如对工业或者制造业内中小企业的补贴就是如此。[①] 上述分析表明,美国商务部关于生产型外商投资企业构成“某些企业”认定的理由并不充分,[②]不仅不符合 SCM 协议的规定,[③]也违反其一贯的立场。

2. 进口设备增值税、关税优惠。[④] 这项税收优惠政策惠及外商投资企业以及投资项目符合《国家鼓励的重点产业、产品和技术发展目录》的内资企业。美国商务部认为,生产型外商投资企业享受的税收优惠政策已经被认定为具有法律专向性,由于不是所有内资企业可以享受本项优惠,因此,外商投资企业加上某些内资企业,并不能使本项措施免除专向性。[⑤] 笔者认为,美国商务部的论证明显不够严密:首先,上文分析表明,生产型外商投资企业这个群体已经超过了专向性意义上“某些企业”中“一组产业”的要求;其次,退一步说,即使承认美国商务部关于生产型外商投资企业构成“一组产业”的认定,本项税收优惠去除了“生产型”这一要求,则外商投资企业是否构成“一组产业”,美国商务部没有解

① 单一:《WTO 框架下补贴与反补贴法律制度与实务》,法律出版社 2009 年版,第 147 ~ 148 页。

② 值得指出的是,美国 1930 年关税法规定了法律专向性[Section 771(5A)(D)(i)],也规定了类似于 SCM 协议第 2.1(b)条的法律非专向性[Section 771(5A)(D)(ii)],但在上述案件中,商务部认为,只要证明了法律专向性就无须进一步论证法律非专向性,这种做法显然违反了 SCM 协议和其本国法律的规定。而且在铜版纸案件中,当我方提出美国税法根据企业组织形式的不同而采取不同税率,而生产型外商投资企业也是一种组织形式时,美国商务部仅以生产型外商投资企业的股权标准和行业标准不同于美国的企业形式标准就对前者加以否定,这表明其对客观标准的理解过于狭隘,并多少存在“霸权逻辑”的意味。

③ 鉴于美国商务部没有根据 SCM 协议第 2.4 条规定用肯定证据来证明中国相关补贴的专向性,我国已经在 WTO 争端解决机制内向美国提出磋商要求。Request for Consultations by China, United States—Preliminary Anti - dumping and Countervailing Duty Determina tions on Coated Free Sheet Paper from China, WT/DS368/1, 18 September, 2007.

④ 关于这项税收优惠政策的具体内容,参见《国务院关于调整进口设备税收政策的通知》(国发〔1997〕37 号)。

⑤ IDM for CFS, p. 88; IDM for LTP, p. 17.

释;最后,内资企业也可享受本项税收优惠,尽管存在资格要求,但国家鼓励类投资政策涵盖行业十分广泛,因而外商投资企业加上部分内资企业所组成的群体构成"一组产业"的可能性就更低。因此,美国商务部对本项税收优惠政策专向性论证过于草率,理由不够充分,难以服人,引起各方的争议也就在所难免。

(二)国有企业提供投入物

起诉方认为,国有企业为下游行业提供投入物构成SCM协议意义上的补贴,多少出乎应诉方的意料。原因在于,一方面美国商务部把国有企业认定为补贴授予当局的一类,从而大大降低证明该类措施构成"财政资助"的难度;①另一方面美国商务部以投入物市场价格为我国政府控制所扭曲为由,在确定"授予利益"要件上频繁使用外部基准。② 在此背景下,专向性认定就成为这些措施是否构成可诉补贴的关键。

在环状焊接碳素钢管(CWP)案中,被诉的企业提出,中国某些国有企业生产的热轧钢除了成为生产CWP的投入物外,还广泛应用于建筑、汽车、电子家电、机械、化工、远距离管道制造等行业,而这些行业包含了数十万家的企业,因此,即使把国有企业认定为补贴"授予当局",其提供低价热轧钢板所给予的补贴也并非为数量有限的企业/行业所使用。在新充气工程轮胎(NPORT)案中,我国政府列举了使用天然和人造橡胶的行业,如轮胎、橡胶带、橡胶管、鞋、机械部件以及日用产品,并在首份问卷中申明这些行业列举是非穷尽的,继而又在信息核实过程中提供了其他下游行业的清单,以证明提供橡胶原料的行为即使构成补贴,也因受益者众多而超越"某些企业"的范畴。尽管如此,在上述案件中,美国商务部仍然认为这些措施具有事实专向性,理由之一在于尽管这些行业包含的企业绝对数量很多,但使用这些投入物的行业是有限的;理由之二在于中国政府或者应诉企业也没有进一步地提供能证明这些投入物为无限数量行业所使

---

① 国有企业是否构成SCM协议第1.1(a)(1)条上的公共实体,存在争议,限于篇幅,不作详述。See Panel Report, Korea—Measures Affecting Trade in Commercial Vessels, WT/DS273/R, paras. 7.37 -7.53; Report of the Panel, United States—Countervai ling Dut y Investigation on DRAMS from Korea, WT/DS296/R, footnote 29, 80. 而且将国有企业认定为公共实体就可以避免确立SCM协议第1.1(a)(1)条(ⅳ)项"委托或者指示"所要求的难度较大的证明责任。See Panel Report, United State—Measures Treating Exports Restraints as Subsidies, WT/DS194/R, paras. 8.26 - 8.32; Appellate Body Report, United States—Countervailing Duty Investigation on DRAMS from Korea, WT/DS296/AB/R, paras. 108 -114.

② Appellate Body Report, United States—Final Determination With Respect to Certain Softwood Lumber from Canada, WT/DS296/AB/R, paras. 95 - 103; WTO, Protocol on the Accession of the People's Republic of China, WT/L/432, Section 15(b). 类似于反倾销,这种外部基准极易导致补贴"利益"存在的认定。

用的清单和数据。[①] 笔者认为,美国商务部的第一个理由正好体现了目前 SCM 协议以及美国国内补贴法上对于"有限数量"缺乏必要规定或者限制的现状,这种约束的缺失给予反补贴当局过大的自由裁量权。按美国商务部的逻辑,除了供电、供水等基础设施之外,政府提供其他货物或者服务的行为都因为使用者有限而具有专向性,这种矫枉过正的极端做法显然不符合前文"一组产业"认定上"度"的要求。[②] 而第二个理由则更是自相矛盾,美国商务部要求被诉方要通过清单方式来证明使用者数量不是"有限"的,但广泛或者无限数量使用者显然是无法通过清单列举的,这无疑要求应诉方承担其无法完成的证明责任,预示了应诉方败诉的结局。[③] 美国著名补贴与反补贴问题专家霍立克(Horlick)很好地概括了美国反补贴法在"某些企业"认定上存在的问题:"美国成文法的专向性标准规定允许商务部对授予一个产业的补贴避免使用反补贴措施,仅仅因为这项补贴在惠及这个产业的同时又惠及了少数一些产业;而成文法也允许商务部对于惠及一个经济体内除一个产业以外所有产业的补贴征收反补贴税。"[④]前文的分析,特别是我方参与反补贴应诉的经历很好地体现了这一点。虽然 SCM 协议的规定尚未实现对反补贴调查裁量权的有效约束,[⑤]但随着专向性标准适用实践的增加,澄清与完善"某些企业"法律含义的时机已经成熟。

---

① Issues and Decision Memorandum for the Final Determination in the Countervailing Duty Investigation of Circular Welded Carbon Quality Steel Pipe from the People's Republic of China, 73 FR 31966, 29 May, 2008, IDM for CWCQSP, pp. 59 – 62; Issues and Decision Memorandum for the Final Determination in the Countervailing Duty Investigation of New Pneumatic Off – the – Road Tires from the People's Republic of China, 73 FR 40480, 15 July, 2008, IDM for NPORT, pp. 69 – 71.

② 另外,SCM 协议第 1.1(a)(1)条第(ⅲ)项已将"政府提供公共基础设施"排除在补贴定义之外,因此美国商务部对"一组产业"的解释实际使该项除外规定变得多余,不符合 WTO 争端解决机构确立的对条约条款"全有效"解释的原则。See Appellate Body Report, United States—Standards for Reformulated and Conventional Gasoline, WT/DS2/AB/R, p. 23.

③ 在焊接奥氏不锈钢压力管(CWASPP)和环状焊接碳钢线管(CWCQSLP)等案件中,中国政府或应诉企业都因无法全面提供那些用途十分广泛投入物的清单和数据而被适用"不利后果推定",也从侧面证明了这一点。Issues and Decision Memorandum for the Final Determination in the Countervailing Duty Investigation of Certain Welded Austenitic Stainless Pressure Pipe from the Peoples Republic of China, IDM for CWASPP, 74 FR 4936, 21 January, 2009, Comment 7; Issues and Decision Memorandum for the Final Determination in the Countervailing Duty Investigation of Circular Welded Carbon Quality Steel Line Pipe from the People's Republic of China, 73 FR 70961, 17 November, 2008, IDM for CWCQSLP, Comment 6, pp. 47 – 48.

④ Gary N. Horlicketal. , The Countervailability of Subsidies: Specificity, 372 PLI/COMM 35, 44, 2 December, 1985.

⑤ 直接表现为争端解决机制由于无"法"可依,事实上放任成员方反补贴调查在"某些企业"上的认定,不利于 SCM 协议统一和公正的施行,减损了 SCM 协议和争端解决机制的法律权威。比如,加拿大在多哈回合中提出,美加软木补贴案专家组对"一组产业"的解释是"自作主张"而没有依照任何客观标准。See Specificity: Communication from Canada, TN/RL/GEN/6, 14 July, 2004.

四、澄清与完善“某些企业”法律含义的建议

专向性标准源自美国反补贴法，实践表明它是一个褒贬不一、争议颇多的法律概念，①其中最严重的缺陷就在于该标准的核心范畴“某些企业”所存在的模糊性，“‘某些企业’的模糊性使专向性标准缺乏明确性，这与补贴定义缺失一起，赋予执法机构过度的自由裁量权，并助长了反补贴方面的贸易保护主义”。②美国主导了乌拉圭回合补贴与反补贴问题的谈判，并将本国反补贴法专向性标准条款移植到 SCM 协议之中。③ 因此，尽管协议中专向性条款空前详尽，并被广泛期望为此后的补贴与反补贴实践提供更高的可预见性，但事实遗憾地表明，由于“某些企业”这一核心在概念上缺乏明确定义，该标准在补贴政策制定指引和反补贴调查裁量权约束等方面的应有作用未能得到充分发挥，这在一定程度上阻碍了 SCM 协议“同时加强补贴和反补贴措施纪律”这个宗旨的实现。④ 早在 20 多年前乌拉圭回合谈判前夕，GATT 的补贴数量计算专家组在向补贴与反补贴措施委员会提交的专题报告中，就曾精辟地概括了专向性标准在国际贸易体制中的重要意义，即“可抗性利益的狭义定义有助于减少因反补贴措施滥用带来的国际贸易摩擦，专向性标准如果能够建立在公正客观的标准之上，并赢得广泛接受，就能够达到这个目标”⑤这一理念不仅贯穿当时的谈判过程，而且至今仍指导着补贴与反补贴的理论与实践，并成为 SCM 协议不断改进的动力源

---

① Christopher Lehmann, The Definition of “Domestic Subsidy” Under United States Countervailing Duty Law, *Texas International Law Journal*, Vol. 22, 1987, p. 65; Daniel K. Tarullo, Beyond Normalcy in the Regulation of Inter national Trade, *Harvard Law Review*, Vol. 100, 1987, pp. 560 – 570; James D. Southwick, The Lingering Problem with the Specificity Test in United States Countervailing Duty Law, *Minnesota Law Review*, Vol. 72, 1988, p. 1177.

② William Wilcox, GATT – Based Protection and the Definition of a Subsidy, *Boston University International Law Journal*, Vol. 16, 1998, p. 155.

③ United States Information Service—Executive Summary footnote 12, Results from the GATT Uruguay Round for Multilateral Trade Agreement; Michael Rom, Some Early Reflections on the Uruguay Round Agreement as Seen from the Viewpoint of a Developing Country, *Journal of World Trade*, Vol. 28, 1994, p. 8.

④ SCM 协议本身并没有表明协议的目的和宗旨，上诉机构在多起案件报告中总结认为，SCM 协议的目的和宗旨是“加强和改进 GATT(多边贸易体制)对于补贴和反补贴措施使用的纪律”。See WTO Analytical Index: Guide to WTO Law and Practice(2nd Edition), Cambridge University Press, 2007, VolumeⅡ, pp. 879 – 881.

⑤ Panel Report: Draft Guidelines for the Application of the Concept of Specificity on the Calculation of the Amount of a Subsidy Other than Export Subsidies, SCM/W/89, 25 April, 1985.

泉。应当看到，包括 SCM 协议在内的 WTO 多边贸易规则毕竟是众多成员方共同合意的结果，尽管在规则源起上对该领域立法起步早的成员有一定的依赖性，但此后规则的发展却往往具有相当的独立性。随着专向性标准实践的增多，WTO 及其广大成员对于“某些企业”的定义问题有了更加深刻的认识，并在多哈回合谈判中提出了不少改进建议。① 具体而言，“某些企业”所代表的语句虽然简短，但所包含的理念却具有相当的广度和深度，应当遵循在明确的法律规则与保留个案中适当裁量权之间的平衡原则，在实体规则和程序规则两方面对“某些企业”进行澄清和完善：在实体规则方面，一是引入国际公认和普遍接受的标准，作为确定产业范畴的基础，上述联合国 ISIC 是对经济活动进行分类的最成熟的权威国际标准之一，包含明确清晰的产业与产业层次界定，并已经成为 WTO 国际贸易统计的基础标准，可作为对产业界定的基础。② 二是在确定接受补贴的产业群是否构成“一组产业”时，调查当局主要应考虑接受补贴的产业在出口方经济体内的产业广泛程度，对这个“度”尚没有一般性的规定，可考虑建立以受益产业在数量、产值、进出口值、投资额等方面的绝对值和相对值（与出口成员方整个经济体的相关指标比较）为主要内容的指标体系，作为判断和把握“度”的依据；在程序规则方面，要求调查当局应当根据案件中“肯定证据”对上述实体因素进行“客观审查”后才能作出认定。③ 笔者认为，以这些客观标准和指标体系为基础，辅之以程序的约束，通过在单边和多边体制内的长期实践，WTO 成员方形成“某些企业”，尤其是在“一组产业”上“度”的共识和惯例是最理想的路径选择。

“某些企业”含义的澄清与完善可以在 WTO 立法程序、争端解决机制以及 SCM 委员会三方互动的框架内进行。

1. 多哈回合补贴与反补贴谈判的授权是“在维持相关协议的基本概念和原则的基础上，对有关规则和纪律加以澄清和改进”。④ 明确“某些企业”的含义符

---

① Improved Disciplines Under the Agreement on Subsidies and Countervailing Measures: Communication from Canada, TN/RL/W/112, 6 June, 2003; Canada's Communication on Specificity, TN/RL/GEN/6, 14 July, 2004; Specificity: Paper from Brazil, TN/ RL/W/191, 16 November, 2005; Proposed Amendments to Certain Provisions of the Agreement on Subsidies and Countervailing Measures Communication from Canada Revision, TN/RL/GEN/112/Rev. 1, 17 May, 2006.

② 世界海关组织 HS 编码是用途广泛的国际贸易商品分类体系，也是对产业进行界定的合适基础标准之一。

③ 美国热卷钢上诉机构报告（WT/DS184/AB/R）对于“肯定证据和客观审查”含义的经典阐述，在反补贴调查中同样适用。See EC—DRAMs, para. 7. 272.

④ Doha Ministerial Declaration, WT/MIN(01)/DEC/1, 14 November, 2001, Article 28.

合这一授权范围,但由于法律技术和利益关系的原因,在2008年出炉的补贴与倾销谈判组的主席文本草案对“某些企业”没有做任何修改建议。① 这反映了通过立法(或立法解释)程序实现概念的澄清和完善是艰难的,近期希望不大。当然各方在谈判过程中的合理建议和不断探索,对于弥合分歧、达成共识的积极意义仍不可低估。

2. 根据争端解决谅解(DSU)第3.2条,争端解决机构的解释具有澄清有关协定条款含义的作用。专向性标准是一个复杂而伸缩性强的法律范畴,运用得当与否在很大程度上取决于争端解决机构对“某些企业”这一范畴的解释。② 目前来看,争端解决机构通过的报告已经涉及“某些企业”含义的解释,但由于SCM协议本身的局限以及案件数量较少,这种解释还是初步的。相信随着相关案件数量的增多,争端解决机构在这方面将会积累有益的经验,借助事实上的“遵循先例”的传统③为WTO成员方补贴与反补贴政策与实践提供稳定的预期,是值得期待的。④

3. SCM委员会负有对各成员方通报的补贴措施进行审查的职责,⑤审查点之一便是所通报的补贴是否因授予“某些企业”而具有专向性。因此,可以考虑由WTO全体成员授权委员会就涉及“某些企业”法律问题进行研究,并尝试制定关于“某些企业”等专向性标准的法律判断的规则指引和制定快捷咨询程序。⑥

---

① Chairmans Text: Annex B—Subsidies and Countervailing Measures, TN/ RL/W/232, 28 May, 2008. WTO协定第9条关于立法解释权的程序也十分严格,至今尚无成功先例。

② United States Information Service—Executive Summary footnote 12, Results from the GATT Uruguay Round for Multilateral Trade Agreement; Michael Rom, Some Early Reflections on the Uruguay Round Agreement as Seen from the Viewpoint of a Developing Country, *Journal of World Trade*, Vol. 28, 1994, p. 162.

③ Mitsuo Matsushita, Thomas J. Schoenbaum, Petros C. Mavroidis, *The World Trade Organization Law: Practice and Policy*, Oxford University Press, 2003, p. 25, p. 58. 而反过来,有关争端当事方关于案件争议总结的提案也是推动多边贸易谈判取得成果的重要力量源泉。See John R. Magnus, World Trade Organization Subsidy Discipline: Is This the “Retrenchment Round”? *Journal of World Trade*, Vol. 38, 2004, p. 985.

④ 本文并不认为“某些企业”缺乏明确规定是一种维系WTO体系微妙平衡的不可解释的“建设性模糊”(程红星著:《WTO司法哲学的能动主义之维》,北京大学出版社2006年版,第46~47页),但争端解决机制的解释应当遵守DSU第3.2条“不增加或者减少相关协定规定的权利和义务”的规定。

⑤ SCM协议第25条、26条。

⑥ 常设专家组(PGE)也可以在这方面为SCM委员会提供咨询意见。参见SCM协议第24条。

五、结　　语

我国是过渡经济国家和发展中大国，补贴政策的重要性不言而喻，而反补贴调查具有效仿性，因此美加等国对我国反补贴调查的影响不可小觑。如上文所分析的，在补贴专向性认定问题上，我国具有重要的法律利益，应当据理力争，有所作为。除对外在多哈回合谈判以及SCM委员会中发挥作用，对内积极推进国内经济体制改革，调整和完善相关补贴政策之外，对那些频繁使用反补贴措施的WTO成员方国内法上关于“某些企业”等专向性标准认定方法以及程序，我们应当加强研究，并结合其承担的国际义务进行全面综合分析，必要时积极借助WTO争端解决机制，遏制这些国家在反补贴调查中可能存在的滥用权力、主观武断和不公平的做法，有效地维护我国的合法利益。[①]

（2010年第4期）

① 由于国际贸易委员会在损害问题上作出了否定性终裁，铜版纸案以不征收反补贴税而终结，中美WTO争端解决程序也没有进行下去。笔者认为，我国应当继续在WTO争端解决机制内寻求专向性认定争议的实质性解决。

WTO框架下碳关税可能引致的贸易争端与解决

梁　咏*

全球变暖的严峻事实要求人类为回应现今和预期的气候变化及其影响作出相应调整,尽管气象学家未能清楚解释全球变暖的原因,但他们一致认为最重要的第一步是减慢二氧化碳排放的增长,并尽快减少二氧化碳的排放量。① 为应对气候变化,各国均做出了各自的努力,碳关税(carbon tariff)正是在这样的背景下登上了历史舞台。

一、碳关税可能引致的贸易争端

2009年6月26日,美国众议院通过《美国清洁能源与安全法案》(American Clean Energy and Security Act of 2009),规定从2020年起开始实施边境税收调节措施(以下简称碳关税),对来自未对二氧化碳排放进行收费或限制国家的进口产品征收特别的二氧化碳排放关税。② 截至目前,世界上尚无征收碳关税的实践,只有欧洲的瑞典、荷兰、丹麦等少数国家在国内征收碳税。从征税对象来看,碳税主要可以分为两种类型:一种是针对化石燃料本身进行课征;另一种是针对铝、钢铁、水泥等能源密集型产品(以下简称内涵碳产品)在生产过程中所排放的二氧化碳量进行课征。③ 碳税本质

---

* 作者单位:复旦大学法学院。

① Reuven S. Avi - Yonah and David M. Uhlmann, Combating Global Climate Change: Why a Carbon Tax Is a Better Response to Global Warming than Cap and Trade, *Stanford Environmental Law Journal*, 2009, Vol. 28, p. 3.

② Section 765 of S1733 of House of Representatives Draft of American Clean Energy and Security Act of 2009.

③ Michael J. Zimmer, Carbon Tax: Ready for Prime Time?, *Sustainable Development Law & Policy*, 2007 – 2008, Vol. 8, p. 67.

上属于环境税[①]中的绿色抵消税,[②]其目的是将人为导致的气候变化的外部因素内部化,迫使个体去考虑因碳排放而造成的所有后果,其根源可追溯至20世纪20年代的"庇古税"。[③]

目前,世界上已有少数国家开始课征碳税,但这些国家也面临着两难境地。一方面,课征碳税会增加本国企业的生产成本,从而降低本国产业的竞争优势,如美国国会就提出课征碳税将可能导致美国国内400万劳动者因此失业;[④]另一方面,课征碳税后,相关产业可能会向没有碳排放限制的国家转移,从而形成碳泄漏,进而减损本国课征碳税所能达到的预期减排效果。因此,尽管目前尚无国家对进口内涵碳产品适用边境税收调节措施,包括碳关税在内的边境税收调节措施完全可能成为相关国家开征碳税时的辅助手段。[⑤] 而事实上,目前已有多国正在酝酿这方面的立法。[⑥]

当然,开征碳关税的议案或提议也受到了来自内涵碳产品出口大国的激烈反对。例如,中国政府就明确表示反对,指出碳关税不仅违反了WTO基本规则,也违背了《京都议定书》中所确立的发达国家和发展中国家在气候变化领域"共同但有区别的责任"原则,严重损害了发展中国家的利益,是"以环境保护为名,行贸易保护之实"。[⑦] 即便是一直在应对气候变化和碳减排问题上的"急先锋"欧盟,对此也持基本保留的态度。

① 环境税是指政府为了实现特定环境保护目的,或筹集环境保护资金以及调节纳税人环境保护行动而征收的一系列税收或采用的各种税式支出的总称。参见李慧玲:《环境税费法律制度研究》,中国法制出版社2007年版,第30页。

② 绿色抵消税是指从所谓"污染天堂"国家或地区生产的产品中征收额外的进口税。参见陈少英著:《生态税法论》,北京大学出版社2008年版,第241~242页。

③ Gilert E. Metcalf and David Weisbach, The Design of a Carbon Tax, *Harvard Environmental Law Review*, 2009, Vol. 33, p. 500. "庇古税"几乎没有实践,且没有像碳税一样涉及经济的相当大的方面。

④ 载http://www.wtocenter.org.tw/SmartKMs/do/www/readDoc? document_id=10 2261。

⑤ J. Andrew Hoerner和Frank Miller主持的一项研究显示,仅需对10~20种能源密集型初级产品(如散装玻璃、纸张、钢材等)进行边境税收调节便可以抵消开征碳税给相关产业竞争力所带来的负面影响。See J. Andrew Hoerner and Frank Miller, Carbon Taxes for Climate Protection in a Competitive World, A Paper Prepared for the Swiss Federal Office for Foreign Economic Affairs, p. 21, http://www.rprogress.org/publications/ 1996/swiss_1996.pdf, last visit on March 11, 2010.

⑥ 法国2009年通过了在法国国内征收碳税的议案,自2010年1月1日起,法国对化石能源的使用以每吨二氧化碳17欧元的标准课税。

⑦ 载http://www.cma.gov.cn/qhbh/newsbobao/200912/t20091209_53449.html, 2010年3月10日访问。

相较于对碳排放的限制与交易体系，碳关税体系确实可能更公平、更有效率，[①]但其将来真正付诸实施很可能会使国际贸易退步，甚至扰乱国际贸易。[②] 因此，我们应对碳关税今后的发展趋势及其可能引致的贸易争端予以高度关注。[③] 一旦引致贸易争端，我们必须要寻求有效的途径加以解决，鉴于 WTO 在目前世界贸易领域中所发生的主导性作用，我们有理由相信 WTO 对于解决此类贸易争端可以发挥重要作用。基于此，笔者将从 WTO 协定和实践两方面对 WTO 框架下对碳关税的包容性进行分析和研究，以期为将来应对潜在的贸易争端做些准备。

二、WTO 协定对碳关税的包容性

国际政策并非试图将贸易自由化凌驾于环境保护之上，但也没有为环境保护创造绝对例外，只是力图在贸易与环境之间寻求平衡。[④]《马拉喀什建立世界贸易组织协定》序言中明确将可持续发展与环境保护作为新的多边贸易体制的基本宗旨，这是对 GATT 的重大改进。[⑤] 以下笔者将通过研读 WTO 文本，对 WTO 协定对碳关税的包容性进行研究。

（一）WTO 协定中对税的甄别

GATT 第 2 条第 1 款规定，禁止 WTO 成员方征收比 GATT 所附有关减让表中所规定的税费水平更高的费用，为了更好地将其与 GATT 第 3 条相区分，GATT 在第 2 条第 2 款中明确“本条的任何规定不得阻止任何缔约方对任何产品的进口随时征收下列关税或费用：（a）对于同类国内产品或对于制造或生产进口产品的全部或部分的产品所征收的、与第 3 条第 2 款的规定相一致且等于一国内税的费用……”GATT 附件 I《注释和补充规定》关于第 3 条的补充说明中也明确，适用于进口产品和同类国内产品的任何国内税，在产品进口时被征收，都被看做一项国内税款。上述规定表明，关税以及费用与国内税的区别并不是基于税在何时何地被征收，国内税通过对进口产品征收与同类国内产品相等

---

① Victor B. Flatt, Taking the Legislative Temperature: Which Federal Climate Change Legislative Proposal is “Best”, *Northwest University Law Review*, 2007, Vol. 102, pp. 123 – 141.

② Michael Waggoner, Why and How to Tax Carbon, *Colorado Journal of International Environmental Law and Policy*, 2008 – 2009, Vol. 20, pp. 1 – 2.

③ Ibid., p. 1.

④ ［英］帕特莎·波尼、埃伦·波义尔著：《国际法与环境》，那力等译，高等教育出版社 2007 年版，第 666～667 页。

⑤ 序言中提及“……应依照可持续发展的目标，考虑对世界资源的最佳利用，寻求既保护和维护环境，又以与它们各自在不同经济发展水平的需要和关注相一致的方式，加强为此采取的措施”。

的税收,使国内外相同产品的税负相等,其既可以在边境征收也可以在销售环节中的任何地方征收。因此,对进口产品征收并加以适当调整的环境税符合 GATT 第 3 条规定,并不属于 GATT 第 2 条所禁止的税收。①

但是,WTO 规则中区别产品税(针对最终产品的关税)和过程税(针对包含在商品生产过程中投入而征收的关税)。WTO 规则允许征收产品税,对征收过程税则须进一步甄别,仅允许对融入最终产品的投入征税。② 而《美国清洁能源与安全法案》中所设计的碳关税恰是针对未被融入最终产品的投入征税,因此,这种碳关税是被 WTO 协定所禁止的。③

(二)WTO 协定中对"同类产品"(like product)的甄别

综合各国现有的立法提案或学者建议,对内涵碳产品征收碳税基本上是以产品生产过程中所消耗的化石能源的种类和数量作为计税依据的。④ 按照目前建议的计税模式,以铝为例,相同规格、相等数量的铝可能因为其生产过程中所消耗的化石能源的种类和数量不同而承担不同的税负。当只有内涵碳含量不同的产品进口自不同国家,抑或分别属于进口产品和国内产品时,是否属于 WTO 协定中的"同类产品"? GATT 协定中未对"同类产品"进行明确定义,东京回合谈判通过的《反倾销规则》第 2 条第 2 款中将"同类产品"解释为"同样的产品,即在所有方面均与该产品相似;或者在没有此种产品时,指那种尽管不是在所有方面相似,但具有与该产品非常相似特征的其他产品"。在 GATT 时代认定"同类产品"的实践中,主要考虑产品特性,如产品的本质与品质、其在一国市场中的最终使用目的以及税务体系下分类方式等因素,并没有考虑产品的生产工艺和加工方法不同的因素。1994 年《技术性贸易壁垒协定》中对"同类产品"的概念予以了拓展,将产品相关生产工艺的方法也纳入区别产品的标准。⑤ 在 1996 年美国汽油标准案⑥中,专家组认为在解释术语"like"时,应结合具体案情予以

---

① 当然,征收环境税时必须符合 GATT 第 3 条第 2 款的规定,即不得对进口产品征收高于国内产品的税费。

② Joost Pauwelyn, U. S. Federal Climate Policy and Competitiveness Concerns: The Limits and Options of International Law, Nicholas Institute for Environmental Policy Solution, Duke University Working Paper, 2007.

③ 孙晓霓:"论新型绿色贸易壁垒'碳关税'",载《商业现代化》2009 年 9 月号中旬刊。

④ 宋俊荣:"在 WTO 框架下对进口内涵碳产品征收碳税的可行性探讨",载《特区经济》2010 年第 1 期。

⑤ 《技术性贸易壁垒协定》附件 1 第 1 条。

⑥ United States – Standards for Reformulated and Conventional Gasoline, 案号 DS2, 这里所指的年份均为案件终结的年份而非被提起的年份,其他案件标注方式相同。在引注中,案名将简写为"U. S. Gasoline Case"。

甄别，因此，不同案件中的具体判定标准可能存在差别。[①] 在欧共体石棉案[②]中，上诉机构进一步明确界定“同类产品”应全面、综合地考察产品在市场上的最终用途，消费者的品位和习惯，产品的属性、性质和品质以及产品的关税分类四项标准。

按照上诉机构在欧共体石棉案中所确定的四项标准，如要认定只有内涵碳含量不同而其他方面均相同的产品为非同类产品，只能援引消费者的品位和习惯这项标准，但是这一标准不仅具有过强的主观性，实践中在界定消费者范围、消费者的倾向等方面的可操作性也不强，因此几乎不可能单纯依据产品内涵碳含量的不同而将其他方面均相同的产品判定为非同类产品，目前立法议案和学者提案中所设计的碳关税违反了 GATT 第 1 条（最惠国待遇）和第 3 条（国民待遇）的要求。因此，如要在 WTO 协定中寻求碳关税的正当性依据，证明该措施符合 GATT 第 20 条例外条款的规定就成为唯一的途径。

（三）GATT 第 20 条之环境例外条款

GATT 第 20 条有条件地免除了包括 GATT 第 1 条、3 条、11 条在内的协定义务，它虽然没有使用环境一词，但却可能使某些影响贸易自由的环境规则具有正当性，其中环境例外内容主要体现在 GATT 第 20 条引言以及子项（b）项和（g）项之中：

“在遵守关于此类措施的实施不在情形相同的国家之间构成任意的或不合理歧视的手段或构成对国际贸易的变相限制的要求前提下，本协定的任何规定不得解释为阻止任何缔约方采取或实施以下措施……

（b）为保护人类、动物或植物的生命或健康所必需的措施……

（g）与保护可用尽的自然资源有关的措施，如此类措施与限制国内生产与消费一同实施。”

GATT 第 20 条所有子项列举的例外情形均被限定在引言这个导入性条款中，换言之，即便某一项措施符合第 20 条（b）项或（g）项所列举的例外情形，但如果其构成“在情形相同的国家之间构成了任意的或不合理歧视的手段”或“对国际贸易的变相限制”两种情形之一，它仍然是被 GATT 所禁止的。但是，该条款对何为“情形相同”（same conditions）、“必需的”（necessary）、“任意的”（arbitrary）、“不合理的”（unjustifiable）等关键词语，均未进行定义并明确具体的

---

① Panel Report on U. S. Gasoline Case, WT/DS2/R, January 29, 1996, para. 6. 8.

② European Communities – Measures Affecting Asbestos and Asbestos – Conta ining Products，案号 DS135，引注中案名将简称为“EC Asbestos Case”。

衡量标准,条款中含糊其辞、模棱两可,缺乏严谨的规定,使得该条款在实际操作中具有很大的自由度,可能会导致部分成员方滥用环境保护权措施,进而形成贸易壁垒。

从以上对 GATT 第 20 条的分析中不难得出,WTO 协定中未对与贸易有关的全球范围内的环境问题确定标准,①致使实践中对 GATT 第 20 条的解释和适用均存在很大困难。因此要对 WTO 框架下对碳关税的包容性有一个正确的认识,还必须结合 WTO 争端解决实践来了解 WTO 争端解决机构对贸易与环境之间互动与平衡的基本态度,方能对解决因碳关税可能引致的贸易争端有进一步的认识。

三、WTO 争端解决实践对碳关税的包容性

WTO 争端解决机制机构(以下简称 DSB)为和平解决贸易争端提供了一种具有可靠性和可预测性的机制。② 在解释 WTO 协定方面,上诉机构采纳了 1969 年《维也纳条约法公约》第 31 条第 3 款"在缔约方之间实施的任何国际法相关规则"的规定,③由于国际法相关规则可能随时间的发展而变化,因此 WTO 争端解决实践中对 WTO 规则的解释也是不断发展的。根据 WTO 的《关于争端解决规则与程序的谅解》(以下简称 DSU)第 3 条第 2 款的规定,DSB 应依照解释国际公法的惯例澄清这些协定的现有规定,DSB 的建议和裁决不能增加或减少适用协定所规定的权利和义务。尽管 DSU 未对何谓"解释国际公法的惯例"予以明确,但专家组和上诉机构普遍认为,《维也纳条约法公约》第 31 条(解释通则)和第 32 条(补充的解释资料)可以被视为解释 WTO 协定的惯例。④ 同时,上诉机构认为,如果专家组正确地解释和适用了条文,那么,很难认为专家组的建议和裁决增加或减少了适用协定所规定的权利和义务。⑤ 因此,熟悉 WTO 争端解决相关实践,对预见在 WTO 框架下解决碳关税可能引致的贸易争端将有指导

① 周杰、张梓太著:《WTO 体系下贸易与环境的法律协调——发展中国家视角》,科学出版社 2005 年版,第 170 页。

② 彭岳:"贸易与道德:中美文化产品争端的法律分析",载《中国社会科学》2009 年第 2 期。

③ Alan Boyle and David Freestone, International Law and Sustainable Development: Past Achievements and Future Challenges, *Oxford University Press*, 1999, Chapter 3.

④ Appellate Body Report on U. S. Gasoline Case, p. 21; Also see Appell ate Body Report on U. S. Shrimp Case, paras. 114, 158.

⑤ Appellate Body Report on Chile – Taxes on Alcoholic Beverages, WT/ DS87/AB/R, WT/ DS110/AB/R, December 13, 1999, para. 79.

性意义。为此,笔者将结合 1996 年美国汽油标准案、1998 年海龟—海虾案以及 2001 年欧共体石棉案等涉及环境与贸易问题的著名案例,对碳关税问题进行评析。

(一)对 GATT 第 20 条(b)项正当适用的要求

在 1996 年美国汽油标准案中,专家组认为,美国要证明其不符合 GATT 第 3 条第 4 款的措施属于正当适用 GATT 第 20 条(b)项的情形,美国就必须举证其措施符合下列条件:(1)该项争议措施保护了人类、动植物的生命或健康。(2)为此目的而采取的措施是必需的。(3)该措施始终符合 GATT 第 20 条引言的要求。① 在实践中,WTO 争端解决机构在确认某项争议措施是否保护了人类、动植物的生命或健康问题上基本持肯定的态度,如 1996 年美国汽油标准案、1998 年海龟—海虾案等,争议的焦点更多集中于第(2)项、第(3)项条件之中。

1. 对措施性质的限制——“必需的”标准。“必需的”是判定一项措施与所保护利益之间是否存在密切程度的客观标准,在 1996 年美国汽油标准案中,专家组认为,判定“必需的”要看是否可以合理地采用一项替代措施,而该项替代措施不违反 GATT 的规定。② 在欧共体石棉案中,上诉机构认为应考虑替代措施对实现所追求目标的贡献程度,它指出,“所追求的公共利益或价值越重要或越生死攸关,该项措施就越容易被认为对实现这些目标是‘必需的’”。有关措施所要达到的目标是保护人类生命和健康,符合“生死攸关”和“最重要的”的要求。接下来,问题就转化为考察是否存在既能达到同样的目标,同时比争议措施对贸易的限制更少的替代措施。③ 经审理,上诉机构认为没有发现“合理的替代措施”,因此认定法国禁止进口石棉的措施符合 GATT 第 20 条(b)项的规定。④

2. 对措施实施的限制——“歧视的”标准。依据 GATT 第 20 条引言的规定,即便争议措施符合子项的要求,WTO 成员方援引例外的一方仍需证明相关措施的实施不得在情形相同的国家之间构成任意或不合理的歧视,或构成对国际贸易的变相限制。该引言的目的是要在一成员方援引例外条款的权利和该成员方尊重其他成员方条约权利的义务之间寻求平衡。⑤ 在 1998 年海龟—海虾案中,上诉机构认为构成任意或不合理歧视应满足三个要件:第一,措施的实施导致歧视;第二,该歧视在性质上是任意的或不合理的;第三,该措施必须发生在

① Panel Report on U. S. Gasoline Case, WT/DS2/R, January 29, 1996, para. 6. 20.

② Ibid.

③ Ibid.

④ Supra note B31, para. 175.

⑤ Appellate Body Report on U. S. Shrimp Case, para. 156.

情形相同的国家之间。[①]

鉴于对进口内涵碳产品课征碳关税的措施有促进企业碳减排的目的和实际效果，碳减排应该有助减缓全球气候变化的进程；加之 WTO 争端解决实践在认定争议措施是否保护了人类、动植物的生命或健康问题上持比较宽容的态度，因此，要证明碳关税有助于保护人类、动植物的生命或健康基本不存在争议，那么，接下来要做的就是考察碳关税是否在性质和实施上符合 GATT 第 20 条(b)项的规定。这一标准可以分解为三个方面：首先，是否存在同样有助于目标实现的替代措施；其次，该替代措施是否与 GATT 相符或与 GATT 不一致的程度更低；最后，该措施是否可被成员方合理采用。[②] 要达到企业碳减排的目的，一国对于进口内涵碳产品可采取的贸易限制措施还包括禁止进口、征收惩罚性关税、征收反倾销税和反补贴税等。但是，这些措施同样也违背 GATT 要求，且与 GATT 要求不一致的程度未必比碳关税更低。因此，WTO 成员方如要证明其所采用的碳关税措施是符合 GATT 第 20 条(b)项的要求，就必须保证其具体的制度设计和实施方法与 GATT 的不一致程度是最低的，即该措施除了因产品内涵碳含量不同而给予不同的税收待遇之外，不能再基于如产品出口国国别等其他因素而对相关产品给予差别待遇。换言之，经过科学的设计和实施，对进口的内涵碳产品征收碳关税可以符合 GATT 第 20 条(b)项规定的例外。

(二)对 GATT 第 20 条(g)项正当适用的要求

该项允许 WTO 成员方为了保护可用尽的自然资源而采取措施，但要求相关措施必须符合四项独立的要求：一是可用尽的自然资源；二是与保护可用尽的自然资源相关；三是能够限制国内的生产和消费；四是符合 GATT 第 20 条引言的规定。[③]

1. 可用尽的自然资源。在 1998 年海龟—海虾案中，上诉机构认为，GATT 第 20 条(g)项并不局限于保护矿物的或非生物的自然资源，可用尽与可再生这两者并不是非此即彼的概念。即便是理论上“可再生”的自然资源，在某种情况下也可能因为人类的活动而耗竭、用竭或消亡。[④] 况且自然资源的内容并不是静态的，其定义也处于不断的进化之中。[⑤]

2. 与保护可用尽的自然资源相关。在 1996 年美国汽油标准案中，专家组

---

① Appellate Body Report on U. S. Shrimp Case, paras. 161 – 186.

② 《技术性贸易壁垒协定》附件 1 第 1 条，宋俊荣文。

③ Panel Report on U. S. Gasoline Case, WT/DS2/R, January 29, 1996, para. 6. 35.

④ Appellate Body Report on U. S. Shrimp case, WT/DS58/AB/R, 12 oct, 1998, para 128.

⑤ Ibid., para. 130.

认为,美国环境保护署所设立的汽油标准与保护美国的清洁空气之间不论在结果还是在途径上均有着密切和真实的联系。① 1998 年海龟—海虾案的上诉机构认为涉案的第609 节规定的措施与保护 GATT 第 20 条(g)项下可用尽的自然资源是有关联的。②

3. 能够限制国内的生产和消费。在 1996 年美国汽油标准案中提及“相关措施对进口汽油和国产汽油均施加限制。该条款是对以保护可用尽的自然资源的生产和消费名义的限制所施加的不偏不倚的要求”。③ 在 1998 年海龟—海虾案中,上诉机构认为,第 609 节规定也适用于国内海虾捕捞,因此,也符合 GATT 第 20 条(g)项的规定。

4. 符合 GATT 第 20 条引言的规定。尽管某项措施符合了 GATT 第 20 条(g)项的规定,但要证明其在 GATT 第 20 条下的正当性,还必须证明该项措施符合 GATT 第 20 条引言的规定。

在 WTO 争端解决实践中,清洁的空气、濒临灭绝的海龟等均能被认定为可用尽的自然资源。对进口的内涵碳产品征收碳关税的目的在于促进企业减少碳排放,有助于保护可能用尽的大气容量,因此要证明碳关税符合 GATT 第 20 条(g)项的要求基本不存在争议,争议的焦点将主要集中在“与保护可用尽的自然资源相关”和“能够限制国内的生产和消费”这两项中。如 1996 年美国汽油标准案中所述“相关”就是证明“结果和途径上有着密切而真实的联系”,即要求相关措施与保护的可用尽的自然资源的政策目标之间必须存在直接联系,而且该措施的适用范围和实施力度应与所达到的政策目标相称。因此,对进口内涵碳产品所课征的碳关税,在适用范围、税率水平、计税方式上均应体现促进碳减排的最终目的,不能变相地为贸易保护主义服务,而且此类措施还应与对国内生产或消费的限制措施一同实施。当然,这并不意味着进口国应当给予进口产品和国内产品完全相同的待遇,只要相关措施能同时对进口产品和国内产品施加限制,即可视为符合 GATT 第 20 条(g)项,而不论是否给予了国内产品更优惠的待遇,由于对进口的内涵碳产品征收碳关税本身就是国内碳税实施的辅助措施,因此应当满足这项要求。④

① Panel Report on U. S. Gasoline Case, WT/DS2/R, January 29, 1996, para. 6. 40.

② Appellate Body Report on U. S. Shrimp Case, WT/DS58/AB/R, 12 oct, 1998, paras. 136 – 142.

③ Appellate Body Report on U. S. Gasoline Case, WT/DS2/AB/R, Adopted May 20, 1996, pp. 20 – 21.

④ 《技术性贸易壁垒协定》附件 1 第 1 条,宋俊荣文。

(三)对GATT第20条引言的正当适用的要求

GATT第20条引言的规定既是实体要求也是程序要求,不仅禁止任意的或不合理的行为,而且也禁止表面上看似公平正义、但以任意的或不合理的方式适用的措施。[①] 在1998年海龟—海虾案中,上诉机构明确表示在美国汽油标准案中先分析某项措施是否符合GATT第20条子项的规定,再根据第20条引言进一步分析该项措施的顺序并不是随意的选择,而是反映了第20条基本的结构和逻辑。[②] 对进口内涵碳产品课征碳关税的计税依据是产品的碳含量,而与产品的出口国无关,根据GATT第20条引言的规定,采取此类措施的国家不能基于产品出口国的不同而给予不同的税收待遇。换言之,只要是碳含量相同的同类产品,不论其出口国均应享受相同的税收待遇,否则就将构成对情况相同的国家的不合理的歧视待遇以及对国际贸易的变相限制。此外,为了确保程序公正,进口国在对进口产品课征碳关税时,必须遵循公平、公正和公开的原则和程序。

总之,尽管WTO协定本身在妥善解决自由贸易和环境保护问题方面并不是很成功,但WTO争端解决实践有助于我们理解如何在贸易和环境之间取得平衡。[③]

四、中国应对碳关税的选择

全球气候的变化,已不仅仅是一个环境问题,它已经开始影响人类的生存与发展,[④]面对多国纷纷考虑开征碳关税的现实,中国不仅应对碳关税立场作出正确的选择,而且更应对维护自身权益的途径作出正确的选择。

首先,中国要认识到气候变化大背景下应对其他国家碳减排措施的必然性。尽管依据《联合国气候变化框架公约》及《京都议定书》所确立的发达国家和发展中国家在气候变化领域"共同但有区别的责任"原则,中国在《京都议定书》2012年第一执行期结束之前并不承担强制碳减排义务,而且中国也一贯坚持发

---

① Appellate Body Report on U. S. Shrimp Case, WT/DS58/AB/R, 12 oct, 1998, para. 160.

② Ibid., para. 119.

③ [英]帕特莎·波尼、埃伦·波义尔著:《国际法与环境》,那力等译,高等教育出版社2007年版,第666~667页。

④ W. Th. Douma, L. Massai and M. Montin, *The Kyoto Protocol and Beyond Legal and Policy Challenges of Climate Change*, T. M. C. Asser Press 2007, p. 181.

展中国家的地位、仅承诺降低碳强度①等立场。但问题在于,依据这些理由中国究竟还能走多远?当低碳化成为具有"政治正确性"的议题时,所有国家只能有两种态度:要么反对,要么支持。② 目前中国的温室气体排放总量已居世界第二,人均排放量也已超世界平均水平,国际减排体制应约束包括中国在内的发展中大国的观点正日渐成为世界上大多数国家的共识。在后京都时代,不仅不可能简单地以给发展中国家特别是包括中国在内的发展中大国分配更多的温室气体排放额度来实现公平和效率的目标,甚至还可能达成对包括中国在内的发展中大国有强制约束力的相关条约和具体实施方案,中国将面临着严峻而长期的挑战。

其次,中国需要考虑在现有 WTO 框架下应对碳关税的策略。诚然,中国的相当一部分碳排放是由贸易、投资、国际产业转移引起的,中国承担了大量的碳排放额,但产品最终却是进入其他国家。一旦碳关税付诸实施,鉴于中国在世界产业链中所处的地位,很可能会面临大量潜在因碳关税引致的贸易争端。一旦贸易争端出现,中国就有必要在现有的 WTO 法律框架下解决争端。WTO 争端解决机制是一套较完备的机制,在解决贸易争端中发挥了重要的作用,因此,中国不妨充分研读 WTO 协定中与环境保护相关的条款,并通过熟悉 WTO 争端解决实践来了解 WTO 协定的适用和解释,以期对解决潜在的贸易争端有所助益。

1. 依据 GATT 第 20 条引言的规定,反对相关成员方对中国实施有指向性的碳关税措施

当前,中国在全球货物出口贸易额占据首位,很大程度上决定了中国必然会遭遇最大数量的贸易救济纠纷。③ 在《美国清洁能源与安全法案》中就有要求美国国家环境保护局局长每年向国会汇报中国和印度是否已经采取了至少和本法案规定的一样严格的温室气体排放标准的规定。笔者认为,有理由相信部分国家很可能会对中国实施有指向性的碳关税措施,对此,中国不妨依据 GATT 第 20 条引言对于正当适用要求的规定,即 WTO 成员方援引例外的一方需证明相关措施的实施不得在情形相同的国家之间构成任意或不合理的歧视,或构成对

---

① 中国承诺在 2020 年前将碳强度(单位 GDP 二氧化碳排放量)在 2005 年的水平上减少 40% ~45%。

② 李静云:"'碳关税'重压下的中国战略",载《环境经济》2009 年第 9 期。

③ 据新华社和境外媒体报道,2009 年第四季度,全球贸易救济案同比降幅大约为 20%;2010 年第一季度,世贸组织有 13 个成员发起新的贸易救济调查,其中,对发展中成员发起的新调查占 74%。中国的出口商继续为贸易救济调查案的头号目标,共有约 47% 的新增调查针对中国。参见《经济参考报》2010 年 5 月 27 日。

国际贸易的变相限制,积极予以应对,坚决维护中国的自身权益。此外,进口方在对来自中国的产品课征碳关税时,必须遵循公平、公正和公开的原则和程序。一旦相关成员方的措施违背上述原则和程序,中国也应及时依据程序公正原则积极予以诉争。

2. 依据GATT第20条(b)项的规定,要求相关成员方证明没有其他替代措施与GATT相符或与GATT不一致的程度更低

如前所述,碳关税应在性质和实施上符合GATT第20条(b)项的规定,否则就违背了WTO的原则。GATT第20条(b)项的要求可以分解为三个方面:首先,是否存在同样有助于目标实现的替代措施;其次,该替代措施是否与GATT相符或与GATT不一致的程度更低;最后,该措施是否可为成员方合理采用。[①] 中国可以要求对方证明其所采用的碳关税措施与其他措施相比与GATT的不一致程度是最低的,即该措施除了因产品内涵碳含量不同而给予不同的税收待遇之外,不能再基于其他因素而对相关产品给予差别待遇。这可能也会在一定程度上增加对方解释的难度。

3. 依据GATT第20条(g)项的规定,反对相关成员方不对国内产品施加限制

有的国家可能仅仅针对进口产品施加碳关税,而未对同样的国内产品施加类似税收。根据GATT第20条(g)项的要求,对进口内涵碳产品所课征的碳关税,不仅在适用范围、税率水平、计税方式上均应能体现促进碳减排的最终目的,而且此类措施还应与对国内生产或消费的限制措施一同实施。这也为中国的立场提供了很好的依据。反过来说,如果相关成员方对国内产品也施加了同样的税收,那么国内产品的价格上升,也有助于提高或者至少不会降低中国国内产品的竞争力。

4. 中国需要着眼于未来积极参与应对国际气候变化的规则的制定

从某种角度上讲,碳关税既可能是新的贸易壁垒,也可能是促进中国产业结构升级的外部"动力"。统计数据反映,至2020年,中国的能源消耗和温室气体排放的总量和人均量均将提升到新的水平,中国将面临一个压力更大的国际环境。[②] 因此,中国不仅应在国内积极推行碳减排措施,甚至适时适度开征碳税,

① 《技术性贸易壁垒协定》附件1第1条,参见宋俊荣:"在WTO框架下对进口内涵碳产品征收碳税的可行性探讨",载《特区经济》2010年第1期。

② 根据联合国政府间气候变化专门委员会(IPCC)2007年第四份报告指出,2006年中国二氧化碳总量达62.3亿吨,占全球二氧化碳排放量的23%,超美国成为世界第一,其中新增排放量占全球新增排放量的2/3;2007年,中国二氧化碳排放量67.2亿吨,占全球二氧化碳排放量的24%。参见莫神星:"低碳经济理念下能源法的基本原则",载《中外能源》2009年第14期。

而且也应以更积极的态度参与应对国际气候变化的规则的制定，争取主动成为规则的参与者和制定者。

五、余　论

综合上述分析，笔者认为，尽管WTO框架下对成员方证明其所采取保护环境的措施的正当性有着诸多要求，但是，必须注意碳关税未必不被WTO框架所兼容。更何况，对新的环境问题及其影响的密切关注是WTO面临的新问题和重要任务，WTO很可能会对现有框架进行改革。目前，有西方学者甚至建议修改WTO相关协定，将允许课征碳关税和碳关税退税作为《京都议定书》的补充。① 有鉴于此，中国要做好应对碳关税可能引致的贸易争端的充分准备，当遇到相关贸易争端时，区分争议碳关税措施的具体性质和实施方式，对那些违反了WTO框架的相关措施，如根据《美国清洁能源与安全法案》中所设计的碳关税措施，直接将未实施碳交易和碳减排责任的国家视为征税对象，违反了GATT第20条引言中相同情形的要求，事实上构成对来自中国的同类产品的歧视，对于此种情形，我们不妨及时启动WTO争端解决机制以维护自身合法权益。在笔者看来，与其简单地进行呼吁或单方面驳斥，倒不如在现有WTO框架下有理有据地维护正当权益似乎更为现实。

总之，应当认识到，贸易和环境冲突完全解决是不可能的。但是，环境和贸易规则互相接纳、兼容的过程将继续，我们应对此予以持续的关注。

（2010年第7期）

① Gilert E. Metcalf and David Weisbach, The Design of a Carbon Tax, *Harvard Environmental Law Review*, 2009, Vol. 33, p. 547

从"中美出版物市场准入案"上诉机构裁决看条约解释的新趋势

曾令良*

美国指控中国影响其特定出版物和视听娱乐产品贸易权和分销服务案(以下简称"中美出版物市场准入案"),从2007年4月10日美国在WTO争端解决机制中正式提出与中国磋商起,到2009年12月21日WTO上诉机构的报告发送给各WTO成员止,历时两年零八个月,终于尘埃落定。客观地讲,虽然中国在本案中个别问题上的立场赢得了WTO专家组和上诉机构的支持,但在总体上是败诉的。当然,案件最终败诉并不意味着中国的相关措施就必定违反了WTO的相关规则,更不等于最终的裁决是公正、合理的,因为无论是专家组还是上诉机构,毕竟只有三人组成,要对如此复杂的案件做出公正、合理的裁决,实在是勉为其难。实际上,专家组和上诉机构的报告,尤其是后者,其关键所在是对有关WTO规则进行解释并将其适用于有关案件的具体事实中。而对于WTO规则的解释,关键又取决于专家组或上诉机构成员具体采用的法律解释方法。尽管《关于争端解决规则与程序的谅解》(DSU)明确规定专家组和上诉机构依照国际公法的习惯规则解释WTO各适用协定,但由于习惯规则具有很大的不确定性,而且大都需要依个案而定,所以,专家组或上诉机构成员在具体运用国际公法的习惯规则解释条约的过程中具有一定程度的灵活性或酌处空间。恰恰是这种法律解释方法的灵活性或酌处空间最终决定了案件的结局。本文不打算对专家组和上诉机构在本案涉及的所有争端问题上的分析和裁定进行全面、系统的评论,而仅仅针对上诉机构关于中国在《服务贸易总协定》承诺表中涉及的"录音产品分销服务"术语的解释方法作些点评,目的不在于评判其解释和结论的对与错,而是透过分析和比较WTO争端解决机构在有关案件中的裁决和联合国国际法院的有关判决得出结论,即演变解释或当代意义解释法并非本案首次采用,也不是WTO专家组或上诉机构所独有,而似乎是当今国际司法(或准司法)机构解释条约术语的一种新的趋势。

---

* 作者单位:武汉大学国际法研究所。

一、上诉机构对“录音产品分销服务”术语的解释方法

2009 年 8 月 12 日专家组报告分发给各成员之后，中国政府于 2009 年 9 月 22 日通知 WTO，决定就专家组报告中涉及的一系列法律问题和专家小组的一些法律解释问题向上诉机构提出上诉。其中的一个重要问题是，中国在《服务贸易总协定》中就“录音产品分销服务”所作出的承诺是否仅适用于物质产品，或者说，是否还适用于电子方式分销的产品。

专家组的结论是，电子分销属于中国所作出的承诺之列，中国禁止外资实体在中国从事录音产品电子分销业务，而对国内此等服务提供者却没有类似的禁止措施，这违反了《服务贸易总协定》第 17 条的规定。①

中国政府认为，专家组的上述结论是错误的，这种错误的结果源于专家组对条约术语“录音产品分销服务”的错误解释。中国提出的主要理由是，专家组对有关 WTO 协定及特定术语的宗旨和目标的分析是有缺陷的，因为“录音产品分销服务”存在几种含义。尤其重要的是，专家组在分析过程中没有考虑到可对其解释提供相关指导的一些重要原则，如遵循主动列举原则、达成平衡减让和逐步自由化原则，等等。据此，中国政府坚持认为，这些原则要求专家组在审理此案时要认真考虑如下因素：(1) WTO 成员决定其服务市场开放的空间和范围的主权。(2) 在《服务贸易总协定》承诺表中缺乏明确的特定承诺的情况下，一项特定服务不应被认为属于任何承诺的内容。(3)《服务贸易总协定》序言明确地宣称，应“通过在相互有利的基础上，促进所有利益方参与的后续回合的多边谈判……同时适当尊重国家政策目标”来取得逐步自由化。② 中国政府特别强调，适当检讨《服务贸易总协定》的目标和宗旨，意味着中国对“录音产品分销服务”的承诺应基于条约缔结当时的定义。然而，专家组对条约术语解释采用的是一种“变革的方法”，即将中国在《服务贸易总协定》中的承诺以其当代意义进行解释。依照中国的观点，逐步自由化原则不允许一个 WTO 成员所承诺的范围基于“语言的现时变化”予以扩展。③ 因此，中国认为，条约术语的解释应该依照条约缔结时，而不是争端产生时的定义进行解释。

美国显然同意专家组在这个问题上的解释方法。“……至于逐步自由化原则

---

① Panel Report, paras. 338 – 339.

② Report of the Appellate Body, para. 4 6.

③ Ibid. , para. 47.

要求专家组对中国在《服务贸易总协定》承诺表中有关术语的解释应依照中国入世时的意义进行的观点，美国认为这种解释方法会对一个成员的承诺设置一种限定，而这种限定在其承诺表中是不存在的，而且不符合《维也纳条约法公约》的要求。"①

上诉机构维持了专家组的意见，即录音产品的电子分销属于中国所作出的承诺之列。为了形成这一结论，上诉机构在如何对条约术语进行解释问题上开辟了一些新的视角（尤其是在条约术语的含义已随着时间的流逝而发生了变化的情况下），这一情况颇值得我们重视和思考。首先，上诉机构认为，中国在《服务贸易总协定》承诺表中使用的术语，即"录音产品"和"分销"具有充分的一般性，这些术语使用的情形会随着时间的变化而变化。上诉机构注意到，《服务贸易总协定》承诺表与《服务贸易总协定》本身和所有 WTO 协定一样，都是 WTO 成员（不论是创始成员，还是后来接纳的成员）缔结的一种无期限的、具有继续义务的多边条约。

其次，上诉机构断定，基于条约术语通常意义的概念来解释《服务贸易总协定》具体承诺的术语，其唯一的意思只能是承诺表缔结当时所具有的含义，这样的解释意味着极为相似或类似措辞的承诺取决于这些承诺通过之时或一个成员国加入条约的日期而被赋予不同的含义、内容和范围。依上诉机构的推定，这种解释会损抑经过后续回合谈判达成的《服务贸易总协定》各项具体承诺的可预见性、安全性和清晰性，这些承诺必须依照国际公法解释的习惯规则来解释。

最后，上诉机构还援用其在"美国龙虾案"中对 GATT1994 第 20 条（g）项中"可枯竭自然资源"所采用的解释方法，来进一步证明其在本案中对这一问题裁决的正确性。在"美国龙虾案"中，上诉机构指出，GATT1994 第 20 条（g）项中"可枯竭自然资源"措辞在五十多年前就已形成了，必须通过条约解释者根据国际社会对环境保护和维护的当代关切来解读。同时上诉机构还援引《马拉喀什建立世界贸易组织协定》序言中"可持续发展目标"的措辞来佐证环境保护作为当代国家和国际政策目标的重要性和合法性。上诉机构由此得出结论：GATT1994 第 20 条（g）项中的"自然资源"是一般性术语，其内容或范围不是"静止的"，而是"变革"的，它既指生物资源，又包括非生物资源。② 上诉机构援用此案的用意在于，其在本案对于"录音产品分销"的解释方法与其先前对于"可枯竭自然资源"的解释方法是一致的。

---

① Report of the Appellate Body, para. 86.

② U. S. Shrimp, Report of the Appellate Body, WT/DS58/AB/R, paras. 129, 130.

二、联合国国际法院的类似条约解释方法

极为鲜见的是,上诉机构还借助国际法院2009年6月在一项裁决①中有关"商业"术语的解释来进一步证明其在"中美出版物市场准入案"有关"录音产品分销"术语解释上的正确性和说服力。该项裁决是关于哥斯达黎加诉尼加拉瓜涉及有关国际河流航行权以及相关权利的争端。哥斯达黎加请求国际法院裁决和宣布尼加拉瓜拒绝前者在圣胡安河自由行使航行权及其相关权利违反了后者所承担的国际义务。哥斯达黎加尤其请求国际法院裁决和宣布尼加拉瓜的行为违反了允许前者的船只和旅客在该国际河流上航行和沿岸停靠的义务,而此等义务是双方在1858年的《限制条约》(Treaty of Limits)中所约定的。

此案双方争议的核心问题是1858年《限制条约》第6条,该条约是用西班牙文缔结的。笔者根据国际法院翻译的英文版,将该条翻译为如下中文:"尼加拉瓜共和国应对圣胡安河流水域从其源头到通向大西洋的出口享有专属的管辖权和主权;而哥斯达黎加在该河流的出口到Castillo Viejoxia下游之间的水域,为商业目的(con objetos de commercio)享有自由航行的永久权利……两国的船舶可以无歧视地在共同航行的此段河流的两岸任何一边停靠,并无须交税,除非双方政府另有协议。"

其中双方争议最大的是"con objetos de commercio"措辞的含义解释问题。尼加拉瓜认为,这一表述翻译成法文是"avec des machandises de commerce",而英文是"with articles of trade"(有关货物贸易)。简言之,这里的"objetos"指的是具体和物质意义上的。依此理解,《限制条约》第6条所保证的哥斯达黎加的自由航行权只涉及旨在进行商业交易的货物运输。与之相反,哥斯达黎加认为,这一表述在法文中是"ά des fins de commcerce",而英文是 "for the purposes of commerce",从而原始文本中的"objetos"指的是抽象意义上的目的和目标。因此,该条约给予它的航行自由必须尽可能地从广义上来理解,且无论如何,不仅包括货物运输,还包括旅游者在内的旅客运输。②

为此,国际法院首先确认它必须依照1969年《维也纳条约法公约》第31条和第32条反映的习惯国际法来解释此案所涉及的条约规定,尽管尼加拉瓜不是

---

① International Court of Justice, Judgment, Case Concerning the Dispute Regarding Navigational and Related Rights (Costa Rica v. Nicaragua), July 13, 2009.

② Ibid., para. 45.

《维也纳条约法公约》的缔约国，且作为此案法律依据的1858年《限制条约》的缔结要比《维也纳条约法公约》早得多。① 紧接着，国际法院指出，尼加拉瓜的下述辩解是难以令人信服的，即哥斯达黎加的自由航行权应从狭义上去解释，因为这种航行权显示着对该条约赋予尼加拉瓜对该河流享有主权的一种限制，这正是该条约第6条确立的最重要原则。国际法院认为："该条约第6条显示，缔约各国无意在尼加拉瓜对该河流的主权和哥斯达黎加的自由航行权之间确立任何的等级或层次……尼加拉瓜的主权只有在其不妨碍哥斯达黎加在其管辖区域自由航行的情况下才得以确立。……自由航行权，尽管是'永久的'，但只有在其不妨碍领土主权这一关键特权的前提下才被给予。"②

关于《限制条约》第6条使用的"con objetos de"措辞，其含义到底是哥斯达黎加所主张的"为了……的目的"，还是尼加拉瓜所坚持的"关于……货物"，对此，国际法院作出了如下分析和解释。

国际法院注意到在西班牙文中，"objetos"根据其上下文，可以是上述两种含义中的任何一种，因此，必须考察本措辞的上下文。国际法院通过考察后认为，尼加拉瓜所坚持的解释不能成立，因为如果将"与货物"或"与物品"的意思同"con objetos"措辞联系起来，将使本措辞所处的整个句子变得没有意义。与之相对照，哥斯达黎加对"con objetos"措辞的解释允许整个句子具有连贯的意义。如果这一措辞的意思是"贸易"，那么紧接着的从句"为了与尼加拉瓜贸易的目的……"就直截了当地与"贸易"相关联，从而整个句子就表达了一个可完整理解的意思。③ 此外，国际法院还发现两国在其他的条约实践中也将"objetos"作为抽象意义来理解和使用。

最后，国际法院要断定的是《限制条约》第6条中"贸易"或"商业"术语的解释问题。

根据尼加拉瓜的观点，在该条约中，"贸易"仅仅包含商品买卖、物质货物买卖，不包括所有的服务在内，如旅客运输。尼加拉瓜还进一步辩解，即使这一措辞被翻译成"为了贸易的目的"，其结果也是相同的，因为在1858年那个时代"贸易"术语必定指的是货物贸易，而不延伸至服务，服务包括在贸易之中是晚近的发展。尼加拉瓜还补充道，它承认旅客运输在1858年的San Juan河流上已经开始了，但即便如此，这也是一种特别的经营活动，而且这种活动在当时并不

① International Court of Justice, Judgment, Case Concerning the Dispute Regarding Navigational and Related Rights (Costa Rica v. Nicaragua), July 13, 2009, para. 47.

② Ibid., para. 48.

③ Ibid., paras. 50 – 52.

属于通称的"贸易"范围;至于游客运输,当时在这一争议区域还没有开展这种活动。尼加拉瓜特别强调,解释条约使用之术语的意思应采用该条约缔结之时的意义,而不应是其当前意义,后者可能有很多的区别,因为这是维持有关条约起草者的真实意图的唯一方式;而确定这种意图是解释工作的重要使命。①

而哥斯达黎加主张,该条约使用的"贸易"术语涵盖为了商业目的的任何活动,包括旅客运输、游客运输和货物运输。哥斯达黎加认为,"贸易"是一个广泛的概念,甚至扩展到盈利以外的各种活动。为此,它还查询了19世纪出版的《皇家西班牙学院词典》,后者将"贸易"的第二层意思解释为一些人或人民与其他人之间的交流和交易。据此,哥斯达黎加对"贸易"一词的解释是:San Juan河流哥斯达黎加沿岸村民之间的流动和联系,以及哥斯达黎加公共官员为了航行目的使用该河流给当地居民提供必要的服务,如在健康、教育和安全等领域。②

但国际法院对"贸易"术语的解释,既不采用哥斯达黎加的广义主张,也不接受尼加拉瓜的狭义辩解。法院注意到,如果接受哥斯达黎加的观点,其结果是将该河流上所有形式的航行活动都纳入了"为贸易目的之航行"的范畴;如果这就是当时条约缔约国的意图,那就很难理解为何当初它们要费力将航行自由权利具体确定为"为了贸易的目的"。因此,《限制条约》第6条的措辞表明,赋予哥斯达黎加的航行权排他地适用于"为了贸易的目的"之航行范围,而不适用于该范围以外的活动,这正是国际法院要确定的出发点。这一确定不影响哥斯达黎加根据《限制条约》第6条以外的其他条款行使其享有的任何航行权利。③

针对尼加拉瓜的立场,一方面,国际法院同意条约术语必须依照缔约国在该条约缔结时的共同意图所确定的内容来解释,并援引其先前的有关判决予以佐证;另一方面,国际法院断定,这并不意味着当一个术语不再是条约缔结时的相同意思时,不应考虑该条约为适用之目的而需要解释时的意思。国际法院进一步指出,《维也纳条约法公约》第31(3)(b)条中的"缔约国后续实践"基于缔约各国之间的默示同意,可能导致与原始意图不完全相同。而且,还存在这样的情势:缔约各国的意图在条约缔结时并不是一劳永逸、一成不变的,其含义或内容具有或被推定具有演变性,以顺应国际法的发展。④

---

① International Court of Justice, Judgment, Case Concerning the Dispute Regarding Navigational and Related Rights(Costa Rica v. Nicaragua), July 13, 2009, paras. 58.

② Ibid., para. 59.

③ Ibid., para. 61.

④ Ibid., paras. 63–64.

国际法院结合其先前有关案件的判决,[①]推断出如下一个重要的解释原则,即当缔约各国在条约中使用一般性术语,它们必定意识到此等术语的意思有可能随时发生演变;如果该条约的缔结已有相当长的时期或"具有连续不断的期限",缔约各国必须被推定,作为一般的规则,原本亦有使此等术语具有演变的意思的打算。国际法院最后得出结论,此案适合适用这一规则,因为1858年《限制条约》第6条中的"贸易"是一个一般性术语,涉及的是一类活动,而且该条约是无限期的。

三、结　　论

WTO上诉机构对"中美出版物市场准入案"中"录音产品分销"的解释,虽然自称是根据《维也纳条约法公约》第31条的原则进行的,但实际上并非完全如此,至少不是严格按照国际公法的习惯解释规则进行的。因为无论是《维也纳条约法公约》,还是国际公法的习惯解释规则,都没有明确规定依照条约术语的当代意义,而非当时意义进行解释。应该承认,条约术语的当时意义最直接地表达了条约缔结者的真实意图,从而直接反映了《维也纳条约法公约》第31条的含义。因此,在"录音产品分销"的术语解释问题上,中国政府的主张具有一定的法律依据和事实上的说服力以及相当程度的合理性。

另外,上诉机构认为,其对"录音产品分销"所采用的当代意义方法是作为该术语字面解释和目的解释的加强和补充,这同样显得有些牵强和缺乏说服力。根据国际公法的习惯解释规则和《维也纳条约法公约》第31条,当有关条约术语或措辞含混不清时,可以借助或结合条约订立的背景和条约的目的进行解释。这种背景和目的解释本质上就是推定条约缔结者的真实意图。在本案中,不仅要考察《服务贸易总协定》的宗旨,而且要考察中国在《服务贸易总协定》承诺表中的目的和意图。后者实际上是中国与所有其他WTO成员缔结的"一揽子"双边协定。因此,要断定"录音产品分销"是否包含电子方式的分销,作为双边条约缔结一方的意图至少应包括在其中,甚至应是这一意图的主要方面,因为中国是该承诺表的义务承担方。而且,要判定在这个问题上的意图,除了中国在WTO争端解决程序中的主张、陈述和答辩外,中国政府的有关实施措施和文件应该是重要的证据。但反观上诉机构报告,它只从当代意义上考察《服务贸易

① Aegean Sea Continental Shelf(Greece v. Turkey),Judgment,ICJ Reports,1978,pp. 3,32.

总协定》的宗旨和目的,不考察或至少是忽略中国在《服务贸易总协定》承诺表中的目的,更不考察中国当时做出此等承诺的本来意图。所以,笔者认为,上诉机构在这个问题上的分析和解释,如果不是错误的,至少是片面的。

综合上述分析可见,上诉机构在本案"录音产品分销"的解释上所持的当代意义解释方法,并不是首次,其既有 WTO 争端机制中的先例,更有联合国国际法院的相同或类似解释方法。在本案中,上诉机构充分利用这些先例和相同或类似的条约术语解释方法来证明其当代意义解释法的正当性和合法性。这种当代意义解释法本质上是一种动态的或演变的解释法,或称为一种与时俱进的解释方法。

当代意义解释法似乎显示了当今国际争端解决机构在条约解释方法上的最新趋势。其实,除了 WTO 上诉机构和联合国国际法院外,欧盟法院也是这一解释方法的积极倡导者和实践者,它在 20 世纪 70 年代和 20 世纪 90 年代的一些相关案件中对《欧共体条约》第 133 条(现《欧盟运作条约》第 207 条)中的"共同商业政策"和"贸易"术语的解释一直采用的是当代意义解释法。[①]

尽管当代意义解释法具有与时俱进的先进性,但要断定其为国际公法的习惯解释规则似乎为时尚早,它还存在一些疑问或不确定性。无论是 WTO 上诉机构,还是联合国国际法院,都指出有关条约术语的"一般性"特征是当代意义解释法的前提条件。那么,在实践中,如何断定一个术语具有"一般性",尚不清晰。除了有关术语本身的"演变性"和有关条约的"无期限性"之外,是否还存在其他条件?此外,当代意义解释法是否只适用于"一般性"的条约术语,而不适用于"非一般性"的条约术语?总而言之,要破解当代意义解释法的这些尚存的疑问和不确定性,只有期待 WTO 上诉机构、联合国国际法院和其他国际争端解决机构的未来司法实践的澄清和发展。

(2010 年第 8 期)

① Opinion 1/75 [1975] ECR 1355; Opinion 1/78 [1979] ECR 2871; Opi nion 1/94 [1994] ECR1994 I-05267.

美国对华“双反”案中的重复征税问题分析

赵艳敏*

对进口产品同时进行“反倾销、反补贴”合并调查(以下简称“双反”合并调查)是美国调查机关的惯用做法,①一向仅对市场经济国家的产品发起,与非市场经济国家的中国产品无涉。但自2005年以来,美国国内对中国产品适用反补贴税法、并用“双反”措施的观点甚嚣尘上,虽然美国审计署指出,美国调查机关对中国产品发起“双反”合并调查将面临一个相当困难的问题,即对产自中国的同一产品很可能作出倾销和补贴的重复征税,②但如今预言已化为现实。自2006年11月20日美国对中国铜版纸发起首例“双反”合并调查以来,截至2010年4月21日,共对中国产品进行了25起“双反”合并调查,③涉及化工、冶金、造纸、轻工、机械、金属制品、纺织七大行业,目前,已有18起案件结案,④绝大多数案件存在重复征税或重复征税的可能性。首例“双反”合并调查铜版纸案在2007年12月6日以美国国际贸易委员会(ITC)作出的否定性损害终裁而结束,⑤但从这一案件开始,美国商务部(DOC)为以后系列“双反”案件的重复征

---

* 作者单位:苏州大学法学院。

本文为2010年江苏省高校哲学社会科学研究基金项目“美国对中国产品并用‘反倾销、反补贴’措施问题研究”的阶段性研究成果(项目编号:2010SJ B820014)。

① 美国国内产业在申请反补贴调查时,通常会同时提起反倾销调查申请。从1995年到2004年,美国申请方对来自25个国家的43种产品,向商务部和国际贸易委员会提起了72起反补贴调查请求,其中69起伴随着反倾销申请。当中近半数案件在立案调查后被并用了反倾销、反补贴措施。See U. S. Gov't Accountability Office, Testimony Before the U. S. – China Economic and Security Review Commission, April 2006, p. 6.

② U. S. Gov't Accountability Office, U. S. – China Trade: Commerce Faces Practical and Legal Challenges in Applying Countervailing Duties, June 2005, p. 4.

③ 载http://gpj. mofcom. gov. cn/ b/b. html。

④ 这18起案件涉及的产品为:铜版纸、环状焊接碳素钢管、新充气工程机械轮胎、薄壁矩形钢管、复合编织袋、未加工橡胶磁、低克重热敏纸、亚硝酸钠、环状不锈钢焊接压力管、环形碳素管线、柠檬酸和若干类柠檬酸盐、若干类后拖式草地维护设备及其若干零件、厨房用搁板和网架、石油管材、预应力混凝土结构用钢绞线、钢格板、钢丝层板和标准钢紧固件。其中标准钢紧固件案因美国国际贸易委员会初裁损害不成立,早早终止了“双反”调查,铜版纸和钢丝层板因国际贸易委员会的否定性终裁而结案。其余中国被调查产品,美国调查机关作出了存在补贴、倾销以及构成实质损害的肯定性终裁,并发布了征收反倾销税、反补贴税的命令。

⑤ Coated Free Sheet Paper from China, Indonesia and Korea, 72, Fed. Reg. 70892, December 13, 2007.

税定下了一个基调，即否认在非市场经济体下存在对国内补贴的重复征税，拒绝对中国产品进行价格调整。美国商务部的主要理由是中国政府及中国应诉方未能证明重复征税的存在；另外，美国反倾销法不存在国内补贴自动并同等地降低出口价格的假定。这样，对于美国对华“双反”系列案件就存在如下问题：美国对华产品发生重复征税的机制是什么？在“双反”调查中，重复征税应由谁来承担举证责任？在法律上，美国反倾销法是否排斥对国内补贴的重复征税进行价格调整？通过对这些问题的研究希望能为中国产品摆脱重复征税提供法律上的帮助。

一、美国对华产品重复征税采用了不同于市场经济国家的发生机制

重复征税是“双反”合并调查案件中的特有问题。进口国调查机关对同一外国进口产品同时进行反倾销和反补贴调查，表面上看起来，反倾销与反补贴泾渭分明，两种调查各行其责，但倾销和补贴之间往往存在紧密的内部联系。

在对中国产品进行“双反”合并调查以前，一般认为重复征税发生在出口补贴和倾销的重叠计算方面。比如，外国商品在进口国市场表现出来的低价，既可能是外国出口企业以提高国内售价的方式压低出口价格，也可能是外国出口企业获得了本国政府的资助而降低出口价格，或者两种情况兼而有之，简言之，政府的出口补贴可以导致倾销。在后两种情况下，进口国调查机关计算出来的倾销幅度已包含了出口补贴的成分，据此征收的反倾销税当然涵盖了反补贴税所要抵消的出口补贴造成的不当竞争优势。在此基础上，如果调查机关在平行发起的反补贴调查中再对该外国产品征收反补贴税，就会产生重复征税问题，即对进口国的国内产业进行了重复救济。为了避免反倾销税和反补贴税同时计征产生的重复征税问题，《美国法典》第1677a(c)(1)(C)条要求美国商务部在被调查产品的美国价格上增加已征收的反补贴税，以抵消出口补贴。

针对中国产品的“双反”案件与美国此前发起的“双反”案件不同，其呈现出了新的特点：第一，美国调查机关摒弃了对非市场经济国家不适用反补贴税法的做法，在既缺乏宪法性依据，又缺失条约依据的情况下，[①]正式对原产于中国的产品适用反补贴税法。第二，美国商务部对中国产品采用了不同的调查标准。

① 徐泉：“美国对华反补贴调查的法律障碍解析”，载《法学》2008年第2期。

美国商务部对中国产品适用反补贴税法，事实上是把中国当做市场经济体；但在同时进行的反倾销调查中，则变换标准将中国视为非市场经济国家，采用生产要素方法以替代国价格计算被调查产品的倾销幅度，导致对中国产品征收的关税畸高。比如，在亚硝酸钠案中，中国所有的涉案企业面临190.74%反倾销税税率以及169.01%的反补贴税税率，两者叠加起来高达359%。[①]第三，美国商务部主要对中国政府提供的国内补贴发起调查，涉及所得税收优惠、国有商业银行发放的贷款、增值税退税等国内补贴。

在对中国产品的反倾销调查中，美国商务部采用非市场经济方法计算被调查产品的倾销幅度，即按生产过程将这些产品分解为各个生产要素，再加上管理费用、利润及其他费用，然后以替代国价格确定各要素投入的价格来计算正常价值。因此，美国商务部是用未获补贴的替代国价格来确定中国产品的正常价值，而中国政府提供的国内补贴并没有反映在被调查产品的正常价值中，美国商务部据此计算出来的反倾销税已抵消了被调查产品中所含有的国内补贴。而此时美国商务部照旧对中国产品征收反补贴税。这样一来就发生了重复征税问题。与对市场经济国家产品重复征税的发生机制不同，美国商务部是对中国产品所获的国内补贴部分作了重复征税，其发生根源就是美国商务部在反倾销调查中使用的生产要素方法。

二、美国对华产品重复征税应由谁来承担举证责任

美国商务部拒绝在反倾销调查中对中国产品进行价格调整的一个主要理由是，中国政府和中国企业无法在事实上证明存在重复救济，因此，中方要承担未能举证的不利后果。而由谁承担重复征税的举证责任，必然要涉及美国行政程序法中的证据规则以及“双反”案件的性质问题。

（一）“双反”案件与美国《联邦行政程序法》的举证责任规则

对行政程序中的举证责任作出详尽规定的是美国《联邦行政程序法》（APA）。美国《联邦行政程序法》将行政行为分为两大类：裁决和制定规章，而裁决程序又可分为正式裁决的程序和非正式裁决的程序。正式裁决程序按美国

① Sodium Nitrite from the Federal Republic of Germany and the People's Republic of China: Antidumping Duty Orders, 73 FR 50593, August 27, 2008; Soum Nitrite from the People's Republic of China: Countervailing Duty Order, 73 FR 50595, August 27, 2008.

学者自己的话来说,很像法院无陪审团的民事审判程序。[①] 在这种行政裁决中,行政机关作为法规或裁定的提议人负有举证责任,但举证责任并不限于行政机关,实际上,凡主张某种事实的人对该事实都负有举证责任。举证责任包括两层意思,即提出证据责任和说服责任。提出证据责任可以在双方当事人之间多次移转,首先由肯定某项事实的当事人提出证据,支持自己的主张,只要当事人所提供的证据具有表面的证明力量即可假定成立,这时,提供证据的责任移转于对方当事人。对方当事人提出反证,支持自己所主张的事实,证明他方当事人所提证据的错误,以此证明其理由不能成立。如果对方当事人所提反证具有表面的证明力量,原来提供证据的人有义务继续提供证据,反驳对方当事人的证据。而说服责任是指当事人所提供的证据具有足够的证明力量,能够确定当事人所主张的事实。[②] 在涉及中国产品的系列"双反"案件中,美国申请方与中国应诉方作为利益对立的两方,对倾销与补贴行为提出了各自不同的主张,比如,在新充气机械轮胎案中,中国应诉方以轮胎的原材料——橡胶为实例,主张美国商务部对应诉方不公平地惩罚了两次。美国申请方 Bridgestone 公司则从实体上反驳中方的观点,坚持美国商务部使用的非市场经济方法不会造成重复征税,认为中方的主张建立在一个错误的经济前提上,即补贴必然导致降低价格。美国商务部作为反倾销、反补贴的行政主管机关,扮演了准司法裁判者的角色,拒绝了中方的主张。它认定中国商务部及应诉各方未能证明重复征税的发生,因为中方未能提出任何数据表明由于国内补贴而获得的利益同等地降低了美国价格,假定国内补贴自动并同等地降低美国价格具有推测性。[③] 在该案中,中方解释了重复征税发生的原理,完成了提出证据的责任;美国申请方则从实体上反驳、否定中方的证据,同样完成了提出证据的责任。美国商务部最后以中方未能完成说服责任,拒绝了中方的请求而使中方承担了不利后果。

从表面上看,美国商务部作出的行政裁定符合《行政程序法》的证据规则。但问题是,美国国会在 1979 年通过了《贸易协定法》,众议院第 317 号委员会报告指出,反倾销、反补贴程序是非正式的行政程序,属于非裁决性质,不需要遵守《联邦行政程序法》对行政程序的要求。[④] 也就是说,《联邦行政程序法》规定的

---

① 刘莘:"美国行政程序法概念辨析",载《行政法学研究》1999 年第 2 期。

② 王名扬著:《美国行政法》(上册),中国法制出版社 1995 年版,第 471 页。

③ Memorandum to David M. Spooner, Assistant Secretary for Import Administration, entitled "Issues and Decision Memorandum for the Antidumping Investigation of Certain New Pneumatic Off – the – Road Tires from the People' s Republic of China", July 7, 2008, pp. 11 – 16.

④ H. R. REP. NO. 317, 96th Cong. , 1st Sess. 1979, p. 181.

证据规则,包括举证责任,不适用于反倾销、反补贴程序。

(二)反倾销、反补贴程序的性质及中方承担举证责任的不当性

反倾销、反补贴程序作为特殊的行政程序,其性质决定了所应适用的证据规则。如前所述,美国《联邦行政程序法》将行政程序分为裁决和制定规章两大类,行政裁决是指行政机关作出能够影响当事人权利和义务的具体决定的行为,具有司法性质,是对于现在或过去的事实,按照已经存在的法律进行调查,确认并强制履行其责任。制定规章具有立法性质,着眼于未来,制定新的规则,适用于管辖范围内的全体人或部分人。[①] 然而,行政行为并不限于这两大类,在某种程度上,行政调查可视为在上述两类行政程序之外的一类行政行为,一般作为行政裁决和制定规章的辅助性程序而存在,但并不是行政裁决和制定规章本身。[②] 美国国内对于反倾销、反补贴究竟属于哪一种行政行为,还存在行政调查和行政裁决之争。主流观点将反倾销、反补贴视为行政调查。比如,国会确认《1930 年关税法》第 7 章规定的反倾销程序属于调查性质,而非裁决。[③] 国际贸易法院(CIT)同样指出,反倾销程序是行政调查,不属于行政裁决。[④] William Davey 和 John Jackson 教授总体上认为,反倾销、反补贴就其性质而言,主要是行政调查,但是这些程序在某些方面类似于行政裁决。[⑤] 第三种观点将反倾销、反补贴程序视为行政裁决。《美国对外关系法重述》(第 3 版)认为,美国反补贴程序虽然名为"调查",但具备司法程序的许多特质。这些程序并不由申请方控制,而是由外国一方与美国政府进行对抗。[⑥] 美国国内的争论正是反倾销、反补贴程序特殊性的反映,一方面,这两种程序涉及美国国内企业与外国企业之间的私人利益之争,带有行政裁决的印迹;另一方面,调查机关在反倾销、反补贴中发挥着主导调查作用。根据《美国法典》第 19 编第 1671 节到第 1677 节的规定,美国商务部的调查作用贯穿了反倾销、反补贴的整个阶段。在申请和立案阶段,美国商务部需要审查申请人提供的产业支持信息,确定调查范围;在初裁阶段,美国商务

---

① 王名扬著:《美国行政法》(上册),中国法制出版社 1995 年版,第 347 ~ 348 页。

② Edwin J. Madaj, Agency Investigation: Adjudication or Rulemaking? —The ITC's Material Injury Determinations Under the Antidumping and Countervailing Duty Laws, *North Carolina Journal of International Law and Commercial Regulation*(Fall, 1990), p. 452.

③ The Budd Company Railway Division v. United States, 507 F. Supp. 997(Ct. Int'l Trade 1980).

④ Timken Co. v. United States, 630 F. Supp. 1327, 1333(Ct. Int'l Trade 1986).

⑤ William J. Davey and John H. Jackson, Reform of the Administrative Procedures Used in U. S. *Antidumping and Countervailing Duty Cases*, Admin. L. J. Am. U, Vol. 6, (1992 - 1993), pp. 430 - 432. 该文首先于 1991 年在美国行政法年会上提出,在美国学界颇有影响力。

⑥ Restatement(Third) of the Foreign Relations Law of the United States, § 806, Note 5(1987).

部将向其国内生产商、进口商以及外国出口商或生产商发放调查问卷，依现有信息，以是否存在合理的基础为依据，作出肯定初裁；初裁后，美国商务部为了保证调查问卷所获信息的正确性和完整性，需要进行实地核查，为最终裁决提供依据；在终裁前，经当事一方的要求，美国商务部还需举行听证，这类听证不同于其他一般行政程序中适用的联邦听证规则，其目的仅在于澄清相关的事实，鼓励相关利益方表达观点，相互辩论、提交证据，并允许美国商务部官员在听证过程中向当事人提出各种问题，从而尽可能多地获取对裁决有用的信息；[①]在行政复审阶段，美国商务部通过调查问卷及实地核查作出调查。可见，反倾销、反补贴在本质上仍旧属于行政调查。

当然，在反倾销、反补贴程序中，除了美国商务部发挥的调查主导作用外，当事人也有义务配合行政机关提供相应的证据，但当事人的义务是有限的，比如，申请方请求美国商务部发起反倾销、反补贴调查时，主张征收反补贴税、反倾销税的必要因素已经具备，对于这一主张，申请方只需提供"可合理获得"范围内的信息即可。[②] 国际贸易法院曾明确指出，举证责任在行政调查程序与行政裁决程序中具有不同的含义，很明显，在行政裁决中，举证责任的承担者需要以更多的信息来满足举证责任的要求。[③] 事实上，美国反倾销、反补贴法律并没有规定，当事方在美国商务部的调查当中需要承担举证责任，这显然是考虑到反倾销、反补贴程序的性质。简言之，美国商务部在反倾销、反补贴行政程序中，承担着独立查明案件事实的义务，其调查职能不能通过"举证责任"的分配由案件当事方取代。

在对华产品发起的"双反"调查中，美国商务部将重复征税的举证责任加诸中方，这势必会产生以下问题：(1)欠缺法律依据。对于抵消反补贴税而调整出口价格问题，《美国法典》第1677a(c)条作出了实体规定，但并没有任何有关举证责任的程序性规定。在以往的实践中，对来自市场经济国家产品因出口补贴重复征税而进行价格调整，美国商务部根本没有要求被调查方承担举证责任。因此，美国商务部的裁定于法无据。(2)美国商务部放弃调查职守。中国产品遭受的重复征税在美国商务部看来是一个可能存在、有待调查的事实，本应由其依职权主动地调查、核实，但美国商务部完全依赖中方及申请方提供的证据，通过将举证责任分配给中方而试图使该问题不了了之，事实上等于让中方自己对

① 肖伟主编：《国际反倾销法律与实务》(美国卷)，知识产权出版社2005年版，第292页。

② 19 USCS §1671a(b)(1),1673a(b)(1).

③ The Budd Company Railway Division v. United States, 507 F. Supp. 997(Ct. Int'l Trade 1980).

该事实进行调查,完全与行政调查的性质背道而驰。

综合上述分析可见,在美国法下,反倾销、反补贴程序的性质为行政调查,美国商务部作为行政调查的主体,对中国企业、政府提出的中国产品出现重复征税的问题,应承担独立的调查义务,而不应以举证责任使中方当事人承受不利的法律后果。因此,在反倾销调查中,中方不必为证明重复征税存在而煞费苦心,只需要从美国商务部的调查义务以及举证责任负担方面来进行抗辩即可。

三、美国反倾销法是否排斥对国内补贴的重复征税进行价格调整

《美国法典》第1677a(c)(1)(C)条规定,在反倾销调查中,对出口价格和结构出口价格进行调整,应在出口价格或结构出口价格上增加反补贴税额。[①] 这是美国商务部拒绝中国产品价格调整的另一个主要理由,其认为,美国反倾销法律仅仅要求对出口补贴作出抵消,而未规定对国内补贴进行价格调整,而且,立法也无意对国内补贴进行规定,因此,不能对该条作扩大解释,将价格调整延及国内补贴。

(一)《美国法典》第1677a(c)(1)(C)条蕴涵的补贴"传递"理论

在铜版纸案件中,中国商务部公平贸易局认为,《美国法典》第1677a(c)(1)(C)条规定包含了一个补贴"传递"的假定,即被调查产品获得的出口补贴已反映在美国价格中。公平贸易局主张,在针对市场经济国家产品的案件中,也存在一个国内补贴"传递"的假定,正是这种相同的补贴"传递"假定,美国商务部才不对国内补贴进行价格调整,原因在于国内补贴同等地降低了国内价格和出口价格,而未提高倾销幅度。公平贸易局认为,在对非市场经济国家产品的反倾销、反补贴调查程序中,应同样假定补贴"传递"。

美国商务部同意《美国法典》第1677a(c)(1)(C)条背后所隐含的"传递"理论,但否认国内补贴具有与出口补贴一样的传递性质。美国商务部指出,从国会立法的过程中看不出国内补贴作用于出口价格的假定,更不用说假定国内补贴同等地降低出口价格了,反倾销法不存在国内补贴自动并同等地降低出口价格的假定。在1979年立法过程中的参议院报告也表明,在国内补贴情形,不对

---

① 19 USCS § 1677a(c)(1)(C).

美国价格进行调整是适当的。[①] 中方与美国商务部的分歧在于，美国商务部人为地区分了国内补贴与出口补贴的不同，强调出口补贴与出口价格之间的关系是直接的，而国内补贴与出口价格之间的关系是间接的，要受诸多可变因素的影响。在对中国产品发起的“双反”合并调查中，美国商务部始终拒绝承认国内补贴自动并同等地降低出口价格这种假定。

出口补贴与国内补贴在性质上都属于补贴，前者是指以产品的出口为目标或基于产品出口到外国市场的事实给予的补贴，只给予出口产品；国内补贴是不以产品出口为目标的政府资助，根据美国《乌拉圭回合协定法案》，国内补贴包括给予特定生产商或产业的法律专向性补贴、基于一系列原则判定的事实专向性补贴、在一定情况下给予特定地区的补贴。[②] 从经济学理论上讲，补贴能够降低出口商或出口生产商的成本，[③]从而使其能以较低价格对外出口或在国内市场销售。换言之，在同等条件下，给予生产商货物和服务的补贴能够降低其生产成本，而生产商通常会对短期边际成本的减少作出反应，即降低产品价格。[④] 很明显，无论是出口补贴还是国内补贴，均有降低市场价格的功用，两者的区别是，出口补贴一般仅影响出口价格，而国内补贴能够同时对出口价格和国内市场价格发生作用。

美国商务部仅仅承认出口补贴降低出口价格，而否认国内补贴能够同等地降低出口价格和国内市场价格，明显与一般的经济学理论相悖。根据美国商务部的观点，从出口补贴当中获益的生产商会降低出口价格，而因国内补贴受益的生产商则总是选择提高盈利的能力，不对价格作出改变。美国商务部无法解释为什么对于不同的补贴生产商会作出截然相反的选择。

美国商务部的观点是抛开一般经济学理论，以更高的标准来看待国内补贴与出口价格之间的关系。照此标准，即便是出口补贴也不必然会导致出口价格降低。比如，一个企业既生产出口产品，也生产内销产品，出口生产商不一定把

---

① Memorandum to David M. Spooner, Assistant Secretary for Import Administration, entitled "*Issues and Decision Memorandum for the Final Determination in the Less – Than – Fair – Value Investigation of Coated Free Sheet Paper from the People's Republic of China* (PRC)", October 17, 2007, pp. 11 – 16.

② 甘瑛著：《国际货物贸易中的补贴与反补贴法律问题研究》，法律出版社 2005 年版，第 101 页。

③ 詹姆斯 · 布兰德：“战略性贸易和产业政策的依据”，载保罗 · 克鲁格曼主编、海闻等译：《战略性贸易政策与新国际经济学》，中国人民大学出版社、北京大学出版社 2000 年版，第 40 页。

④ Alan O. Sykes, Subsidies and Countervailing Measures, in Patrick F. J. Macrory, Arthur E. Appleton & Michael G. Plummer (eds.), *The World Trade Organization: Legal, Economic and Political Analysis* (Volume II), Springer Press, 2005, pp. 87 – 88.

接受到的出口补贴用于降低出口商品的价格，而可以将出口补贴平均分摊在内销和出口产品上，从而在国际市场和国内市场都占有一定的优势；①或者它干脆将出口补贴视为额外的收入，保持出口价格不变。因此，出口补贴降低出口价格是一个无法从事实上证明的命题，《美国法典》第1677a(c)(1)(C)条对出口补贴进行价格调整，仅是从经济学的一般理论出发，在法律上假定出口补贴降低出口价格。

同理，从经济学的观点来看，国内补贴能够同等地降低出口价格和国内市场价格，反映在法律上也存在一个"传递"的假定，《美国法典》第1677a(c)(1)(C)条未对国内补贴作出价格调整的规定，是因为在反倾销案件中，国内补贴反映在了美国价格和正常价值的计算中，从而相互抵消而无须额外地调整。

简言之，如果《美国法典》第1677a(c)(1)(C)条中关于出口补贴的传递理论是成立的，则国内补贴的传递也应当成立。法律未对国内补贴的价格调整作出规定，是因为对于市场经济国家产品上的国内补贴无须调整，而不是刻意忽略国内补贴问题。

(二)《美国法典》第1677a(c)(1)(C)条存在法律上的空白

就法律文本而言，《美国法典》第1677a(c)(1)(C)条仅对出口补贴作出规定，而未提及国内补贴。美国商务部认为，该条对国内补贴保持沉默，"暗示了不对国内补贴进行价格调整是适当的"，否则为什么"国会考虑到出口补贴所致的反补贴税，却不考虑对国内补贴征收的反补贴税"这个明显的问题。② 换言之，国会不对国内补贴作出规定是有意为之，如果国会意图使美国商务部对国内补贴造成的重复征税作出价格调整，则会在法律中明确规定。

《美国法典》第1677a(c)(1)(C)条的源头是GATT第6条第5款，该条款规定"在任何缔约方领土的产品进口至任何其他缔约方领土时，不得同时征收反倾销税和反补贴税以补偿倾销或出口补贴所造成的相同情况"，目的在于防止对进口被调查产品进行重复惩罚。从GATT通过之时至《美国法典》第1677a(c)(1)(C)条将GATT第6条第5款转化为国内法，无论是对GATT的缔约方还是对美国国会而言，国内补贴都不是"双反"措施当中需要考虑的一个问题。当时的普遍认识是，对于非市场经济国家的产品无法适用反补贴税法。因为，非市场经济国家的资源配置不通过市场进行，而完全由中央计划掌控。非市场经

① 曹建明、陈治东主编：《国际经济法专论》，法律出版社2000年版，第409页。

② Memorandum to David M. Spooner, Assistant Secretary for Import Administration, entitled "Issues and Decision Memorandum for the Antidumping Investigation of Certain New Pneumatic Off-the-Road Tires from the People's Republic of China", July 7, 2008, p. 14.

济国家不存在市场,因此没有意义去寻找由补贴产生的资源错误配置,也谈不上对市场秩序的扭曲或破坏。非市场经济国家资源的错误配置,根源不是补贴而是中央计划。因此,在市场经济之外,谈论补贴没有意义。此外,从衡量补贴的角度来看,在市场经济国家中,补贴作为政府调控的一种例外手段,能够进行剥离。但非市场经济国家的整个经济遍布扭曲,接受补贴的生产商无从对价格作出反应,因此,无法将政府提供的"捐助或资助"分离出来并进行量化。① 由此可见,GATT 第 6 条第 5 款以及《美国法典》第 1677a(c)(1)(C)条在通过之时,根本未将非市场经济国家考虑在内。而对于市场经济国家的产品,一般认为国内补贴能带来生产成本下降,可以同时使国内价格和出口价格下降,不影响倾销幅度,因此不会造成对补贴的重复征税。这样,GATT 第 6 条第 5 款以及《美国法典》第 1677a(c)(1)(C)条未涉及国内补贴,实在是没有必要作出规定,而非有意不作出规定。然而,从 2006 年铜版纸案开始,美国对中国适用了反补贴税法,同时又采用非市场经济方法对中国进行反倾销调查,由此,对非市场经济国家产品国内补贴部分重复征税的问题出现了,这是立法者所始料不及的。

简言之,GATT 第 6 条第 5 款以及《美国法典》第 1677a(c)(1)(C)条规定并不排斥对国内补贴的重复征税进行价格调整,只是因为其植根的社会现实发生了重大的变化,已无法涵摄目前非市场经济体下的国内补贴这个新问题,从而留下了一个明显的法律空白。② 美国商务部对《美国法典》第 1677a(c)(1)(C)条的解释,显然有悖于法律的公平和公正。

四、重复征税案件的新发展

对于"双反"案件中的重复征税问题,我国政府和企业的应诉态度是积极的,尽管一再受挫,但绝不轻言放弃。在多边救济方面,我国对环状焊接碳素钢管、某些新充气工程机械轮胎、薄壁矩形管和复合编织袋 4 起案件中美国调查机关的不当做法,向美国提起了 WTO 争端解决机制下的磋商请求,其中一项磋商内容即为"美国主管机关对同一中国产品以非市场经济方法征收反倾销税,同时又征收反补贴税"造成重复征税,WTO 于 2008 年 9 月 22 日正式立案,③2010

① Carbon Steel Wire Rod from Poland; Final Negative Countervailing Duty Determination, 49 FR 19374(May 7, 1984).

② [美]卡多佐著:《司法过程的性质》,苏力译,商务印书馆 1998 年版,第 89 页。

③ United States – Definitive Anti – Dumping and Countervailing Duties on Certain Products from China, WT/DS379/1, 22 September 2008, p. 5.

年10月22日,专家组发布了专家组报告。专家组回避了中国产品之上是否存在重复计算的问题,而是从WTO《补贴与反补贴措施协定》与GATT条文分析入手,裁决美国对中国产品同时采用反倾销、反补贴措施的做法并未违反《补贴与反补贴措施协定》第19.4条、19.3条、32.1条、12.1条和12.8条,也未与GATT1994第10条及第1.1条相悖。① 与此同时,我国企业也充分利用了美国国内的救济渠道,2008年9月9日新充气工程机械轮胎案中的利益关系方美国GPX国际轮胎公司及强制应诉方河北兴茂轮胎有限公司不服美国商务部及美国国际贸易委员会的裁决,向国际贸易法院提起诉讼,2009年9月18日,国际贸易法院在重复征税问题上作出了有利于原告的判决。国际贸易法院首先确认了重复征税的可能性,对于重复征税的举证责任,法院认为,"美国商务部不能将证明重复征税的举证责任分配给GPX公司,从而回避对非市场经济国家产品适用反补贴、反倾销方法产生的重要问题,因为任何被申请人都难以准确地对此作出证明";对于《美国法典》第1677a(c)(1)(C)条的解释,国际贸易法院指出该条文之所以没有提及国内补贴的价格调整问题,是因为议会在对出口补贴价格调整进行立法时,尚没有考虑到国内补贴这个新问题。由此,国际贸易法院要求美国商务部作出选择:要么修改针对非市场经济国家产品的反倾销、反补贴救济方法,解决重复征税问题;要么放弃对中国出口产品征收反补贴税,从根子上杜绝重复征税的可能性。② 不过,在国际贸易法院作出判决之后的石油管材和预应力混凝土结构用钢绞线两起案件中,美国商务部仍旧固执己见,坚持其原有立场,并提出了两个理由:一是在程序上,国际贸易法院的判决不属于最终判决,美国商务部未穷尽上诉权利;二是在实体上,美国商务部认为国际贸易法院仅是判决中国产品之上"潜在"地存在重复征税,而非必然存在重复征税。③ 与此同时,美国商务部根据国际贸易法院的重审指令,在反补贴调查中向中国应诉方发放了调查问卷,并于2010年4月26日对新充气工程机械轮胎案重新作出了裁定。

---

① United States – Definitive Anti – Dumping and Countervailing Duties on Certain Products from China, WT/DS379/R, 22 October 2010, para. 14.123, 14.130, 14.138 – 14.149, 14.149, 14.182.

② GPX International Tire Corporation and Hebei Starbright Tire Co., Ltd. v. United States, LIP OP. 09 – 103, pp. 16 – 18.

③ Memorandum to Carole A. Showers, Acting Deputy Assistant Secretary for Policy and Negotiations, entitled "*Issues and Decision Memorandum for the Final Determination in the Countervailing Duty Investigation of Certain Oil Country Tubular Goods from the People's Republic of China*", November 23, 2009, p. 49; Memorandum to Ronald K. Lorentzen, Deputy Assistant Secretary for Import Administration, entitled "*Issues and Decision Memorandum for Final Determination*", May 14, 2010, pp. 56 – 57.

美国商务部对重复征税问题的态度十分矛盾。一方面,其认为对中国产品征收反补贴税以及同时采用非市场经济方法征收反倾销税不大可能造成重复征税,因此,仍决定对从中国进口的轮胎继续适用反补贴税法;另一方面,其又无法否认重复征税的"潜在"可能性,遂决定将中国企业反补贴税在其反倾销保证金率中予以抵消。最后,美国商务部裁定,将河北兴茂轮胎公司 14.00% 的补贴率在该公司 29.93% 的倾销幅度中扣除,河北兴茂轮胎公司的倾销保证金率为 15.93% 。[①] 这样,美国商务部在对中国产品适用"双反"措施的过程中,别出心裁地采用了一种补贴抵消的新方法。在这种方法下,中国产品最后承担的反倾销税和反补贴税与未扣减之前的反倾销税相等,换言之,美国商务部发起的反补贴调查完全多余,除了徒耗中国企业数月的应诉时间和大量的金钱外没有别的价值。2010 年 8 月 4 日,国际贸易法院在第二次判决中指出,美国商务部的做法清楚地表明其没有能力使用改进的方法去阐明重复征税是否存在以及在何种程度上发生,也无法说清该种方法是否符合法律的规定。由此,法院判决美国商务部必须放弃对非市场经济国家的产品征收反补贴税。[②]

国际贸易法院的第一次判决直指美国商务部裁定的两大软肋:将重复征税的举证责任加诸中国企业以及对《美国法典》第 1677a(c)(1)(C)条武断地作出否定国内补贴的狭义解释。法院并不否认美国商务部有权对中国产品适用反补贴税法,但存在一个前提,即先要解决对中国产品重复征税的问题。时隔近一年,法院的第二次判决明确了在美国商务部无法解决重复征税的情况下,不应再对中国产品征收反补贴税。显然,国际贸易法院的两次判决为中国产品摆脱重复征税提供了有力的司法支持,而且触及了美国对中国产品不当适用反补贴税法的这个本源问题,为中国扭转美国对华产品"双反"调查这一不公平的做法提供了一个切入点。

五、结　　论

重复征税已然成为横亘在美国商务部面前的一个无法化解的棘手问题,清晰地显露了美国对中国产品"双反"合并调查的内在缺陷。追根溯源,重复征税的发生机制是美国在反倾销调查中将中国视为非市场经济国家,同时又在反补

① Final Results of Redetermination Pursuant to Remand(Apr. 26,2010),pp. 2,59.

② GPX International Tire Corporation and Hebei Starbright Tire Co. , Ltd. v. United States, SLIP OP. 10 – 84, pp. 3,5 – 7.

贴调查中对国内补贴再次征税。尽管WTO专家组裁决美国对中国产品采取的特殊的"双反"做法并未违反WTO规则,但在国内救济层面,重复征税的举证责任以及《美国法典》第1677a(c)(1)(C)条的解释是美国商务部不能回避的两大核心问题,也是我国企业在其他同类"双反"案件中需要紧紧抓住的抗辩点。根据国际贸易法院的最新判决,美国商务部需要修改自己的"双反"做法,对中国产品终止适用反补贴税法。但是,对中国产品适用反补贴税法是美国现阶段要求中国履行补贴义务的重要举措,属于美国调整对华贸易政策的法律工具,[①]重新回到单一的反倾销救济方法是美国商务部以及美国国内力量所不愿看到的结果。因此,新充气工程机械轮胎案对中国企业而言,仅是阶段性的胜利。

(2010年第11期)

① 陈利强、屠新泉:"美国对华实施'双轨制反补贴措施'问题研究",载《国际贸易问题》2010年第3期。

从“瑞银集团案”看国际税收征管协调机制的走向

崔晓静*

作为瑞士银行信誉标志的银行保密法已存在75年之久,有瑞士“镇国之宝”之称。依据该法的规定,银行储户信息将受到严格的保护,任何人、任何情况下都不得泄漏储户秘密,除非涉嫌某些特别的犯罪活动。这项制度使瑞士的银行得以吸收到世界各地的巨额资产,并使瑞士成为世界上吸收离岸财富最多的国家。截至2009年3月,瑞士银行已经拥有大约2万亿美元的离岸资产,这相当于全球离岸资产的27%。① 然而,瑞士受到攻击和批评最多的地方也是这个银行保密法。这项严格为储户保密的制度在一定程度上为逃税、洗钱、贪污等犯罪行为撑起了一把保护伞,成为许多“灰色”或“黑色”钱财的理想避难所。不久之前发生在美国和瑞士之间的瑞银集团案件曾引起了全球的关注,也再次将瑞士推向了风口浪尖。基于此,本文通过对本案所涉法律问题的分析,来探求国际税收征管协调机制的走向。

一、美国税法对瑞士银行保密法的挑战:实践的展开与矛盾的激化

2007年,美国加州一个富豪伊戈尔·欧雷尼可夫(Igor Olenicoff)承认他通过前瑞银集团私人银行家布拉德利·波肯菲尔德(Bradley Birkenfeld)操作的海外账户,在美国犯有税收欺诈罪。② 于是,美国国税局开始针对波肯菲尔德和瑞银集团立案(以下简称瑞银集团案)。在案件的调查过程中,波肯菲尔德承认瑞

---

* 作者单位:武汉大学国际法研究所。

本文由教育部人文社会科学研究青年项目“国际避税地法律规制问题研究”(项目批准号:09YJC820085)和教育部国际合作与交流司第39批留学回国人员科研启动基金资助。

① Warren Giles & Dylan Griffiths, Swiss Banks Court New Markets, Shun Americans as Secrecy Erodes, Bloomberg, Aug. 20, 2009, http://www.bloomberg.com/apps/news?pid=20601085&sid=a9qFQwi3phw0.

② Paul Sullivan, UBS and the Diamond Smuggler, http://www.portfolio.com/newsmarkets/international-news/portfolio/2008/09/18/UBS Diamond Smuggling Scandal.

士银行集团在瑞士拥有“在美国税收管辖权下却未予申报的价值200亿美元的资产,而这些资产每年为瑞士银行集团创造大约2000万美元的收入”。① 2008年7月,美国国税局经南佛罗里达联邦地方法院许可发出传票,要求瑞银集团提供19000个其所拥有的美国居民海外账户的银行记录,②因为这些纳税人可能通过瑞士银行账户逃避联邦的所得税,或者进行某些违法活动。随后,公诉人对一位瑞银集团的执行官以及瑞银集团本身提起了刑事诉讼。2009年2月18日,瑞银集团同联邦公诉人达成了一项延迟起诉协议,在该协议中瑞银集团承认了帮助美国客户逃避税收的事实。该延迟起诉协议还要求瑞银集团支付7.8亿美元的罚金,并向美国国税局披露一定数量的账户持有人。③ 在面临被美国起诉的压力下,瑞银集团向美国国税局提供了列有225个疑似通过离岸账户逃税的美国公民的名单,以避免事态的进一步升级。④ 然而,在同瑞银集团达成延迟起诉协议后的第二天,美国政府为执行国税局在2008年7月开出的传票,在迈阿密联邦地方法院对瑞银集团提起诉讼,该诉讼将迫使瑞银集团披露52000名美国客户的名字和账户信息。⑤ 2009年8月19日,瑞银集团和美国司法部达成了一项“原则性协议”,以庭外和解的方式解决了美国对瑞银集团提出的民事诉讼,并降低了公诉人提起公诉的可能性,⑥该协议将要求瑞银集团提供银行信息的客户数量减少到4450个。⑦ 这起震惊世界的税收丑闻案实质上涉及一国税收主管部门如何合法获取境外税收信息,即为税收目的获取银行客户信息的问题。美国需要境外的瑞士银行提供客户信息以作为其对逃税进行追诉的证据,然而,在为税收目的获取客户信息时,美国却遇到了国际法和国内法上的障碍,

---

① Staff of Subcomm. on Investigations, 100th cong., Tax Heaven Banks and U. S. Tax Compliance1 (2008), at 10.

② 美国可以用对某人发传票的形式要求他提供信息,以此通过那些未知身份的人获取疑似税收欺诈的情报,具体规定可参见熊伟著:《美国联邦税收程序》,北京大学出版社2006年版,第83页。

③ Deferred Prosecution Agreement at 9, para. 13, United States v. UBSAG, No. 09 - 60033 (S. D. Fla. Feb. 18, 2009), http://www. usdoj. gov/tax/UBS _ Signed _ Deferred _ Prosecution _ Agreement. pdf.

④ Haig Simonian, UBS and USS trike Tax Evasion Deal, Fin. Times, Aug. 12, 2009, http://www. ft. com/cms/s/0/513bcb70 - 8748 - 11de - 9280 - 00144feabdc0. html.

⑤ Devlin Barrett, U. S. Steps up Pressure on UBS in Bank Secrets Case, Associated Press, http://abcnews. go. com/Business/wireStory? id = 6912989, last visit on July 9, 2010.

⑥ 在进行税务刑事调查程序中,联邦税务局完成了税务刑事调查后,再通过联邦税务局地方法律顾问处的审查,移交司法部税务局,最终是由司法部税务局对起诉拥有决定权。参见熊伟著:《美国联邦税收程序》,北京大学出版社2006年版,第322~334页.

⑦ Holman W. Jenkins, Jr., Op - Ed., Does the World Still Need the Swiss?, WallSt. J., Aug. 26, 2009, at A13.

特别是这些客户信息受到了瑞士《银行保密法》的严格保护,只有在一些涉及特别犯罪案件时这些客户信息才会被公开。

2010 年 1 月 22 日,一个瑞士法院的专家小组审查了一起瑞银集团客户的上诉,并作出"瑞银集团关于办理私人银行业务的客户的代理文件,不应当移交给美国当局"的裁决,因为无法成功填写"9 个问题"表格的事件在瑞士并不被认为是欺诈。① 这是在瑞银集团同意披露 4450 个账户名单之后,瑞士作出的首个裁决。尽管这个裁决仅对提出上诉的这位客户有效,但它却有着更为广泛的影响,包括存在使 2009 年庭外和解协议失效的潜在性。② 通过有效地表明该和解协议的不合法性,瑞士法院将瑞士政府置于一个进退两难的尴尬境地,瑞士政府必须在不违背该裁决的情况下维持其对美国承担的义务,否则,将会受到国内有关方面的强烈抗议。③ 面对这一局面,瑞士政府最终选择了让议会迅速果断地通过和解协议的方式来履行它的信息公开义务。2010 年 7 月 19 日,瑞士联邦行政法院宣布与美国达成的要求瑞银集团公开被怀疑逃税的客户信息的协议具有约束力。该协议在瑞士议会中获得了通过,协议的通过也阻止了美国司法部向瑞银集团提出让其交出 52000 名客户名单的诉讼,同时,法院也宣布驳回被提交了数据的瑞银集团客户所提出的对法律的质疑。在宣布该项裁决时,法庭指出美瑞协议的重要性,声称瑞士的经济利益和它在国际法中履行义务的利益都非常重要,它超出了在本案中原告的个人利益。这项裁定无疑将对 100 名瑞银集团客户提出的其他尚未审结的上诉案件具有潜在的影响。④ 和解协议在瑞士议会获得通过说明了瑞士积极配合在岸国开展信息交换的决心,同时也向天下昭示,瑞士的银行保密制度再也不是铁板一块或某些人逃税的保护伞,它的严密根基已经被强大的政治力量和法律攻势所侵蚀,其神秘面纱已被揭开。但是,美国和瑞士两国在税收、金融领域的诸多矛盾和冲突并没有因此而得到彻底解决。瑞士法院的裁决表明瑞士国内依然存在坚定维护本国银行保密法的完整有效性以及反对美国税法侵蚀的倾向。三权分立的原则和结构也使瑞士法院有可能根据情况的变化继续强有力地推行和实现其主张。尤其重要的是,瑞士联邦议会通

① Carrick Mollen kamp & Laura Saunders, Swiss Court Muddles UBS Settlement with U. S. , WallSt. J. , on http://online. wsj. com/article/SB10001424052748704509704575018981732771318. htm.

② Lynnley Browning, Swiss Ruling Jeopardizes Deal for UBS Clients' Names, *N. Y. Times*, Jan. 23, 2010, at B2, available at 2010 WLNR 1466926.

③ Daniel Pruzin, Latest Court Rulingon UBS Case Poses Dilemma for Swiss Government, BNA Banking Daily, Jan. 26, 2010.

④ 载 http://www. elawyer. com. my/。

过的和解协议是个案性质的，因此其并不是一个可重复适用的双边规则。这样一来，就没有从规则层面彻底地解决双方在税收、金融领域的制度冲突。虽然从理论上讲，和解协议隐含的规范内容可以通过“遵循先例”或“习惯法”的途径得以明确和发展，但这无疑充满了变数，因此有探求如何建立一个稳定的、可预期的、具有高度可操作性和实效性的机制的必要。

二、瑞银集团案中的法律冲突及其协调的困境

（一）美国和瑞士双边条约存在的缺陷

一国行使税收主权的前提是对别国税收主权的尊重。因此，从主权平等原则的角度出发，投资者母国法律仅在其域内具有执行力，而在避税地则无域外执行力；而避税地国家基于自身的税收主权的绝对性，也有权独立、自主地制定和实施其本国的税收政策和制度而不受外来干涉。但在经济全球化的背景下，随着主权国家之间税收合作和协助的日益加强，这种税收合作机制往往以双边或多边条约为载体，借助这种条约机制，在岸国不仅可以获得域外的税收信息，还可以使本国的税法通过避税地国的协助，在域外间接地得到执行。但是，这种条约义务还必须通过成员国国内的法律来保证实施。

作为对税法冲突国际压力的回应，瑞士已相继加入了一些国际条约，并通过立法限制了银行保密的范围。其中瑞士已同美国签订了两个双边条约，即 1951 年 9 月 27 日签署的《美瑞刑事互助条约》和 1975 年 12 月 23 日签署的《关于对所得的避免双重征税公约》（以下简称《公约》）。其中《美瑞刑事互助条约》第 16 条规定，瑞士主管当局必须为协助美国调查和起诉条约清单中所列的违法行为而提供某些特定的识别信息；第 17 条也要求瑞士提供传统上在某些特定条件下被认为是违反瑞士保密法的信息，具体包括：（1）请求关系到一项重大违法行为的调查或起诉。（2）信息的披露对于获得或证明某些对调查或起诉具有实质性意义的事实起着重大作用。（3）美国为了获取相关的证据或信息，虽已经穷尽了其他方法但并未成功。但实际上瑞士的合作义务却被削减了，因为条约中规定瑞士有权拒绝协助美国，如果它认为执行美国的请求可能会损害其主权、国家安全或者其他类似的基本利益。这条一般保护条款确保了瑞士能够以保护重要利益为由拒绝美国的请求。[①] 在过去，瑞士一直惯于拒绝对涉及大型团体或

① 《美瑞刑事互助条约》第 7 条。

非法调查信息的一般请求。虽然如此,刑事互助条约中却包含一份需要两个国家进行合作的犯罪行为清单,包括谋杀、强奸、欺诈等,但是并不包括逃税。[①] 因此,瑞士完全可以限制刑事互助条约对于逃税调查的作用,因为其可以宣称逃税调查侵犯了其主权或国家利益。[②] 另外,《公约》的签订确保了通过信息交换有效地防止税收欺诈,并且避免了两国同时声称对同一笔所得拥有征税权。《公约》许可美国同瑞士主管当局直接联系,以求更好地履行他们在公约项下的义务。同时,《公约》也允许主管当局制定必要法规以实施本公约。这就说明美国可以根据《公约》第26条的信息交换条款,请求瑞士税收当局提供银行客户的信息。但是,《公约》的主要目的是避免双重征税,并有特定的宗旨和适用条件,因此其制度内涵难以实现美国所期望的税收信息交换。

(二)美国和瑞士银行保密制度等在国际避税问题上的冲突

即使在双方有条约义务保证的前提下,本案中所要求公开的客户信息是否又会遇到瑞士国内法的阻挠便成为问题的关键。除了上述双边条约的缺陷外,瑞银集团案同时也反映了美国和瑞士两国国内法在银行保密制度上的明显差异,以及由此带来的国际避税问题上的冲突与困境。这主要表现为两国银行保密制度对客户税收信息的保护范围的不同界定,以及两国税法对相关情形认定、处埋上的差异。

一直以来,瑞士主要是通过银行法、刑法、民法以及职业责任法来维持其银行保密制度的。在这些法律中,最早成为建立和维护瑞士银行保密制度法律渊源的是1934年的瑞士联邦银行法案,其著名的第47条明确规定:(1)任何银行职员,包括雇员、代理人、清算人、银行委员会成员、监督员、法定审计机构人员,都必须严格遵守保密原则,保守其与客户往来情况及客户财产状况等有关机密。上述人员,包括引诱银行职员泄露客户和银行信息的第三人,都将面临最低6个月到5年的监禁,以及最高5万法郎的罚款。(2)如果因为疏忽而泄露了客户和银行信息,将酌情处罚,罚金不超过3万法郎。(3)保密协议终身生效,不因为银行职员离职、退休、解雇而失效。而其他的法律仅仅只是笼统地强调职业保密,这些法律结合在一起,共同要求瑞士银行及其员工必须保护其客户的隐私,否则将会面临严厉的惩罚,这种惩罚包括承担刑事责任和民事责任以及丧失执

① 《美瑞刑事互助条约》第46~51条。

② Carolyn B. Lovejoy, UBS Strikesa Deal: The Recent Impact of Weakened Bank Secrecy on Swiss Banking, 14N. C. BankingInst. 435, 2010(3).

业执照。尽管如此,瑞士银行法也不是绝对的,它本身也存在一些例外。① 另外,其他瑞士法律中也包含严格禁止外国获取瑞士银行保密信息的内容。例如,《瑞士刑法典》第273条规定,如果某一向外国政府披露银行秘密的行为可能损害瑞士经济,那么这种行为将被认定为间谍行为而接受刑事处罚。由于这种披露可能会对瑞士经济造成损害,因此该条款不能被客户主动要求放弃。②《瑞士民法典》第27条和第28条分别规定了对个人以及法律实体的隐私权的保护。③ 任何人(如律师、医生和银行家)基于其职业原因而获悉了其他人的隐私,都有法律上的义务去保护这种隐私,并规定了受害方拥有提起诉讼的权利。

如前所述,瑞士银行保密法也并非绝对,在大部分情况下,一个客户可以同意通过一家瑞士的银行向第三方披露其信息。④ 另外,在某些特定情况下,瑞士银行也被允许向瑞士监管部门披露银行信息,但披露对象绝不能是外国主管机关。⑤ 外国主管机关则必须通过外交的途径,向瑞士政府请求司法协助,这一方式在许多条约中都作了约定。⑥ 与瑞士的银行保密法律相比,美国法律对保护金融信息隐私的范围则比较有限。⑦ 美国银行必须是为了法律的实施和起诉的目的而收集客户信息。美国第五巡回法院在审理 Prevatt 上诉案⑧中认为,银行自愿向美国国税局提交的记录是可以作为逃税的证据使用的,但是有特权声明的除外。1970年,美国国会通过了银行保密法案,作为对"关于利用受严格银行保密法保护的境外金融机构违反或逃避美国刑事、税收以及其他法律要求"的回应。⑨ 该法案要求美国银行保留那些可能会对刑事、税收或其他法律调查或

① Micheloud & Cie, Banking Act of 1934, http://switzerland. isyours. com/e/banking/secrecy/banking. act. html.

② Loi fédérale sur les banques et les caisses dépargne [LB] [SwissFederalBankingAct], Nov. 8, 1934, Recueil systématique dudroit federal [RO] 952. 0, art. 47 (Switz.), http://www. admin. ch/ch/f/rs/9/952. 0. fr. pdf.

③ Michle Moser, Comment, Switzerland: New Exceptions to Bank Secrecy Laws Aimed at Money Laundering and Organized Crime, 27 *Case W. Res. J. Int' LL.* 321, 324(1995).

④ Alfadda v. Fenn, 149 *F. R. D.* 28, 32(S. D. N. Y. 1993).

⑤ Peter C. Honegger, Jr., Demystification of the Swiss Banking Secrecy and Illumination of the United States - Swiss Memorandum of Understanding, 9*N. C. J. Int' lL. & Com. Reg.* 1(1983).

⑥ e. g., Loi fèdèrale sur l' entraide internationale en matière pénale[EIMP][Swiss Federal Lawon International Judicial Assistancein Criminal Matters] Mar. 20, 1981, RS351. 1(Switz.); Treaty on Mutual Assistance in Criminal Matters, U. S. - Switz., May 25, 1973, 27U. S. T. 2019(Mar. 20, 1967).

⑦ Greg Brabec, Note & Comment, The Fight for Transparency: International Pressure to Make Swiss Banking Procedures Less Restrictive, 21 *Temp. Int' l & Comp. L. J.* 237 - 238(2007).

⑧ United States v. Prevatt, 526F. 2d400(5th Cir. 1976).

⑨ Lewis J. Saretetal., Viewpoint: The *Report of Foreign Bank and Financial Accounts*: *A Primer*, BNA Banking Daily, Sept. 25, 2009.

起诉具有重要作用的记录。同时也要求美国公民提交他们与境外金融机构关系的书面报告。对于违反保密义务的银行家,瑞士的法律给予他们民事上和刑事上的惩罚,与之相反,美国的银行保密法则制裁那些不遵守报告义务的人。如果一个人参与了一项银行有报告或记录义务的活动,该银行必须至少应保有5年的记录。①

从上述的比较中我们可以发现,瑞士银行保密法与美国法律以及美国国税局积极追诉逃税这个实践是相冲突的。② 其中最根本的区别在于对逃税定性的不同上,逃税在美国是一种犯罪,而在瑞士则不是。在美国逃税是"一种积极的作为",包括"任何一种可能产生误导或隐瞒效果的行为"。这种行为包括向财政部作虚假陈述,或者隐瞒收入或其他资产的来源。任何欺诈、隐匿、销毁记录或其他类似的行为都会导致逃税犯罪。③ 为了成功地起诉逃税主体,政府必须证明以下所有要素:逃税故意、纳税不足的实施、积极的逃税行为或逃税企图;为了证实故意的存在,政府必须证明"法律赋予了被告一项义务,而且被告明知自己义务的情况下主动地或故意地违反该义务"。④ 而瑞士则执行这样一种严格的政策,来决定何时向美国以及其他那些认为逃税是犯罪的国家所发起的逃税调查提供银行记录。⑤ 一般来说,只有在那种被调查的行为也同样被瑞士法律认为是犯罪的,并且瑞士法律授权在一定程度内提供司法协助时,瑞士才会提供相关的信息和记录。⑥ 由于逃税在瑞士法律上并不是犯罪,因此有关记录和信息的发布在特殊化原则下并未被授权,保密度的放宽也是不被允许的。

基于两国实体法上的差异,两国在程序法上也凸显了其关键性的差异。美国对国内税收法律的违反一般可提起民事或刑事诉讼,而不论该违法行为是虚假申报收入、资产,或是向美国国税局提供错误的税收信息,抑或是欺诈主管当局。而在瑞士法律中,为税收目的虚假申报收入或资产,仅认定为逃税(民事违法),而非税收欺诈(刑事犯罪)。因此,瑞士政府一直以来都仅仅许可针对在瑞士法律中也认为是刑事税收欺诈行为的信息进行披

---

① Tax and Trade Guide; 31C. F. R. 103. 57 (2009) (civil penalty); 31C. F. R. 103. 59 (2009) (criminal penalty).

② Tax and Trade Guide: Switzerland 56 (Arthur Andersen & Co. 2dEd. 1972) (1965).

③ Greg Brabec, Note & Comment, The Fight for Transparency: International Pressure to Make Swiss Banking Procedures Less Restrictive, 21 *Temp. Int'l & Comp. L. J.* 231 - 233 (2007).

④ United States v. Beale, 574F. 3d512, 517 (8th Cir. 2009).

⑤ Micheloud & Cie, Banking Act of 1934, http://switzerland. isyours. com/e/banking/secrecy/banking. act. html, p. 254.

⑥ Ibid., p251.

露,而逃税则不能。

根据国际税法理论,对一个逃税行为的性质是违法还是犯罪,目前并没有统一的认定标准,只能由纳税人本国的国内法来确定。在美国,逃税罪属于税务刑事犯罪中的一种,根据《联邦税法典》第7201条的规定,它实际上包括两种犯罪行为,一是逃避税收核定;二是逃避税款支付。其构成要件包括以下三项:(1)纳税人有逃避或者试图逃避税收的积极行为。在纳税申报过程中,纳税人少报收入、多报抵扣的行为,或者故意提交虚假的代扣代缴证书的行为,就属于逃税或者试图逃避税收的积极行为。(2)纳税人有欠缴税款的事实。至于欠缴税款的准确数字,政府方面并不需要证实。在考虑欠税对定罪的影响时,除了总额以及比例之外,其他相关因素也会考虑。(3)纳税人有主观上的故意。如果对于上述三个方面,政府的证明都不能达到排除合理怀疑的程度,那么逃税罪就能够成立。[①] 在对瑞银集团涉嫌通过妨碍美国国税局执法,从而阴谋欺诈美国政府的刑事控告中,美国司法部认为,为了逃避向美国国税局的报告义务,[②]跨国业务的雇员和经理们运用特定的瑞银集团高级管理人员的知识,来协助美国纳税人开立新的瑞银集团账户,这些账户或是匿名的,或是使用虚假实体的名字,从而使那些个人账户中的资产成功地转移到了新的账户中,这样那些美国纳税人将不会被发现是受益人。

该控告声称,瑞银集团使用这种策略来逃避其报告义务,并且帮助美国纳税人继续向美国国税局隐匿其身份和资产。同时该控告还指出,瑞士银行家定期去美国向美国客户推销其瑞士银行保密制度,而这些客户正是那些企图逃避美国所得税的人。此外,瑞银集团经理和雇员还使用加密笔记本电脑和其他反监控技术,来逃避对他们的推销行动以及美国客户的身份和离岸资产的侦查。而且,这些跨国业务的客户轮流提交错误的纳税申报表,而这些纳税申报表都省略了他们在瑞士银行账户中的收益,并且没有向美国国税局披露这些账户的存在。[③] 由此看来,根据美国法律隐瞒财产和虚报所得的行为明显是一种逃税犯罪行为,可是在瑞士却被认定为是一种违法行为,不构成犯罪。如果本案不需要

① 美国可以用对某人发传票的形式要求他提供信息,以此通过那些未知身份的人获取疑似税收欺诈的情报,具体规定可参见熊伟:《美国联邦税收程序》,北京大学出版社2006年版,第326页。

② 根据法庭文件,在2000年瑞银集团收购了painewebber证券和基金管理公司之后,瑞银集团同美国国税局达成协议,该协议要求瑞银集团向美国国税局报告在瑞银集团账户中拥有美国证券的美国客户的收入和其他身份信息。

③ John R. Crook, Swiss Bank Settles U. S. Tax Charges, Mounting U. S. Pressure on Swiss Bank Secrecy, *American Journal of International Law*, 2009(4), p. 338.

瑞士提供客户信息的税收行政合作,瑞士对这一行为定性上的差异并不会对外产生任何影响。但是,正是由于这种违法行为的定性使其成为瑞士适用银行保密法的盾牌。可见,只有证明这种行为在瑞士也是一种犯罪行为,即构成欺诈,才可揭开银行保密制度的面纱,瑞士的银行才可以披露账户信息而不违反保密法的规定。因为瑞士法律规定,如果从事欺诈活动的人,如以空壳公司的名义设立账户,然而没有任何实质的业务,则不得享受保密权。

(三)瑞银集团案反映了美国和瑞士国家间的利益冲突

本案中的法律争议还表现在两国的主权冲突上,美国和瑞士两国都希望执行本国的法律,以保证本国法律的完整性和权威性。

这同时也反映出美国的税收主权利益与瑞士的金融主权利益之争。一方面,美国税收居民或公民利用避税港隐匿财产,逃避在岸国的税收管辖,这种滥用避税港逃避税收的行为,违反了美国的税法,给美国的财政收入造成了巨大的损失。美国参议院财经委员会就曾指出,2008 年度仅仅瑞银集团就有大约 19000 位拥有未申报账户的美国客户,而在这些未向美国税收主管当局申报的账户名下,可能有接近 148 亿美元的隐匿资产。① 尤其在当前的金融危机之下,美国政府已深刻认识到,本国税收居民利用国际避税地而隐匿财产、逃避税收是导致美国税收减少的一个重要原因。在这种背景下,美国国税局决定重拳出击,严厉打击瑞士这个典型的国际避税地,以保证美国税源的稳定,维护美国税法的尊严,彰显美国完整的税收主权。另一方面,作为瑞士银行信誉标志的银行保密法,帮助瑞士垄断了近三分之一的世界私人金融市场份额。为储户提供严格的保密机制,是为了更好地保护客户的金融隐私权,是对客户享有的基本人权——财产权的维护和尊重,但是这种银行保密制度也给国际金融市场、金融秩序的健康发展带来了以下负面影响:一是帮助富人逃避纳税;二是不问来源配合洗钱;三是疯狂吸纳全球金融资产。瑞士也因此被一些国家指责为"避税天堂"。瑞士银行保密法和美国税法的"挑战之争"同样也引起了全球的关注,在 2009 年伦敦 G20 峰会上,对瑞士银行保密法积怨已久的英、法、德等国称将提出对策整治"避税天堂",包括将瑞士列入黑名单。② 然而,在瑞士联邦政府的支持下,面对突如其来的各方压力,瑞银集团一直拒绝提供数万美国储户的名单信息。瑞士认为,美方的强硬态度是对瑞士主权的"侵犯",瑞士联邦司法部门也强调,瑞

① The Last Days of Bank Secrecy?, http://www.poer360.com/article_detail.php? id_article = 2496.

② Pierre Bessard, Op – Ed., *Leave Swiss Banks Alone*, N. Y. Times, Aug. 3, 2009.

士法律不允许瑞银集团迈出这一步,瑞士的银行保密法是保障瑞士发达金融业的支柱,对它的坚持也是瑞士对其金融主权的捍卫。

三、瑞士银行保密法被削弱后对美国和瑞士两国产生的影响

(一)对瑞士银行业的影响

美国和瑞士之间以及美国和瑞银集团之间达成的和解协议,进一步拓展了瑞士政府在逃税案件上与他国合作的空间,表明了瑞士态度的一种转变,即由保护银行投资者的个人隐私转向一种同其他着手进行税收欺诈调查或逃税调查的国家共享信息的更为积极合作的态度。① 尽管这种合作很可能会改善瑞士的国际声誉,但是仍然存在两方面的问题:(1)税法是一个国内法问题,瑞士的法律以及国际主权应当得到尊重。通过国际压力促使一个国家修改其银行保密法的解释,是干涉他国主权的表现,具有消极影响。(2)如果保密法的强度被明显削弱,瑞士银行业将会遭受打击。对于瑞士的银行来说,他们更关注那种潜在的影响——客户信任的丧失。如果现有的或潜在的客户对银行保密法缺乏信心,这可能会导致他们不再通过瑞士的银行进行投资。② 国际投资者们知道,如果想要继续隐匿他们的资产,必须将资金转移到另外的拥有严格银行保密法的离岸避税港,而且其银行保密法的严格性没有因国际压力而被放宽。③ 瑞士只能积极配合瑞银集团案的调查,如果瑞银集团不配合刑事调查,那么它将会面临被刑事追诉的风险,而牵涉违法事件对一个企业的打击是致命的。④ 但是,如果瑞银集团配合刑事调查,那么它则可能会遭受经济上的巨大损失,因为它丧失了其原本所能够提供给美国客户的优惠。⑤ 可见,无论是刑事追诉还是经济损失所导致的对瑞银集团的重创,都是瑞士政府所不能接受的。2008 年,瑞银集团管理

---

① Beckett G. Cantley, *The New Tax Information Exchange Agreement: A Potent Weapon Against U. S. Tax Fraud?*, 4 *Hous. Bus. & TaxL. J.* 231, 240(2004).

② Greg Brabec, Note & Comment, The Fight for Transparency: International Pressure to Make Swiss Banking Procedures Less Restrictive, 21 *Temp. Int'l & Comp. L. J.* 231 – 233(2007).

③ Michle Moser, Comment, *Switzerland: New Exceptions to Bank Secrecy Laws Aimed at Money Laundering and Organized Crime*, 27 *Case W. Res. J. Int' LL.* 321, 327(1995).

④ Emma Thomasson, US Civil *Case No Big Threat to UBS – Swiss Regulator*, Reuters, Feb. 21, 2009, http://uk.reuters.com/article/idUKLL61373220090221.

⑤ Sec. & Exch. *Comm' nv. Banca Della Svizzera Italiana*, 92F. R. D. 111, 32 *Fed. R. Serv.* 2d 1650 (1981).

着至少价值2.8万亿美元的资产，并且其年收入超过了1170亿美元，而当年瑞士政府的国内生产总值才3219亿美元。[①] 而且，若打击瑞银集团获得成功也可能会鼓励其他国家的税收主管当局的效仿，从而导致更多的刑事追诉以及损失更多的外国客户。于是，在美国和瑞士签订协议之后，瑞士又同法国签订了条约，旨在使法国更易于获取在瑞士隐匿资产的法国公民信息。法国政府采取措施来警告那些逃税者，它们已经掌握了一个3000人的名单，牵涉储蓄在瑞士银行中的30亿欧元的资金。[②] 当然也有一些人认为，瑞士银行业经受得住这次瑞银集团事件的打击。一位瑞士银行家如此评论道："瑞士银行业务提供服务的重点对象在于企业，而非个人"，因此私人投资者的减少不会对银行业产生太大的影响。[③]

（二）对美国客户的影响

卡尔·莱文（Carl Levin）参议员再次提出了禁止滥用避税港法案，该法案"将会允许美国政府阻止本国银行同那些拒绝与美国税务当局合作的银行进行业务往来"。[④] 2008年，其曾四处游说，请求撤销瑞银集团的营业许可。现在，如果瑞银集团仍被认定为是造成大量税收收益损失的罪魁祸首之一，那么美国政府依然可以实施这一行动。但是，基于瑞银集团现有的规模和成绩，美国可能不会撤销其经营许可。相反地，美国政府可能会基于瑞士的银行未能向美国证交会（SEC）提供足够信息而给予其惩罚。[⑤] 如果外国银行决定不与美国客户做生意，则有可能出现废除该法案的建议。2007年，由参议院常设小组委员会举办的关于离岸避税港行动调查的一场听证会上，瑞银集团的执行官宣称瑞银集团将不再为美国居民提供银行服务。实际上，这一主张已经作为延迟起诉协议的一部分予以完成了，在该协议中，瑞银集团承诺今后将仅通过在美国登记的子公司或分公司与美国客户进行交易。

---

① Fortune Global 500, Annual Ranking of World's Largest Corporations for 2008, http://money.cnn.com/magazines/fortune/global500/2008/snapshots/7652.html.

② Peggy Hollinger, Tax Evaders, Bank Secrecy "Rolled Back", Fin. Times, http://www.ft.com/cms/s/0/7a4c8dd0-958d-11de-90e0-00144feabdc0,s01=1.html.

③ Michle Moser, Comment, Switzerland: New Exceptions to Bank Secrecy Laws Aimed at Money Laundering and Organized Crime, 27 *CaseW. Res. J. Int'LL.* 321, 327 (1995).

④ Editorial, $100 Billion the Country Could Use, N. Y. Times, Mar. 14, 2009; Stop Tax Heaven Abuse Act, S. 506; 111th Cong. 104(a)(2009).

⑤ Sec. & Exch. Comm'nv. Banca Della Svizzera Italiana, 92F. R. D. 111, 32 *Fed. R. Serv. 2d* 1650 (1981).

四、国际反避税中的矛盾化解模式与协调机制的走向

由于国家之间在税收和金融领域存在主权利益以及各种相关利益的矛盾冲突，任何一方如果片面地坚守己方的利益势必导致矛盾的升级与恶化，而税收和金融领域的法律政策的调整又将对各方权益造成重大影响。因此，国家之间需要在不断的平衡协调中寻找适当的化解方法，并在实践运用中不断地调整和完善相关的化解模式，以使各种矛盾冲突得到缓解或协调。

（一）美瑞模式：税收欺诈的诠释与运用

关于客户信息的争端呈现给瑞银集团的是一个两难的选择，正如2009年2月才上任的瑞银集团首席执行官格鲁贝尔（Oswald Grubel）给瑞银管理人员的备忘录中所说的，美国国税局要求获得客户信息令瑞银陷入了两难境地，使集团夹在了两个主权国家的法律中间。一方面，如果瑞银集团提供客户信息，会违反瑞士的银行保密法；而不提供客户信息，又会违反美国的税法。如果瑞银集团向美国政府披露银行客户信息，瑞银集团及其雇员在瑞士可能会面临民事和刑事起诉。另一方面，如果瑞银集团穷尽了其在美国的法律救济仍然拒绝提供信息，美国司法部可以瑞银集团本身所承认的不道德行为作为提起刑事诉讼的证据。[①] 在第一次达成的延迟起诉协议中，美国最初根据《公约》向瑞士联邦税收主管当局提出行政协助请求，即要求提供客户名字。当时，瑞银集团已经从瑞士金融市场监管机关获得了许可，因此瑞银集团能够在不违反瑞士法的情况下披露其账户持有人的名字。瑞士金融市场监管机关在经过同瑞士联邦税收行政部门的磋商之后，命令瑞银集团仅向美国提供有限数量的客户数据。瑞士金融市场监管机关根据《瑞士银行法》第25条和第26条的规定，在其有合理理由认为一家瑞士银行面临严重的资金流动问题时，有权并且有义务实施非特定的预防性措施。在信息披露之后，美国撤销了其要求协助的请求。

第二次达成的原则性协议，则是瑞士政府清醒地认识到瑞银集团帮助客户逃税的行为已经构成了欺诈，同时迫于政治压力，才不得不向美国政府提交客户信息。2003年1月24日，美国财政部发表声明，宣称美国同瑞士已经达成了一项关于两国间信息交换的双边协议。为了完成2003年协议扩大两国间信息共享的目标，两国又达成了6个协议。其中第三个协议规定，信息请求对民事和刑

---

① 载 http://cn. mobile. reuters. com/article/CNAnalysesNews/idCNCHINA－2075620100413。

事追诉均可适用。第四个协议列举了3个例子(原规定在1996年协议中),而这3个例子共同确立了构成两国间税收欺诈的标准。第五个协议举了这样的例子,即如果缔约国相信或怀疑有税收欺诈发生,那么该国就可以请求信息交换。第六个协议规定,在附录中的诉讼程序的例子,将在1996年协议第26条的规定下构成税收欺诈。在修订后的第26条中所列举的14个例子并非是穷举,而是仅仅用于为两个国家提供向导。在1996年协议中,并没有对“税收欺诈”进行明确定义。但是,在2003年的协议中,这14个例子却为如何构成两国间的税收欺诈作出了一个综合性的阐释。其中第11个例子规定,一个人通过教纳税人违反所得税法来赚取收入,主管当局会对该人进行调查,以判定他是否教纳税人准备虚假的纳税申报单。[①] 这一列举性的规定为美国最终要求瑞士提供客户信息提供了法律依据。

美国政府列举了那4450名正在争议的客户所属欺诈的类型。因此,瑞士外交部国务秘书麦克·安布(Michael Ambuehl)认为,提供客户数据并不违反瑞士法。瑞士外交部长米谢林·卡尔米瑞(Micheline Calmy - Rey)则更进一步地说,与客户有关的数据可以由瑞银集团提供给美国政府,但是这种数据必须是与协议中所描述的税收欺诈相同的类型。

由此看来,美国政府找到了揭开银行保密制度面纱的途径,在既不违反瑞士银行法,又能准确获取客户信息上找到了平衡,即举证证明了4450名客户逃税行为属于税收欺诈,构成了犯罪,从而满足了瑞士银行保密制度的有限例外条款。但是先前提出的52000名客户信息公开的请求并没有得到瑞士方面的支持,因为美国政府缺乏足够的证据来证明这些人都有税收欺诈行为,所以这个宽泛的不合理请求并没有得到瑞银集团的同意。与此同时,外交方法在该案中也发挥了很大的作用,几度提起的诉讼,均以签订双边协议这种体面的方式解决,借助这种方式最终使事态向美国所希望的方向发展,并且避免了法庭在这一独特的争端中作出判决。

(二)欧盟模式:预提税的运用

为了有效打击洗钱和偷漏税行为,欧盟在税收协调过程中曾要求瑞士公布欧盟成员国公民在瑞士银行的存款账户情况。2001年欧盟各国财长达成一致意见,准备在欧盟成员国内部实行税务信息共享,有效地避免税收外流。欧盟希望瑞士能够助其一臂之力,自动地提供银行储户信息。布鲁塞尔方面为了防止

---

① Beckett G. Cantley, The New Tax Informati on Exchange Agreement: A Potent Weap on Against U. S. Tax Fraud?, 4 *Hous. Bus. & TaxL. J.* 231(2004).

欧盟的税收计划失败，表示在过渡期结束以后，每个成员国都应该引进一种系统，使储户所在国能够跟踪该储户在另一个欧盟国家所获得的利润，这样不管储户是否公布其财产状况，政府都能够照常征税。尽管瑞士并不是欧盟成员国，但奥地利和比利时都坚持主张，如果要他们参与银行信息交换，那么必须使同样实行银行保密制度的瑞士等国也参与欧盟的银行信息交换。

欧盟与美国的协商进行得很顺利，而与列支敦士登、摩纳哥、安道尔共和国、圣马力诺以及泽西岛等国的谈判则取决于与瑞士的谈判成功与否。瑞士同意向在其银行存款的欧盟成员居民征收35%的利息税，并在不透露存款人账户信息的情况下把税金直接交给欧盟各国，但这一措施未能获得欧盟的满意。欧盟讨论是否要采取制裁措施迫使瑞士放弃其银行保密制度。对此，英国表示了最为强硬的立场，威胁要对瑞士进行制裁，采取有关措施限制资本从欧盟流入瑞士。欧盟负责内部市场事务的委员弗里茨·博尔克斯泰因警告说，如果瑞士与欧盟不能达成一致，那么欧盟税收“一揽子”计划可能泡汤。他还敦促德国和其他成员国政府从瑞士抽资。2002 年 2 月 19 日，德国部长会议通过了一项新的《税收赦免法案》，规定从当年 7 月 1 日起将资金转移到国外的德国逃税者只要补缴25%的利息税就可以在一定期限内将“黑钱”转回德国境内而不受任何惩罚。同时，意大利为拥有瑞士账户的本国公民提供税费赦免的政策，已使 800 亿欧元的资金重新回到意大利，这其中有 60% 来自瑞士。2003 年 6 月，在欧盟强大的经济压力下，瑞士与欧盟终于达成有关利息税的协议，同意从 2005 年 1 月起对欧盟成员国居民在瑞士的存款征收 15% 的利息预提税，这一税率到 2007 年提高至 35%，瑞士将把税款的 75% 交还给储户原籍国。然而，瑞士一直要求将执行双边利息税协议与签署《申根协定》挂钩，以免瑞士的银行保密制度受到威胁。《申根协定》第 51 条规定，如果涉及偷漏税犯罪，有关国家有义务提供个人银行存款信息，这一规定与瑞士银行保密法的相关内容存在抵触，只有保证瑞士银行保密法将来不受《申根协定》约束，瑞士才能如期执行利息税协定。2004 年 5 月 14 日，欧盟与瑞士代表在布鲁塞尔就双边关系中的遗留问题达成妥协，瑞士将在签署《申根协定》的同时获准保留其银行保密法。①

由此可见，在 2003 年欧盟出台《对存款所得采用支付利息形式的税收指令》时，瑞士的银行保密法曾受到严厉的威胁和打击，但瑞士还是以征收预提税的形式，与欧盟达成了妥协，但其仍拒绝进行信息交换，从而保留了它的镇山之宝。然而，正是由于这种允许保留的行为，使该指令在实施过程中的效果大打折

① 崔晓静：“欧盟利息税指令及其对我国的借鉴”，载《现代法学》2007 年第 2 期。

扣。因为,作为储户母国的欧盟各成员国至今都无法确切地了解他们在瑞士的储户数量和存款数额,无法掌握具体和真实的利息数额,他们得到的仅仅是由欧盟转交来的一笔利息税款。在指令出台后,OECD 秘书长唐纳德·约翰斯顿曾写信给欧盟主席普罗迪,表示难以接受这一协议,因为协议将损害 OECD 正在进行的反有害税收竞争行动。多年来,OECD 一直致力于反对有害税收竞争,其中的一个重要原则就是要求低税国家放弃银行保密法,实现银行信息的透明化,而欧盟的做法无疑是一种倒退。① 综合比较以上两种模式可见,两种模式都在一定程度上兼顾了双方的利益。以税收欺诈为关键枢纽和平台的协调机制依靠的是法律机制的客观明确,但是,瑞士法院最近作出的裁决暴露出该模式目前仍然存在很大的局限,即美、瑞两国对税收欺诈远未形成共同的界定标准。这导致该模式在实际运作中仍然充满着不确定性和争议。而预提税模式则更多地依赖于瑞士一方的道德诚信,这种方式体现了对一个国家主权的尊重,以及对其政府公信力的信赖。在反复博弈的条件下,这种机制有其一定的内在约束力和实效,但缺陷也是显而易见的。

(三)美国的政策、实践与国际反避税协调机制的走向

美国政府对离岸金融中心的态度已逐渐由较为宽松的政策转变为严厉的反避税管制政策。在 20 世纪 60 年代,美国政府鼓励本国投资者向海外扩张,故而对离岸金融中心采取了温和的态度,所采取的具有针对性的反避税措施也为数不多。② 而到了 20 世纪 70 年代,美国国内资本受外国子公司所得实行延期纳税的利益驱动,纷纷前往离岸金融避税港建立旨在避税的子公司。大量资本外流使美国国际收支开始出现逆差,于是政府便开始采取措施限制本国公司对离岸金融中心的利用。1979 年,国会通过了《外国银行保密法》,该法规定对美国居民使用外国银行账户逃税给予严厉惩罚。③ 进入 20 世纪 80 年代,美国为了回流本币,建立了自己的离岸金融中心——IBF。为了减少 IBF 相对于那些金融避税港的劣势,也为了让更多的美国籍金融从业者到 IBF 而不是到其他离岸金融中心从事交易,美国采取了更为严厉的措施来防止国际避税行为。这样一来,美国就成为对待通过离岸金融中心避税问题态度最为严厉的国家之一,并且其还拥有一整套应对利用离岸金融中心避税的反避税措施。尽管如此,基于离岸金融的特点,想要完全阻止国际避税也是不可能的。根据摩根大通公司的估计,几十

---

① 载 http://chongwen. tax861. gov. cn/redianwenti/display. asp? more_id = 791871。

② 王铁军编著:《国际避税与反避税》,中国财政经济出版社 1987 年版,第 172 ~ 180 页。

③ 处以直至 50 万美元的罚款或 5 年监禁,或同时实行两种惩罚。

年来美国公司在海外获取的多达650亿美元的利润从未被美国征税。① 此次对瑞银集团案的调查正值全球性金融危机爆发之时,美国国内经济受到了重创。2009年,1.42万亿的巨额数字又创下美国新的赤字纪录,面对如此庞大的财政赤字,如果美国不能严肃财政纪律,切实降低赤字规模,那么必然会造成"美元危机",即美元出现大幅贬值,通货膨胀加剧,世界经济可能因此而面临新的冲击。而如果美国税源充足,就可以通过增加收入的方式来改善这种入不敷出的局面。然而,一方面身处金融危机之中的美国经济更加衰退,失业率严重攀升、消费者削减支出、企业获利短少,这已造成州政府税收缩水;另一方面美国国会审计总署(GAO)从该国大型上市公司呈报给证管会的资料中却发现,百大上市公司中有83家利用避税天堂避税,有63家在避税天堂设有子公司。更为甚者,美国百大上市公司利用避税天堂避税者包括接受联邦政府纾困的企业,如花旗,这些公司设于避税天堂的子公司计427家。这一情况使美国政府认识到:本国税收居民利用国际避税地隐匿财产、逃避税收是导致美国税收减少的一个重要原因。一边是债台高筑的财政赤字;另一边却是纳税人滥用国际避税地规避本国税收,美国政府再也无法坐视大笔税源流失海外,于是在2009年5月,奥巴马政府宣布了一个计划,通过执行反滥用避税港的严格法律来改革公司税收,以期提高87亿美元的税收收入。

与此同时,美国对瑞银集团案采取的坚决态度,正是美国政府表达坚决制止反滥用避税港的决心和信心的一种表现。它同时也揭示了危机后国际税收征管协调机制的未来发展趋势:(1)以美国为首的在岸国,包括英国、法国和德国等国家,在饱受金融危机的重创后,将不断加强对资本的金融监管,由原来的对离岸金融中心相对妥协、放任和宽松的税收征管体制,逐渐加强为对它们的海外资本实行严格监管,并通过严格实施域外税收征管制度来防止税源的海外流失。(2)在金融危机中,参加伦敦G20峰会的各国首脑已经意识到不仅OECD成员国之间要团结一致,完善国际税收合作机制,更需要对拒不合作的离岸金融中心采取严厉的制裁措施,迫使它们与在岸国开展税收信息交换的合作,特别是为税收目的获取银行信息方面的合作,将是国际税收协调发展机制的一种新趋势。(3)离岸金融中心迫于世界各国的压力,不得不重新审视和定位银行保密制度在设计之初的功能和价值取向与实践中因滥用而被扭曲适用结果之间的差异。银行保密制度根基的动摇,充当逃税等犯罪行为保护功能的削弱,使离岸金融中心今后将会更加谨慎地适用银行保密法,且其自身也必须树立一种自我约束的

① Big US Firms Prefer the Cayman Islands, Off shore Red, July/August 2004, p. 98.

机制，即金融机构在向客户提供金融服务时，不得对银行保密制度抱有侥幸心理，再将其作为抵挡国际税收征管的利剑，帮助纳税人做以国际避税为目的的财产管理项目。在本案后，截至2009年9月，瑞士已与丹麦、卢森堡、法国、挪威、意大利和英国签订了专项税收信息交换协议。[①] 尽管对离岸金融中心实施完善和严密的域外税收征管需要一个过程，但这无疑是今后国际税收征管合作发展的一个必然趋势。

五、瑞银集团案带给中国的启示

中国政府在鼓励国内企业进行境外投资时，往往也会遇到这些企业靠“离岸注册”避税的情况，如何在扶植中国企业走出去的同时，加强对它们的税收监管，以防税源流失，将是我国今后面临的一个重要问题。据不完全统计，截至2002年，全球范围内注册的离岸公司有70多万家，其中有中国内地背景的公司有1万多家，新浪、搜狐、网易、金蝶、联通等国人耳熟能详的公司均名列其中。目前平均每天都会有一家中资背景的新公司注册。[②] 根据商务部的统计资料，2009年中国对外直接投资流量在1亿美元以上的国家和地区中，中国香港、开曼和英属维尔京群岛分列第一、第二和第五名。2009年末对外直接投资存量占前20位的国家和地区排名中，中国香港、英属维尔京群岛和开曼群岛分别名列前三名。[③] 这些在离岸中心注册公司的中国企业中，不难排除其通过国际避税地进行避税。虽然目前尚没有官方的数据统计，但是我们必须提高警惕，加强对离岸公司的资产和税收状况的监管，以防止税源的流失。结合本案，笔者认为，今后我国可以在以下两个方面加强对离岸公司的税收监管。

一是完善国内的相关立法。美国在金融危机发生后，特别是在遭遇瑞银集团案后，批准了两项新的税收法规，即《海外账户税务法案》(FATCA)和《海外银行及金融账号申报》(FBAR)。前者主要针对的是接受美国居民投资的境外金融机构，而后者则针对拥有海外账户的美国纳税人。《海外账户税务法案》于2009年12月9日在美国众议院通过，并将于2013年1月1日正式生效。其内容主要包括以下三点：(1)境外金融机构必须同美国国税局签署一份协议，每年

---

① 载 http://forex. hexun. com. tw/2009－09－08/120998848. html。

② 胡平西、郑杨主编：《上海经济改革开放与外汇管理创新》，上海三联书店出版社2006年版，第490页。

③ 载 http://hzs. mofcom. gov. cn/accessory/201009/1284339524515. pdf。

向美国国税局提供其美国客户(拥有美国国籍的个人或美国人拥有10%以上股权的机构)的名单,否则对其在美国的收入预缴30%的所得税。(2)非金融机构必须向税款扣缴义务人提供持有本公司10%以上美国个人股东的名称、地址、税务识别码,否则按收入的30%预缴所得税,如若在海外拥有5万美元以上资金和资产的美国纳税人未如实申报前述财产,可最高处以5万美元的罚金。(3)“有影响的顾问”必须披露其协助购买海外资产的客户的名单以及购买的资产。《海外银行及金融账号申报》作为美国新的税务法规,主要包括三个方面的内容:何人应当申报、申报内容以及对未适当申报的处罚。首先,该法规适用于在海外拥有或者注册(并非账户的拥有者,只是代其雇主或机构签名注册账户)的金融账户如果超过1万美元的,必须填写表格TDF90－22－1(国外银行和紧急账户申报表),申报其所拥有或者注册的银行或者经济账户。其次,在该表格中需要申报的事项包括该银行和经纪公司的名称、该银行和经纪公司的地址、账号、2009年期间该账户的最高金额。最后,对于申报不准确和拖欠税款的纳税人,美国国税局(IRS)最多可以追溯纳税人6年的收入,并处以其不缴税款及利息加以每年漏报税款20%的罚金。

中国的税收主管当局也可以借鉴美国的上述经验,要求投资者主动申报海外金融账户,以加强国内的监管,堵住税收缺口;同时与海外金融和非金融机构建立合作关系,签署协议,披露银行客户信息,防止纳税人脱离本国的税收监管。

二是完善国际间的合作机制。为了避免今后因逃税是违法还是犯罪的性质之争,减少在司法协助领域产生类似的纠纷,美国和瑞士于2009年9月23日签署了《避免双重征税公约的议定书》,虽然《公约》本身并不涉及逃税问题,但议定书却将合作拓展到逃税和税务欺诈领域。该议定书规定瑞士不能以“这个信息是由银行掌控”而拒绝向美国提供信息。如果这样的案件成立了,那么瑞士主管当局将“有权执行信息披露”。这项《公约》适用范围的最新发展,可能会对许可美国税务调查人员调查发生在瑞士境内的疑似逃税计划产生永久性的影响。

中国和瑞士也已于1990年7月6日签署了《中瑞税收协定》。为了避免瑞士银行保密法对客户信息披露的阻挠,中国税收主管当局可以在今后考虑修订与瑞士的税收协定,并以签订议定书的形式为今后逃税调查扫平法律上的障碍。

(2010年第12期)

2011 年

《新决议》对汇率操纵的释义有悖国际货币基金协定

韩　龙*

汇率操纵是当今《国际货币基金协定》(以下简称《IMF协定》)禁止的汇率行为,《IMF协定》要求国际货币基金组织(以下简称IMF)的会员国承担义务避免之。进入21世纪后,伴随着我国对外贸易顺差、外汇储备的大量增加以及中国经济的崛起,以美国为代表的西方国家把目光集中到人民币汇率问题上,《IMF协定》规定的禁止汇率操纵的义务成为这些国家指控人民币汇率的主要依据。在依《IMF协定》解决人民币汇率问题遭遇严重法律困境的情况下,这些国家试图打造出汇率操纵的新解,以给人民币汇率问题的解决施加压力。

一、汇率操纵指控的困境与《新决议》的出台

美国国会近年来提出的多项针对人民币汇率的法案,都直接或间接地包含了汇率操纵的指控。例如,2007年7月,美国参议员谢尔比(Richard Shelby)和多德(Christopher Dodd)提出的参议院"2007年货币改革与金融市场准入法案"(S. 1677 –"Currency Reform and Financial Markets Access Act of 2007"),也以汇率操纵作为指控的基础,要求美国财政部调查中国是否操纵了人民币与美元的汇率。如果中国构成汇率操纵,该法案要求美国财政部拿出纠正汇率操纵的方案,并采取双边和多边行动,以消除中国因此取得的贸易竞争优势。[①] 此外,2010年3月15日,美国130名议员联名写信给美国财长盖特纳(Geithner)和商务部长骆家辉(Gary Locke),敦促美国政府立即采取行动,解决中国"操纵汇率"问题。这封信还将汇率操纵的贸易效果等同于补贴,认为人民币汇率操纵使中国产品因享受到补贴而使美国生产商遭受了竞争劣势,美国应

---

* 作者单位:中南财经政法大学法学院。

本文为笔者主持的2008年国家社会科学基金重点项目"防范和化解国际金融风险和危机的制度建构研究"(批准号:08AJY013)和司法部2007年国家法治和法学理论研究项目"金融风险防范法律制度研究——以我国金融业对外开放为重心"(批准号:07SFB2046)的阶段性研究成果。

① 韩龙著:《人民币汇率的国际法问题》,法律出版社2010年版,第15页。

采取 WTO 法律框架下的反补贴措施以抵消人民币汇率操纵的贸易效果。[①] 但是,美国对人民币汇率的指控却受阻于《IMF 协定》的规定。根据《IMF 协定》第 4 条第 1 节的规定,IMF 会员国应避免操纵汇率或国际货币体系,以(in order to)妨碍国际收支的有效调整或取得对其他会员国不公平的竞争优势。从这一规定来看,构成《IMF 协定》所禁止的汇率操纵,除了需要具备汇率操纵行为之外,还需要具备《IMF 协定》规定的操纵目的,即操纵须为了妨碍国际收支的有效调整或取得对其他会员国不公平的竞争优势。但是这一规定若要付诸实施,则会因诸多概念不明而面临一系列操作上的难题。例如,对于什么是"操纵",协定并没有作出界定;对于"妨碍国际收支的有效调整"和"取得对其他会员国不公平的竞争优势"这些主观目的的认定,协定也没有给出相应的标准和方法。由于对这些要素缺乏必要的界定,使禁止汇率操纵的义务规定欠缺应有的可操作性,所以,长期以来一直束之高阁,无法在实践中适用。而这正是美国及其他西方国家指控中国操纵人民币汇率所面临的最大的法律困境和障碍。

《IMF 协定》有关汇率操纵规定的乏力,与近年来美国面临来自于中国的巨额贸易逆差而急于解决人民币汇率的心境,形成了巨大反差。2007 年 4 月 14 日,美国在 IMF 的国际货币与金融委员会上发表声明,力推 IMF 汇率监督改革。美国财政部长保尔森提出,汇率监督改革是 IMF 总体改革的重中之重,美国期待在会议之后马上看到实际行动。他还提出,要把重点放在监控那些故意低估汇率以刺激出口的国家,建议扩大 IMF 的汇率监督权,以更好地监控那些"币值存在偏差"的货币。[②] 在这种情况下,美国等西方国家不顾中国和其他一些发展中国家的强烈反对,利用其在 IMF 执行董事会的票决优势,[③]于 2007 年 6 月 15 日推动 IMF 执行董事会通过了《对会员国政策双边监督的决议》(以下简称《新决议》),并在《新决议》的附件中对汇率操纵的含义进行了明确。

根据《新决议》的释义,构成《IMF 协定》所禁止的汇率操纵必须同时具备主客观要件,即既要有操纵行为,也要有规定的操纵目的。就操纵行为而言,《新决议》附件规定,汇率操纵仅通过旨在(targeted at)影响且实际影响(actully

---

① Mike Michaud, Tim Ryan etc. 130 Members of Congress Push for Action on China Currency Manipulation, on http://www.faircurrency.org/presscenter/FCC.pdf.

② International Monetary and Financial Committee, Statement by Henry M. Paulson, Secretary of the Treasury United States, On behalf of United States, April 14, 2007, p. 3.

③ IMF 执行董事会通过票决的形式行使职权,而投票则采取加权表决制。由于执行董事会中的 5 名董事由持有 IMF 最大份额的 5 个会员国指派,其余 15 人由其他会员国选举产生,因此,执行董事会的董事分为指派董事和选举董事。指派董事拥有指派其的会员国在 IMF 所拥有的票数,15 名选举董事则握有选举其的那些会员国的票数。

affect)汇率水平的政策而实施,既可能造成汇率变动,也可能阻止这种变动。也就是说,汇率操纵是通过旨在影响且实际发生了影响的政策而影响汇率水平的行动或举措。就操纵目的而言,《IMF 协定》禁止的操纵目的有两个——"妨碍国际收支的有效调整"和"取得对其他会员国不公平的竞争优势",但《新决议》仅对后者进行了明确规定,即会员国通过实施旨在影响且实际影响了汇率水平的政策,造成汇率严重偏差中的汇率低估,并且造成这种偏差的目的在于扩大净出口,出现这种情况即构成了"取得对其他会员国不公平的竞争优势"。简言之,"取得对其他会员国不公平的竞争优势"就是有意识地通过政策低估汇率以扩大净出口。

二、《新决议》对操纵行为的释义与《IMF 协定》不符

《新决议》通过后,以美国为代表的西方国家似乎有了新武器,对人民币汇率的指控更加有恃无恐。《新决议》对汇率操纵的释义果真能使西方国家摆脱法律困境吗? 撇开《新决议》对汇率操纵的主观目的要素的释义不论,[①]《新决议》就汇率操纵行为所作的释义是否与《IMF 协定》的规定相符,以及由此导致的效力和效果如何,就颇值得怀疑。

(一)《新决议》之内设标准解读

依据《新决议》的释义,汇率操纵或汇率操纵行为是通过政策干预影响汇率水平,既可能造成汇率变动,也可能阻止这种变动。略微品味这一释义,我们就会发现,《新决议》实际上为判断汇率操纵行为设置了由市场供求关系决定汇率水平以及排斥政策干预的基准和标尺。《新决议》排斥政策干预对汇率的影响,这种排斥的结果意味着汇率应根据外汇市场的供求状况,当变则变,不当变则不变。如果政策介入和政府干预影响了汇率的市场变化和汇率水平,无论是造成了汇率的不当变动,还是阻止了汇率的正常变动,都可能构成汇率操纵行为。虽然《新决议》在对汇率操纵目的的释义中规定政策干预须达到汇率严重偏差和汇率严重低估的程度,从而赋予干预以程度的内涵,但汇率严重偏差和汇率严重低估只是作为汇率操纵的目的来规定的,故这种程度的限定规定并不影响操纵行为的成立和对此作出的判断。

总之,依据《新决议》,供求关系应成为判断汇率及其是否应当变动的默示

① 主观目的要素往往被认为是汇率操纵指控的瓶颈所在。

基准,构成鉴别汇率操纵存在与否的试剂和标签。这一释义集中地体现了进入21世纪以来西方国家要求中国降低和放弃对外汇市场及汇率的干预和调控,以市场力量决定人民币汇率的呼声和意图。众所周知,我国实行的是有管理的浮动汇率制度,“有管理”意味着这一制度的维系离不开政策干预,因此,易于与《新决议》汇率操纵的释义对号入座。但是,《IMF协定》的规定是否也包含《新决议》内设的基准和尺度呢?

(二)《IMF协定》未将市场力量决定汇率作为信条

如前所述,《IMF协定》第4条第1节并没有规定何为汇率操纵,从这一意义上讲,《新决议》对汇率操纵所作的上述解读,在《IMF协定》中并没有相关的立法根据和指引,因而于法无据。不止于此,《新决议》还与经《IMF协定》第二次修改而诞生的当今国际汇率制度存在明显的抵触。《IMF协定》第4条第2节第2项规定:“……外汇安排可以包括:(1)一会员国以特别提款权或选定的黄金之外的另一种共同标准,来确定本国货币的价值;(2)通过合作安排,会员国使本国货币同其他会员国的货币保持比价关系;(3)会员国选择的其他外汇安排。”根据这一规定,IMF会员国除不得将其货币以黄金定值之外,有权选择盯住特别提款权或另一种定值标准如美元等,也可以采取“合作安排”,还可以选择其他安排。从实践来看,各国都根据自身状况自主地选择汇率安排。IMF根据汇率弹性从小到大,将各国依据上述规定在实践中选择的汇率安排分为没有本国法定货币的汇率安排、货币发行局制度、传统的盯住汇率安排、平行盯住、爬行盯住、爬行区间浮动、无区间的有管理浮动和自由浮动等种类。① 可见,《IMF协定》的规定和各国实践都表明,现行的汇率制度是自由汇率制,选择和决定采取什么样的汇率安排是《IMF协定》承认和规定的会员国的权利。以汇率是否由市场供求关系决定作为审视汇率操纵存在与否的基准和标尺,是对《IMF协定》规定的会员国汇率选择自由的褫夺。

同时,上述法律规定和各国实践还清晰地表明,政府不进行干预而任由市场供求关系决定汇率水平的自由浮动汇率制,只是《IMF协定》规定的供各国选择的诸多汇率安排中的一种。除自由汇率制外,各国还有权选择其他汇率安排,包括将一国货币币值盯住另一定值标准的盯住汇率制。而盯住汇率制本身就意味着实行这一制度的国家需要对外汇市场和汇率水平进行干预,才能维持一国货币与另一定值标准的比率,否则,就谈不上是盯住汇率制。易言之,干预是实行盯住汇率制的天然内涵和必备条件。可见,《IMF协定》允许而不排斥IMF会员

① 韩龙著:《国际金融法前沿问题》,清华大学出版社2010年版,第99页。

国通过政策对外汇市场和汇率进行干预。

事实上，当今不仅相当多的发展中国家仍在实行盯住汇率制，而且纵使是普遍实行自由浮动汇率制的发达国家，也在其需要时对外汇市场和汇率进行着干预。在美国，财政部和美联储各自具有干预外汇市场的合法权力。美国财政部的权力来自于1934年《黄金储备法》(Gold Reserve Act of 1934)以及1944年《布雷顿森林体系协定法》(Bretton Woods Agreements Act of 1944)的授权，资金来源为财政部的外汇稳定基金；美联储干预的权力是由美国《联邦储备法》授予的，资金来源于联邦系统公开市场账户。而纽约联邦储备银行的外汇柜台(Foreign Exchange Desk)执行着美国所有的外汇市场操作，扮演着财政部和美联储双方共同代理人的角色。① 日本也在2010年下半年，在日元强劲升值的情况下极力对汇率进行干预，遏制日元升值以利于日本的出口和日本经济从危机中复苏。不止于此，IMF执行董事会于1977年通过的《汇率政策监督的决议》和2007年通过的《新决议》还要求会员国在必要时应干预外汇市场，以对付失序状况，并将此作为指导会员国汇率政策的原则之一。可见，实行盯住汇率和进行汇率干预为当今的国际货币制度和各国汇率实践所充分肯定，《新决议》仅仅将决定自由浮动汇率的供求关系作为普遍的信条推广到《IMF协定》所广泛规定的其他汇率安排之中，是以偏赅全和错误的。

(三)《新决议》背离牙买加体系的基本理念

《新决议》不仅违背了《IMF协定》经过第二次修改而确立的自由汇率制，而且也背离了牙买加体系及其自由汇率制的基本理念和共识。② 在布雷顿森林体系崩溃之后和建立牙买加体系的过程中，人们在检讨布雷顿森林体系时普遍认为该体系过于僵化，各会员国无法调整或无法及时调整其汇率是布雷顿森林体系崩溃的根源所在。人们认为，若要避免新的国际货币制度重蹈布雷顿森林体系的覆辙，就应允许汇率随着各国基本条件而变动，唯其如此国际货币体系的运行才会更加有效，更有助于实现国际货币体系的目标。由于这一原因，《IMF协定》原来第4条规定的目标——要求各会员国进行合作以促进“汇率稳定”在《IMF协定》第二次修改中被修改为进行合作以促进“汇率体系的稳定”(stable system of exchange rates)。这一修改所基于的基本理念和假设就是：如果汇率能

① Federal Reserve Bank of New York, U. S. Foreign Exchange Intervention, on http://www.newyorkfed.org/aboutthefed/fedpoint/fed44.html.

② 布雷顿森林体系在1973年终结后，为了推动国际货币体系的改革，1976年各国在牙买加首都金斯顿举行会议，达成了“牙买加协定”，由此导致了IMF对其协定的第二次修改，形成牙买加体系，并沿用至今。

够反映各国的基本条件，而基本条件又趋向于经济和金融的稳定，那么，汇率体系的稳定则得到最佳实现。① 因此，《IMF协定》在第二次修改时废弃了布雷顿森林制度维持的固定汇率制，转而规定了自由汇率制，由各国根据自身情况自主确定和改变其汇率安排，以克服布雷顿森林体系的僵化，使各国的汇率能够灵活地反映其基本条件的变化。

也正是因为如此，《IMF协定》规定的会员国选择汇率安排的自由，被作为会员国不可剥夺的权利和牙买加体系的根基加以维护，具有极高的地位。例如，现行《IMF协定》在第4条第2节第2项规定了自由汇率制之后，紧接着就在第3项中进一步规定：为适应国际货币体系的发展，IMF可以总投票权85%的多数规定总的汇率安排，不限制各会员国根据IMF的目的和该条第1节规定的义务选择汇率安排的权利。也就是说，即便未来适应国际货币体系的发展需要，IMF会员国修改《IMF协定》达成了新的汇率安排，但会员国选择汇率安排的权利仍然不容侵犯，自由汇率制的至上地位由此可见一斑。也正是因为自由汇率制集中体现了《IMF协定》第二次修改时的理念而无法撼动，因此，IMF执行董事会为通过《新决议》而发布的配套文件强调，《新决议》及其包含的指导会员国汇率政策的原则，与《IMF协定》第4条所规定的会员国选择汇率安排的自由是完全一致的。②这也表明《新决议》不敢担负违背《IMF协定》、侵犯会员国选择汇率安排自由之险。然而，如前所析，《新决议》与其标榜的并不一致，在其应当恪守《IMF协定》相关规定和牙买加体系的基本理念的情况下却与之发生冲突。

三、《新决议》的性质及其应具有的操守

在《新决议》对汇率操纵的释义与《IMF协定》规定的自由汇率制及其根植的理念相抵触的情况下，弄清《新决议》的性质及《新决议》应具有的操守，就显得十分重要，故不可不察。

（一）《新决议》不构成对《IMF协定》的修改

在《新决议》与《IMF协定》相抵触的情况下，《新决议》的规定如果要具有合法性并取得其预期的效果，《新决议》构成对《IMF协定》的修改几乎是唯一救

① Joseph Gold, Exchange Rates in International Law and Organization, *Kluwer Law International*, 1996, p. 337.

② IMF, Review of the 1977 Decision – Proposal for a New Decision, Companion Paper, Supplement, and Public Information Notice, June 21, 2007.

赎通道。也就是说,如果《新决议》构成对《IMF协定》相关规定的合法修改,那么,《新决议》的规定当然具有正当性、合法性,并会产生应有的效果。问题在于:IMF执行董事会能否通过《新决议》而修改《IMF协定》的相关规定呢?根据国际组织法的一般原理,有关国家为创设国际组织而缔结的国际条约是国际组织成立和运行的法律基础和约章。《IMF协定》在前言中也规定,IMF根据《IMF协定》的规定建立并开展业务活动。也就是说,IMF及其机构从事活动须以《IMF协定》为准则。因此,《新决议》是否构成对《IMF协定》的修改,取决于《IMF协定》对该协定修改的权力归属及程序的规定。

《IMF协定》第28条是有关修改《IMF协定》的权力归属和程序的规定。该条第1款规定:"任何修改本协定的建议,不论其为会员国、理事或执行董事会提出,应先通知理事会主席,然后由其提交理事会。如修改建议经理事会通过,IMF应当用信函或电报征询各会员国是否接受该修改案。如有五分之三会员国并持有85%总投票权接受此修改案,IMF应即将此一事实通知各会员国。"据此,《IMF协定》的修改需要经过建议提出、理事会通过、特定多数会员国接受等程序。其中,《IMF协定》修改的终极决定者是会员国,即《IMF协定》的修改需要由五分之三并持有85%总投票权的会员国的批准,修改《IMF协定》的权力不在IMF的任何机构包括执行董事会手中。况且,《新决议》将市场决定汇率的信条赋予汇率操纵行为的界定之中,事关《IMF协定》经过第二次修改所创设的国际货币制度和国际汇率制度安排的重构,如若构成对《IMF协定》的修改,也一定是重大修改。这样的修改无疑需要经过IMF会员国国内法程序的批准。但《新决议》并没有经过这样的程序,因此,它并不构成对《IMF协定》这一基础性法律文件的修改。

(二)《新决议》系指导性建议

《新决议》不构成对《IMF协定》的修改,那么,它具有什么样的性质呢?实际上,《新决议》出台的依据是《IMF协定》第4条第3节的规定。对此《新决议》在开篇的序言中就明确指出,《新决议》旨在根据《IMF协定》第4条第3节第1项和第2项的规定,为IMF监督会员国的政策和会员国实施汇率政策提供指导(guidance)。[①] 该节第1项规定,IMF应监督国际货币制度,以保证其有效实行,应监督各会员国是否遵守第4条第1节规定的义务。第2项特别规定,IMF为履行有关职能,应对各会员国的汇率政策行使严密的监督,并应制定具体原则,

---

① IMF, IMF Executive Board Adopts New Decision on Bilateral Surveillance Over Members' Policies, Public Information Notice(PIN) No. 07/69, June 21, 2007.

以在汇率政策上指导所有会员国。由于《IMF 协定》第 4 条第 1 节包含的义务涵盖对内和对外义务,而《IMF 协定》第 4 条第 3 节第 2 项仅规定 IMF 对会员国汇率政策制定指导原则,且汇率是对外义务的核心内容,因此,《新决议》出台的直接法律依据是《IMF 协定》第 4 条第 3 节第 2 项的规定。从实践来看,IMF 行使汇率监督的职能是通过在执行董事会票决的方式来决定的,①而《新决议》就是 IMF 执行董事会根据《IMF 协定》第 4 条第 3 节的授权而通过的。可见,《IMF 协定》第 4 条第 3 节第 2 项的规定,构成《新决议》的法源、根基和依据。而根据《IMF 协定》第 4 条第 3 节的规定,《新决议》是 IMF 制定原则以指导会员国汇率政策的结果,而且也仅是 IMF 指导会员国汇率政策的原则,而"指导"(guidance)只具有建议性质,不具有法律的强制性。同时,《新决议》在序言中还强调决议为会员国提供的指导,只与《IMF 协定》第 4 条规定的现存义务相关,并没有为会员国创设新义务。② 这也再次印证《新决议》只是为 IMF 监督《IMF 协定》第 4 条规定的义务而提供的指导,而不具有修改《IMF 协定》和创设新义务的性质。

既然《新决议》不具有修改《IMF 协定》的性质,不构成法律规定,那么,《新决议》附件作为《新决议》的组成部分,其对汇率操纵的释义当然不能创设有关汇率操纵的新义务,也不能扩大或变更现有汇率操纵的义务,而是就像《新决议》在附件中所指出的那样,附件对汇率操纵的释义旨在为《IMF 协定》第 4 条第 1 节有关禁止汇率操纵的规定的含义提供进一步的指导,③即附件只具有指导建议性质。

(三)《新决议》应具有的操守

《新决议》既然只具有为会员国汇率政策提供指导的性质,那么,IMF 执行董事会在对《IMF 协定》有关规定的含义进行明确时,就应当将《新决议》的释义与《IMF 协定》的规定保持一致。这是因为《IMF 协定》不仅是 IMF 成立的法律基石,也是 IMF 运行的总章程,IMF 的各机构在从事活动时都要以《IMF 协定》作为行动准则,不得偏离和悖逆之。对《IMF 协定》汇率操纵的含义进行明确和解释,虽然属于 IMF 执行董事会的职权范围,但执行董事会应当恪守和忠实于《IMF 协定》的相关规定并善意为之,否则,《新决议》就不是根据《IMF 协定》指

① 《IMF 协定》第 12 条第 3 节规定,执行董事会负责处理 IMF 的业务,为此,应行使理事会所托付的一切权力。长期以来,汇率事务由执行董事会掌管和操办,执行董事会通过加权表决的形式决定汇率职权的行使。

② IMF, Bilateral Surveillance over Members' Policies, Executive Board Decision, June 15, 2007.

③ 这一释义之所以构成"进一步的指导"(further guidance),是因为《新决议》第二部分有关指导会员国汇率政策的第一项指导原则重复了《IMF 协定》禁止汇率操纵的规定,构成对会员国遵从这项义务的指导。

导会员国的汇率政策,而是背离《IMF 协定》的本意,误导会员国的汇率政策。

IMF 执行董事会通过《新决议》对汇率操纵进行释义,除应遵守 IMF 的基础性法律文件即《IMF 协定》之外,还应恪守《维也纳条约法公约》这一当今条约解释普遍适用的基本准则。《维也纳条约法公约》第 31 条规定,条约须依其用语在上下文中所具有的通常含义并根据其目标和目的善意地加以解释。这一规定派生出的条约解释的一个基本信条就是善意有效性原则。"美国—改良与普通汽油标准"案专家组指出,《维也纳条约法公约》关于条约解释的一般规则所得出的一个必然结论,是条约解释必须赋予条约的所有用语以意义和效果,解释者不能任意进行解读,造成条约整条或整款的多余或无效。① 以此审视,我们发现《新决议》的释义会导致会员国享有的浮动汇率安排之外其他汇率安排的权利被《新决议》对汇率操纵的释义吞噬掉,造成《IMF 协定》第 4 条第 2 节第 2 项规定的自由汇率制的冗余和事实上的无效。如果《IMF 协定》在第二次修订时有意使市场供求关系来决定或主导各国的汇率安排,那么,《IMF 协定》即应化繁为简,规定汇率安排应由市场供求关系决定,而不应采用《IMF 协定》现有第 4 条第 2 节第 2 项包含有盯住汇率、合作安排和其他汇率安排的约文。但《IMF 协定》采取了现有的约文,这意味着《新决议》将以市场供求关系决定汇率强加给各会员国,不仅有悖于《IMF 协定》在第二次修改时的原意,而且会导致《IMF 协定》第 4 条第 2 节有关自由汇率制的规定与该条第 1 节禁止汇率操纵的义务的规定相抵触、相冲突,这也反衬出《新决议》对《IMF 协定》的解释存在偏误。有学者指出:"对一部法律作出的解释应当赋予其所有规定以效果,不应当导致任何部分无效或冗余。"②《新决议》的附件显然背离了条约解释的基本准则。

四、问题的解决

如前所析,《新决议》将隐含由市场供求关系决定汇率的因素强加到《IMF 协定》有关汇率操纵行为的约文之中,确实悖逆了《IMF 协定》的规定。以美国为代表的西方国家之所以要操控 IMF 执行董事会对汇率操纵作出如此解释,是因为美国等国依《IMF 协定》有关禁止汇率操纵的规定,拿人民币汇率无可奈

① Panel Report, United States – Standards for Reformulated and Conventional Gasoline, WT/DS2/9, adopted 20 May 1996, para. 23.

② Norman J. Singer, *Statutes and Statutory Construction*, West Group (6th Edition) 2000, pp. 185 – 186.

何，而汇率问题的解决又撇不开IMF，因此，这些国家必须突破现有的规定，为所谓汇率操纵打造出新的释义。

我国需要根据自身的经济发展和承受能力自主决定人民币汇率，而《新决议》易于作出人民币汇率构成操纵的认定，我国该如何解决？虽然《新决议》附件对汇率操纵的释义仅具有指导建议而非法律的性质，从严格的法律意义上讲，不遵守该释义并不等于构成汇率操纵行为，但由于《新决议》是当今国际经济秩序三大支柱之一的IMF以履行其职能的名义通过的，至少构成审视各国汇率行为的“软法”，因而在国际社会具有广泛的影响，因此，我国的对策不宜仅限于对《附件》性质的辨识和强调，而应从根本上“拨乱反正”，通过相应的机制纠正《新决议》的不当释义。否则，我国作为一个正在崛起的负责任的大国将会背负沉重的规则、道义和声誉的十字架。

具体来说，我国作为IMF的会员国可根据《IMF协定》的规定寻求在IMF内解决《新决议》存在的问题。《IMF协定》第29条规定：“(1)凡会员国与IMF之间或会员国之间对于本协定条文的解释发生任何异议时，应即提交执行董事会裁决。……(2)如执行董事会已按照上述(1)之规定裁决，任何会员国仍可以在裁决后三个月内要求将该异议提交理事会作最后裁决。提交理事会的异议将由理事会的‘解释条文委员会’考虑。委员会成员投票权为每人一票。理事会应作出关于委员会成员、程序及票决多数的规定。委员会的决定应即视作理事会的决定，除非理事会以总投票权的85%多数通过另有规定。在理事会未作出决定前，IMF如认为必要时可以先按执行董事会的裁决执行。”我国宜在适当的时候，特别是IMF根据《新决议》附件对人民币汇率作出不利决定时，启动上述机制，将《新决议》附件对汇率操纵的释义有理有据地作为我国与IMF之间对《IMF协定》解释发生的异议提出，并将这一争议解决程序进行到底，直至提交IMF理事会的“解释条文委员会”。交付IMF理事会的“解释条文委员会”解决的重大优势之一，是该委员会在作出决定时实行一人一票制，而不是采用执行董事会作出决议时的加权表决制，从而可以摆脱西方大国由于在IMF所持份额较大而享有的票决优势。

为此，我国应组织力量对《IMF协定》、《新决议》及其附件进行认真研究，并密切跟踪西方大国在人民币汇率问题上的行动与发展态势，拿出牢靠和令人信服的解决预案，通过IMF争议解决机制消除《新决议》与《IMF协定》的不一致之处，为维护我国的正当合法权益做好充分的准备。

(2011年第4期)

从“欧盟对华铜版纸反倾销反补贴措施”案看从低征税规则的适用

苟大凯*

一、问题的缘起

WTO《反倾销协议》第9.1条和《补贴与反补贴措施协议》第19.2条表明，WTO鼓励其成员方在损害幅度小于倾销幅度、补贴幅度时，依损害幅度计算反倾销税、反补贴税，即WTO鼓励成员方在采用反倾销和反补贴等贸易救济措施时采取从低征税的立场。与美国反对WTO的立法精神，拒不将从低征税规则纳入国内立法不同的是，欧盟分别在其反倾销立法和反补贴立法中建立起了自己的从低征税规则：(1)欧盟反倾销从低征税规则。《欧盟反倾销条例》第7.2条临时措施、第9.4条最终反倾销税的征收分别规定相关税收的数额不得超过倾销幅度，但如果征收比倾销幅度更小的反补贴税足以消除损害，就应征收此一较少税收数额。① (2)欧盟反补贴从低征税规则。《欧盟补贴与反补贴条例》第12条临时措施、第15条最终反补贴税的征收都规定了相关的税收的数额不得超过补贴数额，但征收比总体补贴数额更少的临时反补贴税、最终反补贴税足以消除补贴给欧盟产业造成的损害，则按此较少数额征税。② 欧盟不但在各自独立的反倾销调查和反补贴调查中采用从低征税规则，在2011年5月作出终裁的“欧盟对华第一起反倾销反补贴案”③——欧盟对华输欧铜版纸反倾销反补贴措

* 作者单位：四川警察学院。

本文系作者主持的2010年中国法学会部级课题《美国对华实施“双反”若干法律问题研究》（项目编号：CLS-D1074）的阶段性成果。

① Council Regulation(EC) No. 1225/2009 of 30 November 2009, On Protection Against Dumped Imports from Countries Not Members of the European Community(codified version), Official Journal of the European Union, L188/51 -73.

② Council Regulation(EC) No. 597/2009 of 11 June 2009, On Protection Against Subsided Imports from Countries Not Members of the European Community (codified version), Official Journal of the European Union, L188/93 -125.

③ 有关商务部对欧盟对华铜版纸反倾销反补贴终裁的表态可参见 http://www.gov.cn/gzdt/2011-05/14/content1864098.htm。

施案[①] (Imposing a Definitive Anti – dumping Duty and Collecting Definitively)中也采用了所谓的从低征税规则,并以该规则作为中国政府指控其涉嫌存在"双重救济"(double remedies)而违反 WTO 相关协议的抗辩理由。欧盟声称,鉴于其已经采用了从低征税规则,因而没有必要考虑进一步审查是否以及在何种程度上存在"双重救济"问题。[②] 换言之,欧盟认为,其从低征税规则具有避免"双重救济"的效果。而在中国诉美国对华输美某些产品反倾销反补贴措施案中,[③]上诉机构于 2011 年 3 月作出裁定则认为,作为法律问题,美国对华实施反倾销反补贴措施违反了《补贴与反补贴措施协议》第 19.3 条的规定。鉴于此,本文通过梳理上诉机构围绕该条的解释而体现出的有关"双重救济"的 WTO 法理,并结合对华输欧铜版纸反倾销反补贴措施案来进一步讨论作为法律问题的欧盟反倾销反补贴从低征税规则与 WTO 有关"双重救济"的法理是否相符,无疑具有非常重要的现实意义。

二、欧盟对华反倾销反补贴从低征税规则

如上所述,欧盟在对华输欧铜版纸反倾销反补贴措施案中采用了从低征税规则。鉴于该规则在一定程度上异于前述反倾销从低征税规则和反补贴从低征税规则,或者说是欧盟首次将反倾销从低征税规则和反补贴从低征税规则整合在一个案件中针对非市场经济成员方适用,所以我们不妨通过整个案件的回放来考察欧盟在针对非市场经济成员方实施反倾销反补贴措施时从低征税规则的运行情况。

欧委会于 2010 年 2 月 18 日启动对华输欧铜版纸的反倾销调查程序,同年 4 月 17 日启动对华输欧铜版纸反补贴调查程序。自此,反倾销和反补贴程序同时

---

① Council Implementing Regulation (EU) No. 451/2011 of 6 May 2011, the Provisional Duty Imposed on Imports of Coated Fine Paper Originating in the People's Republic of China, Official Journal of the European Union, L128/1 – 17; Council Implementing Regulation (EU) No. 452/2011 of 6 May 2011, Imposing a Definitive Anti – subsidy Duty on Imports of Coated Fine Paper Originating in the People's Republic of China, Official Journal of the European Union, L128/18 – 75.

② Recital 162, Council Implementing Regulation (EU) No. 451/2011 of 6 May 2011, Imposing a Definitive Anti – dumping Duty and Collecting Definitively the Provisional Duty Imposed on Imports of Coated Fine Paper Originating in the People's Republic of China, Official Journal of the European Union, L128, p. 16.

③ United States – Definitive Anti – dumping and Countervailing Duties on Certain Products from China, WT/DS379/R, 22 October 2010; United States – Definitive Anti – dumping and Countervailing Duties on Certain Products from China, WT/DS37 9/AB/R, 11 March 2011.

进行。在这两个程序中,欧盟对产业的界定、欧盟代表性生产商、调查期限、损害分析均相同。[①] 在反倾销调查程序中,由于欧盟视中国为非市场经济成员方,因此,在确定正常价值时采用了替代国方法(即 NME 方法),选择美国为替代国。欧委会计算出的倾销幅度分别为:金东纸业 43.5%、金华盛纸业 43.5%、山东晨鸣纸业 63%、寿光晨鸣集团 63%、其他公司 63%;损害幅度分别为:金东纸业 20%、金华盛纸业 20%、山东晨鸣纸业 39.1%、寿光晨鸣集团 39.1%、其他公司 39.1%。[②] 在反补贴程序中,总补贴幅度分别为:金东纸业 12%、金华盛纸业 12%、山东晨鸣纸业 4%、寿光晨鸣集团 4%、其他公司 12%。[③] 由于反补贴调查程序中的损害调查与反倾销调查程序中的损害调查是同一的,[④]故反补贴损害幅度与前述反倾销损害幅度相同。

根据从低征税规则,在确定反倾销税率和反补贴税率时,欧委会分别将倾销幅度、总补贴幅度与损害幅度进行比较,取其中的较小者为反倾销税率和反补贴税率。比如,本案中由于前述 20%、39.1% 的损害幅度大于前述 12% 和 4% 的补贴幅度,所以确定反补贴税率时选择后者分别为:金东纸业 12%、金华盛纸业 12%、山东晨鸣纸业 4%、寿光晨鸣集团 4%,其他公司 12%。由于前述的 20%、39.1% 的损害幅度小于前述 43.5% 和 63% 的倾销幅度,所以,确定的反倾销税率为 20%、39.1%。值得注意的是,欧委会还单独计算出了出口补贴的幅度分别为:金东纸业 0.05%、金华盛纸业 0.05%、山东晨鸣纸业 0%、寿光晨鸣集团 0%、其他公司 0.05%。欧委会指出,鉴于出口补贴造成倾销幅度增加,根据《欧盟反补贴条例》第 4(4)(a) 条之规定,在计算倾销幅度时,应当将其从中扣除,但是,本案扣除出口补贴幅度后的倾销幅度也远远高于损害幅度,所以,出口补

---

① Recital 1, 4 and 6, Council Implementing Regulation (EU) No. 452/2011 of 6 May 2011, Imposing a Definitive Anti – subsidy Duty on Imports of Coated Fine Paper Originating in the People's Republic of China, Official Journal of the European Union L128, p. 18.

② Recital 80, Council Implementing Regulation (EU) No. 451/2011 of 6 May 2011, Imposing a Definitive Anti – dumping Duty and Collecting Definitively the Provisional Duty Imposed on Imports of Coated Fine Paper Originating in the People's Republic of China, Official Journal of the European Union L128, p. 8.

③ Recital 499, Council Implementing Regulation (EU) No. 452/2011 of 6 May 2011, Imposing a Definitive Anti – subsidy Duty on Imports of Coated Fine Paper Originating in the People's Republic of China, Official Journal of the European Union L128, p. 74.

④ Recital 6 Council Implementing Regulation (EU) No. 452/2011 of 6 May 2011, Imposing a Definitive Anti – subsidy Duty on Imports of Coated Fine Paper Originating in the People's Republic of China, Official Journal of the European Union L128, p. 18.

贴幅度实际上不影响反倾销幅度的确定。① 应当强调的是,在实际征税时,欧委会的做法是:首先征收从反补贴调查中得出的税收数量。如果在上述税负水平和损害幅度之间尚存在差距,该差距再由从反倾销调查所得出的税赋加以弥补。② 因此,本案拟实施的反补贴税和拟实施的反倾销税分别如下表所示。

公司名称	总补贴幅度	出口补贴幅度	倾销幅度	损害幅度	最终反补贴税率	最终反倾销税率	拟实施的反补贴税税率	拟实施的反倾销税税率
金东纸业、金华盛纸业	12%	0.05%	43.5%	20%	12%	20%	12%	8%
山东晨鸣纸业、寿光晨鸣集团	4%	0%	63%	39.1%	4%	39.1%	4%	35.1%
其他	12%	0.05%	63%	39.1%	12%	39.1%	12%	27.1%

综合上述分析,我们可以将欧盟对华输欧铜版纸反倾销反补贴措施案中对从低征税规则的适用简单归纳为以下几个方面:首先,适用该规则的前提是同一涉案产品构成倾销和补贴的肯定性认定。其次,分别计算出涉案产品的倾销幅度、总补贴幅度以及涉案产品因倾销和补贴共同造成的损害的损害幅度。此处的倾销幅度中应当扣除因出口补贴而增加的部分。再次,分别将倾销幅度、总补贴幅度与损害幅度进行比较,取较小者为最终反倾销率和最终反补贴率。最后,把最终反补贴税税率确定为拟实施的反补贴税税率,而拟实施的反倾销税税率则是损害幅度与拟实施的反补贴税税率之差。换言之,拟实施的反补贴税税率和拟实施的反倾销税税率之和等于损害幅度,因此,欧盟实际上是按照损害幅度进行征税。

---

① Recital 162, Council Implementing Regulation (EU) No. 451/2011 of 6 May 2011, Imposing a Definitive Anti – dumping Duty and Collecting Definitively the Provisional Duty Imposed on Imports of Coated Fine Paper Originating in the People's Republic of China, Official Journal of the European Union, L128, p. 16.

② Recital 273, Council Implementing Regulation (EU) No. 452/2011of 6 May 2011, Imposing a Definitive Anti – subsidy Duty on Imports of Coated Fine Paper Originating in the People's Republic of China, Official Journal of the European Union L128, p. 46.

三、有关“双重救济”的WTO法理

（一）“双重救济”的内涵及定性

“实际上，当同时针对同一进口产品征收反补贴税和反倾销税两种税收的时候，就可能（may）出现‘双重救济’的问题。但是‘双重救济’这一术语并非简单地指针对同一产品征收了反倾销和反补贴两种税收这一事实，而是指这样的情形，即针对同一进口产品同时征收反倾销税和反补贴税至少在一定程度上导致了两次抵消补贴的结果，亦即‘双重计算’。‘双重救济’‘容易’出现在采用非市场经济计算方法计算倾销幅度的案件中。”[①]上诉机构实际上告诉我们，WTO关心的是是否重复计算了反补贴税，进而要求征税的成员方采取措施加以避免，不要出现重复计算的情形，而不在于仅仅针对同一进口产品同时采取了反倾销、反补贴调查程序或者征收了反倾销税和反补贴税。“双重救济”的实质不在于是否同时启动两种调查程序，也不在于最终是否同时征收了两种税收，而是在于是否消除了重复计税的可能性。[②]

在论证“双重救济”的违法性时，上诉机构首先推翻了专家组得出的结论：[③]（1）只要征收的数量没有超过认定存在的补贴数量，反补贴税就是以“适当的数量”（appropriate amounts）征收的。（2）按非市场经济国家方法计算而征收的反倾销税，对与之同时征收的反补贴税的数额“适当”（appropriate）与否并不产生影响。（3）依照《补贴与反补贴措施协议》第19.3条解决“双重救济”的问题并非该协议起草者的意图。然后，以“适当的数量”术语的解释为核心，通过对《补贴与反补贴措施协议》第19.3条相关条款的解释，得出了作为法律问题，《补贴与反补贴措施协议》第19.3条禁止“双重救济”的结论。但是，作为事实问题，上诉机构并未审查“双重救济”何时出现。原则上，上诉机构赞同专家组关于可能导致“双重救济”的观点，但是并不认为在任何一个个案中必然出现“双重救济”。是否产生“双重救济”取决于国内补贴是否且在何种程度上降低了产品的出口价格，以及调查机关是否采取了必要的正确步骤调整其计算方法。[④] 可见，上诉机构把问题分割为法律问题和事实问题两部分，并且对前者进行了详细的

---

① United States – Definitive Anti – dumping and Countervailing Duties on Certain Products from China, WT/DS379/AB/R, para. 541.

② 苟大凯：“美国对华实施‘双反’之违法性分析”，载《法学》2010年第3期。

③ Supra note B13, para. 547.

④ Ibid. , para. 599.

论证，为我们判定进口成员方的某一征税行为是否存在“双重救济”提供了法律依据，履行了上诉机构“法律审”的职能。①

（二）反倾销税和反补贴税的征收应当相互联系

上诉机构认为，要做到正确理解《补贴与反补贴措施协议》第19.3条有关反补贴税的征收决不能将其与对《反倾销协议》相关条款的考虑割裂开来。要做到适当征收反补贴税，调查机关至少不能忽略已经征收的用以抵消同一补贴的反倾销税。《反倾销协议》第9.2条和《补贴与反补贴措施协议》第19.3条分别要求在每一案件里征收反倾销税、反补贴税必须“适当”，并且后者不得超过补贴数额，前者不得超过倾销幅度。② 并且认为，既然两个协议分别设定了征税规则，如果混合征收两种税收的数额可以“不适当”，可以超过反倾销税和反补贴税之和，那就是违反直觉的。③ 所以，WTO法理要求针对同一产品进口同时实施反倾销反补贴措施时，一定要将两种税收联系起来考虑，而不能让两种措施相互平行进行。

（三）反倾销税和反补贴税的征收与损害的消除应当相互联系

上诉机构在指出专家组对解释“适当的数量”时过分倚重《补贴与反补贴措施协议》第14条，视之为反补贴税的征收设置了上限，致使《补贴与反补贴措施协议》第13条成为多余的规定这一错误之后，④把重点放在了《补贴与反补贴措施协议》第19.2条等涉及损害这一要素的条款上。上诉机构认为，⑤在认定是否违反《补贴与反补贴措施协议》第19.3条“适当的数量”问题上，《补贴与反补贴措施协议》第19.2条显得更加具有关联性。尽管明确赋予了进口成员方调查机关作出是否全额或者从轻征收反补贴税的裁量权，但是《补贴与反补贴措施协议》第19.2条同时指出，如果从轻征税足以消除损害，征收少于整个补贴数量的税收是可取的。所以，上诉机构认为，《补贴与反补贴措施协议》第19.2条鼓励反补贴调查机关将实际征收反补贴税数量与待消除的损害联系起来考虑。

上诉机构要求税收与损害的联系性不但需要定性分析，而且还需要定量分析。它指出，⑥一旦证明了受补贴的进口与损害之间存在因果关系，反补贴税的

---

① 也有学者对上诉机构的裁决颇有微词，认为存在僭权之嫌。See John R. Magnus, Double - Remedies and DS 379，载 http://www.tradewinsllc.net/publi/DS379%20ABA%205 - 11.

② Supra note B 13, para. 571.

③ Ibid., para. 572.

④ Ibid., paras. 554 - 556.

⑤ Ibid., para. 557.

⑥ Ibid., para. 55.

课征并非就与对损害相关的任何考虑完全隔离开来了。反补贴税的数量和受补贴进口所造成的损害之间所存在的联系在《补贴与反补贴措施协议》第19.3条中也有所反映,如对任何产品征收反补贴税,则应对已被认定接受补贴和造成损害的所有来源的此种进口产品根据每一案件的情况在非歧视基础上收取适当金额的反补贴税。《补贴与反补贴措施协议》还有其他条款载有把受补贴的进口所造成的损害与反补贴税联系起来的规定。如《补贴与反补贴措施协议》第19.1条规定在受补贴进口正在造成损害时征收反补贴税,而此规定中运用了现在时时态,表明损害是课征反补贴税的持续的先决条件。《补贴与反补贴措施协议》第21.1条也确认了该观点,反补贴税应仅在抵消造成损害的补贴所必需的时间和限度内实施。

另外,值得指出的是,上诉机构解释《补贴与反补贴措施协议》第19.3条时,倚重了对《补贴与反补贴措施协议》第19.2条的解释,①据此,如果要对与《补贴与反补贴措施协议》第19.3条对应的《反倾销协议》第9.2条进行解释,我们就可以倚重对与《补贴与反补贴措施协议》第19.2条对应的《反倾销协议》第9.1条进行解释;而如前所述,《补贴与反补贴措施协议》第19.2条和《反倾销协议》第9.1条都鼓励WTO成员方从轻征税,因此,从征税数量上讲,当两种税赋同时实施时,一是要考虑到损害程度;二是要尽量从低征税。

四、欧盟对华反倾销反补贴从低征税规则之评析

欧盟在对华反倾销反补贴措施中适用从低征税规则,对于避免出现“双重救济”而言,可以说是具有进步意义的制度设计。

首先,从国际贸易救济工具利用的大环境看,对华实施反补贴显然已经成为当今的趋势。在欧盟之前,自2004年加拿大始,已经有美国、澳大利亚对华启动反补贴调查,印度、南非等国通过对华反补贴立法,而且美国成为对华反补贴贸易救济措施的主要使用者。作为世界主要经济体之一的欧盟,对华动用反补贴贸易救济工具亦是大势所趋。② 而欧盟从低征税规则的适用在一定程度上减小

① United States – Definitive Anti – Dumping and Countervailing Duties on Certain Products from China, WT/DS379/AB/R, paras. 554 – 556. 上诉机构认为专家组过分倚重了对《补贴与反补贴措施协议》第19.4条的解释,而它自己将重点放在对《补贴与反补贴措施协议》第19.2的解释上。

② 有关对华实施反补贴措施的讨论, See Dukgeun Ahn and Jieun Lee, Countervailing Duty Against China: Opening a Pandora's Box in the WTO System? http://papers.ssrn.com/sol3/papers.cfm?abstract_id=1812003.

了中欧在动用贸易救济工具上的摩擦程度，尤其是在美国赤裸裸地为“双重救济”的合法性辩护的情况下，欧盟适用该规则的进步意义是不容忽视的。①

其次，欧盟把分别适用于反倾销和反补贴调查程序的从低征税规则，即《欧盟反倾销条例》和《欧盟补贴与反补贴条例》中的从低征税规则作为其针对非市场经济成员方的中国输欧产品同时实施反倾销税和反补贴税计算的基础，这就为避免“双重救济”提供了制度上的可能性。至少把争议的焦点从中美之间的“双重救济”是否合法，转变成了中欧之间的从低征税规则能否有效避免“双重救济”。笔者以为，欧盟从低征税规则的运用纵然不能完全避免，也可部分避免“双重救济”，较之美国的做法具有制度上的进步性。

再次，欧盟反倾销反补贴从低征税规则围绕损害幅度这一中心进行设计，通过损害的认定把反倾销和反补贴两个平行的程序联系起来了，体现了上诉机构将反补贴税数量与损害联系起来的精神。如前所述，上诉机构认为，如果从轻征税足以消除损害，征收少于整个补贴数量的税收是可取的，《补贴与反补贴措施协议》第19.2条鼓励反补贴调查机关将实际征收反补贴税数量与待消除的损害联系起来考虑。鉴于欧盟对产业的定义，欧盟生产商的代表性及调查期限在反倾销和反补贴两个程序中是相同的，两大程序中损害分析也就是相同的，并且对于损害的评论也同时纳入两个程序中加以考虑。②

又次，欧盟反倾销反补贴从低征税规则一定程度上体现了上诉机构所作的定量分析反倾销税和反补贴税与损害之间联系的要求。如前文所述，欧委会不仅定性分析损害，还计算出损害幅度；在实际征税时，首先征收从反补贴调查中得出的税收数量，如果在该税赋水平和损害幅度之间尚存在差距，该差距再由从反倾销调查所得出的税赋加以弥补，这就保证了在损害幅度范围内征税。

最后，需要指出的是，由于损害幅度的计算是对倾销和受补贴进口产品对国内产业所造成损害的量化，远比倾销幅度、总补贴幅度的计算复杂，成为从低征税规则的关键，而欧盟立法与WTO立法一样，未对其作出任何规定，造成“从程

---

① 有学者甚至主张美国拒绝履行中国诉美国对华输美某些产品反倾销反补贴措施案上诉机构裁决，并声称，美国政府应当沿袭其在安提瓜诉美国限制网上赌博服务案中的做法—Just Say No. See John R. Magnus, Double - Remedies and DS 379, http://www.tradewinsllc.net/publi/DS379%20ABA%205 - 11.

② Recital 1, 4 and 6, Council Implementing Regulation (EU) No. 452/2011 of 6 May 2011, Imposing a Definitive Anti - subsidy Duty on Imports of Coated Fine Paper Originating in the People's Republic of China, Official Journal of the European Union L128, p. 18.

序上讲，欧盟的损害计算幅度具有秘密专断的特点”。[①]因此，欧盟在对华反倾销反补贴措施中从低征税规则的适用程序上是存在瑕疵的，这也势必削弱该规则的进步意义。

不可否认，欧盟对华反倾销反补贴措施从低征税规则在个案中的合法性还有待用“事实说话”。前文论述告诉我们，作为法律问题，欧盟对华反倾销反补贴措施中从低征税规则基本上是符合 WTO 有关“双重救济”的法理的，较之美国商务部明目张胆地在“双重救济”问题上违反 WTO 贸易救济立法，显然具有进步意义。囿于篇幅，本文不再进一步讨论该从低征税规则与 WTO 多边协议其他条款之间是否存在抵触的可能性。但是，作为事实问题，欧盟对华反倾销反补贴措施中从低征税规则的适用是否避免了双重征税还有待“事实”说话。鉴于无论是审理涉及“双重救济”纠纷的美国国际贸易法院，[②]还是中国诉美国对华输美某些产品反倾销反补贴案中审理“双重救济”问题的 WTO 上诉机构都没有设计出一套能够避免“双重救济”的计算方法，作为事实问题，调查机关是否采用了能够避免“双重救济”的某一方法，实际上变成了一个举证责任分担的问题。中国诉美国对华输美某些产品反倾销反补贴案的上诉机构把是否存在“双重救济”的举证责任分配给了反倾销反补贴调查机关，[③]这就意味着，欧盟在个案中就其实施从低征税规则避免“双重救济”的效果承担举证责任，而这一证明责任无疑是沉重的；特别是，如前文所言，WTO 上诉机构已经明确提醒其成员方，在采用非市场经济计算方法计算倾销幅度的案件中容易出现“双重救济”。

（2011 年第 8 期）

① 关于反倾销法上的从低征税规则涉及的损害幅度计算，参见张亮：“反倾销法上从低征税规则的适用”，载《法学研究》2011 年第 2 期。但是，笔者注意到，欧委会在欧盟对华反倾销反补贴措施中从低征税规则的适用程序时，损害幅度计算程序透明度有所增加。

② 河北兴茂轮胎有限公司诉美国商务部反倾销反补贴调查案，关于本案具体情况，可参见 http://www.cit.uscourts.gov/slip_op/Slip_op09/Sl ip%20Op.%2009-103.pdf。

③ 笔者注意到，不同的机关对是否存在“双重救济”的举证责任的分配分歧很大。美国商务部认为，应当由被调查国家和企业证明“存在‘双重救济’”；美国国际贸易法院裁决认为应当由反倾销反补贴调查机关承担“不存在‘双重救济’”的举证责任；对此，WTO 争端解决机构的上诉机构裁决与美国国际贸易法院的观点一致。显然，承担“证明没有违反”的证明责任重于承担“证明违反”的证明责任。

编 后 记

《法学的历史》国际法卷编完了。我们从30年前的杂志里寻找当年的文章，梳理国际法学科的发展轨迹。从1981年起，华政国际法专业开始招收国际法专业硕士研究生，至今已有30年的历史。30年来，华政培养了大量的国际法专业的法律人才，在《法学》这片园地上也留下了很多足迹，我们可以从不同时期的文章中看到国际法学科的成长与发展。在编辑过程中，我们力求尊重作者的原文和思想，尽量保留当年的原汁原味。对个别错字或明显错误的地方作了文字修改。感谢参与编辑工作的老师和研究生们，他们花费了大量时间进行复印、校对和打印。图书馆参考咨询部的吴志鸿、顾欣欣帮助我们检索了大量的文章，加快了我们的编辑整理工作；国际法专业的研究生廖强、高远、肖丽红、千晓美等同学帮助我们校对，他们认真地通读了每一篇文章：国际法专业的博士研究生于南帮助查找一些疑难的注释，对引用的英文文章一一核对。感谢国际法学科的王虎华教授、刘宁元教授和贺小勇教授，他们认真地审阅了各专业领域的论文，并提出了宝贵的意见。

最后，感谢本书的编辑委员会，让我们有机会将《法学的历史》国际法卷这本书作为献给华政60周年的生日礼物。

林燕萍　刘晓红

2012年6月28日

领取稿费告知

尊敬的各位作者：

值华东政法大学建校 60 周年、《法学》创刊 56 周年之际，华东政法大学《法学》月刊社出版了《法学的历史》文丛，旨在以文献的方式反映新中国法制建设的进程以及法学理论的发展。为此，选萃了《法学》月刊自 1956 年创刊以来刊登的具有代表性的、能够反映当期现实问题和理论研究水平的文章。您的文章被我们选用，但由于各方面原因，我们无法与您直接取得联系，希望看到此通知后联系我们，以便发放您的稿费。具体事项如下：

1. 请告知您的信息，具体包括：(1)作者姓名；(2)文章名；(3)文章发表的卷名。可直接到杂志社领取稿费。如需要邮寄稿费的，为防止冒领，请将个人身份证号、收款账户、联系电话予以告知我刊。

2. 稿费的发放标准为每千字 10 元。

3. 杂志社地址：上海市万航渡路 1575 号华东政法大学六三楼《法学》月刊社。邮政编码：200042。联系电话：021 - 62071924。联系人：过纯益 汪池洲

感谢您的大力支持！

华东政法大学《法学》月刊社

2012 年 7 月 8 日

图书在版编目(CIP)数据

法学的历史．第14卷，国际法卷：1981年~2011年/林燕萍，刘晓红主编．—北京：法律出版社，2012.9
ISBN 978-7-5118-3609-0

Ⅰ.①法… Ⅱ.①林…②刘… Ⅲ.①法学史—世界—文集②国际法—文集 Ⅳ.①D909.1-53②D99-53

中国版本图书馆CIP数据核字(2012)第127899号

责任编辑/陈　妮　　**装帧设计**/李　瞻

出版/法律出版社　　**编辑统筹**/财税出版分社
总发行/中国法律图书有限公司　　**经销**/新华书店
印刷/北京中科印刷有限公司　　**责任印制**/吕亚莉

开本/720毫米×960毫米　1/16　　**印张**/45.75　**字数**/793千
版本/2012年9月第1版　　**印次**/2012年9月第1次印刷

法律出版社/北京市丰台区莲花池西里7号(100073)
电子邮件/info@lawpress.com.cn　　**销售热线**/010-63939792/9779
网址/www.lawpress.com.cn　　**咨询电话**/010-63939796

中国法律图书有限公司/北京市丰台区莲花池西里7号(100073)
全国各地中法图分、子公司电话：
第一法律书店/010-63939781/9782　**西安分公司**/029-85388843　**重庆公司**/023-65382816/2908
上海公司/021-62071010/1636　**北京分公司**/010-62534456　**深圳公司**/0755-83072995

书号：ISBN 978-7-5118-3609-0　　**定价：**166.00元

(如有缺页或倒装，中国法律图书有限公司负责退换)